# Les grandes questions d'économie et de finance internationales

OUVERTURES ◂▸ ÉCONOMIQUES

# Les grandes questions d'économie et de finance internationales

## Décoder l'actualité

Mathilde Lemoine – Philippe Madiès – Thierry Madiès

Préface de Lionel Fontagné

2e édition

OUVERTURES ÉCONOMIQUES





de boeck

Pour toute information sur notre fonds et les nouveautés dans votre domaine de spécialisation, consultez notre site web : **www.deboeck.com**



2e édition



*Imprimé en Belgique*



Dépôt légal :
Bibliothèque nationale, Paris : mai 2012
Bibliothèque royale de Belgique, Bruxelles : 2012/0074/006

ISSN 2030-501X
ISBN 978-2-8041-6649-6

# SOMMAIRE

# REMERCIEMENTS

Nous sommes particulièrement reconnaissants à Lionel Fontagné, Professeur à l'Université Paris 1 Panthéon-Sorbonne et conseiller scientifique au Centre d'études prospectives et d'informations internationales (CEPII), dont les travaux ont souvent inspiré nos réflexions, d'avoir bien voulu relire cette nouvelle édition et d'avoir accepté d'en rédiger la préface.

Plusieurs collègues nous ont permis d'enrichir certains chapitres de cet ouvrage. Nos remerciements vont en particulier à Richard Calvi (Université de Savoie), Patrice Fontaine (Université Pierre-Mendès-France, Grenoble II), Annick Valette (Université Pierre-Mendès-France, Grenoble II). Nous remercions également Anne Madiès (Université Pierre-Mendès-France, Grenoble II) qui nous a apporté son aide sur le chapitre portant sur les firmes multinationales ainsi que Tjasa Bjedov et Simon Lapointe (Université de Fribourg, Suisse) qui ont bien voulu relire certains chapitres.

Laurence Dubois-Destrizais, ministre conseillère pour les Affaires économiques et financières à l'Ambassade de France au Royaume-Uni, a relu le chapitre sur l'Organisation mondiale du commerce (OMC) et a apporté des précisions très utiles.

Jean-Paul Fitoussi, Professeur émérite de l'Institut d'études politiques de Paris et directeur de recherche à l'Observatoire français des conjonctures économiques (OFCE) et Anne Cazala, contrôleur général économique et financier au ministère de l'Économie, des Finances et de l'Industrie nous ont soutenus et ont contribué à ce que ce projet d'ouvrage devienne réalité.

Enfin, Pierre-Emmanuel Ferraton, économiste, nous a apporté sa précieuse analyse de l'évolution récente du commerce mondial ainsi que sa connaissance des travaux économétriques portant sur les effets de la libéralisation des échanges.

# PRÉFACE

Cette deuxième édition des grandes questions d'économie et de finance internationales est publiée dans un contexte de forte mobilisation de la discipline par les débats de société. Qu'il s'agisse de la crise financière et sa propagation mondiale, de l'échec des négociations multilatérales engagées il y a dix ans à l'Organisation Mondiale du Commerce, ou de la crise de la dette souveraine et de l'Union monétaire européenne, ce sont les outils de l'économie internationale que doit mobiliser l'économiste.

L'ampleur du choc auquel a été confrontée l'économie mondiale, et le rôle joué dans sa transmission par la mondialisation, renforcent le besoin de compréhension des questions d'économie et de finance internationales. Durant le dernier trimestre de 2008 et le premier trimestre de 2009 la chute du commerce mondial provoquée par la crise, a été soudaine, violente et synchronisée [1]. La production industrielle et le commerce ont reculé plus fortement pendant la période 2008-2009 que pendant la Grande Dépression [2]. Cet effondrement n'a pas de précédent en termes de rapidité : le commerce mondial a reculé de 30 % dans l'espace de quatre mois. L'essentiel de ce recul, à l'exception des produits primaires dont les prix ont baissé fortement, porte sur les volumes échangés [3]. Ce recul est également hors de proportion avec la baisse observée du Produit Intérieur Brut mondial, qui s'est contracté de moins de 3 % sur la même période. Quelle est donc l'origine de cet effondrement et reflète-t-il un renversement du processus de mondialisation ? Il a été suggéré que les déterminants de cet effondrement étaient les contraintes financières et la crise de liquidité : des contraintes financières additionnelles, pendant les périodes de crise, peuvent en effet freiner les flux d'exportation. Les expériences passées donnent des indications sur cet impact négatif des contraintes financières sur le commerce [4]. Toutefois, lors de la crise de 2008-2009, l'impact des contraintes financières sur les échanges s'est finalement avéré limité [5]. En dépit d'une résurgence limitée du protectionnisme, aux effets globaux difficilement perceptibles, l'explication principale de l'effondrement des échanges est en

---

1 Baldwin R. (2009), *The great trade collapse: what caused it and what does it mean*, London: CEPR & Vox; Grossman R. S., Meissner C. M. (2010), International Aspects of the Great Depression and the Crisis of 2007: Similarities, Differences, and Lessons, *Oxford Review of Economic Policy*, 26 (3): 318-388.

2 Eichengreen B., O'Rourke K. (2009), A Tale of Two Depressions, *Vox Column 3421.*

3 Gopinath G., Itskhoki O., Neiman B. (2011), Trade Prices and the Global Trade Collapse of 2008-2009, *NBER Working Paper*, 17594.

4 Amiti M., Weinstein D. (2009), Exports and financial shocks, *NBER Working Paper* 15556.

5 Bricongne J. C., Fontagné L., Gaulier G., Taglioni D., Vicard V. (2011), Firms and the global crisis: French exports in the turmoil, *Journal of International Economics*, forthcoming.

effet la chute de la demande au niveau mondial, aggravée d'un effet de composition [6] (Eaton et al., 2001b). Le commerce de biens tend à être fortement affecté par les chocs de demande parce qu'il comporte une large part de biens durables et d'autres biens dont la production peut être différée. Les exportations sont ainsi deux à trois fois plus volatiles que le Produit Intérieur Brut en raison de la part importante des échanges internationaux portant sur des biens durables. De surcroît, dans les secteurs largement dépendants des chaînes de valeur ajoutée globales, les biens franchissent plusieurs fois la frontière avant d'atteindre le consommateur [7]. Enfin, la rapidité des communications entre entreprises contribue à la soudaineté des ajustements de stocks [8] (Alessandria et al., 2010).

Comme l'illustre cet épisode, l'économie internationale peut constituer le vecteur de transmission des crises, la mondialisation les amplifier, à défaut de nécessairement en être l'origine. La tentation est alors d'organiser un « cordon sanitaire » autour des économies nationales, de mettre du sable dans les rouages de la mondialisation pour freiner la transmission des chocs. De multiples propositions circulent en ce sens, allant de la taxe sur les transactions financières à la remontée des droits de douane en passant par un contrôle encore plus strict des migrations, toutes portées par le souci de donner un écho politique aux préoccupations des électeurs.

Au cœur de la perception ainsi véhiculée de la mondialisation, tout comme du retour de « l'obsession de la compétitivité » dénoncée de longue date par le prix Nobel Paul Krugman, l'idée selon laquelle la quantité de richesses disponible dans l'économie mondiale est donnée, c'est-à-dire fixe. Dès lors, les gains des uns seraient nécessairement les pertes des autres. Les migrations de travailleurs créeraient à proportion des chômeurs dans le pays d'accueil ; la sortie de la Chine du Moyen Âge appauvrirait nécessairement les États-Unis ; l'insolente bonne santé de l'industrie allemande condamnerait l'économie française. Cette logique débouche sur un raisonnement fréquemment déroulé par les commentateurs. Les exportations créent de la richesse et de l'emploi, les importations en détruisent. L'investissement à l'étranger déplace l'activité nationale vers les pays de destination. L'émergence, qui conduit mécaniquement à une redistribution des parts de marché mondiales et qui attire les entreprises en quête de marchés, est donc perçue comme une menace. La capacité technologique croissante des pays émergents, leur dotation en capital humain, remettraient en cause le niveau de vie des pays avancés. L'investissement direct étranger en provenance des pays émergents appauvrirait les pays à haut revenu. Et il suffit qu'un prix Nobel d'économie évoque l'hypothèse d'un avantage croissant de la Chine venant contester les avantages compétitifs des États-Unis, pour que le doute s'installe sur les vertus de l'ouverture d'*un point de vue général*. Que penser du débat ayant traversé la profession à cette occasion ? Quel est *a contrario* l'impact net, en termes d'emplois, d'une délocalisation réduisant le coût du travail non qualifié ?

6 Eaton, J., Kortum, S., Neiman, B., Romalis, J. (2011b), Trade and the global recession, *NBER Working Paper*, 16666.

7 Bems, R., Johnson R., Yi K.-M.(2010). Demand spillovers and the collapse of trade in the global recession, *IMF Working Paper* WP/10/142.

8 Alessandria, G., Kaboski, J., Midrigan V. (2010), The great trade collapse of 2008-09: An inventory adjustment, *IMF Economic Review*, 58(2): 254-294.

En réalité, l'ouverture de nos économies pose des questions ne se limitant pas, loin s'en faut, aux effets de la concurrence Nord-Sud. Les économies européennes sont d'abord ouvertes sur d'autres économies européennes ; leurs échanges croisés de biens s'expliquent difficilement par la théorie standard et la notion d'avantage comparatif. Les échanges croisés de biens appartenant à la même rubrique douanière (cosmétiques contre cosmétiques, automobiles contre automobiles, et non automobiles contre cosmétiques) sont plus importants au sein de l'Union européenne que dans les autres régions du monde. Au niveau mondial, une analyse systématique au niveau fin des produits montre que l'Allemagne (dans ses échanges avec la France), et la Belgique (avec les Pays-Bas) sont les économies les plus impliquées dans ce type d'échanges. Seulement 15 % de la valeur de leurs échanges correspondent à la spécialisation traditionnelle (automobiles contre automobiles), alors que la moyenne mondiale est quatre fois plus élevée. Les pays proches, de taille voisine, à haut revenu et ayant formé des unions régionales échangent donc entre eux sur un mode original, procurant de la variété au consommateur, ainsi qu'au producteur s'agissant de ses fournitures et équipements.

Les effets de la concurrence sont donc ceux auxquels l'on peut penser en évoquant Renault face à Volkswagen : nous sommes ici très éloignés de la concurrence du Vietnam sur le marché européen de la chaussure. Les approches théoriques utiles pour rendre compte de la spécialisation européenne s'intéressent à la différenciation des produits, aux rendements croissants, aux structures de marché. Au contraire, la spécialisation du Vietnam sur les chaussures est en conformité avec l'avantage que lui procure une main-d'œuvre abondante et à bas coût : le 150e membre de l'OMC, riche de 80 millions d'habitants, a un revenu mensuel moyen par habitant de 40 euros. Ce commerce mondial à double visage a inspiré la synthèse dite « Helpman-Krugman » au milieu des années 1980 [9]. Entre pays similaires, des échanges croisés de biens issus des mêmes branches ; entre pays différents, plutôt des échanges traditionnels liés à une spécialisation dans des branches différentes. Entre pays du Nord, l'échange procurerait des gains d'efficacité (rationalisation de la production, exploitation des rendements croissants), des gains de variété, enfin des gains pro-concurrentiels (cf. le Marché unique). Entre Nord et Sud, l'échange permettrait d'exploiter les différences de coût des facteurs et les différences de capacité technologique, à l'origine de gains de pouvoir d'achat substantiels ; mais les conséquences en termes de distribution interne des revenus seraient plus élevées. Cette vision est aujourd'hui largement remise en cause.

Entre pays similaires, Fontagné *et al.* (2006) d'une part, Greenaway *et al.* (1995) d'autre part, montrent que les échanges croisés portent sur des biens appartenant certes à la même catégorie douanière, mais ayant un positionnement de gamme suffisamment éloigné pour que les prix en soient très différents [10]. C'est ainsi qu'au moins la moitié des échanges croisés portent sur des produits différents par leur qualité pour les deux paires de

9 Helpman E., Krugman P. (1985), *Market Structure and Foreign Trade, Increasing Returns, Imperfect Competition, and the International Economy*, The MIT Press.

10 Fontagné L., Freudenberg M., Gaulier G. (2006), « A Systematic Decomposition of World Trade into Horizontal and Vertical IT », *Review of World Economics*, 142(3):459-475. Voir également Greenaway D., Hine R., Milner C. (1995), « Vertical and Horizontal Intra-industry Trade: A Cross Industry Analysis for the United Kingdom », *The Economic Journal*, 105 (433): 1505-1518.

pays européens mentionnées précédemment. On comprend dès lors qu'il y a bien un processus de spécialisation à l'œuvre, et que celui-ci traverse les industries, en organisant une spécialisation sur les gammes de qualité. Il n'est donc pas certain que les effets distributifs de ce type d'échange soient aussi limités que ce que la synthèse Helpman-Krugman laisse penser : la qualité doit être produite, avec du travail qualifié, de la recherche, de l'organisation. Il y a finalement une spécialisation au sein des branches.

Deuxième écart par rapport à cette synthèse, la spécialisation sur des segments de la chaîne de valeur [11]. La Division Internationale du Travail procède désormais d'une exploitation poussée à son terme des différences d'avantage comparatif des pays, de même qu'une exploitation maximale des économies d'échelle, sous contrainte des coûts de transport. L'usine globale, conceptualisée par Grunwald et Flamm (1985) [12] est aujourd'hui une réalité modifiant notre compréhension des effets de la mondialisation. On attend de la spécialisation traditionnelle un impact négatif sur les non-qualifiés au Nord, dans la mesure où ils sont concurrencés par le travail non qualifié contenu dans les importations en provenance du Sud. *A contrario*, ceci devrait être bénéfique aux non-qualifiés du Sud. Avec le fractionnement des chaînes de valeur, et l'échange de biens intermédiaires qu'il suscite [13], ce type de raisonnement doit toutefois être révisé, comme l'ont montré Feenstra et Hanson (1996) [14] : la demande de qualification apparaît au Nord comme au Sud, et ceci fait de la mondialisation une sorte de progrès technique biaisé contre les non-qualifiés. Les firmes du Nord remplacent des emplois non qualifiés par des emplois qualifiés, afin de développer les tâches d'organisation, de conception, de vérification, de gestion de la complexité.

Le troisième écart est relatif à la prise en compte de l'hétérogénéité des firmes, thème ayant suscité un renouveau de la littérature depuis dix ans, dans la lignée de Mélitz (2003) [15]. Ce que révèle l'ouverture des économies, c'est la distribution des performances des firmes. En réalité, un petit pourcentage de firmes, plutôt plus productives et plus grandes, exportent. Un pourcentage encore plus faible s'implante à l'étranger [16]. Celles qui le font commencent par répliquer leurs outils de production, avant de les spécialiser. On est loin de l'image d'un producteur représentatif : le commerce international sélectionne les firmes les plus efficaces. Celles-ci sélectionnent au sein de leur portefeuille de produits ceux susceptibles de mieux résister à la concurrence étrangère ; elles modifient leurs techniques de production en introduisant le progrès technique ; enfin elles s'organisent globalement.

---

11 Helpman-Krugman en entrevoyaient certains fondements, mais non toutes les conséquences.

12 Grunwald, J., Flamm, K. (1985), *The Global Factory: Foreign Assembly in International Trade*, Cambridge, Massachusetts: Brookings Institute.

13 Hummels D., Ishii J., Yi K. M. (2001), « The Nature and Growth of Vertical Specialization in World Trade », *Journal of International Economics*, 75-96.

14 Feenstra, R. C., Hanson G. H. (1996), « Globalization, Outsourcing, and Wage Inequality », *American Economic Review, 86*, (2): 240-245.

15 Mélitz, M. (2003), « The Impact of Trade on Intra-industry Reallocations and Aggregate Industry Productivity », *Econometrica*, 71, (6): 1695-1725. Voir aussi Jean, S. (2002), « International Trade and Firms' Heterogeneity under Monopolistic Competition », *Open Economies Review*, (13), 3: 291-311.

16 Helpman, E., Mélitz, M., Yeaple, S. (2004), « Export Versus FDI With Heterogeneous Firms », *American Economic Review*, 94, (1): 300-316.

Au total, le monde auquel s'intéressent les théories de l'économie internationale et leurs applications n'a aujourd'hui plus grand-chose à voir avec l'image simpliste qui est brocardée par les détracteurs de l'ouverture : l'avantage comparatif de l'Angleterre et du Portugal pour le drap et le vin est en quelque sorte la médecine de Molière. Au cœur des transformations contemporaines de l'économie mondiale : les firmes globales ; les pays émergents au très large spectre d'avantages ; le fractionnement des chaînes de valeur ; le positionnement de gamme revêtant un caractère stratégique ; la dématérialisation des supports de la valeur. Sans qu'il soit nécessaire de filer cette métaphore, que l'on pense à l'exemple emblématique de l'i-Pod, conçu en Californie (et pour partie en Inde) et assemblé en Chine avec des composants issus de nombreux autres pays, le tout permettant de consommer de la musique vendue en ligne.

La complexité du schéma de spécialisation et de localisation des activités résultant de ces évolutions peut être illustrée par le « puzzle » suivant : la Chine a une grande diversité d'offre, puisqu'elle exporte *grosso modo* autant de produits que l'Allemagne. Pourtant, les prix auxquels les produits allemands et chinois se vendent sont très différents, pour un même type de produit. En réalité, les prix sont tellement différents que l'on peut se demander comment une telle concurrence est soutenable. Or les exportateurs chinois, tout comme les exportateurs allemands, battent tous les records de compétitivité. Comment durablement vendre (presque) la même chose, beaucoup plus cher ? Comment organiser les chaînes de valeur, la localisation de la production, pour tirer parti des différences de coût et renforcer sa compétitivité ? Quelles sont les conséquences pour les travailleurs allemands et chinois d'une telle situation ? Quels sont les bénéfices tirés par les consommateurs allemands de la possibilité d'acheter des produits chinois à bas prix ? Enfin, dans la mesure où les travailleurs allemands directement concurrencés par les produits chinois sont aussi des consommateurs, les différents effets se compensent-ils ?

Face à une telle complexité, et aux incertitudes non tranchées par les travaux scientifiques, la tentation du repli est grande, dans certains pays européens comme aux États-Unis. Quelle analyse coût-bénéfice peut-on mener des politiques de protection, ou de la perspective d'organiser le monde en grandes régions fortement intégrées en leur sein, mais faiblement ouvertes ? Certes, un droit de douane imposé par les États-Unis augmente le prix des biens importés par le consommateur américain ; mais il fait aussi baisser le prix des biens exportés par les fournisseurs étrangers concernés, en raison du pouvoir de marché que confère la taille du marché. Et dans un contexte de concurrence imparfaite et de rendements croissants l'équation des avantages et coûts de la protection est encore plus complexe. Pour autant, le consensus est qu'ouvrir les frontières est *globalement* une meilleure option et que les conditions nécessaires pour l'apparition de contre-exemples sont difficilement observables par un gouvernement. Enfin et surtout, la liberté de circuler des biens et des capitaux est un bien public sur lequel est fondée la formidable croissance de l'économie mondiale.

On le voit, « décoder l'actualité » dans les domaines de l'économie et de la finance internationale est une gageure : évolution des approches théoriques, remise en cause des résultats empiriques, complexité des mécanismes sous-jacents. Nous voyons dans cette grande mobilité des concepts et des résultats le produit d'une nécessité – l'économie internationale subit de profondes mutations – et d'un parti pris méthodologique heureux : la connaissance avance rapidement dans ce domaine, en n'hésitant pas à remettre en cause certitudes et résultats caduques. On est donc à l'exact opposé des critiques faites par le mouvement altermondialiste voyant dans l'économie internationale, en tant que discipline, avant tout l'habillage mathématique d'une idéologie libérale. L'ouvrage de Mathilde Lemoine et de Philippe et Thierry Madiès est donc bienvenu. Il ne vise à remplacer ni les grandes synthèses (le Helpman et Krugman déjà mentionné, le Feenstra déjà incomplet malgré sa parution récente [17]), ni les manuels utilisés en Licence (le Krugman-Obstfeld dispose d'un leadership [18], contesté par le De Melo et Grether [19] et plus récemment le Mayer et Mucchielli [20] en langue française). Il les complète d'une certaine façon, en proposant au lecteur soucieux de mieux comprendre l'économie internationale une analyse détaillée, fondée sur les faits, présentant ce qui est indispensable des théories.

L'ouvrage a été remanié pour donner les clés d'analyse de ces nouvelles questions. On comprendra en le lisant les raisons de l'échec de Doha, la dérive des finances publiques dans la zone euro, les options possibles que représentent les eurobonds, la sortie de la zone euro, l'introduction d'une règle d'or. La question des différences de compétitivité entre l'Allemagne et la France fait maintenant l'objet de développements spécifiques, tout comme les mesures non conventionnelles mises en œuvre par la Banque Centrale Européenne ou encore la réforme du système financier international.

Le premier chapitre s'intéresse à l'échange international, en tant que source de croissance et de développement. Il s'agit d'une question constitutive du corpus théorique de l'économie internationale. L'historique de la mondialisation proposé ici a le mérite de rappeler qu'il s'agit d'un choix politique, et pas simplement du résultat d'une évolution technique comme la baisse des goûts de transaction ; en ce sens la mondialisation est réversible, et cette réalité jette un éclairage particulier sur les difficultés croissantes à aboutir dans les cycles de négociation multilatéraux, sur le questionnement croissant quant à la légitimité de l'Organisation Mondiale du Commerce (OMC), ou encore sur la résurgence du discours protectionniste dans plusieurs pays développés. Les deux catégories de déterminants des échanges identifiés par la synthèse Helpman-Krugman sont ensuite présentés : l'échange est soit l'occasion de « repousser le mur de la rareté », soit celle de réaliser des économies d'échelle, de gagner en diversité des produits, de gagner des parts de marché. On notera avec intérêt que le débat sur les délocalisations initié par le prix Nobel Paul Samuelson, procédant d'une relecture des résultats classiques et à l'origine d'une vive controverse dans la profession, est présenté ici. Plus fondamentalement, la question de la relation entre ouverture et croissance est traitée de façon précise : au final, et en dépit de problèmes de causalité importants dans les analyses statistiques, il apparaît que l'ouverture catalyse les forces de la croissance, à savoir l'investissement, l'éducation, la qualité des institutions. La controverse sur les pays « globalisateurs » (la croissance a été dans certains cas initiée par une forme de protectionnisme éducateur) est utilement rappelée dans un

17 Feenstra R. (2003), *Advanced International Trade: Theory and Evidence*, Princeton University Press.

18 Krugman P., Obstfeld M. (2003), *Économie internationale*, Bruxelles : De Boeck Université.

19 De Melo J., Grether J.-M. (1997), *Commerce international*, Bruxelles : De Boeck Université.

20 Mayer T., Mucchielli J.-L. (2005), *Économie internationale*, Paris : Dalloz, Hypercours.

encadré ; il est toutefois peu probable que ce type d'expérience soit reproductible. Enfin, la question des inégalités dans le monde, et à l'intérieur des pays, est étudiée : la réduction des inégalités internationales est liée à la seule émergence de la Chine. La distribution mondiale des revenus devient bimodale, avec les « parvenus » de la mondialisation – les pays émergents – s'opposant aux « laissés pour compte » – les pays les moins avancés. Cette ligne de partage structure d'ailleurs aujourd'hui les négociations commerciales internationales, se substituant à la traditionnelle catégorie des « pays en développement ».

Le deuxième chapitre s'intéresse aux firmes multinationales, acteur majeur de la mondialisation, est-il besoin d'y insister. Une question importante est : pourquoi des firmes multinationales ? À l'évidence, il ne s'agit pas d'un problème de mobilité internationale des capitaux, car sinon, comment expliquer que des firmes locales, dans les pays étrangers, n'exploitent pas elles-mêmes les opportunités d'investissements en s'appuyant sur les marchés internationaux de capitaux ? Il faut donc qu'il y ait autre chose pour qu'une multinationale apparaisse ; il faut qu'elle dispose d'avantages spécifiques et que l'exploitation de ces avantages passe par l'implantation à l'étranger, plutôt que par l'exportation. Mais les firmes ne se contentent pas de répliquer leurs implantations à l'étranger pour se rapprocher de la demande : on l'a dit, elles se réorganisent sur un mode global. La division internationale des processus productifs est explicitée dans ce chapitre, ainsi que celle des échanges intra-groupe.

Le chapitre 3 s'intéresse à l'OMC et plus généralement aux questions de protectionnisme. On y trouve l'analyse classique des droits de douane et des quotas, intégrant les effets de tarif optimal bien connus : les États-Unis font baisser les prix mondiaux en se protégeant, ce qui limite pour eux le coût de la protection en le reportant sur leurs partenaires. Même chose pour l'Europe. Cette analyse traditionnelle est complétée par la question des politiques commerciales stratégiques. Le chapitre pose ensuite la question de la mission de l'OMC : libéralisation ou régulation des échanges mondiaux. Faute de bien percevoir ce second rôle, la contestation de cette institution multilatérale monte en puissance. Et un échec sur cette première fonction, en cas d'enlisement définitif du Cycle de Doha, pourrait fort bien réduire la crédibilité de l'OMC sur la seconde, avec un coût très élevé pour la communauté internationale : imaginons un match de football sans arbitre. Les différentes pommes de discorde sont enfin examinées, dossier du coton compris.

Le chapitre 4 traite des questions de libéralisation commerciale, en examinant l'opposition (ou la complémentarité ?) entre régionalisme et multilatéralisme. Existe-t-il des zones naturelles d'échange, ou les blocs constituent-ils autant de « forteresses » ? Ce questionnement est l'occasion de présenter le modèle de gravité, outil très largement mobilisé dans les travaux d'économie internationale, qu'il s'agisse du commerce, des flux de capitaux ou encore des migrations. De même, le phénomène des effets frontière, reflétant l'incomplétude du Marché unique, est examiné de façon détaillée. Nous revenons plus bas sur les conséquences très vastes de cette permanence des coûts de transaction, qui reste un « puzzle » pour les internationalistes.

Le chapitre 5 aborde la question de l'intégration européenne. Il s'agit d'un chapitre très en phase avec les développements récents à la fois du débat (la directive Bolkenstein) et des techniques d'analyse (l'économie géographique). Le développement des échanges intra-branche, cohérent avec la proximité et le niveau de vie des pays concernés, se retrouve aussi dans le cas de l'élargissement. Mais l'intégration économique pose plus fondamentalement la question de la localisation des activités dans ce grand espace intégré que constitue le Marché unique. Ces questions sont abordées par la nouvelle géographie économique et son modèle « cœur-périphérie » : l'intégration économique renforce-t-elle les phénomènes de polarisation spatiale des activités ? L'introduction de la monnaie unique, en réduisant les coûts de transaction, est-elle de nature à renforcer ces phénomènes ? La zone euro est-elle une zone monétaire optimale ? Comment apprécier la politique monétaire de la Banque Centrale Européenne et les objectifs qui la guident ? Quelle est la place du budget européen dans ce contexte, quels objectifs lui assigner et doit-on craindre la concurrence fiscale entre États-membres ?

Le chapitre 6 s'intéresse enfin à la globalisation financière. L'intégration financière pose d'abord un problème de mesure : doit-on se limiter à constater l'importance croissante des transactions ? Ou au contraire retenir la permanence des écarts à la Loi du Prix Unique ? Selon le choix fait, on pourra conclure à une plus ou moins grande globalisation financière. L'importance des mouvements spéculatifs et la thèse d'une spéculation déstabilisante ont suggéré d'introduire un peu de sable dans les rouages. La Taxe Tobin, chère aux altermondialistes est donc examinée ainsi que la réforme de la réglementation internationale des banques (« Bâle 3 ») consécutive à la crise bancaire récente dans les pays développés. Mais surtout, la prévision des attaques spéculatives à partir d'indicateurs avancés, et le rôle du FMI dans la gestion des crises financières, qui ne se limitent plus aux pays émergents, retiendront l'attention du lecteur, tant il est vrai que les crises financières récentes ont jeté un doute sur les vertus de la globalisation financière.

Au final, en dépit de la volonté d'exhaustivité, peut-on trouver une question d'économie internationale insuffisamment présente dans cet ouvrage ? Assurément, la prochaine décennie va poser de façon croissante la question des biens publics environnementaux mondiaux. La question du climat bien sûr, mais aussi l'exploitation non raisonnée des océans et des forêts, l'utilisation des sols, sont parmi les sujets d'économie internationale les plus complexes. Quels droits de propriété donner à des ressources en partie libres, comment appliquer le principe pollueur-payeur, quelles contraintes imposer à des pays de niveau de développement différents, comment compenser les différentiels de compétitivité créés par les différences de réglementation environnementale au niveau international ? Gageons que Mathilde Lemoine, Philippe et Thierry Madiès nous offriront une lecture limpide de ces questions dans la troisième édition.

Lionel Fontagné

Professeur d'économie à l'Université de Paris I Panthéon Sorbonne
et à l'École d'Économie de Paris

Conseiller scientifique au Centre d'Études Prospectives et d'Informations Internationales (CEPII) après en avoir été son Directeur

Conseiller à l'International Trade Center (UNCTAD-WTO) à Genève

Consultant à la Banque de France

# PRÉSENTATION DE L'OUVRAGE

Cet ouvrage a pour objet de présenter une grille d'analyse permettant de comprendre les principaux thèmes d'actualité liés à l'économie internationale. Il n'est pas un manuel au sens strict et encore moins une juxtaposition de fiches thématiques ! Il a pour ambition de fournir au lecteur les concepts et les résultats les plus récents de l'analyse économique en les confrontant systématiquement aux faits. L'accent est mis sur les méthodes de vérification empirique trop souvent oubliées dans les manuels. Le lecteur doit en effet savoir si le débat est tranché au sein de la communauté scientifique ou si, au contraire, il reste ouvert. Ceci est le seul moyen d'éviter les discours approximatifs ou idéologiques. Cette deuxième édition de l'ouvrage n'est pas seulement une mise à jour de la précédente édition. D'importants remaniements ont aussi été opérés. Cette nouvelle édition traite en particulier des causes et des effets de la crise économique et financière qui frappe l'économie mondiale depuis 2007.

Le livre s'articule autour de six grands chapitres qui se font écho tant la mondialisation est un phénomène pluriforme. La préface très détaillée de Lionel Fontagné met en exergue les enseignements que le lecteur peut tirer de chacun des chapitres de cet ouvrage. Le premier chapitre est conçu comme une « boîte à outils » qui donne les clés des chapitres suivants – plus thématiques. Il aborde deux thèmes importants que sont les déterminants de l'échange international et les effets de l'ouverture internationale sur les inégalités internationales (entre pays) mais aussi internes (aux pays). Le deuxième chapitre s'intéresse aux entreprises multinationales dont le poids dans le commerce mondial s'est fortement accru en intégrant la question des délocalisations et de leurs effets sur l'emploi dans les pays industrialisés. Le troisième chapitre s'intéresse aux questions relatives au protectionnisme mais plus encore à celles de l'Organisation mondiale du Commerce (OMC). L'accent est mis en particulier sur le Cycle de Doha et les négociations menées dans ce cadre. Cette nouvelle édition propose une analyse des causes de l'impasse dans laquelle se trouve le Programme de Doha. Les négociations multilatérales se sont accompagnées dès la fin des années 1980 d'une montée en puissance d'un « nouveau régionalisme commercial ». C'est l'objet du quatrième chapitre que d'étudier les « liens » qu'entretiennent le multilatéralisme et le régionalisme commercial (opposition ou au contraire complémentarité). Le cinquième chapitre constitue en quelque sorte le prolongement naturel du chapitre précédent car le processus d'intégration européen constitue finalement le projet le plus abouti d'intégration régionale. Parmi les nouveautés introduites dans ce chapitre, on notera les développements consacrés à la dérive des finances publiques dans la zone euro et aux réformes de la gouvernance économique qui vont dans le sens de davantage de « fédéralisme budgétaire ». Le dernier chapitre dépasse le cadre de l'intégration monétaire et financière européenne pour s'intéresser à la globalisation financière internationale. L'accent est mis sur certaines « énigmes » de l'économie financière internationale. L'étude des gains à attendre de la globalisation financière est confrontée aux coûts qu'elle peut faire subir en termes d'instabilité financière aux pays développés ou en développement. Les mécanismes de transmission des crises financières internationales sont abordés à travers l'étude des crises financières qui ont frappé les pays émergents au cours des années 1990 mais aussi plus récemment à travers la crise financière qui a frappé plus particulièrement les pays développés à partir de 2007. Parmi les nouveautés de ce chapitre, on mentionnera en outre une analyse de la réforme du système financier international mettant en exergue le contrôle des mouvements de capitaux et la réglementation bancaire internationale. La question du rôle des institutions internationales comme le Fonds Monétaire International est aussi abordée.

On notera sans surprise que les chapitres de cet ouvrage permettent de couvrir le champ de l'économie internationale de la façon la plus complète possible.

- L'échange international : source de croissance économique et de développement ?
- Le rôle des multinationales dans la nouvelle économie mondiale.
- L'organisation mondiale du commerce : régulation ou libéralisation des échanges ?
- Régionalisme commercial ou multilatéralisme ?
- L'intégration européenne face à l'élargissement et à la crise économique et financière actuelle : quels enjeux ?
- La globalisation financière et l'instabilité financière

## Public concerné

Cet ouvrage s'adresse à des lecteurs très différents en offrant plusieurs niveaux de lecture :

- Le premier niveau de lecture concerne les étudiants de premier cycle universitaire, les étudiants préparant les concours d'entrée aux grandes écoles de commerce (HEC, ESSEC, ESCP, etc.), les élèves des Instituts d'Études Politiques ainsi que tous ceux qui préparent les concours administratifs du cadre A de la fonction publique française.
- Le deuxième niveau de lecture concerne les étudiants des universités plus avancés et ceux qui préparent les concours d'entrée dans les ENS ainsi que les candidats aux concours de recrutement des futurs enseignants (Agrégation, CAPES et CAPET). L'ouvrage est, par exemple, particulièrement adapté aux épreuves orales car il fournit au candidat à la fois des éléments théoriques mais

aussi empiriques et institutionnels (ces deux derniers éléments constituant souvent une faiblesse des candidats au concours).

■ Ceux qui sont intéressés par les questions d'actualité internationale mais qui ne sont plus étudiants trouveront également de quoi satisfaire leur curiosité et leur besoin d'aller plus loin.

## *Organisation d'un chapitre et mise en œuvre d'un double niveau de lecture*

- Les étudiants trouveront dans chacun des chapitres un nombre important de concepts et de mécanismes économiques. Chacun des thèmes traités est un prétexte pour introduire des éléments de cours. Un ensemble de mots-clés figure au début de chaque chapitre, indiquant la diversité des sujets traités.
- Chaque chapitre fait l'objet d'un plan qui peut servir de trame à un exposé oral, voire à une dissertation. L'intitulé des titres de section permet au lecteur de dégager rapidement les grandes idées développées dans la section.
- Un premier type d'encadrés figure dans le texte, dont l'objet est d'apporter des éléments théoriques essentiels pour les étudiants ne disposant pas des prérequis nécessaires.
- Un deuxième type d'encadrés figure aussi dans le texte et concerne les étudiants plus avancés. Il s'agit généralement de modèles plus techniques ou de méthodes empiriques.
- Figurent pour terminer, à la fin de chaque chapitre, des ouvrages ou articles de référence et un résumé.

# 1

# L'ÉCHANGE INTERNATIONAL : UNE SOURCE DE CROISSANCE ET DE DÉVELOPPEMENT ?

## DÉBATS D'ACTUALITÉ

- La mondialisation des économies : un enrichissement ou un appauvrissement ?
- La Chine est-elle le seul pays à avoir bénéficié de la mondialisation durant les années 2000 ?
- Pourquoi échanger ?
- Les ressources naturelles influencent-elles encore le commerce ?
- La recherche d'économies d'échelle et la différenciation des produits contribuent-elles à l'intégration des économies ?
- La différenciation des produits : seule stratégie gagnante ?
- La compétitivité : un nouvel eldorado ?
- La mondialisation entraîne-t-elle de nouvelles inégalités ?
- Le commerce international permet-il de réduire la pauvreté ?

### MOTS CLÉS

Première et deuxième mondialisations, statistiques des échanges, Chine, pays émergents, balance des paiements, taux de change, avantages absolus, avantages comparatifs, compétitivité, rendements décroissants, économies d'échelle internes et externes, différenciation des produits, commerce intra-branche, concurrence monopolistique, inégalités entre pays, inégalités salariales.

# INTRODUCTION

Depuis les années 1980, la mondialisation connaît une accélération. De plus en plus de pays participent aux échanges mondiaux. Le nombre de membres à l'OMC n'a cessé de croître pour atteindre 153 membres avec l'adhésion du Cap-Vert en juillet 2008. Par ailleurs, les distances sont sans cesse diminuées par le progrès technique et le développement des échanges de biens se double d'une mondialisation des investissements. Les investissements directs étrangers comme les investissements de portefeuille ont considérablement augmenté, leur matérialisation la plus visible étant le développement des multinationales et des capitalisations boursières. Cette accélération du processus s'est traduite par une intégration plus importante des économies.

Cette intégration des économies a engendré une remise en cause des positions acquises et une redéfinition des rapports commerciaux. Les États-Unis comme l'Europe ont développé leurs échanges avec l'Asie, ce qui n'a pas manqué de rendre plus visible la redistribution et la modification de la répartition des richesses qu'implique l'ouverture. Le processus s'est accéléré avec l'entrée de la Chine à l'Organisation mondiale du commerce (OMC) en 2001 et la montée en puissance des grands émergents dans le commerce mondial. La mondialisation est devenue un enjeu interne. C'est d'ailleurs son impact sur les équilibres intérieurs des économies, en particulier développées, qui suscite de grandes inquiétudes. L'échange peut alors être appréhendé comme un jeu à somme nulle : en modifiant l'allocation des ressources, il prend aux uns pour donner aux autres. C'est aujourd'hui ce qui est reproché au commerce mondial.

Pourtant, les échanges mondiaux résultent d'une demande des citoyens qui en attendent des gains. Économiquement, l'échange a lieu car il permet d'obtenir ce que l'on n'a pas. La supériorité de la valeur attribuée à la chose acquise par rapport à celle de la valeur cédée est essentielle à l'échange car elle en est l'unique motif. Dans ses « réflexions », Turgot explique l'échange par le besoin réciproque : « dans cette convention, il est naturel que chacun désire recevoir le plus qu'il peut et de donner le moins qu'il peut. Et tous deux, étant également maîtres de ce qu'ils ont à donner dans l'échange, c'est à chacun d'entre eux à balancer l'attachement qu'il a pour la denrée qu'il donne avec le désir qu'il a de la denrée qu'il veut recevoir, et à fixer en conséquence la quantité de chacune des choses » (*Œuvres,* II, p. 552).

L'échange international est un moyen de créer un intérêt à éviter la guerre, comme l'écrivait Montesquieu (*De l'esprit des lois*, 1758) « L'effet naturel du commerce est de porter la paix ».

C'est aussi une façon de repousser le mur de la rareté, c'est-à-dire d'obtenir plus que ce qu'un pays peut produire, compte tenu de ses facteurs de production. Smith en réponse aux mercantilistes va montrer que le commerce extérieur est avantageux parce qu'il permet d'obtenir des marchandises qui satisfont mieux aux besoins et augmente les satisfactions, en échange de marchandises pour lesquelles la demande est faible. Pour cet auteur, le commerce extérieur tire son utilité de sa contribution à la division du travail. En élargissant les marchés, il permet une division plus poussée des activités et par conséquent une augmentation de la productivité. Cette analyse fondamentale va être formalisée par Ricardo qui s'appuya sur les travaux de Mill. Lorsque nous développerons cette démonstration des gains procurés par le commerce grâce à la spécialisation, il faut avoir en tête l'époque à laquelle elle a été écrite. En effet, l'économie de la fin du XVIII^e^ et du début du XIX^e^ était une économie majoritairement agricole, caractérisée par des rendements décroissants. La terre s'appauvrit au fur et à mesure qu'elle est exploitée. Ce processus inéluctable peut être retardé par la spécialisation qui permet une meilleure utilisation des facteurs de production. Le « mur de la rareté » est repoussé. Comme nous le verrons, cette théorie a été sans cesse approfondie et complétée par les avancées de la recherche. Néanmoins, les vérifications empiriques sont souvent décevantes et une partie des flux commerciaux ne peut pas être expliquée par les avantages comparatifs des nations. Dès lors, de nouvelles théories du commerce international vont apparaître. Elles vont lever peu à peu les hypothèses restrictives des modèles de spécialisation et montrer que l'échange résulte des rendements croissants, de la différenciation des produits ou encore de la technologie.

Dans la réalité, les échanges internationaux résultent de ces multiples déterminants. Il est donc inexact tant du point de vue théorique que du point de vue explicatif de vouloir continuer à les opposer. C'est en associant le pouvoir explicatif des différentes théories que nous pouvons comprendre les motivations des échanges internationaux. C'est l'objet de ce premier chapitre. Nous commencerons par dresser un panorama des échanges mondiaux (1). Nous analyserons l'évolution actuelle du commerce mondial après avoir rapidement rappelé l'existence d'une « première mondialisation ». La mondialisation actuelle se caractérise notamment par l'émergence des pays émergents comme acteurs incontournables des échanges mondiaux et par l'importance des échanges intra-branches et intra-groupes. Les pays développés se spécialisent dans des créneaux spécifiques afin de bénéficier d'économies d'échelle. À côté des échanges intra-branches résultant de la différenciation des produits, il existe désormais des échanges intra-produits qui résultent de la division verticale du travail. Ce panorama permettra donc de mieux appréhender les limites des théories traditionnelles du commerce international exposées dans la deuxième partie de ce chapitre (2) et le pouvoir explicatif des nouvelles théories du commerce international. Afin de garder en tête l'importance des évolutions théoriques et l'amélioration de leur pouvoir explicatif, nous aborderons les autres théories du commerce international comme celle de Vernon et de Posner, ainsi que le récent débat lancé par Samuelson qui montre que le commerce international ne procure pas systématiquement de gains mutuels (encadré 1.3).

Ces théories mettant principalement l'accent sur les gains statiques du commerce international, nous préciserons dans une troisième partie le lien entre commerce international et croissance. L'ouverture internationale modifie l'allocation des ressources mais est aussi censée avoir un impact positif sur la productivité globale des facteurs. Ensuite, nous préciserons les conséquences du commerce mondial sur les inégalités entre pays et internes. L'appréhension empirique et pas seulement théorique du lien entre commerce international et inégalités est difficile car elle soulève d'importants problèmes méthodologiques et de disponibilité des données. Nous aborderons donc séparément les conséquences des échanges sur les inégalités entre les pays et sur les inégalités dans les pays.

## 1.1 PANORAMA DES ÉCHANGES MONDIAUX

« L'histoire est un éternel recommencement ». Cela s'applique parfaitement au phénomène de mondialisation. À partir de la fin du XIX$^{e}$ siècle et jusqu'à la Première Guerre mondiale, les échanges internationaux se sont accélérés. Cette période s'apparente à une « première mondialisation ». Ensuite, après la Seconde Guerre mondiale, une nouvelle période d'accélération des échanges s'est ouverte. Dans les deux cas, le commerce s'est développé grâce aux avancées technologiques et à la baisse des coûts de transport. Et durant ces deux périodes, on a assisté à la montée de l'Asie, ce qui a suscité des inquiétudes ! Des différences existent bien sûr entre cette « première mondialisation » et celle que nous connaissons. La mondialisation actuelle se caractérise par une très forte intégration des économies et par une importante régionalisation, comme nous le verrons dans le paragraphe 1.1.2 de cette première partie. Nous avons choisi de dresser un panorama non exhaustif des échanges. Nous spécifions les évolutions qui nous paraissaient significatives et proposons au lecteur des chiffres ou graphiques les illustrant. Il existe de nombreux manuels de statistiques comme ceux publiés par l'OMC, le FMI, la CNUCED ou encore l'OCDE qui permettront à ceux qui le souhaitent d'aller plus loin. La plupart des données proviennent de la balance des paiements des pays qui recense les flux d'échange entre les nations ou les groupes de nations et l'extérieur. Nous consacrerons donc la fin de cette première partie à la mesure comptable des échanges et de la compétitivité d'un pays.

### 1.1.1 *La mondialisation : un phénomène historique*

La mondialisation n'est pas un phénomène nouveau. L'historien Fernand Braudel a développé le concept d'économie monde pour définir le système économique international des empires espagnols et britanniques. Dès l'Antiquité puis au Moyen Âge, les cités marchandes échangent entre elles, à travers l'Europe, autour de la Méditerranée, dans l'Océan indien et avec l'Afrique. La découverte de l'Amérique (1492) et le premier tour du monde (1522) accélèrent les échanges.

Les deux grandes mondialisations se distinguent néanmoins de ces périodes car elles résultent d'innovations, d'avancées technologiques et de réduction des barrières entre les pays. La première « mondialisation » a pour origine la révolution industrielle de 1815. Elle a duré de 1830 à 1914 [1]. La seconde mondialisation a commencé avec la reconstruction qui a suivi la Seconde Guerre mondiale. Puis, les avancées technologiques qui ont modifié les notions d'espace et de temps durant les années 1980 ont accéléré le processus d'intégration des économies. Dans les deux cas, les innovations technologiques ont permis de baisser les coûts de transport et de communication. Le câble transatlantique installé en 1860, comme Internet, ont participé à la mondialisation des économies. La réduction volontaire des contraintes tarifaires et des obstacles à l'échange ont également facilité l'accélération des échanges internationaux. Le milieu du XIX$^{e}$ siècle est marqué par le développement d'une économie de marché et par la levée des obstacles qui avaient protégé les économies locales du commerce international. L'accord de libre-échange franco-britannique, signé le 23 janvier 1860, facilitait les échanges même si le tarif Meline, voté en 1892, signait la fin de l'engagement français en faveur du libre-échange. Lors de la seconde mondialisation, ce sont les accords du GATT et les négociations à l'OMC qui ont entraîné une réduction des droits de douane qui sont passés de 16.5 % en 1960 en moyenne dans les pays signataires à 4 % actuellement. La place des pays européens et la montée de l'Asie dans les échanges sont enfin des caractéristiques communes aux deux mondialisations. La seconde mondiali-

1 Il existe plusieurs datations de la première mondialisation. Rourke et Williamson (1999) la datent de 1870 à 1913. Nous avons choisi de retenir celle de Berger (2003) qui considère qu'elle a commencé en 1830 pour finir en 1914.

sation se distingue par des flux de population moins importants et par une augmentation des échanges intra-branches.

## A. Industrialisation et première mondialisation

À la fin du XIX^e siècle et jusqu'à la Première Guerre mondiale, l'internationalisation de l'économie tant au niveau des biens que des capitaux était aussi importante qu'au milieu des années 80. De 1830 à 1914, le volume des échanges mondiaux a été multiplié par 20. Le commerce mondial des marchandises représentait 3 % de la production en 1800 et plus de 30 % en 1913. La valeur totale du commerce mondial est estimée à 8 milliards de livres sterling (unité monétaire de référence) en 1913, contre 800 millions en 1850, soit une multiplication par 10. En matière de capitaux, si on prend la situation de la France, alors que 40 % de la richesse nationale était constituée de valeurs mobilières, près de la moitié était placée à l'étranger un peu avant la Première Guerre mondiale. Quant aux mouvements de personnes, la baisse des coûts de transports favorisa l'immigration. L'Irlande et la Suède perdirent 10 % de leur population par décennie avant la guerre et 65 millions d'Européens s'installèrent dans les pays d'immigration européenne (Australie, Nouvelle-Zélande, Canada, États-Unis). Cette période qualifiée de « première mondialisation » par Suzanne Berger [2] a engendré une ouverture des économies.

En permettant une hausse de la production et une baisse des coûts de transport, les deux révolutions industrielles du XIX^e siècle ont facilité le développement des échanges. La première révolution industrielle, qui naît en Grande-Bretagne au cours de la seconde moitié du XVIII^e siècle, se traduit par des innovations techniques dans la filature et le tissage. Cela permet une très forte croissance de la capacité de production et une forte baisse des prix de revient dans ce secteur d'activité. L'exportation devient possible. Elle nécessite des importations de matières premières d'origine agricole, telles que la laine et surtout le coton. Les États-Unis vont devenir les fournisseurs de coton de l'Europe qui absorbera, au milieu du XIX^e siècle, les deux tiers de leurs exportations. La seconde révolution industrielle va permettre le développement des fourneaux au Coke en remplacement de ceux utilisant le charbon de bois. De 1790 à 1810, la production de fonte quadruple. D'autres innovations telles que la machine à vapeur, le transport fluvial, ferroviaire et maritime vont engendrer une baisse significative des coûts de transport et ainsi faciliter le développement des échanges. Par exemple, à la fin du XIX^e siècle, 90 % de la marine marchande est à vapeur alors que seulement 4 % l'était en 1850. Ce passage de la voile à la vapeur a permis de diminuer le prix du fret maritime par 7.

Le développement des échanges a également été facilité par l'avènement des théories du commerce international. Adam Smith (*La richesse des nations*, 1776) et David Ricardo (*Traité sur l'impôt*, 1817) ont développé dans un cadre rigoureux une théorie du commerce international démontrant les vertus de la spécialisation interna-

2 Berger, S., *Notre première mondialisation*, La république des idées, Seuil, 2003.

tionale par les gains mutuels qu'elle apporte aux partenaires commerciaux [3]. Grâce à ces thèses, la Grande-Bretagne a joué un rôle moteur dans la mise en place du libre-échange et a baissé significativement ses droits de douane. Selon les estimations de Kindleberger (1975) [4], le taux moyen des droits de douane est de l'ordre de 60 % dans les années 1820 en Grande-Bretagne. En 1850, ils ne sont plus que de 5 % sur les matières premières, de 12 % sur les produits intermédiaires et de 20 % sur les produits finis. De 1850 à 1880, les barrières douanières se sont maintenues à leur niveau de 1850. En revanche, la fin du XIXe siècle est marquée par le retour du protectionnisme, du fait des guerres et des difficultés économiques. La guerre franco-allemande de 1870 et la grande dépression de 1873-1896 ont engendré un fort ralentissement des échanges.

Les investissements étrangers se développent. En 1870, ils représentent environ 40 % des investissements de capitaux internationaux à long terme, dont la forme principale avait été jusqu'alors celle d'investissements de portefeuille. Avant 1914, à titre d'exemple, des entreprises anglaises (Dunlop, Unilever), allemandes (Siemens, Bosch, Bayer, Daimler Benz), françaises (Saint-Gobain), suisses (Nestlé) étaient déjà installées dans plusieurs pays étrangers. À la veille de la Première Guerre mondiale, la Grande-Bretagne, les États-Unis, la France et l'Allemagne réalisent 90 % des investissements directs mondiaux. La Grande-Bretagne, qui dispose encore d'un leadership commercial et financier, domine largement ce mouvement en réalisant, à elle seule, près de la moitié des investissements. La répartition de l'investissement direct par pays d'accueil est différente de celle par pays d'origine. Les pays en développement y jouent un rôle important : ils représentent 64 % de ce stock en 1914 et 66 % en 1938. L'Amérique latine puis l'Asie sont les deux premières zones d'accueil, la Chine et la Russie dépassant l'Europe de l'Ouest. En termes sectoriel, en 1914, 55 % du stock des IDE se trouvaient dans le secteur primaire, 20 % dans les chemins de fer, 15 % dans les produits manufacturés. Et seulement 10 % dans les services, la distribution et les banques. La majeure partie des investissements dans le secteur manufacturier était concentrée dans les pays européens, les États-Unis, la Grande-Bretagne et ses dominions, ainsi que l'ancienne Russie. Déjà en 1938, la situation a considérablement changé. La part de la Grande-Bretagne dans les opérations d'IDE s'effrite au profit des États-Unis qui réalisent 30 % des IDE. La position de l'Allemagne s'effondre et celle de la France se détériore. Les deux guerres mondiales et la crise économique des années 30 amènent plusieurs bouleversements. Les investissements intra-européens s'amenuisent, ceux en Russie disparaissent et l'importance des États-Unis comme pays d'origine se développe au détriment de la Grande-Bretagne.

À cette époque, les échanges ont principalement lieu au sein de l'Europe mais on assiste à la montée en puissance de l'Asie dans le commerce mondial. Ce sont des

3 Nous les développerons dans la deuxième partie de ce chapitre.

4 Kindleberger C.P., « The rise of free trade in Western Europe, 1820-1875 », *Journal of economic history*, XXXV, 1975.

produits primaires puis des produits industriels qui sont échangés au fur et à mesure du développement de l'industrie européenne. L'Europe est au cœur du commerce mondial, la Grande-Bretagne en étant l'acteur principal. En 1850, l'Europe réalise 70 % du commerce et la Grande Bretagne en assure 20 % à elle seule, suivie par la France (6 %) et l'Allemagne (8 %). Ce sont principalement des échanges intra-zone, l'Europe étant la destination de plus de 70 % de ses exportations. Le commerce intra-européen représente 40 % du commerce mondial. Cette « première mondialisation » a conduit à une ouverture des économies élevée. En 1913, pour les pays européens, les exportations correspondent à 14 % de leur PNB, contre moins de 5 % en 1830 et moins de 3 % au XVIIIe siècle. Les flux d'échange existent majoritairement entre les pays dont le niveau de développement est proche. Ils s'échangent des biens similaires. L'échange international n'est donc pas la simple résultante d'une indisponibilité de certains biens, qui doivent être importés, mais bien le moyen de bénéficier d'avantages comparatifs ou relatifs.

**Tableau 1.1**
***Poids des grandes puissances dans le commerce mondial 1850-1913***
**(exportations et importations en pourcentage du commerce mondial)**

| | *Royaume-Uni* | *États-Unis* | *France* | *Japon* | *Allemagne* |
|---|---|---|---|---|---|
| **1850** | 18 | 5,5 | 6,2 | - | 8 |
| **1913** | 15 | 10,3 | 7,7 | 1,8 | 12,5 |

Source : Rainelli (2003) d'après J.A. Lesourd et Cl. Gérard, *Nouvelle histoire économique*, tome 1, *Le 19e siècle*, A. Colin, 1976.

L'importance de l'Europe dans le commerce international diminue à la fin du XIXe siècle : la part de l'Europe dans les échanges mondiaux revient à moins de 65 % et celle de l'Europe occidentale à 50 %. La fin de ce siècle marque aussi le déclin de la Grande-Bretagne dans le commerce international : sa part passe de 19 % en 1850 à 15 % en 1913. Cela étant, elle garde sa première place de nation commerçante. La domination de la Grande-Bretagne (15 % du commerce mondial) est finalement remise en cause au début du XXe siècle, avec l'apparition, ou du moins la montée en puissance, de certains pays échangistes tels que le Japon (1,8 %) et surtout les États-Unis (10,3 %). Les échanges de la Grande-Bretagne avec l'Asie, le développement du Japon, les investissements étrangers en Chine et le raccourcissement rapide des distances entre l'Asie et l'Europe ont conduit l'Asie à jouer un rôle important. Cette évolution des rapports de force mondiaux a suscité des inquiétudes semblables à celles que nous connaissons actuellement. Théry (1901) écrivait [5] : « Il ne restera donc, pour nous défendre, que la question de la distance, c'est-à-dire la question des frais de transport ; mais on oublie trop, dans le monde du libre-échange, que l'emploi de

5 Edmond Théry, *Le Péril jaune*, Paris, Félix Juven, 1901, p. 308.

l'électricité et de la vapeur l'a presque supprimée et que, en ce qui concerne spécialement l'Extrême-Orient, le canal de Suez, les grands steamers à marche rapide et la concurrence des frets — sans parler de l'influence prochaine du Transsibérien — ont décuplé la vitesse de circulation des marchandises, assuré à leur livraison une régularité presque mathématique et réduit leurs frais de transport dans des proportions telles que leur prix de revient — surtout lorsqu'il s'agit de produits manufacturés — n'en peut plus être sensiblement affecté. Le péril jaune qui menace l'Europe peut donc se définir de la manière suivante : rupture violente de l'équilibre international sur lequel le régime social des grandes nations industrielles de l'Europe est actuellement établi, rupture provoquée par la brusque concurrence, anormale et illimitée d'un immense pays nouveau ».

Cette période se caractérise également par un changement de la nature des produits échangés. Les échanges de matières premières agricoles ou minières (coton, charbon), qui représentent environ 60 % du commerce à la fin du XIX^e^ siècle, remplacent le commerce des épices des siècles précédents. Le XIX^e^ siècle est aussi la période où les produits industriels (métallurgiques et chimiques) commencent à s'échanger et se substituent d'ailleurs progressivement au textile dans les exportations des pays européens au fil du siècle. Le même phénomène se produit, de façon décalée, pour les économies nord-américaines et japonaises, qui connaissent un profond mouvement d'industrialisation durant la seconde moitié du XIX^e^ siècle. Pour simplifier les choses, on peut distinguer deux secteurs : celui des produits de l'industrie et celui des produits primaires. Le réseau du commerce mondial est alors organisé de la manière suivante : l'Europe, qui achète principalement des produits primaires, vend surtout des produits industriels. Entre 1800 et 1913, les exportations européennes sont composées, pour 55 à 65 % du total, de produits manufacturés. En revanche, les importations comprennent de 80 à 90 % de produits primaires [6].

## B. La seconde mondialisation

La Première et la Seconde guerres mondiales ont donné un coup d'arrêt brutal au commerce international. Entre 1913 et 1950, on assiste à une quasi-stagnation des échanges internationaux qui augmentent d'ailleurs moins vite que la production mondiale. Leur croissance annuelle moyenne est de 3 % seulement. La baisse des échanges a commencé avec la Première Guerre mondiale et la crise de 1929. Pensant protéger leur économie, les pays européens mènent des politiques protectionnistes afin de limiter leurs importations. Et la mise en place de représailles va empêcher tout développement des échanges internationaux. La France adoptera, la première, un ensemble de mesures protectionnistes, en particulier pour décourager les importations de produits agricoles sous la forme de quotas. La Grande-Bretagne, quant à elle, augmentera ses droits de douanes jusqu'à 100 % en adoptant une loi nommée

6 Bairoch P., *Commerce extérieur et développement économique de l'Europe au XIX^e^*, Mouton, Paris, 1976.

« British emergency Act » en 1931. Le protectionnisme engendre le déclin de l'Europe occidentale dans les échanges mondiaux. Elle ne présente plus que 35 % du commerce mondial en 1948, contre 50 % en 1900 et 70 % en 1850. D'ailleurs, le commerce intra-européen passe lui-même de 40 % du commerce mondial en 1913 à 30 % en 1940. Et cela au profit des États-Unis qui réalisent, à cette même date, 22 % du commerce mondial.

**Tableau 1.2**
*Évolution du commerce mondial entre 1914 et 1950*

| En % du total des échanges | 1913 | 1929 | 1937 |
|---|---|---|---|
| Royaume-Uni | 30.6 | 23.8 | 22.4 |
| États-Unis | 13 | 21.4 | 20.3 |
| France | 12.7 | 11.1 | 6.1 |
| Allemagne | 27.5 | 21.9 | 23.4 |
| Belgique, Italie, Suède, Suisse | 13.1 | 14.5 | 15.4 |
| Canada | 0.7 | 3.4 | 5 |
| Japon | 2.5 | 4.1 | 7.5 |

Source : Cairncross A.K., *Factors in economic development*, Londres 1962, table IV p. 235, in Rainelli (2003).

**Tableau 1.3**
*Évolution du PIB, des échanges et des investissements*
*En milliards de dollars courants — base 100 en 1970*

| | 1970 | 1975 | 1980 | 1990 | 1995 | 2000 |
|---|---|---|---|---|---|---|
| PIB | 3 177 | 6 197 | 11 734 | 22 061 | 29 292 | 31 807 |
| | 100 | 195 | 369 | 694 | 922 | 1 000 |
| Échanges mondiaux | 318 | 864 | 1 973 | 3 345 | 4 821 | 6 032 |
| | 100 | 272 | 620 | 1 052 | 1 518 | 1 897 |
| Flux d'IDE | 12 | 26 | 55 | 203 | 330 | 1 492 |
| | 100 | 211 | 437 | 1 611 | 2 626 | 11 854 |

Source : CNUCED.

Ce n'est que durant les années 50 que les échanges ont repris pour se développer à nouveau et progresser deux fois plus vite que la production mondiale. Ce sera la seconde mondialisation. En valeur nominale, les exportations de marchandises ont été multipliées par 157 entre 1948 et 2004, passant de 58 à 9153 milliards de dollars. Les pays sont devenus très ouverts. Le coefficient d'ouverture mesuré par le ratio des exportations et du PIB a cru, comme le coefficient de dépendance qui mesure le poids des importations en pourcentage du PIB. Chacune des nations qui participe aux échanges devient de plus en plus dépendante du reste du monde. Cette dépendance sera qualifiée de processus d'intégration lors de la seconde phase de la deuxième mondialisation.

Les déclencheurs de cette deuxième mondialisation ont été comme pour la « première mondialisation » le progrès technologique et la baisse du prix du coût de transport. Le développement des nouvelles techniques de production et de logistique organisée en réseau a permis d'accroître la production et de faciliter le déplacement de marchandises. De 1960 à 2000, le coût des transports maritimes a été divisé par près de quatre et celui des communications téléphoniques de 64. Les baisses de droits de douanes et la régionalisation ont également participé à l'accélération des échanges et à l'intégration des économies.

**Tableau 1.4**
*Coût des transports et des communications en dollars constants de 1990, base 100 en 1970*

| | 1960 | 1970 | 1980 | 1990 | 2000 |
|---|---|---|---|---|---|
| Prix de la minute de communication | 192 | 100 | 12 | 8 | 3 |
| Coût du fret maritime | 142 | 100 | 80 | 50 | 38 |

Source : Banque mondiale, EIU, UIT.

■ **La première phase de la deuxième mondialisation** a duré de 1949 à 1973. Elle est considérée comme l'âge d'or de la croissance mondiale et du commerce international. Les taux de croissance du commerce international sont impressionnants : environ 7 % par an entre 1949 et 1960, 10 % par an entre 1960 et 1973. En moyenne, la croissance du commerce international dépasse de 4 points celle de la production industrielle (de l'ordre de 6 %) sur la période 1949-1973. Les États-Unis et l'Europe réalisent encore une part importante du commerce mondial.

**Tableau 1.5**
*Répartition géographique du commerce mondial*

| | 1950 | 1958 |
|---|---|---|
| Amérique du Nord | 22.3 | 21.9 |
| Japon | 1.5 | 3 |
| Europe occidentale | 39.8 | 44.3 |
| Afrique du Sud, Australie, Nouvelle-Zélande | 5 | 4 |
| Pays en voie de développement | 31.4 | 26.8 |

BRI, *31e rapport annuel*, 1961, Bâle, p. 128.

Les années 1960 et 1970 sont celles de la forte croissance des investissements internationaux. Ainsi, entre 1960 et 1978, le montant du stock d'investissements internationaux dans le monde est passé de 70 milliards à 380 milliards, soit une multiplication par 6. Les États-Unis, en tant que pays d'origine, affirment leur suprématie en représentant, sur la période, plus de la moitié du stock d'investissement mondial et les deux tiers des flux annuels. La Grande-Bretagne perd son leadership et devient le second pays d'origine, loin derrière, avec 15 % du stock d'investissements. Des changements notables ont lieu aussi au niveau des pays d'accueil dans la mesure où les pays en voie de développement ne constituent plus la destination principale des IDE, comme au début du siècle. Ils ne représentent plus que 30 % environ du stock mondial d'IDE, au cours de la période 1960-1971, alors que les pays développés en représentent, désormais, les deux tiers. Une telle modification structurelle dans la géographie des IDE s'explique par le fait que ces investissements ont de plus en plus lieu dans des secteurs manufacturés. Ainsi, 35 % des investissements cumulés américains et anglais se dirigent vers ce secteur, au lieu de 25 % en 1938 et 15 % en 1914.

Le choc pétrolier de 1973 est un coup dur pour la croissance mondiale. En trois mois, d'octobre à décembre 1973, le prix du baril de pétrole a été multiplié par 7 en passant de 2 dollars à 14 dollars. Ce premier choc pétrolier, associé aux désordres monétaires internationaux, a entraîné un ralentissement de la croissance économique des pays industrialisés, et en particulier européens, qui ont vu leur facture pétrolière s'envoler. Cette baisse de croissance comme celle qui surviendra après le second choc pétrolier de 1979 aura pour conséquence de ralentir le commerce mondial. Le taux de croissance de la production mondiale et des exportations mondiales passe, entre la période 73-79 et 79-85, respectivement de 3 et 6 % à 2 et 3,5 %. Le commerce est soumis aux variations de la croissance. Les variations de croissance impliquent quasi systématiquement des variations pro-cycliques du commerce mondial.

■ **La seconde phase de la deuxième mondialisation** fait suite au deuxième choc pétrolier et se caractérise par une plus forte intégration des économies mais aussi par l'émergence de nouveaux acteurs du commerce mondial. L'ouverture mesurée par le rapport entre la somme des exportations et des importations et le PIB s'accroît dans tous les pays. Le développement des investissements directs étrangers et la libéralisation des marchés financiers ont engendré un essor de toutes les formes d'échanges. L'accroissement continu du nombre de pays faisant partie de l'OMC a, quant à lui, conduit à une participation de tous les pays aux échanges internationaux. Seuls certains pays totalitaires s'en sont exclus. Et le montant des exportations chinoises de marchandises est devenu supérieur à celui des exportations américaines. Mais la crise financière de 2007-2008 a donné un coup d'arrêt à ce mouvement d'ouverture des économies dans la mesure où la chute des échanges a été plus importante que celle du PIB. Toutefois, ce mouvement n'a été que temporaire puisqu'en 2010 les exportations mondiales de marchandises ont crû de 14 % alors que le PIB mondial n'a augmenté que de 3,5 % [7].

---

7 Source : OMC (2011), statistiques du commerce international 2011, http://www.wto.org/french/res_f/statis_f/its2011_f/its11_toc_f.htm.

**Tableau 1.6**
*Évolution de l'ouverture des économies [(exportations + importations) / PIB] depuis 1970*

| En % | 1970 | 1990 | 2007 (avant la crise) | 2009 (pendant la crise) |
|---|---|---|---|---|
| Allemagne | 34.3 | 49.7 | 86.7 | 76.7 |
| Chine | – | 26.7 | 68 | 49.1 |
| États-Unis | 11.3 | 20.5 | 28.8 | 25.2 |
| France | 31.3 | 43.9 | 55.3 | 48.5 |
| Japon | 20.1 | 19.8 | 33.6 | 25 |
| Royaume-Uni | 43.6 | 50 | 56.3 | 58.2 |

Source : OECD / OECD.stat / Globalisation : http://stats.oecd.org/Index.aspx?DataSetCode=TRADEINDMACRO, calculs auteurs.

## 1.1.2 *L'évolution récente des échanges*

La nature et l'origine des échanges mondiaux ont évolué. Pour autant, les échanges ont les mêmes caractéristiques que durant la « première mondialisation » : les exportations et les importations sont de plus en plus importantes et l'intégration est de plus en plus étroite, les mouvements de capitaux sont supérieurs à ceux des marchandises, l'Asie accroît sa part de marché de façon continue, l'Europe reste le continent qui échange le plus, les États-Unis sont une puissance exportatrice de premier plan et les échanges régionaux se sont développés.

La récente crise financière et bancaire [8] a certes engendré une chute brutale du commerce mondial à partir d'août 2008 et jusqu'en 2009, mais les échanges ont fortement rebondi en 2010. La plus grave crise financière depuis celle de 1929 n'a pas infléchi les évolutions observées lors de la seconde phase de la deuxième mondialisation mais les a renforcées.

D'une part, les exportations mondiales de biens ont déjà retrouvé début 2011 leur pic d'avant crise, c'est-à-dire de juillet 2008. D'autre part, les pays émergents ont accru leur part de marché durant cette période car leurs exportations ont rebondi plus vite que celles des pays développés après leur chute marquée de fin 2008. Seuls les flux d'investissements directs étrangers (IDE) ont pâti de la persistance de la crise financière. Ainsi, la crise n'a pas ouvert de troisième phase dans la deuxième mondialisation. En revanche, l'importance prise par les pays émergents et en particulier asiatiques change les rapports de force commerciaux et invite les pays développés à repenser la gouvernance mondiale (cf. encadré 1.1).

Nous allons montrer l'importance de l'Asie dans le commerce mondial puis la montée en puissance des multinationales, avant d'étudier la part des échanges intra-branches.

8 Pour une analyse de la crise et de ses conséquences, cf. chapitre 6.

**Tableau 1.7**
**Evolution des acteurs du commerce mondial**

| Principaux exportateurs (exportations du pays en % des exportations mondiales) | 1973 | 1985 | 2010 | |
|---|---|---|---|---|
| | Part | Part | Part | Rang |
| Union européenne (non compris intra-UE) | 15 | 14 | 15.1 | 1* |
| Chine | 1 | 1.4 | 10.4 | 2 |
| États-Unis | 12.3 | 11.2 | 8.4 | 3 |
| Japon | 6.4 | 9.1 | 5.1 | 4 |
| Corée du Sud | 0.6 | 1.5 | 3.1 | 5 |
| Hong Kong | 0.9 | 1.5 | 2.6 | 6 |
| Russie (ex-URSS) | 3.7 | 5 | 2.6 | 7 |
| Canada | 4.6 | 4.7 | 2.5 | 8 |
| Singapour | 0.6 | 1.2 | 2.3 | 9 |
| Mexique | 0.4 | 1.4 | 2 | 10 |

* si les pays de l'Union européenne sont dissociés, l'Allemagne est alors le 3e exportateur mondial après la Chine et les Etats-Unis et la France le 6ème
Source : OMC, http://stat.wto.org/Home/WSDBHome.aspx?Language=E.

## A. Régionalisation et multinationalisation des échanges

■ **La régionalisation des échanges et la montée en puissance de l'Asie dans le commerce international** sont à nouveau une caractéristique de la mondialisation que nous vivons. En 1953, l'Amérique du Nord et l'Europe réalisaient 59,8 % des exportations mondiales. En 2004, ces deux continents exportaient à eux seuls 60,2 % du total mondial. Cette formidable stabilité de la part des exportations réalisée par ces deux continents cache, en réalité, des évolutions distinctes puisque l'Amérique du Nord a vu sa part baisser de 24,9 % à 14,9 % durant cette période, quand celle de l'Europe a augmenté de 34,9 % à 45,3 %. La construction européenne et le processus de régionalisation qu'elle a engendré, ont renforcé le poids de l'Europe dans les échanges mondiaux. La part des exportations réalisée par l'Asie a doublé pour passer de 13,1 % en 1953 à 26,8 % en 2004, tirée par les exportations chinoises, japonaises et par celles des nouveaux pays industrialisés d'Asie. Les parts de l'Afrique et de l'Amérique latine ont baissé, tandis que celle du Moyen-Orient a légèrement crû. Il est vrai que ces chiffres en valeur fournis par l'OMC sont influencés par l'évolution des prix, mais ils permettent de dégager quelques tendances. L'Europe et l'Amérique du Nord réalisent la majorité des échanges et la place de l'Asie devient prépondérante.

La crise financière de 2007-2008 et la chute du commerce mondial qui a suivi ont amplifié cette tendance [9]. En effet, si les exportations de biens en valeur ont fortement baissé

9 À partir d'août 2008, les échanges mondiaux de biens en valeur ont fortement baissé. En février 2009, au moment de leur point bas, les exportations de biens en valeur avaient chuté de -45 % par rapport à leur point haut du mois de juillet 2008 et avaient retrouvé leur plus bas niveau depuis août 2005. Le recul du prix des matières premières, le déstockage et le durcissement des conditions de crédit ont significativement limité les échanges mondiaux. Pour aller plus loin, cf. Chauffour & Farole (2009), "*Trade Finance in Crisis: Market Adjustment or Market Failure?*", The World Bank Policy research paper #5003 : http://www-wds.worldbank.org/external/default/WDS ContentServer/IW3P/IB/2009/07/20/000158349_20090720085356/Rendered/PDF/WPS5003.pdf.

dans tous les pays, y compris celles des grands pays en développement comme la Chine, le Brésil et la Russie, le rebond des exportations de ces derniers observé en 2010 a été beaucoup plus marqué. En moyenne début 2011, le montant des exportations chinoises était ainsi supérieur de près de 20 % à sa valeur d'avant crise, c'est-à-dire à celle de fin 2007 et celui des exportations indiennes de 26 %. En revanche, la valeur des exportations des pays développés était, mi-2011, encore 5 % inférieure à celle d'avant crise selon le FMI [10].

En conséquence, la part de marché des pays en développement et en particulier d'Asie a non seulement continué d'augmenter à partir de 2005 mais le mouvement s'est amplifié. La part de marché des pays en développement a ainsi crû de 1,2 point de % par an entre 2000 et 2004 puis de 1,6 % par an entre 2005 et 2011. Durant la même période, la part de marché des pays développés a reculé de -1,2 point de % par an et de -1,6 point de % par an respectivement.

En 2010, les exportations asiatiques représentaient 31,6 % des exportations mondiales, les exportations des Etats-Unis, 8,6 % et celles de l'Union européenne 34,7 %.

Désormais, la concurrence mondiale est organisée autour de trois pôles. L'Europe occidentale est le premier pôle d'échanges. Outre les échanges intra-Union européenne, elle constitue le premier débouché des pays d'Europe orientale en étant la destination de plus de la moitié de leurs exportations en 2010 et reste le premier client de l'Afrique en absorbant 40 % de ses exportations même si l'Asie absorbe désormais un quart des exportations des pays d'Afrique. L'Europe est également un débouché pour le Moyen-Orient. Le deuxième pôle d'échange dans le monde est dorénavant l'Asie. Elle est devenue le premier client de l'Amérique du Nord et de l'Europe hors échange intra-pôles et des pays du Moyen-Orient. L'Amérique du Nord constitue le troisième pôle. Le développement de l'Asie a limité le poids de l'Amérique du Nord dans le commerce mondial. L'Asie est devenue un client de l'Amérique du Sud et centrale aussi important que l'Amérique du Nord. En 2010, près d'un quart des exportations de l'Amérique du Sud et centrale ont été vendues en Amérique du Nord, c'est-à-dire la même proportion que celles vendues en Asie. La caractéristique de ces trois pôles est d'échanger, d'abord, au sein de chacun d'eux et avec des pays proches géographiquement. L'Europe, l'Asie et l'Amérique du Nord sont connues sous le nom de Triade et réalisaient 85 % des exportations mondiales en 2010 [11]. Le mouvement de régionalisation s'est particulièrement renforcé en Asie puisque la part des échanges de l'Asie vers l'Asie est passée de 50,3 % à 52,6 % alors que la part des échanges intra-européens comme intra-Amérique du Nord s'est réduite au profit de l'Asie. Mais parallèlement, l'Asie a intensifié ses échanges avec tous les continents durant les années 2000. La part des échanges de marchandises de l'Union européenne vers l'Asie a ainsi augmenté de 7,6 % à 9,3 % et celle de l'Amérique du Nord vers l'Asie de 18,8 % à 21 % entre 2004 et 2010.

Cette polarisation des échanges au sein de l'Union européenne, de l'Asie et de l'Amérique du Nord a été favorisée par les premiers accords commerciaux régionaux comme le Traité de Rome en 1957 ou encore l'ALENA (NAFTA) entre les États-Unis, le Canada et le Mexique, entré en vigueur en 1994. Le traité d'Asunción, signé en 1991

---

10 Source : FMI.

11 Source : OMC (2011), statistiques du commerce international 2011, http://www.wto.org/french/res_f/statis_f/its2011_f/its11_toc_f.htm.

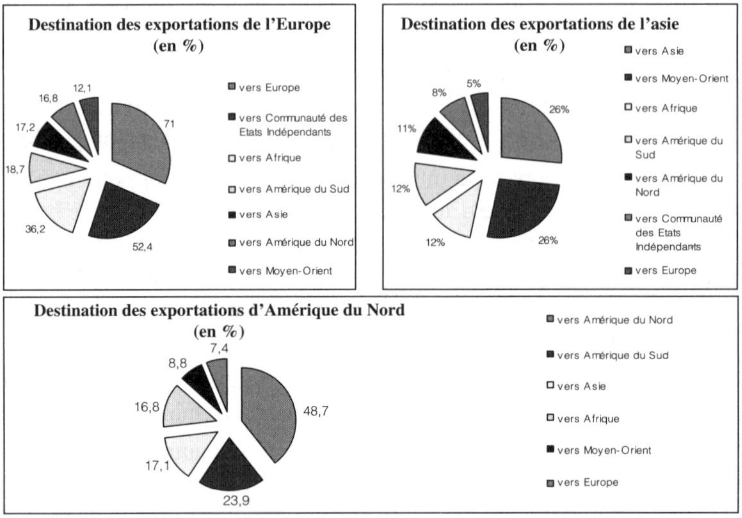


**Figure 1.1**
*Structure des exportations de la Triade en 2010*

par l'Argentine, le Brésil, le Paraguay et l'Uruguay avait, quant à lui, prévu la mise en place d'une Union douanière à compter du 1er janvier 1995 (MERCOSUR), effectivement réalisée à cette date. En Asie, le Brunei, l'Indonésie, la Malaisie, les Philippines, Singapour, la Thaïlande, et le Vietnam ont signé un accord de libre-échange de l'Association des pays du Sud-Est asiatique (ASEAN) en 1991. Par ailleurs, l'entrée de la Chine à l'OMC en 2001 et l'importance de ce pays dans les échanges mondiaux ont accéléré le mouvement de régionalisation des échanges des pays d'Asie. L'analyse de la régionalisation et de ses effets sur le commerce est développée théoriquement dans le chapitre 4.

La grande majorité des échanges a donc lieu entre pays ayant des dotations factorielles proches. Les ressources naturelles restent, néanmoins, un des déterminants du commerce. Jusqu'aux années 1990, les pays du Sud échangeaient surtout avec les pays du Nord, mais cette spécialisation évolue puisque les échanges Sud-Sud se diversifient. Depuis 1990, le commerce Sud-Sud a progressé deux fois plus vite que le commerce mondial. Alors qu'en 1990, les exportations vers le Sud représentaient 28 % des exportations totales de ces pays, ce pourcentage atteint 56 % en 2001 et la part des importations Sud-Sud est passée de 31 % à 41 %. En 2010, les courants d'échange Sud-Sud représentaient 56 % du commerce mondial (OMC).

■ **Les multinationales[12] ont joué un rôle important dans le processus de mondialisation actuel.** La période la plus récente de la deuxième phase de la deuxième

12 Pour une analyse détaillée du phénomène, cf. chapitre 2, paragraphes 2.1.1 et 2.1.2.

mondialisation a été marquée par l'avènement de multinationales des pays en développement et par un processus de fragmentation internationale des chaînes de valeur [13]. Les multinationales ou sociétés transnationales sont définies comme des entreprises possédant au moins une unité de production à l'étranger ou une filiale. L'entreprise détient des filiales si elle possède au moins 10 % du capital d'une entreprise étrangère. C'est en se basant sur cette définition que la CNUCED établit le nombre de multinationales. Elle en dénombre 82 000 en 2008, dont dépendent plus de 800 000 entreprises affiliées à l'étranger. Le chiffre d'affaires de ces filiales étrangères a été de 33 000 milliards de dollars en 2008, soit l'équivalent de la moitié du PIB mondial et d'un tiers des exportations mondiales selon la CNUCED. Leur nombre a doublé depuis 10 ans. En 1995, on en dénombrait 44 500. En 1960, elles n'étaient que 7 000 !

**Tableau 1.8**
*Les dix premières multinationales non financières du monde en 2010 classées par le montant des actifs détenus à l'étranger*

| Classement | Entreprise | Pays d'implantation | Secteur d'activité | Actifs détenus (millions de dollars | | Emploi (nombre de salariés) | |
|---|---|---|---|---|---|---|---|
| | | | | À l'étranger | Au total | À l'étranger | Au total |
| 1 | General Electric | États-Unis | Équipements électriques et électroniques | 401 290 | 797 769 | 171 000 | 323 000 |
| 2 | Royal Dutch/Shell Group | Royaume-Uni | Pétrole | 222 324 | 282 401 | 85 000 | 102 000 |
| 3 | Vodafone Group Plc | Royaume-Uni | Télécommunications | 201 570 | 218 955 | 68 747 | 79 097 |
| 4 | BP PLC | Royaume-Uni | Pétrole | 188 969 | 228 238 | 76 100 | 92 000 |
| 5 | Toyota Motor Corporation | Japon | Automobile | 169 569 | 296 249 | 121 755 | 320 808 |
| 6 | ExxonMobil Corporation | États-Unis | Pétrole | 161 245 | 228 052 | 50 337 | 79 900 |
| 7 | Total SA | France | Pétrole | 141 442 | 164 662 | 59 858 | 96 959 |
| 8 | E.On | Allemagne | Électricité, gaz et eau | 141 168 | 218 573 | 57 134 | 93 538 |
| 9 | Électricité de France | France | Électricité, gaz et eau | 133 698 | 278 759 | 51 385 | 160 913 |
| 10 | ArcelorMittal | Luxembourg | Métal | 127 127 | 133 088 | 239 455 | 315 867 |

Source : UNCTAD : http://www.unctad.org/Templates/Page.asp?intItemID=2443&lang=2.

Les multinationales sont encore principalement originaires des pays développés et sont présentes dans des secteurs comme le pétrole, l'automobile, la chimie, l'électronique ou encore l'agro-alimentaire. Les services se multinationalisent de plus en plus, reproduisant avec décalage le processus de multinationalisation, que nous avons connu

13 Rainelli M. (2011). D'une vague de mondialisation à l'autre : qu'est-ce qui a changé pour les entreprises ?, *Les Cahiers Français*, n° 365, La Documentation Française, novembre-décembre : « Les chaînes de valeur intègrent l'ensemble des services nécessaires à la mise sur le marché d'un produit de la R&D au marketing ».

dans le secteur manufacturier [14]. Mais les multinationales des pays émergents sont de plus en plus nombreuses et continuent de se développer grâce à des opérations de fusions acquisitions. Selon le Boston Consulting Group (BCG), 60 % des achats d'entreprises à l'étranger réalisés par des multinationales des pays en développement portaient sur des entreprises des pays développés en moyenne entre 2000 et 2010.

En 2010, les multinationales des pays émergents étaient sept parmi les cent premières recensées par la CNUCED alors qu'il n'y en avait pas parmi les cent premières en 1990. Les multinationales des pays émergents représentaient 28 % des 82 000 recensées par la CNUCED en 2008 contre 10 % seulement en 1992.

La multinationalisation est le résultat d'investissements directs étrangers définis par le FMI comme « un investissement qui implique une relation à long terme, reflétant un intérêt durable d'une entité résidente d'un pays d'origine (l'investisseur direct) sur une entité résidente (l'entreprise investie) d'un autre pays » ou comme « la détention à l'étranger d'une unité ayant une autonomie juridique ou d'une succursale », la détention d'une proportion significative du capital donnant à l'investisseur résidant un droit de regard dans la gestion de l'entreprise étrangère investie (supérieure à 10 %) ou encore les prêts et avances à court terme par l'investisseur à la société investie, dès lors qu'un lien de maison mère à filiale s'établit entre eux [15]. Les causes et les conséquences de cette multinationalisation seront détaillées dans le chapitre 2. Nous souhaitons montrer, ici, l'importance prise par les investissements directs étrangers (IDE) dans les échanges mondiaux sans pour autant évaluer leurs impacts [16]. Les IDE ont augmenté plus rapidement que les exportations. Depuis 1970, ils ont été multipliés par 120, quand les échanges ont été multipliés par 20 (cf. tableau 2.6, chapitre 2). Les flux d'investissement ont particulièrement augmenté entre 2005 et 2007, de 39 % par an en moyenne alors qu'ils avaient crû de 15 % par an de 1970 à 2004. Mais la crise financière a marqué un coup d'arrêt aux IDE. En 2010, les montants étaient toujours inférieur à leur pic de 2007 malgré un montant de 1244 milliards de dollars. D'ici 2013, ils devraient retrouver leur niveau d'avant crise selon la CNUCED.

Les pays développés réalisaient 64 % des flux d'IDE en moyenne depuis les années 1990 et jusqu'à la crise mais la part réalisée par les pays en développement a augmenté sans cesse (cf tableau 1.10). Parmi les trois formes principales de financement des IDE, les prises de participation prédominent au niveau mondial. Au cours des dix dernières années, elles ont représenté les deux tiers du total des flux d'IDE. Les parts des autres formes d'IDE, prêts intragroupe et bénéfices réinvestis, étaient respectivement de 23 et 12 %. L'Asie-Océanie devient le nouveau bénéficiaire des flux d'IDE à destination des pays en développement. Grâce à la Chine qui était le deuxième pays au monde à recevoir des IDE en 2010. En revanche, en ce qui concerne les sorties d'IDE, c'est encore l'Europe, les États-Unis et le Japon qui en fournissent 85 % en 2010 (tableau 1.9).

---

14 Pour une analyse sectorielle des multinationales, cf. chapitre 2.

15 Pour une définition précise, voir chapitre 2.

16 Le lecteur qui souhaite une analyse d'impact la trouvera dans Fontagné L. et F. Toubal (2010), *Investissement direct étranger et performances des entreprises*, Rapport du Conseil d'Analyse Economique (CAE), n° 89, avril.

**Tableau 1.9**
***Répartition régionale des entrées et sorties d'IDE 1980-2010 — CNUCED***

| Flux entrants | 1980 | 1990 | 2000 | 2010 |
|---|---|---|---|---|
| Total | 100 | 100 | 100 | 100 |
| Économies développées | 85 % | 83 % | 81 % | 48 % |
| Économies en développement | 15 % | 17 % | 19 % | 52 % |
| dont Asie développée | 0.8 % | 11 % | 10 % | 29 % |
| **Flux sortants** | **1980** | **1990** | **2000** | **2010** |
| Total | 100 | 100 | 100 | 100 |
| Économies développées | 94 % | 95 % | 88 % | 71 % |
| Économies en développement | 6 % | 5 % | 12 % | 29 % |
| dont Asie développée | 2 % | 4.5 % | 6.5 % | 18 % |

Source : CNUCED, *Manuel de statistiques*, 2010.
http://www.unctad.org/Templates/StartPage.asp?intItemID=2527&lang=2.

Les stocks d'IDE, qui correspondent à une estimation de la valeur totale des capitaux étrangers, dans un pays, à un moment donné, ont les mêmes caractéristiques puisqu'ils correspondent à la somme des flux (tableau 1.10).

■ Le développement des multinationales a engendré une hausse des échanges transfrontières entre filiales d'entreprises multinationales, désignées sous le nom d'échanges « intra-groupe ». Près d'un tiers des exportations américaines de biens résulte d'échanges intra-groupe et près d'un quart des exportations japonaises de biens. Au total, de 20 à 30 % des échanges des principaux pays développés s'effectuent au sein de firmes multinationales (tableau 1.11).

Ce type d'échanges est particulièrement développé dans les secteurs de la haute technologie et les secteurs manufacturés (automobile, électronique). La fabrication de ces produits s'effectue par une division internationale du processus productif. Chaque sous-ensemble de composants étant fabriqués par une filiale ou un sous-traitant dans un pays donné, leur assemblage ayant lieu *in fine* pour donner le produit final. La multiplication des IDE a eu également pour conséquence d'entraîner les exportations. Selon Fontagné et Pajot (1997) [17], il existe une forte relation de complémentarité entre les IDE et les exportations. Une augmentation de 10 % des IDE en direction d'un pays étranger est associée à une croissance de 15 % du flux d'exportations vers ce pays. Une relation à peine plus faible est aussi observée entre les IDE entrant dans un pays et les exportations de cette économie vers le pays d'origine de l'investissement. Dès lors, la seconde phase de la deuxième mondialisation se caractérise par une régionalisation et une montée de l'Asie dans le commerce mondial, mais aussi par « l'élargissement et l'approfondissement des activités des entreprises visant à produire et à vendre des biens et des services sur un plus grand nombre de marchés » (OCDE).

17 Fontagné M. et Pajot L. (1999). « Investissement direct à l'étranger et échanges extérieurs : un impact plus fort aux États-Unis qu'en France », *Économie et statistique*, n° 326-327 pp. 71-95.

**Tableau 1.10**
*Répartition des stocks d'IDE en 2010*

| Montant et part des stocks entrants et sortants d'IDE en 2010 | | | | |
|---|---|---|---|---|
| | Stocks entrants | | Stocks sortants | |
| | Mds$ | % du total | Mds$ | % du total |
| Total mondial | 19 140,6 | 100 % | 20 408,3 | 100 % |
| États-Unis | 3 451,4 | 18.0 % | 4 843,3 | 23.7 % |
| Chine (RAS de Hong Kong) | 1 097,6 | 5.7 % | 948.5 | 4.6 % |
| Royaume-Uni | 1 086,1 | 5.7 % | 1 689,3 | 8.3 % |
| France | 1 008,4 | 5.3 % | 1 523,0 | 7.5 % |
| Allemagne | 674.2 | 3.5 % | 1 421,3 | 7.0 % |
| Belgique | 670.0 | 3.5 % | 736.7 | 3.6 % |
| Espagne | 614.5 | 3.2 % | 660.2 | 3.2 % |
| Pays-Bas | 589.8 | 3.1 % | 890.2 | 4.4 % |
| Chine | 578.8 | 3.0 % | 297.6 | 1.5 % |
| Canada | 561.1 | 2.9 % | 616.1 | 3.0 % |
| Suisse | 539.0 | 2.8 % | 909.4 | 4.5 % |
| Australie | 508.1 | 2.7 % | 402.2 | 2.0 % |
| Brésil | 472.6 | 2.5 % | 180.9 | 0.9 % |
| Singapour | 469.9 | 2.5 % | 300.0 | 1.5 % |
| Russie | 423.2 | 2.2 % | 433.7 | 2.1 % |
| Suède | 348.7 | 1.8 % | 336.1 | 1.6 % |
| Italie | 337.4 | 1.8 % | 475.6 | 2.3 % |
| Mexique | 327.2 | 1.7 % | 66.2 | 0.3 % |
| Irlande | 247.1 | 1.3 % | 348.7 | 1.7 % |
| Japon | 214.9 | 1.1 % | 831.1 | 4.1 % |
| Inde | 197.9 | 1.0 % | 92.4 | 0.5 % |

Source : CNUCED (www.unctad.org/fdistatistics)

**Tableau 1.11**
*Les échanges intra-groupe au sein des exportations et des importations*

| | Exportations | | Importations | |
|---|---|---|---|---|
| | 1990 | 1999 | 1990 | 1999 |
| États-Unis | 32.8 | 36.2 | 43.7 | 39.4 |
| Japon | 16.6 | 30.8 | 14.7 | 23.6 |

Source : *Perspectives économiques de l'OCDE*, « Échanges intra-branche et intra-groupe et internationalisation de la production », n° 71, 2002.

## ENCADRÉ 1.1

### *L'émergence de la Chine, de l'Inde et du Brésil... et de la Russie*

Depuis son entrée dans l'Organisation mondiale du commerce (OMC), la Chine a vu son poids dans le commerce mondial croître de façon spectaculaire. En 2010, la part de ses exportations dans le commerce mondial était de près de 11 %. La participation des autres grands pays émergents [18] au commerce mondial est restée plus modeste même si elle n'a cessé de croître. La nouvelle influence des émergents tient tant à leur puissance économique qu'à leur poids démographique et à leur détermination politique. Le Brésil, la Russie, l'Inde et la Chine rassemblent plus de 40 % de la population mondiale. Ils comptent pour 25 % du PIB mondial (en parité de pouvoir d'achat) contre 11 % en 1990. Entre 2000 et 2010, ces grands émergents ont réalisé la moitié de la croissance mondiale contre 23 % en moyenne par an durant les années 1990.

**1 – Le poids croissant des grands émergents dans le commerce mondial**

L'Asie a vu sa part de marché croître de 13,4 % en 1953 à 31,6 % en 2010. Mais cette évolution reflète principalement le poids pris par la Chine dans les échanges mondiaux à partir des années 1990 et en particulier des années 2000. En effet, entre 1990 et 2010, la part de marché de la Chine dans les exportations mondiales est passée de 2 % à 10,6 % et a été multipliée par trois entre 2000 et 2010. L'Inde a vu ses exportations croître significativement, de 18 % en moyenne par an durant les années 2000 mais sa part de marché reste faible. Elle a atteint 1,5 % en 2010, proche de celle du Brésil qui était de 1,4 % en 2010 malgré une croissance mondiale annuelle de ses exportations de 11 %. Enfin, la part de marché de la Russie a reculé de 5 % au début des années 1980 à 1,8 % en 2003 avant de remonter à 2,6 % en 2010.

En 2010, la Chine était le premier exportateur mondial de marchandises devant les États-Unis et l'Allemagne et le deuxième importateur mondial de marchandises. C'est également désormais le quatrième pays exportateur de services et le troisième pays importateur de services.

*Tableau Exportations mondiales de marchandises par région et par certaines économies*

| En % | 1963 | 1973 | 1983 | 1993 | 2003 | 2010 |
|---|---|---|---|---|---|---|
| Asie | 12.5 | 14.9 | 19.1 | 26.1 | 26.2 | 31.6 |
| dont Chine | 1.3 | 1 | 1.2 | 2.5 | 5.9 | 10.6 |
| Inde | 1 | 0.5 | 0.5 | 0.6 | 0.8 | 1.6 |
| Amérique du Sud et centrale | 6.4 | 4.3 | 4.4 | 3 | 3 | 3.9 |
| dont Brésil | 0.9 | 1.1 | 1.2 | 1 | 1 | 1.4 |
| Afrique | 5.7 | 4.8 | 4.5 | 2.5 | 2.4 | 2.4 |
| Amérique du Nord | 19.9 | 17.3 | 16.8 | 18 | 15.8 | 13.2 |

Source : OMC, http://www.wto.org/french/res_f/statis_f/its2011_f/its11_toc_f.htm.

18 Il n'existe pas de définition stricte d'un pays émergent. Ce terme a été utilisé pour qualifier des pays connaissant une forte croissance et dont les poids dans l'économie mondiale étaient de plus en plus significatifs alors que leur seul PIB/habitant les aurait classés parmi les pays en développement. L'OCDE et le CEPII se basent pour définir l'émergence sur le taux de croissance annuel moyen sur longue période.

## ENCADRÉ 1.1 (suite)

**2 – La nouvelle place des émergents dans la gouvernance mondiale**

Les grands pays émergents souvent désignés par l'acronyme BRIC [19] ont pris une place significative dans les discussions internationales. Ces pays très différents se sont alliés pour remettre en cause la domination des pays développés et en particulier des États-Unis et de l'Union européenne dans les organisations internationales. Créé en 1999, le G20 [20] a été une des premières instances de concertation internationale donnant toute sa place aux pays émergents. Depuis 2008, le G20 se réunit aussi au niveau des chefs d'État et il intervient désormais sur toutes les questions internationales.

Dans le cadre des négociations à l'OMC, par exemple, les grands émergents et en particulier le Brésil, la Chine et l'Inde défendent des positions de pays en développement. Ils refusent d'accéder aux demandes des pays développés et de réduire leurs droits de douane sur les produits non agricoles tout en réclamant l'ouverture des marchés agricoles des pays développés. En effet, ils continuent de faire valoir leur faible niveau de développement pour justifier de mesures spécifiques. Par ailleurs, la Chine n'a toujours pas mis en œuvre certains des engagements qu'elle avait pris lors de son adhésion à l'OMC, comme la libéralisation de son secteur financier ou le respect des droits de propriété.

Face à ces bouleversements profonds, les institutions de Bretton Woods sont obligées de se réformer pour rester légitimes. Un changement des quotes-parts des États et des voix qui leur sont accordées a été engagé en 2008 pour donner plus de poids aux pays émergents. La Chine, la Corée, le Mexique et la Turquie avaient déjà bénéficié d'une réévaluation en 2006. Mais cette évolution est jugée insuffisante par les émergents qui souhaitent pouvoir avoir accès à la direction du FMI et de la Banque mondiale.

Néanmoins, ils ne sont pas encore organisés pour faire des propositions communes et les faire avancer dans le cadre du G20 ou des institutions internationales [21].

**3 – Des pays dissemblables qui ont des difficultés à s'accorder**

Les BRIC ont des caractéristiques très différentes et en particulier des structures de production encore très orientées vers la production agricole. En Inde et en Chine, la population agricole représente encore 45 % et 50 % de la population active respectivement. Par ailleurs, leur histoire et leur régime politique sont différents. Et leur évolution est elle aussi spécifique. Le PIB en parité de pouvoir d'achat de la Chine a dépassé celui du Japon en 2010. Ainsi, s'ils sont capables de s'unir pour défendre leur place face aux pays développés

---

19 Ce terme qui signifie Brésil, Russie, Inde et Chine a été lancé par une étude de la banque Goldman Sachs en 2003 qui montrait que ces pays allaient renforcer leur poids économique d'ici 2050, ce qui engendrerait une modification des rapports de force mondiaux.

20 Ce G20 s'est formellement réuni en 1999 pour la première fois à Berlin afin de favoriser la stabilité financière internationale. Il réunissait les pays du G8 (Allemagne, Canada, États-Unis, France, Italie, Japon, Royaume-Uni, Russie), dix pays émergents (Brésil, Chine, Inde, Indonésie, Mexique, Corée du Sud, Russie, Arabie saoudite, Afrique du Sud, Turquie), l'Australie ainsi que l'Union européenne.

21 Benassy-Quéré A. et al. (2009), « Le G20 n'est pas un G7 à 20 », *La lettre du CEPII*, n° 291, septembre.

**ENCADRÉ 1.1 (suite)**

dans un système multilatéral, leurs intérêts stratégiques divergent trop fortement pour que des positions communes puissent être définies. La Russie et la Chine continuent de souhaiter avant tout être l'interlocuteur privilégié des États-Unis. L'incapacité des BRIC à proposer une candidature commune à la direction du FMI ou de la Banque mondiale en est l'illustration [22]. En conséquence, si le monde se multipolarise, les pôles n'ont pas encore tous le même poids. La multiplication du nombre d'acteurs implique de définir de nouvelles modalités de coopération et de coordination dont les termes restent en discussion.

## B. Des échanges majoritairement composés de biens manufacturés

Les marchandises les plus échangées sont des biens manufacturés pour 67 % [23] avec, en tête, des ordinateurs, des équipements de télécoms, des machines, des biens d'équipement et des automobiles. Ce sont principalement des échanges intra-branches entre pays industrialisés.

■ Entre 1950 et 2010, les exportations de produits manufacturés ont été multipliées par 137 en valeur et 122 en volume, quand celles des produits miniers ont été multipliées par 166 en valeur et 107 en volume et celles des produits agricoles par 48 en valeur et 8 en volume. Les « machines de bureau et de traitement de l'information » et le matériel de transport constituent les catégories de produits manufacturés, dont les échanges sont les plus importants. La croissance de leurs exportations est deux fois plus rapide que celle de l'ensemble des biens manufacturés. Les produits textiles et sidérurgiques sont relativement moins échangés. Néanmoins, la hausse des prix des matières premières et notamment de l'acier a eu pour effet d'entraîner, à nouveau, une augmentation de la valeur des produits sidérurgiques et, donc, un accroissement de leur part relative. L'examen des parts de produits échangés calculées sur la base de données en valeur peut être faussé par l'évolution des prix. Nous pouvons, néanmoins, dégager des grandes tendances de l'évolution des biens échangés entre les pays développés et les pays en développement. L'échange de complémentarité n'a pas complètement disparu. Il continue de jouer un rôle important dans les échanges entre zones dont les ressources naturelles et les dotations en facteurs de production sont différentes. Par exemple, les exportations de marchandises de l'Union européenne à destination de l'Afrique sont constituées à 83 % de produits manufacturés quand celles de l'Afrique vers l'Union européenne sont constituées à 49,2 % de combustibles et produits des industries extractives et de 32,1 % de produits manufacturés. Néanmoins, les pays développés restent les premiers exportateurs de ces produits, comme des produits agricoles et des produits des industries extractives.

---

22 Laïdi Zaki (2011), « Les BRICs existent-ils ? », *Télos*, mai, http://www.telos-eu.com/fr/article/les-brics-existent-ils.

23 En 2010, source OMC, http://www.wto.org/french/res_f/statis_f/its_f.htm.

**Tableau 1.12**
*Répartition géographique et structurelle des biens exportés en 2010*

| Zone géographique | Part des exportations agricoles dans les exportations mondiales | Part des exportations de combustibles et des produits des industries extractives dans les exportations mondiales | Part des exportations de produits manufacturés dans les exportations mondiales |
|---|---|---|---|
| Europe | 41.9% | 20.6% | 43.2% |
| Amérique du Nord | 15.7% | 9.9% | 13.6% |
| Asie | 21.5% | 17.9% | 37.4% |
| Amérique du Sud et centrale | 12% | 8.1% | 1.5% |
| CEI | 4% | 12.4% | 1.4% |
| Moyen-Orient | 1.6% | 20.1% | 2% |
| Afrique | 3.3% | 11% | 0.9% |

Source : OMC, 2010, http://www.wto.org/french/res_f/statis_f/its_f.htm.

Bien qu'elles soient prépondérantes en proportion des exportations mondiales, les exportations de produits agricoles et primaires des pays développés ne représentent qu'une faible part de leurs exportations. Si la spécialisation primaire reste forte dans certaines zones, les exportations des pays en développement sont, de plus en plus, constituées de produits manufacturés. L'Asie, de ce point de vue, reste un cas particulier lié à l'avènement des nouveaux pays industrialisés sur la scène internationale. Les exportations de produits manufacturés représentent 70 % des exportations des pays en développement en 2004, mais cette agrégation est trompeuse, car les quatre dragons d'Asie représentent à eux seuls plus de la moitié des exportations de produits manufacturés des pays en développement (54,5 %). Le principe de complémentarité reste donc une motivation de l'échange malgré l'évolution de la structure des produits échangés. Néanmoins, le commerce mondial tire son dynamisme des échanges de produits similaires entre pays développés.

■ **L'étude des flux de produits manufacturés montre que ce commerce a lieu entre pays développés et que ce sont des biens ayant des caractéristiques proches. Trois quart des échanges de produits manufacturés ont lieu entre les pays développés.** Au sein de ces échanges entre « pays du Nord », plus de la moitié sont des échanges croisés de produits similaires, aussi désignés par le terme d'« échanges intra-branche ». Les mesures du commerce intra-branche recouvrent différentes formes de commerce : le commerce horizontal de produits similaires de « variété » différente (par exemple exportations et importations de voiture de mêmes catégorie et de même ordre de prix), le commerce de produits différenciés verticalement qui se distinguent par leur qualité et leurs prix (par exemple des exportations de vêtements de luxe et des importations de vêtements de basse qualité) et le commerce de produits similaires à différents stades de production. Le commerce intra-branche horizontal permet aux pays qui disposent de dotations semblables en facteurs de production de bénéficier d'économie d'échelle en se spécialisant dans des créneaux spécifiques. Le commerce vertical de produits différenciés peut refléter différentes allocations de facteurs de production, en particulier en matière de qualification de la main-d'œuvre ou de coûts fixes élevés en recherche et développement. La spécialisation verticale de la production entre les pays peut provenir d'avantages comparatifs, par exemple utiliser des travailleurs non qualifiés dont le coût est bas pour des tâches d'assemblage ou du personnel spécialisé pour la recherche et développement. L'indicateur le plus utilisé pour mesurer le commerce intra-branche est le ratio de Grubel et Lloyd (*Intra-Industry Trade*, 1975). Le commerce intra-branche s'apparentant à un commerce croisé et équilibré de produits appartenant à une même branche, il peut se mesurer, pour une branche i, par le ratio suivant :

$$B_i = \frac{(X_i + M_i) - |X_i - M_i|}{X_i + M_i} \times 100 = \left[1 - \frac{|X_i - M_i|}{X_i + M_i}\right] \times 100$$

avec $X_i$ = exportations du bien i et $M_i$ = importations du bien i.

Ce ratio est compris entre 0 et 100.

Lorsque le commerce d'un produit i est totalement intra-branche, c'est-à-dire qu'il est autant importé qu'exporté, alors $X_i = M_i$ et donc $B_i = 100$.

Ce coefficient est nul lorsque $X_i = 0$ ou $M_i = 0$, c'est-à-dire lorsque le produit i est totalement importé ou exporté. $B_i = \frac{(X_i - X_i)}{X_i + M_i} \times 100 = 0$ ou

$$B_i = \frac{(M_i - M_i)}{X_i + M_i} \times 100 = 0.$$

Pour calculer la part représentée par l'échange intra-branche dans le commerce extérieur d'un pays, on fait la moyenne des Bi, déterminés pour chaque branche i, pondérée par la part prise par la branche i dans les échanges extérieurs du pays considéré. On peut le calculer pour des nomenclatures plus ou moins détaillées de produits industriels[24].

À partir de cet indicateur, on estime que le commerce intra-branche représente 50 % du commerce des pays développés. Depuis 1965, le commerce intra-branche s'est accru pour l'ensemble des pays développés, à l'exception du Japon, et explique 30 % de la croissance des exportations entre 1970 et 1990 (Hummels *et al.*, 2001). Les échanges manufacturiers intra-branche atteignent 73,3 % des échanges

---

24 *Remarque* : on suppose que $X_i = aM_i$ avec $a \geq 1$. Alors $B_i = \left[1 - \frac{(a-1)}{(a+1)}\right] \times 100$.

Si a = 1, Bi = 100, $\lim_{a \to \infty} B_i = (1 - 1^-) \times 100 = 0^+$.

manufacturiers totaux au Royaume-Uni, 77,5 % en France, 72 % en Allemagne et 71,2 % en Espagne en 2000. Aux États-Unis et en Espagne, ils représentent 68,5 % et 64,7 % des échanges manufacturiers totaux et au Japon, ils ne dépassent pas 47,6 % des exportations de produits manufacturés même s'ils ont augmenté de 10 % depuis 1988. Parmi les pays dans lesquels les échanges intra-branche se sont développés le plus rapidement au cours des années 1990, on trouve quatre économies de transition : la Hongrie, la Pologne, la République tchèque et la Slovaquie. Tous ces pays se caractérisent par des investissements directs étrangers importants d'Allemagne qui, elle aussi, a enregistré une augmentation relativement rapide de ses échanges intra-branche au cours des années 1990 (OCDE). Krugman (1995) explique le développement de ces échanges intra-branche dans les pays les plus ouverts par le « découpage de la valeur ajoutée à l'échelon international ». Cela signifie que la valeur des exportations est plus grande que la valeur ajoutée dans les industries d'exportation. Le développement du commerce intra-branche s'explique par les nouvelles théories du commerce international et constitue un bon indicateur de sortie du sous-développement. Dès lors qu'une échelle de production plus grande permet de réduire les coûts et donc d'accroître les profits, les entreprises ont intérêt à tout mettre en œuvre pour accroître leurs parts de marché.

■ **Malgré la tertiarisation des économies, les échanges de services ne se sont pas développés de façon significative et restent inférieurs aux échanges de biens.** Les échanges de services commerciaux représentent seulement près de 20 % des échanges de marchandises et de services. Pourtant, depuis 15 ans, les exportations de services ont plus que triplé pour atteindre 3,7 milliards de dollars en 2010 et les grands émergents exportent de plus en plus de services. L'Union européenne totalise 53 % des exportations mondiales de services en 2004, l'Amérique du Nord 18 % et l'Asie 21 %. Les ventes de services à l'étranger représentent une part importante des exportations totales de l'Egypte (53,3 %) ; du Maroc (39,7 %) ; de l'Indonésie (33,7 %) ; du Royaume-Uni (33 %) ; du Danemark (32,6 %) ; de l'Irlande (32,2 %) ; de l'Autriche (30,3 %) et des États-Unis (28,2 %). Les échanges de services sont évalués sur la base de statistiques généralement peu précises et hétérogènes. Dans la balance des paiements [25], la balance des services comprend tous les services vendus à des non-résidents (crédit). On dénombre 11 catégories : les transports, les voyages, les services de communication, les services d'assurances, les services financiers, les services informatiques et d'information, les services de redevances et des droits de licences y compris sur les brevets, les autres services aux entreprises (négoces, services commerciaux, location...), les services culturels et récréatifs et les services des administrations publiques [26].

25 Voir ci-après 1.3.1.

26 Pour plus de détails, cf. « Manuel des statistiques du commerce international des services », *Études statistiques*, séries M, n° 86, ONU et OMC.

**Tableau 1.13**
*Part des biens et services dans le commerce total en 2010*

| | Exportations | Importations |
|---|---|---|
| Marchandises | 80.5 % | 81.5 % |
| Services | 19.5 % | 18.5 % |

Source : OMC, *Statistiques du commerce international 2011*, http://www.wto.org/french/res_f/statis_f/its_f.htm.

**Tableau 1.14**
*Pays exportateurs de services en 2010*

| Valeur totale d'exportations mondiales de services en 2010 : 3 692 milliards de USD | |
|---|---|
| États-Unis | 14 % |
| Union européenne | 47 % |
| Afrique | 2.3 % |
| Asie | 26 % |
| dont : | |
| Japon | 4 % |
| Chine | 4.6 % |
| Inde | 3.3 % |

Source : OMC, *Statistiques du commerce international 2011*, http://www.wto.org/french/res_f/statis_f/its_f.htm.

**Tableau 1.15**
*Structure des exportations mondiales de services en 2011 – OMC*

| | |
|---|---|
| Voyages | 25,40 % |
| Transports | 21,30 % |
| Autres services commerciaux | 53,30 % |
| dont Autres services aux entreprises | 47,50 % |
| Services financiers | 13,40 % |
| Redevances et droits de licences | 12,40 % |
| Services informatiques | 10,90 % |
| Services d'assurance | 4,30 % |
| Services de communications | 4,30 % |
| Services de bâtiment et travaux publics | 1,80 % |
| Services personnels, culturels | 2,20 % |

Source : OMC, *Statistiques du commerce international 2011*, http://www.wto.org/french/res_f/statis_f/its_f.htm.

Les exportations mondiales de services commerciaux se décomposent en services de transport (21,3 %), en services de voyages (25,4 %) et en autres services commerciaux (53,3 %).

Nous l'avons vu précédemment, les investissements directs étrangers ont un effet d'entraînement sur les exportations. Le même effet d'entraînement existe en ce qui concerne les services. Le nouveau cadre statistique du commerce des services des filiales étrangères (FATS) montre que les ventes de services sont une fois et demie supérieures quand il existe une présence commerciale. Or les investissements internationaux dans les services, en particulier les services financiers, ont continué d'augmenter, constituant l'essentiel du stock mondial d'IDE. En 2010, le secteur tertiaire a représenté 47 % de la valeur totale des fusions-acquisitions internationales, dont 62 % dans les services financiers. Le développement des services commerciaux est surtout le fait de pays développés, mais la Chine est devenue le 4e exportateur mondial de services après les États-Unis, l'Allemagne et le Royaume-Uni, l'Inde le 7e devant l'Espagne et les Pays-Bas. Toutefois, comme pour les échanges intra-branche, les échanges de services restent le symbole du développement d'un pays, car ils suivent la tertiarisation de l'économie.

■ **Les échanges financiers se sont, quant à eux, accélérés à la suite de la déréglementation financière** et, notamment, les investissements de portefeuille. Les investissements de portefeuille consistent en des acquisitions par des résidents de titres étrangers, des avoirs et en des achats par des non-résidents de titres nationaux dénommés engagements. Cela peut prendre la forme d'achats d'actions, d'obligations ou de dérivés financiers. Ils ont fortement augmenté en vingt ans.

**Tableau 1.16**
*Évaluation des investissements de portefeuille depuis les années 1980*

| En milliards de dollars | 1985 | | 1995 | | 2010 | |
|---|---|---|---|---|---|---|
| | Avoirs | Engagements | Avoirs | Engagements | Avoirs | Engagements |
| Allemagne | – 11 | 12.9 | – 18 | 53.1 | – 231.1 | 61.4 |
| États-Unis | – 7.5 | 76 | – 122.4 | 210.3 | – 165.6 | 707 |
| France | – 2.5 | 9 | – 7.4 | 13.1 | 29 | 129 |
| Japon | – 60.7 | 18 | – 86 | 59.8 | – 262.6 | 111.6 |
| Royaume-Uni | – 20.3 | 2.8 | – 61.7 | 58.8 | – 122.5 | 120.4 |
| Brésil (millions $) | – 3 | – 234 | – 936 | 10 171 | – 4 784 | 67 795 |

Source : FMI, calculs auteurs.

## C. Les flux migratoires

Les migrations internationales concernent aujourd'hui 130 à 150 millions de personnes quand les migrants représentaient 5 % de la population mondiale à la fin du XIXe siècle. Les migrants internationaux, définis par l'ONU « comme une personne ayant quitté son pays pour se fixer dans un autre pour au moins un an », représentent 2 à 2,5 % de la population mondiale. Trois continents accueillent, à eux seuls, plus de la moitié des migrants : l'Amérique du Nord, l'Union européenne, la Suisse et l'Australie. Dans les années 1960 et 70, l'importation de main-d'œuvre répondait à la demande du secteur industriel en pleine croissance. À cette époque, les pays européens accueillent la plus grande partie des migrants. L'Amérique du Nord venait, quant à elle, seulement de rouvrir ses frontières puisque, jusqu'en 1968, le système des contingentements par nationalité limitait l'immigration, tout en favorisant les immigrants européens qui représentaient un tiers des immigrants légaux. Les chocs pétroliers ont engendré une réduction forte de l'immigration durant la période 1975-1985 en Europe et en Australie. À l'inverse, aux États-Unis l'immigration s'accélère puisqu'à partir de 1978, il n'y a plus de distinction nationale ou ethnique. La loi d'amnistie de 1986 permet la régularisation de 2,7 millions d'immigrants installés entre 1972 et 1982. L'Amérique du Nord reçoit, désormais, près d'un million de nouveaux immigrants chaque année, alors qu'elle en recevait seulement 500 000 précédemment. Depuis le milieu des années 1980, l'Europe retrouve des flux migratoires comparables à ceux de la fin des années 1960 et du début des années 1970, soit environ un million et demi d'entrées annuelles. En Amérique du Nord, ce sont plus de 2 millions d'immigrants qui entrent chaque année. Les migrants aux États-Unis continuent de venir pour moitié du continent américain mais, désormais, un tiers provient du continent asiatique. Les Asiatiques sont également très présents au Canada. En 1999, parmi les immigrants résidant en Amérique du Nord, plus de 1,5 million sont nés en Chine, à Hong Kong ou Taiwan, un million est né aux Philippines et 700 000 en Inde ou au Vietnam. Les migrations résultent principalement de l'attrait économique des pays riches, renforcé par le creusement des inégalités [27]. L'attrait d'un emploi reste comme l'un des principaux ressorts de l'exil, mais les migrations familiales prennent une place de plus en plus importante depuis les années 1980 en particulier en Europe. Dans les pays développés, les migrations familiales représentent au moins la moitié des nouvelles entrées ; en France, elles atteignaient 75 % des migrations à la fin des années 1990 [28]. Ainsi, l'Europe se caractérise par une structure d'immigration moins qualifiée, alors qu'elle attire un tiers des immigrants adultes vivant dans les pays de l'OCDE [29].

### 1.1.3 *La mesure des échanges*

La comparaison des échanges et l'analyse des équilibres nationaux nécessitent des statistiques définies selon les mêmes normes. La balance des paiements permet de recenser les flux d'échange d'une nation avec le reste du monde et donc de comptabiliser les échanges de biens et services, les investissements directs à l'étranger et les investissements de portefeuille, les transferts d'actifs et les variations d'avoirs en réserve. L'objet des deux prochains

27 Guillon M. (2002), « Les principales régions d'accueil : l'attrait maintenu des pays riches », *Cahiers français*, n° 307, mars-avril.

28 Système d'observation permanente des migrations (SOPEMI), tendances des migrations internationales, OCDE. Williamson J. G. (2007), « Les migrations internationales du XIX$^e$ siècle à 2030 », *Problèmes économiques*, n° 2914, pp. 2-7, janvier.

29 Docquier F. et A. Marfouk (2006), « La fuite des cerveaux entrave-t-elle la croissance européenne ? », *Regards économiques*, n° 43, IRES-UCL, septembre ; et Saint Paul G. (2009), Immigration, qualifications et marché du travail, rapport du Conseil d'Analyse Economique n° 84, juin.

paragraphes est présenter brièvement cet instrument statistique et les effets des variations des taux de change sur les échanges.

## A. La balance des paiements [30]

Les flux d'échanges d'un pays avec l'extérieur sont présentés par la balance des paiements. La balance des paiements rend compte des transactions réelles, monétaires et financières des résidents d'une économie nationale avec les non-résidents. À ce titre, c'est le premier document qui permet d'apprécier les relations économiques entre les nations. Afin de pouvoir établir des statistiques comparables, le FMI propose des normes d'enregistrement de la balance des paiements. Cela donne lieu à un manuel. Les balances des paiements sont actuellement présentées selon le 5e manuel du FMI qui date de 1993 mais qui est en cours de révision. Il existe encore des différences entre les Balances des paiements nationales et la présentation recommandée par le FMI mais elles sont peu nombreuses et n'empêchent pas la comparaison.

■ **Le FMI définit la balance des paiements comme « un état statistique où sont enregistrés pour une période donnée l'ensemble des flux entre une économie et le reste du monde » durant une période donnée qui peut être un mois, un trimestre et une année.** Elle retrace les transactions de biens, de services et de revenus entre une économie et le reste du monde, les transferts de propriété et autres variations intervenues dans les avoirs en or monétaire de cette économie, dans ses avoirs en droits de tirage spéciaux ainsi que dans ses créances financières sur le reste du monde ou dans ses engagements financiers envers lui et enfin les inscriptions de « transferts sans contrepartie » et de contrepartie destinées à équilibrer d'un point de vue comptable les transactions et changements précités qui ne se compensent pas réciproquement ». Les échanges ont lieu entre les résidents et les non-résidents. Sont considérés comme résidents, les agents nationaux ou étrangers, personnes physiques ou morales, qui vivent habituellement et de façon permanente dans le pays considéré. À l'inverse, les non-résidents sont les étrangers et les nationaux qui vivent de façon habituelle et permanente à l'étranger. La distinction entre résidents et non-résidents se fonde sur un critère de territorialité et non pas de nationalité.

■ **La balance des paiements comporte trois blocs : le compte des transactions courantes, le compte de capital et le compte financier.** Le compte des transactions courantes constitue le haut de la balance des paiements et comprend les échanges de biens comptabilisés dans la balance commerciale, les échanges de services, les revenus des facteurs comme les revenus d'investissements et les transferts courants comme les dons au titre de l'aide au développement et les transferts des travailleurs immigrés. Le compte de capital regroupe les transferts d'actifs financiers comme les remises de dette et les échanges d'actifs incorporels tels que les brevets. Enfin, le compte financier retrace les investissements directs (qui permettent le contrôle d'au moins 10 % du capital social des entreprises), les investissements de portefeuille, c'est-à-dire les achats et ventes de valeurs mobilières avec l'étran-

30 Pour une analyse détaillée de la balance des paiements, voir Raffinot M., et Vernet B., (2003), « La balance des paiements », Éd. La Découverte.

ger effectués dans un but de placement, les autres investissements comme les crédits commerciaux et les crédits et dépôts des banques et les variations des avoirs de réserves officielles résultant des interventions des autorités monétaires sur le marché des changes.

La balance des paiements de la zone euro se présente de la façon suivante. Le compte de transactions courantes est proche de l'équilibre (cf. tableau 1.17). Les investissements directs à l'étranger par des résidents de la zone euro ont été inférieurs à ceux des étrangers en zone euro et les investissements de portefeuille des étrangers en zone euro ont été très importants.

**Tableau 1.17**
*La balance des paiements de la zone euro*

| | 2009 (millions €) | 2010 (millions €) | 2011 (millions €) | 2011 (en % du PIB) |
|---|---|---|---|---|
| Compte de transactions courantes (total) | – 25.9 | – 42.2 | – 31.5 | – 0.3 |
| Dont solde des échanges de biens | 36 | 12.9 | 6 | 0.1 |
| solde des échanges de services | 35.1 | 45.9 | 59.6 | 0.6 |
| Revenus | – 5.8 | 2.3 | 7.5 | 0.1 |
| Transferts courants | – 91.2 | – 103.3 | – 104.5 | – 1.1 |
| Compte de capital | 7.3 | 5.5 | 9.8 | 0.1 |
| Compte financier (total) | 14 | 44.1 | 9.3 | 0.1 |
| Dont Investissements directs | – 102.8 | – 49.9 | – 69.8 | – 0.7 |
| Investissements de portefeuille | 261.4 | 148 | 293.4 | 3.1 |
| Produits financiers dérivés | 21.1 | 17.4 | – 23.4 | – 0.2 |
| Autres investissements | – 170.2 | – 61.2 | – 180.9 | – 1.9 |
| Avoirs de réserve | 4.6 | – 10.3 | – 10.1 | – 0.1 |
| Erreurs et omissions | 4.6 | – 7.4 | 12.4 | 0.1 |

Source : Banque centrale européenne, http://www.ecb.int/stats/external/balance/html/index.en.html.

■ **La balance des paiements est élaborée selon le principe de la comptabilité en partie double** : chaque opération donne lieu à deux écritures de même montant mais l'une au débit et l'autre au crédit. Une exportation de marchandises se traduit par exemple par un crédit dans la balance commerciale (signe +) et l'inscription en débit (signe –) d'un crédit commercial accordé aux non-résidents pour acheter cette exportation. Ce qui a été payé au comptant par les non-résidents se traduit par une augmentation des réserves en devises. Au final, la balance des paiements est globalement équilibrée aux erreurs et omissions près. Au crédit, la diminution d'avoirs ou l'augmentation d'engagements et au débit, l'augmentation d'avoir ou la diminution d'engagements. La balance des paiements enregistre des **flux** et non pas des stocks. En effet, la balance des paiements rend compte des mouvements économiques et financiers entre un pays et le reste du monde sur une période de temps donnée (mois, trimestre et année). En revanche, le second document comptable préconisé par le FMI, appelé la position extérieure, recense les **stocks** d'avoirs et d'engagements financiers extérieurs d'un pays donné. Les transactions sont enregistrées lors de l'échange et non pas lors du règlement. La transaction sur biens, services et revenus a lieu lors du franchissement effectif de la frontière, c'est-à-dire au moment où elle se produit (utilisation privilégiée de statistiques douanières).

■ La balance des paiements permet de retracer les créances et les engagements d'un pays à l'égard du reste du monde et d'établir des relations avec les identités comptables nationales. En économie ouverte, l'équilibre Ressources-emploi en biens et services s'écrit en supposant les stocks constants pour simplifier :

revenu (Y) + importations (M) =
consommation (C) + investissement (I) + exportations (X)

La demande interne est la somme de la consommation, de l'investissement et des exportations nettes. Le revenu national est utilisé pour payer les impôts (T), consommer et épargner (S) :

$$Y = C + T + S$$

ce qui signifie que X-M = (S-I) + (T-G)

*A posteriori*, le solde de la balance de biens et services est identique au solde « épargne intérieure moins investissement »[31]. La balance commerciale d'un pays dépend de la capacité de financement publique et privée de ce pays. Une nation dont la demande intérieure est supérieure au revenu national aura donc un solde courant déficitaire. Les pays en déficit courant comme les États-Unis drainent l'épargne mondiale qui émane des pays en excédent courant. L'épargne très élevée des pays asiatiques se traduit par une balance commerciale excédentaire.

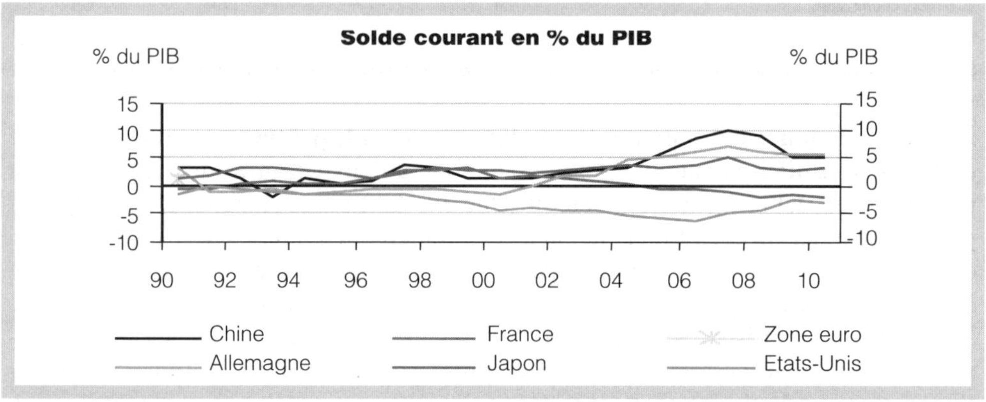


**Figure 1.2**
***Solde courant des grands pays industrialisés en pourcentage du PIB***

Source : FMI, calculs auteus.

31 Voir Raffinot M. et Vernet B., (2003), op. cit.

## B. Le taux de change et la compétitivité des entreprises

Les soldes de la balance des paiements évoluent en fonction d'un certain nombre de variables comme le revenu des pays étrangers, le revenu intérieur ou encore les taux de change. La capacité de financement des secteurs publics et privés modifie également les soldes. Mais l'analyse du solde de la balance commerciale est souvent menée en terme de compétitivité.

■ **Les échanges d'un pays dépendent du revenu extérieur.** Si le revenu extérieur s'accroît, la demande pour les produits domestiques a tendance à augmenter toutes choses égales par ailleurs. La demande mondiale est mesurée par les importations du reste du monde. La demande mondiale adressée à un pays en particulier est la somme des importations des pays avec lesquels échange ce pays pondérées par la part de chaque pays dan nos exportations [32]. La hausse du revenu intérieur entraîne quant à lui une augmentation des importations qui sont les exportations du reste du monde. L'exemple le plus évident est celui des États-Unis dont les importations représentent 16,5 % des importations mondiales en 2004 [33]. Une réduction de la croissance américaine va donc entraîner une baisse des exportations de la zone euro et de l'Asie. Ces pays vont alors connaître une réduction de leur revenu national, ce qui va engendrer un ralentissement de leurs importations. Cette interdépendance des économies a été modélisée par le modèle Mundell-Fleming. Élaboré dans les années 1960, ce modèle macroéconomique néo-keynésien fournit un cadre simplifié des interdépendances économiques nationales et étrangères et offre une lecture macroéconomique de la balance des paiements. Il conclut que l'efficacité des politiques macroéconomiques dépend du régime de change et de la mobilité internationale des mouvements de capitaux [34]. Le déficit commercial n'est pas forcément un signe de détérioration de la compétitivité. Il peut être le reflet d'une demande intérieure vigoureuse. Mais, à terme, la hausse des importations devrait se traduire par une hausse de la demande de devises étrangères et par une baisse de la demande de monnaie nationale. Le taux de change du pays importateur se dépréciera et augmentera ainsi la compétitivité prix des exportations en cas de concurrence pure et parfaite et de somme des élasticités prix des importations et des exportations supérieure à 1, comme nous allons le voir ci-après. Les variations de taux de change vont permettre le retour à l'équilibre de la balance courante grâce à un ajustement par les prix.

■ **Le taux de change est le prix d'une monnaie en termes d'une autre monnaie.** Il dépend de l'offre et de la demande de devises sur le marché des changes. L'offre et la demande de devises résultent des achats de biens et de services et des flux financiers. Le taux de change peut être le nombre d'unités de monnaies étrangères que l'on peut obtenir pour une unité de monnaie nationale, c'est la cotation au certain. Quand on parle du nombre d'unités de monnaie nationale nécessaire à l'obtention d'une unité

---

32 Pour la définition, voir ministère de l'Économie, (2004), DPAE, « Comment expliquer les pertes récentes de parts de marché de la France à l'exportation ? », n° 32, mars, p. 6.

33 Source : Statistiques du commerce mondial, 2005.

34 pour aller plus loin, voir Mankiw N. G., (1998), *Principes de l'économie*, Economica, p. 817, et Samuelson P.A. et Nordhaus W.O., (2000), *Économie*, Economica.

étrangère, c'est une cotation à l'incertain. La livre sterling et l'euro sont cotés au certain. La cotation au certain est plus simple puisqu'elle implique une appréciation de l'euro quand son taux de change augmente, c'est-à-dire qu'il faut moins d'unités de monnaies étrangères pour une unité de monnaie nationale. Lorsque la valeur relative d'une devise diminue par rapport à une autre, elle se déprécie. Si elle augmente, elle s'apprécie. Ce sont les termes utilisés en régime de change flottants. Dans le cas d'un régime de change fixe, les modifications de parité sont qualifiées de dévaluations ou de réévaluations.

L'impact du taux de change nominal sur les échanges commerciaux en valeur dépend de l'évolution des termes de l'échange c'est-à-dire du rapport entre les prix à l'exportation et à l'importation, les prix à l'exportation suivant les prix domestiques et les prix à l'importation, les prix mondiaux. La compétitivité d'une économie ne dépend pas seulement du taux de change nominal mais aussi des prix relatifs. À prix domestiques et à taux de change nominal inchangés, une hausse de l'inflation à l'étranger rendra les produits domestiques plus intéressants. Le niveau des prix intérieurs relativement à celui des partenaires commerciaux du pays influence le prix à l'exportation et les prix intérieurs relativement aux prix d'importation. C'est le taux de change réel qui est utilisé pour mesurer la compétitivité des produits domestiques d'un pays. Il se définit comme le rapport entre le niveau général des prix domestiques exprimés en monnaie étrangère et le niveau général des prix étrangers.

taux de change réel = taux de change nominal coté au certain ×
niveau général des prix domestiques / niveau général des prix étrangers

Le taux de change réel d'un pays correspond au niveau relatif de ses prix intérieurs en le mesurant de façon numéraire. Il peut être bilatéral c'est-à-dire entre le pays et un autre partenaire commercial ou par rapport à la moyenne des partenaires ou encore à une zone de référence. Le taux de change réel d'un pays par rapport à celui de la moyenne des partenaires est appelé taux de change effectif réel. Si l'hypothèse de concurrence pure et parfaite était vérifiée, les taux de change réels seraient tous égaux. En effet, sous cette hypothèse, les taux de change nominaux suivraient la règle de la parité des pouvoirs d'achat à long terme. Le taux de parité de pouvoir d'achat est le taux qui permet d'égaliser les niveaux de prix pour le même panier de produits représentant la consommation privée ou le PIB. Le taux de change réel est obtenu en divisant le taux de change nominal par le taux de parité de pouvoir d'achat [35].

Une dépréciation de l'euro, par exemple, va entraîner une baisse des prix des exportations européennes en monnaie étrangère immédiatement. Le solde de la balance commerciale va se dégrader avant que cette baisse du prix des exportations engendre une hausse des volumes exportés. De même, cette dépréciation de l'euro va renchérir le prix des importations en monnaie nationale avant que cela incite les agents à substituer des produits nationaux aux produits étrangers. L'effet d'une variation de change peut être décomposé en trois phases. Lors de la première phase de court terme, la dépréciation entraîne une hausse du prix

35 Voir encadré 1.3.

des importations et une baisse du prix des exportations. Le solde commercial se dégrade. Lors de la deuxième phase, la baisse des prix des exportations entraîne une hausse des quantités exportées et le renchérissement des biens importés limite les importations : la balance commerciale s'améliore. Enfin, les effets de la dépréciation s'atténuent en phase 3.

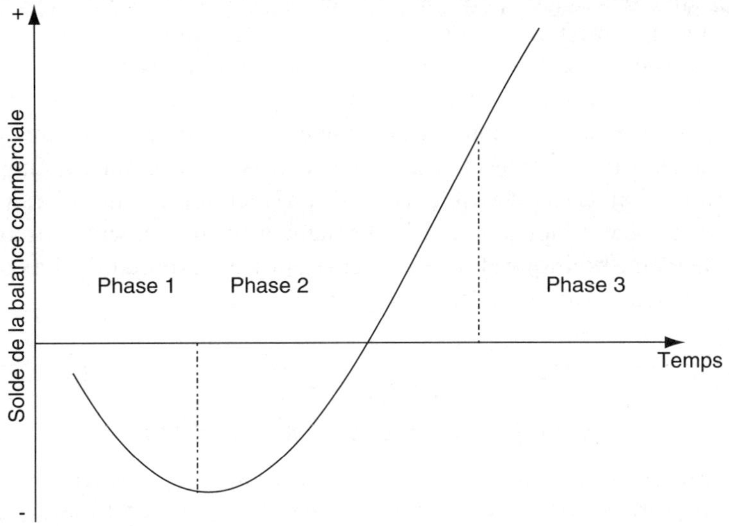


**Figure 1.3**
*Les effets d'une dévaluation : une courbe en J*

Ainsi, pour qu'une dévaluation ou une dépréciation ait un impact positif sur l'économie et entraîne un rétablissement du solde commercial, il faut que le total des valeurs absolues des élasticités prix, à l'exportation et à l'importation, soit supérieur à 1. C'est le « théorème des élasticités critiques » de Marshall-Lerner. Ce théorème se vérifie dans la plupart des cas. Les conditions de Marsahll-Lerner peuvent toutefois être assouplies quand on tient compte des comportements de fixation des prix. Par exemple, les entreprises étrangères peuvent avoir un comportement de marge et limiter leur prix afin de compenser le renchérissement des prix à l'importation. Dans le cas d'un fort déficit, le solde commercial peut être insensible aux variations de change. Krugman montre que la forte appréciation du dollar au début des années 1980 a dégradé la compétitivité des entreprises américaines. Elles ont perdu des parts de marché qu'elles n'ont pu récupérer car les entreprises qui sont entrées sur le marché américain ont bénéficié de rendements croissants. Le retour du dollar à son niveau inférieur à celui précédant l'appréciation n'a pas permis aux entreprises américaines de les évincer, leurs coûts de production étant faibles grâce aux économies d'échelle.

La possibilité de modifier le change n'est pas exclusive d'un système de change fixe, c'est pourquoi nous avons volontairement employé le terme de dépréciation. En changeant le taux d'intérêt, les Banques centrales peuvent créer un mouvement d'appréciation de la monnaie. Elles peuvent aussi intervenir directement grâce aux interventions stérilisées. Si les signaux sont clairs et qu'ils sont accompagnés de politiques économiques montrant la détermination des autorités, les interventions publiques peuvent entraîner un mouvement de change.

Pour améliorer sa compétitivité prix, un pays peut aussi contenir ses coûts afin de réduire l'augmentation de ses prix intérieurs. Une inflation inférieure à celle de ses partenaires commerciaux débouche sur un gain de compétitivité. Cela s'appelle une politique de « désinflation compétitive ». C'est la politique qui a été menée par la France durant les années 1990 pour retrouver une compétitivité extérieure dans un contexte de monnaie forte. Les mesures adoptées consistaient en une désindexation des salaires sur l'inflation. En modérant les coûts de production, les entreprises vendent leur production relativement moins cher. L'Allemagne est actuellement en train de mettre en œuvre cette même politique afin de baisser ses prix à l'exportation. La compétitivité prix dépend alors de l'évolution des salaires et des coûts.

## ENCADRÉ 1.2
### *La compétitivité : une notion difficile à définir*

La compétitivité fait l'objet de nombreux débats sans que les termes soient correctement posés. En effet, la **compétitivité extérieure** d'un pays recouvre de nombreux déterminants et non seulement les coûts de production. Par ailleurs, c'est une notion microéconomique qui est souvent abusivement utilisée au niveau macroéconomique. D'ailleurs P. Krugman (2000)[36], prix Nobel d'économie en 2008, considère que **la compétitivité est une « dangereuse obsession », difficile à définir, qui ne peut être réduite à un avantage en termes de prix**. « Il existe des forces qui tendent à rétablir l'équilibre et qui assurent normalement que tout pays continue d'être capable de vendre toute une gamme de produits sur les marchés mondiaux et d'équilibrer à long terme sa balance des paiements, même si sa productivité, sa technologie et la qualité de ses produits sont inférieures à celles des autres pays. » Selon cet économiste, le fait d'adopter des mesures commerciales en fonction de l'évolution des indices usuels de compétitivité peut être négatif pour l'économie.

**1 – Définitions de la compétitivité prix et coût**

Deux variables sont généralement utilisées pour déterminer la compétitivité d'un pays :

– **Compétitivité-prix :**

Selon l'INSEE[37], « la compétitivité-prix à l'exportation compare l'évolution de nos prix d'exportation à celle de nos partenaires ». Elle peut être évaluée par :

* Le taux de change effectif nominal qui mesure l'évolution du taux de change de la monnaie d'un pays par rapport à celle des autres pays, pondéré en fonction de la part des

36 Paul R. Krugman, éd. (2000), *La mondialisation n'est pas coupable. Vertus et limites du libre-échange*, Paris, La Découverte.

37 http://www.insee.fr/fr/methodes/

## ENCADRÉ 1.2 (suite)

échanges commerciaux avec les différents pays partenaires. Une des mesures du taux de change effectif nominal est calculée par le FMI.

* Le taux de change effectif réel qui est le taux de change effectif nominal, ajusté de l'évolution de l'indice des prix à la consommation des différents pays.

* Le prix relatif des exportations : cette méthode consiste à analyser l'évolution des prix des exportations d'un pays par rapport à celle de ses concurrents commerciaux. Ce type de mesures est souvent utilisé dans les maquettes de simulations macroéconomiques des gouvernements mais est peu publié.

* L'OCDE calcule par ailleurs un taux de change d'équilibre, défini comme le taux de change à long terme permettant d'égaliser les parités de pouvoir d'achat entre les différentes devises, dans l'hypothèse où tous les biens seraient échangés et où les marchés seraient pleinement efficients. Dans ce cas, si tous les taux de change étaient en équilibre, les niveaux de prix seraient strictement identiques à travers tous les pays. Selon l'OCDE, le taux de change d'équilibre de l'euro par rapport au dollar serait de 1,25 $ par euro en 2011.

**– Compétitivité-coût :**

Selon l'INSEE, « la compétitivité-coût compare l'évolution des coûts salariaux unitaires de la Francc (évolution du coût du travail corrigée de celle de la productivité) à celle de ses partenaires ». Cette notion est utilisée même si les importateurs ne font face qu'à un prix de vente et non à un coût de production, car les entreprises exportatrices dont le coût de production est inférieur pourront, à prix égal, avoir des marges supérieures aux autres entreprises et auront donc une volonté d'exportation supérieure. Une mesure de compétitivité-coût est calculée et publiée par le FMI : c'est le taux de change effectif nominal, ajusté de l'évolution des coûts salariaux unitaires des différents pays. Les pondérations sont basées sur les échanges commerciaux entre 2004 et 2006. Seuls 26 pays composent le panier de devises concurrentes.

**2 – Des mesures incomplètes et imparfaites de la compétitivité d'un pays à l'exportation**

**Les coûts salariaux unitaires ne représentent qu'une partie des coûts de production.** Les consommations intermédiaires, les marges de production, de distribution et d'exportation, sont des éléments qui peuvent avoir un fort impact sur la compétitivité-prix des produits. De plus, la compétitivité à l'export dépend aussi fortement de la **compétitivité hors-prix** qui est déterminée par le design, l'innovation technologique et le marketing [38]. Par exemple, une étude du Trésor français [39] montre que les bonnes performances à l'exportation de l'Allemagne s'expliquent par son fort avantage comparatif dans la production de produits de technologie moyennement élevée (automobiles et machines). Ceci a permis à ce pays de résister à la montée en puissance des pays émergents, contrairement à la France dont les avantages comparatifs sont moins concentrés et concernent surtout les hautes technologies [40].

---

38 Berthou A. & Emlinger C. (2011), « Les mauvaises performances françaises à l'exportation : la compétitivité prix est-elle coupable ? », *Lettre du CEPII*, n° 313, 12 septembre.

39 Fortes M. (2012), « Spécialisation à l'exportation de la France et de quatre grands pays de l'Union Européenne entre 1990 et 2009 », *Trésor éco*, n° 98, février.

40 Voir aussi Fontagné L et G. Gautier (2008), Performances à l'exportation de la France et de l'Allemagne, Rapport du Conseil d'Analyse Économique, n° 81, décembre.

## ENCADRÉ 1.2 (suite)

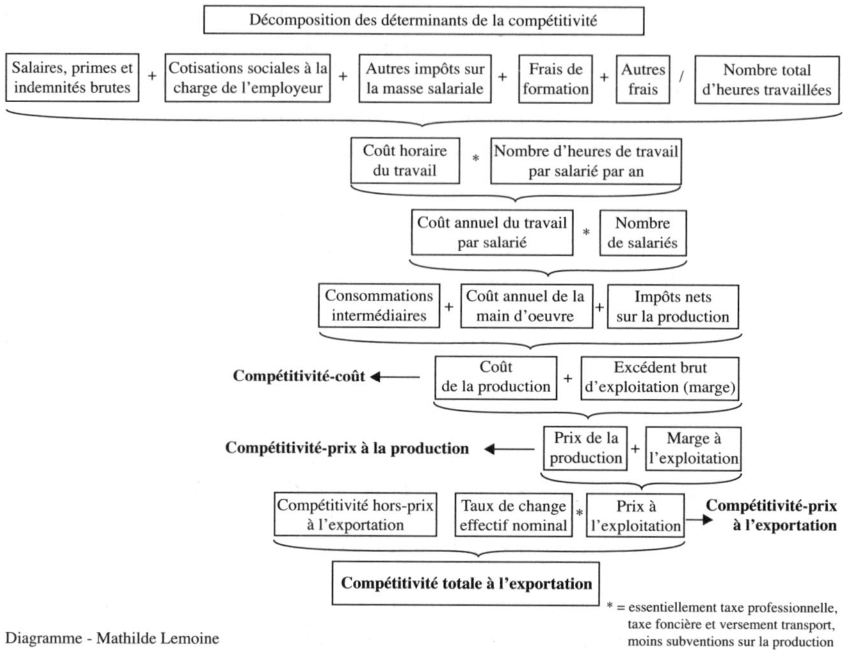


Source : Audition pour la mission d'information sur la compétitivité de l'économie française et financement de la protection sociale, http://www.assemblee-nationale.fr/13/pdf/rap-info/i3929.pdf.

Par ailleurs, les mesures de la compétitivité-prix et coût sont imparfaites. Premièrement, la compétitivité-prix ne couvre qu'un nombre panier de pays limité (le FMI présente en ce sens la mesure la moins imparfaite). Deuxièmement, les périodes de référence pour les pondérations ne sont pas toujours flottantes, ce qui, dans le cas de l'émergence commerciale d'un pays, peut conduire à sous-estimer l'effet de son taux de change. Troisièmement, le fait de pondérer le taux de change effectif par l'indice des prix à la consommation ne représente qu'une approximation de la compétitivité à l'exportation car les prix de consommation peuvent évoluer différemment des prix à l'exportation. Enfin, une analyse des prix relatifs des exportations, effectuée de façon agrégée, ne permettra pas de tenir compte des particularités sectorielles des différents pays. À titre d'exemple, en cas de forte hausse du prix du pétrole, le prix relatif des exportations des pays exportateurs de pétrole augmentera mais cela ne réduira pas forcément leurs exportations pour autant.

■ **En conclusion, les échanges mondiaux se caractérisent par une régionalisation des flux et une intégration des économies.** De 1990 à 2010, les exportations ont augmenté de 8,6 % par an et les importations de 8,5 % quand la croissance mondiale a été de 6 % par an. L'Europe est encore la première puissance exportatrice mondiale en totalisant 40 % des échanges mondiaux ; l'Asie la seconde avec 32 % des exportations mondiales et 30 % des importations mondiales. Les exportations américaines représentent 9 % des exportations mondiales et 13 % des importations. Le dynamisme du commerce mondial a été soutenu par la régionalisation. Les échanges régionaux représentent la moitié des échanges mondiaux. Cette accélération des échanges a engendré une intégration des économies : en 2010, 30 % de la production mondiale de biens était exportée contre 15 % en 1973 et un développement des flux entre pays développés. La question qui vient alors naturellement est : pourquoi échanger ?

## 1.2 LES RAISONS DE L'ÉCHANGE INTERNATIONAL

L'analyse des échanges internationaux se doit au préalable de spécifier les déterminants du commerce international et, par là-même, d'expliquer pourquoi les pays échangent entre eux.

Toute économie dispose de ressources limitées. Ce qu'elle peut produire est également limité. L'arbitrage est donc perpétuel. Si on veut produire plus d'un bien, on est obligé de réduire la production d'un autre bien afin de pouvoir affecter des facteurs de production supplémentaires nécessaires à la production du bien dont on souhaite accroître la production. Cet arbitrage est formalisé en économie par la frontière des possibilités de production. Si on affecte une partie des facteurs de production à la production d'un ou plusieurs biens, cela signifie que l'on est obligé de renoncer à la production d'autres biens. C'est le coût d'opportunité. L'arbitrage de production dépend du prix relatif du bien. Le pays va se spécialiser dans la production du bien pour lequel le prix relatif est supérieur au coût d'opportunité. Pour autant, le choix des possibles est restreint par la quantité de facteurs disponibles. C'est le mur de la rareté.

En ouvrant les frontières et en facilitant les échanges internationaux, dès lors que les raretés relatives sont différentes ou que la productivité augmente grâce à la spécialisation, il y a un gain à l'échange. Les échanges internationaux sont alors un moyen de repousser le mur de la rareté. L'autre moyen de le repousser mis en avant par les théoriciens de la croissance est bien sûr le progrès technique. Les rendements des facteurs de production deviennent constants et les économies d'échelle croissantes. Cela a des conséquences importantes sur la compréhension des déterminants du commerce international. La spécialisation devient un substitut au progrès technique et garde ainsi son pouvoir explicatif. Mais le commerce international devient également un moyen de réaliser des économies d'échelle : plus les pays produisent et plus ils retirent des gains.

Les échanges résultent de notre volonté d'obtenir ce que l'on n'a pas, de repousser le mur de la rareté et d'obtenir ainsi plus que ce que nous avons les moyens de produire, mais aussi de réaliser des économies d'échelle. C'est ce que nous allons étudier dans cette deuxième partie.

## ENCADRÉ 1.3
### *La théorie de la Parité des Pouvoirs d'Achat (PPA)*

Cette théorie a été introduite par l'économiste Gustave Cassel (*La monnaie et le change après 1914*, Paris, Giard, 1923) et reprise par les économistes Jacques Rueff et Bela Balassa. Elle est fondamentale car utilisée dans les principaux modèles de détermination du taux de change (notamment dans les modèles dits monétaires).

Dans sa **version absolue**, la plus frustre, **la théorie de la Parité des Pouvoirs d'Achat** postule que le taux de change PPA est celui qui égalise les niveaux de prix entre deux pays. Le taux de change PPA est dérivé de la loi du prix unique qui stipule que le prix d'un bien échangeable doit être le même quelle que soit la monnaie dans laquelle il s'exprime. Pris dans sa **version relative**, la PPA signifie que des pays qui connaissent des taux d'inflation différents doivent s'attendre à ce que leur taux de change bilatéral s'ajuste dans le long terme de façon à compenser ces écarts d'inflation. Une autre façon de dire les choses est qu'en l'absence de toute entrave au commerce international ainsi qu'en négligeant les coûts de transport et d'information et les problèmes d'agrégation des indices de prix utilisés par les organisations internationales, tout écart à la PPA ne devrait être que temporaire : une divergence de prix concernant des produits similaires (la définition de produits similaires restant à définir) devrait conduire à des arbitrages qui feraient plus ou moins vite disparaître cet écart dans un horizon qu'il convient de préciser mais qui relève du moyen ou long terme.

**Malgré sa popularité** et son utilisation sous une forme ou une autre par la plupart des institutions internationales, le concept de taux de change PPA n'est pas exempt lui non plus de critiques. Ces dernières concernent de la même manière la PPA dite Big Mac popularisée par *The economist* et utilisée par exemple par l'UBS (Pakko et Pollard, 1996[41]). **Ces critiques portent à la fois sur les fondements théoriques de la PPA et sur sa mise en œuvre par les organisations internationales comme l'OCDE.** Ces critiques sont les suivantes.

**En premier lieu, il existe des barrières aux échanges qui introduisent un écart entre les prix de biens identiques vendus sur des marchés différents.** Le principe de la loi du prix unique qui fonde la PPA serait ainsi violé (pour une revue de la littérature, voir Goldberg et Knetter, 1997[42]) du fait de l'existence d'obstacles aux échanges (barrières tarifaires et non tarifaires, frais de transport, etc.). La plupart des études empiriques récentes, fondées sur l'estimation de modèles de gravitation (McCallum, 1995[43] ; Head et Mayer, 2001[44]) ou plus directement sur la violation de la loi du prix unique (Engel et Rogers, 1996[45]), montrent par exemple qu'il existe des « effets frontière » plus importants qu'on pourrait le penser (même s'ils sont en diminution dans l'Union européenne) et que les frontières nationales

41 Pakko et Pollard (1996), « For here or to go ? Purchasing power parity and the Big Mac », Review, issue Jan., pp. 3-22.

42 Goldberg et Knetter (1997), « Goods Prices and Exchange Rates : What Have We Learned ? », Journal of Economic Literature, vol. 35, issue 3, pp. 1243-1272.

43 McCallum (1995), « National Borders Matter : Canada-U.S. Regional Trade Patterns », American Economic Review, vol. 85, issue 3, pp. 615-23.

44 Head, K., et Mayer, T., (2006), « Effet frontière, intégration économique et « Forteresse Europe » », *Cepii working paper,* 2001-06.

45 Engel et Rogers (1996), « How Wide is the Border ? », *American Economic Review*, vol. 86, pp. 1112-25.

## ENCADRÉ 1.3 (suite)

continuent à compter : à taille et distances comparables, deux régions échangent moins dès lors qu'une frontière les sépare. À cela, on peut ajouter que la PPA néglige le problème de la différenciation des produits qui rend des produits similaires (mais pas identiques) imparfaitement substituables, rendant difficile l'application de la loi du prix unique.

**En second lieu,** il existe des biens non échangeables dans la plupart des indices de prix de sorte que la loi du prix unique, même si elle s'applique à des biens particuliers ou à un groupe biens, peut ne pas s'appliquer à ces indices. En outre, **l'existence de biens non échangeables conduit à remettre en cause la validité de la PPA quand les niveaux de revenu des pays sont différents,** conformément au désormais fameux effet Balassa (1964)[46] et Samuelson (1964)[47]. L'argumentation est la suivante : les niveaux de revenus par tête reflètent grossièrement les différences de productivité du travail. De plus, les différences de productivité sont plus grandes dans le secteur des biens échangeables. La plus grande productivité du travail dans le secteur des biens échangeables dans les pays à haut revenu se traduit par des salaires plus élevés dans l'ensemble des secteurs et donc par des prix plus élevés dans le secteur des biens non échangeables dans ces pays par rapport au pays ayant un niveau de revenu plus faible. Le niveau de prix plus élevé dans le secteur non échangeable se traduit aussi par des prix plus élevés dans les pays à haut revenu et leur monnaie est, de ce fait, surévaluée par rapport à celle des pays à revenu plus faible. Le niveau des prix des biens non échangeables croît avec leur niveau de développement (et de revenu) et le taux de change réel des pays en voie de développement tend à s'apprécier. Les prix sont aussi plus élevés dans les pays où le rapport capital-travail est plus élevé, comme l'a montré depuis longtemps Bhagwati.

**En troisième lieu, se pose le problème technique du mode de calcul des indices de prix utilisés.** Pour un bien élémentaire, le calcul d'un taux de PPA est trivial. En revanche, lorsqu'on raisonne sur l'ensemble de l'économie, se pose le problème du panier de biens de référence qui va permettre le calcul du taux de PPA ainsi que la pondération des dépenses correspondant à chaque groupe de produits. Le programme PPA de l'OCDE et d'Eurostat s'appuie sur les travaux précurseurs de Kravis dans les années cinquante puis de Kravis, Heston et Summers (1982)[48] dans le cadre du Projet de comparaisons internationales des Nations unies (les économistes ont de leur côté l'habitude d'utiliser les Penn World Tables collectées par Summers et Heston, 1991[49]). Il n'est évidemment pas possible de rentrer dans le détail de la méthode utilisée par l'OCDE. **Si la méthode PPA est assez simple à comprendre dans son principe, sa mise en œuvre** (qu'on retrouve abondamment commentée sur le site de l'OCDE et qui fait l'objet de centaines d'articles) **est beaucoup plus lourde et pose de sérieux problèmes de méthode**.

---

46 Balassa B. (1964), « The Purchasing-Power Parity Doctrine : A Reappraisal », *Journal of Political Economy*, vol.72, December, pp. 584-96.

47 Samuelson P.A. (1964), « Theoretical Notes on Trade Problems », *Review of Economics and Statistics*, 46, pp. 145-54.

48 Kravis, Heston et Summers (1982), « Comments on : « Selected Problems of the Intercountry Comparisons on the Basis of the Experience of the EEC » », Review of Income and Wealth, vol. 28, issue 4, pp. 407-10.

49 Summers, R. et Heston, A., (1950-1988), « The Penn World Table (Mark 5) : an Expanded Set of International Comparisons », *Quarterly Journal of Economics*, vol. 106, pp. 327-68.

## ENCADRÉ 1.3 (suite)

Sur le plan empirique, il existe un consensus selon lequel les taux de change réels convergent dans le long terme vers le taux PPA (relatif) mais à un rythme lent (Froot et Rogoff, 1995 [50] ; Rogoff, 1996 [51]) : la moitié de l'ajustement ou du temps pour qu'un choc se dissipe en totalité (les « demi-vies » en termes techniques) se faisant dans un délai de 3 à 5 ans.

Les critiques concernant essentiellement les fondements théoriques de la PPA ont amené certains chercheurs à développer récemment des approches alternatives qui relient **le taux de change réel d'équilibre**, non seulement aux prix relatifs mais aussi à des variables macroéconomiques comme la position du solde courant et la croissance du PIB. De façon très générale, le taux de change d'équilibre est défini comme le niveau de change réel permettant aux économies d'atteindre un solde courant soutenable (ce qui ne signifie pas forcément un strict équilibre de la balance courante) sachant que les activités domestique et étrangère sont à leur niveau d'équilibre de moyen terme (Borowski et Couharde, 1999 [52]).

**Tableau 1.18**
*Nature du commerce et coûts d'ajustement potentiels*

| | Théories traditionnelles | | Nouvelles théories du commerce | | |
|---|---|---|---|---|---|
| Déterminants | Dotations factorielles relatives | Productivités relatives | Économies d'échelle externes | Économies d'échelle internes | |
| Nature du commerce | Commerce inter-branche | | | Commerce intra-branche | |
| | | | | Différenciation verticale | Différenciation horizontale |
| Spécialisation | Selon les avantages comparatifs | | Via des économies d'agglomération | Le long du spectre de qualités | Dans les variétés |
| Coûts d'ajustement et effets distributifs | Importants (changements des prix de facteurs à l'intérieur des pays) | | Potentiellement importants (divergence potentielle des revenus entre pays) | | Faibles |

Source : L. Fontagné et M. Freudenberg (1999), « Marché unique et développement des échanges », *Économie et Statistique*, n° 326-327, 1999-6/7.

50 Froot et Rogoff (1995), « Perspectives on PPP and long-run real exchange rates », Handbook of International Economics, 1995, vol. 3, pp. 1647-1688, Elsevier Publishing.

51 Rogoff K. (1996), « The Purchasing Power Parity Puzzle », *Journal of Economic Literature*, June, Vol. 34(2), pp. 647-68.

52 Borowski et Couharde (1999), « Quelle parité d'équilibre pour l'euro ? », *Économie Internationale*, issue 1Q, pp. 21-44.

## 1.2.1 *Repousser le « mur de la rareté » grâce à la spécialisation internationale : les théories traditionnelles du commerce international*

Ce qui fonde l'échange international selon la théorie classique, c'est la différence des prix relatifs des biens entre pays. L'échange international permet à un pays (et à ses consommateurs) à la fois de se procurer moins cher certains produits à l'étranger et de vendre plus cher à l'extérieur que sur le territoire national. Les mêmes avantages se retrouvent pour le ou les pays partenaires à l'échange, mais pour d'autres biens. Il en découle que les pays ont un intérêt à la spécialisation internationale et qu'il existe un gain mutuel à l'échange. Le commerce international ne conduit donc pas à un jeu à somme nulle. Le commerce international accroît le bien-être de chacun des pays participants et, par là-même, le bien-être mondial.

La seconde étape du raisonnement consiste à se poser la question de savoir sur quoi reposent ces différences de prix. Les théories traditionnelles du commerce international (classique et néo-classique) ont proposé des explications, se situant dans une logique de l'offre, en se focalisant sur des différences de coût de production des biens entre pays. On en arrive alors à une loi des avantages comparatifs ou des coûts comparatifs. Ricardo va être un des premiers économistes à construire un cadre théorique conduisant à une loi des avantages comparatifs. Pour Ricardo, la loi des avantages comparatifs et la spécialisation internationale qui en découle se fondent sur des différences technologiques conduisant à des différences de productivité du travail (2.1.1). Dans le modèle de Heckscher (1919)-Ohlin (1933)-Samuelson (1948) [53], ce sont les différences de dotation en facteurs de production entre les pays qui sont primordiales. Ces modèles de base ont fait l'objet de tests empiriques dont les conclusions sont controversées. Certains ont essayé par la suite de développer d'autres explications du commerce international mais qui n'ont jamais été réellement formalisées. Samuelson, quant à lui, vient de livrer une nouvelle interprétation de la théorie ricardienne qui le conduit à conclure que les pays n'ont pas toujours intérêt à l'échange (encadré 1.5).

### A. La théorie classique des avantages comparatifs

Sans échanges, pas de division internationale du travail ni de spécialisation et sans spécialisation pas d'augmentation de la productivité. L'échange international est un substitut au progrès technique, source de croissance, et un moyen de le stimuler. La théorie classique du commerce international s'est précisément intéressée aux justifications de l'échange international pour en montrer tout l'intérêt pour les nations. Cette théorie a progressé en

---

53 Hecksher E. (1919), « The effect of Foreign Trade on the distribution of income » in Lassandrie-Duchêne (1972), *Échange international et croissance*, Economica, Paris.
Ohlin B. (1933), *Interregional and International Trade*, Harvard University Press, Cambridge.
Samuelson P. (1948), International Trade and the equalization of factor prices, *The Economic Journal,* pp. 163-184.

dépassant la notion smithienne des avantages absolus entre nations et en se fondant sur le concept des avantages comparatifs. Les pays connaissent un gain mutuel à l'échange. En l'état, la théorie ricardienne conduit à une indétermination des termes de l'échange international ou du moins fournit une fourchette de prix possibles, c'est-à-dire tout de même une infinité de prix. Les travaux de John Stuart Mill permettent de lever cette indétermination entre introduisant la demande mondiale, dans une théorie de l'offre.

■ **Un pays peut participer à l'échange international s'il produit au moins un bien à un moindre coût que tous les autres pays, c'est-à-dire s'il possède un avantage absolu dans la production d'un bien** selon la notion d'avantage absolu définie par Adam Smith. L'échange entre les pays s'explique donc par les différences de coûts de production en comparant les coûts absolus : un pays importe un bien si sa production nationale est plus coûteuse que son importation.

On considère deux pays partenaires à l'échange (A et B), produisant deux types de produits : des voitures et du textile. Le coût de production (unitaire) de chaque bien dans chaque pays est mesuré en nombre d'heures de travail. On parle aussi de coefficient d'input-output ($a_L = L/Y$) où L représente la quantité de travail (l'input) nécessaire à la réalisation d'une quantité Y de produit final (output). Ce coefficient correspond à l'inverse de la productivité moyenne du travail qui se définit comme le nombre d'unités de produit fabriquées grâce à une heure de travail, soit $p_L = Y/L$.

Le tableau suivant donne les coefficients d'input-output associés à la fabrication de chacun des biens, dans chacun des pays :

**Tableau 1.19**
*Les coefficients input-output (en heures de travail)*

| Secteurs Pays | A (pays développé) | B (PED) |
|---|---|---|
| Voitures | 4h | 15h |
| Textile | 8h | 5h |

Chaque pays a un avantage absolu dans la production d'un des deux biens : le pays A dans les voitures et le pays B dans le textile. L'avantage absolu est alors la possibilité pour un pays de produire un bien avec le moins de facteur travail, c'est-à-dire avec la plus forte productivité du travail, que partout ailleurs dans le reste du monde. Adam Smith ne fait qu'appliquer le principe de la division du travail à l'échelle internationale. Pour les deux pays, l'ouverture internationale est meilleure qu'une situation autarcique dans la mesure où chacun va se spécialiser totalement dans la production pour laquelle il est le plus productif. Ainsi, si les travailleurs du pays A se déplacent du secteur du textile vers celui des voitures, toute baisse de production d'une unité de textile (soit 8 heures de travail économisées) permet de réaliser deux voitures supplémentaires. Pour le pays B, en se privant de la fabrication d'une unité d'automobile, il est en mesure de fabriquer trois unités supplémentaires de textile. Le gain mondial, défini par l'accroissement de la production mondiale permis par la spécialisation, est alors de 2 unités de textile et d'une unité de voiture.

**Cette analyse comporte un certain nombre de limites.** Tout d'abord, le gain mondial décrit précédemment provient d'une spécialisation interne de chaque pays dans la production du bien pour lequel il est le plus productif. Le gain est maximal lorsque chaque pays connaît une spécialisation totale. Mais pour que ce gain présente un quelconque intérêt, il faut que les deux pays échangent entre eux car sinon le pays doit se priver en totalité de la consommation d'un bien. La théorie smithienne conduit à une vision restrictive du commerce international dans la mesure où certains pays qui ne possèdent pas d'avantage absolu dans une production d'un bien ne peuvent pas participer à l'échange international. Tel est le cas par exemple si les coefficients input-output deviennent les suivants :

**Tableau 1.20**
*Les coefficients input-output (en heures de travail)*

| Secteurs Pays | A (pays développé) | B (PED) |
|---|---|---|
| Voitures | 8h | 15h |
| Textile | 4h | 5h |

Le gain mondial ne provient donc pas du fait que chacun des deux pays a un avantage absolu, mais qu'il existe des coûts relatifs et donc des prix relatifs différents dans les deux pays. C'est cette idée fondamentale, connue sous le nom de loi des coûts ou des avantages comparatifs, que va développer Ricardo.

■ **De la notion d'avantage absolu à celle d'avantage relatif :** la théorie ricardienne fait de l'avantage absolu un cas particulier de l'avantage relatif. En cela, elle montre que la quasi-totalité des pays peuvent participer à l'échange, c'est-à-dire entrer dans une relation commerciale mutuellement profitable avec un pays partenaire. L'ouverture internationale est donc préférable à une situation autarcique. Elle ne doit donc connaître aucune entrave. En cela, c'est une théorie libre-échangiste.

**Le principe de l'avantage comparatif est le suivant** : il est toujours avantageux pour deux pays de commercer à partir du moment où ils se spécialisent dans la production du bien pour lequel ils ont le plus grand avantage absolu ou le plus petit désavantage absolu. Autre manière de dire les choses, les pays gagnent à échanger entre eux s'ils se spécialisent dans la production du (des) bien(s) qui supporte(nt) le(s) coût(s) de production relatif(s) le(s) plus faible(s), c'est-à-dire le(s) bien(s) dont le prix relatif est le plus faible. Cette idée fondatrice fut établie par Ricardo (1817). Il en découle que le libre-échange est préférable à l'autarcie car il améliore le bien-être de chaque pays, c'est-à-dire qu'il augmente la quantité totale de biens consommables (ou demandables) par les consommateurs (agents économiques) de chaque pays.

Les hypothèses sur lesquelles repose la théorie ricardienne sont nombreuses. Les capitaux sont supposés mobiles à l'intérieur d'un pays et immobiles entre les pays. « Nous savons cependant, par expérience, que bien des causes s'opposent à la sortie de capitaux. Telles sont : la crainte bien ou mal fondée de voir s'anéantir au dehors un capital dont le propriétaire n'est pas le maître absolu, et la répugnance naturelle qu'éprouve tout homme à quitter sa patrie et ses amis pour aller se confier à un gouvernement étranger, et assujettir des habitudes anciennes à des mœurs et des lois nouvelles » [54] . D'autre part, la valeur d'échange des biens s'établit selon la théorie de la valeur travail. La valeur d'un bien est constituée par le travail nécessaire à sa production. Le facteur capital ne disparaît pas pour autant de l'analyse ; il constitue lui aussi du travail cristallisé. Cela implique que le prix relatif entre deux marchandises est déterminé par les quantités relatives de travail nécessaires à leur élaboration. La valorisation des biens par le travail conduit à déterminer leur prix uniquement par les conditions d'offre. La demande est implicitement négligée, de telle sorte que ces prix ne constituent pas, en toute rigueur, des prix de marché, fruit de la confrontation d'une offre et d'une demande. La rémunération du travail est fixée au salaire de subsistance, c'est-à-dire à un niveau permettant juste de reconstituer la force de travail. On voit ici, comme pour l'hypothèse précédente, quelques similitudes avec la théorie marxiste. Enfin, les facteurs de production ne sont pas substituables mais complémentaires. La production a lieu à rendement d'échelle constant, c'est-à-dire qu'une augmentation simultanée de tous les facteurs de production conduit à accroissement dans la même proportion de l'output. Et au sein d'un même pays, les techniques de production diffèrent selon les biens. Entre pays, les techniques sont différentes pour la fabrication d'un même bien. Cette hypothèse montre bien que les différences entre pays sont d'ordre technologique et non pas factoriel comme dans la théorie néoclassique.

■ **La détermination des termes et du gain à l'échange dans le modèle ricardien nécessite d'introduire la demande internationale.** Prolongeons l'exemple développé précédemment. Représentons tout d'abord la relation entre les quantités qui peuvent être produites des deux biens dans les deux pays.

Dans l'exemple du tableau ci-avant, le pays A dispose d'un avantage absolu dans la production des deux biens. Cependant, le pays A est 1,88 fois plus efficient que le pays B dans la production de voitures et 1,25 fois plus efficient dans la production de textile. En application de la loi des avantages comparatifs, il se spécialisera dans la production pour laquelle il est relativement le plus efficient, c'est-à-dire l'automobile, le pays B se spécialisant dans l'autre production. Une autre manière équivalente de raisonner consiste à comparer les coûts ou les prix relatifs. Ainsi, le pays A produit deux fois moins cher le textile que les voitures, tandis que le pays B produit trois fois moins cher le textile que les voitures. L'avantage comparatif du pays A est donc encore dans la production automobile, celui du pays B dans la production de textile. Notons que, dans le modèle ricardien, les prix internes relatifs sont égaux aux coûts relatifs inter-

54 Ricardo, D. (1817), *Principes d'économie politique et de l'impôt*, trad. française, Paris, Calmann-Lévy, 1970, p. 104.

nes. En application de la théorie de la valeur-travail, le prix absolu d'un bien est égal au coût du travail nécessaire à sa réalisation, soit $p = a_L \times w$ où w est le salaire. Ainsi, dans le pays A le prix absolu d'une automobile et d'un mètre de textile sont respectivement de : 8w et de 4w. Dans le pays B, ces prix sont respectivement de 15w* et de 5w*. Les salaires sont supposés égaux entre secteurs au sein de chaque pays dans la mesure où le modèle ricardien suppose une parfaite mobilité intersectorielle des travailleurs ou encore que le salaire se fixe à un niveau de subsistance. Ainsi, dans le pays A, le prix relatif du textile (voiture) en termes de voiture (textile) est de 0,5 –4/8- (2). Dans le pays B, le prix relatif du textile (voiture) en termes de voiture (textile) est de 0,33 -5/15-(3).

Deux résultats émergent :

- le prix relatif international doit être compris entre les prix relatifs internes des deux pays pour que l'échange soit mutuellement profitable : $P_{t/v} < P^i_{t/v} < p^*_{t/v}$ (dans l'exemple, $1/3 < P^i_{t/v} < 2/3$). Le modèle ricardien conduit donc à une indétermination des termes de l'échange ;
- chaque pays obtient un gain d'autant plus élevé que le prix international s'éloigne de son prix interne. Le partage du gain mondial peut être inéquitable.

Cette indétermination est levée par John Stuart Mill qui a montré que le prix international d'équilibre va être le résultat de la confrontation d'une offre internationale régie par les coûts comparatifs et d'une demande mondiale jusque-là négligée. Plus un bien sera demandé au niveau international et plus son prix sera élevé. Par conséquent, les pays qui ont un avantage comparatif dans les produits fortement demandés au niveau international ont le plus de chance d'acquérir des gains élevés à l'échange. La théorie de Ricardo offre une analyse du commerce international qui démontre la supériorité de l'échange grâce à la spécialisation internationale qu'il engendre. Ce sont les différences de productivité du travail qui déterminent les différences de coûts.

## B. Les dotations factorielles : la théorie néo-classique du commerce international

Cette théorie a été développée à partir des travaux de deux économistes suédois, Elie Heckscher et Bertil Ohlin. Elle repose sur l'existence de dotations factorielles relatives différentes entre pays. Ces travaux seront complétés par l'article de Stolper-Samuelson de 1941 [55] et par celui de Rybczynski de 1955 [56]. Il en résulte le modèle Heckscher — Ohlin — Samuelson (HOS).

Dans la théorie HOS, la nation est un bloc de facteurs de production, parfaitement mobiles entre les secteurs et immobiles entre les pays. Comme pour la théorie ricardienne, le modèle de base est développé dans le cadre de deux pays, deux biens et deux facteurs de production. Les deux nations ont les mêmes goûts et, par conséquent,

55 Jones R (1971), « A three-factor model in theory trade and history », in Bhagwati ed. *Trade, balance of payments and growth, Essays in honor of CP Kindleberger*, North Holland, Amsterdam.

56 Stolper W. et Samuelson P. A. (1941), « Protection and Real Wayes », review of *Economic Studies*, pp. 58-73.

## ENCADRÉ 1.4

### *Le modèle à facteurs spécifiques dit « Ricardo-Viner »*

Le modèle à facteurs spécifiques développé par Jones (1971 [57]) se base sur le modèle ricardien, mais il suppose qu'un seul facteur est mobile, les autres étant spécifiques au secteur de production d'un bien en particulier. Ce sont des facteurs de productions spécifiques qui ne peuvent être utilisés que dans la production de biens déterminés. Cette hypothèse ne modifie pas la conclusion générale du modèle ricardien sur le gain global à l'échange mais identifie les gagnants et les perdants de l'échange international. Les facteurs spécifiques au facteur exporté gagnent à l'échange, à la différence de ceux liés aux biens importés qui perdent à l'échange.

Ce modèle a trois facteurs de production, le capital, le travail et la terre. L'offre diffère par les ressources de chacun des pays et s'éloigne en ce sens du modèle ricardien dont les différences d'offre de biens dans le pays résultent de technologies différentes. Si le pays A dispose de relativement plus de capital, il produira des voitures et le pays B qui dispose de terre produira du blé. Le prix relatif des voitures est inférieur dans le pays A. Les deux ont une offre de travail utilisée à produire chacun des 2 biens dont la somme est égale à l'offrede travail totale dans le pays. L'échange international modifie les prix relatifs des produits. Le prix relatif des voitures par rapport au blé augmente dans le pays A et diminue dans le pays B. La demande de travail dans le secteur automobile va augmenter, ce qui pousse à la hausse les salaires dans le pays A. Le salaire réel en termes de voitures va baisser, car la hausse de leur salaire est moindre que la hausse du prix relatif. En effet, comme l'emploi de l'industrie automobile augmente, le produit marginal du travail dans ce secteur diminue. Le salaire réel en termes de blé va, quant à lui, s'accroître. L'effet total sur le salaire réel est, donc, ambigu, car il dépend de l'importance relative des biens dans la consommation des travailleurs. Les propriétaires de capital voient leur situation s'améliorer, car le taux de salaire réel, en termes de voitures, a diminué. Le profit réel augmente en termes de voitures, car le revenu du capital augmente plus, proportionnellement, que la hausse des prix relatifs.

Par contre, les propriétaires de terre voient leur situation se détériorer, car l'accroissement du salaire réel, en termes de blé, comprime leur revenu et l'augmentation des prix relatifs réduit leur pouvoir d'achat. Dans le pays B, l'effet de l'échange international sur les prix relatifs est inverse : le prix relatif des voitures dans le pays B diminue. Le revenu des agriculteurs augmente, celui des capitalistes diminue et l'effet sur les salaires des travailleurs dépend de la proportion de ces produits qu'ils consomment. Le commerce international bénéficie au facteur de production spécifique au secteur exportateur de chaque pays, détériore la position du facteur de production spécifique au secteur concurrent des importations et a des effets sur le facteur mobile, le travail, qui dépend de la proportion de chaque bien consommé.

des demandes relatives identiques pour les biens quand ils sont confrontés au même prix relatif. Par contre, contrairement à la théorie ricardienne, les deux nations peuvent accéder aux mêmes fonctions de production pour produire les deux biens et les facteurs de production sont désormais substituables. De plus, il n'existe plus de différence de technologie entre pays. Les pays disposent d'un même ensemble de techni ques pour

57 Rybczynski T. (1955), « Factor endowment and relative commodity prices », *Economica*, pp. 336-341.

fabriquer un bien donné. La technologie change seulement entre biens. Ainsi, un même bien sera plus intensif dans l'un des deux facteurs de production dans les deux pays. Enfin, cette théorie privilégie la demande plutôt que la valeur d'usage d'un bien.

■ **L'ouverture à l'échange et le théorème d'Hecksher-Ohlin** montrent qu'un pays a un avantage comparatif dans la production intensive dans le facteur dont il est le mieux doté. Supposons que le pays A soit relativement mieux doté en capital par rapport au travail et que le pays B soit mieux doté en travail. Les différences de dotations relatives en facteurs sont à l'origine de l'avantage comparatif :

$$K/L > K^*/L^* \Leftrightarrow \frac{K}{L} > \frac{K^*}{L^*} \Leftrightarrow \frac{W}{r} > \frac{W^*}{r^*} \; w/r > w^*/r^*.$$

Supposons par ailleurs que la production de voitures soit intensive en capital et celle de textile en travail. En autarcie, le pays A va bénéficier d'un avantage comparatif à produire des voitures et le pays B à produire du textile même s'ils produisent les deux biens. Les prix relatifs des deux biens sont distincts dans les deux pays : le prix relatif des voitures par rapport au textile est plus faible dans le pays A que dans le pays B. On comprend alors que le pays A aura intérêt à utiliser des techniques de production intensives en capital (ou capitalistiques) du fait du prix relativement élevé de la main-d'œuvre dans ce pays. En revanche, le pays B se spécialisera dans des techniques de production intensives en travail du fait du prix relativement élevé du capital. Le prix relatif, auquel s'effectue l'échange international, est déterminé dans ce modèle puisque les dotations factorielles, par l'intermédiaire des fonctions de production, déterminent les fonctions d'offre qui rencontrent sur le marché international les fonctions de demande. Comme dans le modèle ricardien, c'est la différence entre les prix relatifs d'autarcie et le prix relatif sur le marché mondial qui est à l'origine des gains des nations lorsqu'elles s'ouvrent au commerce international. Une différence essentielle qu'il faut souligner est cependant qu'il n'y a pas spécialisation complète dans le modèle factoriel car il existe des coûts d'opportunité croissants dans la réallocation des facteurs de production d'un secteur à l'autre (la réallocation des facteurs d'un secteur à l'autre est de plus en plus coûteuse). En d'autres termes, un pays qui a un avantage comparatif dans la production d'un bien ne délaisse pas en totalité l'autre bien pour lequel il a un désavantage comparatif. On verra en effet un peu plus loin que si un pays se spécialise dans la production d'un bien intensif en capital, alors cela fait monter le prix du capital (ce qui renchérit le coût de production de ce bien) alors que le salaire baisse (et rend moins coûteuse la production du bien intensif en travail). **Le théorème d'Ohlin des avantages comparatifs (loi des proportions de facteur) s'énonce de la façon suivante** : **un pays a un avantage comparatif dans la production qui est intensive dans le facteur de production dont il est relativement le mieux doté.**

■ **Le théorème d'Hechsher-Ohlin-Samuelson ou la loi d'égalisation du prix des facteurs de production** suppose que les pays exportent les biens pour lesquels la production est intensive dans les facteurs de production dont ils sont relativement bien dotés, ce qui va conduire à une convergence des prix relatifs. Sans échange, le pays A aurait un prix relatif des voitures plus bas et un prix des vêtements relativement plus élevé que dans le pays B qui est relativement abondant en travail. Tant le prix des biens que le prix relatif des facteurs diffèrent. Quand les deux pays s'ouvrent aux échanges, il s'opère une convergence des prix relatifs des biens. En effet, quand A et B s'ouvrent aux échanges, il se produit plus qu'un simple transfert de biens. Les facteurs de production sont en quelque sorte échangés même si cela est de façon indirecte. Le pays A laisse le pays B obtenir une certaine quantité de capital, son facteur abondant, en cédant des voitures dont la production est intensive en capital contre des vêtements intensifs en travail. Il y a donc une plus grande quantité de capital dans les exportations de A que dans celles de B et inversement. B exporte indirectement du travail.

La convergence des prix relatifs des biens engendre une tendance à l'égalisation des prix des facteurs. Certes, le pays A connaît un rapport capital/travail (K/L) plus élevé que le pays B, mais une fois que les deux pays s'ouvrent aux échanges, le taux d'intérêt et le salaire tendent à s'égaliser dans les deux pays. C'est ce qu'on appelle le théorème **d'Hechsher-Ohlin-Samuelson (HOS) ou loi d'égalisation des prix des facteurs qui peut s'exprimer ainsi : le commerce sans entrave des biens égalise les revenus relatifs des facteurs entre les pays au travers de l'égalisation des prix relatifs des biens. Cette égalisation a lieu tant que les deux pays produisent les deux biens.**

■ **Le théorème de Stolper-Samuelson établit une relation entre l'augmentation du prix relatif d'un bien et la rémunération relative du facteur de production utilisé de façon intensive dans la production de ce bien.**

Ce théorème peut s'énoncer de la façon suivante : lorsque le prix international d'un produit augmente, cela augmente plus que proportionnellement (effet d'amplification de Jones) la rémunération du facteur de production qui est intensif dans la production de ce produit.

L'argument est le suivant et ne nécessite pas que l'on suppose une ouverture aux échanges (c'est la « petite histoire » que l'on peut raconter après coup !). Si l'on suppose que le prix relatif du bien intensif en facteur capital augmente dans le pays A (qui est relativement bien doté en facteur capital) alors celui-ci va accroître sa production de voitures qui est intensive en facteur capital et réduire sa production de textile. Les facteurs de production libérés dans la production de textile vont pouvoir être mobilisés pour accroître la production de voitures. On observera alors une augmentation du prix relatif du capital car la quantité de capital libéré par la baisse de la production de textile est insuffisante pour répondre à la demande de capital exigée par la production supplémentaire de voitures (qui utilise proportionnellement plus de capital que la production de textile). À l'inverse, le travail libéré par la baisse de la production de textile (intensive en facteur travail) ne trouve pas preneur en totalité dans la production de voiture et son prix diminue. Si l'on suppose que l'augmentation du prix relatif du bien intensif en capital résulte de l'ouverture internationale, alors on peut dire que celle-ci s'accompagne d'effets redistributifs internes aux pays partenaires à l'échange : la rémunération réelle d'un des facteurs (dans notre exemple, le capital) s'accroît tandis que la rémunération de l'autre se dégrade. Il y a donc potentiellement un conflit d'intérêt entre les facteurs de production. On soulignera à l'inverse que le protectionnisme dégrade la situation du facteur de production abondant (utilisé intensément dans le secteur exportateur) et améliore la situation du facteur rare (utilisé intensément dans le secteur importateur).

■ **Les conséquences de la croissance d'un facteur de production sont données par le théorème de Rybczynski.** Lorsqu'un pays connaît une augmentation d'un facteur de production, c'est la production du bien intensif dans ce facteur qui croît (la production de l'autre bien se réduisant). Le pays en question obtient alors un glissement de son avantage comparatif en faveur de ce produit (théorème de Rybczynski). Cela a des conséquences sur les termes de l'échange international. Une croissance biaisée à l'exportation (en faveur du bien utilisant intensément le facteur qui croît le plus et dont le pays est relativement le mieux doté) tend à détériorer les termes de l'échange du pays en croissance en faveur du reste du monde. En revanche, une croissance biaisée à l'importation tend à améliorer les termes de l'échange du pays en croissance au détriment du reste du monde.

■ L'hypothèse forte de modèle HOS est que les deux pays qui échangent peuvent accéder aux mêmes fonctions de production pour produire les deux biens. Des tentatives d'introduction de la recherche et développement comme facteur explicatif du commerce international ont alors eu lieu [58]. **Posner (1961 [59]), développe une analyse nouvelle centrée sur le changement technique**, c'est la thèse de l'écart technologique. Celle-ci consiste à étendre à la sphère internationale les conséquences de l'activité de R&D des entreprises. Une entreprise qui investit et qui innove dispose, pendant un laps de temps plus ou moins long, d'un monopole dans la production d'un bien nouveau. Si ce bien est consommé également par des étrangers, alors cela générera des exportations qui disparaîtront quand il sera copié. C'est alors l'écart technologique qui déterminera les échanges internationaux. Cette analyse est enrichie par les travaux de Vernon (1966) qui explore l'ensemble du cycle de vie du produit [60] et développe la thèse du « cycle de vie du produit ». L'insertion dans les échanges internationaux se déroule en quatre phases :

1. Introduction du nouveau produit : le produit est vendu à une demande nationale peu sensible au prix. La production s'effectue en petites séries et exige un travail qualifié.

2. Croissance : la production de masse fait baisser les prix de vente et des exportations destinées à des consommateurs à revenus élevés apparaissent.

3. Maturation : l'apparition de concurrents étrangers conduit les entreprises nationales à aller produire à l'étranger, en substituant les exportations au bien produit à l'étranger. Cette production exige un travail moins qualifié.

4. Sénescence : la production est abandonnée par les entreprises sur le territoire national. La demande résiduelle est satisfaite par des importations en provenance des filiales étrangères.

---

58 Rainelli M. (2000), *op. cit.*

59 Posner M.V.(1961), *International trade and technical change*, Oxford economic paper, October.

60 Vernon R. (1966), « International investment and international trade in the product cycle », *The Quaterly Journal of economics*, May et Vernon R. (1970), *The technology factor in international trade*, NBER, New York.

Cette analyse, qui se fonde sur l'observation des stratégies des entreprises américaines jusqu'en 1970, suppose une domination technologique. Néanmoins, l'innovation comme déterminant des échanges est une explication qui peut contribuer à améliorer notre compréhension du commerce international. Le commerce international doit être plus intense dans les industries où la recherche et développement sont importants. Cela a été vérifié pour différents pays autres que les États-Unis et pour plusieurs secteurs comme les biens de consommation durables, l'électronique, la pétrochimie. Les nouvelles théories du commerce international rendront, toutefois, marginale cette analyse non formalisée.

Une autre explication a été apportée par le courant régulationniste. Pour les auteurs de cette école de pensée [61], les échanges internationaux résultent des différences d'accumulation du capital. Une nation qui a une accumulation de capital autocentrée est dans une situation dominante. Elle définit les nouvelles normes de production. Les autres nations sont alors importatrices, même pour les biens dans la production desquels elles se sont spécialisées. La position internationale des pays résulte alors d'une spécialisation qui peut assurer leur propre reproduction. Les importations de biens d'équipement produits par la nation dominante sont indispensables pour produire les marchandises exportées.

Les déterminants des échanges sont alors le taux d'investissement et la protection initiale du marché intérieur qui permet à une nation de construire une base nationale d'accumulation. Cette théorie explique par exemple le fait que certains pays sont « *price-maker* ». Leurs exportations sont peu sensibles aux élasticités-prix. De surcroît, elle peut permettre de comprendre les déficits ou excédents qui se manifestent dans les secteurs autres que ceux des biens de production.

## C. Quelle pertinence empirique ?

Le modèle ricardien est très utile pour comprendre les causes du développement d'un certain type d'échanges internationaux mais il est vrai qu'il est basé sur des hypothèses restrictives. Plusieurs tests du modèle de Ricardo sont fondés sur des données qui comparaient la productivité et les échanges entre les États-Unis et la Grande-Bretagne au lendemain de la Seconde Guerre mondiale. La productivité du travail américain était supérieure dans la majorité des secteurs et le montant global des exportations était semblable dans les deux pays. La Grande-Bretagne devait donc disposer d'avantages comparatifs dans certains secteurs. C'est ce que montre Balassa (1963) dans un de ses articles [62]. La productivité américaine excède la productivité britannique dans 26 secteurs. Dans 12 de ces secteurs, le Royaume-Uni a des exportations supérieures. Ce sont les avantages comparatifs qui déterminent le commerce international. Quant à l'explication du commerce international par les dotations factorielles, elle est très souvent remise en cause sur la base des résultats de Leontief. Compte tenu du

61 Mistral J., « Compétitivité et formation du capital en longue période », *Économie et statistiques*, fév. 1978, n° 97.

62 Balassa B. (1963), « An Empirical Demonstration of Classical Comparative Cost Theory », *Review of Economic and Statistics* 4, août, pp. 231-238.

niveau de développement des États-Unis, on s'attendait à ce que les biens que ce pays exporte soient intensifs en capital et que ses importations soient intensives en travail. Dans une étude de 1953 [63], l'économiste Leontief montre que les exportations américaines sont moins intensives en capital que les importations. Ce résultat connu sous le nom de paradoxe de Leontief a eu et a encore un impact considérable. Pour autant, il est usuel que la validation empirique ne corresponde pas aux résultats théoriques attendus. Cela peut être une infirmation de la théorie, mais cela peut conduire à une réflexion approfondie de la théorie testée, qui engendre une amélioration de son pouvoir explicatif. C'est ce qu'a choisi de faire Leontief en entamant une réflexion approfondie sur la nature des facteurs de production. L'explication du résultat doit être recherchée dans la qualité du travail. Ce développement intuitif rejoint la théorie ricardienne basée sur la productivité des facteurs. Les travailleurs américains seraient plus productifs que ceux présents en dehors des États-Unis. Ce qui, d'ailleurs, se reflète dans les salaires. Pour tenir compte de cette différence de productivité, il est nécessaire, selon Leontief, de multiplier par 3 le travail contenu dans les biens étrangers : toutes choses égales par ailleurs, un travailleur américain vaut trois travailleurs étrangers. Dès lors, effectivement, les États-Unis exportent des biens intensifs en capital. Cette démarche a été très critiquée, car elle a été considérée comme une justification *a posteriori* du paradoxe de Leontief. Néanmoins, cette critique méthodologique semble peu recevable. En effet, l'analyse économique établit que la productivité du travail diffère entre les individus, les entreprises, les secteurs, les pays, ce qui est, d'ailleurs, reflété par le salaire. Pourquoi la dotation de facteurs ne tiendrait pas compte de cette productivité ? Par contre, Leontief lève une hypothèse de la théorie HOS : les techniques de production ne sont pas les mêmes. La différence entre les pays ne peut donc pas résulter des seules différences factorielles. Un test empirique [64] mené sur un large échantillon de 27 pays et 12 facteurs de production confirme en partie les résultats de Leontief avant la prise en compte de la productivité des facteurs.

## ENCADRÉ 1.5

### *Une nouvelle remise en cause des avantages comparatifs comme déterminant du commerce international*

Le débat théorique sur les effets de la mondialisation n'est bien sûr pas clos, les récents travaux de Samuelson le montrent. Alors qu'un certain consensus peut exister quant aux conséquences positives de l'ouverture et à la redistribution qu'elle engendre, Paul A. Samuelson (2004) [65] a réexaminé la théorie de Ricardo de l'avantage comparatif et conclut que l'échange international n'est pas toujours bénéfique pour les pays participants. En suivant les principes de

63 Voir Leontief V. (1953), « Domestic productionan Foreign Trade : The American Capital Position Reexamined », *Proceedings of the American Philosophical Society* 97, pp. 331-349.

64 Voir P. Bowen, E. Leamer et L. Sveikauskas (1987), « Multicountry, Multifactor Tests of the Factor Abundance Theory », *American Economic Review 77*, décembre, pp. 791-809.

65 Samuelson P. (2004), « Where Ricardo and Mill reboot and confirm arguments of mainstream economists supporting globalization », *Journal of Economic Perspectives,* Volume 18, n° 3, été.

**ENCADRÉ 1.5 (suite)**

Ricardo, il prend l'exemple des États-Unis et de la Chine en supposant l'absence d'un effet taille. Le revenu par tête réel chinois est dix fois plus bas qu'aux États-Unis, parce que la productivité du travail est dix fois plus faible. La population chinoise est dix fois plus nombreuse. Les consommateurs ont des goûts identiques et ils dépensent la moitié de leur revenu disponible pour acheter les deux biens. Le commerce entre les deux pays va entraîner un doublement du revenu de chaque pays par rapport à la situation d'autarcie comme le montre la théorie des avantages comparatifs.

La spécialisation permet à la Chine et aux États-Unis de produire le bien pour lequel le coût d'opportunité de la production est le plus faible. Chaque pays importe des unités de bien qu'il ne produit pas. Ces importations se font au prix d'équilibre du marché, prix qui permet une égalisation de l'offre et de la demande internationales. L'écart important de prix relatifs entre les deux pays que l'on constatait en situation d'autarcie disparaît. Si la productivité chinoise de l'un des deux biens augmente fortement, toutes les autres demeurant inchangées, la production mondiale va augmenter grâce à ce choc de progrès technique.

Néanmoins, les États-Unis vont continuer à conserver une part du gain lié à l'augmentation du produit mondial net consécutive à la libéralisation du commerce. En effet, le prix relatif de ce bien, dont la production a bénéficié d'un choc technologique, a diminué par rapport au bien dans la production duquel les États-Unis se sont spécialisés. Mais, si on suppose que les demandes sont inélastiques, l'augmentation de la production chinoise peut dégrader considérablement les termes de l'échange pour la Chine et cette dégradation peut faire chuter le revenu par tête. C'est ce qu'on appelle, dans la littérature, l'autoappauvrissement d'un pays ou la croissance appauvrissante [66]. Dans ce cas, seuls les États-Unis sont gagnants.

Mais Samuelson va plus loin et suppose que la productivité chinoise du bien, pour lequel la Chine a un avantage, augmente fortement au point de devenir supérieure à celle des États-Unis en ce qui concerne ce même bien. La production mondiale augmente fortement, mais les avantages comparatifs ont disparu. Le ratio des productivités du travail pour les deux biens, dans chacun des deux pays, est le même. Dès lors, chaque pays peut faire aussi bien qu'il soit en autarcie ou qu'il pratique l'échange international.

Cette analyse récente montre que, même dans le cadre des modèles de spécialisation, la libéralisation du commerce international peut transformer un changement technique se produisant dans un pays donné en profit pour les deux ; mais elle montre aussi qu'un gain de productivité dans un pays peut ne profiter qu'à lui-même, faisant peser un coût de manière permanente sur l'autre pays du fait de la réduction des gains liés au commerce international entre ces pays.

■ **En conclusion**, les modèles fondés sur les différences internationales de coût sont souvent brocardés car ils ne reflètent pas la réalité. Or, ils ne prétendent pas expliquer la totalité des échanges ne serait-ce que parce que leurs auteurs ont posé des hypothèses restrictives. Étudier le commerce international ne doit pas faire oublier les enseignements tirés d'autres théories économiques. Et la recherche économique pro-

66 Voir l'explication de ce concept dans Krugman-Obstfeld (2004), 5.2.2.

gresse sans cesse afin de mieux expliquer la réalité et ses interdépendances. Les enseignements que nous pouvons tirer de ces théories sont les suivants :

- la décision d'exporter dépend des avantages comparatifs et non absolus. L'avantage compétitif d'une industrie dépend non seulement de sa productivité par rapport à l'industrie étrangère mais également du taux de salaire intérieur par rapport au taux de salaire étranger ;
- la formation des salaires n'est pas différente de celle que nous étudions dans les théories du marché du travail. Elle dépend de la productivité ;
- les ressources en facteurs de production peuvent influencer les structures des échanges ;
- les prix des facteurs de production ont tendance à s'égaliser même si ce processus est bloqué par les barrières aux échanges et les différences internationales de technologie ;
- au final, l'échange permet une meilleure utilisation des facteurs de production qui sont rares et donc de dépasser la capacité productive d'une économie.

Nous ne pouvons néanmoins pas nous contenter de ces analyses car les biens ne sont pas homogènes, les techniques de production ne sont pas identiques et ces modèles ne permettent pas d'évaluer l'impact des échanges sur la répartition des revenus ni de comprendre les déterminants des échanges intra-branches. Les nouvelles théories du commerce international et le modèle à facteurs spécifiques vont nous permettre d'améliorer notre appréhension des causes et des conséquences des échanges internationaux.

### 1.2.2 *La recherche d'un « nouvel avantage absolu »*

Les « nouvelles » théories du commerce international se sont construites sur la base des critiques que l'on peut formuler à l'encontre des théories traditionnelles évoquées dans les développements précédents en utilisant de nouveaux outils théoriques qui empruntent pour l'essentiel à l'étude des marchés en concurrence imparfaite. Les théories traditionnelles souffrent en effet d'un certain nombre de limites provenant non seulement des hypothèses sur lesquelles elles sont adossées mais aussi (et surtout) parce qu'elles ne permettent pas de rendre compte de certaines caractéristiques du commerce international. En particulier, contrairement aux enseignements des théories traditionnelles, l'échange international se développe majoritairement entre pays développés (même si la part dans les échanges des pays en développement ne cesse de croître) dont les dotations factorielles sont peu différentes. Ensuite, une part croissante du commerce international est constituée d'échanges intra-branches (ou intra-industriels) (voir dans les développements précédents sur la mesure du commerce intra-branche). En d'autres termes, un pays va exporter et importer des produits similaires (et non plus nécessairement du vin contre du blé) de sorte que la structure de ses exportations et de ses importations est proche. Le commerce intra-branche représente environ 60 % des flux d'échanges entre pays développés (et parfois beaucoup plus quand on analyse par exemple la structure du commerce intra-européen). Enfin, les firmes multinationales réalisent une part importante du commerce international (soit environ le tiers) alors même que pour les théories traditionnelles le commerce international est avant tout un commerce entre nations.

Sur le plan théorique, la nouvelle économie internationale (dont on fait souvent remonter les prémisses à l'article de Krugman, 1979) [67] va s'appuyer sur une boîte à outils dont on retrouve les fondements dans les progrès réalisés par l'économie industrielle dans les années 1970 et qui ont irrigué par la suite des champs entiers de l'analyse économique, notamment les théories du commerce international mais aussi de la nouvelle économie géographique (NEG). L'accent est mis sur le fait que les marchés fonctionnent généralement en situation de concurrence imparfaite (et non plus parfaite), ce qui permet aux différents acteurs d'adopter des comportements stratégiques. Enfin, contrairement aux hypothèses faites par les théories traditionnelles, les nouvelles théories mettent l'accent sur l'importance des rendements d'échelle croissants (et non plus constants) et sur la différenciation des produits pour expliquer l'échange international. Économies d'échelle et différenciation des produits sont souvent présentées ensemble dans le cadre notamment du modèle de concurrence monopolistique mais leur impact respectif sur le commerce international doit être soigneusement distingué.

## A. Échanges internationaux et rendements d'échelle croissants

Les modèles d'avantages comparatifs reposent sur l'hypothèse de rendements d'échelle constants. Cela signifie que si on double les inputs (ou intrants) utilisés pour produire, la production double également. Cette hypothèse est loin d'être anodine car supposer des rendements d'échelle constants revient à considérer que la taille d'une entreprise, d'une industrie ou d'une nation n'a pas d'effet sur la spécialisation internationale. Une question qui se pose naturellement est de savoir ce qui se passe quand les rendements d'échelle ne sont plus constants mais croissants, autrement dit quand les coûts moyens (ou coûts unitaires) de production décroissent quand l'échelle de production augmente. Il est important à ce stade de se souvenir que les rendements d'échelle croissants (ou économies d'échelle) peuvent être internes ou externes. Les économies d'échelle internes à l'entreprise peuvent être justifiées de différentes manières. En premier lieu, en augmentant son échelle de production, l'entreprise peut opérer une meilleure « division du travail » et augmenter l'efficacité de chaque unité de facteur utilisé. En second lieu, la production peut se caractériser par la présence de coûts fixes (par exemple des équipements très onéreux) qui sont progressivement « amortis » quand l'échelle de production augmente.

---

67 Krugman, P. (1979), « Increasing Returns Monopolistic Competition and International Trade », *Journal of International Economics*, n° 4.

**Tableau 1.21**
*Classement des branches de l'industrie manufacturière selon l'importance des économies d'échelle*

| Code NACE | Branches | Pente des coûts à 1/2 METS (1) | Commentaires |
|---|---|---|---|
| 35 | Automobiles | 6 à 9 % | Très important EOS (2) au niveau de la production et des coûts de développement. |
| 36 | Autre matériel de transport | 8 à 20 % | EOS variables, faibles pour les cycles et la construction navale (bien que des économies soient réalisables au niveau de la production de séries) mais très importantes pour les avions (au niveau des coûts de développement). |
| 25 | Industrie chimique | 2,5 à 15 % | Importantes EOS au niveau de procédés de production. Pour certains segments de cette industrie (produits pharmaceutiques), la R&D est une importante source d'EOS. |
| 26 | Fibres artificielles et synthétiques | 5 à 10 % | En général, importantes EOS. |
| 22 | Métaux | > 6 % | En général, importantes EOS au niveau des procédés de production. EOS apparaissant également au niveau de la production et des séries de production. |
| 33 | Machines de bureau | 3 à 6 % | Importantes EOS au niveau des produits. |
| 32 | Machines et matériel mécanique | 3 à 10 % | EOS limitées au niveau des firmes mais importantes au niveau de la production de prototypes et au niveau des séries de production. |
| 34 | Construction électrique et électronique | 5 à 15 % | Importantes EOS au niveau des produits et des coûts de développement. |
| 37 | Instruments de précision, d'optique et similaires | 5 à 15 % | Importantes EOS au niveau des produits via les coûts de développement. |
| 47 | Papier, imprimerie et édition | 8 à 36 % | Importantes EOS dans les fabriques de papier et surtout dans l'imprimerie (impression de livres). |
| 24 | Produits minéraux non métalliques | > 6 % | Pour le ciment et le verre plat, importantes EOS au niveau des procédés de production. Pour les autres branches, la taille optimale de l'établissement est faible relativement à celle de l'industrie. |
| 31 | Ouvrages en métaux | 5 à 10 % (pour les fonderies) | EOS moindres au niveau des établissements, mais possibilité d'EOS au niveau de la production et des séries de production. |
| 48 | Caoutchouc et matières plastiques | 3 à 6 % | EOS modérées pour les fabriques de pneus. EOS faibles pour les usines fabriquant des articles en caoutchouc et en plastique moulé, mais potentialité d'EOS au niveau des produits et des séries de production. |

| Code NACE | Branches | Pente des coûts à 1/2 METS [1] | Commentaires |
|---|---|---|---|
| 41-42 | Boissons et tabac | 1 à 6 % | EOS modérées pour les brasseries. EOS faibles pour les fabriques de cigarettes. EOS au niveau du marketing élevées. |
| 41-42 | Produits alimentaires | 3,5 à 21 % | Principale source d'EOS : l'établissement. EOS au niveau du marketing et de la distribution. |
| 49 | Autres industries manufacturières | n.d. | Dans ces branches la taille des établissements est faible. Des EOS peuvent apparaître de la spécialisation et de la longueur des séries de production. |
| 43 | Industrie textile | 10 % (tapis) | EOS plus limitées que dans les autres secteurs mais économies au niveau de la spécialisation et de la longueur des séries de production. |
| 46 | Bois et meubles | n.d. | Pas d'EOS pour les établissements dans ces secteurs, mais possibilités d'EOS si spécialisation et allongement des séries de production. |
| 45 | Chaussures et habillement | 1 % (chaussures) | Faibles EOS au niveau des établissements mais possibilités d'EOS si spécialisation et allongement des séries de production. |
| 44 | Industrie du cuir | n.d. | Faibles EOS. |

(1) METS = taille minimale efficiente (*minimum efficient technical scale*)
(2) EOS = économies d'échelle (*economies of scale*)
Lecture : une pente des coûts à 1/2 METS de 5 % signifie que les coûts supplémentaires d'un établissement (par exemple une usine) qui n'a que la moitié de la taille minimale efficiente (METS) sont estimés à 5 %.

Source : *Économie européenne*, n° 35, mars 1988, p. 116.

Les économies d'échelle externes (à l'entreprise) renvoient à une situation où les coûts unitaires de production des entreprises situées dans un même lieu ou appartenant à un même secteur d'activité diminuent quand la production sur ce lieu ou dans ce secteur augmente. La notion d'économies d'échelle externes est proche de celle d'économies d'agglomération ou encore de la notion d'externalités marshalliennes. Elle renvoie à la question plus générale qui est celle de savoir pourquoi des entreprises d'un même secteur (mais pas nécessairement) peuvent avoir intérêt à se localiser à un même endroit [68]. La distinction entre économies d'échelle internes et externes a des conséquences importantes en termes de structures de marché. En effet, on comprend bien que la présence d'économies d'échelle internes fait que la structure de marché est de type oligopolistique (voire monopolistique si les coûts moyens sont continûment décroissants). En revanche, la présence d'économies d'échelle externes est tout à fait compatible avec l'hypothèse de concurrence pure et parfaite car c'est ici l'augmentation de la production totale de la branche ou du secteur qui fait baisser le coût moyen de production de toutes les entreprises de la branche ou du secteur considéré. Cela ne modifie donc, ni la structure du marché, ni la concurrence en prix. Sur le plan théorique, l'analyse des effets des économies d'échelle sur l'échange international renvoie à des modèles différents.

■ **L'analyse des effets des économies d'échelle internes sur les échanges internationaux n'est évidemment pas chose aisée car elle dépend de la structure de marché qui va émerger** (voir Krugman et Helpman, 1985) [69]. L'intuition sous-jacente est en revanche facile à formuler en prenant l'exemple chiffré proposé par Krugman et Obstfeld (1995) [70] de la production de jouets. Le tableau ci-après fait clairement apparaître l'existence d'économies d'échelle internes dans la production des jouets. En effet, les coûts moyens diminuent au fur et à mesure que la production augmente. Il en résulte que si deux pays A et B fabriquent chacun 10 jouets (soit une production totale de 20) alors ils ont besoin de 15 unités de travail chacun (soit 30 unités de travail au total). En revanche si un des pays, par exemple le pays A, pouvait mobiliser 30 unités de travail pour produire des jouets, alors il pourrait fabriquer 25 jouets (soit 25 % de plus que la production totale de A et B précédemment). Si le pays B se spécialise dans la production d'autres biens dont la technologie de production est à rendements d'échelle croissants, alors on comprend bien qu'il y a un intérêt mutuel à l'échange : chaque pays a intérêt à produire un nombre limité de bien pour exploiter au mieux les économies d'échelle afférant à sa production et à importer les biens qu'il ne produit pas (à un prix plus faible).

---

68 Le lecteur pourra se référer aux développements consacrés aux apports de la nouvelle économie géographique dans le chapitre 5.

69 Krugman P., Helpman E. (1985), *Market Structure and Foreign Trade*, The MIT Press, Cambridge, Mass.

70 Krugman P. et Obstfeld M. (1995), *Économie internationale*, traduction française, De Boeck, Bruxelles. Voir aussi les versions actualisées, notamment celle de 2009 (en référence).

**Tableau 1.22**
***Relation des intrants à la production dans une industrie hypothétique***

| Production | Intrant travail | Coût moyen |
|---|---|---|
| 5 | 10 | 2 |
| 10 | 15 | 1.5 |
| 15 | 20 | 1.33 |
| 20 | 25 | 1.25 |
| 25 | 30 | 1.2 |
| 30 | 35 | 1.166 |

Source : Krugman et Obstfeld, (1995).

L'exemple précédent permet de comprendre l'intuition sous-jacente aux effets de l'ouverture internationale quand il existe des rendements d'échelle internes à l'entreprise. Sur le plan technique, les choses sont plus compliquées car la question est de savoir si les entreprises se comportent de façon noncoopérative ou coopérative (cas par exemple des ententes) sur ce type de marchés. Ensuite, même si, comme on le suppose généralement, les entreprises se comportent de façon non coopérative, la question est de savoir sur quelle variable stratégique s'affrontent ces entreprises (prix ou quantité) et quelles sont les conditions d'entrée et de sortie sur le marché. Ces conditions vont déterminer l'issue du jeu et les effets de l'ouverture internationale sur le bien-être des pays partenaires à l'échange. La façon la plus simple de traiter cette question (voir Krugman et Helpman, 1985, chapitre 4) consiste à prendre le cas d'un marché national sur lequel un bien homogène est produit par un monopole « contestable ». On suppose qu'il existe deux pays (A et B) et que dans chacun d'entre eux il n'y a la place que pour un producteur national car il existe des économies d'échelle internes continues sur l'ensemble des quantités produites. Il est important de rappeler que sur un marché contestable l'entreprise en situation de monopole fixe son prix au niveau du coût moyen (et non pas au dessus car dans ce cas des concurrents potentiels seraient incités à entrer sur le marché pour s'accaparer les surprofits réalisés dans le secteur) (voir par exemple Rainelli (2003) [71] pour une présentation didactique) [72].

Que se passe-t-il maintenant si on ouvre les frontières ? L'ouverture internationale conduit à l'élimination du monopole qui, pour une raison ou une autre, a des coûts unitaires plus élevés. Le commerce qui se crée entre les deux pays est alors univoque car le marché mondial n'est plus approvisionné dans ce cadre d'analyse spécifique que par un seul producteur qui devient un monopole mondial. Il y a spécialisation complète contrairement au message de la théorie traditionnelle de type HOS. Les consommateurs y gagnent car le monopoleur peut fixer un prix plus faible compte tenu des économies

71 Rainelli M., (2003), *La nouvelle théorie du commerce international*, La Découverte, collection Repères, Paris.

72 Rappelons que l'analyse du monopole traditionnel montre que ce dernier détermine les quantités qui maximisent ses profits en égalisant sa recette marginale à son coût marginal. Cette quantité peut être écoulée sur le marché à un prix supérieur à celui du coût marginal (qui est déterminé par la courbe de demande). Le monopole dégage donc un surprofit.

d'échelle qu'il réalise (la demande mondiale est égale à la somme des demandes nationales). L'ouverture internationale ne conduit pas nécessairement à un gain de bien-être global pour les économies nationales concernées (voir Helpman et Krugman, *op. cit.*).

Intéressons-nous maintenant aux économies d'échelle externes. On suppose maintenant qu'un secteur (ou une) branche est constitué d'un grand nombre de petites entreprises en concurrence pure et parfaite. Dans chaque pays, le coût unitaire de production de chacune des entreprises dépend de la taille du secteur (et non plus, comme dans le cas de rendements d'échelle internes, de la production individuelle d'une entreprise) [73]. La présence d'économies d'échelle va alors avoir trois types de conséquences. En premier lieu, cela implique que la taille d'une nation (ou de son marché intérieur) devient importante et peut expliquer l'échange international. En second lieu, la spécialisation internationale résultant d'économies d'échelle externes est stable même si les avantages comparatifs se modifient. Enfin, si pour une raison ou une autre (qualifiée parfois « d'accidents historiques »), la production se localise initialement dans un pays, alors on peut assister à des effets cumulatifs sur les flux commerciaux. Les économies d'échelle constituent une barrière à l'entrée pour les entreprises de l'autre pays même si ces dernières ont par exemple des coûts salariaux plus faibles.

## B. Différenciation des produits et concurrence monopolistique

■ **L'hypothèse de concurrence pure et parfaite renvoie à celle d'homogénéité des produits. Or, les produits sont le plus souvent différenciés ce qui a des conséquences sur l'échange international.** On distingue généralement la notion de « différenciation horizontale » de celle de « différenciation verticale ». La différenciation horizontale signifie que les produits présentent la même qualité, mais se distinguent en fonction de leurs caractéristiques réelles ou perçues. L'immense majorité des modèles sont des modèles de différenciation horizontale. Deux approches principales sont généralement retenues qui renvoient à une conception différente des goûts des consommateurs pour la variété. La première approche dans la lignée des travaux de Chamberlin (1933) [74] suppose que les consommateurs souhaitent pouvoir consommer l'ensemble des variétés disponibles d'un même bien (par exemple toutes les variétés de yaourts disponibles sur le marché). Cette approche a été formalisée par Krugman (1979, 1980) [75] qui s'appuie sur le modèle de Dixit et Stiglitz (1977) [76] pour montrer comment le commerce intra-branche peut émerger entre deux pays identiques dans un contexte de concurrence monopolistique où les consommateurs ont un goût pour la variété.

---

73 Une question essentielle, comme nous le verrons quand nous traiterons des effets de l'ouverture internationale sur la trajectoire de croissance économique des pays, est de savoir si ces économies d'échelle externes sont nationales (elles dépendent de la taille du secteur au niveau national) ou internationales (elles dépendent de la taille du secteur au niveau mondial).

74 Chamberlin E., (1933), *The theory of Monopolistic Competition*, Harvard University Press, Cambridge, traduction française, *La théorie de la concurrence monopolistique*, PUF, Paris, 1953.

75 Krugman P. (1980), « Scale Economies, Product Differenciation, and the Pattern of Trade », *American Economic Review*, 70, pp. 950-959.

76 Dixit A., Stiglitz J.E. (1977), « Monopolistic Competition and Optimum Product Diversity », *American Economic Review*, June, pp. 297-308.

La deuxième approche s'inscrit dans la tradition des travaux sur « la nouvelle théorie du consommateur » de Lancaster et considère que le consommateur ne demande pas un bien en tant que tel mais un vecteur de caractéristiques correspondant à un bien donné. Les différentes variétés d'un bien correspondent à des combinaisons différentes de ces caractéristiques. Chaque consommateur a un bien (ou une variété de bien) idéal(e) qu'il souhaite consommer mais seul un nombre fini de biens est produit en raison de rendements croissants dans la production de ces biens. Les consommateurs sont donc amenés à consommer le produit le plus proche de leur produit idéal. Un point important souligné par Lancaster (1979) [77] est que l'on peut trouver de la variété au niveau macroéconomique sans que cette variété ne se retrouve au niveau microéconomique au niveau des consommateurs individuels (comme le suppose l'approche précédente) à partir du moment où les consommateurs ont des goûts différents et ont chacun une variété préférée d'un bien. Sur le plan technique, les modèles utilisés (voir par exemple Lancaster, 1980) [78] s'appuient sur le modèle de concurrence spatiale initialement développé par Hotelling (1929) [79]. Intuitivement, on comprend bien dans ce type de modèle que l'ouverture à l'échange permet aux consommateurs nationaux d'accéder à de nouvelles variétés produites dans les pays partenaires et donc de se rapprocher de leur variété idéale. Le gain à l'échange de ce commerce intra-branche provient, comme dans l'approche précédente, d'une augmentation du nombre de variétés disponibles.

Soulignons pour terminer que dans les modèles de « différenciation verticale » (voir par exemple le modèle de Gabszewicz, Shaked, Sutton et Thisse, 1981), [80] les consommateurs ont des goûts identiques, mais des revenus différents. On suppose en outre que pour un bien donné, il peut exister des qualités différentes sur un marché (les variétés réputées de meilleure qualité ayant un prix plus élevé que celles de moins bonne qualité). Les effets de l'ouverture internationale vont dépendre de la répartition des revenus dans les pays partenaires à l'échange. Le pays ayant un revenu moyen ou élevé aura tendance à se spécialiser dans les qualités supérieures. Celui avec le revenu le plus faible se spécialisera dans les qualités inférieures. L'ouverture internationale permet aux consommateurs de chaque pays de disposer d'un nombre de qualités plus important mais toutes les qualités ne seront plus produites comme en autarcie. L'impact de la spécialisation résultant d'une différenciation verticale peut cependant impliquer des coûts d'ajustement plus élevés que dans le cas d'une simple différenciation horizontale des produits.

■ **Krugman et Obstfeld (2004) proposent un modèle simple de concurrence monopolistique appliqué au commerce international.** L'utilisation du modèle de concurrence monopolistique appliqué aux échanges internationaux présente l'avantage (et c'est sans doute pour cela qu'il est aussi populaire) de pouvoir étudier une configuration de mar-

---

77 Lancaster K. (1979), *Variety, Equity and Efficiency*, Columbia University Press, New-York.

78 Lancaster K. (1980), « Intra-Industry Trade under Perfect Monopolistic Competition », *Journal of International economics*, 10, pp. 151-175.

79 Hotelling H. (1929), « Stability in competition », *Economic Journal*, 39, pp. 41-57.

80 Gabszewicz J., Shaked A., Sutton J., Thisse J-F. (1981), « International trade in differentiated products », *International Economic Review*, 22, Oct.

ché « de type concurrence imparfaite » tout en s'abstrayant des difficultés liées à l'analyse des comportements stratégiques inhérents aux interdépendances sur des marchés oligopolistiques. Les développements présentés dans l'encadré 1.4 reprennent la présentation pédagogique faite par Krugman et Obstfeld (2004) de ce modèle [81]. Deux hypothèses fondamentales permettent de contourner les difficultés liées à l'interdépendance des décisions stratégiques dans ce modèle. En premier lieu, chaque entreprise est capable de *différencier ses produits* des produits concurrents. En d'autres termes, ses clients ne vont pas se précipiter pour acheter les produits d'autres entreprises à la moindre différence de prix. La différenciation des produits assure en outre à chaque entreprise un monopole sur son propre produit. En second lieu, chaque entreprise est supposée considérer *les prix des entreprises rivales comme donnés*. En d'autres termes, elle ignore l'impact de son propre prix sur les prix des autres firmes. Il est supposé enfin qu'il y a *libre entrée* sur le marché. Ce cadre d'analyse permet d'obtenir que chaque entreprise se comporte en monopoleur bien qu'elle soit en réalité confrontée à la concurrence d'autres entreprises.

L'ouverture à l'échange permet d'augmenter la dimension du marché. Or, on sait déjà que dans des industries caractérisées par des économies d'échelle, le nombre de variétés qu'un pays peut produire et l'échelle de production dépendent de la dimension du marché. En effet, chaque pays va pouvoir se spécialiser dans la production d'un nombre limité de biens en les produisant à plus grande échelle, ce qui permet de diminuer les coûts unitaires de production. Dans le même temps, ce pays peut importer les autres biens qu'il ne produit pas à un prix plus faible et donc augmenter la variété de biens à disposition des consommateurs. En conséquence, le commerce international offre des gains à l'échange même si les pays ne diffèrent pas par rapport à leurs dotations factorielles relatives ou à leur technologie.

## C. L'explication des échanges internationaux par la structure oligopolistique des marchés

Le principal intérêt de l'approche qui suit est de montrer que l'on peut obtenir des échanges croisés (commerce intra-branche) même si les biens sont identiques (homogènes) et non plus différenciés. Cette approche, initiée par Brander (1981) [82] et Brander et Krugman (1983) [83], est connue sous le nom de modèle de dumping réciproque. Un exemple simple devrait permettre d'en saisir l'intuition. On suppose qu'il y a deux

81 Le lecteur pourra aussi se référer à une présentation pédagogique et rigoureuse du modèle de Krugman (1979) qui s'appuie sur un modèle de concurrence monopolistique à la Dixit-Stiglitz dans l'ouvrage de Mucchielli J.-L., Mayer Th. (2004), *Économie internationale*, Dalloz, HyperCours, Paris.

82 Brander J.A. (1981), « Intra-industry trade in identical products », *Journal of International Economics*, 11, pp. 1-14.

83 Brander J.A., Krugman P. (1983), « A reciprocal dumping model of international trade », *Journal of International Economics*, 15, pp. 313-389.

## ENCADRÉ 1.6
## *Le modèle de concurrence monopolistique*

### *Les hypothèses du modèle*

On suppose que la demande qui s'adresse à une entreprise sur un marché en concurrence imparfaite (les entreprises sont supposées identiques et produire une variété du bien considéré) s'écrit de la façon suivante :

$$Q = M\left(\frac{1}{n} - b \bullet \left(P - \overline{P}\right)\right) \qquad (1)$$

où

- $Q$ est la demande s'adressant à une entreprise (chaque entreprise produit une variété de bien),
- $M$ est la taille du marché dont on suppose qu'elle n'est pas affectée par le prix moyen,
- $\overline{P}$ est le prix moyen des entreprises concurrentes,
- $P$ est le prix du produit (ou de la variété) vendu(e) par l'entreprise,
- $n$ est le nombre d'entreprises en concurrence sur ce marché,
- $b$ est un indicateur de substituabilité pour le consommateur entre les différentes variétés qui lui sont offertes.

On peut raisonnablement penser que la quantité demandée d'un bien est d'autant plus élevée que la taille du marché est élevée, que le prix fixé par les concurrents est élevé et son propre prix faible. On comprend en outre intuitivement que la quantité demandée du bien produit par une entreprise donnée réagira d'autant plus à un écart de prix par rapport au prix moyen du secteur que les biens sont fortement substituables ($b$ élevé). En revanche si $b$ est faible (les produits sont considérés comme très peu substituables par les consommateurs) alors chaque entreprise voit son pouvoir de monopole sur le produit qu'elle offre augmenter.

Si toutes les firmes imposent le même prix, chacune aura une même part de marché ($1/n$) et vendra $M/n$. Une entreprise qui fixerait un prix supérieur à la moyenne des prix des autres entreprises aurait une part de marché plus petite ($P > \overline{P} \Rightarrow Q < M/n$). Si le prix est inférieur, la part de marché sera plus grande ($P < \overline{P} \Rightarrow Q > M/n$).

### *Équilibre de marché*

On suppose que toutes les entreprises dans le secteur sont symétriques. Cela revient à dire que les fonctions de demande et de coût sont les mêmes pour toutes les entreprises même si elles produisent un bien différencié. On peut donc s'intéresser à une firme représentative. L'équilibre de marché peut être obtenu en trois étapes.

1. *On montre tout d'abord que plus il y a d'entreprises dans le secteur et plus le coût par unité produite est élevé.* Ceci résulte de l'hypothèse selon laquelle il existe des rendements d'échelle internes à cause de la présence de coûts fixes de production ($CF$) qui exigent pour être amortis que de grandes quantités de biens soient produites. Il s'agit donc de montrer qu'il existe une relation croissante entre le nombre d'entreprises dans

## ENCADRÉ 1.6 (suite)

le secteur ($n$) et le coût moyen de chaque entreprise ($CM$). Les entreprises étant toutes identiques, le prix demandé par chacune d'elle est le même et il est égal au prix moyen : $P = \overline{P}$. Le montant des ventes de chaque entreprise est alors égal à $Q_D = M/n$ et le coût moyen est une fonction croissante du nombre d'entreprises. En effet, plus le nombre d'entreprises est élevé est plus la production de chacune d'entre elles est faible. Le coût moyen s'écrit de la façon suivante (où $c$représente le coût marginal de production) :

$$CM = c + \frac{CF}{Q} = c + \frac{CF}{M}n \quad \text{et} \quad \frac{\partial CM}{\partial n} > 0 \qquad (2)$$

2. *On montre ensuite que plus le nombre d'entreprises sur un marché est élevé, plus la concurrence entre elles est intense et plus le prix que l'entreprise représentative va choisir est faible.* Rappelons pour commencer que dans notre cadre d'analyse chaque entreprise considère le prix moyen de marché comme donné de sorte que la demande qui s'adresse à chacune d'elles peut s'écrire de la façon suivante :

$$Q = (\frac{M}{n} + M \bullet b \bullet \overline{P}) - M \bullet b \bullet P \qquad (3)$$

Les entreprises ont pour objectif de maximiser leurs profits de sorte que la recette marginale doit être égale à l'équilibre au coût marginal :

$$P = c + \frac{Q}{M \bullet b} \qquad (4)$$

Si toutes les entreprises fixent le même prix alors chaque entreprise vend un montant $Q = M/n$ et

$$P = c + \frac{1}{b \bullet n} \quad \text{et} \quad \frac{\partial P}{\partial n} < 0 \qquad (6)$$

3. *Si le prix excède le coût moyen, alors de nouvelles entreprises entrent dans l'industrie. Si le prix est inférieur au coût moyen, alors des entreprises quittent l'industrie.* On montre qu'en longue période, le nombre d`entreprises (et donc en même temps le nombre de variété de biens, car chaque entreprise produit une variété du bien) est déterminé par l'intersection de la courbe qui relie le coût moyen à $n$ avec celle qui relie le prix à $n$.

### *Ouverture à l'échange international*

Graphiquement, l'ouverture à l'échange se traduit par une augmentation du marché $M$ dont on peut voir qu'elle n'influe que sur la courbe de coût moyen qui se déplace vers le bas (la courbe des points reliant le prix au nombre d'entreprises n'est pas affectée par cette augmentation de la taille du marché). Dans ce cas, on voit en premier lieu que le nouveau point d'équilibre est caractérisé par un prix d'équilibre plus faible compte tenu de l'exacerbation de la concurrence (effet dit pro-concurrentiel). En second lieu, la quantité produite par chaque entreprise augmente (et le coût moyen diminue compte tenu des économies d'échelle). En troisième lieu, le nombre total d'entreprises après ouverture est plus faible que la somme des

## ENCADRÉ 1.6 (suite)

entreprises présentes dans chaque pays avant ouverture (si les pays sont symétriques : $n_2 < 2n_1$)[84]. Enfin, le nombre de variétés de biens augmente après ouverture ($n_2 > n_1$), ce qui constitue un gain en bien-être pour les consommateurs qui aiment la variété. Dans ce modèle, où les pays sont supposés identiques, on ne peut pas cependant savoir quel pays produira quelle variété.

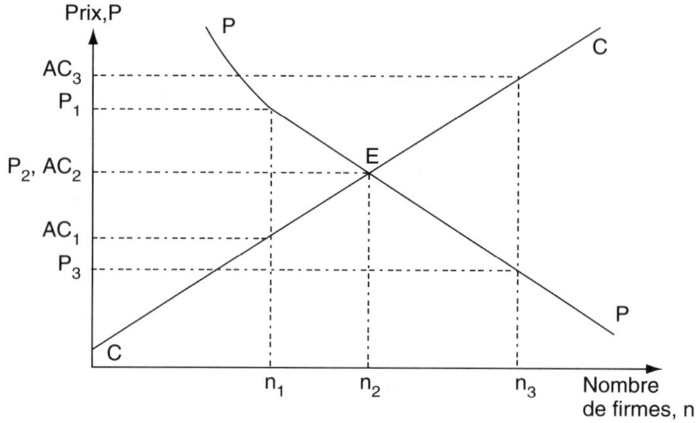


**Figure 1.4**
*Équilibre sur un marché de concurrence monopolistique*
Source : Krugman, Obstfeld (2004).

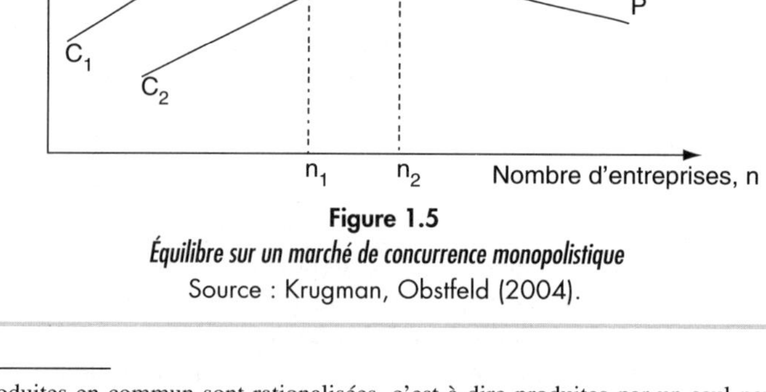


**Figure 1.5**
*Équilibre sur un marché de concurrence monopolistique*
Source : Krugman, Obstfeld (2004).

84 Les variétés produites en commun sont rationalisées, c'est-à-dire produites par un seul pays à plus grande échelle. La diminution du nombre d'entreprises présentes sur le marché peut résulter de fermetures d'unités de production ou fusions et acquisitions.

entreprises en situation de monopole qui produisent le même bien dans un pays A et un pays B. Ces pays sont parfaitement identiques en termes de dotations factorielles et de technologie mais aussi en termes de préférences pour le bien homogène. Supposons qu'il existe des coûts de transport (ou coûts d'échange) entre les deux pays. Si les deux entreprises ont les mêmes coûts marginaux de production et vendent au même prix, il n'y a pas d'échange et le monopole de chaque entreprise n'est pas contesté. Supposons maintenant qu'une segmentation des marchés associée à une discrimination de prix soit possible et que l'on ouvre les frontières. Les entreprises nationales peuvent imposer un prix plus bas pour le produit exporté que pour le même bien vendu sur le marché national.

Chaque entreprise peut alors avoir intérêt à limiter les ventes sur son marché national pour vendre sur le marché étranger, même si ses exportations supportent un coût de transport et sont vendues à un prix (net des coûts de transport) plus faible aux consommateurs étrangers. La raison en est que les quantités supplémentaires vendues par chacune des entreprises sur le marché étranger ont un effet (à la baisse) sur le prix qui affecte négativement la seule entreprise rivale. En revanche, en vendant sur leur propre marché, les entreprises perçoivent qu'en augmentant les quantités vendues, elles provoquent une baisse du prix auquel elles vendent sur leur propre marché et qui concerne toutes les unités du bien vendues sur le territoire national. Ainsi, chaque entreprise a intérêt à faire un « raid » sur l'autre marché, en y vendant quelques unités à un prix (net des coûts de transport) qui est plus faible que celui pratiqué sur le marché intérieur mais reste plus élevé que le coût marginal » (Krugman et Obstfeld, 2004). Il s'en suit l'émergence d'un échange international de produits identiques dont on peut se demander s'il est porteur d'une augmentation de bien-être pour les partenaires à l'échange (au sens économique du terme). La réponse ne peut pas être tranchée, car d'un côté il semble bien qu'échanger des produits identiques (ou très fortement substituables) en supportant des coûts de transport conduise à un gaspillage de ressources. Une partie de la production nationale est remplacée par des exportations étrangères plus chères, compte tenu des coûts de transport. D'un autre côté, l'ouverture à l'échange permet de « contester » les deux monopoles nationaux en introduisant de la concurrence. On passe dans notre exemple d'une situation où il existe une rente de monopole dans chacun des deux pays à une situation de type duopole. Il est à cet égard important de bien comprendre que c'est précisément parce qu'il existe cette rente de monopole en situation d'autarcie que va se développer l'échange international entre les deux pays. Intuitivement, on comprend bien que les gains nets à l'échange pour un pays dépendent du niveau des coûts de transport. Quand les coûts de transport sont nuls, seul l'effet pro-concurrentiel existe et les gains à l'échange sont maxima.

■ Quatre points importants méritent d'être soulignés pour conclure. Tout d'abord, vouloir opposer les théories traditionnelles de l'échange aux nouvelles théories du commerce international au motif que les premières expliqueraient le commerce inter-branche et les secondes le commerce intra- branche induirait en erreur. Comme nous l'avons vu, le commerce inter-branche peut être expliqué par les théories de l'avantage comparatif comme par les nouvelles théories du commerce international dès lors qu'on suppose la présence d'économies d'échelle externes (ou d'économies d'agglomération). Par ailleurs, Helpmann et Krugman (1985) ont fourni une synthèse entre les approches traditionnelles et les nouvelles théories du commerce international fondées sur la notion « d'équilibre intégré ». Cette synthèse associe la concurrence monopolistique à un commerce intra-branche de produits similaires entre produits proches du point de vue des dotations factorielles relatives ou de leur technologie et un commerce inter-branche entre économies très différentes. Enfin, on peut montrer avec les modèles de dumping réciproque que la structure oligopolistique des marchés et les comportements stratégiques des entreprises peuvent expliquer le commerce intra-branche (sans supposer une quelconque différenciation des produits).

## 1.3 L'IMPACT DU COMMERCE INTERNATIONAL SUR LA CROISSANCE ET SUR LES INÉGALITÉS

Les théories traditionnelles du commerce international mettent l'accent sur les gains statiques à l'échange comme nous avons pu le voir précédemment. L'ouverture internationale est aussi censée avoir un impact positif sur la croissance de la productivité totale des facteurs et donc sur la croissance économique. La mondialisation des échanges serait cependant coupable de conduire à une augmentation des inégalités internationales (entre nations) mais aussi à un accroissement des inégalités salariales à l'intérieur même des pays industrialisés. Les pays émergents à bas salaires servent généralement de boucs émissaires. Ils sont régulièrement accusés de faire une concurrence « déloyale » aux pays industrialisés et de contribuer à détruire significativement l'emploi des travailleurs les moins qualifiés dans ces pays. L'objet des développements qui suivent est tout d'abord de s'interroger sur le lien entre commerce international et croissance économique. Nous chercherons ensuite à savoir si l'ouverture internationale est un facteur de convergence ou au contraire de divergence entre pays riches et entre pays pauvres. Nous traiterons enfin du lien entre l'ouverture internationale et la montée des inégalités à l'intérieur même des pays industrialisés (voire des pays en voie de développement).

### 1.3.1 *Croissance économique et échange international*

La question du lien entre ouverture internationale et croissance économique est relativement ancienne et en même temps sujette à multiples interprétations [85]. Il semble bien que les périodes d'expansion économique correspondent à des périodes d'ouverture internationale. La question du sens de causalité reste cependant posée : l'ouverture internationale est-elle un moteur de la croissance ou au contraire les périodes de croissance sont-elles propices à une plus grande ouverture internationale ? Un certain nombre d'obser-

85 Les développements qui suivent s'inspirent notamment dans la description des mécanismes théoriques de l'excellent ouvrage de Helpman (2004), *The Mystery of Economic Growth*, Harvard University Press.

vations peuvent être faites historiquement, comme nous l'avons vu précédemment (cf. partie 1). La période entre 1870 et 1913 est caractérisée par une croissance forte et une rapide expansion du commerce international (mais aussi des investissements directs et des phénomènes migratoires) tout comme d'ailleurs la période « des trente glorieuses » qui a suivi la Seconde Guerre mondiale (qualifiée de seconde vague de la globalisation). À l'inverse, la période de l'entre-deux-guerres est caractérisée par un recul du commerce mondial et une croissance plus faible. Bairoch (1993) [86] s'appuyant sur l'expérience européenne de la fin du XIXe siècle souligne en revanche qu'il est difficile de conclure que le protectionnisme est mauvais pour la croissance économique. L'argument de Bairoch repose sur l'idée que la phase de libéralisation des échanges correspond à la période 1860-1892 mais qu'à partir de la fin de cette période, les pays européens vont entrer dans une nouvelle phase protectionniste. C'est d'abord le cas de la France en 1892 avec la mise en place du fameux tarif Méline sans que l'on observe de changement au niveau du taux de croissance moyen qui est passé de 1,2 % par an au cours de la décennie qui a précédé ce changement de politique commerciale à 1,3 % au cours de la décennie qui suit. En Allemagne, la politique commerciale change à partir de 1885 et le taux de croissance annuel moyen passe de 1,3 % au cours de la décennie précédente à 3,1 % au cours de la décennie qui suit. On observe la même situation en Suède qui devient plus protectionniste en 1888. Par contre, l'Italie voit sa croissance économique se ralentir à partir du moment où elle devient plus protectionniste (1887). Ces observations font dire à Bairoch (1993, *op. cit.*, p. 50) que « *it remains generally true that in all countries (except Italy) the introduction of protectionist measures resulted in distinct acceleration in economic growth during the first ten years following a change in policy, and that third took place regardless of when the measures were introduced* ». Les observations de Bairoch sont confirmées par les études économétriques : Clemens et Williamson (2002) [87] s'appuyant sur un échantillon de plus de trente pays trouvent un effet positif des droits de douane sur le taux de croissance du revenu réel par habitant pour la période 1870-1913 mais une relation inverse pour la période qui suit la Seconde Guerre mondiale et qui se caractérise par des droits de douane plus faibles [88]. L'objet des développements qui suivent est de proposer l'éclairage à la fois de la théorie économique et des études empiriques sur cette question controversée.

### 1.3.2 *Les principaux mécanismes théoriques expliquant le lien entre commerce international et croissance*

L'approche traditionnelle du commerce international (fondée sur le principe des avantages comparatifs) montre que les gains à l'échange résultent d'une meilleure allocation

86 Bairoch P. (1993), *Economics and World History*, Chicago : University of Chicago Press.

87 Clemens M. et Williamson J.G. (2002), « Why Did the Tariff-Growth Correlation Reverse after 1950 ? », *NBER Working Paper*, n° 9181.

88 Le lecteur trouvera dans l'ouvrage de Helpman (2004, *op. cit.*, pp. 73 et suivantes) une discussion de ces résultats.

des ressources en économie ouverte. Les études empiriques relatives à l'évaluation de ces gains (qualifiés de « statiques » par les économistes) soulignent généralement qu'ils sont assez faibles. La prise en compte des gains « dynamiques » à l'échange mis en exergue par les nouvelles théories du commerce international permet de réévaluer l'importance de ces gains (voir ci-dessus) [89]. Nous proposons ainsi à la suite de Helpmann (2004, *op. cit.*, p. 57 et suivantes) un certain nombre de mécanismes ou d'arguments susceptibles d'expliquer le lien entre croissance et échange international empruntant à la fois aux théories traditionnelles de la croissance et aux théories de la croissance endogène.

> Fontagné et Guérin (1997) identifient de leur côté quatre mécanismes susceptibles de faire le lien entre ouverture internationale et croissance de la productivité des facteurs de production [90]. (*i*) Le premier mécanisme est une application du modèle de concurrence monopolistique au commerce international. L'ouverture internationale en élargissant le marché permet d'offrir aux consommateurs davantage de variétés d'un même bien à des prix plus faibles grâce à une meilleure exploitation des économies d'échelle et à une concurrence accrue (qui fait baisser les coûts). (*ii*) Le deuxième argument souligne que les gains de l'ouverture peuvent aussi concerner les entreprises. La production de biens différenciés peut être utilisée aussi bien pour la consommation finale que pour la production. Les entreprises peuvent alors accroître leur efficacité productive grâce à l'utilisation de combinaisons productives utilisant une plus grande variété de biens intermédiaires (inputs). À cela s'ajoute que l'ouverture permet aux pays de se spécialiser sur des segments du processus de production (et non pas sur la totalité du processus de production). (*iii*) Le troisième argument met l'accent sur le fait qu'un pays obtiendra un gain à l'ouverture internationale si sa production dans des industries bénéficiant d'externalités nationalement spécifiques augmente ou si la production mondiale dans les industries à économies d'échelle internationale augmente [91]. (*iv*) Le quatrième argument concerne l'impact de l'ouverture internationale sur le rythme d'accumulation du facteur qui est au centre du mécanisme de croissance (par exemple si ce facteur est le capital, un impact positif de l'ouverture sur le rendement du capital renforce l'accumulation de capital et fait changer l'économie de sentier de croissance (« gains dynamiques »).

■ **Un argument fondé sur les changements de spécialisation internationale**. Les modèles néo-classiques « à la Solow » mettent l'accent sur l'accumulation de capital comme moteur de la croissance. Dans ce modèle, l'hypothèse selon laquelle la productivité marginale (ou rendement marginal) du capital est décroissante fait que la croissance économique s'essouffle au fur et à mesure que le pays accumule du capital. L'histoire est différente quand on raisonne en économie ouverte car le commerce inter-

89 Le lecteur trouvera des développements complémentaires sur les gains à attendre d'une ouverture (multilatérale ou préférentielle) dans les chapitres qui suivent.

90 Fontagné L., Guérin J-L. (1997), « L'ouverture, catalyseur de la croissance », *Économie internationale*, n° 71, pp. 135-167.

91 Cependant, on comprend bien que les économies d'échelle (externalités) internationales sont davantage porteuses de gains à l'échange que les économies d'échelle (externalités) nationalement spécifiques.

national permet à un pays de se spécialiser comme l'avait déjà souligné Ricardo (1815)[92]. Celui-ci montre en effet que la décroissance des rendements agricoles doit de façon inéluctable conduire à l'état stationnaire mais que le commerce de grains permet de repousser ce moment. L'argument que nous développons ici est un peu différent mais participe de la même logique. L'idée sous-jacente développée par Helpman (2004, *op. cit.*, pp. 57 et suivantes) est que la spécialisation va affecter le rendement du capital mais que les « petits » pays peuvent échapper à cette diminution des rendements marginaux car leurs termes de l'échange ne sont pas sensibles à la taille de leur stock de capital. Nous reprenons dans ce qui suit l'analyse de cet auteur en prenant l'exemple d'un petit pays dont les termes de l'échange (autrement dit le rapport entre le prix des biens exportés et importés) sont fixes. Ce petit pays est initialement spécialisé dans la production d'un bien unique (intensif en travail), par exemple la production de vêtements.

Dans ces conditions, l'accumulation de capital permet d'augmenter la production de vêtements que le pays peut échanger à un prix fixe (qui dépend des termes de l'échange) sur le marché mondial. Le problème posé est que la productivité marginale décroissante du capital fait que chaque unité de capital supplémentaire conduit à un accroissement de recettes de plus en plus faible (les prix, ne l'oublions pas, sont considérés comme donnés) et donc à diminuer le pouvoir d'achat du pays sur les marchés mondiaux. On suppose dans un second temps que le pays peut aussi produire des jouets et que la production de jouets est plus intensive en capital par tête que les vêtements. Dans ces conditions, on comprend bien que tant que l'intensité capitalistique (mesurée par le rapport entre le capital et le travail) est faible, le pays a intérêt à produire des vêtements mais qu'à partir d'un certain niveau d'intensité capitalistique il peut avoir intérêt à produire les deux biens. Cela se fait grâce à un transfert de ressources de la production de vêtements vers celle de jouets sans que cela n'affecte la productivité marginale du capital : la baisse de la productivité marginale du capital et ses effets sur la croissance du revenu par habitant doit donc être nuancée. La théorie du commerce international prédit que le pays produira à la fois des vêtements et des jouets si et seulement si son ratio de capital par tête se situe entre les ratios des deux secteurs.

L'argument peut être généralisé à un grand nombre de secteurs caractérisés par des niveaux différents d'intensité capitalistique. Dans ce type d'économies, l'accumulation du capital conduit à des changements de spécialisation vers des biens de plus en plus intensifs en capital de sorte que la productivité marginale du capital ne décline que durant la période de transition allant d'une « région » de spécialisation à une autre. Ventura (1997)[93] soutient par exemple que cet argument peut permettre d'expliquer la trajectoire de croissance des pays du Sud-Est asiatique dont la spécialisation s'est progressivement déplacée vers des secteurs de plus en plus intensifs en capital et en capital humain.

---

92 Ricardo D. (1815), *Essay on the influence of a law price of corn upon the profits of stock.*

93 Ventura J. (1997), « Growth and Interdependance », *Quarterly Journal of Economics,* 112, pp. 57-84.

On comprend bien intuitivement que cet argument, qui repose sur les termes de l'échange, s'applique plutôt à des pays de petite taille mais qu'il ne fonctionne pas pour des grands pays. En effet, les grands pays, en augmentant la production d'un bien qu'ils fabriquent, font baisser les prix mondiaux, ce qui diminue la valeur des produits vendus et vient renforcer les effets de la productivité marginale décroissante. Les termes de l'échange, quand ils sont affectés par la croissance économique, conduisent à favoriser la convergence des économies (de façon analogue aux effets des rendements marginaux décroissants). Acemoglu et Ventura (2002)[94] montrent dans une étude sur données transversales (« *cross section* ») qu'il existe une corrélation négative entre la croissance du revenu par habitant et la croissance des termes de l'échange. Cela traduit l'idée que les grands pays voient leurs termes de l'échange se dégrader. Ils trouvent en outre qu'entre 1965 et 1985 un accroissement du taux de croissance de 1 pour cent détériore les termes de l'échange d'environ 0,6 pour cent (en moyenne). On soulignera pour terminer que si les grands pays pâtissent d'une détérioration des termes de l'échange, il n'en est pas de même pour leurs partenaires commerciaux qui bénéficient au contraire de cette situation. Les effets de la croissance économique peuvent se propager d'un pays à l'autre par le biais des termes de l'échange.

■ **Un argument fondé sur les effets d'apprentissage par l'expérience**. Les deux dernières décennies ont vu se développer des modèles de croissance endogène qui cherchent à dépasser le postulat néo-classique selon lequel le taux de croissance de long terme de l'économie dépendrait de facteurs exogènes comme le rythme de progression de la population active et du progrès technique. La croissance économique est en effet étudiée dans les « nouvelles » théories de la croissance comme un processus autoentretenu et le progrès technique comme un phénomène endogène, produit d'une activité économique. Les modèles de croissance endogènes sont généralement utilisés pour étudier les effets sur la croissance économique d'un large éventail de politiques publiques mais aussi des mesures de libéralisation des échanges internationaux. Un premier lien entre ouverture internationale et croissance repose sur la notion de processus d'apprentissage par l'expérience (que l'on retrouve aussi chez Smith (1776) dans sa fameuse parabole de la manufacture des épingles)[95].

L'idée sous-jacente est que les producteurs acquièrent de l'expérience au fur et à mesure que la production se développe. L'apprentissage par l'expérience et l'accroissement de savoir qui en découle résultent directement de l'activité productive et non pas d'activités spécifiques comme l'éducation ou la recherche. La productivité totale des facteurs dans une industrie (ou un secteur) est donc positivement affectée par le niveau de production cumulée. L'apprentissage par la pratique engendre des rendements d'échelle dynamiques qui peuvent soutenir un processus de croissance autoentretenu.

94 Acemoglu D. et Ventura J. (2002), « The World Income Distribution », *Quarterly Journal of Economics,* 117, pp. 659-94.

95 Smith A. (1776), *Recherches sur la nature et la cause des richesses des nations* (traduction française : Gallimard, 1976).

Une question essentielle pour étudier l'impact de l'ouverture internationale sur la croissance économique est alors de savoir si les effets d'expérience sont limités à la production cumulée de l'industrie dans le pays ou si ces effets d'expérience dépendent de la production cumulée dans le secteur au niveau mondial. Le commerce international intervient à deux niveaux et plusieurs configurations sont possibles comme le montrent Grossman et Helpman (1995)[96]. Premièrement, un pays « apprendra » (bénéficiera du savoir lié aux effets d'apprentissage) plus rapidement dans les secteurs en expansion et plus lentement dans les secteurs qui se contractent. L'effet net sur la croissance de la productivité totale des facteurs dépend de la marge d'apprentissage dans les secteurs en expansion par rapport à ceux qui se contractent. Deuxièmement, si le commerce facilite la diffusion de la connaissance en dehors des frontières nationales (diffusion internationale des connaissances), les pays apprendront non seulement grâce à l'expérience qu'ils acquièrent en produisant (leur stock de connaissances augmente) mais aussi grâce à celle de leurs partenaires commerciaux. Les pays qui ont de l'avance dans des industries dynamiques (ce qui dépend des conditions initiales) profitent davantage de la libéralisation du commerce en accroissant leur part de marché dans ces secteurs. Toutefois, les autres pays qui se spécialisent dans des industries traditionnelles et mûres peuvent aussi profiter indirectement de la libéralisation des échanges grâce à la baisse des prix des produits qu'ils importent des pays où la productivité augmente rapidement. Les pays partenaires bénéficient alors à long terme d'une intensification de la spécialisation internationale car celle-ci accélère l'apprentissage et le progrès de la productivité. Mais cela n'est pas nécessairement le cas. Si les effets de diffusion de la connaissance sont au contraire limités à l'espace national alors chaque pays devient plus productif dans les secteurs où il a un avantage comparatif : les avantages comparatifs se renforcent et les taux de croissance du revenu par tête ont tendance à diverger dans le long terme (Krugman, 1987)[97].

■ **Un argument fondé sur la recherche et développement et l'innovation**. Les entreprises consacrent des ressources importantes à la recherche développement (R&D). La R&D permet de développer de nouveaux produits ou procédés. Ces derniers sont généralement protégés par un droit exclusif de commercialisation (par exemple le dépôt d'un brevet) qui permet aux entreprises qui innovent de « récupérer » le fruit de leurs investissements. Les brevets ne permettent pas cependant à l'entreprise innovante de s'approprier toute l'information technique contenue dans ses produits : les entreprises concurrentes peuvent utiliser une partie de l'information véhiculée par les produits de cette entreprise pour mettre au point d'autres produits (à conditions que ces derniers ne tombent pas sous le coup du brevet déposé). La littérature économique a identifié un certain nombre de canaux par lesquels l'ouverture internationale peut avoir un effet sur

96 Grossman G.M. et Helpman E. (1995), « Trade Wars and Trade Talks », *Journal of Political Economy*, 103, pp. 675-708.

97 Krugman P.R. (1997), « The Narrow Moving Band, the Durch Disease, and the Competitive Consequences of Mrs. Thatcher : Notes on Trade in the Presence of Dynamic Scale Economies », *Journal of Development Economics*, 27, 41-55.

la croissance économique par le biais de l'innovation [98]. Nous en proposons quelques-uns sans prétendre à l'exhaustivité (voir Grossman et Helpman, 1991 pour plus de détails) [99].

Le premier canal est lié à la taille des marchés qui s'accroît avec l'ouverture internationale et encourage par là-même les investissements en R&D en accroissant les opportunités de retour sur investissement. En économie fermée, l'effet taille de marché profite avant tout au grand pays. En économie ouverte, le commerce international a un effet positif sur les investissements en R&D et le taux de croissance pour tous les pays (mais cet effet est d'autant plus important pour les petits pays). Le deuxième effet est un effet pro-concurrentiel. L'ouverture internationale soumet les entreprises nationales à la concurrence des entreprises étrangères. La relation entre innovation et structures concurrentielles ne fait pas cependant l'objet d'un consensus chez les économistes. Pour certains, des structures de marché favorisant la concentration des firmes sont favorables au processus d'innovation car seules des firmes de grandes tailles ayant un pouvoir de marché peuvent dégager des ressources financières suffisantes pour financer des innovations. Pour d'autres, au contraire, une structure de marché concurrentielle incite les entreprises à innover pour « survivre ». Comme toujours, la réalité est plus complexe et le lien entre concurrence et innovation pourrait prendre la forme d'une courbe en cloche : trop de concurrence décourage l'innovation, pas assez de concurrence la tue. Un troisième effet est lié au fait qu'en économie fermée, les entreprises cherchent à innover et à se différencier des entreprises présentes sur le territoire national alors qu'elles chercheront à se différencier de l'ensemble des entreprises au niveau mondial si les marchés sont ouverts. Les efforts en R&D sont donc moins susceptibles d'être dupliqués (« faire doublon ») ce qui réduit le coût de la de R&D et favorise la croissance économique. Enfin, un dernier effet déjà souligné (voir *supra*) est que l'ouverture internationale permet aux entreprises d'avoir accès à une plus grande variété de biens intermédiaires entrant dans le processus de production, ce qui accroît leur efficacité productive.

Notons pour finir qu'une grande partie de l'ambiguïté théorique dans ces modèles est liée à la question de savoir si les retombées des connaissances, qu'elles soient le fruit d'un apprentissage par l'expérience ou le résultat d'investissements en R&D, sont localisées ou si, au contraire, elles se diffusent à l'échelle internationale (Grossman et Helpmann, 1995, *op. cit.*). Dans le premier cas, on devrait observer (toutes choses égales par ailleurs) un processus de convergence entre pays. Dans le second cas, un processus de divergence. Si le commerce international fait en sorte que la diffusion des

---

98 La lecture sur le lien entre croissance et innovation est pléthorique. Pour une première approche aussi bien théorique qu'empirique, le lecteur pourra se référer à l'article de Mohen P., Mairesse J. (1999), « Innovation et croissance, innovation et performance », Service des études et des statistiques industrielles (Ministère de l'Économie, des Finances et de l'Industrie (Paris). L'article est partiellement repris dans *Problèmes économiques*, n° 2645 sous le titre « Quantifier les effets de l'innovation sur la croissance : une revue de la littérature ».

99 Grossman G.M. et Helpman E. (1991), *Innovation and Growth in the Global Economy*, Cambridge : MIT Press.

connaissances provenant de la R&D concerne tous les pays, alors les flux d'échange et la croissance ne dépendent pas des conditions initiales (c'est-à-dire du stock initial de connaissances résultant de la R&D). Les flux de commerce entre pays sont alors déterminés conformément aux enseignements de la théorie des proportions des facteurs. La croissance de la productivité peut être différente entre secteurs mais pour un secteur donné elle est la même dans tous les pays. La croissance (agrégée) de la productivité totale des facteurs diffère d'un pays à l'autre en fonction de la disponibilité (relative) des différents facteurs de production disponibles dans les différents pays et des proportions (de l'intensité) dans lesquels ils sont utilisés pour produire les différents biens.

En l'absence d'effets de débordement et de diffusion des connaissances, les pays ont plutôt tendance à voir leur revenu par tête diverger. Grossman et Helpman (1991) [100] montrent dans le cadre d'un modèle à deux pays (identiques) et un facteur de production (le travail) que le pays qui a initialement un avantage en termes de R&D voit cet avantage s'accroître au cours du temps. La croissance économique dépend alors des conditions initiales. Cela peut conduire à des différences importantes en termes de revenus par tête ; le pays désavantagé voyant même son taux de croissance se ralentir. Au total, deux conclusions émergent de ces analyses : le commerce international ne conduit pas nécessairement à une convergence des taux de croissance. Deuxièmement, même si cela était le cas, il se peut très bien que la croissance ne s'accélère pas pour tous les pays.

### 1.3.3 *Les études empiriques conduisent à des résultats contrastés compte tenu des difficultés méthodologiques*

Nous avons vu dans la partie précédente que la théorie ne permettait pas de se prononcer sur les effets de l'ouverture internationale sur la croissance économique et la convergence entre pays. De la même façon nous avons pu noter que les effets du commerce international sur la croissance économique dépendent du mode de diffusion de l'innovation entre pays. C'est sur ces deux questions que nous revenons ici.

■ Qu'en est-il, tout d'abord, des études empiriques sur le lien entre croissance et commerce international (pour une revue de la littérature récente, voir Baldwin, 2003) ? [101] Force est de constater que là encore il est difficile de conclure, tant les problèmes méthodologiques concernant en particulier la mesure du degré d'ouverture d'un pays sont délicats. Succinctement, plusieurs types de mesures ont été utilisés par les différentes études empiriques (une recension des résultats est proposée dans le tableau en

100 Grossman G. et Helpman E. (1991), *Innovation and Growth in the Global Economy*, Cambridge : MIT Press.

101 Baldwin R.E. (2003), « Openness and Growth : What's the Empirical Relationship ? », *Working Paper* n° 9578, Cambridge MA, National Bureau of Economic Research, March. Voir aussi Billmeier A. & T. Nannicini, « Trade openness and growth : pursuing empirical glasnost », IMF working paper, IMF WP/07/156, June 2007 http://www.imf.org/external/pubs/ft/wp/2007/wp07156.pdf.

annexe). La méthode la plus simple consiste à étudier s'il existe une corrélation positive entre la croissance des exportations et celle du PIB ou de la productivité totale des facteurs de production (PTF). Le défaut d'une telle mesure est que, évidemment, les flux d'exportations constituent un indicateur très imparfait du degré d'ouverture commerciale d'un pays (d'autant que l'on sait bien que le degré d'ouverture mesuré par le rapport entre les exportations et le Produit Intérieur Brut (PIB) des petits pays est généralement plus élevé que pour les grands pays). En outre, du point de vue des estimations économétriques, ces études souffrent d'un biais d'endogénéité car les exportations sont un des éléments qui concourent à la formation du PIB et sont, par conséquent, corrélées avec cet agrégat. Les études qui tiennent compte des différences dans les propensions à exporter trouvent généralement une corrélation positive entre la croissance et le commerce extérieur. Une autre mesure consiste à déduire le degré d'ouverture en comparant l'écart entre les exportations effectives et celles qui résulteraient de l'application d'un modèle théorique du commerce international. Si cet écart est positif, on en déduit que le pays est particulièrement ouvert (et inversement). Ce type d'études confirme aussi la relation positive entre ouverture sur l'extérieur et croissance économique.

D'autres études prennent acte de ce que les volumes d'échange ne peuvent constituer une mesure satisfaisante du degré d'ouverture (car ces derniers sont affectés par d'autres facteurs que les seules politiques commerciales) et cherchent à élaborer une mesure synthétique du degré d'ouverture à partir d'éléments comme l'importance des droits de douane ou des barrières non tarifaires (voir la première partie du chapitre 2 sur la difficulté de mesurer le protectionnisme commercial). Sachs et Warner (1995) [102], en utilisant cette méthode, montrent par exemple que les économies ouvertes sur l'extérieur ont un taux de croissance plus rapide que les économies fermées (de 2 à 2,5 points de pourcentage de plus). Il existe enfin une autre méthode qui consiste à mesurer le degré d'ouverture en comparant les prix intérieurs aux prix internationaux. Les pays dont les prix intérieurs sont les plus proches des prix mondiaux sont aussi ceux qui enregistrent une croissance plus élevée. En conclusion, la plupart des études malgré les différences méthodologiques qui les caractérisent et le caractère pluridimensionnel de l'ouverture concluent qu'il existe une corrélation positive entre ouverture internationale et croissance économique. Le sens de causalité est cependant incertain car les périodes de forte croissance semblent favoriser l'ouverture des marchés (les résistances aux changements sont sans doutes plus faibles) mais en même temps l'ouverture des marchés favorise la croissance. L'ouverture internationale a de toute évidence un impact sur la croissance qui passe par « les moteurs » traditionnels de la croissance que sont l'investissement privé ou le capital humain. Ainsi, à titre d'exemple, Levine et Renelt (1992) [103] trouvent une relation positive entre d'un côté (1) la part de l'investissement dans le PNB et le taux de croissance économique et d'un autre côté (2) cette même part

102 Sachs J. et Warner A. M. (1995), « Economic Reform and the Process of Global Integration », *Brookings Papers on Economic Activity* (1), pp. 1-95.

103 Levine R. et Renelt D. (1992), « A Sensitivity Analysis of Cross-Country Growth Regressions », *The American Economic Review*, 82 (4), pp. 942-963.

et une mesure d'ouverture sur l'extérieur. L'ouverture internationale stimulerait donc l'investissement privé et par là-même la croissance. Enfin, notons que l'ouverture internationale est sans doute un catalyseur de la croissance plus qu'une cause directe. Elle doit s'accompagner de réformes internes sur le plan économique et institutionnel pour avoir un effet sur la croissance et le développement (Baldwin, 2003 et Winter, 2004, *op. cit.*). Fontagné et Guérin (1997, *op. cit.*) soulèvent trois types d'arguments à l'appui de la thèse de l'ouverture internationale comme un catalyseur de la croissance. En premier lieu, les aides accordées aux pays en voie de développement (dans le cadre par exemple des programmes d'ajustements structurels (PAS)) sont généralement conditionnelles à une ouverture des marchés de ces pays. En second lieu, l'ouverture internationale réduit la force des groupes de pression internes aux pays. Moins de rigidité sur le marché du travail et érosion des situations de monopoles sont supposés favorables à la croissance. Enfin, une plus grande ouverture aux échanges peut constituer un signal donné aux investisseurs et aux créanciers internationaux de la crédibilité des réformes entreprises sur le plan interne. L'ouverture internationale accompagne dans ce cas des réformes internes sur le plan institutionnel qui ont un effet positif sur la croissance économique.

■ Le deuxième point que nous abordons pour terminer concerne la question de savoir si le commerce international peut être un facteur de croissance économique par le biais des externalités technologiques que le commerce international véhicule. Comme nous l'avons vu, il est difficile de trancher du point de vue théorique. Coe et Helpman (1995) [104] cherchent à évaluer les effets des stocks de R&D nationaux et étrangers (effort de recherche national et étranger) sur la productivité totale des facteurs de production (PTF) de chacun des pays de leur échantillon (21 pays de l'OCDE, plus Israël) pour la période 1971-1990 [105]. Les externalités technologiques internationales sont captées par les deux auteurs en pondérant le stock de R&D des partenaires commerciaux par le poids des importations en provenance de ces pays dans le PIB du pays qui est censé bénéficier de ces externalités. Les auteurs montrent ainsi que l'intensité des externalités technologiques internationales augmente avec le degré d'ouverture des pays. Les États-Unis, pays de grande taille et dont le degré d'ouverture est faible (le degré d'ouverture d'un pays est généralement inversement lié à sa taille comme on le sait déja), bénéficient relativement peu des externalités technologiques véhiculées par le commerce international. L'élasticité de la PTF par rapport à la R&D nationale est égale pour l'année 1990 à 0,267 contre 0,033 pour la R&D étrangère [106]. Un pays comme la Suisse connaît la situation

104 Coe D.T. et Helpman E. (1995), « International R&D Spillovers », *European Economic Review*, 39, pp. 859-887.

105 La notion de productivité totale des facteurs (PTF) correspond à la part de la croissance du produit national qui n'est pas expliquée par l'évolution des facteurs de production (capital et travail). Ce résidu est à tort souvent présenté comme une mesure du progrès technique. Le taux de croissance de la PTF est appelé résidu de Solow. Pour plus de détails, voir par exemple Guellec D. et Ralle P. (1996, pp. 20 -24), *Les nouvelles théories de la croissance*, Repère, La Découverte, Paris.

106 Cela signifie tout simplement qu'une augmentation de 1 point de pourcentage (dix points) du stock de R&D américain permet d'augmenter la PTF d'environ 0,2 % (2 %) mais qu'une augmentation du même ratio « étranger » n'augmente la PTF que de 0.1 % (1 %).

inverse avec une élasticité égale à 0,190 pour la R&D étrangère et à 0,113 pour la R&D nationale. Plus généralement, l'élasticité de la PTF au stock national de R&D est trois fois plus importante pour les pays du G7 que pour les autres petits pays industrialisés. Les externalités technologiques internationales ne sont donc pas symétriques entre pays. Bernstein et Mohnen (1994) [107] montrent par exemple que la R&D américaine explique 60 % des gains de productivité globale des facteurs du Japon contre 20 % des gains américains pour la R&D japonaise. Enfin, Coe, Helpman et Hoffmaister (1997) [108] montrent que les pays en voie de développement bénéficient aussi de la R&D des pays industrialisés : la R&D étrangère expliquerait à hauteur de 20 % la variation de PTF dans les pays en voie de développement.

## ENCADRÉ 1.7

### *Pays en voie de développement (PED) « globalisateurs » et « non globalisateurs » : cette classification a-t-elle un sens ?*

L'idée de Dollar et Kraay (2004) [109] est de vérifier l'existence d'une relation entre libéralisation commerciale et croissance économique en isolant au sein des PED un groupe de pays « globalisateurs ». Ces pays sont définis comme le tiers des PED qui ont connu la plus forte hausse de leur taux d'ouverture (mesurée par la somme des exportations et des importations rapportée au PIB) au cours de la période 1975-1995 ou comme le tiers des PED qui ont baissé le plus significativement leurs droits de douane moyens sur la période 1985-1995. Les deux auteurs montrent que les pays « globalisateurs » ont vu leur taux d'ouverture plus que doubler sur la période (passant de 16 % à 33 %) ainsi que leur taux de croissance s'accélérer passant de 2,9 % par an en moyenne durant les années 1970 à 3,5 % dans les années 1980 puis à 5 % par an durant les années 1990. À l'inverse, les pays non globalisateurs ont connu une croissance beaucoup plus faible (le taux de croissance annuel moyen passant de 3,3 % en début de période à 0,8 % dans les années 1980 puis à 1,4 % dans les années 1990). Les pays industrialisés ont connu sur cette période un taux de croissance moyen plus faible que les pays « globalisateurs » mais plus élevé que les pays non « globalisateurs », ce qui conduit les Dollar et Kraay à conclure que les PED « globalisateurs » sont en situation de rattrapage par rapport aux pays industrialisés alors que les PED « non globalisateurs » sont de plus en plus distancés. Le travail en question est cependant critiqué par de nombreux auteurs (voir en particulier Wade, 2004) [110]. La critique essentielle porte sur le fait que les pays qui ont enregistré les taux de croissance en termes d'ouverture les plus élevés (et qui sont donc classés dans la

107 Bernstein J.L. et Mohnen P. (1994), « International R&D Spillovers Between U.S. and Japanese R&D Intensive Sectors », *NBER Working Papers,* n° 4682.

108 Coe D.T., Helpman E.et Hoffmaister A.W. (1997), « North-South R&D Spillovers », *Economic Journal*, 107, pp. 134-149.

109 Dollar, D., Kraay, A., (2004), « Trade, Growth and Poverty », *The Economic Journal*, 114, pp. 22-49.

110 Wade, R.H., (2004) : « Is Globalization Reducing Poverty and Inequality ? », *World Development*, 32, pp. 567-589.

**ENCADRÉ 1.7 (suite)**

catégorie « globalisateurs ») sont en même temps les plus fermés en début mais aussi en fin de période (le lecteur pourra se référer à Cling, 2006 [111] qui offre une excellente revue de littérature sur cette question). Cela conduit à une situation paradoxale dans laquelle les pays les moins ouverts (en niveau) sont aussi ceux qui enregistrent les meilleurs taux de croissance économique. Enfin, il faut bien noter que la classification retenue par Dollar et Kraay est très sensible à la présence dans l'échantillon des deux géants que sont la Chine et l'Inde : l'accélération de la croissance économique des pays « globalisateurs » est due à la présence « pondérée » par leur population de ces deux pays. Si on enlève la distinction en termes de « globalisateurs » et « non globalisateurs », elle ne tient plus. Les estimations économétriques peuvent alors se révéler utiles pour estimer la relation entre croissance économique et ouverture vers l'extérieur.

### 1.3.4 *L'ouverture aux échanges permet-elle de réduire les inégalités internationales ?*

L'évolution des inégalités dans le monde et le lien qu'elles peuvent entretenir avec la mondialisation posent de redoutables questions conceptuelles et techniques tant il est difficile d'appréhender au moyen d'un indicateur unique le concept d'inégalités. La première étape de la démarche consiste donc à définir ce que l'on entend par inégalités. On distingue traditionnellement les inégalités entre pays des inégalités internationales au sein de la population mondiale. Dans le premier cas, la question posée est celle de savoir si les progrès de l'ouverture internationale ont conduit les pays les plus pauvres en termes de revenus par tête à « rattraper » les pays les plus riches ou au contraire à s'en éloigner. Dans le second cas, on cherche à appréhender les inégalités au sein de la population mondiale. La perspective retenue n'est plus celle des pays mais celle des individus. À défaut d'une enquête mondiale sur les revenus des ménages et compte tenu de difficultés statistiques évidentes, une voie médiane consiste à calculer un indicateur d'inégalités internationales qui pondère le revenu moyen de chaque pays par sa part dans la population mondiale. Évidemment, ce dernier indicateur ne prend pas en compte les inégalités internes aux pays qui peuvent être affectées elles aussi par le commerce mondial.

■ L'observation des inégalités entre pays depuis trente ans, mesurée à travers l'indice de Theil des PIB par tête (en parité de pouvoir d'achat) pour 153 pays, montre clairement que celles-ci ont diminué au cours de la seconde moitié des années soixante-dix avant de repartir à la hausse à partir de la moitié des années quatre-vingt (Bensidoun, 2004) [112]. On observe plus généralement qu'un grand nombre de pays qui se

111 Cling, J.P., (2006), « Commerce, croissance, pauvreté et inégalités dans les PED : une revue de littérature », document de travail 2006-07, DIAL, Paris.

112 Bensidoun I. (2004), « L'imbroglio des inégalités », in *L'économie mondiale 2005*, Repère, La Découverte, Paris.

**Tableau 1.23**
*PIB par habitant pour chaque région en développement rapporté en % du PIB par habitant des pays à haut revenu*

| Région | 1960 | 1980 | 2000 |
|---|---|---|---|
| Pays en développement | 17 | 16 | 15 |
| Afrique sub-saharienne | 15 | 10 | 6 |
| Amérique latine et Antilles | 38 | 36 | 26 |
| Moyen-Orient et Afrique du Nord | 23 | 26 | 19 |
| Pays en transition | 42 | 48 | 28 |
| Asie du Sud | 9 | 6 | 8 |
| Asie de l'Est (hors Chine) | 15 | 16 | 19 |
| Chine | 6 | 4 | 14 |
| Pays à haut revenu (=Référence) | 100 | 100 | 100 |
| Europe (EEE) | 90 | 89 | 85 |
| Australie et Nouvelle Zélande | 117 | 93 | 89 |
| Japon | 51 | 90 | 94 |

Source : Cling (2006).

concentraient en début de période autour de la moyenne ont rattrapé pour partie les pays les plus riches alors que d'autres pays « décrochaient » pour se trouver en queue de distribution. Cela semble confirmer l'observation de Quah (1996) selon laquelle l'économie mondiale tend à se polariser selon le principe des « *twin peaks* » (les queues de distribution prennent de plus en plus d'importance au détriment du groupe de pays à revenu intermédiaire) [113]. Ceci vient confirmer le fait qu'il n'y a pas de convergence systématique des pays pauvres vers les pays riches (voir Imman, 2003 pour une revue de littérature) [114]. En termes plus techniques (voir encadré 1.5), on soulignera que l'imposante littérature sur la convergence montre qu'il n'y a pas $\beta$-convergence absolue (les pays n'ont pas enregistré une croissance de leur PIB par tête d'autant plus forte qu'ils étaient pauvres en début de période) et encore moins $\sigma$-convergence au niveau mondial sur vingt ou trente ans [115]. L'observation des inégalités internationales au sein de la population mondiale montre sans surprise que celles-ci sont beaucoup plus élevées que les inégalités entre pays compte tenu du poids démographique de la Chine et de l'Inde dont le PIB par tête se situe en dessous de la moyenne mondiale. L'évolution de cet indicateur fait cependant apparaître une baisse très nette des inégalités internationales au sein de la population mondiale depuis les années quatre-vingt mais cela est dû en réalité à un effet d'optique lié une fois encore au rattrapage qu'a connu l'économie chinoise sur la période. On notera d'ailleurs que lorsqu'on exclut la Chine du calcul de cet

113 Quah D. (1996), « Twin Peaks : Growth and Convergence in Models of Distribution Dynamics », *Economic Journal,* 106, (437), pp. 1045-1055.

114 Islam N. (2003), « What Have We Learn from the Convergence Debate ? », *Journal of Economic Surveys*, 17, 3.

115 Pour plus de détails sur la question de la convergence et des clubs de convergence au niveau mondial, voir par exemple Desdoigts A. (1997), « Vers une convergence globale ou locale », *Économie internationale*, 71, pp. 43-74.

**ENCADRÉ 1.8**

***Quelques rappels sur la notion de convergence***

On distingue généralement trois types de mesures de la convergence. Il y a $\beta$-convergence conditionnelle quand une économie tend vers son sentier d'équilibre de long terme à une « vitesse » constante. Le taux de croissance est alors une fonction croissante de l'écart qui sépare l'économie de son état d'équilibre de long terme (état stationnaire). Cette convergence est appelée conditionnelle car ce sentier d'équilibre dépend des caractéristiques structurelles de l'économie (comme par exemple le stock de capital humain ou encore la qualité des institutions). On s'attend donc à ce que chaque économie converge vers son propre état stationnaire. La $\beta$-convergence absolue suppose de plus que les économies tendent vers le même état d'équilibre sur le même sentier : les économies en retard vont croître plus vite que les économies les plus avancées si et seulement si elles sont identiques par ailleurs. La $\beta$-convergence absolue n'est compatible avec la $\beta$-convergence conditionnelle que si l'ensemble des caractéristiques structurelles des différentes économies sont communes ou convergent. La $\sigma$-convergence s'obtient quand on observe une réduction de la dispersion des PIB par tête. On notera enfin que la $\beta$-convergence absolue est une condition nécessaire mais non suffisante de la $\sigma$-convergence. L'analyse empirique de la convergence dit qu'il y a rattrapage au sein d'un large échantillon de pays (on comprendra par là qui comporte aussi bien des pays « riches » que des pays « pauvres ») si le taux de croissance des revenus par tête est inversement corrélé avec le niveau de revenu par tête initial. La convergence est vérifiée entre pays de l'OCDE (dont les caractéristiques structurelles sont relativement proches) mais cela n'est pas le cas dès lors qu'on élargit l'échantillon aux pays les plus pauvres (du moins quand on régresse simplement le taux de croissance annuel moyen sur le PIB ou le revenu par tête initial de début de période). Ainsi l'hypothèse de $\beta$-convergence absolue doit être rejetée pour un large échantillon de pays.

indicateur, les inégalités internationales progressent de façon analogue à l'indicateur d'inégalités entre pays. Évidemment, comme nous l'avons souligné, l'indicateur d'inégalités internationales néglige les inégalités internes (voir 3.3).

■ Le premier constat qui s'impose au vu de ces résultats est que la mondialisation (si elle a un effet) n'a pas permis de réduire les inégalités entre pays : alors que le revenu par tête des pays les moins avancés (PMA) représentait 10 % de celui des pays riches en 1970, il n'en représente en 2000 qu'un peu plus de 5 %. Si les études empiriques montrent qu'il existe vraisemblablement une relation positive entre croissance et ouverture internationale (voir *supra*), il semble pourtant que depuis trente ans les pays en voie de développement (PVD) qui ont convergé vers le niveau de vie des pays riches ne sont pas systématiquement ceux qui sont le plus ouverts (Bensidoun, Chevallier, Gaulier, 2001) [116]. Plus encore, ces auteurs montrent que les degrés d'ouverture diffèrent moins entre les deux groupes de pays (ceux qui ont convergé et ceux qui, au contraire, ont divergé) qu'à l'intérieur même de chaque groupe. Enfin, les auteurs montrent dans leur

116 Bensidoun I., Chevallier A., Gaulier G. (2001), « Repenser l'ouverture du sud », *La lettre du CEPII*, n° 205.

étude que le groupe des PVD considérés comme « ouverts » ont enregistré un taux de croissance du PIB par tête plus élevé sur la période 1990-2000 que les autres. Il faut cependant bien remarquer qu'à l'intérieur de ce groupe ce sont les pays dont le revenu par tête est le plus élevé qui s'en tirent le mieux en termes de croissance (les pays les plus pauvres enregistrant des taux de croissance parfois plus faibles que les pays « fermés » sur la période). Cela laisserait à penser que l'ouverture ne devient véritablement un facteur de croissance qu'à partir d'un certain niveau de développement. On citera enfin une étude de Ben-David et Atiqur Rahman (1996) qui étudie la fréquence de la $\sigma$-convergence pour des groupes de pays tirés dans un échantillon de 25 [117]. Les résultats obtenus montrent que si ces groupes sont tirés de façon totalement aléatoire, alors seuls 20 % d'entre eux exhibent des propriétés de convergence en termes de PIB par travailleur entre 1960 et 1985. Si, par contre, les groupes sont constitués d'un pays et de ses principaux partenaires commerciaux, ce pourcentage est porté à 86 %. Pour les auteurs, cette convergence par tête n'est pas le fruit d'une convergence du stock de capital par travailleur mais plutôt d'une réduction des disparités de productivité totale des facteurs. L'explication sous-jacente est que le commerce international serait un facteur de convergence par le biais de la diffusion de technologie. Le rattrapage technologique ne peut cependant opérer que pour des pays ayant déjà atteint un certain niveau de développement et de capital humain. Le fait que l'échantillon de l'étude précédente compte une majorité de pays européens explique peut être aussi ce résultat [118].

### 1.3.5 *Ouverture internationale et inégalités salariales dans les pays industrialisés*

Les économistes ont avancé différentes explications à la montée des inégalités dans les pays industrialisés dont les deux principales sont le progrès technique et le commerce international [119]. Il semble de fait que la demande de travail des entreprises soit de plus en plus orientée vers le travail qualifié (Cortes et Jean, 1997) [120]. L'idée que l'ouverture aux échanges serait responsable de la montée des inégalités n'est pas nouvelle. Ainsi, O'Rourke (2001) et Baldwin et Martin (1999) montrent que la fin du XIX$^{e}$ siècle se caractérise aussi par une augmentation concomitante des échanges internationaux et des inégalités [121].

117 Ben-David D., Atiqur Rahman A.K.M. (1996), « Technological Convergence and International Trade », *CEPR Discussion Paper*, n° 1359.

118 Une autre explication possible du résultat est que la présence des pays européens dans l'échantillon permet de capter un effet d'intégration (ou de proximité) dont on sait qu'elle a des effets sur la croissance et l'intensité des échanges.

119 Le lecteur trouvera des développements complémentaires sur le lien entre investissements directs, délocalisations et emploi dans les pays industrialisés dans le prochain chapitre sur les entreprises multinationales.

120 Cortes O., Jean S. (1997), « Progrès technique, commerce international et inégalités », *Économie internationale*, n° 71, pp. 169-181.

121 O'Rourke K. (2001), « Globalization and Inequality : Historical Trends », *NBER working paper*, n° 8339. Baldwin R., Martin P. (1999), Two Waves of Globalization : Superficial Similarities, Fundamental Differences », in H. Siebert, *Globalization and Labour*.

Plusieurs constats peuvent être faits concernant la période récente. L'éventail des inégalités de revenus s'est à nouveau élargi dans la plupart des pays de l'OCDE depuis le début des années 1980 : on observe une détérioration relative de la situation des travailleurs les moins qualifiés qui prend la forme d'une baisse relative (et parfois absolue) de leurs salaires réels dans des économies où le salaire est relativement flexible (comme par exemple aux États-Unis) et par une augmentation relative du taux de chômage de cette population dans les pays où il existe des rigidités salariales. Aux États-Unis, les inégalités salariales entre les salariés (hommes) disposant d'un diplôme de premier cycle universitaire et ceux n'ayant fait que des études secondaires étaient de l'ordre de 30 % en faveur des premiers en 1979. Cet écart s'est considérablement accrû pour atteindre 70 % en 1995. Le salaire réel horaire des hommes diplômés de l'enseignement secondaire a diminué de 20 % entre 1979 et 1993. Freeman et Katz (1996) soulignent que seul le Royaume-Uni a connu une évolution des inégalités salariales entre travailleurs comparable à celle des États-Unis [122]. Ce constat n'implique pas cependant que le commerce international soit la principale cause de la montée des inégalités de salaire et d'accès à l'emploi entre travailleurs qualifiés et non qualifiés.

### ENCADRÉ 1.9

### *La contribution des inégalités internes aux inégalités mondiales*

Les inégalités mondiales peuvent être expliquées à la fois par les inégalités internationales et les inégalités de revenu internes aux pays. L'étude sur longue période réalisée par Bourguignon et Morisson (2002) [123] permet de montrer que le XIXe siècle peut se caractériser par une très forte croissance des inégalités mondiales qui se sont ensuite stabilisées au cours de la première moitié du XXe siècle pour repartir à la hausse à partir du début des années soixante. Un fait marquant qui émerge de cette étude est que les inégalités internes qui constituaient l'essentiel des inégalités mondiales au XIXe (à peu près 90 %) siècle représentent une part beaucoup plus faible au XXe siècle (40 % environ aujourd'hui). De fait, les inégalités internes progressent peu au XIXe siècle et connaissent sur la première moitié du XXe siècle un recul marqué. Sur la période récente, la reprise des inégalités mondiales est le fruit d'une montée des inégalités internationales mais plus encore des inégalités internes. Les études portant sur l'évolution des inégalités internes doivent être prises avec beaucoup de précaution tant les hypothèses pour disposer de séries longues et les données utilisées (souvent trop agrégées) sont souvent sujettes à caution. Un certain nombres de conclusions partielles peuvent cependant être tirées de ces travaux (Bensidoun, 2004, *op. cit.*, p. 100). En premier lieu, les inégalités mondiales se situent à un niveau élevé avec un indicateur de Theil compris entre 0,73 et 0,873. Les inégalités internationales constituent désormais la première composante de ces inégalités (entre 60 et 75 %). Les inégalités internes connaissent sur la période récente (depuis le début des années 1980) une accélération qui contraste avec les évolutions observées depuis le début du XXe siècle.

---

122 Freeman R. B. et Katz L.F. (1996), *Introduction and Summary*, in Freeman R. B. et Katz L.F. (eds), *Differences and Changes in Wage Structure*, Chicago : The University of Chicago Press, pp. 1-22.

123 Bourguignon F. et Morisson C. (2002), « Inequality among world citizens : 1820-1992 », *American Economic Review*, Vol. 92, pp. 727-744.

## A. Les conséquences de l'ouverture internationale sur le prix des facteurs de production

La théorie factorielle des échanges internationaux et plus précisément le théorème de Stolper-Samuelson constituent le cadre d'analyse naturel pour étudier les effets de l'ouverture internationale sur les inégalités salariales. Comme nous l'avons déjà vu, les pays qui s'ouvrent à l'échange voient s'imposer de nouveaux prix relatifs qui vont guider leurs spécialisations. Distinguons deux types de travail : le travail qualifié et le travail non qualifié. Supposons maintenant que l'économie du pays « riche » (Nord) est relativement abondante en travail qualifié, alors que celle du pays « pauvre » (Sud) est relativement bien dotée en travail non qualifié. Si le prix relatif du bien intensif en travail non qualifié baisse, il devient plus intéressant pour le Nord de produire le bien intensif en travail qualifié, dont le prix relatif a augmenté. Cette spécialisation n'est possible que si la main-d'œuvre est mobile entre les secteurs. Dès lors, une pénurie de travail qualifié apparaît alors que le travail non qualifié devient excédentaire : l'augmentation de la production intensive en travail qualifié fait que le travail non qualifié libéré par la diminution de la production de bien intensif en travail qualifié ne peut plus être employé dans sa totalité. Cela induit une évolution des rémunérations de ces deux catégories de travailleurs, qui sont fixées en réaction aux prix relatifs fixés internationalement. Seule une baisse du salaire réel des travailleurs non qualifiés et une hausse du salaire réel des travailleurs qualifiés permet de rétablir l'équilibre. Selon le théorème de Stolper-Samuelson, la baisse de la rémunération réelle des travailleurs non qualifiés est supérieure à la baisse du prix du bien intensif en travail non qualifié tandis que la hausse de la rémunération réelle des travailleurs qualifiés est supérieure en valeur absolue à la baisse du prix du bien intensif en travail peu qualifié (effet d'amplification de Jones que nous avons déjà vu). Le résultat de Stolper-Samuelson est en outre d'une portée assez générale dans la mesure où il ne dépend pas fondamentalement du nombre de biens produits et de facteurs de production présents dans l'économie (voir par exemple Ethier, 1984) [124].

Ce résultat permet donc d'expliquer (du moins sur le plan théorique) la montée des inégalités dans les pays développés au motif que ces derniers se spécialisent dans des secteurs intensifs en capital et en travail qualifié au détriment des productions traditionnelles intensives en travail peu qualifié. On soulignera que dans le modèle de Hecksher-Ohlin-Samuelson (HOS), il y a toujours plein emploi car les salaires sont supposés parfaitement flexibles. Il est évidemment que si l'on introduit des rigidités salariales, alors les inégalités entre travailleurs qualifiés et non qualifiés s'expriment à travers une dégradation relative de l'emploi des seconds par rapport aux premiers (mais le mécanisme en jeu reste le même). On montre par exemple dans le cadre d'une petite économie ouverte à deux biens et deux facteurs que si le travail non qualifié dans le Nord est rémunéré au salaire minimum, alors un choc de commerce qui se traduirait par une baisse du prix relatif du bien intensif en travail non qualifié conduit l'économie du

124 Ethier W.J. (1984), « Higher Dimensional Issues in trade Theory », in R.W. Jones et P.B. Kenen, *Handbook of International Economics*, vol. 1, pp. 131-181, Elsevier.

Nord à se spécialiser en totalité dans le bien intensif en travail qualifié et à abandonner en totalité la production de bien intensif en travail non qualifié. De façon plus générale, Fagnard et Fleurbaey (2002) [125] montrent que si le salaire réel des travailleurs les moins qualifiés est rigide à la baisse (le prix de tous les autres facteurs restant flexibles) alors (*i*) le chômage des travailleurs non qualifiés augmente, (*ii*) cela renforce la spécialisation de l'économie du Nord dans les productions les moins intensives en travail non qualifié. Ces résultats sont obtenus dans le cadre des hypothèses du modèle de HOS.

Le message véhiculé par les nouvelles théories du commerce international est moins clair. Ainsi, Helpman et Krugman (1985) ont montré dans le cadre d'un modèle de concurrence monopolistique que lorsque deux pays s'ouvrent à l'étranger, les rémunérations réelles des facteurs de production peuvent augmenter dans les deux pays, que ces facteurs soient relativement rares ou abondants [126]. L'argument est relativement simple : l'ouverture accroît la taille du marché pour les entreprises qui peuvent mieux exploiter les économies d'échelle et réduire leurs coûts unitaires de production. Cela induit une hausse de la productivité marginale de tous les facteurs de production rares ou abondants. Les facteurs de production étant rémunérés selon leur productivité marginale, la rémunération de tous les facteurs de production augmente. On pourrait être tenté d'opposer ce résultat à celui de Stolper-Samuelson. En réalité il n'en est rien pour deux raisons essentielles (Cardebat, 2002, pp. 27-28) [127]. En premier lieu, parce que le résultat de Helpman et Krugman n'est valable que lorsque les deux pays ont des dotations factorielles relatives proches et que les économies d'échelle sont suffisamment importantes [128]. Or, nous avons déjà vu que les dotations factorielles relatives entre pays du Nord et du Sud sont très différentes. Ce qui laisse à penser que ce résultat s'applique mieux au commerce entre pays proches du point de vue de leur développement qu'entre pays éloignés. En second lieu, le résultat de Helpman et Krugman dit simplement que la rémunération réelle de l'ensemble des facteurs de production doit augmenter. L'effet Stolper-Samuelson continue cependant d'opérer : la rémunération *relative* du facteur intensif dans la production du bien qui voit son prix relatif augmenter s'accroît et les inégalités salariales avec.

### B. Le commerce international n'explique jusqu'à présent que dans une faible mesure la montée des inégalités salariales dans les pays industrialisés

Les études sur les effets du commerce international sur les inégalités salariales (et l'emploi des travailleurs les moins qualifiés) sont loin d'être tranchées et les méthodes de validation empiriques sont très différentes.

---

125 Fagnart J-F., Fleurbaey M. (2002), « Concurrence des pays à bas salaires, répartition des revenus et rigidités salariales », *Économie et Prévision*, n° 152-153, pp. 1-15.

126 Helpman E., Krugman P. (1985), *Market Structure and Foreign Trade : Increasing Returns, Imperfect Competition, and the International Economy*, MIT Press, Cambridge.

127 Cardebat J.-M. (2002), *La mondialisation et l'emploi*, Collection Repère, La Découverte, Paris.

128 Une question non tranchée par Helpman et Krugman est celle de savoir s'il existe un seuil de « proximité » factorielle et ce que l'on entend par économies d'échelle suffisamment importantes.

■ **Une première méthode consiste à « coller » au plus près au modèle HOS de façon à pouvoir tester directement le théorème de Stolper-Samuelson (Cardebat, 2002)** [129]. L'idée est donc de voir s'il existe une relation directe entre l'évolution des prix relatifs des biens importés et la rémunération des facteurs de production (en supposant la concurrence pure et parfaite et donc une condition de profit nul). Ce type d'estimations se heurte cependant à des problèmes statistiques importants comme la distinction entre la notion de travailleur « qualifié » et « non qualifié » ou plus encore l'évolution des prix relatifs qui ne sont pas toujours très fiables à un niveau sectoriel désagrégé. La plupart de ces études montrent que les prix relatifs des biens intensifs en travail non qualifié n'ont pas sensiblement baissé par rapport à ceux des biens intensifs en travail qualifié depuis le début des années 1980, alors même que sur cette période on observe une forte augmentation des inégalités salariales (voir la revue de littérature proposée par Slaughter (1998) [130] qui recense les études aussi bien sur données américaines que sur les autres pays). Les résultats obtenus par Leamer (1996) valident cependant le théorème de Stolper-Samuelson pour les années 1970 (sur données américaines) [131]. D'aucuns pourraient en conclure que l'accroissement des inégalités n'a que peu à voir avec les mouvements de prix des biens échangés. Cependant, cela serait oublier que ces résultats doivent être pris avec infiniment de précaution compte tenu des problèmes statistiques évoqués précédemment.

### ENCADRÉ 1.10

### *Le commerce international permet-il de réduire la pauvreté dans les pays en développement (PVD) ?*

La Banque mondiale établit depuis le début des années 1990 des statistiques internationales de pauvreté monétaire en se fondant sur la définition d'un seuil de pauvreté qui est le même pour tous les pays. Ce seuil de pauvreté est fixé à 1 dollar (parfois le seuil de 2 dollars est utilisé) par jour et par habitant en dollars constants (de 1993). Il est important de souligner que les monnaies nationales sont converties entre elles non pas au taux de change courant mais au taux de change parité des pouvoirs d'achat (PPA). On estime qu'un peu plus de 20 % de la population des PED vivait en dessous du seuil de pauvreté (fixé à 1 dollar) en 2001 (soit environ 1 milliard d'individus) et un peu plus de 50 % en dessous du seuil des 2 dollars par jour et par habitant. L'évolution de la pauvreté dans le monde est cependant sujette à controverse. Selon la Banque mondiale (2005) [132], la pauvreté a reculé dans les PED au cours des années 1990 mais cela est essentiellement dû à la Chine (le nombre de pauvres y aurait été divisé par deux sur la période). Si on enlève ce pays, le nombre de pauvres aurait augmenté à

129 Le lecteur trouvera un traitement complet du lien mondialisation et emploi dans : Cardebat J.-M. (2002), *La mondialisation et l'emploi*, Collection Repère, La Découverte, Paris.

130 Slaughter M.J. (1998), « What Are the Results of Product-Price Studies and What Can We Learn From Their Differences ? », in : Feenstra R.C. (ed.), *International Trade and Wages*, NBER Conference Volume.

131 Leamer E.E. (1996), « In Search of Stolper-Samuelson Effects On U.S. Wages », *NBER Research Working Paper*, n° 5427.

132 Banque mondiale, (2005), *Global Economic Prospects and the Developing Countries 2005*, Washington D.C., Banque mondiale.

## ENCADRÉ 1.10 (suite)

la fois au seuil de 1 dollar et de 2 dollars (en réalité le nombre de pauvres rapporté à la population a légèrement baissé). Les estimations de la Banque mondiale sont cependant contestées par d'autres études (Deaton 2005) [133] qui font valoir que la baisse de la pauvreté a sans doute été plus forte que ce que laisse penser la Banque mondiale (Sala-i-Martin, 2002) [134]. Il ne s'agit pas ici de trancher la polémique. La seule chose que l'on puisse dire est que les économistes s'accordent sur le fait que la pauvreté mondiale a régressé. Dans ces conditions, il va de soi que les études économétriques visant à trouver une relation entre commerce international et pauvreté posent des problèmes. Ravallion (2004) [135] met certes en exergue une corrélation négative entre le taux d'ouverture d'un pays et la pauvreté absolue au seuil de 1 dollar par jour et par habitant à partir de l'étude d'un échantillon de 75 pays (en d'autres termes les pays les plus ouverts connaissent en moyenne un taux de pauvreté plus faible) mais cette corrélation est en réalité très fragile sur le plan statistique. Ces résultats doivent donc être pris avec précaution. Défendre que l'ouverture internationale réduit la pauvreté revient à supposer implicitement que cette même ouverture a un effet positif sur la croissance économique et que cette dernière réduit les inégalités et la pauvreté (ce qui est loin d'être évident car on montre empiriquement que la croissance économique a un effet sur la baisse de la pauvreté qui est d'autant plus faible que les inégalités sont fortes). Les travaux récents montrent plutôt que la croissance économique n'a pas d'effet systématique sur les inégalités (que ça soit dans un sens ou dans l'autre). Cette approche macroéconomique doit être complétée par des études plus microéconomiques visant à apprécier par exemple l'impact de l'ouverture internationale sur les prix et les quantités affectant l'équilibre budgétaire des ménages (qui sont à la fois consommateurs et producteurs car souvent la population pauvre dans les PED est formée de travailleurs individuels). Une baisse des droits de douane sur une denrée alimentaire de base va sans doute avoir des effets négatifs pour les paysans qui subissent une baisse de prix et un effet positif pour les consommateurs en milieu urbain (voir les effets de l'ALENA sur les producteurs de maïs mexicains) (pour aller plus en profondeur sur cette question qui dépasse de loin le cadre de cet ouvrage par sa complexité, voir Cling, 2006, *op.cit.* et Winters, McCulloch et McKay (2004)) [136]. Une fois encore, la théorie économique comme les études empiriques permettent difficilement de conclure à un effet positif de la libéralisation commerciale sur la baisse de la pauvreté dans les PED même si beaucoup d'entre eux considèrent qu'il existe une forte présomption allant dans ce sens.

■ **Une seconde approche très usitée consiste à utiliser la méthode du contenu factoriel du commerce.** L'idée générale est que le commerce des biens peut être compris comme un flux d'échange de services de facteurs de production conformément aux

133 Deaton, A., (2005), « Measuring poverty in a growing world (or measuring growth in a poor world »), *The Review of Economics and Statistics.*, Vol. 87 (1), February.

134 Sala-i-Martin, X., (2002), « The world distribution of income (estimated from individual country distributions), Working paper 8933, Washington D.C., NBER.

135 Ravallion, M., (2004), « Looking beyond averages in the trade and poverty debate », working paper n° 3461, Washington D.C., Banque mondiale, November.

136 Wintera, L. A., McCulloch, N., McKay A., (2004), « Trade liberalization and poverty : The evidence so far », *Journal of Economics Literature*, vol. XLII, pp. 72-115, March.

enseignements du modèle de Vanek (1968) qui élargit l'approche de Hecksher et Samuelson à plusieurs biens et facteurs de production [137]. Les pays industrialisés sont, dans ce cadre, des pays importateurs nets (qui importent plus qu'ils n'exportent) de services du travail non qualifié à travers les biens intensifs en travail non qualifiés qu'ils importent. La question posée est celle de savoir quelle est la part de la baisse de la demande de travail non qualifié (ou qualifié) imputable dans les pays industrialisés au commerce avec des pays sous-développés. Techniquement, la méthode consiste à calculer les quantités de travail qualifié et non qualifié qui auraient été nécessaires pour produire sur le territoire national les biens importés (pour une présentation et une critique de la méthode et des résultats empiriques, voir Mucchielli et Mayer, 2005, pp. 175 et suivantes) [138]. On citera à titre d'exemple les études de Sachs et Shatz (1994) [139], de Wood (1995) [140] et de Borjas, Freeman et Katz (1997) [141]. Les deux premières études montrent que le commerce Nord-Sud a conduit à une baisse de la demande de travail pour les travailleurs qualifiés et non qualifiés mais que celle-ci a été plus forte pour les travailleurs non qualifiés. Les ordres de grandeurs sont très différents cependant : dans la première étude citée, la baisse de la demande de travail non qualifié est de 6,2 % (contre 4,3 % pour les travailleurs non qualifiés). Cet écart est trop faible pour expliquer à lui seul la montée des inégalités salariales entre ces deux catégories de travailleurs. Dans la seconde étude, qui porte sur l'ensemble des pays de l'OCDE et non plus sur les seuls États-Unis, l'écart est beaucoup plus important : la demande de travail pour les travailleurs non qualifiés diminue de 21,5 % (alors qu'elle reste stable pour les travailleurs qualifiés).

> La différence entre ces deux résultats est imputable en grande partie à un choix méthodologique concernant la matrice des coefficients techniques utilisée pour calculer le nombre d'emplois non qualifiés qui seraient créés si les pays de l'OCDE arrêtaient de commercer avec les pays en voie de développement. La première étude prend en compte les coefficients techniques de l'économie américaine, la seconde ceux des pays du Sud. Wood (1995) considère en effet que les produits manufacturés importés des PVD ne sont plus produits dans les pays industrialisés qui se sont spécialisés dans la production des biens intensifs en travail qualifié. Comme le soulignent Mucchielli et Mayer, 2004, *op. cit.*, p. 176), « utiliser les coefficients techniques des États-Unis pour calculer le nombre d'emplois non qualifiés qui seraient créés par un arrêt des importations de produits d'habillement en provenance de la Chine, par exemple, constitue une sous-estimation. En effet, l'habillement produit aux États-Unis utilise beaucoup moins de travail non qualifié que celui importé de Chine. »

---

137 Vanek (1968), « The Factor Proportions Theory : The *n* Factor Case », *Kyklos*, Vol. 21, pp. 749-756.

138 Mucchielli J.-L. et Mayer T. (2005), *Économie Internationale*, Dalloz.

139 Sachs J. D. et Shatz H.J. (1994), « Trade and Jobs in U.S. Manufacturing », *Brooking Papers on Economic Activity*, 1, pp. 1-84.

140 Wood A. (1995), « How Trade Hurt Unskilled Workers », *Journal of Economic Perspectives*, Vol. 9(3), pp. 57-80.

141 Borjas G.J., Freeman R.B. et Katz L. F. (1997), « How Much Do Immigration and Trade Affect Labor Market Outcomes ? », *Brooking Papers on Economic Activity*, March.

Borjas, Freeman et Katz (1997) concluent pour leur part que le commerce américain (en particulier avec les pays en voie de développement) n'explique que moins de 10 % de la différence de salaire entre travailleurs ayant un diplôme universitaire et ceux qui n'en ont pas.

■ **En réalité, les économistes considèrent que ces écarts de salaires sont avant tout le fruit du progrès technique.** Différentes études (voir Cardebat, 2002, *op. cit.*, pour une recension) montrent que l'augmentation de la part des travailleurs qualifiés (que l'on observe dans la plupart des pays industrialisés) résulte moins d'une spécialisation accrue des pays industrialisés dans des secteurs intensifs en travail qualifié (effet commerce international) que d'une hausse de la part des travailleurs qualifiés dans l'ensemble des secteurs (effet progrès technique) [142]. On observe par exemple une augmentation de la demande de travail qualifié dans tous les secteurs manufacturés américains malgré la hausse de leur salaire relatif. Berman *et alii* (1994) montrent que plus de la moitié des inégalités salariales proviennent des inégalités à l'intérieur des secteurs et non pas entre secteurs comme le suggèrerait l'approche factorielle [143]. Il existe au total, malgré les différences d'approches, un point d'accord entre économistes selon lequel *le commerce Nord-Sud n'expliquerait qu'une faible part (moins de 20 % ?) des inégalités entre travailleurs qualifiés et non qualifiés dans les pays industrialisés.* Ceci est résumé par Slaughter (1998, p. 1456) :

> « *Even today, disagreements remain about the empirical value of factor-content studies. Despite this, it is important to point out that the balance of evidence from both the Stolper-Samuelson studies and the factor-content studies reaches the same conclusion that trade has contributed a relatively small amount to rising U.S. skill premia* ».

La question de la « répartition » des inégalités entre commerce international et progrès technique est cependant loin d'être claire car tous les deux ont des effets sur le marché du travail comparables (mais plus marqués pour le second). Le commerce international induit par exemple du progrès technique en réponse à la pression concurrentielle des importations (on parle alors d'« innovations défensives » même si le concept est discuté). De surcroît, une augmentation des importations en provenance des pays émergents peut refléter une fragmentation accrue des processus de production : une partie de la production est délocalisée pour être réimportée de façon à exploiter les avantages comparatifs sur l'ensemble de la chaîne de valeur. Les exportations ne sont alors que des réexportations de biens produits en réalité dans des pays tiers (nous revenons de façon approfondie dans le chapitre 2 consacré à la multinationalisation des entreprises sur la question de la décomposition verticale des processus de production). Tout cela conduit sans doute à sous-estimer les effets du commerce international sur les inégalités salariales. De 1970 à 1994, les importations nettes en provenance du Sud ont

142 On remarquera que la baisse de salaire des travailleurs non qualifiés devrait se traduire dans le modèle HOS par une augmentation de la part des travailleurs non qualifiés dans l'ensemble des secteurs des pays industrialisés.

143 Berman E., Bound J., Griliches Z. (1994), « Changes in the Demand for Skilled Labor Within U.S. Manufacturing : Evidence from the Annual Survey of Manufacturers », *The Quarterly Journal of Economics,* 59, pp. 367-397.

« supprimé » (essentiellement via leur impact sur la productivité) 1,6 % de l'emploi industriel dans les pays industrialisés (ce qui est bien supérieur aux estimations de contenus en emplois) (Fontagné et Lorenzi, 2005). [144]

■ **Nous avons traité jusqu'à présent des seules inégalités dans les pays industrialisés. Mais qu'en est-il dans les pays en voie de développement (PVD) ?** Rappelons que le théorème de Stolper-Samuelson prédit que l'ouverture aux échanges devrait se traduire par *une baisse* des inégalités entre travailleurs qualifiés et non qualifiés dans les pays du Sud compte tenu de leur spécialisation dans les biens intensifs en travail non qualifié (la baisse du prix relatif des biens importés intensifs en travail qualifié a un impact négatif sur les salaires des travailleurs qualifiés). Or, les inégalités augmentent aussi dans les pays du Sud comme le montrent Zhu et Trefler (2004) [145] : le nombre de PVD où les inégalités se sont accrues est aussi important que celui des pays qui ont vu les inégalités se réduire. Deux remarques peuvent être faites à cet égard. En premier lieu, l'accroissement des inégalités ne signifie pas forcément que le théorème de Stolper-Samuelson est mis en défaut pour les PVD. En effet, l'ouverture des PVD (plus particulièrement ceux d'Amérique latine) ne s'est pas faite au même rythme selon les secteurs. Les secteurs à fort contenu en travail non qualifié (initialement fortement protégés) ont connu une baisse des droits de douane plus importante sur leurs importations que les secteurs à fort contenu en travail qualifié. Le salaire des travailleurs non qualifiés est alors affecté négativement par cette ouverture différenciée (ce qui est conforme aux prédictions du théorème de Stolper-Samuelson). En second lieu, la décomposition verticale des processus de production peut conduire les entreprises multinationales des pays industrialisés à transférer une partie des stades de production intensifs en travail non qualifié dans les PVD (argument que nous avons déjà évoqué plus haut). Cependant, il se peut très bien que le niveau de qualification exigé soit encore plus élevé que celui requis dans les secteurs traditionnels des PVD. Cette demande de travail qualifié fait alors augmenter les inégalités entre travail qualifié et non qualifié (Feenstra et Hanson (1996) [146]. Plus généralement, on observe dans les PVD une augmentation de la demande de travail qualifié dans la plupart des secteurs (comme c'est le cas dans les pays industrialisés) sans doute due aussi aux flux internationaux de capitaux et aux transferts de technologie qui accroissent la demande de travail qualifié. Citons pour terminer le travail de Milanovic (2005) qui étudie le lien entre commerce et inégalités de revenu à partir d'un échantillon de 90 pays comprenant à la fois des PED et des pays

144 Fontagné L. et Lorenzi J.H. (2005), *Désindustrialisation, délocalisations*, Rapport du CAE (55).

145 Zhu et Trefler (2004), « Trade and Inequality in Developing Countries : A General Equilibrium Analysis », *Journal of International Economics*.

146 Feenstra R.C. et Hanson, G. (1996), « Foreign Investment, Outsourcing and Relative Wages », in : Feenstra R.C. *et al.* (eds), *Political Economy of Trade Policy : Essays in Honor of Jagdish Bhagwati*, MIT Press, Cambridge, pp. 89-127.

industrialisés (sur la période 1985-1997) [147]. L'auteur montre que l'ouverture améliorerait l'égalité dans les pays riches et en transition, n'aurait pas beaucoup d'effet en Asie et serait associée à un accroissement des inégalités en Amérique latine et en Afrique (pour plus de détails, voir Cling, 2004, *op. cit.*).

## CE QU'IL FAUT EN RETENIR... SANS OUBLIER LE RESTE !

Ce chapitre a pour objet de répertorier les outils analytiques transversaux nécessaires à la compréhension des questions d'actualité abordées dans chacun des prochains chapitres. La mondialisation est un phénomène historique qui se développe durant les périodes d'innovations technologiques. À partir des années 1990, le développement des investissements directs étrangers et la libéralisation des marchés financiers ont engendré un essor de toutes les formes d'échanges. Et la constitution de multinationales a soutenu le développement du commerce. Selon l'OCDE, les échanges réalisés au sein des multinationales représentent 30 % des échanges des pays développés. Mais la multiplication des accords régionaux et aussi l'adhésion de la Chine à l'Organisation mondiale du commerce en 2001, ont polarisé les échanges au sein de l'Union européenne, de l'Asie et de l'Amérique du Nord. Parallèlement, durant les années 2000, les grands pays émergents sont devenus des acteurs incontournables du commerce et de la gouvernance mondiaux et l'Asie est maintenant le deuxième pôle d'échanges après l'Europe. En 2010, l'Europe, premier exportateur mondial, et l'Asie réalisaient 70 % des exportations mondiales. Les États-Unis n'effectuaient plus que 8,6% des exportations mondiales cette même année. La crise financière de 2007-2008 n'a pas infléchi ces évolutions observées en particulier lors de la deuxième phase de la deuxième mondialisation, mais les a renforcées. Après une forte chute de leurs exportations, les pays émergents et asiatiques ont vu leurs ventes à l'étranger rebondir rapidement et de façon plus importante que ce qui a été observé dans les pays développés. Par ailleurs, la crise n'a pas modifié la structure des marchandises exportées puisque les biens restent les produits majoritairement échangés, la part des services dans les échanges mondiaux étant stable depuis 20 ans pour ne représenter que 20 % des échanges totaux.

Les flux d'échanges sont mesurés à partir de la balance des paiements et compilés par l'OMC, l'OCDE ou le FMI, la CNUCED donnant les investissements directs étrangers. Il n'est pas possible de déduire des seuls flux de commerce une évolution de la compétitivité d'un pays dans la mesure où sa compétitivité extérieure reflète de nombreux déterminants et non seulement sa capacité à exporter.

La contestation du bien-fondé des échanges nécessite de remettre à plat les conclusions théoriques et empiriques des théories précisant les raisons de l'échange international. Les premières théories basées sur des hypothèses restrictives considèrent que l'échange international est un substitut au progrès technique, source de croissance, et un moyen de le stimuler. La théorie classique du commerce international s'est précisément intéressée aux justifications de l'échange international pour en montrer tout l'intérêt pour les nations. Pour Adam Smith, un pays peut participer à l'échange international s'il produit au moins un bien à un moindre coût que tous les autres pays, c'est-à-dire s'il possède un avantage absolu dans la production d'un bien. L'échange

147 Milanovic B. (2005), « Can we discern the effect of globalization on income distribution ? Evidence from household budget surveys », *The World Bank Economic Review*, 19-1, pp. 21-44.

entre les pays s'explique donc par les différences de coûts de production en comparant les coûts absolus : un pays importe un bien si sa production nationale est plus coûteuse que son importation. La théorie ricardienne fait de l'avantage absolu un cas particulier de l'avantage relatif. Elle montre que la quasi-totalité des pays peut participer à l'échange, c'est-à-dire entrer dans une relation commerciale mutuellement profitable avec un pays partenaire. L'ouverture internationale est donc préférable à une situation autarcique. Pour Heckser, Ohlin et Samuelson (théorie HOS), le commerce international s'explique par l'abondance relative d'un facteur de production. Pour ces théories, les gains à l'échange proviennent d'une meilleure allocation des ressources. Ces théories « originelles » ont donné lieu à de nombreux développements et compléments. Les nouvelles théories du commerce international se sont construites sur la base des critiques formulées à l'encontre des premières théories en étudiant le commerce international dans le cadre de marchés imparfaits. Les acteurs adoptent alors des comportements stratégiques, les rendements sont croissants et les produits sont différenciés. Ce sont autant de nouvelles raisons d'échanger qui expliquent mieux le commerce intra-branches et intra-firmes entre pays développés.

Ces théories expliquent l'impact de l'ouverture sur les gains de bien-être qu'un pays peut en retirer mais les conséquences sur la croissance sont réelles. La spécialisation peut affecter le rendement du capital, l'effet d'apprentissage, la recherche et développement et donc la croissance, selon les théories de la croissance endogène. La question qui se pose est alors celle des conséquences de ces évolutions sur les inégalités. L'observation des inégalités entre pays montre qu'elles ont diminué au cours de la seconde moitié des années soixante-dix avant de repartir à la hausse à partir de la moitié des années quatre vingt-dix. Les inégalités internationales, c'est-à-dire au sein de la population mondiale, sont, quant à elles, beaucoup plus élevées que les inégalités entre pays compte tenu du poids démographique de la Chine et de l'Inde dont le PIB par tête se situe en dessous de la moyenne mondiale. L'évolution de cet indicateur fait cependant apparaître une baisse très nette des inégalités internationales au sein de la population mondiale depuis les années quatre-vingt mais cela est dû en réalité à un effet d'optique lié une fois encore au rattrapage qu'a connu l'économie chinoise sur la période. Si l'on exclut la Chine du calcul de cet indicateur, les inégalités internationales progressent de façon analogue à l'indicateur d'inégalités entre pays. En ce qui concerne les inégalités internes, il est difficile de dissocier l'impact du progrès technologique de celui du commerce international. L'étude de l'existence d'une relation directe entre l'évolution des prix relatifs des biens importés et la rémunération des facteurs de production montre que les prix relatifs des biens intensifs en travail non qualifié n'ont pas sensiblement baissé par rapport à ceux des biens intensifs en travail qualifié depuis le début des années 1980, alors même que sur cette période on observe une forte augmentation des inégalités salariales. La seconde approche, qui consiste à utiliser la méthode du contenu factoriel, conclut que le commerce Nord-Sud a conduit à une baisse de la demande de travail pour les travailleurs qualifiés et non qualifiés mais que celle-ci a été plus forte pour les travailleurs non qualifiés. Toutefois, les écarts de salaires résulteraient principalement du progrès technique. L'augmentation de la part des travailleurs qualifiés (que l'on observe dans la plupart des pays industrialisés) résulte moins d'une spécialisation accrue des pays industrialisés dans des secteurs intensifs en travail qualifié (effet commerce international) que d'une hausse de la part des travailleurs qualifiés dans l'ensemble des secteurs (effet progrès technique). Plus de la moitié des inégalités salariales proviendraient des inégalités à l'intérieur des secteurs et non pas entre secteurs, comme le suggèrerait l'approche factorielle. Il existe au total, malgré les différences d'approches, un point d'accord entre économistes selon lequel *le commerce Nord-Sud n'expliquerait qu'une faible part (moins de 20 %) des inégalités entre travailleurs qualifiés et non qualifiés dans les pays industrialisés.*

## RÉFÉRENCES CHOISIES

**Pour l'historique des évolutions du commerce mondial et pour mieux appréhender leurs mouvements actuels :**

Bairoch P., *Mythes et paradoxes de l'histoire économique*, La Découverte, 2005.

Bénichi Régis, *Histoire de la mondialisation*, Vuibert, 2006.

**Pour l'analyse économique de la balance des paiements et une explication des implications des variations des taux de change :**

Krugman P. et M. Obstfeld, *Économie internationale*, Bruxelles, De Boeck Université, 4e édition, 2004.

Krugman P., Obstfeld M., Capelle-Blancard G. et M. Crozet, *Économie internationale*, Paris, Pearson, 8e édition, 2009.

Raffinot M. et B. Venet, *Balance des paiements*, Paris, La Découverte, coll. « Repères », 2003.

Plihon D., *Taux de change*, Paris, La Découverte, coll. « Repères », 5e édition, 2010.

**Ces ouvrages présenteront au lecteur un état des lieux des analyses théoriques. Le premier donne de façon détaillée les définitions des compétitivités prix et coûts des exportations. Le deuxième est facile d'accès et les six suivants sont très complets :**

Mucchielli J.-L. et Th. Mayer, *Économie internationale*, Paris, Dalloz, 2e édition, 2010. Un ouvrage complet et bien fait qui offre un panorama des principales théories du commerce international... tout en accordant beaucoup de soin à l'étude de leur validation empirique.

Rainelli M., *Le commerce international*, Paris, La Découverte, 10e édition, 2009.

Krugman P. et M. Obstfeld, *Économie internationale*, Paris, De Boeck Université, 4e édition, 2004.

Krugman P., Obstfeld M., Capelle-Blancard G. et M. Crozet, *Économie internationale*, Paris, Pearson, 8e édition, 2009.

Richard E. Caves, Jeffrey A. Frankel et Ronald W. Jones, *Commerce et paiements internationaux*, Bruxelles, De Boeck Université, 2002.

Messerlin P., *Commerce international*, Paris, PUF, 1998. Un ouvrage complet sur les théories traditionnelles du commerce international et leurs prolongements.

Feenstra Robert C., *Advanced international trade: theory and evidence*, Princeton University Press, 2004. Un bon ouvrage en langue anglaise un peu plus technique que les précédents mais traitant aussi avec soin des questions empiriques.

Rodrik D. *The globalization paradox*, New York, W. W. Norton, 2011

**Pour actualiser les données et rechercher d'autres statistiques historiques et actuelles :**

OCDE, Madison A., *L'économie mondiale, statistiques historiques*, 2003.

OMC, *Statistiques du commerce international* : http://www.wto.org/french/res_f/statis_f/its_f.htm

CNUCED, *Manuel de statistiques de la CNUCED* : http://unctad.org/Templates/Page.asp?intItemID=1584&lang=2

FMI, http://www.imf.org/external/data.htm

OCDE, *Statistiques des balances des paiements* : http://www.oecd.org/topicstatsportal/0,2647,en_2825_495663_1_1_1_1_1,00.html

**Pour trouver des articles permettant une bonne compréhension des questions économiques internationales avec des degrés de difficulté différents :**

Le site du CEPII : http://www.cepii.fr/

Le site de Lionel Fontagné : http://lionel.fontagne.free.fr/

Le site de l'OFCE : http://www.ofce.sciences-po.fr/

Le site de Télos, rubrique commerce mondial et globalisation en particulier : http://www.telos-eu.com/

Le site de la direction du Trésor du ministère de l'Économie, des Finances et de l'Industrie français, qui publie des analyses portant régulièrement sur les questions de commerce international : http://www.tresor.economie.gouv.fr/3806_les-archives-historiques-de-la-lettre-tresor-eco.

# ANNEXE

## Les principales études sur le lien entre commerce international et croissance

| Source et pays couverts | Indice d'ouverture au commerce | Résultats |
|---|---|---|
| Michaely (1977), pays en développement. | Taux de croissance de la part des exportations. | • Corrélation positive (rang) entre les exportations et la croissance.<br>• La corrélation est plus marquée dans un sous-échantillon de pays à revenus moyens. |
| Feder (1983), pays semi-industriels. | Croissance des exportations pondérées par la part des exportations. | • Liens positifs entre la croissance du PIB et la croissance des exportations. |
| Syrquin et Chenery (1989), pays divers. | Part des exportations dans le PIB après ajustement pour tenir compte de la taille du pays et de la spécialisation des exportations. | • Le taux de croissance est plus élevé pour les pays ouverts sur l'extérieur dans tous les sous-groupes : petits exportateurs de produits primaires, grands exportateurs de produits primaires, petits exportateurs de produits manufacturés, grands exportateurs de produits manufacturés. |
| Balassa (1985), pays en développement. | Indice d'ouverture sur le commerce extérieur défini sur la base de la différence entre les exportations effectives et prédites. | • Le gain de croissance dû à l'ouverture vers l'extérieur est compris entre 0,2 et 1,4 point de pourcentage. |
| Edwards (1992), pays en développement. | Indice d'ouverture de Leamer (1988) fondé sur l'écart entre le commerce prédit et le commerce effectif. | • Les pays tournés vers l'extérieur croissent plus rapidement. |
| Banque mondiale (1987), pays en développement. | Les pays sont classés en quatre groupes : fortement tournés vers l'intérieur, modérément tournés vers l'intérieur, modérément tournés vers l'extérieur, fortement tournés vers l'extérieur. | • Les pays plus ouverts (moins interventionnistes) ont tendance à croître plus rapidement.<br>• Ce résultat est confirmé par huit autres indicateurs de politique commerciale sur neuf. |
| Sachs et Warner (1995), pays divers. | Indice ouvert / fermé sur la base de critères multiples : l'importance des obstacles non tarifaires, les taux moyens de droits, l'écart entre le taux de change du marché noir et le taux de change officiel, l'importance des entreprises commerciales d'État. | • Les pays tournés vers l'extérieur ont tendance à croître plus rapidement. |
| Proudman, Redding et Bianchi (1997), pays divers. | Indice ouvert / fermé sur la base de plusieurs mesures de l'orientation de la politique de commerce extérieur. | • Les pays ouverts croissent plus rapidement que les pays fermés, avec un écart de 2 à 2,5 points de pourcentage. |

| Source et pays couverts | Indice d'ouverture au commerce | Résultats |
|---|---|---|
| Barro (1991), pays divers. | Indice de distorsion des prix des biens d'équipement (écart à parité de pouvoir d'achat par rapport à la moyenne de l'échantillon pour les biens d'équipement). | • Dans les pays ouverts, le ratio d'investissement est plus élevé, la situation macroéconomique est plus équilibrée et le secteur privé joue un plus grand rôle en tant que moteur de la croissance. |
| Dollar (1992), pays en développement. | Distorsion du taux de change. | •Les pays ouverts convergent vers un niveau de revenus plus élevé.<br>•Ces différences subsistent même lorsqu'on tient compte des différences dans le niveau relatif de l'investissement. |
| Easterly (1993), pays divers. | Indice mesurant la distorsion entre les prix relatifs du marché mondial et les prix relatifs intérieurs. | •La distorsion des prix des biens d'équipement réduit la croissance.<br>•Les coefficients calculés indiquent que lorsque l'écart à parité de pouvoir d'achat par rapport à la moyenne de l'échantillon augmente d'un écart type, le taux de croissance diminue de 0,4 point de pourcentage. |
| Lee (1993), pays divers. | Indice mesurant à quel degré le commerce est faussé par rapport au niveau qu'il atteindrait en régime de libre-échange du fait des distorsions introduites par le taux de change réel et les droits de douane. | •Le taux de croissance par habitant moyen dans le quartile des pays (principalement asiatiques) dans lesquels la distorsion était la plus faible était de 2,9 % ; dans le deuxième quartile, le taux de croissance était de 0,9 %, dans le troisième il était de — 0,2 % et dans le quatrième de — 1,3 %. |
| Harisson (1995), pays en développement. | Sept indices : libéralisation du commerce extérieur (1960-1984), (1978-1988), prime du marché noir, part du commerce, distorsion du taux de change réel, évolution vers les prix internationaux, distorsions au détriment de l'agriculture. | •Si la distorsion du taux de change réel était ramenée au niveau observé en Asie, le taux de croissance augmenterait de 0,7 point de pourcentage en Amérique latine et de 1,8 point de pourcentage en Afrique. |
| Edwards (1997), pays divers. | Neuf indices : indice d'ouverture de Sachs-Warner (1995), indice d'ouverture vers l'extérieur de la Banque mondiale (1987), indice d'ouverture de Leamer (1988), prime du marché noir, droit d'importation moyen sur les produits manufacturés, champ d'application des obstacles non tarifaires, indice des distorsions du commerce de la Heritage Foundation, ratio du produit des impôts sur le commerce, indice de Wolf (1993) de la distorsion des importations. | •Plus la distorsion est grande, plus la croissance diminue. Lorsque la distorsion augmente d'un écart type, le taux de croissance diminue de 1,2 point de pourcentage.<br>•Le taux de croissance augmente lorsque la distorsion diminue.<br>•Les distorsions du commerce extérieur réduisent davantage la croissance dans les petits pays pauvres en ressources que dans les grands pays riches en ressources.<br>•Tous les indices statistiquement signifiants font apparaître une corrélation entre un régime de commerce extérieur libéral et la croissance du PIB. |
| Matin (1992), Afrique subsaharienne. | Quatre indices : part du commerce extérieur, prime du marché noir, indice de libéralisation du commerce extérieur, distorsion du taux de change réel. | •Le lien de causalité entre le libéralisme commercial et la croissance existe dans les deux sens. Avec un décalage dans le temps, le niveau de la croissance explique de façon significative le degré d'ouverture de l'économie et réciproquement. |

| Source et pays couverts | Indice d'ouverture au commerce | Résultats |
| --- | --- | --- |
| Levine et Renelt (1992), pays divers. | Analyse de sensibilité pour des indices multiples avec régression interpays. | •Il y a une corrélation positive entre les indices d'ouverture et la croissance de la productivité totale des facteurs, et une corrélation négative avec l'image symétrique des indices de distorsion du commerce. |
| Gallup et Sachs (1998), pays divers. | Indice de Sachs-Warner (1995). | •Le commerce n'est pas la variable la plus importante pour expliquer les différences de croissance entre pays ; le PIB initial et le capital humain jouent un rôle plus important. |
| Coe et Helpman (1995), OCDE. | s.o. | •Les données font apparaître une convergence conditionnelle. |
| Keller (1997), OCDE. | s.o. | •Tous les indices qui sont statistiquement significatifs font apparaître une relation positive entre un régime de commerce extérieur libéral (faible distorsion) et la croissance. |
| Balasubramanyam, Salisu et Sapsfort (1996), pays en développement. | Indicateur d'ouverture de la Banque mondiale. | •Le lien entre le degré d'ouverture et la croissance est aussi fort pour les pays d'Afrique subsaharienne que dans l'échantillon témoin d'autres pays africains.<br>•Nette corrélation positive entre la croissance et la part de l'investissement dans le PIB.<br>•Nette corrélation positive entre la part de l'investissement dans le PIB et la part du commerce dans le PIB.<br>•Lien à deux maillons reliant le commerce à la croissance par le biais de l'investissement.<br>•Il y a une corrélation positive entre l'indice d'ouverture et la croissance, après ajustement pour tenir compte des autres facteurs.<br>•En outre, les facteurs géographiques qui rendent le commerce plus coûteux réduisent la croissance. La croissance des pays sans littoral est inférieure de 0,9 point de pourcentage à celle des pays côtiers.<br>•La productivité inférieure est influencée positivement par la somme, pondérée par les importations du stock R&D des partenaires commerciaux.<br>•Le commerce extérieur facilite la transmission intersectorielle et intrasectorielle de la productivité.<br>•La réduction des obstacles au commerce renforce l'efficience de l'IED et, indirectement, la croissance. |

# 2

# LE RÔLE DES FIRMES MULTINATIONALES DANS LA NOUVELLE ÉCONOMIE MONDIALE

## DÉBATS D'ACTUALITÉ

- Quel est le poids des firmes multinationales (FMN) dans les échanges internationaux ?
- Les FMN : un instrument de domination au service des pays de la Triade ?
- Les FMN sont-elles des vecteurs de délocalisations ?
- Les délocalisations conduisent-elles à des pertes importantes d'emplois dans les pays industrialisés ?
- Les politiques publiques visant à renforcer l'attractivité des territoires sont-elles efficaces ?
- La décomposition internationale des processus productifs est-elle avancée ?
- La stratégie globale est-elle un mythe ?

### MOTS CLÉS

FMN — commerce intra-firme — investissement direct à l'étranger — investissements croisés — délocalisations — décomposition internationale du processus productif — FMN « horizontale » — FMN « verticale » — attractivité d'un pays — fusions et acquisitions internationales (croissance externe) — investissement « Greenfield » (croissance interne) — stratégie internationale d'une entreprise — modes de pénétration d'un pays étranger– alliances et coopérations internationales

# INTRODUCTION

Au cours des quarante dernières années, on a assisté à une montée en puissance des firmes multinationales au sein du commerce mondial. Ainsi, le nombre de firmes multinationales dans le monde est passé de 7 000 au début des années 1970 à 37 000 au début des années 1990 pour atteindre à l'heure actuelle 82 000. Ces entreprises multinationales comptent aujourd'hui quelque 810 000 filiales étrangères (contre 170 000 début 1990) réalisant un chiffre d'affaires de 30 000 milliards de dollars. Elles emploient dans le monde entier 77 millions de personnes en 2008, soit un quadruplement depuis 1982 (CNUCED, 2009). Plus de cent pays d'accueil hébergent plus de 1000 filiales chacun.

Ces seuls chiffres permettent de prendre conscience de l'importance de telles entreprises qui ont pour caractéristique de posséder au moins une filiale de production à l'étranger. L'étude des multinationales appelle une réflexion sur un certain nombre de questions. La première d'entre elles est de préciser les contours de l'entreprise multinationale et de comprendre les raisons qui peuvent conduire une firme à devenir une multinationale, c'est-à-dire à produire à l'étranger. Cela suppose de disposer d'une définition suffisamment claire permettant d'appréhender empiriquement ce phénomène. La première partie permettra ainsi de dresser les principales caractéristiques des firmes multinationales (degré d'internationalisation et origine géographique) pour montrer ensuite que ces entreprises, tant financières que non financières, sont devenues, au travers de la vente de leurs filiales et des investissements directs qu'elles réalisent à l'étranger, des acteurs clés de l'internationalisation des économies.

Un deuxième type de questionnement provient du constat de l'importance actuelle des échanges internationaux entre filiales d'une même firme : entre le cinquième et le tiers du commerce international entre pays développés peut être qualifié d'intra-firme. Un tel phénomène modifie notre compréhension de l'interdépendance entre pays et du mode d'organisation de la production des entreprises qui en se mondialisant se complexifie. Elle nous fait prendre aussi conscience que le commerce extérieur d'un pays dépend de plus en plus de décisions stratégiques et organisationnelles de firmes multinationales souvent de nationalité étrangère. La production des entreprises se fait davantage sur le mode de la fragmentation ou de l'intégration verticale : les activités productives sont réparties sur un réseau international de sites, chaque site étant spécialisé dans la production d'un ou de plusieurs biens intermédiaires, lesquels constituent des inputs pour d'autres sites, ce qui engendre des échanges intra-firme. Cela étant, les multinationales sont davantage de type « horizontal » que « vertical » car elles produisent pour vendre localement plutôt que pour « ré-importer » un bien intermédiaire. On ne peut pour autant éviter la question de savoir si la décomposition internationale du processus productif, par les délocalisations qu'elle implique vers les pays à bas salaire, conduit à une destruction forte d'emplois dans les pays développés. On se demandera enfin dans quelle mesure les politiques publiques qui visent à améliorer l'attractivité des territoires peuvent être efficaces.

Notre dernier questionnement est d'ordre plus microéconomique et a trait à la stratégie d'entreprise. Il s'agit pour nous de comprendre quelles sont les différentes options stratégiques que peut choisir une firme qui souhaite s'internationaliser. Le choix d'un mode de présence à l'étranger doit être cohérent avec la stratégie choisie, qui est la résultante de forces contraires allant de l'intégration globale à l'adaptation locale. Enfin, on se posera la question de la mise en œuvre de la stratégie en insistant sur le rôle privilégié de la croissance externe et plus particulièrement des fusions et acquisitions. On mettra en avant l'importance de nouvelles formes de relations inter-entreprises résultant de coopérations et d'alliances stratégiques entre firmes multinationales concurrentes.

# 2.1 LES FIRMES MULTINATIONALES : PRINCIPAL MOTEUR DE LA MONDIALISATION

Dans un premier temps, nous définissons et présentons les principales caractéristiques des firmes multinationales, à savoir leur degré d'internationalisation et leur origine géographique (section 2.1.1). Nous montrons ensuite que les firmes multinationales, tant financières que non financières, sont devenues, au travers de la vente de leurs filiales et des investissements directs qu'elles réalisent à l'étranger, des acteurs clés de l'internationalisation des économies (section 2.1.2).

## 2.1.1 *Firme multinationale : définition, degré d'internationalisation et origine géographique*

Après avoir défini les entreprises multinationales et précisé leur raison d'être (A), nous montrons leur niveau élevé d'internationalisation au cours de la dernière décennie (B). Nous insistons enfin sur le poids des grandes multinationales non financières et sur leur origine géographique, essentiellement les pays de la Triade (C).

### A. Qu'est-ce qu'une firme multinationale ?

Une firme multinationale est une entreprise, à base nationale, qui possède au moins une filiale à l'étranger et qui produit ou commercialise hors de son territoire d'origine grâce à ses filiales. Plus précisément, une firme est dite multinationale lorsqu'elle réalise un investissement direct à l'étranger (IDE), c'est-à-dire une participation significative dans le capital d'une entreprise étrangère, lui donnant un certain contrôle sur les décisions de cette firme. Les normes internationales, édictées par le FMI, fixent ce seuil à 10 % [1].

Même si, statistiquement, le contrôle est donc supposé lorsqu'une maison-mère détient plus de 10 % d'une filiale, ce qui semble relativement faible et donc quelque peu arbitraire, le contrôle est indéniable lorsque le seuil de 50 % est dépassé. Cette situation représente la plupart des cas de filiales étrangères. Ainsi, plus de 84 % des emplois à l'étranger pour les firmes américaines se trouvent au sein des filiales possédées à plus de 50 %.

Nous parlerons de manière équivalente de firme multinationale ou transnationale, le premier qualificatif étant le plus usuel, le second étant de plus en plus employé par des organismes internationaux, notamment la CNUCED [2]. Le terme « multinationale » laisserait penser que ces entreprises auraient plusieurs nationalités

---

1 Suite aux recommandations du 5e manuel de la balance des paiements du FMI, en 1993, la présentation de la balance des paiements est actuellement totalement harmonisée pour les pays membres du FMI. Les investissements directs, qui sont comptabilisés dans le compte des opérations financières, font donc aussi l'objet d'une définition commune, ce qui permet de les différencier des investissements de portefeuille. Se référer au chapitre 1 pour un exposé commenté de la balance des paiements.

2 La CNUCED emploie, dans son Rapport sur l'investissement dans le monde (*World Investment Report, WIR)*, rapport qui fait autorité en la matière, le terme de firme transnationale (*Transnational corporation*).

alors qu'elles ont le plus souvent un pays d'origine clairement identifié où est installée la société mère. Parmi les cent plus grandes multinationales au monde, seules deux ont une double nationalité : Royal Dutch/Shell (Royaume-Uni/Pays-Bas, 3e mondiale), Unilever (Royaume-Uni/Pays-Bas, 73e). La terminologie de « transnationale » rend bien compte de l'idée d'une entreprise dont l'organisation se pense à l'échelle internationale et qui est présente à l'étranger, à divers degrés, grâce à des filiales effectuant des activités de recherche-développement, de production, de commercialisation ou encore des activités supports. L'encadré 2.1 ci-dessous apporte des éléments de réponse théoriques à la question fondamentale de savoir ce qui conduit une entreprise à devenir une multinationale (ou une transnationale).

## ENCADRÉ 2.1
### *Pourquoi des multinationales ?*

Dans le cadre théorique de référence, à savoir le modèle de Heckscher-Ohlin-Samuelson (voir chapitre 1), la spécialisation internationale doit se faire selon les dotations relatives en facteurs de production des différents pays qui conditionnent le prix relatif des facteurs. Le problème originel de cette modélisation provient du fait que les facteurs de production sont supposés immobiles internationalement. Seuls les produits s'échangent et cela conduit à terme à une égalisation du prix des facteurs de production, ce qui enlève tout intérêt à leur mobilité. Mundell (1957) est le premier à inverser le jeu d'hypothèses en supposant que les facteurs de production sont mobiles internationalement et que le commerce de produits n'engendre pas une égalisation de la rémunération des facteurs de production du fait de l'existence de barrières douanières. Cette non-égalisation des rémunérations de facteurs malgré l'échange de produits peut être engendrée par des dotations en facteurs très éloignées les unes des autres, par l'introduction de différences de technologies héritières du modèle ricardien, par l'introduction de facteurs spécifiques à une industrie ou encore par l'existence de barrières douanières entravant le commerce des produits.

Cela lui permet d'étudier les déterminants des mouvements de capitaux dans le cadre d'un modèle néoclassique de l'échange international. Les investissements apparaissent alors comme des substituts au commerce de marchandises. La rémunération du capital étant plus faible dans le pays relativement moins bien doté en capital, il va s'opérer un mouvement de capitaux du pays abondant (pays développés) vers le pays où le capital est plus rare (pays en voie de développement). Ce dernier voyant sa dotation factorielle s'améliorer, il va être en mesure de produire des biens intensifs en capital qu'il importait jusqu'à présent. Les investissements se substituant aux importations, l'investissement apparaît comme destructeur de commerce international.

Un certain nombre de critiques émergent, mettant l'accent sur les contradictions entre les prédictions du modèle de Mundel (1957) et les régularités empiriques observées. Tout d'abord, les flux de capitaux concernent essentiellement les pays développés entre eux. Ensuite, le développement des IDE ne s'est pas accompagné d'un recul du commerce international, ces deux phénomènes apparaissant nettement complémentaires et non pas substituables (voir encadré 2.2). Abandonnant les hypothèses de concurrence pure et parfaite, des

## ENCADRÉ 2.1 (suite)

développements récents ont modélisé le comportement de firmes multinationales dans le cadre de modèles de concurrence imparfaite (structures de marché oligopolistique et information asymétrique). Plutôt que de se focaliser sur des mouvements de capitaux entre pays, les développements théoriques plus récents, d'ordre microéconomique, privilégient l'étude des acteurs qui sont à l'origine de ces transferts de facteurs, à savoir les firmes multinationales. Ces modèles permettent de mieux comprendre le comportement stratégique de firmes multinationales qui organisent leur processus productif à l'échelle du monde en mettant en place des stratégies de croissance horizontale et verticale (voir les modèles théoriques, présentés à la section 2.2.1, sur les multinationales horizontales (Markusen, 1983 ; Markusen et Venables, 2000) et verticales (Helpman, 1984)).

La première question qui interpelle est de savoir comment une firme s'implantant à l'étranger et subissant nécessairement des coûts de délocalisation de sa production peut rester compétitive face aux entreprises locales qui, elles, produisent sur leur propre marché. Les multinationales doivent posséder des avantages spécifiques transférables internationalement qui leur permettent d'obtenir des gains supérieurs aux coûts d'implantation et de demeurer ainsi compétitive sur les territoires étrangers (ces avantages ne pouvant être accaparés par des concurrents locaux). Ainsi, on montre que les multinationales sont fortement présentes dans des secteurs où les dépenses de R&D et de marketing, le nombre de chercheurs et d'ingénieurs par rapport au nombre d'employés total, le degré de renouvellement, de différenciation et de complexité des produits, sont les plus élevés. De telles caractéristiques sont à la base d'actifs spécifiques basés sur la connaissance. Ils sont propres à chaque firme et constituent des actifs intangibles comme les brevets, les marques, le capital humain, les compétences managériales et organisationnelles, etc. Ces actifs facilement transférables à l'étranger sont des biens publics à l'intérieur de la firme multinationale et donc utilisables sans coût. On comprend l'intérêt de firmes multi-usines qui évitent notamment la duplication de coûts de R&D.

Il est intéressant d'observer que l'on rejoint ici les préoccupations de chercheurs en management stratégique qui, s'éloignant des travaux de Porter (1986) (facteurs externes), cherchent à expliquer l'avantage compétitif durable des entreprises grâce à leur aptitude à mobiliser en interne des ressources transversales qui leur sont spécifiques car rares, imparfaitement imitables et sans substituts (*Resources-Based View*, Barney (1991)). Dans la même veine, Hamel et Prahalad (1990) mettent en avant des compétences fondamentales (*Core competences*) qui désignent un faisceau d'aptitudes et de techniques fortement reliées entre elles et présentant donc un caractère systémique.

Helpamn *et alii* (2004) ont développé un autre déterminant de l'internationalisation des entreprises : leur degré de profitabilité. Ainsi, ces économistes montrent que seules les entreprises les plus profitables dégagent des ressources suffisantes de leur exploitation pour pouvoir couvrir les coûts fixes liés à l'exportation (réseau de distribution et service après-vente) et ceux plus importants liés à l'installation d'une unité de production à l'étranger. Ainsi, les firmes les moins rentables se cantonneraient à une vente locale, celles à profitabilité moyenne à une vente à l'étranger par exportations et les plus profitables s'installeraient à l'étranger. Ce résultat est confirmé empiriquement par ces auteurs sur un échantillon de pays développés en 1996. Les entreprises qui exportent sans faire d'IDE sont en moyenne 40 % plus productives que les firmes se cantonnant au marché domestique et 15 % moins productives que les firmes multinationales.

**ENCADRÉ 2.1 (suite)**

En guise de conclusion et de synthèse, revenons sur une approche synthétique des déterminants de la multinationalisation (paradigme OLI) proposée par Dunning (1988). On peut ainsi recenser trois grands types d'avantages à la multinationalisation :

- l'avantage spécifique de la firme (O. comme *Ownership advantages*) déjà présenté ci-dessus ;
- l'avantage à la localisation à l'étranger (L. comme *Location advantages*) correspond à l'avantage comparatif du pays d'accueil, principalement en termes de coûts de production, de transport et de distribution. En outre, l'existence de barrières à l'échange incite les entreprises à se localiser à l'étranger pour atteindre plus facilement leurs clients locaux ;
- l'avantage à l'internalisation. (I. comme *Internalization advantages).* Il s'agit du choix d'intégrer (ou de quasi-intégrer, stratégies de coopération) des phases de son processus productif plutôt que de passer par le marché. Il y a une filiation forte avec la théorie des coûts de transaction.

À partir de ce canevas, Dunning étudie les trois principales manières de pénétrer les marchés étrangers. Le choix en faveur de l'investissement direct aura lieu si l'entreprise peut bénéficier simultanément des trois types d'avantage (O, L, I). Si elle n'a pas d'avantage à la localisation mais en revanche un avantage spécifique et un avantage à l'internalisation, elle gardera la maîtrise de la pénétration du marché étranger en y exportant, voire en établissant son propre réseau de vente (filiale de commercialisation). Si la firme ne dispose que d'un avantage spécifique, elle effectuera une vente de licence auprès d'une entreprise locale et lui laissera le soin d'exploiter le marché de son pays.

Références citées : Mundell, R., (1957), « International Trade and Factor Mobility », *American Economic Review,* 47, pp. 321-335 ; Barney, J.B., « Firm Resources and Sustained Competitive Advantage », *Journal of Management*, 17, n° 1, pp. 99-120 ; Dunning, J. H., (1998), *Explaining International Production*, Unwin Hyman ; Hamel, G., et C. K. Prahalad (1990), « The Core Competence of the Corporation », *Harvard Business Review*, pp. 79-91 ; Helpman, E., Mélitz, M., et S. Yeaple (2004), « Export Versus FDI with Heterogeneous Firms », *American Economic Review*, 94, n° 1, pp. 300-316 ; Porter, M. E., (1986), *Competitive Advantage — Creating and Sustaining Superior Performance*, New-York, the Free Press, MacMillan, 1985 (*L'avantage concurrentiel*, Paris, InterÉditions, 1986).

## B. Firme multinationale et degré d'internationalisation

Au-delà d'une simple présence à l'étranger qui caractérise la firme multinationale, il importe de pouvoir mesurer le degré d'internationalisation d'une transnationale et de déterminer comment cet indicateur a évolué dans le temps. Cela permet aussi de savoir quels sont les pays d'origine ou d'accueil et les secteurs d'activité où l'internationalisation des firmes transnationales est la plus marquée.

Dans son rapport annuel sur l'investissement dans le monde (*World investment report*), la CNUCED propose une mesure du degré de transnationalité (*transnationality index, TNI*) pour les cent plus grandes firmes multinationales non financières qui représentent, à elles seules, 9 % des actifs, 16 % des ventes et 11 % de l'emploi à l'étranger de l'ensemble des firmes multinationales en 2008 [3]. Ces cent plus grandes firmes multinationales sont classées en fonction du montant des actifs qu'elles détiennent à l'étranger. Cet indicateur est obtenu à partir de la moyenne de trois indicateurs : la part des actifs possédés à l'étranger, la part des ventes à l'étranger et la part de l'emploi à l'étranger. En 2008, le degré moyen de transnationalité pour ces firmes était de 62,4 %, soit un taux relativement stable sur les vingt dernières années fluctuant de manière cyclique entre 47 % et 62 % [4] (tableau 2.1). Même si on pressent que ce degré d'internationalisation s'est accru de manière significative entre le début des années 1970 et la décennie 1990, on ne dispose pas de données chiffrées, concernant cet indicateur, permettant de l'attester.

Même si, en moyenne, les secteurs d'activité les plus transnationalisés sont l'industrie des télécommunications pour les pays développés et l'industrie agroalimentaire pour les pays en voie de développement, on peut observer des situations assez contrastées au sein d'un même secteur d'activité (variance élevée). Par exemple, l'entreprise suisse Nestlé et le distributeur américain Wal-Mart, pourtant respectivement à la 28e et à la 29e place en termes de montant d'actifs étrangers, affichent, respectivement, un taux de transnationalité de 76 % et de 31 % en 2007. La taille du marché intérieur du pays d'origine est très certainement l'explication d'une telle disparité dans ce cas. De manière plus générale, on observe que les multinationales américaines et japonaises sont moins multinationalisées que leurs consœurs européennes.

En 2007, comme dans les années précédentes, on obtient un résultat naturel, à savoir que l'indice de transnationalité est le plus élevé pour les entreprises dont le marché national est le plus étroit. Ainsi, les entreprises originaires de petits pays européens ont le *TNI* moyen le plus élevé (tableau 2.2). En effet, les multinationales dont le marché national est de petite taille ont besoin de se développer à l'étranger afin de bénéficier des économies d'échelle nécessaires à leur compétitivité. On remarquera, pour des raisons historiques [5], le fort degré d'internationalisation des multinationales anglaises avec un *TNI* moyen de 74 % nettement supérieur à celui des autres grandes économies, notamment celui de l'Allemagne et surtout des États-Unis.

3 Pour une étude détaillée des cent plus grandes firmes multinationales, voir le chapitre 3 du *World Investment Report* 2001 publié par la CNUCED et téléchargeable sur son site. Pour une mise à jour de certains chiffres, voir le rapport de 2009.

4 L'indice *TNI* moyen, pour les cent premières multinationales, était de 51 % en 1990, de 47 % en 1993, de 51,5 % en 1995, de 55 % en 1997, de 52,6 % en 1999, de 57 % en 2002 et de 62,4 % en 2008.

5 Le Royaume-Uni est à l'origine de l'émergence du commerce international au début du dix-neuvième siècle, siècle où l'hégémonie britannique était incontestée (70 % du commerce international).

**Tableau 2.1**
*Le degré de transnationalité des cent plus grandes firmes multinationales non financières en 1999 et en 2008*

| Critères | 1999 | 2008 |
|---|---|---|
| **Actifs (en milliards, USD)** | | |
| Étrangers | 2 124 | 6 094 |
| Total | 5 092 | 10 687 |
| Étranger en % du total | 41,71 | 57 |
| **Ventes (en milliards, USD)** | | |
| Étranger | 2 123 | 5 208 |
| Total | 4 318 | 8 518 |
| Étranger en % du total | 49,17 | 61 |
| **Emplois (nombre d'employés, en milliers)** | | |
| Étranger | 6 050 | 8 898 |
| Total | 13 279 | 15 302 |
| Étranger en % du total | 45,56 | 58 |
| **Indice de transnationalité moyen *(transnationality index)**** | 52,6 | 62,4 |

* Indice moyen correspondant à la moyenne de l'indice de transnationalité des 100 premières entreprises multinationales.
Source : UNCTAD/Erasmus University database. *World Investment Report* 2009 (WIR), Nations unies.

**Tableau 2.2**
*TNI moyen, par pays, pour les plus grandes firmes multinationales en 2007*

| Pays | TNI |
|---|---|
| **Le « Top 100 » des multinationales** | **62,4** |
| États-Unis | 57,1 |
| Royaume-Uni | 74,1 |
| Japon | 53,9 |
| France | 63,6 |
| Allemagne | 56,5 |
| Petits pays européens | 72,2* |
| **Le « Top 100 » des multinationales des pays en voie de développement** ***chiffre en 2003** | **54,4** |

Source : UNCTAD/Erasmus University database. *World Investment Report* 2009 (*WIR*), Nations unies.

On comprend alors que parmi les dix multinationales les plus transnationalisées en 2008, quatre soient britanniques et quatre autres issues de « petites économies » (tableau 2.3). Le classement de 1999 des dix entreprises les plus internationalisées est encore plus révélateur de la place prise par les petits pays. Ainsi, les quatre multinationales suisses classées parmi les cent plus grandes multinationales mondiales font partie des dix multinationales les plus internationalisées (Nestlé, 2e ; ABB, 3e ; Holcim, 5e ; Roche, 6e).

**Tableau 2.3**
*Les dix plus importantes multinationales en termes d'internationalisation en 2008*

| Ranking by Foreign assets | TNI | Corporation | Home economy | Industry | TNI (Per cent) |
|---|---|---|---|---|---|
| 37 | 1 | Xstrata PLC | United Kingdom | Mining & quarrying | 93,2 |
| 87 | 2 | ABB Ltd. | Switzerland | Engineerig services | 90,4 |
| 40 | 3 | Nokia | Finland | Electrical & electronic equipment | 90,3 |
| 66 | 4 | Pernod Ricard SA | France | Food, beverages and tobacco | 89,1 |
| 67 | 5 | WPP Group Plc | United Kingdom | Business services | 88,9 |
| 3 | 6 | Vodafone Group Plc | United Kingdom | Telecommunication | 88,6 |
| 72 | 7 | Linde AG | Germany | Chemicals | 88,3 |
| 13 | 8 | Anheuser-Busch Inbev SA | Netherlands | Food, beverages and tobacco | 87,9 |
| 46 | 9 | Anglo American | United Kingdom | Mining & quarrying | 87,5 |
| 10 | 10 | ArcelorMittal | Luxembourg | Metal and metal products | 87,2 |

Source : UNCTAD/Erasmus University database.

Depuis le début des années 1990, le *TNI* des cent plus grandes multinationales des pays en voie de développement a augmenté substantiellement mais reste encore au-dessous de celui des cent plus grandes multinationales au niveau mondial (54 % contre 62 % en 2007). La figure 2.1 montre bien que l'écart entre les deux catégories de pays s'est réduit au cours des deux dernières décennies [6].

**Comment mesurer le degré de transnationalité des pays d'accueil ?**

Depuis 1996 (*WIR 1999*), la CNUCED a développé un indice de transnationalité (*transnationality index*), pour chaque pays d'accueil, qui se calcule comme la moyenne de quatre variables : les flux entrants d'investissements directs étrangers (IDE) en pourcentage de la formation brute de capital fixe (FBCF), le stock d'IDE entrants en pourcentage du PIB, la valeur ajoutée (PIB) des filiales étrangères en pourcentage du PIB, les effectifs des filiales étrangères en pourcentage de l'emploi total.

Le degré de transnationalité des pays d'accueil ainsi mesuré stagne tant pour les pays développés que pour les pays en voie de développement. Cela traduit le déclin des flux d'IDE au cours de la période (1996-2002). Concernant les pays développés, les économies les plus multinationalisées en 2002 sont la Belgique (indice de 77,1 %), le Luxembourg (77,1 %), l'Irlande (69,3 %) [7]. Pour les pays en voie de déve-

6 La CNUCED distingue un troisième groupe de pays, celui des pays d'Europe du Sud-Est et de la Confédération des États indépendants (CEI). Les dix plus grandes multinationales sont étudiées et il en ressort qu'elles sont principalement russes et opèrent au sein du secteur des ressources naturelles et du transport (TCN, Lukoil). Avec un *TNI* moyen de 36,6 %, ces multinationales sont moins transnationalisées que les cinquante plus grandes multinationales des pays en voie de développement.

7 Afin de compléter le classement des dix pays développés les plus transnationalisés, notons que les autres pays sont, par ordre décroissant, l'Estonie (39 %), les Pays-Bas (38,4 %), le Danemark (35,3 %), la République tchèque (30,9 %), la Hongrie (30,1 %), la Suède (28,5 %), la Slovaquie (27,5 %). Notons que l'Allemagne et la France sont respectivement au 25e (14 %) et 26e rang (13 %) après le Royaume-Uni (20e, 17 %) et devant les États-Unis (28e, 8 %) et le Japon (31e et dernier du classement, 1 %).

loppement, la Chine (81,6 %) et Singapour (60,3 %) constituent les pays les plus transnationalisés [8].

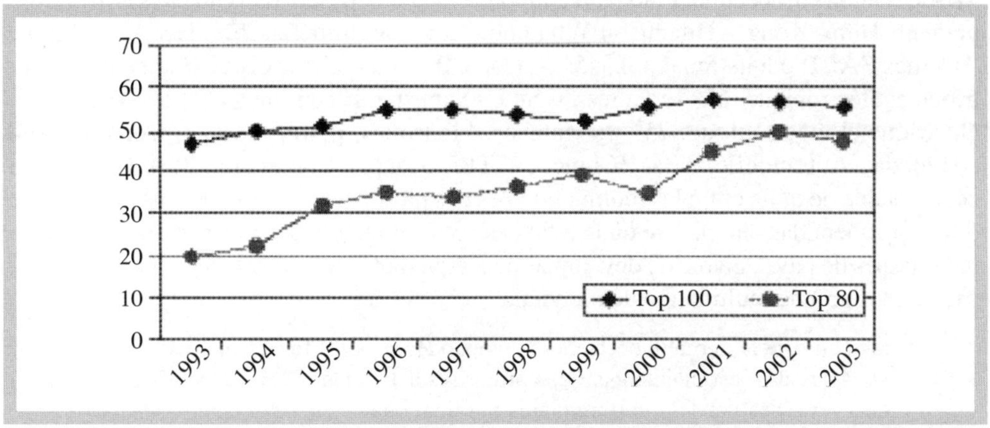


**Figure 2.1**
*Le TNI moyen des cent plus grandes multinationales du monde et des 50 plus grandes multinationales des pays en voie de développement, 1993-2003.*

Source : UNCTAD/Erasmus University database. *World Investment Report* 2005 (*WIR*), Nations unies.

Du point de vue de l'indice d'internationalisation (*internationalization index*), les pays d'accueil les plus plébiscités par les plus grandes firmes multinationales sont les Pays-Bas où 91 % d'entre elles ont au moins une filiale, suivis par le Royaume-Uni et le Canada [9]. Au sein des pays en voie de développement, ce sont le Brésil et la Chine qui accueillent le plus grand nombre de filiales des cent plus importantes firmes transnationales, à savoir 75 pour le premier et 60 pour le second.

## C. Les pays d'origine des firmes multinationales

Alors que seulement 10 % des firmes multinationales avaient leur siège social dans un pays en voie de développement en 1990 (3 500 sur 37 000), 20 % des firmes multinationales sont désormais originaires de ces pays. Ainsi, en 2007, les pays développés comptaient 60 000 multinationales disposant de 370 000 filiales et les pays en voie de développement 20 000 multinationales et 425 000 filiales. En 2006, les cent premières firmes multinationales originaires des pays en développement représentent 20 % des actifs et 40 % des emplois des cent premières firmes multinationales mondiales.

---

8 Afin de compléter le classement des dix pays en voie de développement les plus transnationalisés, voici la liste des autres pays : Trinidad et Tobago (51,2 %), le Chili (27 %), le Honduras (26,8 %), le Panama (26,8 %), la Jamaïque (23 %), l'Équateur (21,5 %) et la Malaisie (21 %). En queue de classement, on remarquera Taïwan (9 %), la Turquie (7 %), la Corée du Sud (5 %), l'Inde (3 %) et l'Indonésie (0,5 %). Notons enfin que le Mexique (15 %) et le Brésil (14 %) se trouvent en milieu de classement.

9 L'indice d'internationalisation permet d'évaluer l'étendue géographique d'une multinationale en mesurant la part des filiales de l'entreprise localisées à l'étranger (en ne tenant compte que des filiales détenues à plus de 50 %).

Pour autant, en 2007, 90 % des cent premières multinationales, qui sont classées selon le montant des actifs détenus à l'étranger, ont leur siège social dans un pays de la Triade (Union européenne, États-Unis, Japon) et seulement sept dans un pays en développement (Hong Kong – Hutchison Whampoa Ltd, conglomérat, 22e place – ; Mexique – Cemex SA., Produits minéraux, 45e – ; Corée du Sud – Cemex SA., Équipement électrique et électronique, 69e – ; Corée du Sud – Samsung Electronics Co Ltd, équipement électrique et électronique, 75e – ; Malaisie – Petronas, pétrole, 84e – ; Corée du Sud – Hyundai, Automobile, 87e – ; Chine – CITIC Group, conglomérat, 88e). Il existe un écart notable de taille entre les multinationales des pays développés et des pays en voie de développement dans la mesure où le total des actifs étrangers détenus par des multinationales issues de pays en voie de développement équivaut à ceux détenus par General Electric, la plus grande multinationale mondiale.

> Au cours de la dernière décennie, la prépondérance des firmes multinationales de la Triade s'est maintenue. Ces entreprises détiennent 92 % des actifs étrangers possédés par les cent premières multinationales en 1999 contre 89 % en 1990. On notera une nette progression du Japon sur la période, le nombre de ses multinationales passant de 12 (12 % des actifs étrangers) à 18 (15,4 % des actifs étrangers) et cela aux dépens de plus petits pays industrialisés comme la Belgique, la Norvège et la Nouvelle-Zélande qui ont disparu du classement en 1999. Les États-Unis demeurent le principal pays d'origine des plus grandes firmes multinationales avec 26 entreprises (33,3 % des actifs étrangers). Viennent ensuite le Japon, la France (13 multinationales, 11,6 % des actifs étrangers), l'Allemagne (12, 12,3 %), et le Royaume-Uni (8, 12,3 %). L'Union européenne est donc la zone géographique où le plus grand nombre de firmes multinationales ont leur siège social (46 entreprises, 43 % des actifs étrangers).

Comme l'indique le tableau 2.4, si on élargit la période d'analyse aux 25 dernières années, on observe un recul marqué de la prépondérance des firmes américaines qui représentaient la moitié des plus grandes firmes multinationales au début des années 1980 contre le quart au début comme à la fin des années 1990. On a donc assisté au cours des années 1980 à une perte d'hégémonie des firmes multinationales américaines et à un rééquilibrage au sein de la Triade au profit de l'Union européenne et du Japon. Les années 1990 conduisent ensuite à une stabilisation des positions. Au sein de la Triade, notons que les années 2000 marquent un effritement des Etats-Unis et du Japon au profit de l'Union européenne dont sont originaires 57 % des plus grandes multinationales.

La CNUCED propose aussi des chiffres détaillés concernant les 50 plus importantes firmes multinationales issues de pays en voie de développement et cela depuis 1995 (et des cent premières depuis 2004). En 2007, les cent premières multinationales non financières totalisent 767 milliards de dollars d'actifs étrangers. À elles seules, les sept premières multinationales détiennent presque la moitié des actifs étrangers de l'ensemble des 50 premières multinationales. Avec des actifs étrangers, de l'ordre de 84 milliards de dollars, Hutchison Whampoa Ltd continue de détenir la première position et se détache très nettement des autres multinationales en possédant le quart des actifs étrangers du « Top 50 ».

**Tableau 2.4**
***Origine géographique des cent premières multinationales***

| | États-Unis | Japon | France | Allemagne | Royaume-Uni | Pays-Bas | Suisse | Italie | Suède | Belgique |
|---|---|---|---|---|---|---|---|---|---|---|
| 1981 | 49 | 9 | 10 | 13 | 7 | 3 | 2 | 3 | 1 | 1 |
| 1990 | 28 | 12 | 14 | 9 | 12 | 4 | 6 | 4 | 5 | 1 |
| 1999 | 26 | 18 | 13 | 12 | 8 | 5 | 4 | 4 | 3 | 0 |
| 2007 | 20 | 10 | 14 | 13 | 15 | Ind. | Ind. | Ind. | Ind. | Ind. |

Source : UNCTAD/Erasmus University database. *World Investment Report* (WIR), Nations unies.

En 2003, les entreprises asiatiques demeurent dominantes avec 39 entreprises sur les 50. Les onze autres entreprises ont comme pays d'origine l'Afrique du Sud (4), le Mexique (4) et le Brésil (3). Hong Kong et Singapour restent les plus importants pays d'origine avec respectivement dix et neuf entreprises dans la liste. Remarquons la troisième position de Taiwan, avec huit entreprises essentiellement positionnées dans le secteur de l'électronique. Même si l'ensemble de ces 50 multinationales opèrent dans des secteurs d'activité variés, les plus importants sont l'équipement électrique et électronique et l'informatique (dominés par des multinationales asiatiques), suivi de l'agroalimentaire.

## 2.1.2 Le poids croissant des multinationales dans le commerce mondial[10]

Le poids croissant des multinationales peut être appréhendé par le nombre croissant de ce type d'entreprises, leur chiffre d'affaires toujours plus important et le fait que les ventes des filiales étrangères des firmes multinationales dépassent désormais largement la valeur du commerce mondial de marchandises et de services (section A). Un autre indicateur important du développement des firmes multinationales est le volume croissant des flux et des stocks d'investissements directs à l'étranger qui témoigne de l'intensité de leur activité d'implantation à l'étranger (section B). Alors que l'on dispose de données détaillées concernant les grandes multinationales non financières grâce aux rapports annuels de la CNUCED, les données générales sont beaucoup plus récentes pour les multinationales financières qui correspondent à de grands conglomérats financiers proposant des services financiers et d'assurance extrêmement variés. La section C montre l'importance grandissante des multinationales financières au cours de la dernière décennie.

10 Cf. chapitre 1, L'évolution récente des échanges, paragraphe 1.1.2/A pour une mise en perspective historique.

## A. Les firmes multinationales : le vecteur majeur de la mondialisation des économies

On a assisté, au cours des trente dernières années, à une montée en puissance des firmes transnationales au sein du commerce mondial. Les ventes des (810 000) filiales étrangères des firmes multinationales (contre 170 000 début 1990) dépassent désormais largement la valeur du commerce mondial de marchandises et de services. Ainsi, en 2007, le montant des ventes locales des filiales étrangères s'élève à 25 000 milliards de dollars alors que le montant des exportations de biens et de services ne dépassait guère les 15 000 milliards de dollars (dont 6 000 milliards sont dus à ces filiales étrangères). Elles réalisent un chiffre d'affaires de 32 000 milliards de dollars et sont à l'origine d'un stock d'IDE estimé à 16 000 milliards en 2007 comme en 2008 (CNUCED, *World Investment Report 2009*). Plus de cent pays d'accueil hébergent plus de 1000 filiales chacun. Lorsqu'on se place dans une perspective plus longue, on s'aperçoit que la montée en puissance des firmes multinationales a lieu au cours des années 1990. En 1982, le montant des ventes des filiales étrangères (2 500 milliards de dollars) était légèrement supérieur à celui des exportations mondiales de biens et de services (2 400 milliards de dollars). Alors que les ventes des filiales étrangères et les exportations mondiales augmentent dans quasiment la même proportion en doublant au cours des années 1980, les ventes sont multipliées par cinq et les exportations sont multipliées par quatre entre 1990 et 2007.

D'autres variables économiques témoignent de la montée en puissance des transnationales. En 2007, elles détiennent 75 000 milliards d'actifs étrangers, soit une augmentation par 35 depuis 1982 et par 15 depuis 1990 ; elles emploient plus de 70 millions de personnes, soit une augmentation des effectifs par quatre depuis 1982 et par plus de trois depuis 1990.

> Cependant, la production des firmes multinationales effectuée à l'extérieur de leur territoire d'origine reste relativement limitée. Ainsi, la production à l'étranger des firmes multinationales américaines ne représente que 6 % du PNB américain. Et ce ratio a tendance à baisser au cours des années 1990. De même, la production, l'emploi et le capital des multinationales américaines restent concentrés aux États-Unis, les maisons-mères représentant les trois quarts des activités et les filiales étrangères le quart restant, proportion qui est restée stable depuis la fin des années 1980.

Parmi l'ensemble des 80 000 multinationales, on assiste à une forte concentration de l'activité au sein des cent premières multinationales (non financières) qui représentent 9 % des actifs, 16 % des ventes et 11 % de l'emploi à l'étranger de l'ensemble des firmes multinationales en 2007. En retenant comme critère le montant d'actifs étrangers, en 2003, General Electric (États-Unis) demeure la plus importante entreprise transnationale non financière, suivie de Vodafone (Royaume-Uni), les deux entreprises détenant de l'ordre de 250 milliards de dollars d'actifs étrangers (tableau 2.5) [11]. Selon le SESSI

11 Ces deux entreprises maintiennent leur classement en 2007 et détiennent plus de 600 milliards de dollars d'actifs étrangers.

(2004), les 500 plus grands groupes mondiaux contrôleraient 70 % du commerce mondial (inter-firme et intra-firme) et 90 % des investissements directs étrangers [12].

Au cours de la dernière décennie, un certain nombre de nouvelles firmes du secteur des services se sont classées parmi les plus grandes multinationales, certaines firmes appartenant aux secteurs traditionnels s'étant maintenues en tête de classement. Dans l'industrie pétrolière, par exemple, Shell et Exxon Mobil, qui étaient numéro 1 et 2, respectivement, en 1992, font toujours partie des dix plus grandes multinationales (classées respectivement, en 2003, 7^e^ et 6^e^). Les constructeurs automobiles, comme Ford, General Motors et Toyota demeurent aussi toujours dans le « Top 10 » [13]. Globalement, dix des vingt plus grandes entreprises en 2003 étaient déjà classées dans le « Top 20 » en 1992.

Au sein des cent premières firmes transnationales, en 2003, les trois industries les plus représentées sont le secteur automobile, l'industrie pétrolière et l'industrie électrique et électronique avec, respectivement onze, dix et neuf multinationales. En outre, plus de la moitié des trente premières multinationales appartiennent à ces secteurs d'activité. Un nombre important de multinationales du secteur des services ont émergé ces dernières années, notamment dans les télécommunications, l'électricité, l'eau et les services postaux. Beaucoup d'entre elles étaient des entreprises étatiques en situation de monopole. En 2003, 20 % des cent plus grandes firmes multinationales appartiennent à ce secteur des services. D'ailleurs, les deux entreprises, qui sont le plus remontées dans le classement, en 2003, à savoir Suez (11^e^) et Deutsche Telekom (14^e^) sont des entreprises de services (tableau 2.5).

## B. L'essor des investissements directs à l'étranger comme indicateur du développement croissant des firmes multinationales

L'investissement direct à l'étranger (IDE) est un des vecteurs d'action des firmes multinationales dans la mise en œuvre de leurs stratégies internationales. Le dynamisme des IDE, au cours des deux dernières décennies, constitue aussi un indicateur du rôle de premier plan joué par les firmes transnationales. L'investissement direct à l'étranger est un des phénomènes qui participe fortement à la mondialisation de l'économie avec l'expansion du commerce international, l'intensification des flux de capitaux financiers et les transferts technologiques. Cette IDE consiste en une participation au capital d'une entreprise étrangère de plus de 10 %, ce qui suppose la volonté de contrôle de l'entreprise investie et la pérennité de l'engagement de l'entreprise à l'origine de l'investissement.

---

12 « Les échanges au sein des groupes industriels internationaux, un levier pour leur stratégie industrielle », *Le 4 Pages des statistiques industrielles*, SESSI, Ministère français de l'Économie, des Finances et de l'Industrie, n° 186, janvier 2004.

13 Cf. chapitre 1, tableau 1.8.

**Tableau 2.5**
*Les 15 plus grandes multinationales non financières en 2003 (en millions de dollars et nombre d'employés)*

| Classement selon le montant d'actifs étrangers | Entreprise | Pays d'origine | Industrie | Actifs Étranger | Actifs Total | Ventes Étranger | Ventes Total | Emplois Étranger | Emplois Total | Nombre de filiales étrangères | Nombre de filiales Total | TNI [1] | II [2] |
|---|---|---|---|---|---|---|---|---|---|---|---|---|---|
| 1 | General Electric | États-Unis | Équipement électrique et électronique | 258 900 | 647 483 | 54 086 | 134 187 | 150 000 | 305 000 | 1 068 | 1 398 | 43,2 | 76,39 |
| 2 | Vodafone | Royaume-Uni | Télécommunications | 243 839 | 262 581 | 50 070 | 59 893 | 47 473 | 60 109 | 71 | 201 | 85,1 | 35,32 |
| 3 | Ford Motor Company | États-Unis | Automobile | 173 882 | 304 594 | 60 761 | 164 196 | 138 663 | 327 531 | 524 | 623 | 45,5 | 84,11 |
| 4 | General Motors | États-Unis | Automobile | 154 466 | 448 507 | 51 627 | 185 524 | 104 000 | 294 000 | 177 | 297 | 32,5 | 59,60 |
| 5 | British Petroleum Company Plc. | Royaume-Uni | Pétrole (exploitation, raffinage et distribution) | 141 551 | 177 572 | 192 875 | 232 571 | 86 650 | 103 700 | 60 | 117 | 82,1 | 51,28 |
| 6 | ExxonMobil Corporation | États-Unis | Pétrole (exploitation, raffinage et distribution) | 116 853 | 174 278 | 166 926 | 237 054 | 53 748 | 88 300 | 218 | 294 | 66,1 | 74,15 |
| 7 | Royal Dutch./Shell Group | Royaume-Uni/Pays-Bas | Pétrole (exploitation, raffinage et distribution) | 112 587 | 168 091 | 129 864 | 201 728 | 100 000 | 119 000 | 454 | 929 | 71,8 | 48,87 |
| 8 | Toyota Motor Corporation | Japon | Automobile | 94 164 | 189 503 | 87 353 | 149 179 | 89 314 | 264 410 | 124 | 330 | 47,3 | 37,58 |
| 9 | Total | France | Pétrole (exploitation, raffinage et distribution) | 87 840 | 100 989 | 94 710 | 118 117 | 60 931 | 110 783 | 419 | 602 | 74,1 | 69,60 |
| 10 | France Telecom | France | Télécommunications | 81 370 | 126 083 | 21 574 | 52 202 | 88 626 | 218 523 | 118 | 211 | 48,8 | 55,92 |
| 11 | Suez | France | Électricité, gaz et eau | 74 147 | 88 343 | 33 715 | 44 720 | 111 445 | 172 291 | 605 | 947 | 74,7 | 63,89 |
| 12 | Électricité de France | France | Électricité, gaz et eau | 67 069 | 185 527 | 16 062 | 50 699 | 51 847 | 167 309 | 204 | 264 | 32,9 | 77,27 |
| 13 | E.On | Allemagne | Électricité, gaz et eau | 64 033 | 141 260 | 18 659 | 52 330 | 29 651 | 69 383 | 478 | 790 | 41,2 | 60,51 |
| 14 | Deutsche Telekom AG | Allemagne | Télécommunications | 62 624 | 146 601 | 23 868 | 63 023 | 75 241 | 248 519 | 97 | 178 | 37,0 | 54,49 |
| 15 | RWE Group | Allemagne | Électricité, gaz et eau | 60 345 | 98 592 | 23 729 | 49 061 | 53 554 | 127 028 | 377 | 650 | 50,6 | 58,00 |

[1]TNI : *Transnationality Index* (voir section 2.1.1 pour son calcul).
[2]II : *Internationalization Index* (voir section 2.1.1 pour son calcul).
Source : UNCTAD/Erasmus University database. *World Investment Report* 2005 (WIR), Nations unies.

Un investissement direct à l'étranger peut se faire selon deux principales modalités, la construction d'un site de production *ex nihilo* ou le rachat d'un site existant. Dans le premier cas, on parle d'investissement « Greenfield » qui correspond au choix d'une croissance interne et dans le second d'une « fusion et acquisition internationale » qui témoigne du choix d'une croissance externe. L'IDE permet la mise en œuvre de la stratégie décidée par l'état-major de la firme multinationale : une stratégie de croissance horizontale qui consiste à développer le même métier dans d'autres pays (multinationale dite horizontale), une stratégie de croissance verticale qui consiste à développer en amont ou en aval les activités productives de l'entreprise (multinationale dite verticale), une stratégie de diversification dans d'autres métiers (multinationale dite diversifiée, dont la forme extrême est le conglomérat).

Après avoir défini l'investissement direct à l'étranger, on décrit ses caractéristiques actuelles et notamment les IDE croisés.

■ **Définition de l'investissement direct à l'étranger (IDE).** En se conformant aux recommandations internationales (FMI, OCDE) et européennes (EUROSTAT), les services de la Balance des Paiements française (Ministère de l'Économie, des Finances et de l'Industrie, Banque de France) définissent l'investissement direct comme « l'opération effectuée par un investisseur afin d'acquérir, d'accroître ou de liquider un intérêt durable dans une entreprise (quelle qu'en soit la forme juridique) et de détenir (ou de liquider) une influence dans sa gestion ou la capacité de l'exercer ».

L'investissement direct a lieu entre entreprises apparentées, c'est-à-dire soit entre la maison-mère (« investisseur direct ») et une ou plusieurs entreprises « investies » (succursales, filiales, entreprises affiliées) ou entre sociétés investies (sociétés « sœurs »).

Remarquons que la notion d'investissement est plus large que celle de contrôle. En effet, la principale motivation d'une opération d'investissement direct, c'est la volonté d'établir une relation durable. Par convention, et donc de manière quelque peu arbitraire, une relation d'investissement direct est établie lorsqu'un investisseur détient au moins 10 % du capital social de l'entreprise investie. Toutes les opérations de prêt et de trésorerie entre sociétés affiliées sont alors considérées comme des relations d'investissement direct (comptabilisées en balance des paiements si elles ont lieu entre une unité résidente et une unité non résidente).

Par opposition, un investissement de portefeuille s'inscrit dans une logique financière de court terme. L'objectif n'est pas de contrôler une entreprise et d'influer sur sa gestion, mais d'effectuer une plus-value financière, dans un délai raisonnable.

■ **Les caractéristiques récentes des IDE.** La composition des investissements directs à l'étranger a changé fortement entre le début du vingtième siècle et aujourd'hui. En 1914, 55 % du stock des IDE se trouvait dans le secteur primaire, 20 % dans les chemins de fer, 15 % dans les produits manufacturés. Et seulement 10 % dans les services, la distribution et les banques. Au début des années 2000, la structure est très différente. Dans le total du stock mondial d'investissements directs, la part du secteur primaire passe de 9 % en 1990 à 6 % en 2002. Le secteur des produits manufacturés passe de 42 % à 34 % et le secteur des services de 49 % à 60 %.

Comme l'indique le tableau 2.6, au cours de la période 1986-1990, l'IDE constitue le phénomène le plus dynamique dans un processus de mondialisation en forte progression. Le taux de croissance annuel moyen des flux entrants était de 23 %, celui des exportations de biens et services de 16 % et enfin celui de la production mondiale de 11 %. Au cours des années 1990, alors que le taux de croissance des exportations de biens et de services se ralentit nettement (en moyenne 5,4 % sur la période 1991-1995 et 3,4 % sur la période 1996-2000) ainsi que celui du PIB mondial (5,6 % sur la période 1991-1995 et 1,3 % sur la période 1996-2000), les flux d'IDE entrants maintiennent leur progression au cours de la première moitié des années 90 (taux de croissance annuel moyen de 21 %) et l'accentuent fortement au cours de la seconde moitié des années 1990 (taux de croissance de 40 %). Cette dernière période constitue donc l'âge d'or des IDE qui sont le principal vecteur de la mondialisation des économies et témoignent de la puissance des multinationales, dont l'IDE est un moyen privilégié de développement.

**Tableau 2.6**
*Évolutions comparées du PIB, du commerce international et des investissements directs dans le monde (évolution annuelle moyenne en pourcentage).*

| | 1986-1990 | 1991-1995 | 1996-2000 |
|---|---|---|---|
| PIB (prix des facteurs) | 10,8 | 5,6 | 1,3 |
| Exportations de biens et services | 15,6 | 5,4 | 3,4 |
| Ventes des filiales étrangères | 16,0 | 10,1 | 10,9 |
| FBCF | 13,4 | 4,2 | 1,0 |
| Flux d'IDE entrants | 23,1 | 21,1 | 40,2 |
| Fusions et acquisitions internationales | 25,9 | 24,0 | 51,5 |
| Stock d'IDE entrants | 14,7 | 9,3 | 17,2 |

Source : *World Investment Report* 2005 (*WIR*), Nations unies.

En revanche, les années 2000 ont vu un renversement de tendance avec une forte baisse des flux d'investissements étrangers au cours de la période 2001-2003. Ainsi, sur cette période, le taux de croissance annuel des exportations (7 %) a été largement supérieur à celui des IDE qui ont diminué en valeur absolue (-20 %). L'année 2001 a connu le repli le plus marqué avec une baisse de 41 %. En revanche, l'année 2004 a mis fin à ces trois années de baisse avec une légère augmentation de 2 % par rapport à 2003, ce qui porte, en 2004, le montant des flux entrants d'IDE à un niveau de 648 milliards de dollars. Cette reprise provient de la forte croissance du PIB mondial qui a atteint, en 2004, 5,1 %, soit son plus haut niveau depuis le milieu des années 1980. Le second élément favorable provient du fait que, dans les grandes économies, les entreprises ont augmenté leur profitabilité. Ainsi, des profits accrus associés à des conditions générales de financement plus favorables ont facilité l'investissement à l'étranger. La tendance s'est maintenue par la suite jusqu'en 2007 où le montant des flux entrants d'IDE atteint un niveau record de 2000 milliards de dollars. Cependant, la crise financière dans les pays développés à partir de 2007 a fait chuter ce montant à 1200 milliards en 2010 mais il faut noter que les flux à destination des pays en développement représentent désormais 50 % des flux totaux (*World Investment Report*, 2011).

Les investissements internationaux font l'objet de flux croisés entre les pays, tout particulièrement pour les pays développés. Cela signifie que ces pays sont à la fois pays d'accueil et pays d'origine de ces investissements étrangers. La situation de pays-carrefour, où les flux entrants et sortants d'IDE sont d'un montant comparable, s'observe plus fréquemment. C'est le cas, au cours de la dernière décennie, pour des pays comme le Canada, l'Espagne, les États-Unis et les Pays-Bas [14]. À ce sujet, notons que les États-Unis demeurent le premier pays d'origine et, depuis 2003, ont cédé à la Chine leur première place en termes d'accueil d'investissements étrangers.

Depuis le début des années 1990, la France et le Royaume-Uni ont vu leurs investissements sortants se développer par rapport aux investissements entrants pour atteindre, actuellement, un ratio de flux d'investissement croisés (flux sortants / flux entrants) de 2,11 et 1,93, respectivement. L'Allemagne et de manière encore plus marquée le Japon ont connu une évolution inverse. Ces deux pays, traditionnellement investisseurs à l'étranger et très faiblement pays d'accueil, ont vu leur position se rééquilibrer au cours des quinze dernières années, voire s'inverser (pour l'Allemagne). Ainsi, concernant le Japon, le ratio d'investissement croisé est passé de 37 au début de la décennie 1990 à 3,6 au début des années 2000. Pour l'Allemagne, ce même ratio passe de 6,7 à 0,65.

Alors que l'on résume encore trop souvent les investissements directs à l'étranger à des investissements industriels, les IDE dans les services représentent en 2002 60 % du stock total d'IDE alors qu'ils n'en représentaient que 25 % en 1970. Alors que parmi les services qui font l'objet d'IDE, les services commerciaux et financiers représentaient 65 % du stock d'IDE et 60 % des flux en 1990, ils ne représentent plus en 2002 que 47 % du stock et 35 % des flux. Les flux directs dans le domaine des transports, des télécommunications, de l'électricité, de la gestion de l'eau ont fortement augmenté ainsi que les investissements liés aux activités de services aux entreprises. Ces secteurs se sont en partie développés suite aux programmes de privatisation et de libéralisation dans les services.

## C. Qu'en est-il des multinationales financières ?

Au cours des deux dernières décennies, le mouvement de libéralisation des services financiers en Europe et en Amérique du Nord associé à de profonds changements technologiques

14 Ces pays ont respectivement un ratio moyen d'investissements croisés (flux sortants/flux entrants) de 0,99 (Canada), 1,29 (Espagne), 0,87 (États-Unis), Pays-Bas (1,24).

(les services bancaires étant fortement informatisés) a conduit à la création de conglomérats financiers dans le domaine de la banque-assurance. Ce phénomène a été particulièrement marqué au cours des années 1990. Ainsi, selon le magazine *Fortune*, les plus grandes entreprises de services financiers ne se classaient pas, en termes de résultats, parmi les 50 plus grandes multinationales en 1989. En revanche, en 2003, 14 parmi les plus grands conglomérats financiers se classaient au sein des plus grandes entreprises mondiales en termes de bénéfice. Le premier d'entre eux, le groupe allemand Allianz, se situait à la 11e place.

L'augmentation des actifs détenus par les multinationales financières provient d'opérations de croissance externe (fusions et acquisitions). Le développement international des conglomérats financiers ne s'est pas limité aux pays développés. Les participations étrangères dans le secteur financier de pays émergents se sont fortement accrues au cours des années 1990, et tout particulièrement en Amérique latine, dans les nouveaux pays membres de l'Union européenne et en Europe du Sud-est (ces pays européens ayant connu un fort mouvement de privatisations au cours de cette période). Remarquons que les opérations de fusions-acquisitions, dans le secteur financier, ont été relativement faibles en Asie par rapport aux autres régions.

De grands groupes dominent le secteur des services financiers au niveau mondial, non seulement en termes de montant total d'actifs mais aussi en termes de nombre de pays dans lesquels ils sont présents. Pour la première fois, en 2005, la CNUCED propose, au travers de son rapport sur les investissements dans le monde (*WIR*), la liste des 50 plus grandes multinationales financières. Elles sont classées, contrairement aux 100 plus grandes multinationales non financières, selon le montant total des actifs détenus et non pas en fonction des actifs étrangers, des ventes à l'étranger et des emplois à l'étranger (ces données n'étant pas disponibles).

Comme l'indique le tableau 2.7, les transnationales les plus représentées dans le classement sont originaires de cinq pays, à savoir la France, l'Allemagne, le Japon, le Royaume-Uni et les États-Unis. À elles seules, ces multinationales représentent 70 % des entreprises du classement et 74 % du total de leurs actifs. Faute de données supplémentaires, le degré de transnationalisation ne peut être appréhendé que par leur degré de localisation à l'étranger mesuré par le nombre de filiales détenues à l'étranger. L'indice d'internationalisation (*internationalization index*) montre ainsi que, en moyenne, 44 % des filiales de ces multinationales se situent à l'étranger. Cet indicateur est plus élevé pour les groupes financiers originaires de Suisse qui doivent faire face à l'étroitesse de leur marché intérieur et qui ont su se construire, au fil du temps, un avantage compétitif déterminant. Les 50 plus grands conglomérats financiers disposent en moyenne de filiales dans 25 pays et la plupart des filiales étrangères (soit 15 690) sont localisées en Europe et seulement 3 371 en Amérique du Nord. Cela témoigne d'une ouverture internationale du secteur bancaire et financier beaucoup plus forte en Europe qu'aux États-Unis.

**Tableau 2.7**
*Les dix plus grandes multinationales financières en 2003 (en millions de dollars et nombre d'employés)*

| Classement selon le montant d'actifs | Entreprise | Pays d'origine | Actifs | Emplois | Nombre de filiales étrangères | Nombre de filiales Total | II | Nombre de pays d'accueil |
|---|---|---|---|---|---|---|---|---|
| 1 | Citigroup | États-Unis | 1 264 032 | 275 000 | 320 | 601 | 53,2 | 77 |
| 2 | UBS | Suisse | 1 221 066 | 65 929 | 344 | 410 | 83,9 | 48 |
| 3 | Allianz Group | Allemagne | 1 179 298 | 173 750 | 606 | 852 | 71,1 | 48 |
| 4 | Mizuho Financial Group | Japon | 1 115 081 | 27 900 | 41 | 87 | 47,1 | 15 |
| 5 | Crédit agricole SA | France | 1 102 800 | 63 140 | 196 | 447 | 43,8 | 41 |
| 6 | HSBC Bank plc | Royaume-Uni | 1 034 216 | 218 000 | 573 | 971 | 59,0 | 48 |
| 7 | Deutsche Bank | Allemagne | 1 012 554 | 67 682 | 469 | 679 | 69,1 | 40 |
| 8 | Mitsubishi Tokyo Financial Group | Japon | 995 403 | 37 000 | 49 | 82 | 59,8 | 37 |
| 9 | BNP Paribas SA | France | 986 675 | 89 071 | 351 | 641 | 54,8 | 48 |
| 10 | ING Group | Pays-Bas | 981 740 | 114 344 | 429 | 1 098 | 39,1 | 34 |

*Notes* : les deux plus importantes banques de prêts hypothécaires aux États-Unis, à savoir Fannie Mae et Freddie Mac, n'apparaissent pas dans le classement car elles ne sont présentes que dans leur pays d'origine. Il en va de même pour la plus grande banque coopérative du Japon, Zenkyoren.
Source : UNCTAD/Erasmus University database. *World Investment Report* 2005 (*WIR*), Nations unies.

Il existe enfin une forte corrélation entre la taille d'une multinationale et son degré de transnationalisation : les dix plus grandes multinationales financières possèdent 58 % de leurs filiales à l'étranger, dans 43 pays différents, alors que les 50 plus grandes multinationales détiennent 44 % de filiales étrangères dans 25 pays. Enfin, si on compare les multinationales financières à celles non financières, on s'aperçoit que les premières sont de plus grande taille que les secondes au regard du montant total d'actifs détenus. Ainsi, les 25 premières transnationales financières disposent d'un montant total d'actifs supérieur à 600 milliards de dollars, soit le niveau de celui de General Electric, la première multinationale non financière (en termes d'actif total et d'actifs étrangers). Comme l'indique le tableau 2.7, les sept premiers conglomérats financiers possèdent plus de 1 000 milliards de dollars d'actifs.

En revanche, les transnationales financières semblent moins internationalisées que celles non financières en possédant, en moyenne, 44 % de leurs filiales à l'étranger dans 25 pays (contre 66 % de filiales étrangères dans 39 pays pour les

100 plus grandes multinationales non financières). Il est difficile de faire une comparaison plus poussée, notamment sur le degré de transnationalité, car nous ne disposons pas de données, pour les multinationales financières, sur les actifs, les ventes et les emplois à l'étranger.

La crise bancaire récente dans les pays développés, à son apogée en 2008 et en 2009, a entraîné des changements significatifs dans les secteurs bancaires de ces pays qui affectent directement des multinationales financières. Certaines, certes peu nombreuses, ont pu faire faillite, d'autres ont été restructurées ou se sont engagées dans des opérations de fusions et acquisitions. Le chapitre 6 renseigne sur ce point (section 6.2.2).

## 2.2 FIRMES MULTINATIONALES : ORGANISATION DU PROCESSUS PRODUCTIF ET DÉLOCALISATIONS

L'importance actuelle des échanges intra-firme et leur augmentation au cours des 15 dernières années présentent des conséquences notables. Elle modifie notre compréhension de l'interdépendance entre pays, du mode d'organisation de la production des entreprises qui en se mondialisant se complexifie. Elle nous fait prendre aussi conscience que le commerce extérieur d'un pays dépend de plus en plus de décisions stratégiques et organisationnelles de firmes multinationales souvent de nationalité étrangère. La production des entreprises se fait davantage sur le mode de la fragmentation (décomposition ou segmentation) ou de l'intégration verticale : les activités productives sont réparties sur un réseau international de sites, chaque site étant spécialisé dans la production d'un ou de plusieurs biens intermédiaires, lesquels constituent des inputs pour d'autres sites, ce qui engendre des échanges intra-firme.

Cela étant, les multinationales sont davantage de type « horizontal » que « vertical » car elles produisent pour vendre localement plutôt que pour « réexporter » un bien intermédiaire. Toutes ces questions sont abordées dans la section 2.2.1.

On ne peut pour autant éviter la question de savoir si la décomposition internationale du processus productif, par les délocalisations qu'elle implique vers les pays à bas salaire, conduit à une destruction forte d'emplois dans les pays développés. On se demandera enfin dans quelle mesure les politiques publiques qui visent à améliorer l'attractivité des territoires peuvent être efficaces (section 2.2.2).

### 2.2.1 *Firmes multinationales, commerce intra-firme et décomposition du processus productif*

Après avoir rappelé l'importance du commerce intra-firme (A), on propose une analyse théorique des firmes multinationales « horizontales » et « verticales » (B). On termine enfin par la présentation d'études empiriques portant sur les stratégies menées par les firmes multinationales afin d'évaluer l'importance relative des firmes multinationales « horizontales » et « verticales ». Ces études nous éclairent aussi sur la manière dont les multinationales choisissent de fragmenter internationalement leur processus productif (C).

## A. Le commerce intra-firme : un trait saillant du commerce international actuel

■ **Des données chiffrées relatant l'importance du phénomène.** Les échanges transfrontières entre filiales d'entreprises multinationales, souvent désignés sous le vocable d'échanges « intra-groupe », de « commerce intra-firme » ou « entre sociétés apparentées », représentent une part importante des échanges internationaux de marchandises. Ainsi, comme l'indique le tableau 2.8 ci-après, en 1999, les échanges intra-groupe représentent un tiers des exportations de marchandises du Japon et des États-Unis, et une proportion similaire des importations de marchandises des États-Unis (40 %) et un quart de celles du Japon. Dans le cas des États-Unis, les proportions observées sont à peu près stables au cours de la décennie 90 alors que, pour le Japon, elles ont fortement augmenté. Concernant la France, le commerce intra-firme atteint le niveau de celui des États-Unis et dépasse nettement celui du Japon pour les importations. Les échanges intra-groupe représentent, en 1999, 41 % des exportations et 36 % des importations de biens manufacturés et ont connu une forte progression au cours de la décennie 1990 (SESSI, 2002) [15].

Globalement, on estime qu'actuellement entre le cinquième et le tiers des échanges internationaux des principaux pays développés sont intra-firme. Ce type d'échange est particulièrement concentré dans les produits de haute technologie et les produits manufacturés complexes (automobile, électronique) qui peuvent, par ailleurs, nécessiter de nombreux services après-vente spécifiques qui seront d'autant mieux réalisés par une filiale locale de la firme productrice.

■ **Niveau de développement des pays et nature de l'échange intra-groupe.** La nature et l'importance des échanges intra-groupe sont fortement reliées au niveau du développement des partenaires commerciaux (OCDE, 2002) [16]. Une grande partie des échanges intra-groupe entre les pays à revenus élevés portent sur des produits presque finis destinés à des filiales exerçant principalement des activités de commercialisation et de distribution. Une grande partie des échanges intra-groupe ne fait donc pas intervenir de transformation supplémentaire. À titre d'exemple, les deux tiers des importations

15 « Les échanges au sein des groupes, une focalisation sur quelques produits et vers l'Union européenne », *Le 4 Pages des statistiques industrielles*, SESSI, Ministère français de l'Économie, des Finances et de l'Industrie, n° 167, novembre 2002.

16 « Échanges intra-branche et intra-groupe et internationalisation de la production », *Perspectives économiques de l'OCDE* 71, 2002.

**Tableau 2.8**
*Les échanges intra-groupe dans les échanges totaux aux États-Unis, au Japon et en France*

| en % | Exportations | | Importations | |
|---|---|---|---|---|
| | 1990 (1) | 1999 (2) | 1990 (1) | 1999 (2) |
| États-Unis | 32,8 | 36,2 | 43,7 | 39,4 |
| dont groupes américains | 23,1 | 27,7 | 16,1 | 17,2 |
| dont groupes étrangers | 9,7 | 8,6 | 27,6 | 22,2 |
| Japon | 16,6 | 30,8 | 14,7 | 23,6 |
| dont groupes américains | 14,5 | 28,6 | 4,2 | 14,8 |
| dont groupes étrangers | 2,1 | 2,2 | 10,5 | 8,8 |
| France | 34,0 | 40,6 | 19,0 | 35,8 |
| dont groupes américains | 21,0 | 23,0 | 7,0 | 7,5 |
| dont groupes étrangers | 13,0 | 17,6 | 11,0 | 28,3 |

(1) 1993 pour la France, (2) 1998 pour les États-Unis
Ces chiffres donnent des ordres de grandeur, le champ et la méthodologie de ces trois enquêtes n'étant pas rigoureusement identiques.
Source : BEA pour l'enquête américaine, Ministère de l'industrie pour le Japon, SESSI pour la France.

intra-groupe réalisées aux États-Unis par des entreprises multinationales en provenance d'une société mère située à l'étranger sont le fait de filiales exerçant principalement des activités de commercialisation et de distribution. On peut donc penser que la présence locale de filiales est souvent nécessaire pour commercialiser des produits manufacturés évolués, généralement en provenance et à destination de pays à revenus élevés.

Même lorsque la filiale qui reçoit les marchandises a pour principale activité la transformation, une grande partie de la production est généralement destinée aux marchés locaux. Dans le cas du Japon, environ 95 % des ventes des filiales japonaises situées en Amérique du Nord et en Europe ont eu lieu dans la même région en 1999, alors que la part des importations intra-groupe des sociétés mères japonaises en provenance d'Amérique du Nord et d'Europe reste très faible.

Il existe toutefois des pays à revenu intermédiaire dans lesquels les échanges intra-groupe avec les pays riches représentent une part importante des échanges bilatéraux. Le principal rôle des filiales étrangères situées dans ces pays consiste à fabriquer des produits destinés à d'autres marchés, y compris le marché du pays de la société mère. Par exemple, en 2000, les deux tiers des exportations américaines en provenance du Mexique ont été des importations intra-groupe et cela s'explique par l'importance des activités des *maquiladoras*. L'importance de cette catégorie d'échanges intra-groupe entre pays riches et pays à revenu intermédiaire, qui sont le plus directement liés à l'internationalisation de la production, s'est accrue au cours des années 1990. Concernant les États-Unis, la part des échanges intra-groupe est globalement restée assez stable au cours de la décennie 1990, mais les pays où elle a le plus augmenté, étaient tous des pays à faible revenu ou à revenu intermédiaire. Il s'agit de la Chine, la Corée, les pays d'Europe orientale, le Mexique et Taiwan.

### B. Quel cadre théorique pour la décomposition internationale du processus productif (DIPP) — multinationale « verticale » — et pour l'entreprise multinationale « horizontale » multi-usines ?

D'un point de vue théorique, la fragmentation internationale de la production peut se comprendre dans un cadre théorique privilégiant les avantages comparatifs et donc héritier des travaux d'Heckscher, Ohlin et Samuelson. Les activités productives d'une entreprise multinationale sont réparties sur un réseau international de sites de production selon leurs avantages comparatifs dans les différentes phases du processus productif qui va de la Recherche et Développement (R&D) jusqu'à la phase de vente effective du produit. Les phases de production intensives en travail sont réalisées dans les pays où le coût du travail est faible, tandis que les phases intensives en capital, les phases de Recherche et Développement et de distribution du produit final sont réalisées dans le pays d'origine de la multinationale qui est supposé être un pays développé. L'analyse peut se décliner au niveau de la phase de production au sens strict du processus productif. Les produits sont décomposés en sous-ensembles ou composants (principe de la modularité) qui peuvent être fabriqués indépendamment les uns des autres, comme cela peut être par exemple le cas dans le secteur automobile. Cette décomposition permet à la firme multinationale de fabriquer chacun des composants dans des pays différents et on parle alors de décomposition internationale du processus productif (DIPP) qui donne lieu à un échange intra-firme entre filiales et à des flux d'échanges avec des sous-traitants appartenant au réseau de coopération de la multinationale [17]. Le produit final sera recomposé lors de l'assemblage où il fera l'objet d'une différenciation retardée pour être vendu ensuite. Cette « différenciation retardée » permet des économies d'échelle grâce à la fabrication en grande quantité de composants standardisés, tout en adaptant le produit final à la demande locale.

Selon la théorie de la fragmentation, les investissements directs à l'étranger et les échanges commerciaux qu'ils impliquent sont mutuellement avantageux. Ainsi, un pays abondant en travail qui n'est pas compétitif dans la production de l'entièreté d'un produit peut toutefois disposer d'un avantage comparatif dans la production de certains segments intensifs en facteur travail. De manière similaire, un pays relativement abondant en capital qui a perdu son avantage comparatif dans un bien intensif en travail peut retrouver son avantage comparatif dans les étapes plus fondamentales de la production du bien. La part de la production, qui fera l'objet d'une fragmentation internationale, est une fonction décroissante des coûts de transactions internationaux. Il s'agit de coûts

17 Pour une première analyse de ce phénomène, voir Lassudrie-Duchêne, B., (1982), « Décomposition internationale des processus productifs et autonomie nationale », in Bourguinat H. (éd), *Internationalisation et autonomie des décisions*, Economica, Paris.

d'installation et de coordination des différents sites de production ainsi que des coûts d'acheminement des biens intermédiaires entre les différents sites et ceux du bien final vers le consommateur (coûts de transport purs et d'assurance, tarifs douaniers). Au sens de la théorie des coûts de transaction, seuls les coûts de coordination correspondent à des coûts d'organisation interne des échanges par opposition aux coûts de transactions qui résultent de l'utilisation du « mécanisme des prix » par l'achat du bien ou du service considéré sur le marché [18]. Ainsi, en simplifiant, la délocalisation d'étapes du processus productif (intensives en travail) résulte d'un arbitrage entre des coûts salariaux plus faibles et des coûts de transactions internationaux plus élevés. C'est ce qui fonde l'existence, dans la littérature théorique, de firmes multinationales dites « verticales » qui organisent à l'échelle d'une région ou du monde entier leur production [19].

Cependant, l'entreprise multinationale peut choisir de produire le même bien (en entier) dans différents pays et elle sera dite « horizontale ». Elle effectuera ce choix à partir du moment où le transport des biens est coûteux et qu'il devient avantageux d'approvisionner les consommateurs dans différents pays à partir d'une usine de production locale qui minimise les coûts de transport et permet de mieux adapter l'offre à une demande locale lorsqu'il s'agit d'un bien différencié. Il existe en fait un arbitrage entre l'économie de coûts de transport (par rapport au choix d'exporter) et les coûts fixes supplémentaires liés à la mise en place d'un site supplémentaire à l'étranger [20]. Dans ce choix, les économies d'échelles liées au capital physique jouent un rôle important. En effet, si les rendements d'échelle sont fortement croissants, les entreprises ont intérêt à concentrer la production sur un seul site de production, c'est-à-dire à ne pas investir à l'étranger mais à plutôt exporter. On peut affiner le raisonnement en distinguant deux rendements d'échelle croissants liés à deux types de coûts fixes. Un premier coût fixe spécifique à la firme est à l'origine d'un actif spécifique (compétence distinctive) transférable gratuitement aux éventuelles filiales de la firme. Un second coût fixe spécifique à chaque nouvelle filiale doit être acquitté pour chaque nouveau site de production. Le nombre de sites de production résultera d'un arbitrage entre ces deux coûts, le premier incitant à démultiplier les sites de production alors qu'au contraire le second conduit les entreprises à disposer d'un seul site de production à partir duquel elles exportent [21]. L'encadré 2.2

18 Les fondateurs de la théorie des coûts de transactions sont les économistes R. Coase (« The Nature of the Firm », *Economica*, vol. 4, 1937) et O. Williamson (*Markets and Hierachies*, New York, The Free Press, 1975 ; *The Economic Institutions of Capitalism*, New York, The Free Press, 1985).

19 Pour une première modélisation des firmes multinationales dites verticales, voir Helpman, E., (1984) « Simple Theory of International Trade with Multinational Corporations », *Journal of Political Economy*, 92, pp. 451-471.

20 Pour une première référence ayant mis en avant cet argument, voir Markusen, J. R., (1983) « Factor Movements and Commodity Trade as Complements », *Journal of International Economics*, 13, pp. 341-356.

21 Un des modèles les plus aboutis en la matière est proposé par Markusen et Venables (2000), « The Theory of Endowment, Intra-industry and Multi-National Trade », *Journal of International Economics*, 52, 2000, pp. 209-234. Se fondant sur un modèle du type Heckscher-Ohlin-Samuelson, en concurrence monopolitique et où il existe des coûts de transport — *transport costs* — (ou coût du commerce — *trade costs* —, coûts liés aux exportations), les auteurs font émerger de manière endogène (et à l'équilibre) des multinationales horizontales à partir du moment où les coûts de transports sont suffisamment élevés par rapport aux coûts fixes liés à chaque implantation à l'étranger.

montre que, même si un tel arbitrage de la part des multinationales est confirmé au niveau des faits, les études empiriques n'opposent pas IDE et exportations qui apparaissent plus complémentaires que substituables au niveau macroéconomique.

## ENCADRÉ 2.2

### *Investissements directs et exportations : substituables ou complémentaires ?*

Les craintes soulevées par l'essor des IDE viennent du fait qu'IDE et exportations apparaissent comme des formes alternatives d'internationalisation. Cette crainte est relayée à la fois par la théorie néo-classique du commerce international (Mundell, 1967, *op. cit.*) et par les nouvelles théories microéconomiques d'internationalisation des entreprises (voir ci-dessus). L'idée que les ventes des usines à l'étranger remplaceraient les exportations du pays investisseur et conduiraient donc nécessairement à des destructions d'emplois dans le pays investisseur, n'est cependant pas soutenue par les études empiriques. Celles-ci vont plutôt dans le sens d'une complémentarité entre flux d'exportations et investissements directs sans que le lien de causalité ne soit clairement établi (les exportations de biens intermédiaires vers des filiales d'assemblage peuvent par exemple venir se substituer aux exportations de produits finis du pays exportateur). Les études sur données sectorielles très désagrégées peuvent cependant conduire à remettre en cause ce résultat de complémentarité. Cela ne doit pas faire oublier non plus que ces « créations de commerce » induites par les IDE fonctionnent de façon asymétrique entre pays. Fontagné (1998) fait remarquer que chaque dollar de stock d'IDE sortant des États-Unis est associé à environ 70 cents d'exportations supplémentaires et à 1,30 d'importations supplémentaires occasionnant un déficit bilatéral. L'implantation à l'étranger des firmes américaines correspondrait donc pour une part non négligeable à une stratégie de délocalisation de la production entraînant des importations en provenance des pays d'implantation. Le nombre d'emplois délocalisés chaque année par les États-Unis sur la période 1985-1995 serait cependant de l'ordre de 30 000… soit 0,15 % de l'emploi manufacturier américain.

À un niveau plus microéconomique, Brainard (1997) a étudié empiriquement la présence d'un arbitrage entre la concentration de la production et la proximité au marché dans le choix entre stratégie d'exportation et d'investissement direct des firmes américaines à partir d'un échantillon comprenant 27 pays d'accueil et 63 secteurs d'activité. Les résultats montrent que les entreprises appartenant à des secteurs où les dépenses en R&D et en publicité sont importantes (actifs spécifiques transférables sans coût) ont une plus forte tendance à pénétrer les marchés étrangers par l'investissement direct alors que les firmes de secteurs avec des rendements d'échelle croissants au niveau de l'usine de production privilégient les exportations. De tels résultats confortent donc les modèles théoriques sur les firmes multinationales « horizontales ».

**Références citées** : Brainard, L., (1997), « An empirical Assessment of the Proximity-Concentration Trade-Off between Mutinational Sales and Trade », *American Economic Review*, 87 (4), pp. 520-544 ; Fontagné, L., (1998), « En attendant l'AMI : un bilan des relations entre IDE et commerce », *Lettre du CEPII*, n° 168.

### C. Études empiriques de la fragmentation internationale et des stratégies des firmes multinationales : multinationales horizontales ou verticales ?

■ **Les stratégies des firmes multinationales américaines.** Concernant les firmes multinationales américaines, on peut calculer trois types d'indicateurs (Levasseur, 2002) [22] : (1) la part des dépenses de Recherche et Développement ramenée au produit brut (valeur ajoutée) des unités (sociétés mères *versus* filiales) selon le pays d'exercice de leurs activités productives (États-Unis *versus* autre pays) (2) le salaire moyen perçu dans ces unités (3) la productivité moyenne des employés (tableau 2.9).

1. Il apparaît que la part des dépenses de R&D dans le produit brut est plus élevée pour les sociétés mères américaines (ratio de 7 % en moyenne en 1998), suivies de leurs filiales implantées dans les pays développés comme le Japon (4,2 %), l'Union européenne (3,6 %) et le Canada (3,2 %). À l'opposé, l'intensité de l'activité de R&D réalisée par les filiales implantées à Singapour, à Hong Kong et au Mexique est plus faible (entre 0,8 % et 1,2 % sur la période).
2. Les salaires moyens perçus par les employés des filiales de ces derniers pays sont plus faibles que ceux de la société mère américaine, alors que ceux perçus dans des filiales situées au Japon et dans l'Union européenne sont plus élevés.
3. Les salaires ne doivent pas être envisagés indépendamment de la productivité du travail car il existe une relation forte entre ces deux variables. Par exemple, alors que le salaire moyen perçu par un employé mexicain dans une filiale contrôlée par une multinationale américaine représente un cinquième de celui d'un employé américain de la société mère, sa productivité vaut un quart de celle d'un employé américain. Il existe donc toujours un décalage (rapport salaire moyen/productivité moyenne du travail) qui rend intéressante l'implantation d'une filiale à l'étranger. La firme multinationale cherchera à bénéficier d'un coût du travail faible, tout en utilisant ses compétences techniques, managériales et organisationnelles afin d'accroître la productivité du travail et améliorer ainsi le rapport salaire/productivité. À ce niveau, il faut noter qu'il est relativement difficile de comparer la productivité de filiales où s'exercent des activités de nature très différente, en termes de création de valeur ajoutée (la productivité étant mesurée par le ratio valeur ajoutée sur emploi total).

Les principaux enseignements de la théorie sont donc confirmés par les indicateurs empiriques exposés ci-dessus. Les comportements des sociétés mères américaines et de leurs filiales à l'étranger divergent d'autant moins que les filiales sont implantées dans des pays d'un niveau de développement proche des États-Unis. En effet, lorsqu'elles s'implantent dans des pays développés, les multinationales américaines réalisent un investissement « horizontal », c'est-à-dire que la production est avant tout vendue sur le marché du pays ou de la zone d'accueil. À partir du moment où le transport des biens est plus coûteux et que la

22 Levasseur, S., (2002), « Investissements directs à l'étranger et stratégies des entreprises multinationales », *Revue de l'OFCE*, Hors série, mars.

**Tableau 2.9**
*Dépenses de R&D, salaires et productivités moyennes des multinationales américaines (moyenne 1997-1998)*

| | R&D en % du produit brut | Salaires moyens | Productivité moyenne |
|---|---|---|---|
| **Sociétés-mères américaines** | **6,9** | **100*** | **100*** |
| **Filiales à l'étranger** | **2,9** | **73** | **97** |
| *dont* (16 principaux pays d'implantation)[1] | | | |
| Royaume-Uni | 3,3 | 92 | 122 |
| Canada | 3,2 | 70 | 81 |
| Allemagne | 5,3 | 115 | 122 |
| Japon | 4,2 | 154 | 173 |
| Pays-Bas | 2,5 | 103 | 152 |
| France | 3,6 | 103 | 106 |
| Suisse | 2,7 | 164 | 222 |
| Belgique | 2,4 | 126 | 163 |
| Brésil | 1,9 | 64 | 90 |
| Irlande | 2,3 | 72 | 236 |
| Australie | 1,9 | 76 | 100 |
| Italie | 2,6 | 101 | 152 |
| Hong Kong | 0,8 | 68 | 89 |
| Mexique | 1,2 | 21 | 27 |
| Singapour | 0,8 | 60 | 100 |
| Espagne | 1,9 | 83 | 88 |
| **Pour mémoire :** | | | |
| Union européenne | 3,6 | 101 | 127 |
| Argentine | 0,7 | 62 | 99 |
| Chine | 1,5 | 16 | 25 |
| Taiwan | 2,9 | 50 | 58 |
| Thaïlande | 0,1 | 17 | 46 |
| Europe de l'Est | 1,5 | 21 | 34 |

Le salaire moyen est calculé par le ratio masse salariale/emploi total, tous secteurs et types d'emploi confondus. La productivité moyenne du travail est calculé par le ratio produit brut/emploi total, tous secteurs et types d'emploi confondus.
* 100 = sociétés-mères américaines
[1]Il s'agit des 16 premiers pays d'implantation en termes d'actifs.

Source : Levasseur, S., « Investissements directs à l'étranger et stratégies des entreprises multinationales », *Revue de l'OFCE*, Hors série, mars 2002.

demande locale nécessite une différenciation marquée, il est avantageux d'approvisionner les consommateurs dans différents pays à partir d'une usine de production locale qui minimise les coûts de transports et dispose d'une meilleure connaissance des goûts et des besoins des consommateurs locaux. Cette question de la différenciation du produit est devenue un élément d'autant plus important que l'un des traits marquants du commerce international contemporain, à côté du commerce intra-firme, est la présence d'un commerce intra-branche de produits similaires entre pays développés [23].

23 Pour un article fondateur en la matière, voir Lassudrie-Duchêne, B., (1971), « La demande de différence et l'échange international », *Économie et sociétés*, juin.

Dès que les différences de niveau de développement sont plus affirmées, les stratégies de développement des firmes américaines conduisent à un investissement de type vertical, pour lequel le coût du facteur travail et la proximité géographique deviennent importants dans le choix du pays d'implantation. Le Mexique constitue un cas d'école de pays proches géographiquement des États-Unis, où sont réalisées des phases du processus productif intensives en travail. Il est clair que le fait que le Mexique fasse partie, depuis 1994, avec les États-Unis et le Canada, de l'ALENA (Association de libre échange nord-américain) a son importance vu la suppression des barrières douanières et la forte réduction des barrières non tarifaires qu'implique une telle association. Plus anciennement, à partir de 1965 mais surtout de 1983, le programme de *maquiladoras* a lui aussi largement contribué à la décomposition du processus productif des firmes multinationales américaines. Ces *maquiladoras* correspondent à des unités de production prenant la forme essentiellement d'usines de montage possédées par des entités étrangères et principalement américaines. Les principaux secteurs des *maquiladoras* (80 % de leur production), où travaillent 70 % de leurs travailleurs, sont ceux des composants électriques et électroniques, de l'équipement, des transports et du textile. Ces unités de production sont exemptées de droits de douane sur les importations de composants utilisés dans l'assemblage. Avant 1994, lorsqu'elles étaient dirigées vers les États-Unis, les exportations de biens résultant de l'assemblage étaient exemptées de droits de douane.

Le Canada constitue aussi un cas intéressant. Même si le Canada est un pays développé, ce sont également des phases du processus de production intensives en travail qui y sont réalisées : les salaires moyens et la productivité y sont relativement faibles. Cependant, parce que le Canada est géographiquement proche des États-Unis, une part relativement plus grande d'investissements y est réalisée par rapport à d'autres pays qui auraient des niveaux de salaire comparables. Le Canada constitue un pays où les multinationales développent de manière équilibrée une stratégie de croissance verticale (étant donné le niveau relativement faible des salaires) mais aussi une stratégie de croissance horizontale qui consiste à satisfaire une demande locale. L'ALENA a joué un rôle de catalyseur dans la mise œuvre de telles stratégies.

> De manière plus générale, en 1998, tous pays d'implantation confondus, les filiales sous contrôle américain revendent 11 % de leur production à leur société-mère. De grandes différences apparaissent cependant selon le niveau de développement des pays dans lesquels les sociétés sont implantées et/ou la proximité géographique des États-Unis. Ainsi, environ 43 % des ventes des filiales implantées au Mexique sont des exportations vers les sociétés-mères américaines. Pour les filiales au Canada, la part est légèrement moins forte, mais de 32 % tout de même. À l'opposé, moins de 4 % des ventes des filiales implantées dans l'UE et moins de 3 % de celles implantées au Japon sont des exportations vers des sociétés-mères des États-Unis. L'activité internationale, dans les pays à revenus élevés, est donc principalement horizontale. Le ratio « ventes totales des filiales sur exportations américaines totales » est de 5,7 pour les pays de l'Union européenne, de 1,3 pour le Canada qui correspond à un cas intermédiaire, et de seulement 0,8 pour le Mexique. Plus généralement,

le ratio est de 4 pour les pays développés contre 1,6 pour les pays en voie de développement. La stratégie dans ces derniers pays est donc essentiellement verticale (« produire pour réimporter et transformer ») et non plus horizontale (« produire pour vendre localement »).

### ENCADRÉ 2.3
#### *Les multinationales asiatiques*

Les multinationales japonaises ont un comportement similaire à celui des multinationales américaines. Fortement présentes dans les pays développés (États-Unis, Union européenne), elles y réalisent essentiellement des investissements de type horizontaux. Dans les années 1970 jusqu'au milieu des années 90, l'IDE japonais réalisé aux États-Unis et dans l'Union européenne avait pour objet principal de contourner des barrières protectionnistes. En outre, l'appréciation du Yen a conduit les entreprises japonaises à approvisionner ces deux marchés par une implantation directe plutôt que par des exportations traditionnelles. Moins présentes dans les pays en développement, les multinationales japonaises y réalisent avant tout un investissement de type vertical. C'est le cas notamment dans les pays d'Asie du Sud-Est, pour le secteur des machines électriques et de l'électronique, où elles ont développé une véritable production *offshore* d'assemblage à partir de composants importés du Japon.

Globalement, pour les États-Unis comme pour les principaux pays développés, les IDE répondant à une stratégie horizontale dominent largement, même si les IDE (verticaux) sont en forte progression sur la période récente. Ce résultat semble intuitif, étant donné que les États-Unis, comme les pays développés, sont de loin les principales zones d'accueil des investissements étrangers.

■ **Quelle est la stratégie des firmes multinationales en France et en Europe ?** Les groupes industriels internationaux jouent un rôle de premier plan au sein du commerce extérieur français en réalisant 75 % des exportations et 64 % des importations industrielles (SESSI, 2002, *op. cit.*)[24]. Les échanges intra-groupe concernent un nombre limité de grandes firmes multinationales. En 1999, les 210 plus grands groupes industriels internationaux réalisaient la moitié des échanges extérieurs de produits manufacturés et les 800 premiers les deux tiers et près de 90 % des échanges intra-groupe. Depuis 10 ans, la France s'est largement ouverte aux implantations étrangères. Les groupes industriels étrangers contribuent fortement à ces échanges intra-groupe. Ils réalisent, en 1999, les trois-quarts des importations de ce type et 50 % des exportations,

24 Les chiffres proposés sont issus d'une enquête « échanges internationaux intra-groupe » menée conjointement, en 2000, par l'INSEE, la Banque de France et le Ministère des Finances. 4 305 entreprises, appartenant à 2 114 groupes industriels internationaux (groupes possédant au moins une filiale industrielle à l'étranger), ont répondu. Elles représentent 52 % des entreprises entrant dans le champ de l'enquête mais 78 % des flux de produits manufacturés échangés en France, en 1999. Au-delà de la partie quantitative mesurant les échanges intra-groupe, l'enquête comporte une partie qualitative constituée de questions d'opinion sur les stratégies des groupes industriels internationaux implantés en France.

et sont d'ailleurs à l'origine de l'accroissement du commerce intra-firme entre 1993 et 1999 (tableau 2.8 ci-dessus). L'Union européenne est la zone avec laquelle l'échange intra-groupe est le plus important, suivie des pays de la Triade. Les secteurs les plus touchés par ce phénomène sont l'automobile (66 % d'échange intra-groupe) et la pharmacie (55 %).

Ce fort mouvement d'échanges intra-firme n'a pas entravé la croissance des échanges extérieurs classiques. Ainsi, même lorsqu'une multinationale dispose d'une seule filiale à l'étranger, elle réalise une partie de ses exportations vers ce pays sans passer par sa filiale : en moyenne un tiers des exportations vers des pays d'implantation restent des échanges classiques, c'est-à-dire en dehors du groupe (SESSI, 2004, *op. cit.*).

Les groupes industriels internationaux, indépendamment de leur nationalité, organisent leurs échanges de manière à mieux pénétrer les pays où ils sont implantés. Tel est le cas des groupes industriels étrangers implantés en France dont la volonté est avant tout commerciale. 73 % de leurs importations intra-groupe sont revendues en l'état sur le marché français. Dans cette stratégie, leurs filiales de commerce de gros installées en France occupent une place déterminante. Alors que les filiales de commerce de gros ne représentent que 3 % des entreprises du secteur du commerce de gros, elles réalisent presque la moitié des échanges extérieurs du secteur. À elles seules, elles assurent 13 % des échanges extérieurs français. Ces filiales ont un rôle clé dans l'organisation des groupes industriels. Depuis une vingtaine d'années, les groupes industriels internationaux développent davantage leurs propres réseaux internationaux. De plus en plus, ils assurent eux-mêmes la commercialisation de leurs produits au sein de filiales distinctes. Sur les 4000 groupes industriels présents en France, un sur deux dispose d'une filiale commerciale. Au niveau européen, ils échangent des produits similaires (commerce intra-branche) qui sont souvent des compléments de gamme : l'automobile (31 %) arrive en tête des produits qui s'échangent en intra-groupe, suivie de la chimie (13 %).

Les groupes européens apparaissent comme des « multinationales classiques » qui cherchent à tirer parti d'un vaste marché européen homogène (économie d'échelle) plutôt que d'organiser la production à l'échelle européenne. Les économies européennes sont fortement intégrées et donc voisines en termes de ressources en matières premières, en niveau de coûts, en qualification et productivité de la main-d'œuvre, en goûts des consommateurs. Il existe donc peu de produits pour lesquels émergent des avantages comparatifs permettant de justifier une décomposition européenne du processus productif. Comme l'indique la figue 2.2 ci-après, ce constat demeure identique lorsqu'on étudie plus spécifiquement les groupes industriels français dont les trois-quarts des exportations vers leurs filiales (à 80 % européennes) ont une motivation commerciale (filiales commerciales ou filiales industrielles faisant du complément de gamme).

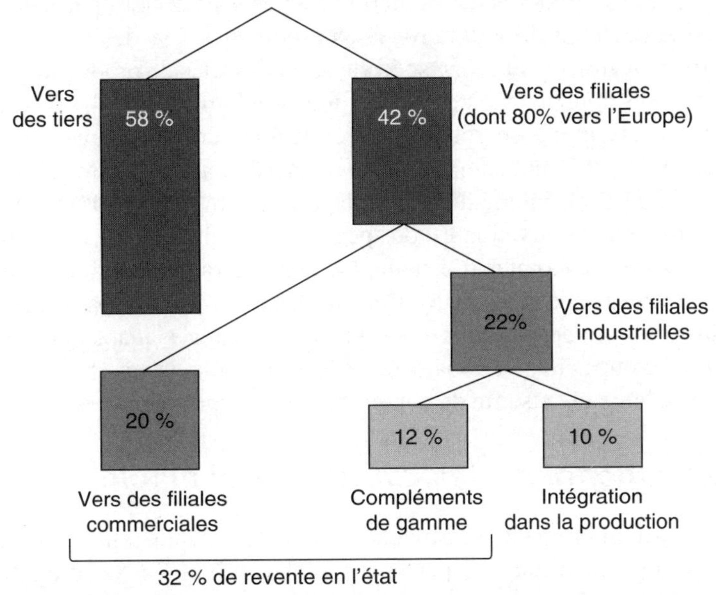


**Figure 2.2**
*Les exportations des groupes industriels français*

Source : « Industrie française et mondialisation », *Le 4 Pages des statistiques industrielles*, SESSI, Ministère français de l'Économie, des Finances et de l'Industrie, n° 90, mai 1998.

Quand elles proviennent en revanche de pays hors de la Triade, les importations intra-groupe sont plus souvent destinées à être intégrées dans le processus de fabrication : 47 % contre seulement 28 % pour les produits provenant de la Triade. L'élargissement récent de l'Union européenne à de nouveaux membres d'Europe orientale, où la main-d'œuvre est moins chère, pourrait changer cette perspective. On observait déjà, en 1999, que 45 % des importations en provenance des PECO (Pays d'Europe Continentale et Orientale) étaient destinés à de la fabrication. Les PECO se sont ouverts plus tardivement que les pays en voie de développement aux investisseurs étrangers. C'est à partir du début des années 90 que des IDE, suscités par les privatisations, ont eu lieu à destination de ces pays. Les entreprises sous contrôle étranger implantées dans les PECO sont responsables d'une part significative des ventes, des exportations et des importations de ces pays. Par exemple, en Hongrie, 70 % des ventes du secteur manufacturier et 86 % des exportations étaient le fait d'entreprises à capitaux étrangers à la fin des années 90.

La conquête des marchés étrangers s'opère avant tout à partir de sa base nationale. Ainsi, les exportations intra-groupe des groupes industriels français sont utilisées à 70 % pour être revendues en l'état dans d'autres pays. L'organisation de l'échange à l'intérieur des groupes relève essentiellement d'une décision qui est prise par la tête de groupe au niveau mondial, plutôt que d'une décision individuelle des filiales installées à l'étranger. En 1999, 60 % des échanges intra-groupes sont décidés par la tête de groupe qui coordonne la décomposition du processus productif. 65 % des flux transfrontaliers internes au groupe résulteraient d'une spécialisation des sites de production. Pour près de 70 % des entreprises appartenant à un groupe industriel international, les échanges intra-groupe sont planifiés à moins de trois mois. Près de 40 % de ces échanges sont même réalisés à flux tendus, c'est-à-dire en moins d'un mois. L'enquête montre enfin que pour les grands groupes industriels internationaux français, qui emploient 10 000 salariés et plus en France, la principale motivation est de spécialiser les sites productifs au niveau mondial pour réaliser des économies d'échelle. La seconde raison de préférer les échanges internationaux intra-groupe aux échanges classiques est constituée par la meilleure flexibilité pour ajuster le prix des produits et les quantités, et ainsi s'adapter aux évolutions du marché. Pour les groupes internationaux de plus petite taille, la variable déterminante est la proximité avec leurs clients afin de conquérir des marchés étrangers.

## 2.2.2 *Multinationales, délocalisations et emploi*

Une question, particulièrement controversée, est celle des délocalisations vers les pays à bas salaires qui seraient induites par la mondialisation et l'ouverture internationale. La problématique des délocalisations est tout à fait complémentaire de celle du commerce international car les entreprises répondent en effet à la concurrence des importations provenant des pays à bas salaire en faisant du progrès technique et en fractionnant le processus de production pour tirer parti des différences de coûts relatifs. Cela a par conséquent des effets (qu'il faut évaluer) sur les inégalités salariales et l'emploi dans les pays industrialisés (A). Enfin, la question qui se pose est de savoir dans quelle mesure des politiques publiques peuvent infléchir de tels phénomènes (section B).

### A. Délocalisations et emploi : un lien controversé

La définition même du phénomène de délocalisation pose problème. Même si elles font l'objet de critiques, les études empiriques semblent montrer que l'impact des délocalisations sur l'emploi, notamment en Allemagne et en France, demeure de faible ampleur pour l'instant.

■ **Investissements directs et délocalisations : quelques définitions.** Il est difficile de définir les délocalisations et encore plus de mesurer le phénomène sur le plan statistique. Cela explique sans doute pourquoi l'impact chiffré des délocalisations sur les destructions d'emplois dans les pays industrialisés peut être différent d'une étude à l'autre. Le premier point qu'il faut souligner est que les notions d'investissements directs étrangers (IDE) et de délocalisations sont distinctes, même si elles entretiennent un lien étroit. Sont comptabilisés comme des flux d'investissements directs, à la fois les prises de participations (quand elles dépassent le seuil des 10 %), les opérations de fusions, les bénéfices réinvestis ou encore les implantations *ex nihilo* [25]. On notera que

25 Pour des précisions sur les IDE, voir la section B du 2.1.2.

seule une faible part des IDE correspond à une première implantation et à un investissement physique à l'étranger (*greenfield*). Les délocalisations peuvent être définies (voir par exemple Benaroya, 2004) [26] comme un transfert d'activités économiques du territoire national vers un pays étranger afin de réimporter sur le territoirc national l'essentiel des biens produits ou de servir les mêmes marchés. Sont assimilés à des délocalisations (mais sans investissements) les accords de sous-traitance avec une entreprise étrangère (*offshore outsourcing*) ou l'octroi d'une licence à cette entreprise quand cela a pour effet de substituer une production étrangère à une production nationale. Mucchielli (1998) [27] considère de son côté qu'il y a délocalisation quand une entreprise nationale choisit de faire faire hors des frontières ce qu'elle aurait pu faire elle-même [28].

Les délocalisations peuvent donc être considérées comme une modalité particulière d'investissement à l'étranger. De leur côté, les IDE peuvent être effectués *ex nihilo*, c'est-à-dire sans destructions d'activités économiques sur le territoire national. La part des délocalisations dans les IDE varie selon leur destination (Fontagné et Lorenzi, 2004) [29]. Les délocalisations représenteraient moins de 10 % des investissements français dans les nouveaux membres de l'UE contre 20 % pour l'Allemagne. Les IDE vers les pays émergents sont concentrés sur la Chine (la moitié de l'investissement étranger en Chine est cependant probablement le résultat d'investissements chinois via des sociétés écran pour bénéficier d'avantages réservés aux investisseurs étrangers). Enfin, la part des investissements industriels dans les pays en voie de développement représente environ 8 % des investissements totaux pour l'UE et 7 % pour les États-Unis.

■ **Les effets de la division verticale du travail sur l'emploi.** La difficulté d'appréhender le phénomène des délocalisations résulte de la multiplicité des déterminants des investissements à l'étranger. On distingue traditionnellement avec Markusen (1995) deux types d'investissements internationaux [30]. L'investissement « horizontal » est motivé par l'accès à de nouveaux marchés en se rapprochant de la demande. Une grande partie des investissements directs entre pays industrialisés (qui représentent environ 80 % des IDE dans le monde) est de type horizontal.. L'investissement « vertical » est de toute autre nature : il est motivé par la division des processus de production au niveau international et par la spécialisation de filiales sur des segments de la chaîne de valeur ajoutée [31]. Ce phénomène est mal rendu par les théories traditionnelles

26 Benaroya, F., (2004), « Le point… sur les délocalisations », in Fontagné, L. et Lorenzi, J.-H., *Désindustrialisation-Délocalisation*, Rapport du CAE, Paris.

27 Mucchielli, J.-L., (1998), *Multinationales et mondialisation*, Seuil, Paris.

28 Une acception encore plus large est donnée par Arthuis (1993) qui considère comme délocalisation toute importation de biens et de services ayant des substituts nationaux.

29 Fontagné, L. et J.-H. Lorenzi, (2004), *Désindustrialisation-Délocalisation*, Rapport du Conseil d'analyse économique (CAE), Paris.

30 Markusen, J.R., (1995), « The Boundaries of Multinational Firms and The Theory of International Trade », *Journal of Economic Perspectives*, 9, n° 2, pp. 169-189.

31 Pour des développements théoriques sur cette question, voir la section B. du 2.2.1.

du commerce international qui raisonnent sur la production et l'échange de biens finaux : les pays se spécialisent en fonction de leur avantage comparatif dans la production de certains biens et délaissent les autres. Cependant, comme le font remarquer Fontagné et Lorenzi (2004, *op. cit.*), l'analyse doit être amendée dès lors qu'on intègre des biens intermédiaires : la réimportation de biens intermédiaires (ou de simples importations s'il s'agit d'accords de sous-traitance) permet de maintenir au Nord les segments de valeur ajoutée les plus intensifs en technologie, en capital et en main-d'œuvre qualifiée alors que les activités de fabrication intensives en main-d'œuvre peu qualifiée (et bon marché) sont localisées dans les pays émergents à bas salaires. La division verticale du travail doit donc conduire à une progression de la part des biens intermédiaires dans le commerce mondial. Empiriquement, on montre que c'est effectivement le cas : la part des biens intermédiaires (composants, produits « semi-finis », etc.) représente un peu plus de la moitié du commerce mondial. C'est cet aspect des délocalisations qui est effectivement le plus inquiétant en termes d'emplois. Un certain nombre d'observations peuvent être faites.

On observe un déplacement des emplois non pas entre industries mais au sein des industries sur la période récente, ce qui est bien le signe d'une division verticale du travail. Strauss-Kahn (2003) montre que l'augmentation de la sous-traitance expliquerait environ un quart de la montée des inégalités entre travailleurs qualifiés et non qualifiés en France sur la période 1985-1993 [32] Au Royaume-Uni, l'*outsourcing* expliquerait un tiers des inégalités de salaires entre qualifiés et non-qualifiés. D'autres études se sont intéressées à la plus ou moins grande substituabilité entre travailleurs au sein des entreprises multinationales en fonction des différences de coûts salariaux de la main-d'œuvre (Slaughter, 1995 ; Brainard et Riker, 1997) [33] [34]. Il apparaît que l'emploi des filiales étrangères se substitue assez faiblement à celui de la maison-mère mais la substitution est plus élevée pour l'emploi des filiales localisées dans des pays à faible salaire.

Selon Marin (2004), les enquêtes auprès des entreprises estiment les pertes d'emplois en Allemagne consécutives aux délocalisations dans les nouveaux pays membres de l'Union européenne à 90 000 emplois sur la période 1990-2001 (soit 0,3 % de l'emploi en Allemagne) [35]. Pour la France, l'étude d'Aubert et Sillard (2005) mesure les délocalisations au sens strict, c'est-à-dire le cas où un établissement d'un groupe industriel diminue ses emplois, tandis que le groupe remplace sa production par des importations [36]. Les pertes d'emplois sont estimées à 13 500 par an, dont 6500 au profit

---

32 Strauss-Kahn, V. (2003), « The Role of Globalization in the Within-Industry Shift Away from Unskilled Workers in France », *NBER Working Papers*, n° 9716.

33 Slaughter, M. J. (1995), « Multinationals Corporations, Outsourcing, and American Wage Divergence », *NBER Working Paper*, n° 5253.

34 Brainard, L. et Riker, D. (1997), « Are U.S. Multinationals Exporting U.S. Jobs ? », *NBER Working Paper*, n° 5958.

35 Marin, D., (2004), « The Nation of Poets and Thinkers. Less So with Eastern Enlargement ? Austria and Germany », *CPER Discussion Paper*, 4358.

36 Aubert, P., et, P., Sillard, (2005), « Délocalisations et réductions d'effectifs dans l'industrie française », *Document de travail de la Direction des Études et Synthèses Économiques de l'INSEE*, n° 2005/03.

des pays à bas salaire, soit 40 000 emplois sur la période allant de 1995 à 2001. Il s'agit d'une estimation basse dans la mesure où la période étudiée arrive après la grande vague des délocalisations industrielles et que les délocalisations, au sens large, ne sont pas comptabilisées. Une entreprise française licencie car ses clients sc fournissent désormais dans un pays émergent à bas salaire (PEBS).

D'autres études comme celle d'Hervé Boulhol [37] utilisent la méthode (controversée sur le plan méthodologique) des balances en emplois. Cette méthode consiste à calculer la différence entre les emplois gagnés dans les secteurs exportateurs et ceux perdus dans les secteurs importateurs. Elle ne se limite donc pas à mesurer les seuls effets des délocalisations et elle englobe de manière plus générale les effets de la concurrence internationale. Les estimations montrent que 250 000 emplois industriels auraient été perdus en France du fait de la concurrence avec les pays du Sud entre 1970 et 2002 (soit 15 % des destructions d'emploi industriel sur la période). Une étude plus récente de l'INSEE (2010) utilisant aussi la méthode des balances en emplois (amendée de façon à éviter certains écueils liés à cette méthode) montre que sur la période 2000-2005 les destructions d'emplois liées aux délocalisations à l'étranger seraient plus importantes, de l'ordre de 36 000 par an en moyenne [38]. Une étude de la Direction générale du Trésor (2010) utilisant la même méthode considère que la concurrence étrangère expliquerait 13 % de la baisse de l'emploi industriel en France entre 1980 et 2007 et près de 30 % sur la période plus récente de 2000 à 2007 [39].

L'*European Monitoring Center on Change* (EMCC) a recensé quelque 1500 cas de restructurations d'entreprises européennes et montre que les cas de délocalisation et de sous-traitance internationale ne représentent que 8 % des restructurations et 7 % des emplois supprimés. La concurrence des pays émergents n'a qu'un impact limité sur la désindustrialisation. Nous terminerons en soulignant que la question des délocalisations ne se cantonne pas aux seules activités industrielles mais concerne aussi les services (les IDE concernent pour l'essentiel les services, à hauteur environ des deux tiers) et de plus en plus souvent les activités à haute valeur ajoutée. La révolution opérée par les NTIC a rendu certains services délocalisables, alors qu'ils ne l'étaient pas auparavant. On conclura en soulignant que la plupart des études montrent que l'effet des délocalisations sur l'emploi manufacturier reste modeste mais qu'il ne faut pas sous-estimer la possibilité d'effets cumulatifs dans le futur.

---

37 Boulhol H. (2004), « Quel impact du commerce extérieur international sur la désindustrialisation dans les pays de l'OCDE ? », *Flash CDC Ixis,* n° 2004-206, 1er juillet.

38 Boulet, M., Blanchet, D. et Crusson, L., (2009), «Globalisation et flux d'emplois : que peut dire une approche comptable ? », *Économie et Statistique*, n° 427-428.

39 Demmou, L., (2010). « La désindustrialisation en France », documents de travail de la DG Trésor, Ministère de l'Économie, de l'Industrie et de l'Emploi.

## B. Quelles stratégies de politique économique à la disposition des pays face aux délocalisations ? [40]

Un des effets de la mondialisation souvent souligné est qu'elle ferait perdre aux pays toute autonomie dans leurs choix de politique économique. Cela est sans doute vrai si l'on considère que la mondialisation doit être combattue. Aucun pays n'est en mesure de le faire, sauf à se refermer et subir par conséquent les représailles des autres pays : les négociations commerciales appellent la réciprocité et relèvent davantage d'une forme de mercantilisme que des préceptes de la théorie classique du commerce international. Nous avons montré (chapitre 1) que l'ouverture internationale est source de gains en bien-être et de croissance économique pour les pays partenaires à l'échange. Le protectionnisme est alors considéré comme une « fausse bonne réponse » à la question des ajustements sociaux que les pays industrialisés doivent parfois supporter du fait de la concurrence des pays à bas salaires. Deux types de stratégies sont possibles face aux défis posés par la mondialisation. Les premières sont « défensives » et visent à réduire les coûts unitaires de production pour rester « compétitifs » par rapport aux pays à bas salaires. Le risque est alors de voir se développer une concurrence fiscale et sociale entre pays industrialisés et pays émergents (mais aussi entre pays industrialisés). Les secondes, plus « offensives », visent à tirer parti de la mondialisation en essayant de réduire la concurrence en prix grâce à un positionnement sur des segments à forte valeur ajoutée. Une action publique volontariste est alors nécessaire afin de (re)définir les contours d'une véritable politique industrielle « territorialisée ».

■ **Baisser le coût du travail des travailleurs non qualifiés : un risque de dumping « social ».** Un premier type de stratégie de politique économique (sur le plan interne) consiste à considérer que l'on peut faire face à la concurrence des pays émergents à bas salaire (PEBS) en réduisant le coût du travail non qualifié. L'ouverture aux échanges (notamment avec les PEBS) est en effet susceptible d'augmenter l'élasticité (sensibilité) de la demande de travail non qualifié dans les pays industrialisés (par rapport à son coût). Les études empiriques sont moins tranchées sur la question qu'on pourrait le penser. Il existe cependant de fortes présomptions que l'emploi non qualifié soit plus sensible à sa rémunération du fait de l'ouverture aux échanges. Il apparaît en revanche que l'élasticité de la demande de travail qualifié n'est pas (ou très peu) affectée par la mondialisation des échanges. La baisse du coût du travail peut prendre par exemple la forme de réduction des taux de cotisations sociales sur les bas salaires. Certains poussent pour aller encore plus loin en demandant un assouplissement du droit du travail permettant aux employeurs de bénéficier de davantage de flexibilité. Il s'agit évidemment d'un choix de société car la baisse des cotisations sociales peut à terme remettre en cause la qualité des prestations sociales servies et plus généralement les modèles sociaux généreux. Cette question fait écho à celle du « dumping social » auquel sont accusés de se livrer certains pays émergents. On voit mal cependant comment les pays

---

40 Les développements qui suivent s'inspirent étroitement de Madiès, T., (2006). « Quelles stratégies de politique économique face à la mondialisation dans les pays industrialisés ? », in *Les politiques économiques*, Les Cahiers français, n° 335.

industrialisés peuvent espérer tirer un gain quelconque à long terme d'une stratégie qui viserait à s'aligner sur la politique des pays pratiquant un moins disant social. Il suffit pour s'en persuader de remarquer que les salaires en France sont de 14 à 24 fois plus élevés qu'en Chine selon les qualifications (Fontagné et Lorenzi, 2004, *op. cit.*). Un certain nombre d'observateurs et d'hommes politiques français pensent avoir trouvé la solution au dilemme opposant flexibilité et protection des salariés (n'oublions pas qu'un environnement sécurisé contribue aussi à la productivité du travail) dans le modèle danois. La « flexsécurité » mise en œuvre au Danemark associe un marché du travail très flexible (les obstacles aux licenciements sont très limités), un système d'indemnisation généreux (les allocations de chômage sont versées pendant une période de quatre ans sans dégressivité et peuvent représenter jusqu'à 90 % du salaire pour les bas revenus) et des politiques actives de l'emploi (formation obligatoire à la recherche active d'emploi et obligation de suivre des activités de formation) (voir Aghion, Cohen et Pisani-Ferry (2005), pour une discussion du modèle danois de « flexsécurité »)[41].

## ENCADRÉ 2.4

### *Les déterminants des choix de localisation : une approche en termes d'économie géographique*[42]

Les travaux de la nouvelle économie géographique (NEG) permettent d'enrichir la compréhension des choix de localisation des entreprises multinationales. Les méthodes économétriques ont elles aussi évolué et permettent désormais de modéliser les choix d'implantation comme le résultat d'un processus de choix hiérarchisé. Mucchielli (1992) souligne que l'entreprise multinationale choisit d'abord une zone géographique à l'échelle d'un continent et qu'ensuite, conditionnellement à ce choix, elle va décider du pays puis de la ville ou de l'aire métropolitaine. Les travaux récents permettent en outre de prendre en compte de façon beaucoup plus complète les déterminants des choix de localisation (Mayer et Mucchielli, 1999). Ceux-ci peuvent être regroupés en quatre catégories : (1) la taille du marché qui peut être servi à partir du lieu d'implantation, (2) le coût des facteurs de production, (3) le nombre d'entreprises installées sur un site comme mesure des externalités positives qui poussent des entreprises à se regrouper[43] (4) les politiques publiques (y compris fiscales)[44]. Les entreprises

41 Aghion, Ph., Cohen, E., Pisani-Ferry, J., (2006), *Politique économique et croissance en Europe*, Rapport du CAE, Paris.

42 Voir aussi les développements consacrés à la concurrence fiscale dans le chapitre 5 sur l'intégration européenne.

43 L'idée générale est que la proximité géographique engendre des gains. Pour Marshall (1920), *Principles of Economics*, MacMilan, London) les entreprises installées sur un même site peuvent bénéficier d'un large marché du travail spécialisé, d'un accès plus facile aux inputs nécessaires à la production ainsi que la possibilité de bénéficier d'externalités technologiques liées à la proximité géographiques (on sait par exemple que les transferts de connaissances décroissent rapidement avec la distance du lieu où elles ont été émises). La présence d'entreprises du même secteur sur un site peut aussi constituer un signal pour les entreprises qui veulent s'installer sur un site. D'un autre côté, davantage d'entreprises c'est aussi plus de concurrence en prix (sauf si différenciation).

44 Le lecteur trouvera un examen approfondi des forces d'agglomération proposé par la nouvelle économie géographique (NEG), ainsi qu'une analyse du rôle de la fiscalité sur la localisation des investissements directs étrangers (IDE) dans le chapitre 5 sur l'intégration européenne (points 1.2.1 et 3.2.2).

## ENCADRÉ 2.4 (suite)

cherchent évidemment à se localiser là où la demande est importante (place centrale) et les coûts des facteurs de production sont faibles. Le problème est cependant que ces facteurs n'interviennent pas avec la même intensité pour chaque niveau géographique. La mesure de demande généralement utilisée quand on s'intéresse au choix de localisation d'un investisseur étranger est le PIB du pays d'accueil. On utilise aussi la notion de « potentiel marchand » (*market potential*) proposé initialement par Harris (1954). Le calcul du potentiel marchand tient compte à la fois de la taille (mesuré par le PIB « local ») et de « l'accessibilité » (mesurée par la distance géographique) de chacun des marchés dont les consommateurs peuvent être atteints en se localisant à un endroit donné.

La mesure des coûts de production comprend évidemment un grand nombre d'éléments mais l'accent est très souvent mis sur les coûts salariaux. Deux remarques peuvent être faites concernant ces derniers. Il apparaît tout d'abord au travers des études empiriques (voir par exemple Navaretti et Venables, 2004) que les coûts salariaux comptent généralement moins (voire ne comptent pas du tout) dans les choix de localisation par rapport à la taille du marché qui peut être potentiellement servi (demande). Il semble ensuite que le coût salarial joue un rôle plus important au niveau régional, c'est-à-dire une fois que l'investisseur étranger (l'investisseur japonais dans l'étude de Mayer et Mucchielli, 1999) a déjà choisi un pays d'accueil. À l'inverse, la variable de demande est plus significative à l'échelon national que régional. Ces résultats suggèrent qu'il est nécessaire du point de vue empirique de pouvoir mettre en œuvre des tests économétriques permettant de prendre en compte une structure de choix hiérarchisé (Mayer et Mucchielli utilisent par exemple un modèle dit de *logit* structuré). Les effets d'agglomération sont généralement mesurés en étudiant si le choix d'implantation d'un investisseur étranger dépend positivement de la présence d'entreprises concurrentes sur un site donné.

Une étude de Crozet *et al.* (2003) portant sur les décisions de localisation d'investisseurs étrangers sur le territoire français entre 1985 et 1995 montre qu'une augmentation de 10 % du nombre d'entreprises étrangères (quel que soit le pays d'origine) implantées dans un département français augmente en moyenne d'environ 3 % la probabilité de voir ce département choisi. Le degré d'agglomération dépend cependant fortement du secteur d'activité. Il semble qu'au moins dans le cas des investisseurs japonais en France, ceux-ci se localisent dans les régions françaises où sont déjà implantées d'autres filiales japonaises ou des entreprises françaises appartenant au même secteur (l'effet d'agglomération « ressort » mieux à l'échelon régional que national). On notera enfin que la fiscalité sur les entreprises a un effet potentiellement important sur la localisation des investissements directs. Une augmentation d'un point du taux d'imposition sur les bénéfices (il ne s'agit pas du taux d'imposition nominal mais d'une mesure de la fiscalité pesant sur le bénéfice des entreprises) réduirait les investissements directs étrangers d'environ 4 à 5 %. On montre cependant que les dépenses publiques (notamment d'infrastructure et de R&D) ont un impact positif sur la localisation des IDE et viennent compenser une fiscalité plus lourde.

## ENCADRÉ 2.4 (suite)

**Références citées :** Mucchielli, J.-L., (1992), « Déterminants de la délocalisation et firmes multinationales, analyses synthétiques et application aux firmes japonaises en Europe », *Revue économique*, 43-4, pp. 647-659 ; Mayer, Th., et, J.-L., Mucchielli (1999) « La localisation à l'étranger des entreprises multinationales, une approche d'économie géographique hiérarchisée appliquée aux entreprises japonaises en Europe », *Économie et Statistique,* n° 326-327, pp. 159-176 ; Harris, C., (1954), « The market as a factor in the localisation of industry in the United States », *Annals of the Association of American Geographers*, 64, pp. 315-348 ; Navaretti, G., Venables, T., (2004), *Multinational firms in the world economy*, Princeton University Press ; Crozet, M., Mayer, Th., Mucchielli, J.-L., (2003) « How do firms agglomerate ? A study of FDI in France », *Regional Science and Urban Economics*, 34, pp. 27-54.

■ **De la nécessaire montée en gamme à une politique industrielle « territorialisée ».** Les stratégies visant uniquement à baisser les coûts de production correspondent à des politiques défensives ou d'accompagnement des effets de la mondialisation de court (moyen) terme. Cela n'est pas suffisant et tous les observateurs considèrent que seules des stratégies plus offensives sont nécessaires. Pour les pays industrialisés (et particulièrement pour la France), une « montée en gamme » en se positionnant sur le haut de la chaîne de valeur technologique et sur les activités innovantes est le plus sûr moyen d'éviter de se laisser entraîner dans une spirale de concurrence par les prix qu'il sera de toute façon difficile de tenir face aux pays émergents dans les secteurs traditionnels. Cela suppose évidemment de continuer à augmenter le niveau de qualification moyen dans les pays industrialisés et d'investir dans la recherche et le développement (R&D). Cette solution ne résout pas complètement la question de l'offre excédentaire de travailleurs non qualifiés. Bon nombre d'observateurs estiment qu'il est nécessaire de développer parallèlement des emplois dans les « secteurs protégés » de la concurrence internationale, et en particulier dans les services dits de proximité. Une telle politique risque cependant de creuser encore plus les écarts entre travailleurs qualifiés et non qualifiés si elle se traduit pour ces derniers par la création de « *bad jobs* ».

La vraie question, sans doute, est celle de redéfinir les contours d'une politique industrielle (tombée en désuétude en Europe au début des années 1980 au profit de la politique de la concurrence) que l'on pourrait qualifier de « territorialisée ». La meilleure façon d'attirer des activités économiques et de les maintenir sur un site est sans doute de les « ancrer » dans leur territoire d'accueil. La formation de *clusters* technologiques relève de cette logique, tout comme la mise en place récente en France de « pôles de compétitivité » qui ont pour objectif de développer des synergies et de mieux exploiter les externalités positives liées à la proximité entre entreprises, institutions d'enseignement supérieur et de recherche. On soulignera en effet que l'économie géographique de l'innovation tend à mettre en évidence le caractère essentiel des externalités de connaissance et de leur composante territoriale dans la polarisation sectorielle et géographique de l'économie. Comme le souligne Prager (2004), les régions « leaders » en Europe ont mis en place des stratégies « matricielles », visant à renforcer les externalités de connaissances par un ensemble d'actions publiques appropriées.

Celles-ci comportent à la fois des actions dans les secteurs prioritaires et des actions transversales portant sur le développement des compétences scientifiques ou technologiques. Les actions sectorielles portent sur le renforcement des systèmes locaux d'innovation des secteurs d'activité prioritaires. Elles concernent des domaines nécessaires à la compétitivité des entreprises, où les mécanismes de marché apparaissent défaillants. On citera l'aide à la coopération interentreprises et avec les centres de recherche, ou encore les systèmes de veille collective [45].

## 2.3 QUELLE STRATÉGIE POUR LES FIRMES MULTINATIONALES ?

L'internationalisation des entreprises constitue un processus qui connaît une évolution permanente et par lequel s'effectue notamment la transformation de firmes nationales en firmes multinationales. Les entreprises doivent prendre en compte, dans leurs choix stratégiques, les structures organisationnelles qui vont servir à les mettre en œuvre. Nous essaierons, dans cette partie, de comprendre quelles sont les différentes voies que peut emprunter une firme qui souhaite s'internationaliser.

Ainsi, nous verrons d'abord quels sont les facteurs qui poussent l'entreprise à choisir telle ou telle stratégie internationale et comment celle-ci se met en place dans le temps (2.3.1). Ensuite, nous présenterons les modes de présence à l'étranger, cohérents avec la stratégie, que l'entreprise peut choisir (2.3.2). Enfin, une fois la stratégie définie, il est nécessaire de choisir une modalité de mise en œuvre. À ce niveau, on constate que deux modalités de croissance externe sont les plus fréquentes. Il s'agit des fusions et acquisitions (2.3.3), ainsi que des relations de partenariats entre entreprises. Nous traitons de ce dernier point, et plus particulièrement des caractéristiques des alliances stratégiques, dans la dernière sous-partie (2.3.4).

### 2.3.1 *Diagnostic et formulation d'une stratégie internationale*

Les firmes multinationales vont adopter une stratégie internationale. Il s'agit pour elles de choisir les pays cibles, les activités qu'elles veulent développer et les modes de présence à l'étranger. L'entreprise va effectuer une répartition des différents éléments de la chaîne de valeur [46] entre ses différentes implantations nationales, de telle sorte que cette répartition soit la meilleure possible. En suivant Porter (1986, *op. cit.*), cette répartition concerne souvent les activités « amont » (logistique, production) et les activités

---

45 Prager, J.-C., (2004), *Le management stratégique des régions en Europe*, Rapport de l'Agence de Diffusion de l'Information Technologique, Paris.

46 Depuis Porter, 1986 (*op. cit.*), la chaîne de valeur se définit comme un « enchaînement des différentes fonctions de l'entreprise qui contribuent à la valeur du produit ou du service mis sur le marché ».

de soutien (administration, gestion des ressources humaines, développement technologique), alors que les maillons « aval » (force de vente, distribution) restent liés à la localisation géographique du client.

L'organisation de la chaîne de valeur d'une multinationale met en avant des problèmes d'organisation et de contrôle, car il est nécessaire d'assurer une coordination stratégique et organisationnelle entre ces différentes fonctions réparties dans le monde. Il s'agit donc de trouver le « bon » niveau d'intégration des activités : plus l'entreprise est globale, plus les coûts sont censés êtres faibles par rapport au cas où l'on duplique l'organisation de l'entreprise au niveau de chaque pays cible. Deux forces s'opposent donc : les forces d'intégration et de coordination globale et les forces d'adaptation locales. Nous verrons donc, dans un premier temps, ces deux types de forces. En fonction du secteur dans lequel évolue l'entreprise et de ses caractéristiques propres, l'une ou l'autre de ces forces sera dominante. Nous verrons ainsi, dans un second temps, quelles sont les stratégies internationales possibles, chacune étant associée à une phase du développement international de l'entreprise.

## A. Forces d'intégration et de coordination globale *versus* forces d'adaptation locale

La globalisation des économies est souvent vue comme un « marché mondial » dans lequel les distances et les frontières politiques séparant les agents n'auraient pas d'importance. Dans ce cas, les entreprises ont intérêt à être « globales », c'est-à-dire à proposer le même produit quel que soit le marché et à s'organiser au niveau mondial comme elles le feraient au niveau national (cf. concept de chaîne de valeur). Mais dans certains cas, il est préférable d'adapter les produits aux goûts des consommateurs « nationaux » et donc de raisonner au niveau national. Danone a été obligé, par exemple, de modifier le conditionnement et les parfums de ses yaourts pour rentrer sur le marché chinois.

On oppose donc les notions de globalisation (très forte standardisation au niveau mondial) et de localisation (adaptation systématique aux besoins locaux) qui nécessitent des organisations différentes.

Porter (1986, *op. cit.*) a montré que deux types de facteurs s'opposent, les uns poussant à la globalisation et les autres à la localisation. En les combinant, on obtient une typologie des industries à l'échelle internationale. À chaque industrie correspondent une stratégie et un mode d'organisation différents.

### ■ Les forces d'intégration et de coordination globale [47]

Il est nécessaire pour l'entreprise qui souhaite s'internationaliser de définir les forces qui poussent à la coordination globale. Elle les comparera aux forces d'adaptation locale afin de trouver la « formule » la plus efficace.

47 Doz, Y.L., et C.K. Prahalad (1987), *The Multinational Mission*, The Free Press, New York.

1. La première catégorie de forces concerne **les coûts** : l'entreprise devra analyser chaque type de coûts, afin de voir si elle a intérêt à dupliquer son organisation dans chaque pays ou, au contraire, à la concentrer (voir section 2 où ces éléments sont développés dans le cadre d'une approche économique) :
   - les économies d'échelle : si la stratégie de l'entreprise est basée sur les coûts, l'accès à plusieurs marchés lui permettra de bénéficier d'économies d'échelle et donc de coûts plus bas. Des coûts fixes élevés constituent donc un facteur de globalisation ;
   - les coûts de recherche et développement : plus ils sont élevés, plus leur amortissement sur plusieurs pays est une nécessité. L'exemple type est celui de l'industrie pharmaceutique ;
   - les avantages comparatifs : on dit qu'il y a avantage comparatif lorsque les coûts des facteurs sont plus favorables dans un pays que dans un autre. Si la firme est localisée dans le pays où le coût d'un facteur important pour elle est bas, alors elle bénéficiera d'un avantage de coût total. La stratégie internationale peut donc être vue comme une combinaison des avantages comparatifs offerts par les pays et des avantages compétitifs propres à la firme ;
   - les coûts de transport : s'ils sont élevés, cela conduira à rapprocher physiquement la production de la demande (agroalimentaire frais...). Ils peuvent donc annuler les avantages liés aux économies d'échelles et aux avantages comparatifs.
2. La deuxième catégorie de forces concerne **le rapport entre la taille du marché et la taille critique de l'unité de production**. Si la valeur du rapport est faible, cela signifie que le marché risque d'être très concentré et cela pousse à la globalisation.
3. La troisième catégorie de forces concerne **l'intensité d'investissement**. Si celle-ci est élevée, cela pousse à une forte intégration mondiale des activités afin d'amortir plus rapidement l'investissement.

■ **Les forces d'adaptation locale**

Il s'agit de déterminer s'il vaut mieux proposer une offre standardisée commune aux différents pays ou, au contraire, une offre spécifique à chaque pays :

1. les facteurs de préférence nationale : il s'agit des arrangements institutionnels et politiques qui freinent les importations au niveau d'un pays ;
2. les barrières douanières et non douanières : toutes les formes de protectionnisme qui limitent l'accès d'un marché national aux produits étrangers sont à prendre en compte (quotas, contingents, formalités et démarches administratives, normes industrielles, sanitaires, de protection de l'environnement...). Voir à ce sujet le chapitre 3 sur le protectionnisme ;
3. les besoins du consommateur :
   a) les goûts et besoins spécifiques des consommateurs : il existe des particularités liées à l'origine des consommateurs et cela pousse vers une adaptation des produits :

b) le marketing mix doit être adapté aux spécificités des pays. Ainsi, le Club Med a dû modifier son concept de service pour la zone américaine et ne peut donc utiliser la même politique publicitaire ;

c) les circuits de distribution diffèrent d'un pays à l'autre et peuvent contribuer à fragmenter les industries à l'échelle mondiale ;

d) la sensibilité nationale des acheteurs : si les clients d'une industrie ont une vision nationale, les offres locales sont privilégiées. Si, au contraire, les clients sont mobiles au niveau international, une offre plus standardisée sera possible. Les chaînes hôtelières 3 ou 4 étoiles proposent la même offre, quels que soient les pays, dans la mesure où leurs clients sont habitués à voyager et aiment retrouver le même confort où qu'ils soient.

Au niveau de l'industrie analysée, une étude précise de chaque facteur doit être effectuée. Si les forces d'intégration sont dominantes, cela incitera les firmes à coordonner et à intégrer le management et la gestion des activités. On parlera alors d'industrie « globale ». Si, au contraire, ce sont les forces d'adaptation locale qui dominent, les entreprises devront s'organiser pour proposer des offres locales spécifiques. On parle alors d'industrie « multidomestique ». Il existe entre les deux tout un ensemble de situations qualifiées de mixtes (hybrides).

Une entreprise qui définit une stratégie internationale doit donc identifier les forces d'adaptations locales et les forces d'intégration en dressant une carte de la dialectique « global/local » de ses industries. La direction étudie ensuite les positions et les choix des principaux concurrents, puis élabore les lignes directives de le la stratégie internationale à suivre.

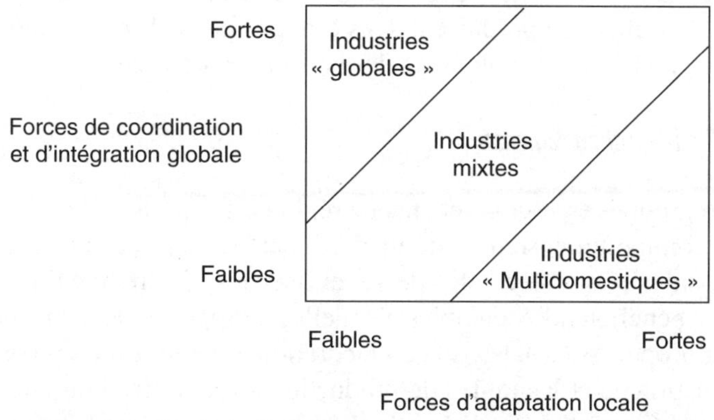


**Figure 2.3**
***Dialectique global/local et types d'industries***

Source : Porter (1986), *op. cit.*

## B. Stratégies et phases du processus de développement international

Une entreprise souhaitant s'internationaliser doit analyser l'environnement dans lequel elle évolue afin de définir de quel type d'industrie il s'agit (voir A). Puis, elle va choisir une stratégie internationale appropriée en fonction de la phase du processus de développement international qu'elle veut atteindre. Chaque phase se caractérise par des objectifs spécifiques et la mise en place de structures adaptées. Ces phases ne présentent pas nécessairement un caractère séquentiel.

### *Phase 1 : approche purement nationale*

L'entreprise peut mener une stratégie de concentration au sens de Porter et rester sur son marché national. Cela n'est viable que si elle dispose d'avantages concurrentiels clairs et durables. Le plus souvent, l'entreprise adoptera une stratégie de différentiation afin de ne pas pâtir du manque de « volume » de son marché. Il faudra être vigilant à l'arrivée de concurrents (surtout étrangers) et ne pas bannir a priori l'internationalisation.

### *Phase 2 : pénétration des marchés étrangers*

L'entreprise commence à prendre des parts de marché à l'étranger. Chaque marché est considéré séparément et c'est l'adaptation locale qui prédomine. Très vite, la création d'un service export ou d'une division internationale s'impose. L'entreprise prend place sur les marchés étrangers et augmente sa taille. Elle peut aussi menacer ses concurrents sur leur propre marché.

Suite à cette phase, certaines entreprises qui ont échoué à l'étranger se replient sur leur marché national et reviennent en phase 1. D'autres, au contraire, vont accroître leur présence à l'étranger en produisant dans d'autres pays afin de bénéficier d'avantages en termes de coûts ou de contourner des barrières à l'entrée.

### *Phase 3 : intégration régionale*

Les pays sont regroupés en régions et chaque région est appréhendée comme un marché unique et non comme un ensemble de marchés séparés aux besoins spécifiques. Des divisions régionales sont créées afin de superviser les différentes filiales nationales. L'objectif est de bénéficier d'économies d'échelle en proposant le même produit sur une zone de pays (Europe, Asie...). Mais la collaboration entre les services commerciaux de chaque filiale nationale et les unités de production spécialisées doit être effective. Au niveau de chaque élément de la chaîne de valeur, la question de l'intégration ou de la décentralisation doit être posée. Les pratiques de gestion doivent être uniformisées, surtout au niveau des ressources humaines. Les règles en matière de rémunération, de prise en compte de la performance doivent être les mêmes partout. Enfin, la logistique et la circulation de l'information au sein de l'entreprise éclatée ne doivent pas être négligées.

#### *Phase 4 : globalisation*

Le marché mondial est vu comme un marché unifié. Dans ce cas, l'entreprise cherche à réaliser de nouvelles économies d'échelle. Elle vendra des produits très standardisés (Mac Donald, Coca Cola). Il est possible que l'entreprise ne fabrique qu'en un seul lieu tous les produits qu'elle commercialise mondialement. La globalisation ne constitue pas l'étape ultime de l'internationalisation. Dans certains cas, l'entreprise est obligée de revenir à une offre plus locale en adaptant les produits aux spécificités de la demande (retour à la phase 2). L'entreprise sera donc toujours vigilante aux modifications de son environnement.

## 2.3.2 *Choix d'un mode de présence*

Selon la stratégie retenue, le degré de risque accepté, le degré d'engagement financier, le degré de contrôle exercé et les savoir-faire utilisés, l'entreprise devra choisir le mode de présence le plus approprié.

### A. Exportation

Il s'agit de vendre à l'étranger à partir du pays d'origine. Plusieurs solutions sont possibles.

1. *Exportation par opportunité.* Aucun pays n'est spécifiquement visé. Tout dépend des opportunités qui s'ouvrent à l'entreprise. Cela permet à l'entreprise d'élargir ses débouchés.
2. *Exportation régulière sans support marketing.* Des pays cibles sont définis et l'entreprise y vend ses produits parfois légèrement modifiés en fonction de la demande locale. Ce sont les intermédiaires sur place qui vont adapter la politique marketing.
3. *Exportation régulière avec support marketing mais sans structure locale.* L'entreprise passe le plus souvent par un importateur exclusif qui assure la distribution du produit. Le recours à un importateur n'est efficace que si le produit bénéficie d'un avantage évident aux yeux des consommateurs locaux. L'entreprise doit contrôler les agents et vérifier qu'ils utilisent tous la même stratégie marketing définie avec eux.
4. *Exportation régulière.* Une filiale de vente est créée afin de réaliser des affaires régulières dans le pays visé.

### B. Transfert de technologie ou de savoir-faire

Il s'agit d'accords contractuels sans partage de propriété. La cession de licence est l'octroi d'un droit d'utilisation d'une technologie ou d'une marque dans un espace géographique et pour une période définie, en contrepartie d'un droit d'entrée et de redevances annuelles. L'entreprise valorise sa technologie ou son savoir-faire commercial mais court le risque de créer son propre concurrent.

La franchise peut être considérée comme une forme élaborée de cession de licence dans laquelle le franchiseur apporte un savoir-faire commercial complet, des méthodes de gestion et éventuellement de production, et conserve un droit de contrôle très précis sur l'ensemble des opérations.

Le transfert de technologie peut être motivé par différents éléments :

1. *Transfert de technologie par opportunité*. Il s'agit de concéder une licence de brevet, de savoir-faire ou de marque commerciale pour des zones jugées non accessibles par l'entreprise. Cela permet à beaucoup de PME de se développer à l'international.
2. *Transfert de technologie comme exportation déguisée*. Cela permet de contourner les obstacles tarifaires et non tarifaires aux exportations (exemple : la franchise).
3. *Transfert de technologie comme support du leadership technologique*. Cela concerne surtout les activités où les dépenses de R&D sont élevées. L'entreprise diffuse le fruit de ses recherches à ses licenciés qui lui versent des royalties permettant de financer à nouveau sa recherche.
4. *Transfert de technologie comme support d'une alliance industrielle et commerciale*. Le licencié et le licencieur se spécialisent sur certains types de produits et de pays et chacun commercialise les produits de l'autre sur sa zone.

### C. La création d'une filiale dans le pays visé : Investissement Direct à l'Étranger (IDE) [48]

Ce choix montre la volonté de la firme de travailler durablement dans le pays. Il rassure donc les partenaires locaux de l'entreprise (distributeurs, clients). Différents types de filiales peuvent être créées.

1. *La filiale atelier*. L'objectif est d'accéder à un facteur de production bon marché (politique de délocalisation de la production, par exemple). Dans ce cas, les produits fabriqués seront vendus sur des marchés extérieurs.
2. *La filiale de production pour le marché local*. L'objectif est de s'implanter sur un marché de taille importante. Cette filiale est aussi un moyen d'éviter des droits de douanes élevés (on contourne des barrières à l'entrée). Parfois, on peut aussi créer une filiale pour un ensemble de pays limitrophes aux caractéristiques proches (Europe du Nord, de l'Est...).
3. *La filiale intégrée dans un système de production global*. Elle permet à la fois d'exporter des produits finis vers des marchés extérieurs mais aussi de fournir des sous-ensembles à d'autres usines de la société-mère.

---

48 Le lecteur se réfèrera aux sections 2.1.2. B pour des développements sur les IDE.

### 2.3.3 *Le choix de la croissance externe : les fusions et acquisitions*

Les deux modes d'action privilégiés (hors investissement « Greenfield ») de la stratégie internationale et, plus particulièrement de l'IDE, sont les fusions et acquisitions (F&A) et les alliances. Les premières représentent un moyen rapide d'internationalisation des activités. Dans le cas d'une stratégie globale, l'entreprise peut utiliser cette voie pour faire partie des leaders mondiaux de son industrie. Cela lui permettra aussi de bénéficier d'un effet de taille (économies d'échelle, augmentation du pouvoir de négociation...). C'est pour ces raisons que les F&A ont constitué la modalité privilégiée par les entreprises, tout particulièrement dans les pays développés.

L'histoire du capitalisme contemporain est marquée par des vagues successives de F&A. La première date de la fin du dix-neuvième siècle aux États-Unis et se caractérise par des F&A horizontales impliquant un grand nombre de producteurs. Elle a abouti à des situations de quasi-monopoles dans de nombreuses industries. La deuxième vague date des années 1920 et donne lieu à des stratégies d'intégration verticale et de diversification concentrique. La troisième vague intervient au milieu des années 1980 et fait apparaître des rachats hostiles d'entreprises ainsi que de nouvelles techniques de financement comme les LBO (*Leverage Buyout)* [49].

Le phénomène de F&A apparaît plus tardivement en Europe (années 1980). La cinquième phase de rapprochement entre entreprises a lieu dans les années 1990. Tous les pays développés sont concernés et l'on assiste à la multiplication des opérations de F&A transfrontalières. Il est à noter qu'entre 1995 et 2000, la valeur des F&A internationales a été multipliée par six. Plus de 70 % des opérations sont horizontales (elles concernent des entreprises appartenant au même secteur). On constate aussi que ces F&A touchent un vaste ensemble de secteurs (automobile, chimie, télécommunications, banques...).

Ces opérations permettent donc aux entreprises de renforcer leurs positions à l'étranger. Ainsi, dans les années 1990, près de 80 % des IDE conduisent à des F&A.

#### A. Les déterminants de telles opérations

Un certain nombre d'éléments peuvent justifier cette modalité de développement. Elle permet en effet de conquérir de nouveaux marchés jusqu'à l'obtention d'une position dominante. Elle donne accès aux actifs et ressources d'autres pays et d'autres entreprises (brevets, savoir-faire spécifique). Cela permet aussi d'augmenter la taille de l'entreprise (et donc son poids par rapport à ses partenaires), de diversifier les risques, de

---

49 Le LBO est une technique financière de rachat de société avec endettement. Pour réaliser une LBO, un investisseur crée une holding qui contracte des dettes et acquiert ainsi la société. Les dividendes versés par la société rachetée doivent lui permettre de rembourser les dettes.

modifier l'environnement réglementaire et technologique de l'entreprise. Enfin, des motivations plus financières ou personnelles peuvent pousser les dirigeants à faire le choix de cette modalité de développement à l'international.

Tous ces éléments ont eu pour effet de modifier les conditions de concurrence des firmes et ont abouti à ce que le marché de référence pour l'entreprise soit de plus en plus souvent le marché mondial. Ainsi, une opération de F&A transnationale est le moyen le plus rapide d'atteindre la taille critique. De plus, les innovations technologiques ont entraîné une baisse des coûts de transactions internationaux (coûts de transport, de communication..) qui a favorisé le développement des F&A.

#### B. Croissance externe *versus* croissance interne

L'objectif des entreprises qui se lancent dans ces mouvements de F&A est souvent d'être suffisamment grandes pour absorber le poids de certaines charges fixes (économies d'échelle) comme les budgets de Recherche et Développement. La croissance externe (« acquisition de tout ou partie d'entreprise ») permet d'aller vite et donc à la fois d'avoir une stratégie offensive en s'affirmant comme un acteur important du marché mondial. Elle permet aussi d'avoir une stratégie défensive dans la mesure où cela protège l'entreprise d'une acquisition non voulue. Ainsi, on constate que la croissance externe est préférée à la croissance interne (« création d'unités ou développement d'unités existantes par des moyens propres à l'entreprise ») qui est beaucoup plus longue à mettre en œuvre.

Par contre, la croissance externe est plus risquée dans la mesure où il sera nécessaire de réorganiser l'entreprise et, parfois, de faire travailler ensemble des personnes aux cultures très différentes. La croissance externe ne peut donc pas être la seule voie de développement de l'entreprise. Après des opérations de croissance externe importantes, il est nécessaire de croître par croissance interne afin de consolider l'entreprise.

### 2.3.4 *Stratégies de coopération et d'alliances stratégiques internationales*

Le développement des alliances est un des phénomènes qui a bouleversé l'environnement des entreprises au cours de la dernière décennie. Depuis le début des années 1980, les entreprises recourent de plus en plus aux alliances stratégiques. En effet, le développement de relations privilégiées avec quelques partenaires dans le cadre de coopérations ou d'alliances permet d'accéder à des compétences ou à un réseau commercial sans supporter le coût et la durée de la croissance interne.

Selon une enquête menée en France, en 2003, par le Service des Statistiques Industrielles (SESSI, Ministère de l'Industrie), plus de 80 % des filiales industrielles de groupes industriels déclarent avoir mis en place au moins une relation de coopération avec une autre entreprise[50]. Le nombre de ces coopérations s'accroît avec la taille des groupes et leur degré d'internationalisation. Plus d'une filiale sur deux collabore pour s'approvisionner et autant pour produire. Deux sur cinq ont une relation de partenariat au niveau de la commercialisation, une sur quatre pour la Recherche & Développement et l'innovation. En outre, plus de la moitié des filiales qui déclarent une ou des relations, les ont tissées aussi bien au sein qu'en dehors du groupe.

De manière générale, on constate aujourd'hui une évolution dans les secteurs concernés par les alliances. Autrefois réservées aux industries automobiles et aéronautiques, aujourd'hui elles touchent la technologie de l'information, la biotechnologie, la pharmacie, les sociétés de service (les banques par exemple). De plus, les alliances touchent de plus en plus de PME qui y voient un moyen d'accroître leur avantage concurrentiel.

Les coopérations, au sens large, représentent une forme d'organisation hybride entre le marché (c'est-à-dire la concurrence pure) et la hiérarchie, c'est-à-dire la fusion (cf. théorie des coûts de transaction). Une alliance stratégique peut se définir comme une association entre plusieurs entreprises concurrentes, qui choisissent de mener à bien un projet ou une activité spécifique en coordonnant les compétences, moyens et ressources nécessaires plutôt que de se faire concurrence sur l'activité concernée ou de fusionner entre elles[51].

Le développement des Airbus en est une bonne illustration puisque les partenaires sont des constructeurs aéronautiques qui développent, par ailleurs, des modèles qui se font concurrence. L'intérêt de cette modalité est que chaque partenaire garde son indépendance mais peut partager, par exemple, les coûts de conception et de développement.

## A. Les différents types d'alliances stratégiques

Les alliances entre firmes concurrentes peuvent prendre différentes formes mais elles sont marquées par une ambiguïté de la relation qui oscille entre rivalité et coopération. D'un côté, les alliances sont porteuses d'objectifs partagés par l'ensemble des partenaires et, de l'autre, les entreprises demeurent des entités autonomes et sont le lieu de réalisation d'objectifs propres à chaque partenaire, objectifs pouvant être conflictuels. Il est donc nécessaire de suivre de près l'évolution des objectifs de chaque partenaire et de rompre l'alliance dès qu'ils deviennent trop divergents.

1. *Les alliances complémentaires* associent des entreprises dont les compétences sont différentes mais complémentaires. En exploitant cette complémentarité,

---

50 « Les partenariats des groupes industriels, très fréquents en interne comme en externe », *Le 4 Pages des statistiques industrielles*, SESSI, Ministère français de l'Économie, des Finances et de l'Industrie, n° 206, juillet 2005.

51 Dussauge, P., et B. Garrette, « Alliances stratégiques, mode d'emploi », *Revue Française de Gestion*, n° 85 (sept.-oct.), pp. 4-18.

les entreprises alliées peuvent saisir des opportunités sur le marché mondial, opportunités que chaque partenaire pris isolément n'aurait pu saisir. Une entreprise peut, par exemple, développer un produit qui sera ensuite commercialisé par l'autre (Ford commercialise aux États-Unis les modèles de Mazda). Ces partenariats sont fréquents dans l'automobile et dans les télécommunications.

Cette stratégie permet donc d'entrer sur de nouveaux marchés à moindres coûts et est utilisée dans le cas d'une volonté de conquête de certains marchés internationaux.

2. *Les alliances de co-intégration* : les entreprises cherchent à réaliser des économies d'échelle sur un composant ou sur un stade du processus de production. Ces éléments communs sont ensuite incorporés à des produits qui restent spécifiques à chaque entreprise et qui se font concurrence sur le marché.

   Ce type d'alliance est souvent utilisé pour la Recherche et Développement ou la production. Elle n'a pas pour objectif la pénétration de nouveaux marchés géographiques. Elle associe des entreprises européennes entre elles ou américaines entre elles, qui ont des tailles comparables. Elles permettent aux entreprises de rester dans la course technologique mais sont souvent précaires car les alliés continuent à se faire une concurrence frontale. Le pourcentage de rupture prématurée de ce type d'alliance est très élevé.

   Par exemple, l'accord IBM-Toshiba sur les écrans couleurs plats destinés aux micro-ordinateurs portables, conclu en 1985, a entraîné la création d'une usine commune installée au Japon. En avril 1992, IBM mettait sur le marché un portable équipé par cette usine. Mais ce micro-ordinateur s'est vite révélé plus cher, plus gros et moins performant que le dernier modèle concurrent présenté au même moment par Toshiba, qui avait préféré acheter ses écrans à Sharp.

3. *Les alliances de pseudo-concentration* : les entreprises développent, produisent et commercialisent un produit commun. L'objectif recherché est un objectif de taille. Le produit qui est mis sur le marché est commun à tous les partenaires mais les entreprises restent en concurrence sur les autres marchés.

   Ce type d'alliance couvre toute la chaîne de valeur. Les firmes partenaires se répartissent les tâches de recherche et développement, production et commercialisation.

   Le lancement de l'Airbus A300 par une alliance européenne entre Aérospatiale, DASA et British Aerospace en est un bon exemple. Dans ce type d'alliance, l'enjeu se situe au niveau de la répartition des tâches qui induit une spécialisation importante des partenaires et peut entraîner une perte de savoir-faire. Ainsi, sur le modèle A340, Aérospatiale a constaté qu'il avait du mal à réaliser l'aménagement de la cabine, opération techniquement rudimentaire pour un constructeur automobile. En effet, du fait de la répartition des tâches au sein d'Airbus, la firme n'avait pas eu à effectuer cette opération depuis vingt ans.

Mais si les firmes ne sont pas suffisamment spécialisées, elles multiplient les risques de duplication et donc de surcoûts. Pour éviter ce problème, la plupart des programmes s'appuient sur un découpage des tâches avec une répartition tournante entre les sociétés, d'un programme à l'autre. Dans ce cas, il peut arriver que des tâches soient confiées à des entreprises moins compétentes.

Les alliances stratégiques peuvent évoluer dans le temps, soit en se transformant en un rapprochement définitif, soit en cessant d'être, soit en entraînant un renforcement de la position stratégique d'un partenaire au détriment de l'autre. On constate qu'en moyenne, la moitié des alliances disparaissent dans les sept premières années de leur existence. Pour 80 % des alliances internationales, la suite logique d'une rupture est la reprise de l'activité commune par l'un des partenaires.

### B. Les conditions de réussite

La constitution d'alliances répond aux exigences de l'environnement extérieur. Sous la pression croissante, les entreprises doivent trouver des solutions pour être toujours plus innovatrices et efficaces. Ainsi, les alliances stratégiques permettent aux partenaires d'accomplir leurs objectifs stratégiques individuels en réunissant leurs capacités et leurs ressources différentes.

Le choix du partenaire est un élément clé de l'alliance. En effet, les deux parties doivent être en adéquation sur le plan stratégique. Les objectifs doivent converger, les compétences de chacun doivent être complémentaires et les cultures d'entreprise compatibles.

Il est important aussi que les partenariats soient limités dans le temps et l'espace pour éviter qu'une partie ne prenne l'ascendant sur l'autre. Il faut donc des rapports de force comparables. Il est nécessaire de contrôler les objectifs de chaque partie au fil du temps, afin d'éviter qu'une partie ne cherche à « piller » les connaissances de l'autre.

**ENCADRÉ 2.5**

***Un exemple de stratégie développée par une multinationale : le cas Wal-Mart, leader mondial de la distribution***

C'est en 1962 que Sam Walton crée son premier magasin Wal-Mart dans l'État de l'Arkansas, l'un des plus pauvres du pays. Aujourd'hui, la petite boutique est devenue une multinationale qui est le premier employeur privé mondial (1,8 millions de salariés) et la plus grosse entreprise du monde. Son chiffre d'affaires (244,7 milliards d'euros en 2005) dépasse le Produit Intérieur Brut (PIB) de la Suède. Il représente 2,5 % du PNB américain.

D'abord dans l'Arkansas, l'entreprise se développe ensuite dans d'autres États (5 en 1971). Elle s'installe dans des zones à faible densité, ignorées des grands distributeurs. C'est là que Wal-Mart va asseoir son monopole avant d'être assez forte pour s'implanter ailleurs. Les magasins (« des boîtes à chaussures ») ouvrent dans la périphérie des centres urbains afin de bénéficier des prix bas des terrains et de profiter de la clientèle des villes.

## ENCADRÉ 2.5 (suite)

Son modèle économique est basé sur la domination par les coûts pour satisfaire le client. Il s'agit du « EDLP » (*Every Day Lower Price*) érigé en véritable slogan. L'objectif de la stratégie commerciale est donc d'adapter sa politique de prix quotidiennement par rapport aux concurrents. Ainsi, des prix toujours plus bas sont imposés à tous ses partenaires (fournisseurs, sous-traitants et salariés). Du fait du poids de l'entreprise, il est difficile de refuser les conditions imposées. De plus, l'absence de syndicats pour les salariés américains (1,3 million) et donc de possibilité de « faire défendre ses droits » contribue à la dégradation des conditions sociales. Enfin, les salaires sont plus bas que dans les autres entreprises (20 à 30 % de moins) et la couverture sociale minimale. L'entreprise est souvent critiquée pour son manque de prise en compte de l'éthique et, notamment, sur les conditions de travail de ses sous-traitants en Asie (surtout au Bangladesh où des enfants de moins de 14 ans travaillaient pour le compte de l'entreprise…). La multinationale est aussi soutenue par des hommes politiques et notamment la famille Bush (et, avant elle, la famille Clinton : Mme Clinton a appartenu au conseil d'administration de Wal-Mart entre 1986 et 1992).

Le développement sur le marché intérieur américain s'est donc opéré par croissance interne. Le financement de la croissance a été facilité par l'accession du groupe au *New York Stock Exchange* à partir de 1972. Les profits réalisés sur le marché américain ont permis aussi d'auto-financer son développement international.

À partir de 1991, l'entreprise suit une stratégie d'internationalisation (elle a d'abord attendu d'être assez forte sur son marché intérieur). Ainsi, elle s'installe au Mexique puis au Canada en 1994, au Brésil et en Argentine en 1995, en Chine (1996), Allemagne (1998) et Royaume-Uni (1999). Ce développement, si rapide, s'est fait par croissance externe en acquérant des distributeurs nationaux afin de contourner les obstacles à l'entrée. Par exemple, en Allemagne, Wal-Mart a racheté les supermarchés Wertkauf puis Interspar. Ce développement à l'international n'a pas toujours été couronné de succès puisque Wal-Mart a dû se retirer de la Corée et tout récemment de l'Allemagne. En effet, dans ce dernier pays, elle a eu du mal à atteindre la taille critique dans un marché très encombré où les maxidiscounters se développent très rapidement. De plus, ce retrait (Wal-Mart a revendu ses magasins à Metro, *Le Monde* du 28 juillet 2006) est lié à un problème de culture : les produits proposés l'étaient sous le format américain et ne correspondaient pas toujours aux goûts des consommateurs allemands (par exemple, Wal-Mart n'a pas pu vendre des milliers de taies d'oreillers américaines car les tailles des oreillers allemands sont différentes !). Les méthodes de travail ont aussi été très critiquées en Allemagne où les syndicats sont puissants. Cet échec montre les limites de la globalisation des stratégies à l'international. Il est souvent nécessaire d'adapter les produits et les méthodes de travail aux spécificités locales.

En mars 2008, Wal-mart acquiert le distributeur japonais Seiyu, malgré des profits très faibles réalisés au Japon. En novembre 2010, Wal-Mart lance une OPA sur 51 % du distributeur sud-africain Massmart, pour un coût évalué à 1,61 milliard d'euros, afin de pénétrer le continent africain. Le géant américain possède désormais plus de 3 000 magasins hors des États-Unis et rencontre aussi des succès dans les pays où il est présent. L'internationalisation de Wal-Mart est importante pour le groupe mais reste encore marginale par rapport au poids du marché américain (80 % contre 20 % à l'international).

Une firme multinationale est une entreprise, à base nationale, qui possède au moins une filiale à l'étranger et qui produit ou commercialise hors de son territoire d'origine grâce à ses filiales. Plus précisément, une firme est dite multinationale lorsqu'elle réalise un investissement direct à l'étranger (IDE), c'est-à-dire une participation significative dans le capital d'une entreprise étrangère, lui donnant un certain contrôle sur les décisions de cette firme. Les normes internationales, édictées par le FMI, fixent ce seuil à 10 %. En 2008, le degré moyen de transnationalité pour ces firmes était de 62,4 %, soit un taux relativement stable sur les vingt dernières années fluctuant de manière cyclique entre 47 % et 62 %.

Alors que seulement 10 % des firmes multinationales avaient leur siège social dans un pays en voie de développement en 1990 (3 500 sur 37 000), 20 % des firmes multinationales sont désormais originaires de ces pays. Ainsi, en 2007, les pays développés comptaient 60 000 multinationales disposant de 370 000 filiales et les pays en voie de développement 20 000 multinationales et 425 000 filiales. En 2006, les cent premières firmes multinationales originaires des pays en développement représentent 20 % des actifs et 40 % des emplois des cent premières firmes multinationales mondiales. Cependant, en 2007, 90 % des cent premières multinationales, qui sont classées selon le montant des actifs détenus à l'étranger, ont leur siège social dans un pays de la Triade (Union européenne, États-Unis, Japon) et seulement quatre dans un pays en développement. Il existe un écart notable de taille entre les multinationales des pays développés et des pays en voie de développement, dans la mesure où le total des actifs étrangers détenus par des multinationales issues de pays en voie de développement équivaut à ceux détenus par General Electric, la plus grande multinationale mondiale.

Au cours des deux dernières décennies, le mouvement de libéralisation des services financiers en Europe et en Amérique du Nord associé à de profonds changements technologiques (les services bancaires étant fortement informatisés) a conduit à la création de conglomérats financiers dans le domaine de la banque-assurance. Ce phénomène a été particulièrement marqué au cours des années 1990. Ainsi, selon le magazine *Fortune*, les plus grandes entreprises de services financiers ne se classaient pas, en termes de résultats, parmi les 50 plus grandes multinationales en 1989. En revanche, en 2003, 14 parmi les plus grands conglomérats financiers se classaient au sein des plus grandes entreprises mondiales en termes de bénéfice. Le premier d'entre eux, le groupe allemand Allianz, se situait à la 11$^{e}$ place.

Au cours des trente dernières années, on a assisté à une montée en puissance des firmes multinationales au sein du commerce mondial. Ces entreprises, tant financières que non financières, sont devenues, au travers de la vente de leurs filiales et des investissements directs qu'elles réalisent à l'étranger, des acteurs clés de l'internationalisation des économies. Ainsi, le nombre de firmes multinationales dans le monde est passé de 7 000 au début des années 1970 à 37 000 au début des années 1990 pour atteindre à l'heure actuelle 80 000. Ces entreprises multinationales comptent aujourd'hui quelque 810 000 filiales étrangères (contre 170 000 début 1990) réalisant un chiffre d'affaires de 32 000 milliards de dollars et sont à l'origine d'un stock d'IDE estimé à 16 000 milliards en 2007 (CNUCED, 2009). Plus de cent pays d'accueil hébergent plus de 1000 filiales chacun.

Il faut en outre remarquer l'importance actuelle des échanges internationaux entre filiales d'une même firme : entre le cinquième et le tiers du commerce international entre pays développés peut être qualifié d'intra-firme. Un tel phénomène modifie notre compréhension de l'interdépendance entre pays et du mode d'organisation de la production des entreprises qui, en se mondialisant, se complexifie. Elle nous fait prendre aussi conscience que le commerce extérieur d'un pays dépend de plus en plus de décisions stratégiques et organisationnelles de firmes multinationales souvent de nationalité étrangère. La production des entreprises se fait davantage sur le mode de la fragmentation ou de l'intégration verticale : les activités productives sont réparties sur un réseau international de sites, chaque site étant spécialisé dans la production d'un ou de plusieurs biens intermédiaires, lesquels constituent des inputs pour d'autres sites, ce qui engendre des échanges intra-firme. Cela étant, les multinationales sont davantage de type « horizontal » que « vertical » car elles produisent pour vendre localement plutôt que pour « ré-importer » un bien intermédiaire.

On ne peut pour autant éviter la question de savoir si la décomposition internationale du processus productif, par les délocalisations qu'elle implique vers les pays à bas salaire, conduit à une destruction forte d'emplois dans les pays développés. Les délocalisations ne se cantonnent pas aux seules activités industrielles mais concernent aussi les services (les IDE concernent pour l'essentiel les services, à hauteur environ des deux tiers) et de plus en plus souvent les activités à haute valeur ajoutée. La révolution opérée par les NTIC a rendu certains services délocalisables, alors qu'ils ne l'étaient pas auparavant. Pour autant, la plupart des études montrent que l'effet des délocalisations sur l'emploi manufacturier reste modeste mais qu'il ne faut pas sous-estimer la possibilité d'effets cumulatifs dans le futur.

On se demande enfin dans quelle mesure les politiques publiques qui visent à améliorer l'attractivité des territoires peuvent être efficaces. Ces politiques se limitent trop souvent à des politiques défensives ou d'accompagnement des effets de la mondialisation de court (moyen) terme. Cela n'est pas suffisant et tous les observateurs considèrent que seules des stratégies plus offensives sont nécessaires. Pour les pays industrialisés (et particulièrement pour la France), une « montée en gamme » en se positionnant sur le haut de la chaîne de valeur technologique et sur les activités innovantes est le plus sûr moyen d'éviter de se laisser entraîner dans une spirale de concurrence par les prix qu'il sera de toute façon difficile de tenir face aux pays émergents dans les secteurs traditionnels. Cela suppose évidemment de continuer à augmenter le niveau de qualification moyen dans les pays industrialisés et d'investir dans la Recherche et le Développement (R&D). Cette solution ne résout pas complètement la question de l'offre excédentaire de travailleurs non qualifiés. Bon nombre d'observateurs estiment qu'il est nécessaire de développer parallèlement des emplois dans les « secteurs protégés » de la concurrence internationale, et en particulier dans les services dits de proximité. Une telle politique risque cependant de creuser encore plus les écarts entre travailleurs qualifiés et non qualifiés, si elle se traduit pour ces derniers par la création de « *bad jobs* ».

Notre dernier questionnement est d'ordre plus microéconomique et a trait à la stratégie d'entreprise. Il s'agit de comprendre quelles sont les différentes options stratégiques que peut choisir une firme qui souhaite s'internationaliser. Le choix d'un mode de présence à l'étranger doit être cohérent avec la stratégie choisie qui est la résultante de forces contraires allant de l'intégration globale et l'adaptation locale. L'entreprise va effectuer une répartition des différents éléments de la chaîne de valeur entre ses différentes implantations nationales, de telle sorte que cette répartition soit la meilleure possible. Cette répartition concerne souvent les activités « amont » (logistique, production) et les activités de soutien (développement, gestion des ressources humaines, approvisionnement) alors que les maillons « aval » (force de vente, distribution) restent liés à la localisation géographique du client. L'organisation de la chaîne de valeur d'une multinationale met en avant des problèmes d'organisation et de contrôle car il est nécessaire d'assurer une coordination stratégique et organisationnelle entre ces différentes fonctions réparties dans le monde. Il s'agit donc de trouver le « bon » niveau d'intégration des activités : plus l'entreprise est globale, plus les coûts sont censés êtres faibles par rapport au cas où l'on duplique l'organisation de l'entreprise au niveau de chaque pays cible. Deux forces s'opposent donc : les forces d'intégration et de coordination globale et les forces d'adaptation locales. Se pose enfin la question de la mise en œuvre de la stratégie qui passe, de manière privilégiée, par une croissance externe (fusions et acquisitions). De nouvelles formes de relations inter-entreprises se développent. Elles résultent de coopérations et d'alliances stratégiques entre firmes multinationales concurrentes.

## ÉLÉMENTS DE BIBLIOGRAPHIE

### *Facile d'accès

L'ensemble des références bibliographiques figurant en note de bas de page, nous en proposons ici au lecteur une sélection.

MUCCHIELLI, J.-L., (2005), *Relations économiques internationales*, Paris, Hachette, coll. « Les Fondamentaux ». Cet ouvrage traite, de manière simple et complète (en deux chapitres), la question des firmes multinationales. À privilégier pour des aspects théoriques.

« Les échanges au sein des groupes, une focalisation sur quelques produits et vers l'Union européenne », *Le 4 Pages des statistiques industrielles*, SESSI, Ministère français de l'Économie, des Finances et de l'Industrie, n° 167, novembre 2002. Simple et synthétique sur les caractéristiques du commerce intra-groupe (avec des données chiffrées précises).

### **Accès plus difficile

MUCCHIELLI, J.-L. et TH. MAYER, (2005), *Économie internationale*, Paris, Dalloz, coll. « HyperCours ». Ouvrage général d'économie internationale qui consacre une partie à la question des firmes multinationales en privilégiant les aspects théoriques.

Pour une étude empirique détaillée des cent plus grandes firmes multinationales, voir le chapitre 3 du *World Investment Report* 2001 publié par la CNUCED et téléchargeable sur son site. Pour une mise à jour de certains chiffres, voir le rapport de 2009.

LEVASSEUR, S., (2002), « Investissements directs à l'étranger et stratégies des entreprises multinationales », *Revue de l'OFCE*, hors-série, mars 2002. Pour approfondir la question des stratégies menées par les multinationales américaines, asiatiques et européennes.

FONTAGNÉ, L. et J.-H., LORENZI (2004), « Désindustrialisation-Délocalisation », *Rapport du Conseil d'analyse économique* (CAE), Paris. Pour approfondir la question des délocalisations au travers de développements théoriques et empiriques.

# 3

# L'ORGANISATION MONDIALE DU COMMERCE : RÉGULATION OU LIBÉRALISATION DES ÉCHANGES ?

## DÉBATS D'ACTUALITÉ

- La politique commerciale : un protectionnisme sophistiqué ?
- Le protectionnisme a-t-il un coût ?
- Le multilatéralisme comme réponse à la loi du plus fort ?
- L'OMC et le respect des règles.
- Le Programme de Doha est-il réellement en faveur du développement ?
- L'échec de Doha peut-il remettre en cause l'OMC ?

### MOTS CLÉS

Protectionnisme — droits de douane — subvention agricole — politique commerciale — GATT et OMC — clause de la nation la plus favorisée — multilatéralisme — programme de Doha — négociations multilatérales — libéralisation des services — impasse des négociations — système des préférences généralisées

# INTRODUCTION

L'histoire économique se caractérise par une succession de périodes de libre-échange et de protectionnisme. Soutenue par sa position commerciale dominante au XVIII^e siècle, la Grande-Bretagne a poussé au libre-échange avant que les États-Unis ne prennent le relais qu'après la Seconde Guerre mondiale. À la différence des périodes antérieures caractérisées par la signature d'accords bilatéraux remis en cause sous la pression des crises, des famines ou des mouvements d'opinion, un cadre multilatéral a été proposé par les Américains. Le Président Roosevelt a suggéré la création d'une organisation internationale du commerce à la sortie du second conflit planétaire. Cette proposition a abouti à un accord général sur les droits de douane et le commerce à l'issue de la négociation du 1947 à Genève entre 23 nations et à la charte instituant une organisation internationale du commerce adoptée en 1948 lors de la conférence de La Havane convoquée par le Conseil économique et social de l'ONU. Toutefois, la Charte de La Havane n'a jamais été mise en œuvre à la différence de l'accord de Genève qui a été institutionnalisé et est devenu l'accord général sur les tarifs douaniers et le commerce plus connu sous le nom de GATT [1], acronyme anglais de *« general agreement on tariffs and trade »*. Le premier cycle de négociation du GATT fut lancé la même année, le 30 octobre 1947 à Genève, afin d'obtenir une baisse des droits de douane sur les produits manufacturés qui atteignaient 40 % en moyenne à l'époque. Le GATT avait pour objectif de réduire les obstacles aux échanges et d'harmoniser les règles du commerce

1 Pour plus de détails, cf. Rainelli, M. (2011), *L'OMC*, Paris, La Découverte, coll. « Repère ».

afin de garantir aux membres une concurrence loyale. Le GATT a été un succès puisque les négociations qui ont eu lieu entre les parties contractantes ont permis de baisser leurs droits de douanes sur les produits non agricoles de 16,5 % en 1960 à 4 % à la fin du dernier cycle de négociations conclu, celui d'Uruguay (1986-1994) [2]. Durant la même période, les échanges mondiaux ont augmenté de 10 % en moyenne par an. L'OMC (Organisation mondiale du commerce) créée le 1er janvier 1995 par l'acte final de l'Uruguay Round signé à Marrakech le 15 avril 1994, a gardé les mêmes objectifs. Elle est devenue une organisation internationale à part entière à la différence du GATT qui n'était qu'une structure provisoire. Elle est dotée d'un organe de règlement des différends et a pour ambition de traiter de l'ensemble des barrières aux échanges quels que soient les secteurs. Elle ne fait pas partie du système de l'Organisation des Nations unies.

Avec le recul cependant, les ambitions régulatrices des membres de l'OMC semblent parfois contradictoires avec l'établissement de politiques commerciales nationales. Les théories économiques étudiées dans le premier chapitre montrent que l'accroissement des échanges entraîne une augmentation du revenu global à certaines conditions. L'instauration de droits de douane ou la mise en place de subventions provoquent une perte de bien-être comme le présentent les analyses que nous allons développer dans la première partie de ce chapitre. Ce sont ces fondements théoriques qui justifient les mouvements de libéralisation et l'établissement de règles communes aux échanges. Pourtant, dans le cas de marchés imparfaits, la mise en œuvre de politiques commerciales nationales peut être encore justifiée. S'il existe des profits de monopole ou d'oligopole, l'intervention de l'État peut être économiquement fondée. Un tel comportement peut toutefois entraîner des représailles. La question des comportements coopératifs se pose alors entre les États et au sein des États entre les producteurs et les consommateurs. La théorie des jeux nous permettra de préciser les conditions d'un comportement coopératif ainsi que le gain à en attendre. Le multilatéralisme apparaîtra alors comme ayant une justification économique (partie 1). Le Programme de Doha pour le développement conclu entre les membres de l'OMC lors de la conférence ministérielle de Doha de novembre 2001 vise à réduire les barrières aux échanges de produits et de services mais aussi à faciliter l'intégration des pays en développement au commerce (partie 2). Il en était attendu un accroissement du revenu global et une meilleure insertion des pays en développement dans le commerce mondial. Mais les négociations sont dans l'impasse et l'échéance de la conclusion du cycle de Doha a, sans cesse, été repoussée depuis la conférence ministérielle de Cancún (2003) avant d'être abandonnée. Nous présentons des évaluations du Programme de Doha et des négociations en cours à l'OMC dans la troisième partie de ce chapitre ainsi que les raisons de l'impasse des négociations.

2 Source : site de l'OMC : www.wto.org

# 3.1 LA POLITIQUE COMMERCIALE : UN PROTECTIONNISME SOPHISTIQUÉ ?

Les pays disposent de multiples instruments leur permettant de protéger leur marché national contre les importations en provenance de pays tiers. La complexité des négociations menées dans le cadre de l'Organisation mondiale du commerce (OMC) provient de cette imagination sans limite. Par exemple, lors des négociations portant sur les questions agricoles, il faut discuter non seulement de l'accès au marché et du niveau des droits de douane, mais aussi des subventions internes et des subventions à l'exportation, sans compter les barrières non tarifaires qui peuvent être sanitaires ou administratives et qui constituent aussi des freins aux échanges. Il est donc utile d'étudier les différentes formes de barrières aux échanges et leurs conséquences afin de mieux comprendre l'enjeu des négociations menées dans le cadre de l'OMC. La première partie se propose de traiter de trois types de questions. Nous revenons dans un premier temps sur les raisons pour lesquelles la théorie économique traditionnelle accorde généralement sa préférence au libre-échange plutôt qu'au protectionnisme. Nous montrons dans un second temps qu'une fois levées certaines hypothèses fondant les modèles précédents (en particulier l'hypothèse de concurrence parfaite et de « petit » pays), il existe une place pour une politique commerciale active. Nous procédons enfin à une analyse économique du multilatéralisme et de deux de ses piliers : le principe de non discrimination et celui de la réciprocité dans les concessions commerciales.

## 3.1.1 *Analyse économique du protectionnisme : éléments théoriques et empiriques*

Nous montrons dans le cadre d'une analyse en équilibre partiel que l'instauration d'un droit de douane conduit à une détérioration en termes de bien-être pour un « petit » pays » qui chercherait à se protéger. Le même type de résultat (en pire) émerge quand la protection prend la forme d'une restriction quantitative (par exemple un quota). Nous étudions ensuite les effets plus ambigus du point de vue de l'analyse économique des normes réglementaires et sanitaires et des marchés publics (qui peuvent contribuer à opérer une discrimination entre producteurs nationaux et étrangers). Nous abordons enfin une question controversée : celle de la mesure empirique du niveau de protection commerciale.

### A. Les formes traditionnelles du protectionnisme : une analyse en termes de bien-être

Nous analysons successivement les effets d'un droit de douane et d'un quota sur le bien-être du pays qui cherche à protéger son marché des importations en provenance du reste du monde. L'analyse de ces deux instruments est valable sous certaines hypothèses. (*i*) On isole le marché du bien protégé des autres marchés de biens (analyse dite en équilibre partiel). (*ii*) Le marché étudié fonctionne en concurrence pure et parfaite et donc les producteurs sont « *price taker* » (ils n'ont pas individuellement d'influence sur le prix de marché). (*iii*) Les producteurs produisent à coût marginal croissant. (iv) La demande du bien considéré est une fonction décroissante de son prix (bien dit « *non Giffen* »).

## ENCADRÉ 3.1

### *Quelques rappels d'histoire des faits et des idées concernant le protectionnisme*

La politique de libre-échange occupe les débats publics depuis le XVIII^e^ siècle. Fort de sa position commerciale dominante, la Grande-Bretagne pousse au libre-échange. En outre, grâce à la révolution industrielle, ses prix industriels sont parmi les plus faibles du monde, ce qui lui assure un développement de ses échanges sans tentation protectionniste. Toutefois, alors que les industriels ont intérêt à ce que les produits agricoles rentrent en Grande-Bretagne au plus bas coût, les agriculteurs anglais souhaitent quant à eux que leur production soit protégée de la concurrence étrangère. L'abrogation des lois protégeant les producteurs de blé, les « *corn laws* », avec en 1815 l'instauration d'une taxe sur les importations qui permet de maintenir le cours des céréales, a été un enjeu politique très important durant toute la première moitié du XIX^e^ siècle. Ces lois seront finalement abolies en 1846 sous le Gouvernement de Robert Peel, plus sous la pression des famines irlandaises de 1845-1846 que sous celle des mouvements libéraux anti « *corn laws* », comme l'analyse de Kenwood et Lougheed (1983)[3] le suggère.

Le libre-échange est unilatéral et moteur de croissance pour l'Angleterre. En effet, l'Angleterre important des biens salariaux (le blé), c'est-à-dire des biens dont la valeur détermine celle de la force de travail (le salaire), et exportant des biens manufacturés, a intérêt par le libre-échange à faire baisser le prix de la nourriture pour induire une baisse des salaires nominaux et une hausse des profits indispensable à l'accumulation de capital. Le libre-échange devient total avec la signature du traité franco-anglais en 1860 (Rainelli, 2004[4]). Alors que la Grande-Bretagne supprime les restrictions aux importations de vins et d'articles de luxe (notamment des soieries), la France fait disparaître les prohibitions et limite les droits de douane sur le charbon et l'acier britannique mais aussi sur les produits manufacturés. Les industriels ont mal accueilli ce traité qui constitue un traité fondateur en matière de libéralisation des échanges. En effet, il contient en premier lieu le principe de clause de la nation la plus favorisée qui sera repris dans les principes du GATT. En second lieu, il a servi de modèle à d'autres traités bilatéraux signés par la France avec la Belgique et le Zollverein en 1862, l'Italie en 1863, la Suisse en 1864 …

Seule l'Allemagne parmi les grandes nations suivra une logique différente en signant des accords douaniers dont l'objectif est de créer une association de pays entre lesquels les biens s'échangent librement : c'est le Zoolverein ou association douanière qui entre en vigueur le 1^re^ janvier 1834. L'expérience allemande est donc celle de la constitution d'une zone de libre-échange qui ensuite signe des accords avec d'autres pays, la France en 1862 et la Grande-Bretagne en 1865 (Rainelli, l'OMC). La crise de 1873 et l'influence de doctrines favorables au protectionnisme vont engendrer un retour du protectionnisme à la fin du XIX^e^ siècle. Frédéric Lizt[5] développera sur la base de la comparaison entre les situations

---

3 Kenwood, A.G., Lougheed, A.L. (1983), *The Growth of the International Economy, 1820-1980,* London : George Allen & Unwin.

4 Rainelli, M. (2011), *op. cit.*

5 List, F. (1841), *The national system of political economy,* reed. 1928, Londres, Longman.

## ENCADRÉ 3.1 (suite)

allemandes et anglaises son argumentation sur les industries naissantes. Pour que l'Allemagne puisse développer son industrie nationale, il est indispensable qu'elle puisse la protéger. Lorsque le niveau de production et l'expérience de l'industrie allemande seront suffisants, les industriels auront alors les moyens de se battre à armes égales. Selon Litz, la protection doit être temporaire et concerner des pays nouveaux venus sur la scène internationale. La durée de cette protection ne doit durer que le temps que ces nations puissent combler leur retard.

Puis la Première Guerre mondiale, la crise de 1929 et la Seconde Guerre mondiale sont autant de nouvelles crises qui vont – elles-aussi – engendrer un repliement des nations sur elles-mêmes et donner un coup d'arrêt au développement des échanges (cf. chapitre 1, partie 1). La société des nations a bien tenté d'organiser une conférence mondiale recommandant la diminution des droits de douane et l'abolition des restrictions quantitatives mais le nationalisme économique renaît en 1929 (Rainelli, 2004). L'escalade protectionniste conduit alors à ce que la moitié du commerce mondial soit concernée par des barrières tarifaires. Même la Grande-Bretagne bascule dans le protectionnisme en mars 1932 en établissant un droit général de 10 % sur la valeur des importations, à l'exception des biens provenant de l'Empire, de certaines matières premières et produits agricoles. Dès avril 1932, ces droits passent à 20 %. La France, qui augmente elle aussi ses droits de douane en 1931, utilise également des restrictions quantitatives, en premier lieu dans le domaine agricole. Cette nouvelle technique qui offre des possibilités supérieures de protection est rapidement adoptée par d'autres pays (Kenwood, 1983).

Le libre-échange est au cœur de la domination américaine postérieure à la Seconde Guerre mondiale. Les États-Unis se retrouvent en position de leadership mondial et, comme la Grande-Bretagne au siècle précédent, font le choix de s'en servir en promouvant la liberté des échanges. Les firmes américaines, en situation d'oligopole, saisissent les opportunités de cette hégémonie pour accroître leurs parts de marché, tant par le développement de leurs exportations que par celui de leurs investissements à l'étranger. Mais à la différence du XIX$^{e}$ siècle, un cadre multilatéral des échanges va être proposé par les États-Unis. Ces allers et retours entre libre-échange et protectionnisme, l'hégémonie américaine et l'échec de la tentative de la Société des nations d'organiser une conférence recommandant la réduction des freins aux échanges ont conduit F. Roosevelt à proposer la création d'une organisation internationale du commerce dès la sortie de la Seconde Guerre mondiale. Cette proposition aboutira à la charte instituant une organisation internationale du commerce adoptée en 1948 lors de la conférence de La Havane convoquée par le Conseil économique et social de l'ONU et par un accord général sur les droits de douane et le commerce à l'issue de la négociation entre 23 nations en 1947 à Genève. La Charte de La Havane ne verra jamais le jour, à la différence de l'accord de Genève qui va s'institutionnaliser et devenir le GATT[6]. Les principes directeurs seront exposés dans un traité, l'Accord général sur les tarifs douaniers et le commerce. L'objectif est de promouvoir la libéralisation des échanges.

Des analyses promouvant le protectionnisme vont se développer. Selon l'analyse de l'échange inégal très présente dans les années 1950, le libre-échange serait une cause de sous-développement. En effet, les pays en développement, exportateurs de matières premières,

6 Pour plus de détails, cf. Rainelli, M. (2011), *op. cit.*

**ENCADRÉ 3.1 (suite)**

voient leurs cours s'effondrer. Or ils importent des produits manufacturés dont les prix ne cessent de croître. Leurs termes de l'échange sont défavorables. Les pays en développement doivent alors bénéficier de mesures spécifiques limitant leur ouverture et les politiques commerciales sont donc justifiées. Cependant, le libre-échange permet la hausse de la productivité, la transmission d'idées ou de techniques nouvelles et conduit à une recomposition de l'appareil productif. L'évolution des situations réciproques des États-Unis, de l'Europe, des nouveaux pays d'Asie semble confirmer ces visions dynamiques et égalisatrices du libre-échange.

### *Les effets d'un droit de douane sur le bien-être d'une petite économie*

L'instauration d'un droit de douane par un pays donné a des conséquences en termes de bien-être pour les consommateurs et les producteurs nationaux. L'État perçoit des recettes fiscales supplémentaires. Les consommateurs voient leur « surplus » diminuer alors que celui des producteurs augmente. Prenons l'exemple d'un pays qui décide d'instaurer un droit de douane sur les paires de chaussures de ski importées du reste du monde. Le prix mondial des chaussures de ski est supposé égal à $p_m$. Le prix intérieur devient $p_m$ (1+t) où *t* est le droit de douane *ad valorem.* Si on suppose que le pays en question n'a pas de pouvoir de marché sur les chaussures de ski (hypothèse du petit pays), le prix mondial reste inchangé à $p_m$. Les conséquences sont les suivantes pour l'économie du pays en question : une baisse de la consommation domestique ($q_3q_4$) car le prix intérieur augmente et une hausse de la production intérieure ($q_1q_2$). Le droit de douane engendre des recettes fiscales d'un montant égal à la quantité importée multipliée par la valeur de la taxe (surface CDEF). La hausse des prix entraîne une redistribution de revenu des consommateurs vers les producteurs et l'État. Enfin, les importations vont baisser et passent de $q_1q_4$ à $q_2q_3$.

Une analyse en termes de surplus permet d'étudier l'impact de la mise en œuvre d'un droit de douane sur le bien-être de la collectivité nationale. La variation de surplus de la collectivité est égale à la somme de la variation du surplus du producteur, du consommateur et de l'État.

Cela présuppose que l'économiste opère une évaluation monétaire du bien-être en application du principe « un euro, une voix ». Ce principe signifie que tout euro gagné ou perdu a exactement la même importance, quels que soient les gagnants ou les perdants (producteurs, consommateurs ou État). Le surplus du consommateur permet d'évaluer de façon monétaire le gain ou la perte que retire le consommateur de la consommation d'un bien. Quand le consommateur est prêt à acheter un bien à 100 euros et que la transaction se fait à 95 euros, le consommateur réalise une économie et son bien-être augmente. Le consommateur réalise donc un gain sur toutes les unités du bien qu'il paie à un prix plus faible que le prix auquel il était disposé à payer ce bien. Le surplus du consommateur est alors mesuré par la superficie comprise entre la courbe de demande du consommateur et le prix effectivement payé. De façon symétrique pour le producteur, s'il peut vendre son bien à 105 alors qu'il était prêt à le vendre 100, il réalise un gain. Pour chaque prix supérieur à la courbe d'offre, le producteur réalise un profit supplémentaire sur les unités qu'il était prêt à vendre à un prix inférieur. Le surplus des producteurs est mesuré par la surface comprise entre le prix auquel il vend effectivement son bien et la courbe d'offre.

Dans notre exemple, les consommateurs voient leur surplus diminuer (surface GDBH) et le surplus des producteurs augmente (GCAH). Les recettes de l'État augmentent de la surface (CDEF) et constituent le surplus de l'État. La perte sèche due aux distorsions engendrées par les droits de douane est évaluée par les deux triangles (dits de Haberger) restants (surfaces ACE et DFB). Le droit de douane est à l'origine d'une perte d'efficacité économique car certains producteurs nationaux qui ne pouvaient pas produire au prix mondial (car leurs coûts de production étaient trop élevés) peuvent désormais le faire car ils peuvent vendre plus cher. Les ressources mobilisées par ces producteurs sont donc détournées d'usages alternatifs plus efficaces. Les consommateurs, eux, consomment moins comme nous l'avons vu à un prix plus élevé.

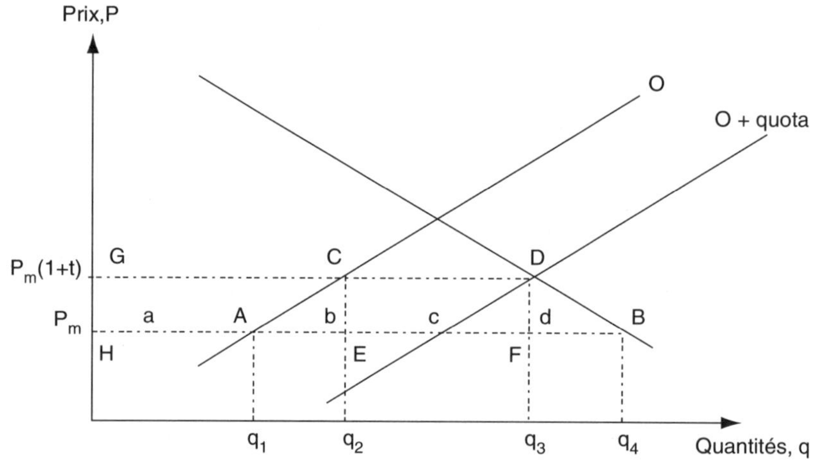


**Figure 3.1**
*Analyse du droit de douane en termes de surplus*

Il est important de souligner pour terminer que les effets du droit de douane peuvent être sensiblement différents si l'on se situe dans un cadre de concurrence imparfaite (voir 3.1.2 ci-après). Enfin, dans le cadre d'un modèle d'équilibre général, les effets du droit de douane dépendent de la mobilité intersectorielle des facteurs de production. La mise en place d'un droit de douane a des effets « redistributifs » internes au pays, conformément au théorème de Stolper-Samuelson étudié dans le précédent chapitre. Le droit de douane va augmenter la rémunération du facteur de production utilisé de manière relativement intensive dans la production du bien soumis à protection (bien importé). La rémunération du facteur de production relativement abondant dans l'économie (et qui entre de façon intensive dans la production du bien exporté) doit au contraire diminuer. Dans le cas du modèle dit de Ricardo-Viner, tous les facteurs spécifiques au secteur protégé par le droit de douane bénéficient de cette protection. Cela peut engendrer de fortes oppositions entre facteurs spécifiques et non spécifiques ou entre secteurs protégés et secteurs non protégés [7] de la concurrence internationale.

### *Les quotas : effets sur le bien-être d'une petite économie*

Les quotas sont des mesures de protection quantitatives qui peuvent être mises en œuvre par le pays importateur ou par le pays exportateur. Les quotas d'importation (ou contingents à l'importation) sont une restriction aux quantités qui peuvent être importées d'un bien. Ils sont interdits par l'OMC au titre de l'article XI du GATT sauf s'ils résultent de mesures sanitaires (voir 3.2.2, E), de mesures concernant la sécurité du pays ou s'ils sont destinés à protéger l'équilibre de la balance de paiements. Les contingents tarifaires sont des formes de quotas. La mise en œuvre d'un tarif douanier et d'un quota conduit à une perte sèche. En effet, la droite d'offre se décale, parallèlement, vers la droite pour devenir une droite d'offre nationale à laquelle s'ajoute le quota, c'est l'offre étrangère contingentée. Le nouveau prix d'équilibre, résultant de l'égalisation de la demande nationale avec la nouvelle droite d'offre, est plus élevé que le prix international qui prévalait en libre-échange. Si ce « prix de quota » s'établit au même niveau que le prix après imposition d'un tarif douanier, alors on peut parler d'équivalence entre ces deux formes de protectionnisme. La principale différence entre le droit de douane et le quota est que dans ce dernier cas l'État perd ses recettes fiscales. Le montant correspondant à ces recettes fiscales profite aux détenteurs des licences d'importation. La question qui se pose est celle de savoir qui va s'accaparer la « rente du quota » (Krugman et Obsfeld, 2006, p. 196 [8]). Si les licences d'importation sont attribuées à des agents économiques nationaux, alors ceux-ci peuvent acheter à l'étranger et vendre plus cher sur le marché domestique (compte tenu du contingentement). En revanche, si les droits de vendre sur le marché national sont transférés aux gouvernements des pays exportateurs (ce qui revient à dire que les licences d'importation sont attribuées aux autorités de ces pays), la rente est transférée à l'étranger et le « coût » du quota devient plus élevé qu'un droit de douane équivalent. C'est ce que l'on a pu observer dans les années 1980 aux États-Unis : les deux tiers du coût supporté par les consommateurs américains compte tenu des restrictions volontaires d'exportations (RVE — voir ci-dessous) imposées dans les secteurs de l'automobile, de l'acier, du textile et de l'habille-

7 Pour aller plus loin, voir les effets de l'instauration d'un droit de douane en équilibre général développés par Krugman et Obsfeld dans leur ouvrage *Économie internationale* édité chez De Boeck en 1995, puis réédité aux éditions Pearson. La dernière édition date de 2009.

8 La mise aux enchères de ces licences permettrait aux pouvoirs publics de récupérer une partie de cette rente… à condition que l'attribution des licences ne conduise pas à corrompre les fonctionnaires ou hommes politiques en charge de la procédure.

ment correspondent à des rentes qui ont été transférées à l'étranger. De surcroît, comme le montre Bagwati (1989) [9], les quotas peuvent renforcer le pouvoir de marché des producteurs nationaux en les incitant à diminuer leur production pour augmenter leur prix (dans le cas du droit de douane, les producteurs nationaux sont au contraire incités à augmenter leur production). Notons pour terminer qu'en « dynamique », le quota conduit à une situation plus mauvaise en termes de bien-être que le tarif douanier. En effet, dans le cas d'une augmentation de la demande nationale, en situation de quota, l'ajustement va se faire par les prix car les quantités susceptibles d'être importées sont fixées. En revanche, en situation de tarif douanier, l'ajustement se réalise par les quantités et le prix reste inchangé (la perte sèche ne s'accroît pas).

### *Les subventions : quel impact en termes de bien-être ?*

■ Les subventions (ou soutiens) à l'exportation sont des aides publiques versées aux entreprises qui vendent tout ou partie de leur production à l'étranger. Comme le droit de douane, les soutiens à l'exportation peuvent être spécifiques (un montant par unité vendue) ou *ad valorem* (en proportion de la valeur exportée). Ils peuvent prendre également la forme de crédits à l'exportation à taux bonifié ; d'assurances et de garanties diverses financées par l'État ou une agence gouvernementale. Les pays développés ont souvent recours à ce type de soutiens dans le domaine agricole mais les membres de l'OMC se sont engagés à supprimer les subventions agricoles à l'exportation, système de soutien essentiellement utilisé par l'Union européenne, ainsi que les « disciplines » concernant toutes les mesures d'aides à l'exportation ayant un effet équivalent d'ici à 2013 (voir 3.2.2, B). Sur le plan de l'analyse économique, il faut bien comprendre que les entreprises du secteur concerné par ces subventions préféreront vendre à l'étranger, tant que le prix domestique est inférieur au prix mondial augmenté de la subvention. Les effets des subventions à l'exportation sur les prix sont inverses de ceux des droits de douane. Dans le cas d'un petit pays, la mise en place d'une subvention à l'exportation engendre une hausse des prix dans le pays d'exportation et une incitation à la production. Les consommateurs du pays ayant instauré la subvention voient leur surplus diminuer tandis que celui des producteurs augmente et l'État doit supporter un coût budgétaire pour financer ces subventions.

Dans le cas d'un grand pays, la perte de bien-être du pays qui a recours aux subventions à l'exportation est supérieure à celle d'un droit de douane car les premières engendrent une détérioration des termes de l'échange (diminution du prix à l'exportation). La perte additionnelle due à la dégradation des termes de l'échange est égale à la différence entre le prix mondial et le prix subventionné dans le pays d'importation multiplié par la quantité exportée subventionnée [10].

9 Bagwati Jagdish, N. 1989, *Protectionism,* The Mit Press, décembre, June.

10 Voir pour plus de détails, Krugman, P., Obsfelt, M. (2006), *Économie internationale*, *op. cit.*

### ENCADRÉ 3.2
### *Restrictions volontaires d'exportations (RVE) : les exemples du secteur de l'automobile et du textile et de l'habillement*

Notons que les quotas d'importation mis en œuvre par les pays exportateurs (appelés restrictions volontaires d'exportations (RVE)) le sont généralement sous la pression du pays importateur. Dans ce cas, le surplus des consommateurs diminue alors que celui des producteurs augmente et la rente est payée aux pays exportateurs. Le solde global est une perte. Citons deux exemples. *Celui des restrictions volontaires aux exportations japonaises d'automobiles* vers les marchés européen et nord-américain (dans les années 1980) et *celles résultant de l'Accord multifibres* (AMF — entré en vigueur en 1974 et reconduit à plusieurs reprises) qui limitait les exportations textiles de 22 pays. Cet accord a pris fin le 1er janvier 2005 avec l'entrée en vigueur *de l'Accord sur les textiles et vêtements* (ATV). L'ATV (signé à Marrakech en 1994) a pour tâche de permettre au secteur textile-habillement de réintégrer le champ d'application des règles de l'OMC. La phase transitoire prévue par l'ATV s'est donc terminée en 2004 après dix ans de libéralisation progressive du secteur. La fin des accords multifibres a néanmoins conduit à une mise en place temporaire de nouveaux quotas d'importation compte tenu des craintes de l'Union européenne et des États-Unis de subir un accroissement dommageable des importations de ces produits, les prix étant considérés pour certains d'entre eux comme anormalement bas. La Chine, sous la menace de l'ouverture d'une procédure anti-dumping, a finalement signé un accord avec l'Union européenne et les États-Unis dans lequel elle accepte de limiter le volume de ses exportations de certains produits qui concernent le secteur du textile et de l'habillement, respectivement jusqu'à fin 2007 et fin 2008. Les deux accords comportent la possibilité pour les États-Unis et l'Union européenne de recourir à la clause de sauvegarde pour les produits non couverts par cet accord. Quelques chiffres permettent de prendre conscience du problème. L'emploi dans le secteur du textile a par exemple diminué de 50 % aux États-Unis entre 1974 et 2000 malgré l'AMF (contre une baisse d'environ 10 % des emplois pour l'ensemble des industries manufacturières). La Chine aurait vu parallèlement le nombre d'emplois dans le secteur passer de 14 millions à environ 19 millions entre 1995 et 2004. Les importations en provenance de la Chine (et dans une moindre mesure d'Inde) entre le premier semestre 2004 et le premier semestre 2005 se sont considérablement accrues (+ 63 %) pour les États-Unis. On observe des hausses du même ordre pour les importations européennes en provenance de la Chine (+ 73 % pour les 35 catégories de produits contrôlés par l'Organisation internationale du Travail (OIT)) avec des pics pour certains produits comme par exemple les pantalons pour hommes ou encore les pull-overs.

■ Les subventions à la production peuvent aussi modifier les conditions de concurrence sur les marchés en favorisant les producteurs nationaux sur leur propre marché ou sur les marchés étrangers. Les subventions à la production, ou soutiens internes, sont classées dans des « boîtes » en fonction de leurs effets estimés sur les marchés mondiaux, ce qui fait l'objet de nombreuses controverses. Tout l'enjeu consiste alors à démontrer que les soutiens internes n'ont pas les mêmes effets que les subventions à l'exportation.

Le débat le plus emblématique sur les soutiens à la production est celui sur les « *marketing loans* », soutiens internes à la production assurés par les États-Unis à leurs agriculteurs, qui prend la forme d'un prêt. Un exploitant peut obtenir du Ministère américain de l'agriculture un prêt d'un montant égal à la valeur de sa récolte calculée sur la base du prix du soutien (*loan rate*). Si le prix de marché est inférieur au prix de soutien, l'exploitant rembourse son prêt sur la base du prix de marché. Cet instrument fait l'objet de vives critiques car il n'est pas considéré par l'OMC comme un soutien à l'exportation. Ce soutien incite à produire et est reconnu comme tel par l'OMC. Il coûte entre 7 et 10 milliards de dollar par an aux États-Unis.

## B. Les normes et marchés publics : une forme déguisée de protectionnisme ?

Les barrières non tarifaires peuvent prendre la forme de normes administratives ou sanitaires, de conditions d'exécution locale ou encore de la mise en place de marchés publics. Les normes sanitaires peuvent avoir un vrai fondement de protection des consommateurs mais leur abus constitue une forme déguisée de protectionnisme (voir dans la partie 2 – Commerce et environnement). Les conditions d'exécution locale imposent quant à elles de produire une part des produits dans le pays d'importation. La part à produire peut être exprimée en unités ou en valeur. À l'OMC, cette protection est connue sous le nom de « règles d'origine ». Ces conditions sont par exemple utilisées dans le cadre des accords préférentiels que les États-Unis et l'Union européenne ont respectivement avec les pays d'Afrique subsaharienne et les pays les moins avancés (PMA) (voir 3.2.2, D, le traitement des pays en développement). Les marchés publics peuvent également constituer des barrières aux échanges dans la mesure où certains gouvernements ont des critères stricts à respecter pour leurs achats.

Nous concentrerons notre attention sur la question des normes et des standards, et des marchés publics. Les implications du point de vue des négociations commerciales internationales sont abordées de façon approfondie dans la deuxième partie de ce chapitre. Nous laissons de côté par exemple la question des conditions locales d'exécution (ou « règles d'origine » — voir le traitement de cette question dans la deuxième partie de ce chapitre et dans le chapitre 4 consacré au régionalisme commercial).

■ **Les normes techniques et sanitaires** — Les réglementations nationales et les normes liées à la sécurité alimentaire ou à la protection de l'environnement sont de nature à créer des obstacles importants aux échanges.

Moenius (2004) montre cependant de façon intéressante que le nombre de standards du pays importateur réduit les importations de biens non manufacturés (biens agricoles par exemple) mais augmente les importations de biens manufacturés [11]. Ce résultat peut paraître contre intuitif (par rapport à d'autres études)

---

11 Le lecteur intéressé par les effets des normes sur le volume des échanges internationaux peut se référer par exemple à Moenius, J., (2004), « Information *versus* product adaptation : the role of standards in trade », Northwestern University, 60208-2013, Evanston Il. Ce dernier montre de façon intéressante que le nombre de standards du pays importateur réduit les importations de biens non manufacturés (biens agricoles par exemple).

mais l'argument de l'auteur est intéressant : les normes et standards véhiculeraient en fait de l'information sur les préférences des consommateurs qu'on cherche à atteindre dans un pays donné.

En première analyse, les effets d'une norme peuvent être comparés à ceux d'un droit de douane dans un cadre analogue à celui qui a été utilisé précédemment (équilibre partiel et petit pays – voir figure 3.1) [12]. L'hypothèse sous-jacente est que la norme constitue une mesure protectionniste qui renchérit par nature le coût d'accès au marché national pour les exportateurs étrangers sans bénéfice social pour les consommateurs. On suppose que le coût unitaire supplémentaire est égal à $t$ de sorte que le prix des importations est égal à $p_m$ $(1+t)$. Une simple analyse en termes de surplus montre que la perte sèche liée à la norme est plus importante que pour le droit de douane : elle n'est plus égale aux triangles *(ACE)* + *(DBF)* mais au trapèze (*CDBA*) = (*ACE*) + (*CDEF*) + (*DBF*). La différence essentielle entre la norme et les autres instruments de protection est que le surplus correspondant à la surface (*CDEF*) peut être détruit en totalité dans le cas d'une norme, à cause des dépenses supplémentaires supportées par les exportateurs étrangers qui sont supposées totalement improductives. Dans les autres cas cités, ce surplus peut profiter à « quelqu'un » [13]. Le rectangle correspondant à la surface (*CDEF*) peut faire l'objet d'une tentative d'appropriation (de « capture » comme disent les économistes) par des groupes de pression sous toutes les formes de protectionnisme mais ces derniers ne l'érodent que partiellement alors qu'il peut totalement disparaître dans le cas d'une réglementation (Sykes, 1999) [14].

Les exemples de normes « protectionnistes » sont légions. On se réfèrera à titre illustratif à deux exemples qui se sont produits dans les années 1990 (Baldwin, 2000, p. 240) [15]. Les constructeurs américains devaient subir des contrôles sur chaque lot d'automobiles pour accéder au marché japonais alors que les constructeurs japonais ne devaient supporter que des contrôles périodiques. Dans le même ordre d'idée, le Japon a imposé une mise en quarantaine aux exportations américaines de certains fruits, au motif qu'ils pouvaient être porteurs d'un parasite (le *codling moth*).

La présentation qui précède repose sur un jeu d'hypothèses fortes qui concerne à la fois la structure de marché qui est supposée parfaitement concurrentielle et l'objectif de la norme qui est purement protectionniste. Aussi est-il utile de revenir sur ces

12 Supposer que la demande d'importation est parfaitement élastique (comme on l'a fait pour le droit de douane) n'aurait pas de sens dans le cas de l'étude d'une norme (Sykes, 1999). Cela aurait en effet pour conséquence que les coûts liés à cette forme de protectionnisme sont répercutés en totalité sur les consommateurs. Cela ne change en rien cependant le fond de l'argument que nous développons ici.

13 Ce « quelqu'un » est l'État dans le cas du droit de douane (qui peut utiliser ces recettes fiscales pour financer des dépenses publiques destinées au ménage), les consommateurs dans le cas des subventions et toute personne qui obtient le droit d'importer dans le cas du quota.

14 Sykes, A. (1999), « Regulatory protectionism and the law of international trade », *The University of Chicago Law Review*, 66, pp. 1-46.

15 Baldwin, R.E. (2000), *Regulatory protectionism, developing nations and a two-tier world trade system*, Institute for International Studies, Genève.

hypothèses. Soulignons d'emblée que négocier sur des normes ou sur un tarif douanier est différent pour plusieurs raisons (Suwa-Eisenmann et Verdier, 2002) [16]. Tout d'abord parce que la négociation portant sur des normes ou des réglementations nationales concerne généralement un secteur donné. Ensuite, parce qu'il est moins facile de « doser » une réglementation que des droits de douane. Enfin, parce que les négociations concernant une norme ou une réglementation doivent tenir compte des externalités sociales produites par cette dernière (par exemple l'amélioration de la qualité de l'air qui n'est pas immédiatement perçue par les consommateurs). La valorisation de ces externalités dépend évidemment des préférences des gouvernants. Les gouvernants peuvent être spontanément soucieux de protéger leur population contre certains risques (on retrouve le « rôle » tutélaire de l'État) ou répondre tout simplement à la sollicitation de groupes d'intérêt. Les normes sont en effet plus opaques que les droits de douane et peuvent en conséquence faire plus facilement l'objet d'une « capture » par des groupes d'intérêt. La norme ou la réglementation revêt à la fois les caractéristiques d'un bien public (sécurité alimentaire) et impose des coûts à la fois aux producteurs nationaux et aux exportateurs étrangers. Il s'agit de coûts variables (ou marginaux) plus élevés pour tous les producteurs qui doivent par exemple se conformer à une interdiction (interdiction par exemple des farines animales pourtant moins onéreuses) [17]. Il existe aussi des coûts fixes pour les exportateurs étrangers qui doivent par exemple se soumettre à une certification pour accéder au marché national. Ce type de réglementation constitue donc potentiellement une barrière à l'entrée et modifie les structures de marché en influant sur le degré de « contestabilité » du marché. Nous donnons un aperçu de quelques résultats obtenus dans ce cadre d'analyse. Suwa-Eisenmann et Verdier (2002) utilisent un modèle de duopole international à la Brander-Spencer en supposant que les normes permettent de segmenter les marchés. Ils montrent que la norme est un outil efficace pour dissuader l'entrée de nouveaux concurrents quand la taille du marché national est faible et les coûts fixes de certification (pour l'entreprise étrangère) élevés. Ganslandt et Markusen (2001) [18] montrent que l'existence de normes (en particulier de type « horizontal ») peut conduire à une « guerre des normes » dont les perdants sont généralement les « petits » pays [19]. Il est enfin intéressant de savoir sous quelles conditions une solution négociée peut émerger. Suwa-Eisenmann et Verdier (*op. cit.*) montrent que la négociation a d'autant plus de chance d'aboutir entre deux pays que (1) les entreprises étrangères ne font pas l'objet d'une « discrimination » trop importante (en termes

16 Suwa-Eisenmann, A.S., et Verdier, Th. (2002), « L'économie politique des négociations commerciales : le cas des normes techniques », *Économie internationale*, 89-90, pp. 155-171.

17 On perçoit bien qu'une norme sera d'autant moins susceptible de constituer une barrière protectionniste qu'elle est suffisamment générale.

18 Ganslandt, M., Markusen, J.R. (2001), « National standards and international trade », The Research Institute of Industrial Economics, *working paper* n° 547, Stockholm.

19 Les normes (ou plus généralement les barrières non tarifaires) « horizontales » correspondent à une situation où les pays définissent des normes qui permettent d'accéder à leur marché qui ne sont ni meilleures, ni plus mauvaises que celles de leurs partenaires commerciaux. Les normes « verticales » conduisent généralement à définir des normes minimales ou maximales sur une caractéristique mesurable d'un bien. Voir Baldwin (2000).

de coûts supplémentaires) par rapport à leurs concurrentes nationales et (2) que le poids accordé par les gouvernements aux producteurs (en faveur du protectionnisme) et aux consommateurs nationaux (qui valorisent l'externalité produite par la norme) sont proches entre pays. Les accords de reconnaissance mutuelle supposent dans ce type de modèle que les coûts fixes de certification sont nuls. Ils supposent, pour être mis en œuvre, que les pays aient à peu près la même capacité à atteindre ces objectifs (« capacité institutionnelle » au sens de Suwa-Eisenmann et Verdier).

■ **Les marchés publics** — Les procédures d'attribution des marchés publics et les pratiques discriminatoires qui vont souvent avec (voir l'évolution de la législation dans la deuxième partie) peuvent avoir des conséquences à la fois sur les spécialisations et les flux de commerce entre pays. La littérature théorique sur la question est cependant très mince. Comme souvent, les résultats diffèrent selon que l'on s'inscrit dans le cadre du modèle HOS (concurrence parfaite avec rendements d'échelle constants) ou dans celui des nouvelles théories du commerce international (concurrence monopolistique et rendements d'échelle croissants). On montre, sous les hypothèses de rendements d'échelle constants et de concurrence parfaite, que les politiques d'achat publics biaisées en faveur des producteurs nationaux peuvent modifier les spécialisations et réduire les volumes de commerce si la part de la demande publique sur le marché des biens échangeables est suffisamment importante (voir Trionfetti, 2002 pour plus de détails)[20]. Dans le cas contraire, le biais de la demande publique en faveur des producteurs nationaux n'a pas d'effet sur les spécialisations et sur les volumes de commerce (on retrouve le résultat de « neutralité » obtenu initialement par Baldwin (1984)[21] en équilibre partiel dans le cas d'un petit pays).

Un exemple peut aider à saisir ces résultats. Supposons que la production nationale d'un bien soit initialement égale à 30. La demande publique pour ce bien est égale à 20 et la demande privée à 60. Le solde commercial sur ce bien est donc égal à -50 (déficit). Si l'on suppose maintenant que le gouvernement décide de ne s'adresser qu'aux producteurs nationaux, ces derniers vont vendre 20 au secteur public et le reste au secteur privé. Le biais de la demande publique en faveur des producteurs nationaux n'a aucun effet sur l'offre nationale ni sur les flux de commerce. Si on suppose maintenant que la production nationale de ce bien est seulement de 10 alors les importations nettes sont égales à 70. Si le gouvernement décide de ne s'adresser qu'à des producteurs nationaux, alors la production nationale doit augmenter de 20 pour satisfaire la demande du secteur public : il y a donc modification de la spécialisation en faveur de ce bien et baisse des importations.

Trionfetti (2001)[22] montre en revanche que sur un marché en concurrence monopolistique (avec rendements d'échelle internes), une politique d'achats publics

---

20 Trionfetti, F. (2002), « Politiques d'achats publics et spécialisations internationales », *Économie et prévision*, n° 152-153, pp. 141-150.

21 Baldwin, R. (1984), « Trade policies in developed countries », *in* Jones, R., Kenen, P. (eds), *Handbook in International Economics*, North Holland, Amsterdam.

22 Trionfetti, F. (2001), « Government procurement, economic integration and income inequality », *Review of International Economics*, 9. pp. 29-41.

biaisée en faveur des producteurs nationaux conduit toujours (quelle que soit l'importance de la demande publique par rapport à l'offre nationale) à une augmentation de la production nationale et à une baisse des importations.

## C. La mesure de la protection commerciale

La mesure de la protection commerciale n'est pas chose aisée alors même que l'observateur non averti souhaiterait disposer d'une mesure unique et agrégée pour effectuer des comparaisons internationales. Les barrières aux échanges peuvent être classées en trois catégories (Fontagné et Mayer, 2002) [23] : (*i*) les barrières observables dont les effets sont clairement identifiables comme les droits de douane ou les quotas, (*ii*) les barrières observables dont les effets sont plus ambigus comme les normes sanitaires ou les réglementations nationales et (*iii*) les barrières non observables qui ne peuvent être mesurées que de façon indirecte à travers leur impact sur les flux de commerce.

■ **La protection tarifaire** paraît à première vue plus facile à mesurer que les barrières non tarifaires. Les tarifs douaniers *ad valorem* correspondent à un pourcentage appliqué à la valeur de chaque produit importé au moment où il passe en douane. Ce pourcentage est fixé pour chaque catégorie de produits (c'est ce que l'on appelle une ligne tarifaire). La réalité est cependant plus complexe pour deux raisons principales. En premier lieu parce que les taux moyens appliqués par les pays aux produits importés sont différents selon qu'ils sont calculés en référence aux taux *appliqués* ou aux taux *consolidés*. Ces derniers correspondent aux taux de droits de douane que les pays se sont engagés à ne pas dépasser auprès du GATT ou de l'OMC. Ils peuvent être parfois sensiblement plus élevés que les taux appliqués. Enfin, les taux retenus sont généralement les droits NPF (Nation la Plus Favorisée) appliqués selon le principe de non-discrimination qui fonde les accords du GATT et de l'OMC. Il existe pourtant des accords préférentiels [24] qui font que les taux NPF sont des majorants du degré de protection (Bouët et Dhont-Peltrault, 2000) [25]. En second lieu, parce que le calcul de taux moyen suppose de savoir si l'on choisit ou non de pondérer les lignes tarifaires. Ne pas les pondérer revient à accorder à chaque ligne tarifaire la même importance, ce qui pose évidemment problème. Choisir de calculer une moyenne pondérée des lignes tarifaires est tributaire du choix de la pondération. Pondérer par les importations (comme le fait l'OCDE) conduit naturellement à sous-évaluer les lignes tarifaires concernées par des taux élevés (à la limite quand les taux de droit de douane sont prohibitifs, il n'y a plus d'importations) et à surévaluer les lignes tarifaires ayant des taux faibles (les

23 Pour une discussion des différentes mesures du protectionnisme, voir : Fontagné, L. et Mayer, Th. (2002), « Politiques commerciales », *Économie internationale*, 89-90, pp. 7-18.

24 Les accords préférentiels en question correspondent par exemple aux accords commerciaux régionaux (ACR) ou au système des préférences généralisées qui permettent aux pays en voie de développement de disposer d'un meilleur accès aux marchés des pays industrialisés.

25 Bouët, A. et Dhont-Peltrault, E. (2000), Comment mesurer la protection commerciale, *La Lettre du CEPII*, n° 195.

importations seront très élevées dans ce secteur). Il est enfin important de noter que derrière des taux moyens faibles (voir tableau 3.1) peuvent se cacher des taux de droits de douane très élevés dans certains secteurs (« pics tarifaires »).

**Tableau 3.1**
*Droits de douane* ad valorem *dans 5 pays membres de l'OMC*

| en % | Japon | États-Unis | UE | Chine | Inde |
|---|---|---|---|---|---|
| | 4.4 | 3.5 | 5.1 | 9.6 | 13 |
| dont | | | | | |
| Produits agricoles | 17.3 | 4.9 | 12.8 | 15.6 | 31.8 |
| Cuirs, chaussures | 9 | 3.9 | 4.2 | 13.2 | 10.2 |
| Textiles | 5.5 | 7.9 | 6.6 | 9.6 | 14.7 |
| Vêtements | 9.2 | 11.7 | 11.2 | 16 | 13.4 |
| Matériels de transport | 0 | 3 | 4.3 | 11.5 | 20.7 |

(droits NPF appliqués en 1998, moyenne simple)
Source : OMC, Profils tarifaires dans le monde 2001, disponible à l'adresse suivante : http://www.wto.org/french/res_f/reser_f/tariff_profiles_f.htm

■ La protection commerciale peut prendre des formes variées (voir ci-dessus). Deux types de mesures sont généralement utilisés. Les indicateurs de fréquence correspondent au pourcentage de lignes tarifaires faisant l'objet d'une barrière non tarifaire (BNT). Les indices de couverture représentent la part des importations touchée par une BNT. Ces deux indicateurs ne peuvent évidemment pas être additionnés (cela n'aurait aucun sens) aux tarifs douaniers communs pour obtenir une mesure synthétique de protection commerciale. Une difficulté supplémentaire provient de la définition même des barrières à l'échange. La question semble entendue pour les quotas d'importations ou les restrictions volontaires d'exportations. Elle l'est beaucoup moins en revanche pour les droits anti-dumping. L'OMC permet aux gouvernements d'imposer unilatéralement des taxes sur les produits importés dont le prix est inférieur à un prix jugé « normal ». Encore faut-il démontrer que cette situation entraîne un dommage véritable (« important ») pour la production nationale du bien concerné (l'absence de préjudice est une clause suspensive du droit anti-dumping). Les gouvernements doivent en outre calculer l'ampleur du dumping (dans quelle mesure le prix à l'exportation est inférieur au prix pratiqué sur le marché intérieur de l'exportateur). Les mesures anti-dumping sont cependant en pratique détournées de leur finalité et constituent une barrière protectionniste. L'observation des affaires qui ont donné lieu à l'instauration de droits anti-dumping et pour lesquelles la Commission européenne a été saisie au cours de la décennie 1986-1995, montre que moins de 3 % des affaires se concluent par un avis constatant l'absence de dumping et à peine plus de 10 % par l'absence de préjudice. De surcroît, plus de 80 % des procédures anti-dumping concernent pour la même période les pays du Sud-Est asiatique (hors Japon) et les pays d'Europe orientale. D'autres études portant sur des affaires jugées entre 1994 et

1997 soulignent que les produits qui font l'objet de procédures anti-dumping sont dans la majorité des cas des produits à faible contenu technologique.

## ENCADRÉ 3.3

### *La mesure de la protection effective*

L'idée générale est que les droits de douane imposés sur les biens intermédiaires (nécessaires à la production du bien final) influent sur le niveau de protection donné par le droit de douane imposé sur ce même bien final. Le concept de protection effective s'applique donc au processus de production (ou à un secteur verticalement intégré), allant du bien intermédiaire au bien final. Le droit de douane sur le bien final protège les producteurs du bien final. En revanche, le droit de douane sur le bien intermédiaire renchérit le coût de production des entreprises fabriquant le bien final. Il existe donc deux forces qui jouent en sens opposé de sorte que l'effet net de la structure tarifaire globale est de signe indéterminé. Le taux de protection effective peut alors être défini comme le pourcentage d'augmentation de la valeur ajoutée d'un secteur, par unité de produit, qui est dû à l'ensemble des barrières tarifaires frappant à la fois le bien final et les biens intermédiaires entrant dans le processus de production. On montre alors facilement que le taux de protection effective est plus faible (plus élevé) que le taux nominal frappant le bien final si les biens intermédiaires sont plus (moins) fortement taxés que le produit final.

**Tableau 3.2**
*Mesures de la production selon différentes notions (en %)*

| | Protection nominale | | Protection effective (définition de Corden) | |
|---|---|---|---|---|
| **Secteurs** | **UE** | **États-Unis** | **UE** | **États-Unis** |
| Céréales | 23,7 | 1,4 | 46,3 | –0,5 |
| Fruits et légumes | 2,1 | 1,3 | 2,2 | –0,3 |
| Graisses et huiles | 0 | 0 | –5,7 | –3,6 |
| Sucres et prod. dérivés | 68,9 | 63,5 | 113,6 | –90,8 |
| Fibres végétales | 39,6 | 0,1 | 65,3 | –6,3 |
| Animaux et prod. dérivés | 5,6 | 1,5 | 3,8 | –9,5 |
| Mines et prod. minéraux | 0,1 | 0,1 | –1,1 | –1,9 |

Protection nominale : tarif appliqué aux importations des produits du secteur ; par exemple, les céréales importées par l'UE sont taxées au taux de 23,7 %. Protection effective (Corden) : variation (par rapport à une situation de libre-échange) de la valeur ajoutée sectorielle résultant de la structure tarifaire existante ; par exemple, la valeur ajoutée européenne dans le secteur des céréales est, avec le niveau et la structure actuels des tarifs, supérieure de 46,3 % à ce qu'elle serait sans protection.

Source : A. Bouët, E. Dhont-Peltrault, « Comment mesurer la protection commerciale ? », *Lettre du CEPII* 2000, n° 195.

L'ensemble des problèmes soulevés permet d'expliquer pourquoi les mesures de protection commerciale peuvent fortement différer d'une étude à l'autre. Nous mettrons l'accent sur deux études souvent citées. Messerlin (2001-2002) [26] estime la protection commerciale européenne à environ 14 % en 1998. Le taux de protection moyen obtenu par le Centre d'Étude et de Prospective Internationale (CEPII) en utilisant la base de données MAcMaps [27] est beaucoup plus faible et de l'ordre de 8 % (soit pratiquement la moitié). Bouët et Dhont-Peltrault (2000) et Fontagné et Mayer (2002) [28] proposent une série d'explications à cette différence de résultat. Il apparaît en particulier que Messerlin (1) utilise les droits de douanes consolidés, (2) qu'il applique les droits anti-dumping sur la totalité des importations des lignes tarifaires concernées et (3) qu'il prend en compte les barrières non tarifaires (en équivalent *ad valorem*). L'étude du CEPII tient compte, quant à elle, des seuls droits de douane appliqués et fait porter les droits anti-dumping sur les seules importations réellement affectées [29]. L'accent a été mis jusqu'à présent sur des barrières aux échanges dont les effets sont clairement observables. La protection commerciale ne se limite pas cependant à ces seules barrières (voir ci-dessus). Nous revenons brièvement sur la question des normes environnementales et des marchés publics. Les mesures environnementales autorisées par l'OMC ne sont pas par nature protectionnistes, même si elles constituent des barrières aux échanges. Une façon d'apprécier les motifs qui se cachent derrière la notification par un pays d'une mesure environnementale à l'OMC consiste par exemple à dénombrer le nombre de pays qui ont imposé cette mesure particulière. Plus le nombre de pays est réduit (le nombre de cinq est souvent retenu comme seuil) et plus la présomption est grande que cette mesure soit protectionniste. En s'appuyant sur ce critère, on peut montrer que la moitié du commerce mondial en valeur est affecté par du protectionnisme environnemental. Les pays les moins avancés (les plus pauvres parmi les pays en voie de développement) sont les plus touchés par les barrières environnementales (environ 40 % de leurs exportations). Une autre question qui pose problème est celle des marchés publics dont nous avons déjà parlé. Trionfetti (2002) [30] propose une mesure simple permettant de mesurer le biais domestique (ou préférence pour les produits nationaux) susceptible d'affecter les achats publics. Il calcule pour cela la part représentée par les importations dans les achats publics (consommation publique) à la part des importations dans la consommation privée. La conclusion est que la part d'importation du secteur public est toujours plus faible que celle du secteur privé.

Notons pour finir que nous avons proposé jusqu'à présent des mesures directes de la protection commerciale car nous avons supposé que les barrières aux échanges étaient observables. Cela n'est pas toujours le cas. Aussi les économistes ont-ils développé des mesures alternatives aux mesures directes présentées plus haut. Celles-ci

---

26 Messerlin, P., (2001), *Measuring the costs of protection in Europe : European commercial policy in the 2000s*, Institute of International Economics, Washington D.C. Messerlin, P. (2002), « Niveau et coût du protectionnisme européen », *Économie internationale*, 89-90, pp. 19-38.

27 Voir définition, paragraphe 3.3.1, B.

28 Pour une discussion des différentes mesures du protectionnisme, voir : Fontagné, L. et Mayer Th. (2002), « Politiques commerciales », *Économie internationale*, 89-90, pp. 7-18.

29 Ce dernier point est important dans la mesure où les droits anti-dumping ne toucheraient, en moyenne, que 6,7 % des importations (pour chacune des 21 lignes tarifaires de l'Union européenne).

30 Trionfetti, F. (2002), « Politiques d'achats publics et spécialisations internationales », *Économie et Prévision*, n° 152-153.

visent à mesurer un écart en termes de prix ou de volume d'échange à une situation de référence. Dans le premier cas, l'impact des barrières à l'échange est censé se refléter dans la différence de prix entre le marché intérieur et le marché mondial. Cette mesure présente évidemment des limites : la notion de prix mondial est difficile à appréhender (souvent on s'en tient au prix du pays exportateur), les produits ne sont pas directement comparables et se pose enfin la question du taux de change. La deuxième mesure cherche à appréhender l'impact des barrières à l'échange sur les flux de commerce en définissant au préalable une norme de commerce (correspondant à une situation de libre-échange sans entrave). Cette norme théorique est obtenue grâce à l'application d'un modèle de gravité. La différence entre les volumes observés et les volumes théoriques est censée capter la protection commerciale mais pas uniquement elle (la notion d'effets frontières et le modèle de gravité sont présentés en détail dans le chapitre suivant). L'impact des barrières aux échanges sur les volumes de commerce ne donne pas d'indication directe sur les distorsions sur le bien-être et la richesse. Des pics tarifaires sont notamment une source importante de distorsions. On montre par exemple que les pertes de bien-être correspondent au carré des tarifs douaniers (et non pas aux tarifs douaniers eux-mêmes). Boüet (2002) effectue un calcul classique de pertes de bien-être dûes à la protection commerciale européenne en équilibre partiel (pertes en surplus du consommateur nettes des gains du producteur et des recettes fiscales) [34]. Le coût de la protec-

## ENCADRÉ 3.4

### *Quel est le coût du protectionnisme ?*

La plupart des travaux empiriques reposant sur un cadre d'analyse en équilibre partiel et en concurrence pure et parfaite considèrent que le coût du protectionnisme par emploi sauvé est élevé. Des travaux anciens du GATT ont, par exemple, montré qu'en 1984 le coût de la protection dans le secteur du textile était de l'ordre de 50 000 dollars par an et par emploi sauvegardé et à 39 000 dollars dans le secteur des vêtements (pour des salaires moyens dans ces deux secteurs respectivement égaux à 13 400 et 10 500 dollars). Hufbauer et Eliott (1994) [31] montrent que le coût du protectionnisme pour le consommateur américain était en 1990 de l'ordre de 70 milliards de dollars (soit 1,5 % du PIB américain). Le coût annuel par emploi sauvegardé est de l'ordre de 170 000 dollars (l'étude considère 22 secteurs). Messerlin (2001) [32] estime de son côté le coût de la protection européenne à 90 milliards d'euros en 1990 (soit 6 % du PIB européen). Le coût par emploi est estimé à environ 220 000 euros, soit dix fois le salaire moyen annuel des travailleurs dans les 25 secteurs étudiés. Plus récemment Bouët A. et D. Laborde (2008) ont montré qu'une remontée des droits de douane à leur niveau consolidé engendrerait une réduction du commerce de l'ordre de 1900 milliards de dollars [33].

31 Hufbauer, G., Elliott, A. (1994), *Measuring the Costs of Protection in the United States*, Institute for International Economics, Washnigton.

32 Messerlin, P. (2001), *Measuring the Costs of Protection in Europe : European Commercial Policy in the 2000s*, Institute for International Economics, Washington.

33 Bouët A. et D. Laborde (2008), *The cost of failed Doha Round*, IFPRI Issue brief, 56, December

34 Boët, A. (2002), « Commentaire sur l'article de P. Messerlin », *Économie internationale*, 89-90, pp. 65-84.

tion (en termes de bien-être) est estimé à 39 milliards d'euros, soit 2,5 % de la valeur ajoutée totale (contre 7 % pour Messerlin). On soulignera pour terminer qu'il existe des travaux utilisant un modèle d'équilibre général calculable qui cherchent à évaluer la perte de bien-être liée à une structure de droits de douane donnée (voir par exemple Anderson, Bannister et Neary (1995)[35])

## 3.1.2 *Le retour en force des politiques protectionnistes : quels arguments ?*

L'objectif de libéralisation des échanges semble en contradiction avec la mise en place par la plupart des pays de politiques commerciales ayant pour objet de soutenir (ou de protéger) les producteurs nationaux. L'analyse économique montre pourtant que, sous certaines conditions, en particulier en présence d'*effets externes* ou encore de « rentes » provenant du fonctionnement des marchés en concurrence imparfaite, la mise en œuvre de politiques commerciales peut trouver des fondements théoriques. Les développements qui suivent reviennent sur ces deux types de justifications de politiques commerciales actives.

Il existe évidemment d'autres arguments pour justifier le protectionnisme. On citera par exemple l'argument de la balance commerciale : un droit de douane renchérit le coût des importations et devrait en conséquence permettre de réduire les importations. On peut aussi signaler l'argument de l'industrie naissante (voir ci-dessous) ou au contraire de l'industrie sénescente (de façon par exemple à accompagner les ajustements nécessaires et limiter les pertes d'emploi dans ces industries en déclin). Enfin, signalons l'argument des recettes fiscales car les tarifs douaniers constituent une part non négligeable des recettes fiscales dans les pays en voie de développement (jusqu'à la moiti dans certains pays).

### A. Les arguments en faveur de la protection

Un pays qui instaure un droit de douane pour protéger son marché subit une perte « sèche » par rapport à une situation de libre-échange quand il n'a pas d'influence sur les prix à l'importation (hypothèse du « *price taker* »). On en conclut donc que le libre-échange est préférable à une situation de protectionnisme. Cette conclusion est cependant obtenue sous l'hypothèse que les marchés fonctionnent en concurrence parfaite. Si on lève cette hypothèse, il existe des situations où le protectionnisme peut être porteur de gains en bien-être pour le pays qui se protège. C'est en particulier le cas lorsqu'un droit de douane est instauré par un grand pays (théorie du « droit de douane optimal »).

35 Anderson, J.E., Bannister, G.J., Neary, J.P. (1995), « Domestic distorsions and international trade », *International Economic Review*, 36, pp. 139-157. Le concept de protection d'Anderson correspond à l'équivalent tarifaire uniforme pour l'ensemble des secteurs qui fournirait au facteur spécifique du secteur considéré la même rémunération que la structure tarifaire existante.

C'est aussi le cas quand il existe des « échecs de marché » ou encore quand le fonctionnement des marchés en concurrence imparfaite crée des rentes (théorie de la politique commerciale stratégique).

■ **Un grand pays dispose d'un pouvoir de marché (dit de « monopsone ») et peut à ce titre influencer le prix mondial par une réduction de ses importations qui entraînera une diminution du prix des importations.** La hausse du prix dans le grand pays ayant instauré un droit de douane à l'importation sera alors moindre que le tarif douanier. Le gain résultant de l'amélioration des termes de l'échange (surface e sur la figure 3.2) peut alors excéder les distorsions qu'il engendre (et qui sont représentées graphiquement par les surfaces correspondant à (b + d)). Le droit de douane qui augmente le revenu national est appelé optimal. Au total, les effets du droit de douane sur le bien-être dans le cas d'un grand pays sont ambigus. On montre alors qu'il existe un droit de douane « optimal » qui permet de maximiser les gains nets (amélioration des termes de l'échange nets des distorsions). Une augmentation du droit de douane commence par augmenter le niveau de bien-être jusqu'à atteindre un maximum (droit de douane « optimal ») pour ensuite diminuer et devenir négatif. Le droit de douane optimal augmente avec la taille du pays (autrement dit avec son pouvoir de monopsone sur le marché mondial). Il est toutefois peu probable que le pays exportateur (s'il est aussi de grande taille) se laisse imposer une détérioration de ses termes de l'échange. Une guerre tarifaire risque donc d'émerger qui peut entraîner des pertes en bien-être pour les deux pays (voir dans le chapitre 4 les développements consacrés à la théorie des blocs commerciaux).

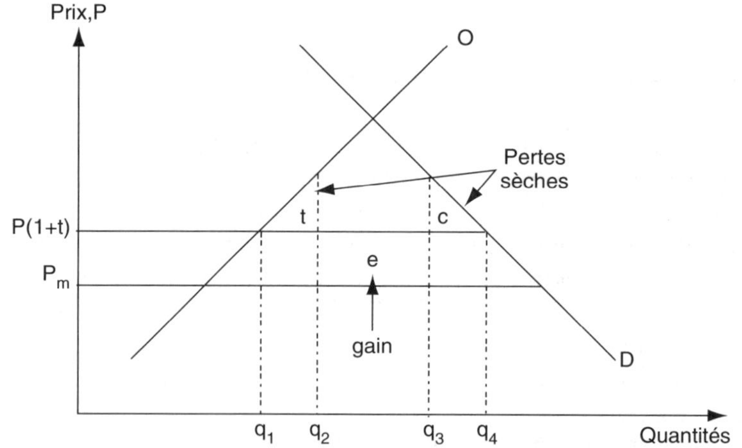


**Figure 3.2**
*Les effets d'un droit de douane optimal*

■ **La mise en œuvre d'une protection peut aussi se justifier dans le cas « d'échecs de marché », en particulier quand il existe des effets externes.** Le surplus du producteur n'est plus une bonne mesure du bénéfice retiré de la production d'un bien. En d'autres termes, l'accroissement de la production nationale (résultant d'une mesure protectionniste qui réduit les importations) peut apporter un bénéfice « social » marginal qui est plus élevé que le surplus privé du producteur compte tenu de l'existence d'effets externes positifs. Cela peut constituer un argument en faveur d'une intervention des pouvoirs publics qui sinon ne serait pas souhaitable. Cette analyse, qui est une application particulière de la « théorie du second rang » [36], permet par exemple de justifier l'existence d'une protection pour les industries naissantes dans les pays en développement (on retrouve l'argument de List (1841 [37])).

Rappelons que cet argument repose sur l'idée que les pays en développement ont *potentiellement* un avantage comparatif dans le secteur manufacturier mais qu'ils doivent se protéger temporairement pour que la production puisse se développer sans être « étouffée » d'emblée par la concurrence internationale de pays déjà bien implantés. Le recours à une protection temporaire est potentiellement source d'effets externes positifs dans le temps car on attend de ce type de mesure qu'elle amorce un processus d'industrialisation, source de croissance et de bien-être pour la population (la pertinence de cet argument est discutée par Krugman et Obsfeld, 2006, *op. cit.*, p. 253).

L'argument des effets externes peut aussi être mobilisé pour les industries de haute technologie dans les pays industrialisés. Les entreprises de haute technologie consacrent une part importante de leurs ressources à la recherche et au développement qui engendre des effets externes positifs pour l'ensemble de l'économie. Le bénéfice social retiré par la collectivité des investissements en recherche et développement réalisés par les entreprises innovantes est alors supérieur au bénéfice privé que ces dernières en retirent.

Par ailleurs, comme nous l'avons vu dans la présentation des théories traditionnelles du commerce international, l'ouverture aux échanges engendre un gain de bien-être global pour un pays donné si la main-d'œuvre est parfaitement mobile à l'intérieur du pays et les salaires flexibles. Une politique commerciale pourrait en revanche se justifier en vertu de l'argumentation précédente, s'il existe par exemple des distorsions sur le marché du travail qui conduisent à du chômage pour les salariés non qualifiés dans un secteur donné. En réalité, l'argument des échecs de marché est souvent utilisé de façon fallacieuse car il est généralement préférable de corriger les échecs de marché de la manière la plus directe possible. On peut en effet montrer qu'une subvention à la pro-

---

36 La théorie du second rang dit qu'une intervention publique qui provoque apparemment des distorsions sur un marché peut améliorer en réalité le bien-être quand il existe des échecs de marché sur d'autres marchés (qui ne fonctionnent donc pas de façon efficiente). L'idée sous-jacente dans le cas qui nous occupe est que même si le commerce international n'est pas la racine du problème, une politique commerciale protectionniste peut constituer une solution partielle à un dysfonctionnement sur le marché du travail (situation de sous-emploi).

37 List, 1841, *op. cit.*

duction permettrait d'obtenir le même résultat qu'un droit de douane en termes de production nationale additionnelle (dont on suppose qu'elle est porteuse d'effets externes positifs) tout en étant moins distorsive pour le consommateur (la perte de consommation correspondant à la surface b du graphique 3.1 disparaît) (pour une discussion sur cette question voir Krugman et Obsfeld (2006), *op. cit.*, p. 218 et suivantes)[38].

## B. La politique commerciale stratégique

La théorie traditionnelle du commerce international retient comme hypothèse que les marchés fonctionnent en concurrence pure et parfaite et que le libre-échange conduit à une solution optimale (en tout cas préférable à une situation dans laquelle les pays protègent leurs marchés). La prise en compte de la concurrence imparfaite sur les marchés (et des comportements stratégiques qu'elle implique pour les entreprises) permet de justifier que les pouvoirs publics aient recours à une politique commerciale ou industrielle pour donner un avantage à leurs « champions nationaux » (Brander et Spencer (1983-1985)[39]. Quand la concurrence est imparfaite, les entreprises réalisent en effet des profits positifs (elles bénéficient d'une « rente »). Les gouvernements nationaux peuvent alors avoir intérêt à mettre en œuvre une politique commerciale appropriée de façon à ce que la (ou les) entreprise(s) nationale(s) s'approprie(nt) ces surprofits au détriment (c'est le point important) de(s) entreprise(s) étrangère(s). Les profits de monopole réalisés par l'entreprise nationale (s'il n'y a de la place sur le marché que pour une entreprise) peuvent alors augmenter d'un montant supérieur au montant de la subvention (mais cela n'est pas nécessairement le cas).

Cette intervention publique dénommée politique commerciale stratégique (PCS) peut être illustrée en prenant l'exemple du marché de la construction aéronautique car c'est un secteur très concentré pour lequel le marché est mondial (voir Krugman et Obsfeld (1995), *op. cit.*, pp. 328 et suivantes). Soit deux entreprises — Boeing et Airbus (toute ressemblance avec des constructeurs existants est fortuite !) — qui s'affrontent pour vendre un nouvel avion moyen-courrier. Les deux entreprises sont supposées avoir les mêmes coûts de production et doivent décider si elles vont produire ou non cet avion sachant qu'il n'y a la place sur ce marché que pour une entreprise (compte tenu par exemple des coûts irrécupérables qui doivent être engagés pour produire). On voit bien (tableau 3.3) que les deux constructeurs n'ont pas intérêt à entrer sur ce marché tous les deux car ils feraient des pertes (-5 ;-5) alors que si l'un d'entre eux dispose d'une avance sur l'autre et produit seul, il gagne un profit monopolistique de 100. Supposons que Boeing puisse, pour une raison ou une autre, entrer sur le marché, il obtient un profit de 100 et Airbus n'entre pas.

---

38 Nous nous réfèrerons encore indifféremment à une ancienne version de l'ouvrage traduit en langue française de Krugman, P., Obsfeld, M. (1995), *Économie internationale*, De Boeck, Bruxelles ou à celle, plus récente, de 2009 aux éditions Pearson, Paris.

39 Voir les articles de Spencer, B.J. et Brander J.A. (1983), « International R&D and industrial strategy », *Review of Economic Studies*, 50, pp. 707-722 et Brander, J.A., Spencer, B.J. (1985), « Export subsidies and international market share rivalry », *Journal of International Economics*, 18, pp. 83-100.

**Tableau 3.3**
*Conditions d'entrée sur le marché pour Airbus et Boeing*

| BOEING | Produire | | Ne pas produire | |
|---|---|---|---|---|
| | Boeing | Airbus | Boeing | Airbus |
| Produire | -5 | -5 | 100 | 0 |
| Ne pas produire | 0 | 100 | 0 | 0 |

Source : Krugman et Obsfeld (1995), *op. cit.*, pp. 322-325.

L'intervention des pouvoirs publics peut cependant renverser la situation (tableau 3.4). Si la Commission européenne soutient Airbus en lui donnant une subvention de 25, le constructeur européen est désormais incité à entrer sur le marché, *quelle que soit la décision prise par Boeing* (entrer sur le marché devient une stratégie dominante pour Airbus). Le profit d'Airbus est de 125 au lieu de 0 (s'il ne produit pas). Le constructeur américain est alors évincé du marché car s'il produit et qu'Airbus entre sur le marché, il fait des pertes (-5). La subvention européenne augmente les profits d'un montant supérieur au montant de la subvention versée.

**Tableau 3.4**
*Concurrence entre les deux entreprises avec une aide européenne à Airbus*

| BOEING | Produire | | Ne pas produire | |
|---|---|---|---|---|
| | Boeing | Airbus | Boeing | Airbus |
| Produire | -5 | 20 | 100 | 0 |
| Ne pas produire | 0 | 125 | 0 | 0 |

Source : Krugman et Obsfeld (1995), *op. cit.*, pp. 322-325.

## ENCADRÉ 3.5
### *Politique commerciale stratégique : le cadre d'analyse de Brander et Spencer*

L'objet des développements qui suivent est de proposer une analyse simplifiée du cadre d'analyse technique utilisé par les modèles de politique commerciale stratégique. On fait l'hypothèse qu'il existe une entreprise A (qu'on suppose être une entreprise nationale) qui est en concurrence avec une entreprise étrangère B sur un marché tiers (il n'y a pas de producteur local)[40][41]. Les deux entreprises sont donc en situation de duopole et se font une concurrence

40 La présentation qui suit emprunte à Rainelli, M. (2003), *La nouvelle théorie du commerce international*, Collection Repère-La Découverte, Paris (chapitre 5, pp. 83 et suivantes).

41 Le lecteur intéressé par une présentation de ces modèles pourra se référer à la présentation très claire qui est faite par Brander, J.A. (1995), « Strategic Trade Policy », *in* Grossman, G.M. et Rogoff, K., *Handbook of International Economics*, vol. 3, pp. 1395 et suivantes.

## ENCADRÉ 3.5 (suite)

sur les quantités produites (concurrence à la Cournot). Les coûts de production des entreprises sont supposés être influencés par leurs dépenses en recherche et développement (R&D). On suppose maintenant que les pouvoirs publics du pays d'origine de l'entreprise A interviennent en subventionnant la R&D de cette entreprise (ils jouent en première étape du jeu) et que les entreprises produisent en deuxième étape (les quantités d'équilibre dépendent alors de la subvention versée en première période). Le coût de production unitaire de l'entreprise A va donc être inférieur à celui de l'entreprise B. Les quantités d'équilibre produites dans la deuxième étape du jeu par les deux entreprises sont donc modifiées par rapport à une situation où il n'y aurait pas d'intervention publique (voir graphique 3.3).

Lorsque la concurrence sur le marché tiers se fait sans intervention des pouvoirs publics, l'équilibre est celui de Cournot (C). La subvention des activités de R&D de l'entreprise A entraîne un déplacement de sa fonction de réaction et donc des quantités produites par les deux entreprises (la fonction de réaction de l'entreprise A se déplace de $R_A$ à $R_A*$). L'équi-libre atteint correspond à un équilibre de Stakelberg [42] où le profit est plus élevé pour l'entreprise A qui peut se conduire en leader de Stakelberg. Les quantités produites par l'entreprise A sont plus élevées alors que l'entreprise B diminue ses quantités produites. Il est important de souligner que ce résultat dans le modèle de Cournot repose sur l'hypothèse que les quantités des deux entreprises sont des « substituts stratégiques » (hypothèse généralement acceptée dans le cas du modèle de Cournot). Cela signifie que la meilleure réaction de l'entreprise B face à l'accroissement des quantités produites par A (qui est subventionnée) consiste à réduire ses quantités. Pour atteindre un niveau de profit plus élevé, l'entreprise A a besoin de la subvention des pouvoirs publics car le point S est en dehors de sa fonction de réaction. L'intervention publique permet à l'entreprise A de capter une partie des profits de l'entreprise B (notion de « *profit shifting* »). Le niveau de bien-être dans le pays dont est originaire l'entreprise subventionnée (entreprise A) augmente car les consommateurs nationaux ne subissent pas les effets de la subvention.

Ce résultat ne peut pas cependant être généralisé. Si les deux entreprises sont en concurrence sur le marché national et que les pouvoirs publics mettent en place une taxe sur les importations, alors les quantités vendues sont plus faibles et les prix plus élevés sur le marché national. Il y a une diminution du surplus du consommateur parallèlement à l'augmentation du surplus du producteur. L'effet en termes de bien-être global devient ambigu. Enfin, on montre que dans le cas où les entreprises se font une concurrence à la Bertrand (cas non moins probable qu'une concurrence à la Cournot) sur un marché tiers et que les prix sont des compléments stratégiques (hypothèse généralement admise), alors l'intervention publique qui émerge n'est plus une subvention aux exportations mais au contraire une taxe sur les exportations (qui renchérit les coûts unitaires). En concurrence en prix, la diminution des quantités offertes est en effet nécessaire pour augmenter les profits (une subvention aux exportations accordée à l'entreprise A rendrait en effet, sous l'hypothèse de complémentarité stratégique, l'entreprise B plus agressive dans la concurrence en prix que se livrent les deux entreprises).

---

42 Dans un jeu à la Stakelberg, on suppose que l'une des entreprises est en position de leader car elle connaît la fonction de réaction de l'entreprise concurrente. L'entreprise qui est un leader de Stackelberg produit la quantité qui lui assure le profit maximal en tenant compte de la fonction de réaction de l'autre entreprise. Dans l'exemple ci-dessus, c'est la décision publique qui fait que l'entreprise A devient un leader de Stackelberg.

## ENCADRÉ 3.5 (suite)

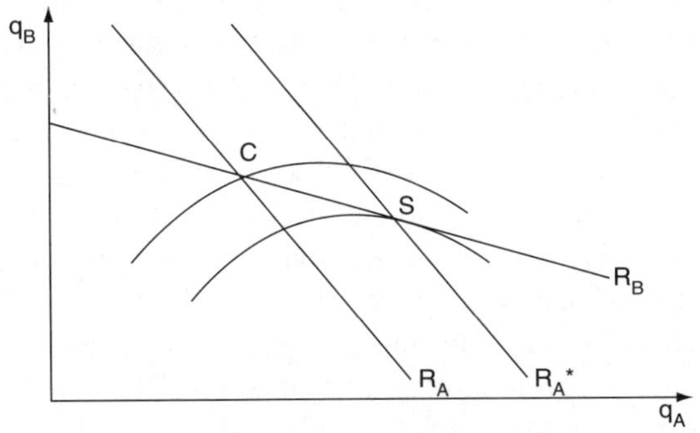


**Figure 3.3**
***Effet d'une subvention à une entreprise nationale dans le cadre d'un jeu de duopole (hypothèse du marché tiers)***

Krugman et Obsfeld (*op. cit.*, 1995) construisent cependant un autre cas de figure dans lequel Boeing a un tel avantage (en termes de coûts ou sur le plan de la technologie) par rapport à Airbus qu'il fait des profits positifs même si Airbus entre sur le marché (alors que Airbus fait des pertes importantes si les deux constructeurs sont présents sur le marché). En d'autres termes, en l'absence de subventions, seul Boeing peut entrer sur ce marché. Si la Commission européenne décide de subventionner Airbus, alors celui-ci peut entrer sur le marché mais sans dissuader cette fois-ci Boeing de se retirer (Boeing fait des profits positifs alors que ses profits sont nuls s'il reste en dehors du marché) : les profits dégagés par Airbus sont alors inférieurs au montant de la subvention qui lui est versée. Cette situation est évidemment complètement inefficace et illustre en même temps la fragilité des résultats obtenus dans ce type de modèles. Par ailleurs, nous avons laissé de côté l'hypothèse, au demeurant fort probable, que les autorités américaines répondent aux subventions européennes par des subventions à Boeing, enclenchant un cycle de « représailles » conduisant à une situation de type « dilemme du prisonnier ».

Rappelons pour conclure que les économistes considèrent généralement que le libre-échange est supérieur au protectionnisme malgré les arguments qui ont pu être développés ci-dessus. Les distorsions sur les marchés (échecs de marchés) peuvent être généralement corrigées plus efficacement par des politiques internes appropriées. Remarquons enfin que les politiques commerciales stratégiques sont menées au détriment des partenaires à l'échange dans le cadre d'un jeu qui ne ressemble plus à un jeu à somme positive mais qui risque au contraire de déboucher sur des guerres commerciales qui aggravent la situation de chacun des partenaires commerciaux.

### 3.1.3 *Multilatéralisme et coopération : une approche en termes de jeu*

La mise en œuvre d'une politique commerciale peut être étudiée en référence à deux types d'approches bien connues. La théorie de l'électeur médian (Downs, 1957)[43] et celle de l'action collective (Olson, 1965)[44]. Antony Downs (1957, *op. cit.,* p. 28) a formulé l'hypothèse fondamentale que « les partis définissent des politiques pour gagner des élections plutôt qu'ils ne gagnent les élections pour définir des politiques ». L'idée générale est que si deux partis se font une concurrence électorale, alors leur plateforme politique doit converger (sous certaines hypothèses) vers une proposition commune qui correspond à la politique souhaitée par l'électeur médian (voir sur ces questions de choix publics Mueller, 1989)[45]. La théorie de l'électeur médian ne constitue pas cependant une explication satisfaisante des politiques commerciales mises en œuvre par les pays. En effet, ce modèle laisserait à penser qu'une décision de politique commerciale (le choix d'un tarif douanier par exemple), qui recueillerait l'assentiment d'une majorité de la population et ne desservirait les intérêts que d'une faible minorité, devrait être adoptée. Or, le lecteur notera que c'est exactement l'inverse qui se produit dans le cas qui nous occupe : le protectionnisme conduit à une détérioration du bien-être de tous les consommateurs tout en profitant à des groupes particuliers : entreprises et salariés du secteur protégé. Une politique commerciale peut être en réalité adoptée si des groupes de pression bien organisés la soutiennent. On retrouve le problème de « l'action collective » cher à Olson (1965). Plus les groupes sont petits pour des gains attendus importants et plus ils sont susceptibles de s'organiser et s'investir dans des activités de lobbying (activités de *rent-seeking*). Cette analyse est fondamentale car elle permet de comprendre l'intérêt du multilatéralisme et des négociations commerciales du point de vue strictement économique. Seules les négociations internationales qui permettent d'introduire dans le débat les exportateurs comme contrepoids aux producteurs nationaux rendent plus facile la réduction des barrières aux échanges. La question des comportements coopératifs entre les pays se pose également. Nous avons vu que l'établissement d'une barrière à l'échange économiquement justifiée pouvait entraîner des représailles. Les développements qui suivent ont pour objet de montrer à quelles conditions un processus de coopération peut émerger alors même que les pays (les joueurs) choisissent leur politique commerciale (leurs tarifs douaniers) de façon non coopérative et peuvent être incités à ne pas respecter leurs engagements. La répétition du jeu assorti de sanctions est un moyen de favoriser la coopération entre pays. Les développements formels que nous présentons reposent sur la théorie des jeux non coopératifs. Nous laissons donc de côté un certain nombre de questions traitées en théorie des jeux coopératifs et qui sont relatives à la stabilité du multilatéralisme vu comme une grande coalition. Certains pays peuvent en effet décider d'abandonner le multilatéralisme pour former des sous-ensembles (sous-coalitions) qui dans la réalité peuvent prendre la forme d'accords commerciaux régionaux. Nous procédons ensuite à une analyse

43 Downs, A., (1957), *An Economic Theory of Democracy*, Brooking Institution, Washington DC.

44 Olson, M., (1965), *The Logic of Collective Action*, Harvard University Press, Cambridge.

45 Mueller, D.C., (1989), *Public Choice II*, Cambridge University Press.

des principes de non-discrimination et de réciprocité qui fondent les relations commerciales internationales dans le cadre de l'Accord du GATT, puis dans celui de l'Organisation mondiale du commerce (OMC).

## A. Une forme de coopération peut-elle émerger dans un cadre où les pays jouent de façon non coopérative ?

Cette question est classique en théorie des jeux non coopératifs. La coopération résulte de la répétition sur une durée de jeu infini d'un jeu statique assorti de sanctions à l'encontre des joueurs (les pays dans notre exemple) qui décideraient unilatéralement de « tricher » en ne respectant pas l'accord de coopération. Cette sanction prend généralement la forme d'un retour à la solution non coopérative caractérisée de part et d'autre par des tarifs douaniers plus élevés. Encore faut-il que cette menace soit perçue comme crédible par l'ensemble des joueurs. Illustrons notre propos en utilisant un modèle très simple avec deux pays identiques [46]. On suppose que les deux pays choisissent à l'équilibre coopératif le couple de tarifs douaniers ($t^C, t'^C$). On définit de la même façon les tarifs douaniers à l'équilibre non coopératif par le couple ($t^N, t^N$). On note $W^j(t^C)$, $W^j(t^N)$ et $W^j(t^N, t^C)$ les niveaux de bien-être atteints par un pays ($j = A, B$) respectivement à l'équilibre coopératif, à l'équilibre non coopératif et quand ce pays décide unilatéralement de jouer un tarif douanier non coopératif alors que son partenaire commercial joue « coopératif ». On suppose que dans un jeu statique à une période, le pays qui « triche » obtient un gain, quand il fait « défection », qui est supérieur à celui qu'il obtiendrait dans la solution coopérative (c'est-à-dire celle qui correspond aux tarifs douaniers qui maximisent le bien-être des deux pays, $W_A + W_B$). Ceci s'écrit formellement :

$$W^j(t^N, T^C) > W^j(t^C) > W^j(t^N) \qquad (1)$$

Quand le jeu est répété à l'infini, le pays qui augmente son tarif douanier sachant que l'autre choisit un taux plus faible sait qu'il s'expose à des représailles de la part du pays partenaire pour les périodes suivantes : celles-ci prennent la forme d'un retour à l'équilibre de Nash avec un niveau de bien-être associé qui est plus faible. Si chaque pays respecte son engagement à coopérer, alors l'équilibre coopératif du jeu statique prévaut à chaque période du jeu répété. Un pays respectera son engagement à coopérer si le gain en bien-être qu'il retire en « déviant » sur une période donnée ($G^N(t^N, t^C) = W^j(t^N, t^C) - W^j(t^C)$) est inférieur à la valeur actualisée de la « sanction » ($L^N(t^N, t^C)$) qu'il doit supporter pour le reste du jeu (équilibre de Nash non coopératif à chaque période). Cela s'écrit formellement,

$$G^N(t^N, t^C) = W^j(t^N, t^C) - W^j(t^C) < L^N(t^N, t^C) = \sum_{t=1}^{\infty} \delta^t \left[ W_t^j(t^C) - W_t^j(t^N) \right]$$

46 La présentation du modèle est empruntée à Rivera-Batiz et Oliva (2003, *op. cit.*, pp. 624 et suivantes).

$$= \frac{\delta}{1-\delta}\left[W^j(t^C) - W^j(t^N)\right] \tag{2}$$

Où $\delta = 1/(1+\beta) \leq 1$ est le facteur d'escompte et $\beta$ le taux d'escompte (ou taux de préférence pour le présent).

L'inégalité (2) peut se réécrire de la façon suivante :

$$\delta = \frac{1}{1+\beta} > \frac{W^j(t^N, t^C) - W^j(t^C)}{W^j(t^N, t^C) - W^j(t^N)} > 0 \tag{3}$$

Autrement dit, la solution coopérative $t^C = (t^C, t^C)$ est soutenable si la condition (3) est vérifiée pour les deux pays partenaires à l'échange. L'incitation à coopérer dépend donc du taux de préférence pour le présent. Si un pays a un taux de préférence pour le présent (taux d'actualisation, $\beta$) suffisamment faible (ou de façon équivalente un facteur d'escompte $\delta$ élevé) alors il peut émerger une forme de coopération dans ce jeu répété à l'infini assorti de la menace de revenir à l'équilibre non coopératif pour le reste du jeu. Si, au contraire, le taux de préférence pour le présent est élevé, les sanctions futures sont relativement faibles (en valeur présente) et la coopération a plus de mal à émerger. Une autre question se pose cependant. C'est celle de savoir quel est le tarif douanier coopératif le plus faible qui soit soutenable dans un jeu répété (autrement dit tel qu'aucun des deux pays ne soit incité à « dévier »). Il correspond au tarif douanier qui égalise les gains à faire « défection » et les gains actualisés de la coopération. On montre que le tarif douanier coopératif le plus faible (mais qui soit soutenable) est toujours inférieur au tarif correspondant à l'équilibre de Nash (pour un taux d'actualisation positif). Sans surprise, on montre aussi que ce tarif douanier correspond au libre-échange pour un taux d'escompte (taux de préférence pour le présent) suffisamment faible. En d'autres termes, le libre-échange peut émerger sous certaines circonstances grâce à une menace crédible liée à un retour à l'équilibre non coopératif (Dixit, 1987) [47].

La question qui se pose naturellement est celle de savoir si l'Organisation mondiale du commerce (OMC) dispose des moyens de sanctionner un pays qui ne respecterait pas ses engagements. L'OMC dispose certes d'un règlement des différends (voir pour davantage de détails la deuxième partie du chapitre) mais en réalité le processus menant à d'éventuelles sanctions est très long. Cela revient à dire que les pays peuvent « dévier » pendant plusieurs périodes ($L$ périodes) avant d'être sanctionnés. De surcroît, les sanctions sont levées à partir du moment où un pays revient à la coopération. On peut illustrer cela en supposant (ce qui est un cas extrême) que les pays ont la possibilité de revenir à la coopération dès qu'ils ont été pris en flagrant délit (sans coût ou sanctions). Dans ce cas, ils peuvent bénéficier des gains transitoires à dévier tout en évitant des sanctions et sont toujours incités à dévier :

47 Dixit, A., (1987), « Strategic aspects of trade policy », *in* T. Bewley (ed.), *Advances in Economic Theory*, Fifth World Congress, Cambridge University Press, New-York.

$$G^N(t^N, t^C) = \sum_{t=1}^{L} \delta^t \left[W_t^j(t^N, t^C) - W_t^j(t^C)\right] = \frac{\delta(1-\delta^L)}{1-\delta}\left[W^j(t^N, t^C) - W^j(t^C)\right]$$
$$> L^N(t^N, t^C) = 0 \qquad (4)$$

La réalité est évidemment plus complexe et les pays peuvent prendre d'autres mesures que celles prévues par l'OMC pour punir les pays qui ne respecteraient pas les règles de coopération. L'exemple le plus souvent cité est sans doute la fameuse « Section 301 » du *Trade Act* (1984) qui permet aux États-Unis de prendre des mesures coercitives et unilatérales contre les pratiques jugées déloyales de leurs partenaires commerciaux.

## B. La coopération sur la base de la non-discrimination et de la réciprocité dans les négociations commerciales

Le multilatéralisme est une forme d'organisation des relations commerciales internationales reposant sur une coopération entre partenaires commerciaux. Cela suppose évidemment que les pays concernés acceptent un certain nombre de règles communes. Le principe de non-discrimination constitue le fondement majeur de l'Accord général sur les tarifs douaniers et le commerce (dont l'acronyme anglais est GATT) et de l'Organisation mondiale du commerce (OMC). Il signifie que si un pays accorde des concessions tarifaires (ou tout autre avantage commercial) à un autre pays, il doit l'étendre à tous les autres (clause de la nation la plus favorisée, NPF) [48]. Ce pays doit en outre assurer une égalité de traitement entre les produits nationaux et ceux importés. La coopération des pays qui adhèrent au multilatéralisme suppose enfin une forme de réciprocité dans les concessions entre partenaires au cours des négociations commerciales.

■ **Le principe de non-discrimination** repose pour partie sur la clause de la nation la plus favorisée (NPF). La question posée est alors celle de savoir si la clause de la NPF est nécessaire au fonctionnement efficace du multilatéralisme. La NPF a pour effet que tous les pays ont intérêt à s'approvisionner là où c'est le moins cher (au coût de transport près) car tous les partenaires commerciaux sont traités de la même façon. Cela est conforme à l'efficacité économique. Une stricte application de la clause de la NPF élimine les « détournements de commerce » propres aux régimes discriminatoires (voir le chapitre 4 sur le régionalisme commercial et les accords commerciaux régionaux). La clause de la NPF permet donc d'éliminer les distorsions qui résulteraient de ce qu'un pays imposerait des tarifs douaniers différents sur un même bien provenant de partenaires commerciaux différents. Gatsios (1990) [49] montre en effet que si les marchés sont oligopolistiques, alors les pays sont incités à prélever des tarifs douaniers élevés sur les exportateurs étrangers qui ont des coûts faibles (et dont la production est

---

48 Le lecteur trouvera dans la deuxième partie du chapitre une présentation détaillée des principes fondant le GATT et de l'OMC.

49 Gatsios, K., (1990), « Preferential tariffs and the « most favoured nation » principle », *Journal of International Economics*, 28, pp. 365-373.

élevée) de façon à maximiser leurs recettes fiscales. Bagwell (1999) [50] construit un modèle dans lequel les pays peuvent choisir des tarifs douaniers de façon discriminante de façon à « extraire » le maximum de rente au détriment de leurs partenaires commerciaux. L'auteur montre alors que la combinaison du principe de non-discrimination et de réciprocité facilite les réductions de tarifs douaniers et contribue à la mise en place d'un système commercial multilatéral efficace. Le principe de réciprocité permet en effet d'internaliser les externalités tarifaires qui sont à l'origine de droits de douane élevés (et de prix plus faibles) [51]. Le principe de non-discrimination élimine ensuite les externalités tarifaires qui conduisent à des prix différents entre pays (résultant du comportement de maximisation de la rente prélevée sur les exportateurs).

L'application de la clause de la NPF présente cependant des inconvénients. Un premier type d'inconvénient est lié au fait que dans la réalité les réductions tarifaires sont souvent négociées dans un cadre bilatéral (pensons par exemple aux États-Unis et à l'Union européenne) et profitent donc aux autres pays sans qu'il y ait nécessairement de réciprocité. On est alors face à un problème de « *free riding* ». Caplin et Krishna (1988) proposent un modèle de négociations bilatérales avec et sans NPF [52]. Le problème de « *free riding* » conduit à une situation dans laquelle les pays imposent des tarifs douaniers plus élevés avec la NPF que sans cette clause. En d'autres termes, un système de négociation bilatéral associé à la clause de la NPF conduit à une perte d'efficacité par rapport à la situation où il n'y a pas cette clause. Ludema (1991) montre *a contrario* que la clause de la NPF n'est pas sujette, dans un cadre de négociations à trois pays (négociations multilatérales) à engendrer des comportements de passagers clandestins [53].

■ **Le principe de réciprocité** établit (Rivera-Batiz et Oliva, 2003, *op. cit.*) que les membres de l'OMC ont des droits et des obligations symétriques dans les négociations dans le sens où les concessions tarifaires qu'ils s'accordent doivent être équilibrées (« réciprocité en différence première » de Bhagwati, 1988) [54]. Krugman (1997) [55] fait remarquer à juste titre que le principe de réciprocité dans les négociations commerciales est contradictoire avec le principe d'ouverture unilatérale qui correspond sans doute mieux au message des théories traditionnelles du commerce international. Le principe de réciprocité relève donc plutôt d'une conception mercantiliste des relations

50 Bagwell, K., (1999), « An economic theory of GATT », *American Economic Review*, 89, pp. 215-248.

51 L'idée est que des pays qui ont un « pouvoir de marché » (autrement dit dont les importations représentent une part importante de la demande mondiale) vont prélever un tarif douanier élevé, ce qui fait baisser leurs importations, réduit le prix mondial du bien importé et améliore les termes de l'échange du « grand » pays. Le même type d'argumentation est développé dans le point (*ii*) sur le principe de réciprocité.

52 Caplin, A., Krishna, (1988), « Tariffs and the « most-favoured-nation clause » : A game theory approach », *Seoul Journal of Economics*, 1(3), pp. 267-289.

53 Cela pourrait être le cas si un pays décidait par exemple de rejeter une proposition de réductions tarifaires qui lui sont faites afin de profiter grâce à l'application de la clause de la NPF des concessions obtenues par les deux autres pays dans un cadre bilatéral.

54 Bhagwati, J.N., (1988), *Protectionism*, MIT Press, Cambridge, MA.

55 Krugman, P., (1997), « What should trade negociators negociate about », *Journal of Economic Literature*, 35, pp. 113-120.

commerciales internationales dans le sens où cela revient à supposer implicitement (à l'instar des mercantilistes) que les exportations sont bonnes pour un pays car sources d'accumulation de richesses alors que les importations sont au contraire mauvaises et dégradent la balance commerciale. Les théories de l'avantage comparatif supposent *a contrario* qu'un pays a intérêt à s'ouvrir unilatéralement à l'échange s'il peut se procurer des biens moins chers à l'étranger que s'il devait les produire lui-même. Ceci étant, le fait que les pays soient tenus de s'accorder des concessions réciproques a au moins le mérite d'ouvrir les marchés nationaux et de réduire les inefficacités traditionnellement imputées au protectionnisme (voir *supra*). Les concessions commerciales réciproques associées au multilatéralisme ont au moins trois avantages :

Elles permettent d'obtenir le soutien politique des exportateurs nationaux à une politique d'ouverture commerciale car ces derniers voient les marchés étrangers s'ouvrir à eux. Ce soutien permet de compenser l'opposition des producteurs nationaux de biens qui font face à une concurrence plus forte de la part des exportateurs étrangers sur leur propre marché et des détenteurs des facteurs de production dont la rémunération (par exemple le salaire des travailleurs les moins qualifiés) est négativement affectée par l'ouverture. Le soutien des exportateurs peut faire basculer le soutien politique en faveur d'une libéralisation des échanges alors que ceux-ci ne seraient amenés à soutenir une politique d'ouverture unilatérale (sans réciprocité) que dans le cas où elle permettrait de réduire le prix des biens intermédiaires qu'ils utilisent dans leur processus de production. Les consommateurs, quant à eux, ne sont généralement pas suffisamment organisés pour constituer un groupe de pression susceptible de promouvoir une libéralisation commerciale.

Les concessions réciproques facilitent les négociations en incitant les grands pays à réduire leurs barrières aux échanges alors qu'ils ne seraient pas incités à le faire unilatéralement. En effet, un « grand » pays (dont les importations représentent une part importante de la demande mondiale d'un bien donné) et qui réduirait unilatéralement son tarif douanier sur ce produit ferait augmenter la demande mondiale du bien en question et par conséquent le prix mondial. Les termes de l'échange de ce pays se détérioraient par voie de conséquence. Un « grand » pays qui réduit unilatéralement ses barrières émet une *externalité positive* vers ses partenaires commerciaux (les termes de l'échange de ces derniers s'améliorent). Le grand pays ne tient cependant pas compte dans son choix de politique commerciale des effets de l'amélioration des termes de l'échange sur le bien-être du (ou des) pays partenaire(s). Par conséquent, le bénéfice « privé » que retire le grand pays d'une ouverture unilatérale est inférieur au bénéfice « social » (que procurerait la libéralisation commerciale si cette externalité était internalisée dans le cadre d'une solution coopérative). Le pays en question n'a donc pas intérêt à réduire ses tarifs douaniers unilatéralement (et plus généralement à assouplir sa politique commerciale). Le principe de réciprocité permet dans une certaine mesure de circonscrire ce problème (par rapport à une ouverture unilatérale) à partir du moment où les partenaires commerciaux réduisent aussi leurs droits de douane.

Le principe de réciprocité modifie enfin le pouvoir de négociation des pays et donc aussi la répartition des gains liés à la libéralisation commerciale entre pays (par rapport à une situation où ce principe n'existerait pas). Un petit pays qui a un pouvoir de négociation faible est peu incité à baisser ses tarifs douaniers s'il peut se conduire en « passager clandestin » dans les négociations commerciales multilatérales dominées par les grands pays. Ce petit pays obtiendra en définitive peu de bénéfices d'une ouverture multilatérale négociée sur la base du grand pays surtout s'il est très spécialisé comme l'a montré McLaren (1997) [56]. La réciprocité dans les concessions commerciales permet alors de rééquilibrer les avantages liés au multilatéralisme.

L'analyse économique, que nous avons menée, des principes qui régissent l'organisation des relations commerciales internationales doit être complétée maintenant par leur mise en œuvre dans les négociations internationales.

## 3.2 L'OMC COMME INSTRUMENT DE RÉGULATION DES ÉCHANGES ?

L'Organisation mondiale du commerce (OMC) a été créée à la suite de l'Accord général sur les tarifs douaniers et le commerce (GATT an anglais) pour amener les États membres à consentir des concessions tarifaires dans un environnement de concurrence loyale.

L'actualité de l'OMC est rythmée par les conférences ministérielles qui permettent aux États membres de cette organisation de prendre acte des avancées des négociations menées par le secrétaire général et de conclure à un accord. Lors de la conférence ministérielle de novembre 2001 qui a eu lieu à Doha, un programme pour le développement a été adopté. Ce programme appelé « Programme de Doha pour le développement » guide les négociations qui ont lieu actuellement dans le cadre de l'OMC. Il a pour objectif la poursuite de la réduction des obstacles aux échanges de biens et de faciliter le commerce d'autres produits comme les services. Il prévoit également une harmonisation des règles d'échange et un traitement spécifique des pays les moins avancés.

Après avoir rappelé les règles de fonctionnement de l'OMC dans une première sous-partie, nous préciserons les modalités des négociations qui ont lieu dans le cadre de l'OMC et du Programme de Doha pour le développement dans la deuxième sous-partie de ce chapitre.

---

56 McLaren, J., (1997), « Size, sunk costs, and judge Bowkers's objection to free trade », *American Economic Review*, 87(3), pp. 400-420.

### 3.2.1 L'objectif et le fonctionnement de l'Organisation mondiale du commerce

L'Organisation mondiale du commerce a été créée le 1er janvier 1995 comme prévu par l'accord conclu à la fin du cycle d'Uruguay (1986-1994) à Marrakech le 15 avril 1994. Jusqu'à cette date, les échanges commerciaux étaient régis par l'Accord général sur les tarifs douaniers et le commerce (GATT). Depuis sa création en 1947, à la suite de l'échec de la mise en place d'une Organisation internationale du commerce du fait d'une opposition du Sénat américain, le GATT a fourni le cadre de cycles successifs de négociations. Le premier cycle de négociation a été lancé le 30 octobre 1947 à Genève afin d'obtenir une baisse des droits de douane sur les produits manufacturés entre les pays signataires qui atteignent 40 % en moyenne. Les quatre premiers cycles ont été essentiellement consacrés à la négociation de la baisse des droits de douane. À partir du Kennedy Round (1964-1967), les obstacles non tarifaires aux échanges prennent une importance croissante. Le Tokyo Round (1973-1979) auquel participent 102 pays se caractérisera par la signature de neuf accords et de quatre arrangements dans des domaines aussi variés que les barrières techniques au commerce, les marchés publics, les subventions, les pratiques antidumping…). Le cycle de l'Uruguay (1986-1994) reste considéré comme le cycle le plus ambitieux. Avec 123 pays signataires, l'accord de Marrakech, signifiant la fin de ce cycle, a entraîné une forte baisse des droits de douane tout en facilitant la mise en place de règles d'échanges pour les obstacles non tarifaires apparus depuis la conclusion du cycle de Tokyo.

Comme le GATT, l'objectif de l'OMC est d'amener les parties contractantes à consentir des concessions tarifaires et à assurer le respect des principes permettant une concurrence loyale entre les États. Mais la création de l'OMC a marqué une rupture. Le GATT n'était qu'une structure provisoire, dont les règles s'appliquaient principalement au commerce des marchandises. L'OMC est une organisation internationale à part entière, ce qui a permis la mise en place d'un règlement des différends contraignant. Les membres qui ne respectent pas les règles d'échange auxquelles ils ont collectivement adhéré peuvent être condamnés. La création de l'OMC devait aussi permettre des discussions permanentes au lieu des cycles de négociations jugés trop lourds. Les conférences ministérielles devenaient le lieu et l'organe de décision. Cela a été un échec puisque dès la troisième session de la conférence ministérielle de Seattle en 1999, les membres de l'OMC ont souhaité lancer un nouveau cycle de négociations [57]. Deux ans plus tard, en novembre 2001 lors de la conférence ministérielle de Doha, les 142 pays membres ont ouvert un nouveau cycle de négociations en adoptant le « Programme pour le développement de Doha » qui a pour objectif de faciliter les échanges tout en tenant compte des besoins spécifiques des pays en développement. La mise en œuvre des accords existants et les décisions concernant des accords futurs doivent désormais se faire à la lumière des particularités de ces pays. De même, il est prévu que le traite-

---

57 Olivier Cattaneo, (2002), « Comprendre le cycle de négociations commerciales multilatérales de Doha, son contexte, ses enjeux, ses perspectives », *Les études du CERI*, décembre 2002, n° 92.

ment spécial et différencié en faveur des pays en développement, dont la première introduction date de 1955, soit amélioré. Un programme d'assistance technique en faveur du renforcement des capacités commerciales des pays en développement est mis en œuvre par l'OMC, via le Fonds de développement de Doha. Lors de cette conférence, l'admission de la Chine à l'OMC a été décidée.

## ENCADRÉ 3.6

### *Les cycles de négociations commerciales depuis 1947*

| Lieu / Appelation | Années | Nombre de pays | Résultats |
|---|---|---|---|
| GATT | octobre 1947 | 23 | Accord général sur le commerce et les droits de douane |
| La Havane | nov. 1947-mars 1948 | 53 | Charte relative à la création d'une organisation internationale du commerce non ratifiée par le congrès américain |
| Genève | 1947 | 23 | Réduction des droits de douane |
| Annecy | 1949 | 13 | Réduction des droits de douane |
| Torquay | 1951 | 38 | Réduction des droits de douane |
| Genève | 1956 | 26 | Réduction des droits de douane |
| Dillon Round | 1960-1961 | 26 | Réduction des droits de douane |
| Kennedy Round | 1964-1967 | 62 | Réduction des droits de douane et mesures antidumping |
| Tokyo Round | 1973-1979 | 102 | Réduction des droits de douane, mesures non tarifaires* et « accords cadres » (subventions, obstacles techniques, marchés publics, aéronautique civile) |
| Uruguay Round | 1986-1994 | 123 | Réduction des droits de douane, mesures non tarifaires, agriculture, services, propriété intellectuelle, préférences commerciales pour le développement, règlement des différends, création de l'OMC |
| Singapour (1re conférence de l'OMC) | décembre 1996 | 128 | Programme de travail élargi : liens entre libéralisation du commerce, développement économique et protection de l'environnement ; lien entre commerce et investissement ; interaction commerce / politique en matière de concurrence (pratiques anticoncurrentielles) ; transparence des pratiques de passation des marchés publics. Dispositions visant à prendre des mesures positives pour les pays les moins avancés (PMA) |
| Genève (2e conférence de l'OMC) | mai 1998 | 133 | Mise en place d'un programme de travail pour le cycle suivant. Accord exonérant le commerce électronique de droits de douane. Transparence, participation plus importante des organisations non gouvernementales (ONG) à l'OMC |

## ENCADRÉ 3.6 (suite)

| Lieu / Appelation | Années | Nombre de pays | Résultats |
|---|---|---|---|
| Seattle (3e conférence de l'OMC) | novembre-décembre 1999 | 135 | Interruption des pourparlers sans que les ministres aient pu aborder les sujets à l'ordre du jour ni même fixer une date pour une prochaine réunion |
| Doha (4e conférence de l'OMC) | novembre 2001 | 142 | Lancement du cycle de développement de Doha axé sur les pays en développement (notamment, traitement spécial et différencié) ; négociations sur l'agriculture, les services, la propriété intellectuelle |
| Cancún (5e conférence de l'OMC) | septembre 2003 | 146 | Pas d'accord lors de la conférence sauf sur l'accès aux médicaments des PMA en août 2003 |
| Hong Kong (6e conférence de l'OMC) | décembre 2005 | 149 | Agriculture : réduction du soutien interne, élimination des subventions à l'exportation d'ici 2013, accords sur le coton ; produits non agricoles : projet d'adoption d'une formule Suisse pour réduire ou éliminer les droits de douane ; services : mise en place d'un processus d'accords plurilatéraux pour accélérer la libéralisation du secteur. Pays les moins avancés : proposition d'accès en franchise de droits et sans quota aux marchés des pays développés et émergents. |
| Genève (7e conférence de l'OMC) | novembre-décembre 2009 | 153 | Pas de négociation prévue au cours de cette conférence mais consensus sur l'importance de poursuivre le cycle de négociations de Doha. |
| Genève (8e conférence de l'OMC) | décembre 2011 | 153 | Peu de résultats. Accord sur les marchés publics, décisions en faveur des pays les moins avancés (propriété intellectuelle, accession, traitement préférentiel des fournisseurs de services). |

Notes :
* « mesures non tarifaires » comprennent toute mesure entravant la libre circulation des biens et services (quotas, restrictions à l'exportation/importation, normes techniques ...) ou toute disposition susceptible de fausser la concurrence internationale telle que subventions, pratiques de dumping.
Sources : OMC, analyses des auteurs

## A. Les principes de l'OMC et les obligations des accédants

L'égalité de traitement est le premier principe inspirant les disciplines de l'OMC, comme cela l'était pour le GATT. De ce principe fondamental d'égalité découlent deux règles ou disciplines :

- la clause de la nation favorisée stipule que tout avantage commercial accordé par un pays à un autre doit être immédiatement accordé à la totalité des membres de l'OMC ;
- le traitement national implique que tout produit ou service importé ne doit pas subir de traitement moins favorable que celui réservé aux produits ou services nationaux.

La clause de la nation favorisée est fondamentale dans la mesure où elle permet de passer d'un système bilatéral à un système multilatéral. Le deuxième principe est celui de la bonne foi. Il implique un certain nombre d'obligations :

- la consolidation des engagements d'ouverture du marché : les offres d'ouverture présentées à titre individuel par les États négociant à l'OMC sont souscrites à titre ferme et définitif une fois qu'elles ont été acceptées par les autres participants. Ces offres sont alors incorporées au droit de l'OMC et ont la valeur juridique des traités internationaux ;
- ne pas pratiquer le dumping en ne vendant pas de bien exporté à un prix inférieur à celui pratiqué sur le marché domestique (article II du GATT) ;
- la protection par les tarifs : cette obligation établie par le GATT depuis l'origine signifie que la régulation du commerce des marchandises doit prioritairement se fonder sur le recours à l'instrument du tarif douanier. Les autres mesures de protection comme les restrictions quantitatives sont proscrites ;
- la transparence : cette obligation vise à garantir un accès facile aux informations réglementaires et administratives nationales influençant les conditions des échanges internationaux et fait l'objet d'un principe général dans le cadre de l'accord général sur le commerce des services ;
- l'interdiction de protections déguisées : pour éviter que le droit reconnu à chaque État de poursuivre les politiques nationales de son choix puisse déboucher sur des entraves au commerce, les accords de l'OMC énumèrent positivement les catégories d'objectifs légitimes pouvant être poursuivis par les membres ;
- l'interdiction des subventions pour les produits industriels (article XVI du GATT) ; elles sont tolérées pour les produits de base.

Il existe des exceptions à ces principes et à ces obligations :

- jusqu'à l'Uruguay Round, ces principes ne s'appliquaient pas aux services et aux produits agricoles. Quant au textile, il était soumis à des dispositions spécifiques le plaçant en dehors des règles communes. Jusqu'au 31 décembre 2004, des contingentements étaient négociés par les pays importateurs avec les pays exportateurs ;

- les pays en développement peuvent bénéficier d'un traitement spécial et différencié qui tient compte de la fragilité de leurs situations économiques ;
- les pays membres peuvent violer le principe de la clause de la nation la plus favorisée lorsqu'ils se regroupent pour constituer une zone de libre-échange ou une union douanière (article XXIV du GATT). Ces accords préférentiels ne doivent pas conduire à une augmentation des barrières douanières contre les non-participants mais à ce que les barrières internes soient supprimées dans un délai raisonnable.

## B. Un fonctionnement standardisé

L'OMC compte 153 membres depuis l'adhésion du Cap Vert le 23 juillet 2008 et 31 gouvernements ont le statut d'observateurs, dont 30 ont engagé les négociations en vue de leur accession (Algérie, Bahamas, Bosnie-Herzégovine, Iran...). Les candidatures de la Russie, du Samoa, du Vanuatu et du Monténégro ont été acceptées en décembre 2011 lors de la huitième Conférence ministérielle de Genève mais ces pays doivent encore ratifier l'accord pour devenir membres à part entière de l'OMC. De telles ratifications devraient intervenir avant fin 2012. Les membres de l'OMC représentent plus de 95 % du commerce mondial. Les trois quarts sont des pays en développement. Les membres de l'OMC sont les États. Ils ont une voix chacun. Les décisions sont prises par l'ensemble des membres. Elles le sont normalement par le consensus. Un vote à la majorité est également possible, mais l'Organisation n'a jamais recouru à cette procédure où chaque pays dispose d'une voix, quel que soit son poids économique.

L'Union européenne comme les États-Unis se caractérisent par une procédure de négociation complexe. La Commission européenne représente la Communauté et les États membres lors des négociations à l'OMC. Elle négocie dans le cadre du mandat qui lui a été confié par le Conseil des ministres de l'Union européenne (en l'occurrence, un mandat donné dans le cadre de la préparation de Seattle et complété dans la perspective de Doha). C'est donc la Commission européenne qui est le négociateur pour l'Union européenne et s'exprime au nom des États à Genève au siège de l'OMC. Depuis l'adoption du Traité de Lisbonne, le Parlement européen doit donner son accord avant l'adoption d'un traité international. Aux États-Unis, le pouvoir appartient au Congrès qui peut le déléguer à l'exécutif. Mais l'administration doit soumettre tous les cinq ans un rapport sur la participation américaine à l'OMC au Congrès. Tout membre du Congrès peut ensuite proposer une résolution de retrait des États-Unis de l'OMC.

Les accords de l'OMC sont ratifiés par les parlements de tous les pays membres. L'organe de gouvernance est la conférence ministérielle composée de représentants des membres qui exerce les fonctions de l'OMC et se réunit au moins tous les deux ans. La première a eu lieu à Singapour (1996), la seconde à Genève (1998), la troisième à Seattle (1999), la quatrième à Doha (2001), la cinquième à Cancun (2003) et la sixième à Hong Kong (2005), la septième et la huitième à Genève (2009 et 2011). Le Conseil général composé de représentants de tous les membres se réunit quand cela est nécessaire et exerce les fonctions de la conférence ministérielle entre les réunions de celle-ci. Il a la responsabilité globale de la préparation des conférences ministérielles. Il est présidé par un Représentant permanent d'un membre, nommé pour un an, en alternant pays en développement et pays développés. Le Conseil général se réunit parfois en tant qu'Organe d'examen des politiques commerciales ou Organe de règlement des différends.

Le programme de Doha pour le développement adopté en 2001 lors de la conférence ministérielle de Doha (2001) a engendré la création d'un Comité des négociations commerciales placé sous l'autorité du Conseil général et qui a pour objectif de superviser la conduite globale des négociations. Ce comité est présidé par le Directeur général de l'OMC. Les discussions ont lieu au sein des organes de négociations. Trois conseils, le Conseil du commerce des marchandises, le Conseil du commerce des services et le Conseil des ADPIC présentent des rapports au Conseil général. Les autres sujets sont traités par des comités spécialisés, des groupes de négociations ou des groupes de travail. Le secrétariat général dirigé par un directeur général a vocation à proposer une assistance technique aux membres. Néanmoins, la nomination du Directeur général fait systématiquement l'objet d'âpres négociations entre les membres. Lors de la désignation du premier directeur général, les États-Unis et les pays en développement ont refusé que ce soit le candidat de l'Union européenne. En 1999, aucun accord n'a pu être trouvé entre les candidatures néo-zélandaise et thaïlandaise, le mandat a été partagé en deux périodes durant lesquelles chacun d'entre eux a siégé. Le budget du Secrétariat de l'OMC et du Secrétariat de l'Organe d'appel est financé par des contributions des membres en fonction de leur part dans le commerce mondial. L'essentiel de la coopération technique de l'OMC bénéficie de contributions volontaires.

Les États non respectueux des règles sont sanctionnés. Lorsqu'un pays augmente subitement un droit de douane alors qu'il l'avait déclaré à un certain niveau, les autres États membres de l'OMC peuvent réagir par la voie amiable en négociant et/ou par la voie contentieuse qui implique d'engager une procédure devant l'Organe de règlement des différends de l'OMC. L'accord de Marrakech signé à la fin de l'Uruguay Round introduit une réforme profonde du règlement des différends à l'OMC. Le mémorandum relatif au règlement des différends fixe les modalités d'instruction des plaintes mais aussi prévoit des mesures assurant l'efficacité des condamnations. Si une nation s'estime lésée, elle demande une consultation au pays qui a pris les mesures contestées. Si ces consultations n'aboutissent pas dans un délai de 60 jours, le plaignant peut demander la constitution d'un panel, un groupe spécial, qui doit apprécier la plainte au regard des accords invoqués. Le groupe est composé de

## ENCADRÉ 3.7
### *La structure de l'OMC*

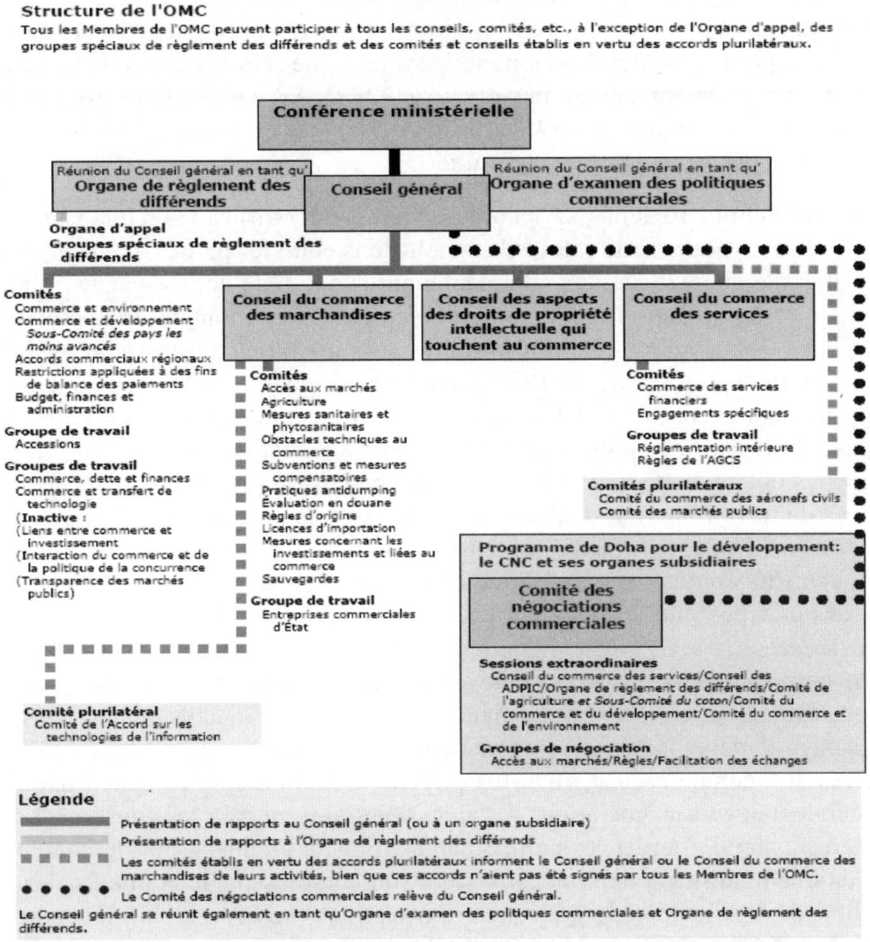


Source : OMC, www.omc.org

trois experts extérieurs à l'administration de l'OMC ; les ressortissants des parties en sont exclus. Il doit, après consultation, fixer des délais de réponse aux communications écrites des parties. Dans le cas où aucune solution n'est trouvée, le groupe spécial élabore un rapport exposant ses constatations et ses recommandations dans un délai global d'au maximum 6 mois. Ce rapport est ensuite examiné par l'ORD, issu du Conseil général de l'OMC, dans un délai de 60 jours, sauf en cas d'appel. Le rapport est adopté sauf si l'ORD décide par consensus de le rejeter. En cas d'appel, il est soumis à l'organe d'appel, composé de sept personnes spécialistes du droit et du commerce international, qui doit rendre son avis, sous forme d'un rapport dans les soixante jours. La procédure doit durer au maximum neuf mois en l'absence d'appel et douze mois sinon. Le pays qui a été condamné doit informer dans les trente jours suivant l'adoption du rapport de ses intentions sur les mises en œuvre des recommandations afin que le suivi des décisions soit assuré. Cette réforme conduit les membres à recourir plus fréquemment qu'auparavant à l'ORD. Avec 427 affaires traitées ou en instance depuis le 1er janvier 1995 et un flux croissant de requêtes, l'ORD a fait la preuve de son efficacité et de sa légitimité.

■ **Des débuts difficiles :** l'accord de Marrakech ratifié à la fin du cycle d'Uruguay n'est pas seulement un relevé de conclusions entre les parties. C'est également un programme de négociations complémentaires qui a été adopté par les États. Le calendrier des négociations est donc déjà bien rempli au moment de la création de l'OMC. Les trois conférences ministérielles qui ont eu lieu à Singapour en 1996, à Genève en 1998 et à Seattle en 1999 avant le lancement d'un nouveau cycle changeront pourtant profondément le fonctionnement de cette jeune organisation internationale. Lors des deux premières conférences de Singapour et de Genève, les pays développés ont souhaité mettre en avant les thèmes du respect des normes fondamentales du travail internationalement reconnues et faire émerger de nouveaux thèmes comme les liens entre commerce et investissement, commerce et environnement, commerce et politique de la concurrence, la question de la transparence des marchés publics et la facilitation des échanges. Par ailleurs, la mise en œuvre des accords de l'OMC et notamment de l'Accord Multifibre a été jugée insuffisante, entre autres par les pays en développement. La question du lancement d'un nouveau cycle a certes été évoquée mais les sujets mis sur la table étaient considérés par les pays en développement comme de nouveaux moyens de mettre en place des barrières aux échanges. De plus, les pays en développement menés par l'Inde considéraient que les négociations devaient d'abord porter sur les questions liées au commerce avant d'aborder les autres thèmes. Étaient en débat, tant le contenu des négociations (élargies à de nouveaux sujets ou centrées sur le commerce) que les modalités de conclusions de nouvelles négociations (accord global ou accords par domaines spécifiques).

La conférence de Seattle a cristallisé ces débats et marqué un tournant dans la vie de l'OMC. Les oppositions internes qui, jusqu'à présent, étaient restées confidentielles sont apparues au grand public, dénoncées par les Organisations non gouvernementales (ONG) comme un conflit Nord-Sud. Beaucoup plus présentes lors de la conférence ministérielle de Seattle (1 231 contre 738 à Genève), les ONG ont dénoncé le manque de concertation de la part des pays développés et le fait qu'ils imposaient leurs règles aux pays pauvres. Dans ce contexte, la proposition d'introduire une clause sociale, c'est-à-dire de donner la possibilité aux États de refuser des échanges de biens quand leur production est réalisée dans des conditions socialement inacceptables, a déclenché l'opposition des pays en développement à toutes nouvelles discussions considérant cela comme du protectionnisme déguisé à leur égard. Cela a conduit les ONG à remettre en cause l'institution à cause de son opacité, de la difficulté des pays en développement d'être associés aux négociations et du libéralisme qu'elle engendrait. Aucune déclaration officielle n'a conclu cette conférence interministérielle mais cet échec a engendré une prise de conscience de la part des pays développés. Les pays en développement allaient devoir être mieux associés aux travaux de l'OMC.

### 3.2.2 Après l'échec de Seattle, le « Programme de Doha pour le développement » : un nouveau cycle de négociations

Des leçons ont été tirées de l'échec de la conférence ministérielle de Seattle (1999). La société civile fut associée par l'instauration d'une procédure formelle d'information des ONG par l'OMC. Les États membres ont eux aussi fait des efforts de transparence. Deux réunions, des « ministérielles informelles », ont eu lieu pour préparer la conférence ministérielle suivante. Enfin, la meilleure consultation des pays en développement lors de la préparation de la conférence et de l'agenda des négociations, l'abandon du terme « round » (cycle) au profit d'« agenda » (programme) pour le développement et la prise en compte de négociations spécifiques aux pays en développement ont permis d'améliorer les conditions dans lesquelles allaient se passer la conférence de Doha de novembre 2001. La tragédie du 11 septembre est également souvent considérée comme un facteur exogène ayant facilité la tenue de la conférence. En effet, il apparaissait alors nécessaire à beaucoup de dirigeants politiques de restaurer la confiance dans le système commercial multilatéral et de montrer la force d'une communauté internationale unie contre le terrorisme. La conférence de Doha s'est donc conclue par l'adoption d'un programme de Doha pour le développement. En réponse à la contestation d'une mondialisation déséquilibrée exprimée à Seattle, le cycle fait du thème du développement un objectif de négociation. Les membres de l'OMC recherchent un consensus sur ces trois thèmes :

1. les modalités juridiques permettant aux pays en développement d'accéder aux médicaments sous brevets dans le cas de pandémies ;
2. l'adaptation des accords commerciaux précédemment conclus ;
3. l'octroi d'un traitement spécial et différencié.

Les États ont finalement tranché pour un engagement unique : chaque thème de négociation fait partie d'un ensemble indivisible et aucun ne peut faire l'objet d'un accord séparé. Le Programme de Doha pour le développement a donné lieu à l'ouverture d'un nouveau cycle de négociations destiné à définir les modalités de la réduction des obstacles aux échanges entre les pays membres de l'OMC et de l'inclusion de nouveaux sujets liés au commerce. Les négociations ont débuté dans les domaines de l'agriculture, du commerce des services, des droits de douane pour les biens industriels, de l'environnement, d'une protection accrue des appellations d'origine « indications géographiques », de l'approfondissement des règles de l'OMC en matière d'antidumping, de subventions, d'accords régionaux et afin de réviser les dispositions relatives à l'Organe de règlement des différends. Le principe de lancement de négociations sur des thèmes nouveaux comme l'investissement, la concurrence, la transparence dans les marchés publics et la facilitation du commerce a été posé à Doha. Mais un consensus était nécessaire à Cancun pour engager ces négociations, car il convenait de trouver d'abord un accord tant sur le champ que sur les modalités de négociation, ce qui n'a pas été le cas. Enfin, il a été décidé d'engager un programme de travail sur des questions nouvelles liées à l'environnement telles que l'éco-étiquetage, sur le lien entre dette et commerce et sur les transferts de technologies. Une place prioritaire a été donnée à la prise en compte des besoins de pays en développement qui représentent désormais la majorité des membres de l'OMC.

Après avoir précisé le Programme de Doha pour le développement, nous détaillerons le champ et les modalités des négociations afin de mieux appréhender leurs objectifs et leurs enjeux. L'échec des négociations et la focalisation des négociateurs sur certains sujets en particulier comme l'agriculture et les biens industriels ne remettent pas en cause le mandat de Doha. Ainsi, la déclaration finale de la huitième conférence ministérielle de Genève (2011) précisait : « le mandat de Doha reste tel qu'il a été formellement convenu par les Membres dans son intégralité ».

## A. La déclaration de Doha

Le programme de Doha pour le développement comporte plusieurs volets et est fondé sur 6 principes qui précisent les modalités des négociations. Il comprend deux déclarations, une déclaration principale et une déclaration sur la propriété intellectuelle (ADPIC) et la santé publique. La déclaration principale ou déclaration de Doha recense 21 sujets portant sur des questions sectorielles comme l'agriculture, les services, les produits non agricoles, ou sur les règles de l'OMC. Elle établit des objectifs et des calendriers pour les négociations en cours sur l'agriculture et les services et pour les futures négociations sur les autres sujets. La déclaration sur les ADPIC et la santé a pour objet de parvenir à un accord afin que les pays en développement puissent faire produire des médicaments sous brevets pour faire face aux épidémies de sida, tuberculose, paludisme et autres. La déclaration sur les ADPIC permet à un pays qui doit faire face à une crise sanitaire de produire les médicaments nécessaires même s'ils sont sous brevets. Par contre, ils ne peuvent pas les exporter. Les pays pauvres qui n'ont pas de capacités de production ne peuvent alors pas bénéficier de cette disposition prévue en cas de crise sanitaire. Il a donc été prévu que des discussions soient engagées afin de préciser les conditions auxquelles les pays pauvres pourraient faire produire des médicaments sous brevets sans que cela remette en cause le droit au respect de la propriété intellectuelle. Le programme de Doha contient également une décision sur les questions et préoccupations liées à la mise en œuvre, c'est-à-dire relative aux difficultés que rencontrent les pays en développement pour appliquer les accords de l'OMC existants. La spécificité des pays en développement est intégrée. Les 6 principes qui régissent les négociations engagées dans le cadre de ce cycle sont :

1. l'engagement unique : des accords doivent être trouvés sur tous les thèmes pour que le cycle soit achevé ;
2. la participation de tous les membres et des observateurs qui sont en train de négocier leur accession ou ont l'intention de le faire même si les décisions relatives aux résultats des négociations seront prises uniquement par les membres ;
3. la transparence : les négociations doivent être transparentes ;
4. le traitement spécial et différencié en faveur des pays en développement et des pays les moins avancés : les pays en développement peuvent disposer de temps pour mettre en œuvre le résultat des négociations, par exemple ;
5. la prise en compte du développement durable lors des négociations ;
6. la possibilité de créer des groupes de travail sans que cela donne systématiquement lieu à des négociations.

Durant la conférence ministérielle de Doha, les Ministres ont également répondu positivement à l'Union européenne qui demandait une dérogation à ses obligations en matière de non-discrimination afin qu'elle puisse continuer à octroyer des concessions tarifaires préférentielles aux pays de l'Afrique, des Caraïbes et du Pacifique (ACP). Un accord sur le « régime transitoire de contingents tarifaires autonomes appliqués par les CE aux importations de bananes » et sur la prorogation de la période de transition pour bénéficier de subventions et de mesures compensatoires pour certains pays en développement a également été trouvé.

Il était prévu que les négociations reprises dans le programme de travail s'achèvent au plus tard le 1^er^ janvier 2005, la seule exception concernait les négociations visant à améliorer et à clarifier le mémorandum d'accord sur le règlement des différends qui devait s'achever fin mai 2003. L'échec de la conférence ministérielle de Cancún (2003) puis les difficultés rencontrées lors de celles de Hong Kong (2005) et de Genève (2008 et 2011) ont conduit les membres à repousser sans cesse la conclusion des négociations dans la mesure où il n'y a toujours pas d'accord sur chacun des thèmes. La fixation d'une échéance a d'ailleurs fini par être abandonnée.

Le clivage Nord-Sud, la constitution de groupes de pays en développement ayant des intérêts divergents et l'importance donnée aux sujets de Singapour (cf. ci-après) ont précipité l'échec de la cinquième conférence ministérielle de Cancun. Les enjeux agricoles ont été centraux mais il est apparu que l'ouverture généralisée des marchés des pays développés aux pays en développement signifierait la fin des préférences commerciales (droits de douane nuls et/ou pas de quotas pour les produits des pays « préférés ») dont bénéficiaient les pays en développement avec lesquels les pays du Nord entretenaient des liens particuliers et historiques. Pour autant, les Pays les moins avancés (PMA) dont les exportations sont peu diversifiées ont alors signifié l'importance de l'ouverture pour certains produits comme le coton. Quatre pays africains, le

Bénin, le Mali, le Tchad et le Burkina Faso ont décidé de lancer une « initiative pour le coton » afin de dénoncer les subventions des pays développés qui faussent le marché mondial. Une plainte avait d'ailleurs été déposée à ce sujet à l'OMC par le Brésil. Ce dossier est devenu emblématique à Cancun mais les pays développés n'ont pas apporté de réponse à la demande de ces pays. Les négociations n'ont pas pu se poursuivre [58]. La réunion a donné lieu à une simple déclaration ministérielle d'une page dans laquelle les membres affirment qu'ils travailleront selon les engagements pris dans le cadre du programme de Doha.

Après cet échec, un accord cadre intermédiaire qui identifie les points d'accords et ceux qui restent à négocier a été adopté lors de la réunion de juillet 2004 du Conseil général de l'OMC. Cette avancée marque la relance du cycle multilatéral de négociation ouvert à Doha [59]. Il a été décidé d'éliminer les subventions aux exportations. En contrepartie, des efforts devront être faits pour réduire les autres formes de soutien à l'exportation (crédits à l'exportation, aide alimentaire, entreprise commerciale d'État). Les pays en développement voient reconnue l'existence de produits spéciaux et confirmée la possibilité d'utiliser la clause de sauvegarde spéciale, spécifique aux pays en développement. Les pays africains ont accepté que la question du coton soit intégrée dans la négociation agricole. Elle fera néanmoins l'objet d'un traitement rapide et spécifique en étant suivie par un groupe de travail à l'OMC. Trois des quatre sujets de Singapour (transparence des marchés publics, concurrence et investissements) ont été clairement sortis du programme de Doha. Il n'y aura donc pas de négociation sur ces sujets « dans le cadre de l'OMC pendant le cycle de Doha ». Seul le thème de la facilitation des échanges a fait l'objet de lancements de négociations (cf. ci-après).

Malgré ces avancées, les négociations se sont focalisées sur les questions agricoles et l'accès au marché des produits non agricoles. La sixième Conférence ministérielle de Hong Kong (2005) s'est pourtant conclue par une Déclaration ministérielle prometteuse. Ainsi, la date d'élimination des subventions agricoles aux exportations, dont le principe avait été décidé à Genève lors de la réunion du Conseil général de juillet 2004, avait pu être fixée à 2013. Cette date constituait un compromis acceptable pour les Européens car le processus pouvait être mené dans le cadre de la réforme de la Politique agricole commune [60]. La déclaration de Hong Kong avait également fixé le principe de l'établissement d'un calendrier pour les négociations sur l'accès aux marchés agricoles et non agricoles. En outre, elle comportait deux mesures importantes pour les pays en développement : le principe d'un accès sans droits de douane ni quotas des pays développés aux pays les moins avancés (PMA) et l'élimination anticipée des subventions aux exportations de coton [61]. Mais les avancées agricoles ont été jugées insuffi-

---

58 Pour plus de détails sur la conférence de Cancun : Fontagné L. et Jean S., 2003, « OMC : bas de cycle », *Lettre du Cepii*, n° 226, septembre.

59 Ministère de l'Économie, des Finances et de l'Industrie, France, 2004, *Actualité multilatérale*, n° 26, septembre.

60 Pour une analyse de la politique agricole commune, voir le chapitre sur l'intégration européenne.

61 Ministère de l'Économie, des Finances et de l'Industrie, France, 2006, *Actualité multilatérale*, n° 32, février

santes au regard des demandes de l'Union européenne et des États-Unis en matière d'accès aux marchés industriels des pays en développement. Le calendrier des négociations, dont les modalités détaillées auraient dû être établies avant le 30 avril 2006, n'a pas été respecté.

Ainsi, les négociations se sont à nouveau retrouvées dans une impasse, ce qui a engendré leur suspension lors de la Conférence de Genève de juillet 2006. Elles ont été relancées en février 2007. Puis, les conférences se sont succédé pour constater la persistance de désaccords sur l'ouverture des marchés agricoles et industriels. En juillet 2008, les négociations ont bloqué sur le « mécanisme de sauvegarde spéciale » (MSS) pour les pays en développement. Ce mécanisme aurait permis aux pays en développement de relever certains droits de douane temporairement pour faire face à une poussée des importations ou à la chute des prix de certains produits agricoles ou biens. Il n'a pas été possible de trouver un accord sur la possibilité de relever les droits de douane en cas de poussée des importations à un niveau supérieur à celui négocié lors du cycle d'Uruguay ou lors de l'accession des nouveaux membres. De plus, les États-Unis ont continué de refuser de limiter les soutiens internes au secteur agricole. En conséquence, les pays en développement n'ont pas accepté la demande américaine de baisse de leurs droits de douane sur les produits industriels [62].

Pour éviter de nouvelles crispations et un arrêt des négociations, la septième conférence ministérielle de Genève (2009) n'a pas été une session de négociation comme habituellement mais une simple « tribune permettant aux ministres de passer en revue le fonctionnement de l'institution » [63].

Il a fallu attendre la huitième Conférence ministérielle de Genève (2011) pour que des décisions soient adoptées sans toutefois qu'il y ait eu de déclaration ministérielle. La plus emblématique de ces décisions a consisté en une dérogation permettant aux pays en développement et aux pays développés membres d'accorder un traitement préférentiel aux services et aux fournisseurs de services des Pays les moins avancés (PMA) pendant quinze ans.

Mais les négociations butent invariablement sur les questions agricoles et sur l'accès aux marchés des produits non agricoles. L'enjeu pour le Directeur général de l'OMC consiste désormais à définir un compromis sur la base des travaux techniques et des discussions intervenus depuis Hong Kong. C'est aujourd'hui le seul moyen d'éviter un arrêt des négociations et la remise en cause du rôle de l'OMC. Mais il est impossible de savoir quand un tel accord pourrait être conclu.

62 Rainelli M. (2011), *op. cit.*

63 P. Lamy, 17 novembre 2009.

## ENCADRÉ 3.8

### *Les principaux rapports de force identifiés durant les négociations de Doha*

Avec la création de l'OMC, de plus en plus d'acteurs ont cherché à jouer un rôle dans les négociations. À côté de l'Union européenne et des États-Unis qui étaient à l'origine des accords dans les négociations du GATT, le groupe de Cairns puis le G20 ont joué un rôle de plus en plus important. Les pays africains depuis la conférence ministérielle de Cancun sont également entendus. Ces groupes structurent les négociations mais au fur et à mesure des conférences ministérielles et en fonction de l'avancement des négociations, des alliances ont lieu entre les membres de l'OMC afin d'accroître leur pouvoir de négociation. Ils évoluent avec l'avancée des négociations et de nouvelles alliances peuvent se constituer en fonction des sujets abordés. Par exemple, quatre pays africains (Bénin, Burkina Faso, Mali, Tchad) se sont associés pour défendre la suppression des subventions à la production de coton. Ils ont pu faire entendre leur voix à Cancun (2003), soutenus par l'Union africaine. Les plus connus sont :

#### *Le groupe de Cairns*

Les pays du groupe de Cairns sont exportateurs de produits agricoles et demandent la libéralisation des marchés agricoles. Ce groupe comprend l'Argentine, l'Australie, la Bolivie, le Brésil, le Canada, le Chili, la Colombie, le Costa Rica, le Guatemala, l'Indonésie, la Malaisie, la Nouvelle-Zélande, le Pakistan, le Paraguay, les Philippines, l'Afrique du Sud, la Thaïlande et l'Uruguay.

#### *Le G20*

Créé à l'instigation du Brésil en vue de la conférence ministérielle de Cancun, ce groupe demande une libéralisation des marchés agricoles. Il s'est constitué en réaction à la proposition agricole conjointe Union européenne/États-Unis d'août 2003 qui a servi de base à la conférence du Conseil général de juillet en vue de la conférence ministérielle de Cancun. Les pays en développement ont regretté de ne pas avoir été associés en amont malgré leur demande. Ils demandent la mise en œuvre des panels sucre et coton, ils dénoncent les subventions des pays développés mais aussi les barrières aux échanges. Le nombre de membres est supérieur à 20 mais il garde ce nom en l'honneur du premier accord signé par le groupe de 20 août 2003.

#### *G90*

Ce groupe regroupe les pays ACP (Afrique, Caraïbes, Pacifique), les pays de l'Union africaine et les PMA (pays les moins avancés). Ces pays pauvres dénoncent la faible ouverture des pays développés à leurs produits, l'importance des barrières non tarifaires et tarifaires et les subventions agricoles des pays développés. Ils demandent également des dispositions relatives au traitement spécial et différencié et la prise en compte de l'érosion des préférences.

#### *Le G10*

Ce groupe mené par la Suisse et le Japon regroupe les pays importateurs de produits agricoles subventionnant leur agriculture et ayant mis en place une protection tarifaire élevée. Ce groupe des « amis de la multifonctionnalité » souhaite garder des droits de douane élevés.

**ENCADRÉ 3.8 (suite)**

***Le G33***

Mené par l'Indonésie et créé lors de la conférence ministérielle de Cancun, le G33 compte 42 membres. Il dénonce les subventions des pays développés mais défend l'existence de produits spéciaux et un mécanisme de sauvegarde spéciale.

***Le G77***

Créé en 1964 lors de la première session de la CNUCED, il visait à promouvoir la coopération entre les pays du Sud. Il a contribué à la mise en place d'un système de préférence généralisé. Moins actif actuellement, il compte 133 membres.

Sources : Ministère de l'économie, des finances et de l'industrie, France, 2005, *Actualités multilatérales*, n° 31, décembre ; Marie Kerouédan, (2005), « Acteurs des négociations : une multiplicité de protagonistes », *L'information agricole,* n° 792.

## B. Histoire et état des lieux des négociations sectorielles

La protection peut prendre différentes formes comme nous l'avons vu dans la première partie de ce chapitre : droits de douane, soutiens internes, soutiens à l'exportation, prêts subventionnés, mesures sanitaires, restriction à l'importation, achats publics, dumping, mesures fiscales… Pour atteindre leur objectif de libéralisation des échanges, les négociations doivent donc porter sur l'ensemble des mesures de protection. C'est ce qui les rend complexes. Les négociations sur les produits non agricoles, les produits agricoles et les services ont pour objectif commun d'améliorer l'accès aux marchés, c'est-à-dire de réduire les droits de douane et autres subventions. Elles ont également des buts particuliers en fonction des caractéristiques de la protection de chacun des secteurs et de son évolution. Les négociations sur l'accès au marché portent sur les droits de douane consolidés. Les États notifient à l'OMC un droit de douane consolidé par produit, c'est-à-dire un droit qu'ils s'engagent à ne pas dépasser. Une fois qu'il est notifié, les pays ne peuvent plus le relever sans qu'une compensation soit accordée aux pays qui subissent cette hausse. Les droits de douane appliqués qui frappent effectivement le bien importé peuvent être différents et inférieurs. Cette différence perdure notamment dans les pays en développement qui gardent ainsi une marge de manœuvre pour relever leurs droits de douane. Il faudra distinguer les droits NPF (nation la plus favorisée) qui sont des droits de douane qui s'appliquent à tous les partenaires commerciaux membres de l'OMC, des droits préférentiels qui s'appliquent aux seuls pays bénéficiant de préférences. Le système de préférences généralisé SPG permet aux pays en développement de bénéficier de droits plus faibles.

### *Les négociations tarifaires sur les produits non agricoles*

La négociation sur l'accès au marché non agricole constituait le cœur historique des négociations du GATT. L'article XXVIII *bis* du GATT 1947, repris dans les textes instituant l'OMC, inscrit la question des négociations sur les tarifs industriels, c'est-à-dire non agricoles mais comprenant les produits de la pêche et forestiers, comme un élément permanent de négociation dans le cadre de l'Organisation. Les résultats des négociations dans ce domaine sont importants dans la mesure où les droits de douane moyens ont atteint de faibles niveaux, 4 % en moyenne au moment du lancement du nouveau cycle de négociations à Doha, comme le montre le tableau ci-après.

La moyenne simple des droits consolidés non agricoles de l'Union européenne a sans cesse diminué pour atteindre 3,9 % et celle des États-Unis 3,2 % (voir tableau ci-après). Toutefois, les droits de douane moyens restent élevés dans certains pays comme le Brésil et il existe toujours des « pics tarifaires » qui sont des droits très élevés sur des produits donnés. Par exemple, dans le secteur automobile, les droits de douane sur les véhicules montés importés en Malaisie sont de 80 % à 200 %, de 40 % à 135 % en Égypte. Les pays développés peuvent également appliquer ces droits de douane élevés sur certains produits comme par exemple les États-Unis qui exigent un droit de douane de 25 % sur certains véhicules et notamment les 4x4 importés. La négociation sur l'accès au marché non agricole comporte encore des enjeux importants, notamment pour les pays développés.

**Tableau 3.5**
*Les résultats des négociations antérieures*

| | Durée des négociations | Pays participants | Flux commerciaux couverts — mds $ | Droits de douane moyens avant le cycle | Réduction moyenne des droits (moyenne simple) |
|---|---|---|---|---|---|
| Dillon | 1960-1961 | 26 | 4,9 | 16,5 | 7 % |
| Kennedy | 1964-1967 | 62 | 40 | 15,2 | 35 % |
| Tokyo | 1973-1979 | 102 | 190 | 9,9 | 34 % |
| Uruguay | 1986-1994 | 123 | 1122 | 6,5 | 39 % |
| Doha | 2001- | 142 (153 aujourd'hui) | 5000 | 4 | - |

Source : OMC.

L'objectif de la négociation sur l'accès au marché non agricole dite NAMA (*non agricole market access*) est la réduction des droits de douane [64]. Toutefois, l'engagement

64 Le mandat issu de la conférence ministérielle de Doha en matière d'accès au marché des produits non agricoles dispose que :

« Nous convenons de négociations qui viseront, selon des modalités à convenir, à réduire ou, selon qu'il sera approprié, à éliminer les droits de douane, y compris à réduire ou éliminer les crêtes tarifaires, les droits élevés et la progressivité des droits, ainsi que les obstacles non tarifaires, en particulier pour les produits dont l'exportation présente un intérêt pour les pays en développement. La gamme de produits visés sera complète et sans exclusion *a priori*. Les négociations tiendront pleinement compte des besoins et intérêts spéciaux des pays en développe ment et pays les moins avancés participants, y compris au moyen d'une réciprocité qui ne soit pas totale pour ce qui est des engagements de réduction, conformément aux dispositions pertinentes de l'article XXVIII*bis* du GATT de 1994 et aux dispositions citées au paragraphe 50 ci-dessous. À cette fin, les modalités à convenir incluront de baisse du droit de douane moyen d'un pays ne nécessite pas de baisse uniforme de tous les droits de douane. Il existe une flexibilité d'arbitrages entre les lignes tarifaire pour réaliser l'objectif global. Dès lors, pour que la négociation sur l'accès au marché aboutisse à une baisse effective des droits de douane à l'importation au sein des pays membres de l'OMC, il faut que la discussion porte non seulement sur la moyenne des droits que fait réellement payer un pays mais également sur la structure et la dispersion des droits de douane, les pics tarifaires et la progressivité des droits liée à la taxation progressive des différents stades de la valeur ajoutée. Cela signifie que les pays devront donc s'engager à plafonner leurs droits de douane en « consolidant leurs lignes tarifaires ». Ils alignent les taux « autorisés » déclarés à l'OMC, dits droits de douane consolidés, sur les taux réellement appliqués, qui sont inférieurs au terme d'initiatives d'ouverture unilatérale poursuivie par les États. C'est la **consolidation des droits.** Ce sont principalement les pays en développement qui sont concernés car ils gardent des taux consolidés élevés afin de pouvoir relever les droits effectifs si besoin (cf. tableau ci-après).

**Tableau 3.6**
*La consolidation des droits de douane*

| | Produits agricoles | | Produits non agricoles | |
|---|---|---|---|---|
| | Droit de douane consolidé | Droit de douane appliqué | Droit de douane consolidé | Droit de douane appliqué |
| États-Unis | 4.8 | 4.9 | 3.3 | 3.3 |
| UE 25 | 12.5 | 12.8 | 3.9 | 4 |
| Brésil | 35.4 | 10.4 | 30.7 | 14.2 |
| Chine | 15.7 | 15.6 | 9.2 | 8.7 |
| Inde | 113.1 | 31.8 | 34.6 | 10.1 |

Source : OMC, Profils tarifaires dans le monde 2011, disponible à l'adresse suivante : http://www.wto.org/french/res_f/reser_f/tariff_profiles_f.htm

Les pays devront également s'engager à réduire les pics tarifaires entravant substantiellement le jeu des avantages comparatifs, jusqu'à empêcher purement la naissance d'un flux commercial. Il n'y a pas de définition universellement admise des pics, mais l'on retient fréquemment comme pic « international » le seuil de 15 %, et comme pic « national » les taux supérieurs ou égaux à trois fois la moyenne tarifaire nationale considérée. Les pays devront également, d'une part retenir une année de référence et, d'autre part, choisir entre droits appliqués et droits consolidés : c'est la **base de réduction tarifaire.** Les pays devront aussi négocier la **réduction de la progressivité tarifaire** afin de réduire l'effet d'escalade du niveau des droits en fonction du niveau de

des études et des mesures de renforcement des capacités appropriées pour aider les pays les moins avancés à participer effectivement aux négociations ». Source : site de l'OMC, WW.wto.org transformation d'un produit. Par exemple, un droit nul sur la matière première, de 12 % sur le produit semi-transformé et de 25 % sur le produit fini. La progressivité du tarif se mesure par le ratio entre droit appliqué au produit transformé et droit appliqué au produit non transformé. En conséquence, plus le ratio est important, plus la progressivité est forte. **La dispersion des droits** devra être réduite en diminuant le nombre de catégories (« bandes ») de droits applicables à l'intérieur du tarif. **Les droits de nuisances** devront être éliminés, ce qui implique la suppression de tous les droits inférieurs à un seuil fixé. Des exceptions sont permises afin que les pays puissent conserver un secteur hors du champ de la négociation tarifaire dans la mesure où elles restent compatibles avec une formulation d'objectifs orientés vers une baisse du droit moyen. Le phasage permet quant à lui aux pays d'étaler dans le temps les rythmes de réduction tarifaire. Enfin un **traitement spécial et différencié** pourra être discuté. Dans la négociation tarifaire, ce principe prend la forme d'exceptions, d'asymétrie et de l'octroi de périodes différentes pour la mise en œuvre effective des engagements susceptibles d'être pris. Les engagements de réduction des droits de douane seront définis selon une formule de négociation. Par exemple, la formule Suisse [65] qui sert de base à la négociation implique une réduction plus que proportionnelle lorsque les taux de protection sont élevés et un tarif maximum afin de réduire les pics tarifaires en même tant que les droits moyens.

Dans le domaine environnemental, les négociations ne sont pas aussi abouties. La déclaration de Doha comporte seulement le lancement de négociations visant à réduire ou à éliminer les barrières tarifaires et non tarifaires sur les biens environnementaux.

Quant aux barrières non tarifaires, elles représentent un enjeu central mais encore mal défriché. En première analyse, sept principales catégories d'obstacles non tarifaires sont à ce stade identifiées : normes et certification, procédures douanières, sécurité et prescriptions sanitaires, contingents et prohibitions, manutention et procédures portuaires, taxes intérieures élevées, quarantaines fondées sur des critères non scientifiques. La difficulté de la question dans le cadre des négociations en cours réside principalement dans la détermination d'un périmètre et d'une méthode de négociation.

Lors de la conférence de Hong Kong, les membres de l'OMC ont adopté une formule de réduction des droits de douane et d'harmonisation de leur structure, les engagements des pays en développement n'obéissant pas à une réciprocité totale vis-à-vis des pays développés.

### *Les négociations agricoles*

Les négociations sur l'agriculture ont débuté en 2000, c'est-à-dire avant la conférence de Doha en vertu de l'accord de Marrakech conclu en 1994 à la fin du cycle d'Uruguay. Outre les engagements pris par les États, l'accord sur l'agriculture de 1994 prévoyait la

---

65 La formule suisse pour les réductions tarifaires : $T_1 = aT_0 / (a + T_0)$

où $T_0$ et $T_1$ sont les droits consolidés initiaux et après les négociations, exprimés en pourcentage. Le coefficient *a* détermine le taux maximum des droits de douane après les négociations OCDE 2003.

poursuite des négociations dans ce secteur à partir de sa cinquième année de mise en œuvre. Ceci explique que les discussions agricoles aient redémarré à l'OMC début 2000, malgré l'échec de la conférence ministérielle de Seattle en décembre 1999. La déclaration de Doha reconnaît les travaux déjà entrepris et les propositions faites par les membres dans ce contexte. Elle a replacé les négociations agricoles dans un cycle plus large, tout en précisant leur calendrier. L'agriculture fait désormais partie de l'engagement unique. Aucun accord n'est acquis tant que l'ensemble des négociations n'est pas conclu au terme du cycle.

■ **Les négociations dans le domaine agricole consistent donc à aller plus loin que l'accord de 1994** dans la mesure où la déclaration Ministérielle de Doha prévoit des améliorations substantielles dans le domaine de l'accès aux marchés, des réductions réelles des soutiens internes ayant des effets de distorsion des échanges et des réductions de toutes les formes de subventions aux exportations, en vue de leur retrait progressif. L'accord agricole conclut entre les membres de l'OMC en 1994 sert donc de base de discussions. Cet accord avait pour objectif de maintenir un régime spécifique pour l'agriculture et de mettre en œuvre, sur le long terme, un « système de commerce des produits agricoles qui soit équitable et axé sur le marché ». Dans ce but, des disciplines spécifiques aux produits agricoles avaient été introduites sur la base de trois piliers que sont l'accès aux marchés (droits de douane), les soutiens internes (aides versées aux agriculteurs) et les soutiens à l'exportation (restitutions pour l'Union européenne). **En matière d'accès,** les pays membres de l'OMC se sont engagés avec l'accord sur l'agriculture à substituer des droits de douane aux quotas d'importation et aux mesures non tarifaires et à consolider les droits de douane. Des engagements de réduction des droits de douane consolidés et d'accès minimum par contingents tarifaires pour les produits tarifiés ont été pris ainsi qu'une clause de sauvegarde spéciale pour les produits tarifiés. **S'agissant des soutiens internes**, l'accord implique la réduction des programmes de soutien qui ont pour effet de stimuler directement la production et les échanges lorsqu'ils ne sont pas liés à des programmes de maîtrise de la production. Les subventions ou soutiens n'ayant pas d'effets directs n'ont pas à être réduits. Pour mieux évaluer les types de subventions ou de soutiens concernés, les soutiens internes ont été classés en trois « boîtes » en fonction du degré de distorsions qu'ils occasionnent sur les marchés agricoles. La boîte orange contient les soutiens internes directs liés à la production qui encouragent les agriculteurs à produire et à exporter davantage. Ces soutiens sont couplés aux prix (intervention) ou à la production (quotas). Les pays se sont engagés à réduire ces aides. La boîte bleue contient les aides européennes basées sur la taille des exploitations dans le cadre du programme de limitation de l'offre. Les pays ne sont pas tenus de réduire ces aides. La boîte verte contient les aides découplées, c'est-à-dire fournies sans obligations de production comme les aides pour le développement rural. Les pays ne sont pas tenus de réduire ces aides. **Enfin, en ce qui concerne les subventions aux exportations,** l'accord sur l'agriculture les tolérait, mais plafonnées à la fois en montant et en quantités d'exportations subventionnées. Certains types de subventions comme les crédits à l'exportation ne sont soumis à aucune discipline.

■ **Actuellement, pour chacun des trois piliers, des discussions sont engagées afin de réduire les droits de douane et les subventions de façon plus importante que ce qui avait été décidé par l'accord de 1994.** La déclaration de Doha fait, par ailleurs, du traitement spécial et différencié pour les pays en développement, de la protection de l'environnement, de la sécurité alimentaire et du développement rural une partie intégrante de l'ensemble des négociations. Lors de la conférence ministérielle de Hong Kong, les membres sont parvenus à un accord dans le domaine agricole. En ce qui concerne l'accès au marché, ce nouvel accord consiste à distinguer quatre catégories de baisses tarifaires et à reconnaître l'existence de produits sensibles pour lesquels les droits de douane peuvent être différents. Les pays en développement pourront avoir recours à des mécanismes de sauvegarde basés sur des seuils de déclenchement fondés sur les quantités importées et les prix. Au sujet des soutiens internes, l'accord prévoit trois fourchettes de degré de réduction des aides. L'Union européenne qui se situe dans la fourchette supérieure devra davantage réduire ses soutiens internes que les États-Unis et le Japon qui sont dans la fourchette intermédiaire. La troisième catégorie regroupant les autres aura des obligations de réduction inférieures. Les États ont convenu de supprimer les subventions agricoles à l'exportation, système de soutien essentiellement utilisé par l'Union européenne, et les disciplines concernant toutes les mesures à l'exportation d'effet équivalent en 2013. Les pays développés se sont engagés à éliminer toutes les formes de subvention à l'exportation pour le coton en 2006 et à accorder un accès en franchise de droits et sans contingent aux exportations de coton en provenance des PMA [66]. L'avancée des négociations commencées en 2000 devenait urgente car depuis le 31 décembre 2003, les soutiens conformes à l'accord sur l'agriculture de 1994 qui constituaient une exception à l'accord sur les subventions et les mesures compensatoires n'étaient plus protégés de toute action contentieuse à l'OMC. L'année 2003 marquait la fin de la clause de paix. Toutefois, l'accord de Hong Kong n'est pas considéré comme suffisant par beaucoup d'États, et notamment par les pays en développement dans la mesure où il reste de nombreuses subventions ainsi que des droits de douane élevés.

■ **Les politiques commerciales agricoles sont au cœur des négociations du cycle de Doha car l'agriculture reste un secteur protégé.** Le taux de protection est en moyenne de 20 % dans le secteur agricole contre 4,6 % dans le secteur industriel et des activités extractives. Une étude de l'OCDE [67] avait évalué les droits consolidés moyens à 36 % dans le secteur agricole pour les membres de l'OCDE et à 63 % pour les non-membres, alors qu'ils étaient respectivement de 15 % et de 43 % pour l'ensemble des produits. Quant aux soutiens aux producteurs, ils se montent à 248 milliards de dollars en moyenne annuelle (OCDE 2003) [68]. Il est donc attendu d'une libéralisation des échanges agricoles

66 Plus de détails sont disponibles en reprenant la déclaration ministérielle de Hong Kong sur le site de l'OMC et Isabelle Delourme, 2006, « Agriculture européenne : le bras de fer entre la PAC et l'OMC », *Problèmes économiques*, n° 2.901, juin.

67 OCDE, *Le programme de Doha pour le développement* : gains de bien-être à attendre de la poursuite de la libéralisation des échanges multilatéraux du point de vue des droits de douane, TD/TC/WP(2003)10/Final, août 2003.

68 Bouët A., Jean-Christophe Bureau, Yvan Decreux et Sébastien Jean, 2004, « La libéralisation agricole : des effets ambigus sur les pays en développement », *La Lettre du CEPII*, n° 236, juillet-août.

une augmentation du bien-être global grâce à une meilleure spécialisation internationale, la mise en place de barrières tarifaires réduisant le bien-être (cf. 3.1). Toutefois, d'autres États considèrent que les marchés agricoles sont des marchés imparfaits qui se caractérisent par une atomicité des producteurs et par une structure oligopolistique des acheteurs. Seule une politique commerciale permettrait alors de compenser les déséquilibres intérieurs. Ces négociations font donc l'objet d'affrontement entre les pays qui estiment que le marché de l'agriculture étant imparfait, il est nécessaire de mettre en œuvre une politique commerciale de soutien et les autres qui considèrent que la libéralisation du marché agricole est source de croissance et de développement. Les pays en développement, au premier rang desquels le Brésil, considèrent que les soutiens versés par l'Union européenne et les États-Unis faussent la concurrence internationale et vont à l'encontre de l'objectif de développement assigné au Programme de Doha. Une troisième force de négociation est apparue à Cancun : les pays en développement dénoncent les subventions des pays développés mais ne souhaitent pas voir les systèmes de préférences dont ils bénéficient s'éroder. Ces débats fondés sur des analyses théoriques différentes sont alimentés par les difficultés techniques à évaluer la protection dans le domaine agricole [69] et par les fortes différences de droits de douane appliqués en fonction des régions. Par exemple l'Union européenne se protège plus des exportations des pays du groupe de Cairns que de celles des pays méditerranéens. Les États-Unis ont, quant à eux, des droits de douane plus homogènes, comme le montrent les tableaux ci-après.

**Tableau 3.7**
***Quelques droits de douane moyens appliqués, consolidés et maximum pour les produits agricoles***

| | États-Unis | | | Union européenne | | | Brésil | | | Chine | | | Inde | | |
|---|---|---|---|---|---|---|---|---|---|---|---|---|---|---|---|
| | npf | cons | max | npf | cons | max | npf | cons | max | npf | cons | max | npf | cons | max |
| Produits d'origine animale | 2.3 | 2.3 | 26 | 22.2 | 22.9 | 191 | 8.9 | 37.8 | 55 | 14.8 | 14.9 | 25 | 33.1 | 105.9 | 150 |
| Produits laitiers | 20.3 | 19.8 | 88 | 48.3 | 50.5 | 172 | 18.5 | 48.8 | 55 | 12 | 12.2 | 20 | 33.7 | 65 | 150 |
| Céréales | 3.5 | 3.6 | 62 | 14.3 | 16.5 | 118 | 11.8 | 42.9 | 55 | 21.3 | 23.7 | 65 | 32.2 | 115.7 | 150 |
| Sucre | 10.3 | 12.1 | 41 | 21.6 | 21 | 106 | 16.5 | 34.4 | 55 | 27.4 | 27.4 | 50 | 34.4 | 124.7 | 150 |
| Coton | 1.1 | 1.1 | 20 | 0 | 0 | 0 | 6.4 | 55 | 55 | 11.4 | 22 | 40 | 12 | 110 | 150 |

Source : OMC, Profils tarifaires dans le monde 2011, disponible à l'adresse suivante : http://www.wto.org/french/res_f/reser_f/tariff_profiles_f.htm

Lecture : le droit de douane moyen NPF appliqué (NPF) par les États-Unis aux produits d'origine animale est de 2.3 %, le droit de douane consolidé (cons) de 2.3 % et le droit de douane maximum (max) de 26 % pour ces mêmes produits

69 Bureau J.C., E. Gozlan et S. Jean, 2004, « La libéralisation du commerce agricole et les pays en développement », IFRI, Compte rendu des troisièmes rencontres annuelles agriculture et mondialisation, octobre, site de l'IFRI.

## ENCADRÉ 3.9
### *La question du coton*

La suppression des subventions à la production de coton a constitué la principale demande du Bénin, du Tchad, du Burkina Faso et du Mali à Cancùn. Cette demande a contribué à l'échec de la réunion ministérielle de septembre 2003 car aucune proposition concrète n'a été faite en réponse à cette demande. En 2003, les cours du coton étaient deux fois plus faibles qu'au début des années 1990 à cause de facteurs conjoncturels comme la baisse de la demande des pays importateurs mais surtout de facteurs structurels liés à la politique de subvention de la production de coton des grands pays producteurs développés (États-Unis, Union européenne) et en développement (Chine). Lors de la campagne cotonnière de 2001-2002, les cours du coton avaient atteint un plancher inférieur aux coûts de production africains qui sont pourtant les plus faibles du monde. Cela a conduit les principaux pays producteurs de coton en Afrique à s'organiser pour dénoncer les subventions à la production de coton.

Les subventions accordées à la filière cotonnière par les pays développés empêchent une réduction de la production en cas de chute des cours. Aux *États-Unis*, les subventions au coton prennent la forme d'une aide aux producteurs au titre du régime applicable aux grandes cultures ou sous la forme de prêts non remboursables dans le cadre du Farm Act. Les subventions peuvent également consister en une aide aux industries et aux exportateurs ou en un système de quotas d'importation. Le montant de ces subventions et aides évalué entre 2,2 à 4,4 milliards de dollars, selon les estimations, est à comparer à la valeur de la production de coton aux États-Unis qui atteint seulement 3 milliards de dollars. Au sein de *l'Union européenne*, le régime d'aide communautaire prévoit un prix d'objectif et une aide égale à la différence entre ce prix et le prix mondial, octroyée aux entreprises d'égrenage qui paient un prix minimal au producteur. Si la production de coton non égrené dépasse une quantité maximale garantie, le prix d'objectif et le montant de l'aide sont diminués en proportion. Au total, les producteurs de coton sont subventionnés à hauteur de 800 millions de dollars. Le montant des subventions accordées par *la Chine* au secteur du coton serait de l'ordre de 1,5 à 2 Mds USD [70].

Le prix mondial dépend de la politique de subvention des producteurs de coton menée par les autorités américaines, qui a un impact sur les cours, tant par l'ampleur que par la nature des subventions accordées. Les subventions pratiquées aux États-Unis, les « *marketing loans* » relevant du soutien interne, ont pour conséquence d'inciter les producteurs de coton à exporter sur les marchés mondiaux leurs surplus de production plutôt qu'à maîtriser l'offre, alimentant ainsi la baisse des prix. Les États-Unis produisent ainsi 19 % de la production mondiale et exportent 40 % de leur production. Leur politique commerciale détermine donc l'équilibre du marché mondial du coton : les producteurs américains sont « *price maker* ». Le retrait des seules subventions américaines aurait pour effet de rehausser immédiatement les cours mondiaux du coton de 0,11 dollars par livre, soit de 26 % selon l'International cotton advisory committee (2002). Pour la Banque mondiale (Agricultural trade reform and the Doha development agenda), l'élimination des subventions en faveur du coton, dans le cadre de la libéralisation du commerce, permettrait d'accroître de 75 % les exportations de coton de l'Afrique subsaharienne

70 Anderson K. and E. Valenzuela (2006), « WTO's Doha Cotton Initiative : How Will It Affect Developing Countries ? », *Trade Note*, n° 27, World Bank, March.

## ENCADRÉ 3.9 (suite)

et la part des exportations mondiales de coton des pays en développement passerait de 56 % à 85 % d'ici à 2015. Anderson et Valenzuela (2006)[71] estiment sur la base d'un modèle d'équilibre général que **la suppression des subventions au coton et des droits de douane augmentera le bien-être global de l'économie de 283 millions de dollars par an dont 147 millions de dollars par an pour les seuls pays d'Afrique subsaharienne.** Le prix mondial du coton augmenterait de 13 %. Ces estimations ne tiennent pas compte des hausses de productivité qui seraient induites par la suppression des subventions.

Le Bénin, le Tchad, le Burkina Faso et le Mali ont déposé à l'OMC en 2003 **une proposition commune d'initiative en faveur du coton**. Ces pays demandaient : (i) la suppression totale progressive de toute forme de mesure à la frontière, de soutien interne et de subventions à l'exportation accordés au coton ; (ii) de manière transitoire, l'octroi par les pays accordant des subventions d'une indemnisation financière décroissante aux pays producteurs, proportionnelle au manque à gagner généré par les subventions en raison de la baisse de prix induite. Lors de la Conférence ministérielle de Cancun, cette initiative sur le coton a été fortement appuyée par **l'ensemble du groupe africain** mais elle a reçu une fin de non-recevoir de la part des États-Unis. Ce pays s'était contenté dans un premier temps d'indiquer que ses propositions sur les trois volets de la négociation agricole permettraient de résoudre le problème des pays demandeurs sur le coton puis a fini par insister sur la nécessité pour les pays concernés de diversifier leur production. Cette approche, qui a été très largement reprise dans le projet de déclaration ministérielle discuté à Cancun, a suscité une vive opposition de la part des pays africains. Dans le cadre de l'accord-cadre de Genève du 1er août 2004, les pays africains ont finalement accepté que la question du coton soit intégrée dans la négociation agricole et obtenu en contrepartie que le coton fasse l'objet d'un traitement spécifique et rapide par un sous-comité à l'OMC. Lors de la conférence de Hong Kong, il a été décidé que les subventions aux exportations seraient éliminées en 2013. Les États-Unis n'ont en revanche pris aucun engagement précis en ce qui concerne la diminution des soutiens à la production de coton. La déclaration prévoit seulement que ces subventions seront réduites « de manière plus ambitieuse » que les autres soutiens internes agricoles et que la période de mise ne œuvre sera raccourcie[72].

Parallèlement, le Brésil avait saisi l'organe de règlement des différends. L'organe d'appel de l'OMC a rendu sa décision le 3 mars 2005, condamnant les États-Unis pour les subventions versées à leurs producteurs de coton. Il a jugé que les modalités de soutien étaient distorsives et défavorables aux producteurs des autres pays. Les États-Unis doivent retirer leurs garanties de crédit à l'exportation et réformer leurs soutiens dans un délai de six mois.

La pression s'est relâchée à cause de la hausse du prix des matières premières agricoles. Le prix du coton a augmenté de 386 % entre mars 2009 et mars 2011 avant de reculer de 58 % entre avril 2011 et janvier 2012 pour rester supérieur de 79 % au niveau moyen observé entre 2000 et 2007.

---

71 Anderson K. and E. Valenzuela (2006), « The World Trade Organization's Doha Cotton Initiative : A Tale of Two Issues », *World Bank Policy Research Working Paper,* 3918, May.

72 Ministère de l'Économie, des Finances et de l'Industrie, France, 2006, *Actualité multilatérale*, p. 1, n° 32, février.

**ENCADRÉ 3.9 (suite)**

Mais les ministres lors de la déclaration finale de la Huitième conférence ministérielle de Genève ont confirmé leur volonté de faire avancer l'exécution du mandat énoncé au paragraphe 11 de la Déclaration ministérielle de Hong Kong, qui est de traiter le coton « de manière ambitieuse, rapide et spécifique » dans le cadre des négociations sur l'agriculture. Le sujet n'est donc pas enterré mais les États-Unis n'ont pas encore répondu.

### *Les services*

Il a fallu inventer intégralement un cadre juridique adapté à cette forme d'échanges immatériels. Les services étant une catégorie économique hétéroclite, les négociateurs ont dû s'entendre sur des définitions et des principes généraux originaux. Depuis 1994, l'Accord général sur le commerce des services (AGCS ou GATS en anglais) fournit le cadre des négociations multilatérales dans le domaine des services. L'inclusion des activités de services dans les négociations de l'OMC constituait une avancée majeure du dernier cycle de négociations d'Uruguay et répondait à la tertiarisation des économies. L'AGCS est une annexe à l'Accord instituant l'OMC signé par les membres du GATT à l'issue du cycle de l'Uruguay. Comme pour l'agriculture, les négociations sur les services se sont engagées dès janvier 2000 au titre de l'article XIX de l'AGCS. L'Accord Général sur le Commerce des Services organise le cadre juridique.

1. Il fixe les obligations des membres. Outre l'article relatif à la clause de la nation la plus favorisée, il contient des dispositions sur la transparence de l'information que les membres se garantissent mutuellement, sur le traitement particulier des accords régionaux, sur les mesures visant à faciliter l'intégration des pays en développement. Il est basé sur trois grands principes, celui de la nation la plus favorisée, celui de l'accès au marché et celui du traitement national.

2. Il définit également le contenu de la négociation qui s'organise autour des engagements que prennent les membres pour améliorer l'accès à leur marché aux fournisseurs étrangers de services et leur octroyer le traitement national. Les modalités de négociation, fixant les objectifs et principes, la portée, les modalités et les procédures ont été adoptées en mars 2001.

3. Il contient huit annexes qui précisent certains articles ou détaillent les modalités de négociation propres à certains secteurs comme les services financiers ou de télécommunication.

Les modalités de négociation sont spécifiques car il est nécessaire de définir très précisément le champ et les modalités des discussions afin que l'accord corresponde à une ouverture effective. Les membres peuvent prendre des engagements différenciés pour un même secteur d'activité selon le mode de fourniture envisagé. Il existe quatre modes de fournitures, seuls les « services fournis dans l'exercice du pouvoir gouvernemental » sont exclus du champ des négociations par l'AGCS [73] :

1. **le mode 1** : service en provenance du territoire d'un membre à l'intention du territoire d'un autre membre, c'est la fourniture transfrontière. Le prestataire de services franchit la frontière pour atteindre l'importateur comme par exemple lors d'une consultation par téléphone d'un avocat installé à l'étranger ou d'une opération financière exécutée sur une place étrangère ;
2. **le mode 2** : consommation de services à l'étranger : une personne physique se déplace sur le territoire d'un autre membre pour acheter une prestation de services qu'elle consomme sur place. C'est le consommateur qui franchit la frontière comme dans le cas du tourisme ;
3. **le mode 3** : services fournis sur le territoire d'un autre membre par l'intermédiaire d'une implantation commerciale. C'est l'entité légale qui franchit la frontière afin d'établir une filiale dans le pays de consommation ;
4. **le mode 4** : services fournis sur le territoire d'un membre grâce à la présence de personnes physiques d'un autre membre, comme les missions de conseil par exemple : c'est le prestataire de services qui franchit la frontière.

Chaque membre de l'OMC est maître des secteurs qu'il accepte de libéraliser, ainsi que du degré de libéralisation à l'intérieur de chacun de ces secteurs. C'est en effet lui qui rédige les offres qu'il propose dans chacun des secteurs de services. Il peut ensuite adapter son offre au vu de ce que les autres membres lui proposent. Les membres commencent par s'adresser mutuellement des demandes d'amélioration de l'accès au marché et du traitement national dont bénéficient leurs entreprises. Ils identifient ainsi ce qu'ils attendent des autres États membres et ce qu'ils sont prêts à offrir. Les offres de réduction de barrières aux échanges de services prennent la forme de « listes positives » d'engagements spécifiques. Cela signifie que seuls les secteurs explicitement et délibérément mentionnés font l'objet d'engagements de libéralisation. Les offres de libéralisation des services sont proposées par les États, l'Union européenne en propose une seule au nom des États membres. Ces listes contiennent deux types d'engagements. D'une part, des engagements « spécifiques » qui sont organisés autour de secteurs d'activité : pour chaque secteur dans lequel un pays est prêt à prendre un engagement de libéralisation, il précise les restrictions à l'accès au marché et au traitement national qu'il entend maintenir à l'égard des fournisseurs étrangers. D'autre part, des engagements « horizontaux » de portée plus générale qui indiquent les éventuelles restrictions à l'accès au marché et au traitement national que le pays maintient pour un mode de fourniture. Cela couvre tous les engagements spécifiques que l'État prendra dans ce mode. La déclaration de Doha a seulement « entériné les travaux déjà accomplis » et réaffirmé le cadre juridique préexistant.

---

73 Pour plus de détails quant à la structure des échanges de services cf. Bénassy-Quéré A., Schwellnus C. et Unal-Kesenci D., 2006, « Échanges internationaux : services compris », *La lettre du CEPII*, n° 255, avril 2006.

L'objectif des négociations sur les services qui ont lieu dans le cadre de l'AGCS est de réduire les barrières aux échanges en matière de commerce de services qui peuvent prendre la forme de quotas de fournisseurs de services ou de nombre total d'opérations de service ou la quantité totale de services produits. Les pays peuvent aussi appliquer un traitement moins favorable aux fournisseurs étrangers que celui qu'ils accordent à leurs propres services et fournisseurs de services grâce à des obligations complémentaires, de résidences, d'achat de terrain par exemple. Dans le secteur des services, l'ampleur de la protection est difficile à évaluer. B. Hoekman (1995) a estimé l'équivalent tarifaire de la protection des services dans l'Union européenne à 10 % dans la distribution, 182 % dans les transports et les télécommunications et à 27 % dans les services financiers et services aux entreprises. La protection moyenne dans les services dans l'Union européenne serait de 50 %, alors qu'aux États-Unis elle est estimée à 35 % [74].

Cette négociation est souvent confondue avec la discussion de la « directive services » qui vise à créer un marché intérieur des services au sein de l'Union européenne (cf. chapitre sur l'intégration européenne). Pourtant, les négociations dans le cadre de l'AGCS sont différentes, elles visent à libéraliser le commerce des services sans modifier l'environnement dans lequel ils s'inscrivent, contrairement à la directive services dont l'objet est de libéraliser les activités de services en les déréglementant. Les prestataires de services des membres de l'OMC exercent leur activité en conformité avec les législations et les réglementations de l'État dans lequel ils interviennent. C'est le principe de liberté de la « réglementation intérieure » fixé par l'article VI de l'AGCS. Certains services ne font pas partie des offres des membres de l'OMC. La culture pour la France, l'eau pour les pays en développement, les services publics sont considérés comme des services dont la fourniture nationale ne doit pas être ouverte aux autres pays membres. L'union européenne n'a pas proposé d'engagements de libéralisation des services audiovisuels dans le cadre des négociations AGCS. En effet, les États membres de l'Union souhaitent pouvoir mener les politiques culturelles qu'ils entendent sans avoir à les étendre aux fournisseurs étrangers à l'Union européenne.

## C. Les aspects des droits de propriété intellectuelle qui touchent au commerce (ADPIC) [75]

L'accord sur les aspects des droits de propriété intellectuelle liés au commerce qui est en vigueur depuis 1995 est une partie intégrante des accords conclus à la fin du cycle d'Uruguay. Il fixe le cadre général d'harmonisation de la protection des droits de propriété intellectuelle. Il étend à tous les membres de l'OMC, avec des délais d'application pour les pays en développement, l'obligation d'instituer des mécanismes nationaux de protection juridique des brevets. Cet accord permet également aux gouvernements

74 Hoekman B. (1995), « Tentative Steps : an assessment of the Uruguay Round agreement on services », *CEPR Discussion paper series*, n° 1150.

75 Pour le détail des accords sur les ADPIC, cf. www.wto.org

nationaux de prendre des mesures limitant les droits de propriété intellectuelle, y compris à des fins de santé publique.

Les accords sur les ADPIC ne sont pas contestés, dans la mesure où la plupart des pays en développement ont accepté de les ratifier sous réserve d'un délai d'application : 2006 pour les pays en développement et 2016 pour les pays les moins avancés [76]. Par contre, les exceptions à l'application de ces accords au motif notamment de santé publique sont source de polémiques et de débats. C'est pourquoi, dans la déclaration de Doha, la question de la propriété intellectuelle est surtout abordée sous l'angle de l'adéquation entre les accords sur les ADPIC et la santé publique. Il est également prévu que soit traitée la question de l'articulation entre le respect de la propriété intellectuelle et le respect des savoirs et des spécificités locales.

Dans la déclaration de Doha, les membres reconnaissent l'importance de mettre en œuvre et d'interpréter l'accord sur les ADPIC d'« une manière favorable à la santé publique, en promouvant à la fois l'accès aux médicaments existants et l'élaboration de nouveaux médicaments ». Cette décision faisait suite au procès qui avait été intenté par 39 laboratoires pharmaceutiques en 1997, en Afrique du Sud, pour non-respect du droit des brevets et qui avait fait apparaître une contradiction entre la protection conférée par le brevet et reconnue par les ADPIC, d'une part, et la nécessité d'assurer aux pays en développement un accès à bas coût aux médicaments, d'autre part. Cette déclaration de Doha qui confirme notamment le droit des pays touchés par des crises sanitaires (Sida, paludisme, tuberculose et autres maladies) à invoquer l'urgence pour autoriser la fabrication de médicaments sous licences obligatoires nécessitait la conclusion d'un accord car cela impliquait de modifier les accords sur les ADPIC. En effet, les accords sur les ADPIC admettent qu'un pays puisse produire des médicaments sous brevets en cas de crise sanitaire mais cette production ne pouvait pas être exportée, c'est ce qui s'appelle la fabrication de médicaments sous mécanisme de « licence obligatoire ». Or, les pays en développement, c'est-à-dire la grande majorité des pays touchés par la crise sanitaire, n'ont d'autre solution que de se tourner vers des producteurs étrangers car ils n'ont généralement pas la capacité de produire des médicaments. Mais à compter du 1er janvier 2006, date d'application des accords sur les ADPIC dans les pays en développement, ces pays ne pouvaient plus exporter des génériques pour lesquels ils n'avaient pas le brevet vers les pays en crise sanitaire, même si les pays les moins avancés n'appliqueront les accords sur les ADPIC qu'en 2016. Les membres de l'OMC ont négocié pour trouver la base d'un consensus. Les principales questions soulevées étaient relatives au champ des maladies concernées, aux pays pouvant en bénéficier et aux sauvegardes nécessaires pour éviter le détournement de telles fabrications hors de leur destination initiale. Sous la pression de la société civile, un accord a été trouvé le 30 août 2003. Il consiste en une dérogation provisoire, qui permet aux pays fabriquant

---

76 Une décision adoptée à la Conférence ministérielle de Genève de décembre 2011 spécifie que le Conseil des ADPIC va étudier la demande de prorogation de la période de transition pour les PMA et qu'un rapport sera présenté à la 9e conférence ministérielle de l'OMC

des copies génériques de produits brevetés dans le cadre de licences obligatoires de les exporter vers les pays qui n'ont pas les capacités de produire et qui sont en situation d'épidémies de sida, tuberculose, paludisme et autres. Les conditions auxquelles producteurs et acheteurs étrangers peuvent s'affranchir de l'exclusivité des droits conférés par les brevets sont désormais fixées, y compris dans le cas d'exportations. Cet accord a donné lieu à un amendement permanent de l'accord de l'OMC sur les aspects des droits de propriété intellectuelle qui touchent au commerce (ADPIC) le 6 décembre 2005. Cette mesure sera formellement incorporée dans l'Accord sur les ADPIC une fois que les deux tiers des Membres de l'OMC auront ratifié la modification. Les Membres se sont donnés jusqu'au 1er décembre 2007 pour la ratifier [77].

Outre cette recherche de compromis, la déclaration de Doha prévoyait que les négociations sur un système d'enregistrement multilatéral des indications géographiques pour les vins et spiritueux soient conclues avant la cinquième conférence ministérielle en 2003. L'échec de Cancun a reporté l'échéance à la fin du cycle.

> L'Accord sur la propriété intellectuelle (ADPIC) prévoit une protection spécifique des indications géographiques pour les vins et spiritueux, supérieure à celle accordée aux autres produits. Ainsi, les membres de l'OMC se sont engagés à réserver l'utilisation des indications géographiques pour des vins et spiritueux originaires de la région désignée. En dehors de cette zone, l'utilisation d'indications géographiques est interdite, y compris en traduction ou accompagnée d'expressions telles que « genre » ou « type ». Les moyens juridiques pour mettre en œuvre cette obligation sont du ressort de chaque membre de l'OMC. Des exceptions sont toutefois admises dans l'Accord pour l'utilisation ancienne comme « semi-génériques » de dénominations de vins d'autres pays. Le registre multilatéral pour les vins et spiritueux doit permettre la mise en œuvre effective de la protection des vins et spiritueux. L'accord ne fixe en effet qu'un cadre, dont les dispositions ne pourront s'appliquer qu'après l'établissement de la liste exhaustive des appellations protégées qui seront recensées dans le registre. Dans les négociations en cours, l'Union européenne et la Suisse qui souhaitent un registre facilitant la protection s'opposent aux pays « nouveaux producteurs de vins » comme le Canada, l'Australie, la Nouvelle-Zélande et le Chili mais aussi les États-Unis qui demandent une base de données informative et sans valeur contraignante. Quant aux pays en développement, ils demandent l'extension de la protection au-delà des vins et spiritueux car ils souhaitent protéger leurs produits au moyen des indications géographiques (thés, riz, cafés etc.) et leur artisanat [78].

Enfin, un réexamen de la disposition qui traite de la brevetabilité ou non des inventions concernant les végétaux et les animaux est prévu ainsi que le lancement de travaux sur l'articulation entre les accords sur les ADPIC et la convention de l'ONU sur

77 Site de l'OMC, www.wto.org

78 Ministère de l'économie, des finances et de l'industrie, France, adresse Internet de la page consacrée aux négociations multilatérales :http://www.exporter.gouv.fr/EXPORTER/Pages.aspx ?iddoc=570&pex=1-2-40-570

la biodiversité biologique, la protection des savoirs traditionnels et du folklore notamment[79].

### D. La nécessaire intégration des pays en développement au commerce mondial

L'objectif du programme de Doha est de réduire les barrières et les freins aux échanges afin de contribuer au développement : développer le commerce est « un élément essentiel pour réduire la pauvreté » (paragraphe 38 à 41 de la déclaration de Doha[80]). Certaines négociations comme la négociation agricole sont considérées dans leur globalité comme favorables au développement. Toutefois, des aménagements sont prévus pour que les pays en développement qui souhaitent participer aux échanges internationaux aient le temps d'adopter les règles communes aux membres de l'OMC. Ils doivent aussi pouvoir bénéficier de préférences commerciales qui sont considérées comme un moyen d'arriver pas à pas à la libéralisation totale. Le programme de Doha prévoit également le renforcement de la coopération technique et le renforcement des capacités de production des pays en développement. Le budget de l'assistance technique a été augmenté de 80 % et un fond global d'affectation spéciale a été créé dont une partie est prioritairement destinée aux pays les moins avancés. Enfin certaines questions ont été soulevées de façon spécifique comme celles des petites économies, du commerce, de la dette et des finances et du transfert de technologies... mais pour constituer des groupes de travail. Le programme de Doha comporte également une décision sur les questions et préoccupations liées à la mise en œuvre conjointement au paragraphe 12 de la déclaration de Doha. Les pays en développement doivent pouvoir bénéficier pleinement des accords. Les autres membres doivent donc appliquer les accords qui les concernent directement, comme la fin des accords multifibres, et les aider à les mettre en œuvre grâce à une assistance technique tout en leur accordant des délais d'application supplémentaires si nécessaire[81].

Les pays en développement peuvent bénéficier d'aménagement lors de l'application des accords ou de dérogations aux règles commerciales, c'est-à-dire d'un système de préférences généralisées grâce à la clause d'habilitation adoptée à l'issue des accords du Tokyo Round (1979) qui autorise les « parties contractantes » du GATT à accorder un traitement préférentiel aux pays en développement qui ne serait pas nécessairement fondé sur la réciprocité. Lorsque les accords préférentiels introduisent une discrimination entre les pays en développement, ils rendent envisageables les accords préférentiels sectoriels. L'article XXV du GATT sur les dérogations (Waivers) peut être évoqué[82]. Ce sont des exceptions à la clause de la nation la plus favorisée. Mais

79 Pour aller plus loin, cf. déclaration de Doha, OMC.

80 Site de l'OMC : www.wto.org

81 Pour aller plus loin, site de l'OMC Programme de Doha, paragraphe 12 de la déclaration de Doha et décision sur les questions liées à la mise en œuvre.

82 Siroën J.-M. (2005), « Intégration régionale et multilatéralisme », *Cahiers français*, n° 325, mars-avril.

lors du cycle d'Uruguay, une autre approche a été privilégiée, celle de l'octroi de souplesses d'application des nouvelles règles [83].

Les pays en développement ne sont pas désignés mais se déclarent comme tels. Cela leur donne accès au traitement spécial et différencié et aux dispositions leur permettant d'obtenir des périodes de transition plus longues pour appliquer les accords et à une assistance technique. Par contre, ils ne bénéficient pas automatiquement des systèmes de préférences généralisés qui sont conférés par les pays qui les accordent. Les autres membres peuvent contester la décision prise par un Membre de recourir aux dispositions prises en faveur des pays en développement. Les pays les moins avancés (PMA), définis comme tels par les Nations unies, peuvent aussi bénéficier de mesures propres et d'un traitement spécial et différencié. Les PMA sont au nombre de 50 mais 32 seulement sont membres de l'OMC. Dans la déclaration de Doha, les principales dispositions les concernant sont l'engagement des membres à leur donner un accès à leur marché sans droits de douane et sans quotas, à accroître leur contribution et à leur apporter une assistance technique. Certains pays développés ont mis en œuvre une telle politique de traitement spécial et différencié par des systèmes de préférences généralisées (SPG) en faveur de pays en développements plus favorables que le SPG « normal » qui s'applique à tous les pays en développement.

> L'Union européenne a par exemple mis en place en 1999 et pour une durée illimitée l'initiative « tout sauf les armes » (TSA) qui accorde aux pays les moins avancés un accès aux marchés de l'Union européenne sans droits de douane et sans quotas, tant pour les produits industriels qu'agricoles. Seuls certains produits comme la banane, le sucre et le riz devaient attendre respectivement 2006, 2009 et 2009 pour entrer sans restrictions. Les règles d'origine sont très restrictives puisque les produits qui font l'objet d'une transformation même faible sont considérés comme originaires du pays dans lequel a eu lieu la transformation et ce, afin d'éviter les détournements de commerce. Selon la CNUCED [84], le régime TSA entraîne un gain de 390 millions de dollars pour les pays d'Afrique subsaharienne et de 8 millions pour le seul Bangladesh et une perte de bien-être de 250 millions de dollars pour l'Union européenne. Cette évaluation est faite par la CNUCED sur la base d'un modèle d'équilibre général calculable statique, sous une hypothèse de concurrence parfaite et avec la base de données GTAP. Les effets positifs liés à une meilleure affectation des ressources l'emportent sur les effets pervers de détournement de commerce aux profits des PMA [85]. Une généralisation de ce système de l'initiative « tout sauf les armes » aux seuls pays de la Quad (Canada, États-Unis, Union européenne, Japon) engendrerait un gain de bien-être de 1,3 milliards pour les pays d'Afrique sub-saharienne et de 1,2 milliards pour le Bangladesh [86].

83 Paugam J.-M., Perrin S. et Novel A.-S. (2005), *L'avenir du traitement spécial et différencié*, IFRI et Afd, décembre, www.ifri.org

84 CNUCED, B. Bora, L. Cernat et A. Turrini (2002), « Duty and quota-free access for LCDs : further evidence from CGE modelling », *Study series* n° 14.

85 CNUCED, 2002 *id.*

86 CNUCED, 2002 *id.*

Les États-Unis ont mis en œuvre en 2000 le régime « African growth and opportunity act » (AGOA) qui permet aux produits de 37 pays d'Afrique sub-saharienne d'accéder sans droits de douane ni quotas au marché américain sauf, pour les produits à base de cacao et de tabac et pour le coton jusqu'en 2015. Pour les vêtements, des mécanismes complexes sont mis en place qui conditionnent l'accès libre. Les exportations de vêtements de certains pays de l'AGOA sont admises sans quotas et droits de douane si ces vêtements sont fabriqués dans certains pays de l'AGOA à partir de fils et textiles originaires des États-Unis ou de PMA éligibles. L'Afrique du Sud, membre de l'AGOA mais pas éligible au régime de préférence pour les vêtements, a en conséquence délocalisé sa fabrication de vêtements au Lesotho pour bénéficier de ce régime. Les pays éligibles sont désignés par le Président des États-Unis par délégation sur la base de critères économiques, de démocratie, d'ouverture aux produits américains, de protection des droits de l'homme, de l'existence de politiques de réduction de la pauvreté ... [87].

Ces deux systèmes de préférences donnent des résultats puisque par exemple le droit de douane moyen acquitté par les exportations agricoles en provenance d'Afrique à destination des pays de l'Union européenne est de 3,6 % contre 19,1 % pour le droit nation la plus favorisée (moyenne simple non pondérée). Ces taux sont respectivement de 5,5 % et de 13,5 % dans le cas des exportations agricoles africaines vers les États-Unis [88].

Il existe d'autres SPG, comme les accords de Cotonou entre l'Union européenne et les pays Afrique, Caraïbes, Pacifique (ACP) ou le régime du Japon et du Canada pour les PMA. Des négociations d'accords de partenariats économiques (APE) sont actuellement en cours entre l'Union européenne et les pays ACP conformément à l'accord de Cotonou signé en juin 2000 et qui remplaçait la convention de Lomé. Cet accord maintenait le niveau des préférences de Lomé mais reconnaissait l'intégration régionale comme un instrument déterminant de l'intégration des pays ACP dans l'économie mondiale. Les négociations qui ont débuté en septembre 2002 avaient pour but de signer des accords de partenariats économiques devant se substituer en 2008 à l'actuel régime défini par les accords de Cotonou [89]. Mais seuls quelques pays et la région Caraïbes ont signé un APE, les autres continuant de négocier.

Les pays en développement ont toutefois considéré que ces politiques n'ont pas permis d'équilibrer les concessions entre le Nord et le Sud et ont demandé un réexamen des mesures de traitement spécial et différencié existantes. Le traitement spécial et différencié est néanmoins réaffirmé dans l'accord cadre d'août 2004 et dans la déclaration de Hong Kong dans laquelle les membres développés ont pris l'engagement « d'offrir un accès aux marchés en franchise de droits et sans contingent sur une base durable, pour tous les produits originaires de tous les PMA pour 2008 ou, au plus tard, le début

87 La liste des critères est disponible sur le site (*http://www.agoa.gov/eligibility*)

88 Gallezot J., 2003, *Conditions et conséquences de la mise en œuvre d'une initiative multilatérale d'harmonisation des préférences commerciales en faveur de l'Afrique pour les produits agricoles et agro-alimentaires,* INRA-ESR, 2003/07, 54 pp.

89 Ministère de l'Économie, des Finances et de l'Industrie, France, 2003, « Les accords commerciaux régionaux », *DREE dossiers*, Les enjeux économiques internationaux, septembre.

de la période de mise en œuvre d'une manière qui assure la stabilité, la sécurité et la prévisibilité » [90]. Mais les autres pays en développement continuent de craindre les effets de l'érosion inéluctable des préférences commerciales dont ils bénéficient. Si l'accès au marché s'améliore, les pays qui par exemple bénéficient d'un accès aux marchés européens sans quotas et sans droits de douane (initiative TSA) vont voir leur avantage relatif diminuer. Au final, les négociations sont toujours en cours.

## E. La négociation sur les liens entre « commerce et environnement »

L'article XX du GATT autorisait déjà les États à déroger aux obligations de l'accord pour protéger la vie et la santé humaine et animale et à prendre les mesures destinées à la conservation des ressources naturelles épuisables. Ces mesures ne doivent toutefois pas entraîner de discriminations entre les pays ni constituer une forme de protectionnisme, c'est-à-dire être plus restrictives qu'il est nécessaire pour parvenir aux objectifs. C'est là toute la sensibilité du lien entre la protection de l'environnement et le commerce. L'article XIV de l'AGCS contient une disposition équivalente. L'accord sur les obstacles techniques au commerce vise à garantir que les règlements et normes techniques, ainsi que les procédures d'essai et de certification qui les accompagnent, ne créent pas d'obstacles non nécessaires au commerce. L'Accord sur l'application des mesures sanitaires et phytosanitaires (SPS) permet aux Membres d'adopter des mesures SPS afin de protéger l'environnement, sous réserve du respect de certains critères comme l'évaluation des risques, la non-discrimination et la transparence. L'Accord sur les aspects des droits de propriété intellectuelle qui touchent au commerce (ADPIC) fait explicitement référence à l'environnement dans sa section consacrée aux brevets. Quant à l'accord sur l'agriculture adopté pendant le cycle d'Uruguay, il prévoit que les mesures de soutien interne au titre des programmes de défense de l'environnement (mesures de la « catégorie verte ») soient exclues des engagements de réduction des subventions. La priorité accrue donnée aux politiques environnementales est toutefois un phénomène récent. C'est seulement lors de la création de l'OMC que les objectifs du développement durable ont été reconnus et qu'un comité « commerce et environnement » a été créé afin d'entreprendre des études sur les relations entre le commerce et l'environnement. Ces relations recouvrent l'impact sur l'environnement des politiques commerciales, l'incidence des mesures environnementales sur les échanges et l'utilisation des mesures commerciales pour parvenir à des objectifs environnementaux.

L'environnement est véritablement devenu un sujet de négociation depuis la conférence de Doha. Dans la déclaration de Doha, les ministres se sont engagés à négocier sur la « clarification de l'articulation entre les règles de l'OMC existantes et les mesures commerciales contenues dans les accords multilatéraux environnementaux, les échanges de renseignements entre les secrétariats des accords multilatéraux environnementaux et l'OMC ainsi que leur accès au statut d'observateur à l'OMC [et

90 Déclaration de Hong Kong, site de l'OMC, www.wto.org

sur] la réduction ou l'élimination des obstacles tarifaires et non tarifaires au commerce des biens et services environnementaux ». Depuis 40 ans, plus de 200 conventions multilatérales ont été conclues pour préserver les ressources naturelles, les espèces animales et végétales et gérer les déchets toxiques. Certaines étant commerciales, cela pose un problème d'articulation avec les règles de l'OMC. Par exemple, la convention de Bâle encadre les échanges de déchets en empêchant d'exporter les déchets dangereux dans les pays en développement. Cette interdiction doit être compatible avec les règles de l'OMC afin que ce ne soit pas du protectionnisme déguisé. Cette difficulté d'articulation entre normes commerciales et règles environnementales multilatérales engendre le quart des rapports de l'organe de règlement des différends. La jurisprudence de cette juridiction évolue d'ailleurs dans le sens de l'intégration de critères environnementaux. Dans le contentieux opposant l'Inde, la Malaisie, le Pakistan et la Thaïlande aux États-Unis, au sujet de l'interdiction d'importation de certaines crevettes par ces derniers, car elles étaient pêchées avec des filets capturant des tortues marines en voie de disparition, l'Organe d'appel a interprété la notion de « mesures visant à conserver les ressources naturelles épuisables » de l'article XX du GATT comme s'appliquant à la protection des tortues. Il a toutefois considéré que le critère de non-discrimination n'était pas respecté puisque les États-Unis accordaient à d'autres pays, les Caraïbes notamment, une assistance technique pour que les pêcheurs se mettent à utiliser des dispositifs d'exclusion des tortues comme cela était le cas aux États-Unis et non aux quatre pays d'Asie portant plainte [91]. C'est pour prévenir ce type de conflit que la négociation pour instaurer des principes de relation entre les deux corps de règles des AME et de l'OMC a été lancée à Doha [92]. Quant à la réduction des obstacles tarifaires et non tarifaires, elle vise une élimination des droits sur des produits définis comme environnementaux. L'enjeu devient alors la définition des biens et services environnementaux. Un travail de définition et de classification est en cours pour identifier ces biens et services environnementaux, notion potentiellement très vaste puisqu'elle pourrait recouvrir tout produit et toute technologie respectueuse de l'environnement, c'est-à-dire les technologies, les procédés et les méthodes de production moins polluants et économes en énergie, ainsi que les produits agricoles biologiques. Il s'agit donc de s'entendre sur une définition satisfaisant l'ensemble des pays membres de l'OMC. Enfin, la déclaration de Doha prévoit que le Comité Commerce et Environnement poursuive ses travaux sur les sujets d'études suivants, en vue d'identifier l'opportunité d'éventuelles négociations :

1. l'éco-étiquetage et sa compatibilité avec les règles de l'OMC sur les obstacles techniques au commerce ;

91 Pour plus de détails, voir site de l'OMC, *op. cit.*

92 Ministère de l'Économie, des Finances et de l'Industrie, France, 2005, *Politiques commerciales*, n° 14, septembre, disponible à l'adresse suivante : http://www.exporter.gouv.fr/EXPORTER/Publication.aspx ?IDProduit=37350&iddoc=462&pex=1-2-40-570-462

2. les droits de propriété intellectuelle, en vue notamment de définir les relations entre le droit de l'OMC et la Convention sur la biodiversité, pour parvenir à une gestion équitable des revenus tirés de l'exploitation commerciale des matériels génétiques ;

3. le renforcement des capacités et l'assistance technique aux PED, en matière de commerce et d'environnement ;

4. la mise en œuvre du développement durable ;

5. les effets des mesures environnementales sur les exportations des pays en développement.

Les négociations sont laborieuses, car ceux qui considèrent que le développement des mesures environnementales est un frein au développement des échanges s'opposent à ceux qui estiment que c'est une façon d'améliorer l'acceptabilité des échanges. De plus, la frontière ténue entre protection de l'environnement et protectionnisme semble être souvent franchie, ce qui rend encore plus complexes ces négociations. L'Union européenne souhaite avancer dans ces négociations mais les pays en développement sont particulièrement méfiants. Aucun progrès significatif dans les négociations n'est à noter. Toutefois, les travaux du Comité du commerce et de l'environnement continuent et certains sont devenus des sujets de négociation à part entière.

Une étude du CEPII [93] montre que les barrières environnementales s'appliquent aux trois quarts des produits de la nomenclature utilisée pour l'étude, soit 88 % du commerce mondial. Pour cette étude, l'auteur, Lionel Fontagné, étudie 137 pays importateurs et 4917 produits. Les calculs fondés sur la base de données MAcMaps montrent que pour les trois quarts des produits de la nomenclature utilisée, soit 3746 produits, l'un des pays importateurs a notifié au moins une barrière de type environnemental (tableau 3.10). Pour savoir si cela répond à des mesures de précaution ou si ces barrières sont utilisées à des fins protectionnistes, l'auteur recense les produits pour lesquels cinq pays au maximum appliquent des barrières environnementales. En effet, dans ce cas, il considère qu'il existe une forte présomption d'instrumentalisation de ces barrières à des fins protectionnistes car alors un nombre très réduit de pays imposent une mesure particulière sur un produit donné. Sur les 3746 produits pour lesquels des mesures environnementales sont notifiées, 1983 feraient l'objet d'un protectionnisme environnemental, soit 4 % des importations mondiales de ces produits. Les pays imposant le plus de mesures environnementales sont l'Argentine, le Brésil, la Nouvelle-Zélande, les États-Unis, le Japon et l'Australie par ordre décroissant. Pour l'Argentine et le Brésil, près de 50 % des importations sont affectées par des mesures environnementales.

93 Fontagné L. (2001), « Protection(isme) : l'environnement à l'OMC », *La Lettre du CEPII*, n° 206, novembre.

**Tableau 3.8**
*Mesures environnementales selon le nombre de pays notifiant, 1999*

| Nombre de pays notifiant des mesures | Nombre de produits affectés par ces mesures | Importations de produits affectés en milliards de dollars | | Commerce directement touché en % (1) /(2) |
|---|---|---|---|---|
| | | Monde (1) | Pays notifiant (2) | |
| Au moins 1 | 3746 | 4732 | 680 | 14 |
| 1 à 5 | 1983 | 2729 | 110 | 4 |
| Plus de 33 | 185 | 286 | 140 | 49 |
| Plus de 50 | 11 | 21 | 18 | 86 |

Nombre total de pays : 197, nombre total de produits 4 917, commerce mondial : 5 402 milliards de dollars
Source : CEPII [94]

Les PMA sont particulièrement touchés, dans la mesure où 40 % de leurs exportations sont directement concernées par des mesures environnementales, toujours selon l'étude du CEPII non pas à cause de la structure sectorielle de leurs exportations parce qu'ils sont suspectés de ne pas respecter toutes les précautions sanitaires.

## F. Les autres sujets de négociation

Afin de poursuivre l'objectif de libéralisation des échanges et de développement, le Programme de Doha prévoit que des négociations auront lieu sur d'autres sujets afin d'adapter le droit de l'OMC aux nouvelles formes de l'échange économique international et aux nouveaux obstacles aux échanges qui en résultent. Il s'agissait pour la plupart des pays développés, et tout particulièrement l'Union européenne, de convaincre les PED de la nécessité d'élargir le champ de compétences de l'OMC au-delà des sujets traditionnels d'accès au marché. Ces travaux, décidés lors de la Conférence ministérielle de Singapour de 1996, portent sur l'investissement, la concurrence, les marchés publics, la suppression des obstacles aux échanges. Ils sont connus sous le nom de « sujets de Singapour ». Il a également été décidé d'améliorer les règles de fonctionnement de l'OMC.

### *Les « sujets de Singapour »*

Il était prévu que les travaux portant sur l'investissement, la concurrence, les marchés publics et la suppression des obstacles aux échanges deviendraient des négociations après la cinquième conférence ministérielle s'il y avait un « consensus explicite » sur les modalités de négociation. Cela n'a pas été le cas, non seulement il n'y a pas eu de consensus à Cancun mais les pays en développement ont vécu comme une provocation le fait que cela puisse être le cas alors qu'aucune réponse n'était apportée aux sujets qui

94 Fontagné L. (2001), *op. cit.*, *La Lettre du CEPII*, n° 206, novembre, p. 3.

préoccupaient tout particulièrement les pays en développement et les PMA, comme la question du coton. Trois des quatre sujets de Singapour ont été supprimés du programme de Doha pour le développement en vertu de l'accord du 1$^{er}$ août 2004 qui a suivi la réunion du Conseil général à Genève. Seul le groupe de travail sur la facilitation des échanges a donné lieu à l'ouverture de négociations. Ces négociations, décidées lors de la réunion du conseil général de juillet 2004, portent sur les barrières aux échanges, sur les procédures douanières et sur les procédures de certification et de contrôle d'application des normes. Cela concerne la liberté de transit, les redevances et formalités à l'exportation et à l'importation, la publication et l'application des règlements liés au commerce. Les règles actuelles du GATT s'appliquent au transit de marchandises, aux procédures d'importation et d'exportation et à la transparence des régimes administratifs mais pas aux pratiques douanières, notamment aux procédures électroniques des douanes. Une assistance technique et un renforcement des capacités pour les pays les moins avancés devront être prévus. Les membres attendent de la négociation une réduction des obstacles non tarifaires. La simplification et la normalisation du commerce, des procédures douanières et de l'ensemble des informations liées aux opérations d'importations, d'exportations et de transit de marchandises réduiraient les coûts de transaction de 300 milliards d'euros par an dans le monde [95].

Si les obstacles non tarifaires étaient supprimés parallèlement à la libéralisation tarifaire dans les secteurs industriels et agricoles, Fouquin et Gaulier (1999) calculent, sur la base d'un modèle gravitationnel comprenant un indicateur d'obstacles aux échanges, que les importations européennes augmenteraient de 9,6 %. Cela engendrerait une amélioration de bien-être puisque le PIB européen croîtrait de 0,65 % [96].

## ENCADRÉ 3.10
### *Les sujets de Singapour abandonnés*

#### *Le lien entre commerce et investissement*

C'était un sujet de prédilection de l'Union européenne qui y voyait un moyen de sécuriser le cadre des opérations internationales des entreprises et de renforcer l'attractivité des pays en développement pour les investissements directs. Mais l'échec en 1998 de l'Accord multilatéral sur l'investissement (AMI) préparé par l'OCDE et les vives réactions que ce projet avait suscitées étaient encore présentes dans les esprits. En effet, le lancement d'une négociation « commerce-investissement » risquait d'engendrer l'application du principe du traitement national aux investissements et de réduire ainsi la capacité des pays en développement de pouvoir réguler les investissements étrangers dans l'intérêt d'un développement durable. De plus, rien n'était prévu afin

95 Ministère des Finances, *Actualité multilatérale*, n° 33, mai 2006, disponible à l'adresse suivante : http://www.exporter.gouv.fr/EXPORTER

96 Fouquin M. et G. Gaulier (1999), « Ouverture, concurrence et multilatéralisme », *La Lettre du CEPII*, n° 184, novembre.

## ENCADRÉ 3.10 (suite)

d'améliorer la qualité des investissements dans les pays en développe-ment[97]. Les paragraphes relatifs à l'investissement dans la déclaration de Doha sont en conséquence restés vagues. Les membres reconnaissent les arguments en faveur d'un cadre multilatéral destiné à assurer des conditions transparentes et stables pour les investissements transfrontaliers. Les discussions à l'OMC portaient sur la définition de l'investissement, la transparence, la non-discrimination entre investisseurs nationaux et étrangers et la méthode de négociation.

### *Interaction du commerce et de la politique de la concurrence*

Les discussions visaient à l'établissement de règles internationales minimum en matière de droit de la concurrence applicables dans les relations commerciales internationales. Étaient prévus, l'étude des principes applicables aux procédures nationales de contrôle de la concurrence comme la transparence, la non-discrimination et l'équité procédurale, la lutte contre les cartels injustifiables, la coopération volontaire entre autorités de la concurrence et le renforcement des capacités des pays en développement à se doter des institutions nécessaires.

Comme pour l'investissement, l'Union européenne, leader de la discussion, soulignait qu'un accord multilatéral permettrait aux pays en développement d'obtenir l'aide des autorités de concurrence des pays développés afin de lutter contre les pratiques anticoncurrentielles internationales dont ils sont les principales victimes.

### *La transparence des marchés publics*

La libéralisation des procédures d'achats publics fait l'objet depuis longtemps de négociations dans le cadre européen comme au G.A.T.T. et à l'OMC (Trionfetti, 2002[98]). Depuis 1977, plusieurs directives de la Commission européenne ont eu pour objet d'élargir les appels d'offre à l'ensemble des entreprises de la Communauté européenne. La mise en place du Marché unique européen a accéléré le processus d'ouverture des marchés publics (au moins sur le plan juridique et réglementaire). La règle de non-discrimination s'applique désormais à la quasi-totalité des organismes publics et semi-publics. La libéralisation des marchés publics a aussi été l'objet de plusieurs accords multilatéraux. Le premier a été conclu en 1978 lors du cycle de négociation du GATT de Tokyo. Plus récemment, en 1994, a été signé le *Government Procurement Act* (GPA) dans le cadre de l'*Uruguay Round.* Cet accord plurilatéral a été signé par seulement 22 pays. L'objectif des discussions était d'élaborer un accord pour rendre plus transparentes les pratiques dans le domaine de la passation des marchés publics. La Déclaration de Doha limite le champ de la négociation aux aspects relatifs à la transparence (les pays pourront continuer à accorder la préférence aux fournitures et fournisseurs nationaux). La déclaration met également l'accent sur les préoccupations liées au développement, l'assistance technique et le renforcement de l'aide à fournir aux pays en développement pour appliquer de nouvelles règles.

---

97 Cf. « The emperor's new clothes », *Oxfam briefing paper,* n° 46, april 2003.

98 Trionfetti F. et M. Brülhart (2002), « Achats publics et spécialisation internationale : l'effet d'entraînement », *Économie internationale*, n° 89-90, 1er — 2e trimestres.

### *Les négociations sur les règles*

À Doha, les Ministres ont décidé de « clarifier et d'améliorer les disciplines qui permettent aux États de se prémunir contre des pratiques privées (dumping) ou publiques (subventions), tout en préservant les principes fondamentaux des accords ». L'amélioration des règles de l'OMC permettant la mise en œuvre d'accords régionaux et le réexamen du mémorandum d'accord sur le règlement des différends sont également prévus par la Déclaration de Doha. Ces négociations sur les règles de l'OMC de l'anti-dumping, des subventions et des accords régionaux doivent se conclure à la fin du cycle. Seules celles visant à améliorer le fonctionnement du mécanisme de l'ORD ne font pas partie de l'engagement unique, ce qui signifie qu'elles ne sont pas liées au succès des autres négociations.

■ **Le dumping** est une pratique « par laquelle les produits d'un pays sont introduits dans le commerce d'un autre pays à un prix inférieur à la valeur normale de ces produits » (article VI du GATT). Cette pratique considérée comme déloyale dès lors qu'elle cause un préjudice au pays importateur est condamnée par l'article VI du GATT. Si tel est le cas, une procédure anti-dumping peut être menée. Le recours à l'anti-dumping est fortement critiqué car cela est considéré comme une forme de protectionnisme. C'est dans ce but que les « amis de l'antidumping » (Brésil, Chili, Colombie, Costa Rica, Hong Kong-Chine, Israël, Japon, Corée, Norvège, Taiwan, Singapour, Suisse et Thaïlande) ont présenté 31 propositions tendant à limiter l'usage de cet instrument. Ils s'opposent à l'Union européenne qui propose de réduire les coûts des procédures anti-dumping et d'instaurer un mécanisme de règlement des différends accéléré pour limiter les ouvertures abusives d'enquêtes.

■ **L'Accord sur les subventions et les mesures compensatoires** a permis l'interdiction de subventions à l'exportation, y compris sous la forme de mesures fiscales mais il n'offre pas la possibilité de se prémunir contre certaines subventions déguisées. La déclaration de Doha mentionne spécifiquement la question des subventions aux pêcheries qui est un secteur important pour les pays en développement mais pour lequel un travail de clarification des règles de l'OMC est nécessaire. Par exemple, les « amis des poissons » (Australie, Chili, Équateur, États-Unis, Islande, Nouvelle-Zélande, Pérou, Philippines) considèrent qu'il est nécessaire d'adopter des règles applicables en matière de subventions afin de prendre en compte les effets des subventions aux pêcheries sur le commerce, l'environnement et le développement. Les « amis de la pêche », notamment le Japon et l'Union européenne, estiment au contraire que de telles règles ne sont pas nécessaires et qu'il n'est pas démontré que les subventions aux pêcheries ont un effet néfaste sur les ressources halieutiques.

■ **La complexité et le nombre croissant des accords régionaux rendaient nécessaire une clarification des règles pour éviter qu'ils soient en contradiction avec le multilatéralisme**. La négociation lancée à Doha vise à « clarifier et à améliorer les disciplines et procédures prévues par les dispositions existantes de l'OMC qui s'appliquent aux accords régionaux commerciaux ».

■ **Le mémorandum d'accord sur le règlement des différends,** entré en vigueur avec les accords de l'OMC le 1er janvier 1995 et fixant les règles encadrant le règlement des litiges à l'OMC, doit faire l'objet d'un réexamen depuis la Conférence de Doha. Le fonctionnement du système de règlement des différends est certes jugé globalement satisfaisant par les Membres, qui se plient à l'obligation de porter leurs différends commerciaux devant l'ORD et en acceptent les conclusions : avec environ 300 affaires traitées ou en instance depuis le 1er janvier 1995 et un flux croissant de requêtes, l'ORD a fait la preuve de son efficacité et de sa légitimité. Pourtant, les membres considèrent que des améliorations permettraient de consolider cet acquis comme la professionnalisation des experts chargés de proposer une solution aux litiges, la participation des ONG aux débats, l'amélioration de la transparence des procédures, la clarification des conditions de mise en œuvre des recommandations et la précision des conditions de déclenchement de mesures de rétorsion commerciale [99].

## 3.3 LES RÉSULTATS ESTIMÉS DU PROGRAMME DE DOHA ET LES RAISONS DE L'IMPASSE

Les cycles successifs de négociations multilatérales ont permis de réduire les droits de douane et certaines subventions et quotas. Le bénéfice attendu est bien sûr une hausse des échanges entre les pays mais aussi le respect de principes assurant une concurrence loyale. Selon les résultats théoriques que nous avons détaillés dans la partie 1, cela devrait engendrer une meilleure allocation des ressources, des gains d'échelle et une plus grande variété de produits. Le résultat serait un accroissement du revenu global à long terme. Les résultats empiriques des modèles mesurant l'impact de la libéralisation concluent à un impact positif sur le revenu mondial mais les chiffrages diffèrent fortement entre les modèles en fonction des hypothèses sous-jacentes. Certains modèles font notamment l'hypothèse d'une concurrence imparfaite quand d'autres supposent qu'elle est parfaite. Comme nous l'avons vu, si les facteurs de production sont spécifiques, l'augmentation du revenu global peut être moindre à court terme à cause des mouvements de réallocation des facteurs. De plus, la mesure empirique des effets de la libéralisation des échanges diffère si elle se fonde sur des modèles statiques ou dynamiques. Les modèles statiques sont basés sur la théorie des avantages comparatifs, les modifications de barrières aux échanges entraînant des changements de prix qui modifient les termes de l'échange. Les modèles dynamiques intègrent les effets de transferts de technologie et de connaissance induits par les échanges sur la productivité totale des facteurs. Les gains de la libéralisation des échanges sont alors supérieurs, même si les effets de la diffusion technologique sont difficiles à mesurer [100].

---

99 Ministère de l'Économie, des Finances et de l'Industrie, France, 2003, *Notes bleues de Bercy*, n° 246.

100 F. Rodriguez et D. Rodrik (1999), « Trade policy and economic growth : a skeptic's guide to the cross-national evidence », *NBER Working paper* 7081.

Plusieurs économistes et instituts ont évalué les gains économiques qui résulteraient d'une libéralisation totale ou partielle. Les résultats estimés à partir du modèle d'équilibre général varient selon les hypothèses et les scénarios de libéralisation retenus. Les modèles peuvent se baser sur des hypothèses opposées comme la parfaite ou l'imparfaite mobilité des facteurs ou une hypothèse intermédiaire comme la rigidité des salaires pour les travailleurs non qualifiés. Les gains déterminés par l'impact de l'ouverture sur le produit intérieur brut et sur les termes de l'échange varient grandement si les secteurs étudiés sont agricoles et industriels ou si les services et la facilitation des échanges font également l'objet d'une libéralisation. Ils sont compris entre une augmentation du revenu mondial de 0,28 % pour la Banque mondiale (2006) et un surplus de revenu mondial de 0,09 % pour le CEPII (2011), comme nous l'exposons ci-après au paragraphe 3.3.1. Bouët et Laborde [101] (2009) estiment toutefois que ces derniers sont sous-estimés par prudence car les interdépendances entre progrès technique, productivité et concurrence internationale sont mal évaluées. Il en résulte une minimisation des gains dynamiques de la libéralisation commerciale. Par ailleurs, la réduction des droits consolidés limiterait l'incertitude en réduisant la capacité des États membres à relever leurs droits de douane en période de crise. Néanmoins, le cycle de Doha n'est toujours pas conclu et les négociations sont dans une impasse comme nous le montrons au paragraphe 3.3.2.

Afin de mieux appréhender les apports et les limites des résultats des principaux modèles développés par les économistes, nous présenterons ceux de la Banque mondiale et de l'OCDE, celui du Centre d'études prospectives et d'informations internationales (CEPII) et celui de Carnegie Endowment for international Peace [102]. Ces modèles évaluent empiriquement les effets de la réduction des barrières aux échanges sur le revenu global mondial et sur le revenu de chacune des régions du monde. Les étudier parallèlement permet de mieux comprendre les causes des controverses s'appuyant sur leurs chiffrages. Après s'être concentrés sur

101 Bouët A. et D. Laborde, Faut-il conclure le cycle de Doha, Telos, 1er octobre 2009, www.telos-eu.com

102 Les résultats empiriques sont souvent actualisés et font l'objet de publications continues mais les références sont :

- Banque mondiale (2006), K. Anderson et W. Martin, *Agricultural trade reform and the Doha development agenda*, World Bank, www.world.bank.org/trade/wto
- OCDE (2003), *Le programme de Doha pour le développement : gains de bien-être à attendre de la poursuite de la libéralisation des échanges multilatéraux du point de vue des droits de douane*, TD/TC/WP(2003)10/Final, août 2003.
- Decreux Y. et Fontagné L. (2006), « A quantitative assessment of the outcome of the Doha development agenda », *Working papers CEPII*, n° 2006 -10, May.
- Decreux Y. et Fontagné L. (2009), « Economic impact of potential outcome of the DDA », *Rapport d'étude*, CEPII, n° 2009-01, May.
- Decreux Y. et Fontagné L. (2011), « Economic impact of potential outcome of the DDA », *Document de travail*, CEPII, n° 2011-23, October.
- François J., Van Meijl H. et Van Tongeren F. (2003), « Economic implications of trade liberalization under the Doha Round », *CEPII Working paper* n° 2003-20.
- Polaski S. (2006), « Winners and losers, impact of the Doha Round on developing countries, Carnegie Endowment for international Peace », Working paper.

l'estimation des gains globaux à attendre du cycle de négociation en cours, nous préciserons les effets que peuvent en attendre les pays en développement.

### 3.3.1 *Les gains attendus des négociations menées dans le cadre du Programme de Doha*

Les études empiriques des effets de la libéralisation des échanges concluent généralement à un impact élevé de la baisse des droits de douane et des subventions sur le revenu mondial. Elles sont basées sur des modèles d'équilibre général calculable (voir encadré 3.11) et sur les mêmes bases de données. Ces études se distinguent par diverses méthodes de modélisation et des données supplémentaires. Ce sont généralement les effets de la réduction des droits de douane dans les secteurs manufacturier et agricole qui sont estimés car les données sont plus faciles à trouver. Certains scénarios étudient également les effets de la libéralisation des services et la réduction des obstacles non tarifaires comme ceux de l'étude du CEPII. La fourchette des gains dépend également du scénario de libéralisation choisi. Les négociations étant continues, il est difficile d'appréhender exactement le résultat de ces négociations. Par exemple, certains supposent une libéralisation totale alors que d'autres travaillent sur un scénario de réduction linéaire de 50 % des droits de douanes agricoles et industriels et des subventions à l'agriculture et de 50 % du soutien à l'agriculture, de réduction de 50 % des obstacles aux échanges de services sous forme d'équivalents droits de douane et de réduction des coûts commerciaux de 1,5 % de la valeur des échanges. C'est la facilitation des échanges. La fourchette des gains d'une suppression ou d'une réduction des obstacles tarifaires aux échanges irait de 84 milliards de dollars (Dessus *et al.*, 1999) [103] à 240,3 milliards de dollars par an pour l'OCDE (2003) [104] et jusqu'à 1857 milliards de dollars par an pour Stern *et al.* (2001 [105]). Les différents résultats sont recensés par l'OCDE (2003) [106] et Boulhol (2004) [107].

Les études représentatives des évaluations des gains attendus du Programme de Doha sont celles de la Banque mondiale, de l'OCDE et du CEPII qui a réalisé les évaluations les plus réalistes et les plus récentes. En effet, Decreux et Fontagné (2009, 2011) se basent sur les propositions les plus récentes de réduction des restrictions aux échanges en matière agricole et industrielle. Les résultats de ces études ont fait l'objet de nombreuses controverses, d'une part parce que les chiffrages étaient différents dans la mesure où ils retenaient ou non l'hypothèse d'une concurrence imparfaite et, d'autre part, parce que l'évaluation de l'impact de la libéralisation sur le revenu des pays en développement et

---

103 Dessus S., Fukusaku K. et Fadi R. (1999), « La libéralisation des droits de douanes et les pays en développement », Paris, OCDE, Cahier n° 18.

104 OCDE (2003), *op. cit.*, août.

105 Stern R., Brown D. et Deardorff A. (2001), « Multilateral, regional and bilateral trade policy options for the United states and Japan Ann Arbor », Michigan, *Research Seminar in International Economics*, Discussion paper n° 469, April, http://www.fordschool.umich.edu/rsie/workingpapers/wp.html

106 OCDE (2003), *op. cit.*, août, pP.30 à 38.

107 Boulhol H. (2004), « Cancun : un échec ? », *Problèmes économiques*, n° 2839, 14 janvier 2004, p. 5.

notamment sur celui des pays africains subsahariens différaient fortement [108]. Mais certaines conclusions sont devenues consensuelles.

## A. Les effets attendus de la libéralisation

La Banque mondiale et l'OCDE réalisent régulièrement des évaluations des effets de la libéralisation des échanges sur la richesse globale. Les gains résultant de la libéralisation sont déterminés par les gains en efficience et par la modification des termes de l'échange. Si les droits de douane diminuent, les importations sont moins chères dans le pays qui les a réduits. Les agents économiques en bénéficieront globalement, seuls les producteurs du secteur protégé subiront des pertes. Les gains d'efficience sont la différence entre les pertes subies par ceux du secteur protégé et les bénéfices que retirent les consommateurs et les autres producteurs. Les modèles estiment le montant de la richesse supplémentaire créée annuellement dans le monde si le commerce avait été libéralisé. Des libéralisations graduelles peuvent être simulées. Le modèle du CEPII (2006, 2009, 2011 [109]) fait l'hypothèse d'une situation de concurrence imparfaite.

### ENCADRÉ 3.11
### *L'utilisation des modèles EGC pour évaluer l'impact de la libéralisation commerciale*

Les modèles d'équilibre général calculable (EGC) sont largement utilisés pour évaluer l'impact d'accords commerciaux multilatéraux dans le cadre de l'OMC ou d'accords régionaux. Les modèles EGC dont la structure est inspirée de la théorie néoclassique reposent sur des hypothèses fortes : comportement des agents (ménages, entreprises, etc.), fonctionnement des marchés, « calibrage » des paramètres structurels. L'intérêt de l'utilisation de ces modèles réside donc plus dans la mise en évidence des mécanismes en œuvre que dans le chiffrage quantitatif précis de l'impact des décisions de politique économique.

La plupart des modèles EGC sont basés sur des hypothèses de concurrence parfaite sur les marchés des biens et des facteurs, de rendements d'échelle constants et de plein emploi des facteurs. Une réduction ou suppression des droits de douane au niveau mondial pour un produit donné se traduit par une hausse du commerce mondial de ce produit. On assiste ainsi à un gain de revenu lié à l'accroissement de l'efficacité de l'utilisation des facteurs de production dans chaque pays et au supplément de pouvoir d'achat lié à la consommation de biens à plus bas prix. Suivant les pays, la variation des termes de l'échange (rapport entre les prix d'exportation ou d'importation) peut augmenter ce gain ou au contraire le réduire (sachant que l'effet de transfert lié à ces variations de termes de l'échange est à somme nulle au niveau mondial). Le fait de lever les hypothèses simplificatrices usuelles conduit selon les cas à réduire les gains procurés par la libéralisation commerciale (par exemple si on introduit l'existence de chômage dans le modèle par souci de réalisme) ou bien à les accroître (par exemple, si on passe d'un régime de concurrence parfaite à imparfaite). Le groupement GTAP (*Global Trade Analysis Project*) constitue le leader mondial de ce genre de travaux.

---

108 Fontagné L., mai 2006, site Telos, www.telos-eu.com.

109 Decreux Y. et Fontagné L. (2006, 2009, 2011), *op. cit.*

**ENCADRÉ 3.11 (suite)**

Certains travaux vont plus loin en posant des hypothèses de concurrence imparfaite et de rendements croissants, d'externalités (de type transferts de technologie) procurées par la croissance des échanges ou en supposant que ces accords se traduiront par un surplus d'investissements directs (dans le cas des accords régionaux).

D'après Cling (2006, *op. cit.*)

■ **La Banque mondiale (2006)** [110] se fonde sur un modèle d'équilibre général « Linkage » [111] afin d'évaluer l'impact des baisses de droits de douane et de réduction des subventions agricoles sur le revenu mondial. Le scénario de libéralisation se base sur l'accord entre les membres de l'OMC d'août 2004 et la nouvelle version GTAP de l'Université de Purdue [112]. Seuls les gains statiques [113] et les effets de la baisse des droits de douane après l'accord d'août 2004 sont estimés. Si les droits de douane et les subventions avaient été supprimés, le revenu réel mondial aurait augmenté de 287,3 milliards de dollars par an jusqu'en 2015, soit 0,7 % du PIB mondial [114]. Le gain de la libéralisation provenait principalement de la suppression des droits de douane et des soutiens agricoles des pays développés ainsi que de la réduction des barrières des pays en développement pour les produits non agricoles hors vêtements et textiles, comme le montre le tableau 3.9.

**Tableau 3.9**
*Provenance des gains de bien-être résultant de la libéralisation totale dans les secteurs industriels et agricoles jusqu'en 2015*

| | Agriculture | Textiles et habits | Autres produits manufacturés | Total |
|---|---|---|---|---|
| Pays développés | 46 % | 6 % | 3 % | 55 % |
| Pays en développement | 17 % | 8 % | 20 % | 45 % |
| Total | 63 % | 14 % | 23 % | 100 % |

Source : Anderson et Van der Mensbrugghe, 2006 [115].

Si on regarde plus précisément l'origine des gains liés à la libéralisation du secteur agricole, 66 % des gains auraient résulté de l'amélioration de l'accès au marché des

110 Banque mondiale (2006), K. Anderson et W. Martin, *Agricultural trade reform and the Doha development agenda*, World Bank, www.world.bank.org/trade/wto

111 Linkage est le modèle utilisé par la Banque mondiale pour estimer les effets de la libéralisation des échanges. Pour le détail de ses caractéristiques : Van der Mensbrugghe D. (2005), *Linkage technical reference document*, version 6.0, the World Bank, Washington DC Mimeo, www.worldbank.org/prospects/linkage model

112 GTAP est une base de données mondiale sur le commerce bilatéral, notamment développée par l'Université de Purdue, www.gtap.org

113 Les gains statiques ne tiennent pas compte des effets indirects de type transfert de technologie.

114 Anderson K., W. Martin et D. van der Mensbrugghe (2006), « Market and welfare implications of Doha reform scenarios », chap. 12, in *Agricultural trade reform and the Doha development agenda*, ed. by K. Anderson, W. Martin, New York, Palgrave Macmillan.

115 Anderson K.,, W. Martin et D. van der Mensbrugghe (2006), *op. cit.*

pays développés. Toutefois, ces résultats dépendaient des modalités de la réduction des barrières, car si seulement 2 % des lignes tarifaires des pays développés et 4 % de celles des pays en développement étaient classées sensibles, les effets de la libéralisation du secteur agricole étaient alors pratiquement nuls.

**Tableau 3.10**
*Provenance des gains résultant de la libéralisation des marchés agricoles, 2001*

| Libéralisation agricole des pays développés | Régions bénéficiaires Pays développés | Pays en développement | Monde |
|---|---|---|---|
| Accès au marché | 66 | 27 | 93 |
| Subventions | 5 | -3 | 2 |
| Soutiens internes | 4 | 1 | 5 |
| Total | 75 | 25 | 100 |

Source : Anderson K. et Martin W., 2005 [116]

En revanche, le scénario caractérisé par une suppression des subventions à l'exportation, une baisse des soutiens internes de 28 % aux États-Unis, de 18 % en Europe et de 16 % en Norvège, une diminution des droits de douane moyens de 33 % dans le secteur agricole et une baisse de 50 % des droits de douane des produits non agricoles aboutit à une augmentation du revenu mondial de 0,28 %, soit 119,3 milliards de dollars.

Une évaluation plus récente [117] toujours réalisée à partir du modèle LINKAGE aboutit à une augmentation cumulée du revenu mondial en 2025 de 496 milliards de dollars, soit 0,9 % de PIB mondial supplémentaire dans le cas du scénario de libéralisation totale. Le montant obtenu est supérieur à celui de 2006 car il est calculé sur une plus longue période et sur un plus grand nombre de régions et de secteurs. Ainsi, les possibilités de réallocation des ressources sont plus nombreuses. Néanmoins, l'introduction de certaines exceptions à la baisse des droits de douane comme proposé en 2008 aux États membres de l'OMC diminuerait les gains. Ils seraient alors de 93,5 milliards de dollars en cumulé en 2025, équivalent à 0,17 point de PIB mondial supplémentaire à l'horizon 2025.

■ **Les estimations de l'OCDE** se fondent elles aussi sur un modèle d'équilibre général. C'est un modèle statique, plurirégional et plurisectoriel supposant une concurrence parfaite sur les marchés. Afin de tenir compte de l'évolution des droits appliqués et pas seulement des droits consolidés (cf. 3.1.1, C), les estimations sont faites sur la base des droits appliqués conditionnels. Les données de référence sont celles relatives aux

116 Banque mondiale, Anderson K. et Martin W. (2006), « Agricultural trade reform and the Doha development agenda », octobre 2005, in Hertel T.W. et R. Keeney (2006), What's at stake : the relative importance of import barriers, export subsidies and domestic support, chap. 2, in K. Anderson et W. Martin, *Agricultural trade reform and the Doha development agenda,* Palgrave Macmillan, New York 2006.

117 Laborde D., W. Martin et D. Van der Mensbrugghe (2011), « Potential real income effects of Doha reforms », in Unfinished business ? the WTO's Doha Agenda, CEPR and World Bank ed, pp. 255-275.

droits de douane disponibles en 1998, c'est-à-dire avant la mise en œuvre complète des accords d'Uruguay. Selon une projection tenant compte de ces accords, les gains de cycle d'Uruguay seraient de 18 milliards de dollars. Comme pour la Banque mondiale, la majorité des gains découle de la réforme agricole et notamment de la baisse des droits de douane. Les pays exportateurs agricoles seraient ceux qui en retireraient les bénéfices les plus importants. Trois scénarios sont étudiés afin d'évaluer le montant d'un revenu mondial supplémentaire à attendre des négociations menées dans le cadre du Programme de Doha. Le gain varie de 97 milliards de dollars dans le cas d'une suppression totale des droits de douane à 57 milliards de dollars pour une réduction des droits non linéaire éliminant les pics tarifaires. Une meilleure facilitation des échanges simulée au moyen d'une réduction uniforme des coûts commerciaux non observés égale à 1 % de la valeur des échanges [118] apporterait un gain de bien-être supplémentaire de 76 milliards de dollars.

1. Le premier scénario consiste en une réduction linéaire des droits de douane. La suppression totale des droits de douane pour les échanges de marchandises entraîne un gain de bien-être mondial de 97 milliards de dollars. La variation du bien-être est la variation équivalente du revenu. C'est l'équivalent métrique monétaire de la variation d'utilité résultant de la variation de prix (OCDE 2003). Pour les pays en développement, les gains représentent 1,37 % de leur PIB et pour les pays développés 0,37 % de leur PIB.
2. Le deuxième est une réduction différente selon les groupes de pays. Si tous les pays développés suppriment leurs droits de douane industriels et réduisent de moitié les droits qu'ils appliquent aux produits agricoles sans que les pays en développement modifient leur protection, le gain mondial est de 46 milliards de dollars. Pour les pays en développement, les gains représentent 1,02 % de leur PIB et pour les pays développés 0,25 % de leur PIB.
3. Dans le cas du troisième scénario, une réduction tarifaire selon une formule suisse est étudiée. Par cette formule, les droits de douane élevés sont réduits plus fortement que les droits de douane moyens. Les gains pour une formule suisse avec un coefficient de 15 % sont de 57 milliards de dollars [119]. Pour les pays en développement, les gains représentent 0,84 % de leur PIB et pour les pays développés 0,35 % de leur PIB.

Ces résultats sont contestés pour plusieurs raisons. Par exemple, dans le cas du modèle de la Banque mondiale, la baisse des droits de douane s'applique aux droits appliqués et non aux droits consolidés sur lesquels portent les négociations. Les effets de la libéralisation sont en conséquence surestimés selon le CEPII (2003 [120]). De plus, le modèle de

118 OCDE (2003), *op. cit.*, fondé sur la méthodologie de Hertel T., Walmsley T. et Itakura K., « Dynamic effects of the new age free trade agreement between Japan and Singapore », *GTAP Working paper,* n° 15, 2001.

119 Le coefficient est le produit de la moyenne des taux de base et d'un coefficient à valeur unique, source OCDE 2003.

120 Fontagné L. et Jean S. (2003), « OMC : bas de cycle », *La lettre du CEPII*, n° 226, septembre.

François J., Van Meijl H. et Van Tongeren F. (2003), « Economic implications of trade liberalization under the Doha Round », CEPII, *Working paper* n° 2003-20.

la Banque mondiale comme celui de l'OCDE ne distinguent pas les pays en développement des pays les plus pauvres qui bénéficient de préférences commerciales. Or, une baisse des droits de douane entraînera pour ces pays une diminution de leurs avantages relatifs. La libéralisation n'affecte pas tous les pays de la même façon, selon qu'ils sont exportateurs de produits protégés ou non. Ces modèles se basent sur des modèles de concurrence parfaite n'intégrant pas les effets de la libéralisation des services qui font partie du programme de Doha contrairement aux modèles du CEPII (2006, 2009, 2011) et du Carnegie Endowment for international Peace (2006). Enfin, pour évaluer les droits de douane moyens, les estimations de la Banque mondiale (2006) ne calculent pas une baisse des droits de douane moyens au niveau d'un groupe de produits en tenant compte des variations de quantités importées car les auteurs considèrent qu'une telle méthode sous-estime les gains potentiels. Pour prendre un exemple extrême, si un produit est fortement taxé et en conséquence pas importé, une baisse du droit de douane qui lui est appliqué n'aura pas d'impact sur le droit de douane agrégé du groupe de produits et donc pas d'effet sur le PIB mondial. Or les importations de ce produit pourraient augmenter fortement, ce qui constituerait un gain de bien-être important. Certes, leurs estimations plus récentes [121] évaluent la baisse des droits de douane moyens au niveau d'un groupe de produits en tenant compte des variations des quantités importées, calculées en faisant des hypothèses sur des élasticités de substitution. Une telle hypothèse engendre une hausse du gain obtenu par une libéralisation totale de 0,90 % du PIB mondial selon la méthode traditionnelle à 1,31 % en 2025. Mais le CEPII propose comme alternative de pondérer les droits de douane par le poids des importations de produits au sein d'un groupe, parmi les pays qui ont une structure similaire. Il évalue ainsi le niveau de protection mondiale à 4,5 % contre 3,6 % selon la méthode traditionnelle détaillée ci-avant [122].

■ **Le modèle du CEPII** intègre une hypothèse de substitution imparfaite entre les produits du Sud et du Nord, des délais de réaffectation des facteurs de production et les accords préférentiels d'échange. En effet, l'existence de droits de douane appliqués préférentiels résultant des systèmes de préférences généralisés modifie l'appréciation des droits effectivement appliqués pays par pays et produit par produit. Tenir compte des droits appliqués et non consolidés change donc considérablement les évaluations des gains estimés de la libéralisation. Les calculs du CEPII sont fondés sur un modèle d'équilibre général calculable [123] (voir encadré 3.11) et les bases de données MAcMap

121 Laborde D., W. Martin et D. Van der Mensbrugghe (2011), *op. cit.*

122 Decreux Y. et L. Fontagné (2011), *op. cit.* et Bouët A., Y. Decreux, L. Fontagné, S. Jean et D. Laborde (2005), « *A consistant, ad-valorem equivalent measure of applied protection across the world : the MAcMap-HS6 database* », Document de travail, CEPII, n°2004-22, December.

123 Le modèle Mirage (modeling international relationships in applied general equilibrium) est conçu pour mesurer les effets de court et moyen termes de la politique commerciale. Ce modèle d'équilibre général calculable se fonde sur une description microéconomique des agents, tout en tenant compte des contraintes d'équilibre des marchés. Ce modèle intègre les imperfections des marchés, les différences de qualité des produits et les investissements directs étrangers. Pour aller plus loin, cf. M.H. Bchir, Y. Decreux, J.-L. Guérin et S. Jean (2002), « Mirage, a general equilibrium model for trade policy analysis », *Working paper* CEPII, n° 2002-17 et Decreux Y. et Fontagné L. (2006), « A quantitative assessment of the outcome of the Doha development agenda », *Working papers*, CEPII, n° 2006-10, May, pp. 11-21.

et GTAP [124] qui incorporent les préférences commerciales et les accords commerciaux régionaux.

Ne pouvant prévoir les conclusions des négociations, Decreux et Fontagné (2006) avaient dans un premier temps fait l'hypothèse de plusieurs scénarios allant de la libéralisation totale à une baisse limitée à 36 % des droits de douane. Sauf dans le cas de la libéralisation totale, les pays en développement du G 90 (voir encadré 3.8) étaient exemptés de toute concession en matière de droits de douane et de soutien interne. Par ailleurs, les subventions à l'exportation étaient supposées être éliminées en 2013, comme décidé lors de la conférence ministérielle de Hong Kong et le soutien interne agricole était diminué de moitié. L'effet global de la libéralisation sur le revenu réel est obtenu en combinant l'impact de la modification des termes de l'échange et celui de la réallocation sectorielle des ressources induite par la réduction des distorsions créées par les droits de douane et les subventions.

Les gains s'échelonnaient entre 0,64 % de PIB supplémentaire à l'horizon 2020 dans le cas d'une libéralisation extrême à 0,09 % de PIB supplémentaire dans le cas d'une baisse mesurée des droits de douane [125]. La réduction de la protection des services de 25 % engendrerait une hausse du PIB de 0,10 % à l'horizon 2020.

Pour la libéralisation dans les services, un indice de restriction aux échanges de services est calculé sur la base des travaux de Park (2002) et de Warren (2000), *Australian productivity commission.* Mais la méthode proposée par le CEPII [126] est plus précise car elle révèle la protection en comparant le commerce de services à une norme. Cet indice est ensuite transformé en équivalent droits de douane. D'importantes restrictions aux échanges dans un pays ont le même effet qu'un droit de douane élevé. Le gain potentiel de la libéralisation n'en sera alors que plus important. Le scénario de libéralisation dans le secteur des services consiste en une baisse des droits de douane de 25 ou 50 %, excepté pour les pays du G90. L'impact de la « facilitation des échanges » est évalué en introduisant un coût variable additionnel imposé aux producteurs qui accèdent aux marchés étrangers [127]. Ce coût est de 2 % au Nord mais de 5 % au Sud et

124 MAcMaps (Market access Maps) est une base de données qui permet d'obtenir les niveaux de protection bilatéraux afin de tenir compte des différents régimes appliqués pour un même produit par chaque pays à ses différents partenaires. À partir des lignes tarifaires, MacMaps mesure l'accès au marché de 137 pays pour 223 pays exportateurs au niveau bilatéral. Une procédure d'agrégation permet ensuite de passer au nombre de secteurs et de régions de Mirage. Pour aller plus loin : Bouët A., Fontagné L., Mimouni M. et Pichot X. (2001), « Market access Maps : a bilateral and disgragated measure of market access », *Working paper* CEPII, n° 2001-18 et Decreux Y. et Fontagné L. (May 2006), *op. cit.*

125 Pour plus de détails, cf. la précédente édition de cet ouvrage et Decreux Y. et Fontagné L. (2006), « A quantitative assessment of the outcome of the Doha development agenda », *Working paper*, CEPII, n° 2006-10, May.

126 Fontagné L., A. Guillin et C. Mitaritonna (2011), Estimations of tariff equivalents for the services sectors, *Document de travail*, CEPII, n°2011-24, december.

127 Cette méthode diffère de celle de l'OCDE (2002, 2003) qui évalue les coûts des obstacles aux échanges de 1 à 15 % des frais de transport et qui utilise le modèle GTAP. Elle permet d'estimer qu'une baisse de 1 % des coûts de transaction engendre une amélioration du bien-être mondial de 40 milliards de dollars. François (2005) l'évalue à 72 milliards de dollars.

de 8 % en Afrique sub-saharienne. Il est supérieur pour les produits agricoles par rapport à celui appliqué aux produits industriels. Le scénario de facilitation des échanges consiste en une baisse des coûts au niveau incompressible de 2 %.

Plus récemment, Decreux et Fontagné (2009, 2011 [128]) ont cherché à évaluer l'impact des négociations en cours. Ils se sont basés sur les projets proposés par le Président des négociations sur l'agriculture et par le Président des négociations non agricoles. Le modèle utilisé est le même que décrit ci-avant. Quelques améliorations y ont été apportées comme l'intégration du changement du comportement du consommateur quand le revenu/tête augmente.

Les principales hypothèses sont [129] :

– Agriculture : suppression des subventions à l'exportation d'ici 2013 ; réduction des taux de soutien internes de 75 % en Europe et de 60 % aux États-Unis d'ici 2025, réduction des droits de douane agricoles de 50 % à 70 % et une réduction moyenne de 54 % après qu'une liste de produits sensibles ait été définie.

– Produits non agricoles : réduction des droits de douane selon la formule suisse avec un coefficient de 8 (cf ci-avant paragraphe 3.2.2).

Si de tels résultats étaient obtenus et que le cycle de Doha était conclu, le PIB mondial augmenterait de 0,09 % en 2025, soit un montant proche du scénario de réduction limitée des droits de douane évalué lors de leurs précédents travaux (2006). Une réduction de la protection des services de 3 % augmenterait le gain de PIB de 0,09 % à 0,11 %. Et la facilitation des échanges élèverait le gain de PIB mondial à 0,2 % à l'horizon 2025, soit de 152 milliards de dollars US.

L'apport de ce modèle et de ces évaluations récentes est de montrer le faible impact des négociations en cours sur le PIB mondial. Ils mettent également en évidence l'impact plus important de la négociation non agricole sur le PIB mondial et l'absence de gains retirés par les pays africains sub-sahariens quand la facilitation des échanges n'est pas incluse.

Les évaluations des effets des négociations menées dans le cadre du Programme de Doha sur le PIB mondial ont fait l'objet de nombreuses controverses. Mais les études menées par le CEPII ont permis de faire avancer les débats car elles se fondent sur des modèles plus proches de la réalité. Quelques résultats sont maintenant admis : la libéralisation agricole profiterait aux grands exportateurs comme le Brésil ou l'Argentine ; les pays d'Afrique subsaharienne ne bénéficieraient pas des mesures de libéralisation car ils ont déjà des régimes préférentiels mais seraient les premiers bénéficiaires de la facilitation des échanges ; l'Europe et la Chine seraient les gagnants des négociations en cours. Par

---

128 Decreux Y. et L. Fontagné (2009), « Economic Impact of Potential Outcome of the DDA », *CEPII Working Paper*, N°2009-01, November 2009 et Fontagné L. (2011), « Dix ans après Doha », *La Lettre du CEPII*, n°315, 15 novembre 2011.

129 Pour plus de détails cf l'Annexe 2 de Decreux Y. et L. Fontagné (2009), « Economic Impact of Potential Outcome of the DDA », *CEPII Working Paper*, N°2009-01, November 2009.

ailleurs, Hertel et Martin (2001) [130] ont montré que ce sont les pays eux-mêmes qui souffrent le plus de leurs propres politiques restrictives en matière agricole même si la négociation agricole est centrale en raison de sa contribution potentielle au développement. Selon ces auteurs, les politiques des pays en développement sont à l'origine de 71 % de leur propre perte de revenu liée à des distorsions dans le secteur agricole et dans les pays développés, 95 % de la perte de revenu résulte de leurs propres politiques. Les pays en développement peuvent avoir intérêt à une réduction des droits de douane sur les produits non agricoles. En effet, la pire des situations est celle d'un pays importateur de produits agricoles et exportateur de produits industriels qui voit à la suite de la libéralisation les prix agricoles augmenter et ceux des biens industriels baisser [131].

### B. *Les pays en développement : perdants du Programme de Doha ?*

Le Programme de Doha affirme que la libéralisation des échanges aura un impact positif sur les pays en développement si on tient compte de leur spécificité : « Le commerce international peut jouer un rôle majeur dans la promotion du développement économique et la réduction de la pauvreté » [132]. Cette déclaration se fonde sur les théories du commerce international pour lesquelles la libéralisation est source de gains. Toutefois, le traitement spécial et différencié doit permettre aux pays en développement de s'adapter à la libéralisation de leurs économies [133]. L'argument théorique sous-jacent est celui de la protection des industries naissantes et de la nécessaire mise en œuvre d'une politique commerciale quand il existe des imperfections sur les marchés (cf. partie 3.1).

Selon les modèles mesurant les effets de la libéralisation des échanges, certains pays ne voient pas leur bien-être global augmenter. Cela dépend des hypothèses des modèles mais aussi de la structure des échanges des pays en développement. En effet, à court terme, les pays exportateurs nets de produits agricoles peuvent retirer un gain de la libéralisation des échanges commerciaux à la différence des importateurs nets. Alors que le prix intérieur baisse, le prix mondial augmente à cause de la hausse de la demande [134]. Ces préoccupations sont d'ailleurs prises en compte puisque les accords de l'OMC comprennent une décision sur les mesures concernant les effets négatifs possibles du programme de réforme sur les pays les moins avancés et les pays en développement importateurs nets de produits alimentaires [135].

---

130 Hertel T.W. et Martin W., « Second best linkages and the gains from global reform of manufactures trade », *Review of international economics*, vol. 9, n° 2 pp. 215-332.

131 Decreux Y. et Fontagné L. (2006), *op. cit.*, p. 27.

132 Paragraphe 2 de la déclaration de Doha, www.wto.org

133 Paragraphe 44 de la déclaration de Doha, www.wto.org

134 K. Anderson (2003), « Agricultural trade reform and poverty reduction in developing countries »., *Working paper* n° 3396, Banque mondiale.

135 Les pays déclarés importateurs agricoles sont le Japon, la Corée du Sud, Taiwan, la Suisse, la Bulgarie, la Norvège, Israël, le Liechtenstein et l'Ile Maurice, www.wto.org

■ **Les études de la Banque mondiale** concluaient que la libéralisation des échanges et notamment celle des marchés agricoles allait engendrer une hausse du revenu des pays en développement. Les pays en développement recevraient 45 % des gains annuels générés par la libéralisation et la pauvreté reculerait de 6 % en Afrique subsaharienne [136]. Mais ces résultats se fondaient sur un modèle qui ne tenait pas compte de l'existence des préférences commerciales, ce qui avait tendance à surestimer les gains pour les pays en développement et notamment les plus pauvres. En intégrant les préférences commerciales comme le traitement spécial et différencié dans leur modèle, les pays en développement obtenaient 30 % des gains supplémentaires de la libéralisation et le gain de l'Afrique subsaharienne représentait 1,1 % de son revenu.

■ En intégrant des rigidités dans les modèles d'équilibre général comme le font le **CEPII (2006, 2009 et 2011) et le Carnegie Endowment for international Peace (2006)**, les gains de la libéralisation pour les pays en développement sont inférieurs ou négatifs pour les Pays les moins avancés [137]. La Chine, l'Union européenne, le Japon, l'Asean [138] et les États-Unis sont les pays qui voient leur revenu le plus augmenter en cas d'ouverture des marchés agricoles et industriels selon les modalités précisées en 2008 [139]. Les pays qui voient leur PIB reculer à la suite d'une telle libéralisation selon le CEPII (2011) sont les Caraïbes, le Mexique et les pays d'Afrique subsaharienne. Les études précédentes aboutissaient aux mêmes résultats (CEPII, 2004 [140]). Dans le cas d'une baisse de 50 % du soutien interne couplé à la production, d'une suppression des subventions à l'exportation et d'une baisse progressive des droits de douane, le commerce mondial agricole des pays développés augmentait de 7,3 %, celui des pays en développement de 9 % et en moyenne de 8 %. Ce sont les pays développés du Groupe de Cairns qui voient leurs exportations agricoles augmenter le plus fortement. En revanche, les exportations des pays d'Afrique subsaharienne et des Caraïbes, dont les préférences s'érodent, étaient quasi stables. De plus, la hausse des prix de 3 % engendrée par la réduction de l'offre due à la libéralisation entraînait une baisse des termes de l'échange pour les pays importateurs nets comme l'Asie du Sud et l'Afrique subsaharienne. Enfin, les auteurs calculaient que la libéralisation impliquait une perte de revenu réel pour les pays d'Afrique, de Méditerranée et pour tous les pays en développement dans leur globalité.

Ces résultats confirment l'importance des imperfections de marché sur les résultats attendus. Cela est cohérent avec les résultats plus généraux selon lesquels les imperfections de marché sont considérées comme des obstacles à la croissance économique [141].

---

136 Banque mondiale (2006), *Agricultural trade reform and the Doha development agenda.*

137 Ducreux Y. et Fontagné L. (2006, 2009, 2011), *op. cit.*

138 Brunei, Cambodia, Indonesia, Laos, Malaysia, Myanmar, Philippines, Singapore, Thailand et Vietnam

139 Cf ci-avant 3.3.1 A et Ducreux Y. et Fontagné L. (2011), *op. cit.*

140 Cf. Bouët A., J.-C. Bureau, Y. Decreux et S. Jean (2004), « La libéralisation agricole : des effets ambigus sur les pays en développement », *La Lettre du CEPII*, n° 236, juillet-août.

141 Kherallah M., Delgado C., Gabre-Madin E., Minot N., Johnson M. (2000), *The road half travelled : agricultural market reform in sub-saharan africa*, IFPRI, food policy report, 2000.

■ **La perte de bien-être de certains pays africains** est, pour le CEPII comme pour le Carnegie Endowment for international Peace (2006), le résultat de la hausse des prix des produits agricoles due à la fin des subventions et de l'érosion des préférences dont ils disposent. Ces résultats confirment ceux de l'étude réalisée auparavant par François *et al.* (2003) [142] qui évaluaient la perte de revenu des pays africains sub-sahariens engendrée par la diminution de 50 % des soutiens agricoles à 248 millions d'euros. Dans le cas d'une diminution de moitié de la protection aux frontières, cette perte s'élevait à 455 millions d'euros. Pour ces auteurs, le renchérissement du prix des produits agricoles est le facteur explicatif de la dégradation du revenu des pays d'Afrique sub-saharienne. Dans ce cas, l'érosion des préférences est secondaire.

Les systèmes de préférences généralisées (SPG) touchent un peu plus d'un quart des importations passibles de droits de douane mais les règles très strictes qui accompagnent ces systèmes, comme par exemple les règles d'origine [143] qui fixent les modalités permettant d'attribuer une origine nationale à un produit donné, conduisent à une sous-utilisation de ces SPG [144]. Les travaux disponibles concluent à un impact de l'érosion des préférences sur certains pays. Ce sont les petits pays et notamment les petites îles comme Haïti, le Cap Vert, Sao Tomé ou certaines îles des Caraïbes qui bénéficient le plus des SPG mais les gains des pays les moins avancés bénéficiant de SPG ne sont pas très supérieurs à ceux des pays en développement faisant partie de SPG dans leur ensemble [145]. Au total, le coût annuel de la disparition des SPG varie de 0,5 milliard de dollars pour les pays africains les moins avancés à 1,7 milliard de dollars pour l'ensemble des pays bénéficiant de SPG [146], les effets de la fin des quotas textiles étant inclus. Il faudrait 14 à 20 ans pour que les producteurs de ces pays s'ajustent, ce qui engendrerait une perte de 6 à 13,8 milliards de dollars [147]. La fin du système de préférence mis en place par l'Union européenne engendrerait une perte de bien-être de 460 millions de dollars pour les pays les moins avancés africains bénéficiant de ce régime et de 100 millions d'euros pour le seul Bangladesh [148]. Ces calculs effectués à partir de modèles d'équilibre général et de la base de données GTAP sont nets, c'est-à-dire

142 J. François, H. van Meij et F. van Tongeren (2003), « Economic implications of trade liberalization under the Doha Round », CEPII, *Working paper* n° 20, décembre 2003.

143 Les « règles d'origine » fixent les modalités et critères spécifiques permettant d'attribuer une origine nationale à un produit donné pour lui appliquer certaines réglementations commerciales.

144 Inama S. (2005), « Are trade preferences good for development, an overall review of the functioning of GSP schemes », CNUCED, novembre.

145 Hoekman B. (2006), « Preference erosion and the Doha development agenda », pp. 85-117 in *Reviving the special and differential treatment of developing countries in international trade*, ed. by IFRI et AFD, J.M. Paugam et A.S. Novel, La Documentation française.

146 Paugam J.M., Perrin S. et Novel A.S. (2005), *L'avenir du traitement spécial et différencié*, IFRI et Afd, décembre, www.ifri.org

147 Grynberg R. et Silva S. (2004), *Preference dependent economies and multilateral liberalisation : impacts and options*, Commmonwealth secretariat report.

148 François J., Hoekman B. et Manchin M. (2005), « Quantifying the magnitude of preference erosion due to multilateral trade liberalization », *CEPR discussion paper* 5153.

qu'ils évaluent la différence entre la perte de revenus due à la fin des systèmes de préférences généralisées et les gains retirés de la mise en œuvre du système de la clause de la nation la plus favorisée. De cette littérature, émerge le consensus selon lequel les pertes de revenus et de bien-être qui résulteraient de l'érosion des préférences dans le cadre du cycle de Doha seraient pour autant faibles dans la mesure où l'effet important vient de la fin des quotas textiles et d'habillement. Les pertes seraient donc principalement le résultat de la fin des quotas d'accès aux marchés spécifiques, comme pour le sucre ou la banane [149].

Les négociations en cours n'apportent pas de réponse à l'érosion des préférences dans la mesure où, depuis le cycle d'Uruguay, l'objectif est la libéralisation du commerce. Les pays en développement doivent bénéficier de temps pour mettre en œuvre les mesures qui conduisent à la libéralisation mais pas de règles spécifiques. Seul le régime de préférence des pays les moins avancés (PMA) est accepté. Les membres de l'OMC ont d'ailleurs choisi de répondre à la spécificité de ces PMA en adoptant lors de la conférence ministérielle de Hong Kong l'engagement de leur offrir un accès à leurs marchés sans quotas et sans droits de douane en 2008 ou « au plus tard le début de la période de mise en œuvre d'une manière qui assure la stabilité, la sécurité et la prévisibilité » (déclaration de Hong Kong).

La demande de pays en développement de compléter les mesures de SPG existantes ne trouve pas d'écho malgré son fondement juridique (clause d'habilitation) et économique (petites tailles de certaines économies et marchés imparfaits). En effet, le groupe « pays émergents » intègre des pays aussi divers que la Chine, l'Inde, l'île Maurice et Belize, Saint Kitts et Nevis... Les grandes divergences d'intérêts ne permettent pas de trouver des mesures permettant l'intégration au commerce mondial des seuls petits pays. La différenciation permettrait de concentrer les mesures de traitement spécial et différencié sur les acteurs les plus petits et les plus vulnérables, ce qui limiterait l'ampleur des risques d'externalités négatives du traitement spécial et différencié pour les autres membres (Kleen 2005 [150]) mais les grands émergents n'acceptent pas cette distinction entre les membres de l'OMC [151].

## 3.3.2 *Les raisons de l'impasse*

Le programme de Doha devait être initialement conclu le 1er janvier 2005. Mais le 9e cycle de négociations multilatérales ouvert à Doha en 2001 est dans une impasse. L'abandon de nombreux sujets de négociation comme les sujets de Singapour et la réduction de l'ordre du jour des Conférences ministérielles n'ont pas permis d'obtenir

149 Hoekman B. (2006), *op. cit.*

150 Page S. et Peter K. (2005), « SDT of developing countries in the WTO, global development suites n° 2 », Ministère des affaires étrangères de Suède, in J.-M. Paugam, S. Perrin et A.-S. Novel, *L'avenir du traitement spécial et différencié*, IFRI et Afd, décembre 2005, www.ifri.org

151 Paugam J.-M., Perrin S. et Novel A.-S. (2005), *op. cit.*, p. 7.

des avancées. L'agriculture et la baisse des droits de douane sur les produits non agricoles continuent d'être au cœur des conflits entre les États membres de l'OMC et en particulier entre les États-Unis, la Chine, le Brésil et l'Inde. L'Union européenne a en effet accepté d'abandonner les sujets de Singapour et soutenu le principe d'une suppression des subventions à l'exportation de produits agricoles en 2013 à Hong-Kong. L'impasse est telle qu'aucune échéance n'a été fixée pour parvenir à un accord.

## A. Le manque de réactivité de l'OMC et la prolifération des accords régionaux

Le développement du commerce mondial depuis 2001 n'a pas manqué de poser la question de l'intérêt et de la nécessité de poursuivre le Programme de Doha. Premièrement, les droits de douane ont été significativement réduits avant l'ouverture du cycle de Doha et il a été décidé lors de la conférence ministérielle de Hong Kong que les subventions aux exportations dans le domaine agricole seraient éliminées en 2013. Bien sûr, il reste des droits de douane importants et les pics tarifaires continuent d'être des points conflictuels de la négociation sur les biens non agricoles. Mais en moyenne, ils ont été divisés par dix depuis 50 ans et la théorie économique montre que les effets de distorsions introduites par les droits de douane croissent de façon exponentielle [152]. Deuxièmement, les négociations sont centrées sur les droits de douane ou les barrières non tarifaires et ne sont pas élargies aux problèmes de change ou de façon limitée aux questions environnementales qui peuvent être utilisés comme des moyens de limiter les échanges. Troisièmement, le nombre de membres n'a cessé de croître pour atteindre 153 depuis l'adhésion du Cap Vert le 23 juillet 2008 contre 23 lors de la première négociation du GATT et 123 lors de l'Uruguay Round. Et parallèlement, l'Inde, la Chine et le Brésil sont devenus des acteurs majeurs des négociations et de nombreuses coalitions se sont formées (cf. encadré 3.8). L'obtention d'un consensus devient donc de plus en plus difficile. Enfin, l'impossibilité de conclure le cycle de Doha a conduit les États membres à multiplier les accords bilatéraux ou régionaux. Une telle évolution rend encore plus difficile la conclusion d'accords multilatéraux car elle impliquerait que certains pays acceptent de renoncer à des accès préférentiels [153]. En effet, tout pays qui a un accès préférentiel à un pays ou à un groupe de pays va être réticent à une généralisation de ces accès car il renoncerait *de facto* à sa protection relative.

## B. La crise n'a pas accéléré la conclusion du cycle de Doha

En 2001, les évènements du 11 septembre et le risque de repli identitaire avaient poussé les États membres de l'OMC à adopter le Programme de Doha (cf 3.2.2). La crise bancaire et financière de 2007-2008 a donc fait naître l'espoir d'une conclusion du cycle de Doha. Mais

---

152 Cf. Siröen J.-M., « L'OMC : le possible et le souhaitable », *Problèmes économiques*, n° 2958, 12 novembre 2008.

153 Cf. A. Bouët et D. Laborde (2011), « Faut-il conclure le cycle de Doha ?, *Problèmes économiques*, n° 3032, 7 décembre 2011.

l'OMC a été seulement mandatée par les membres du G20 pour veiller à ce que les États membres de l'OMC ne mettent pas en place des mesures de restriction aux échanges.

La chute du commerce mondial de 45 % en valeur entre juillet 2008 et février 2009 et de 18 % en volume et la plus grande crise bancaire et financière depuis la seconde guerre mondiale ont tout d'abord fait craindre un repli protectionniste. Ainsi, les dirigeants du G 20 n'ont cessé de réaffirmer leur volonté d'éviter la mise en œuvre de mesures de restrictions aux commerces [154].

Malgré ces déclarations, le dernier rapport conjoint de l'OCDE, de l'OMC et de la CNUCED sur l'état des lieux du protectionnisme dans les pays du G20 [155] a mentionné la mise en place de 674 mesures ayant un effet restrictif sur le commerce mondial entre octobre 2008 et octobre 2011, ce qui a affecté 2 % des échanges mondiaux. Certaines ont eu pour objectif de limiter les exportations de matières premières agricoles dans le contexte de hausse des prix. D'autres ont consisté en des barrières à l'importation comme des hausses de droits de douane, l'introduction de permis d'importation, des embargos, des préférences nationales lors des achats gouvernementaux, des incitations à acheter des produits locaux… (cf. encadré 3.12). Et la moitié des mesures adoptées étaient des droits antidumping, des droits de compensation ou des clauses de sauvegarde. Toutefois, ces mesures ont diminué en tendance depuis 2008, sauf les mesures pour droits de compensation qui ont rebondi en fin de période.

La liste non exhaustive de ces mesures de restriction à l'échange est utile car elle montre que la plupart des pays sont tentés par des mesures protectionnistes. Elle prouve aussi que les engagements ne se traduisent pas toujours par des actes. Le Global Trade Alert [156] a mis en exergue que, malgré leurs déclarations définitives, certains pays du G 20 ont mis en place des barrières aux échanges incompatibles avec les règles de l'OMC. Les chercheurs du Global Trade Alert [157] ont recensé 425 nouvelles barrières aux échanges durant la crise et en ont attribué 172 aux membres du G 20.

Toutefois, il semble que l'intégration industrielle mondiale tout autant que les règles de l'OMC ont limité les restrictions aux échanges et en particulier les hausses de

---

154 G 20 de Washington (novembre 2008) : « Nous soulignons combien il est vital de rejeter le protectionnisme et ne pas nous replier sur nous-mêmes en ces temps d'incertitudes financières. À cet égard, dans les douze mois à venir, nous nous abstiendrons d'ériger de nouvelles barrières à l'investissement ou au commerce des biens et des services, d'imposer des nouvelles restrictions ou de mettre en œuvre des mesures de stimulation des exportations contraires aux règles de l'OMC ? »

G 20 de Londres (avril 2009) : « Nous ne reproduirons pas les erreurs historiques des époques passées comme le protectionnisme. […] Nous appelons l'OMC ainsi que d'autres instances internationales, dans le cadre de leurs mandats respectifs, à assurer le suivi de notre respect de ces engagements et à en rendre compte officiellement de manière trimestrielle […]. Nous demeurons déterminés à parvenir à une conclusion ambitieuse et équilibrée du Cycle de développement de Doha, qui est nécessaire de toute urgence. Elle permettrait de stimuler l'économie mondiale à hauteur d'au moins 150 milliards de dollars par an.

155 http://www.oecd.org/document/41/0,3746,en_2649_34887_44939305_1_1_1_1,00.html.

156 http://www.globaltradealert.org/

157 Everett S. J. (2009), Broken promises, a G20 Summit report, Global trade alert, http://www.globaltradealert.org/gta-analysis/broken-promises-g20-summit-report-global-trade-alert.

droits de douane [158]. Mais il a été considéré que le respect des règles en vigueur serait suffisant pour éviter une réaction en chaîne protectionniste et qu'il n'était pas nécessaire de conclure le cycle de Doha.

Ainsi, lors de la conférence ministérielle de Genève de décembre 2011, il a été constaté une fois de plus l'impossibilité de parvenir à un accord sur les modalités de l'accès aux marchés non agricoles et l'agriculture.

L'impasse des négociations pose désormais la question de la capacité de l'OMC à organiser les discussions en vue d'une réduction effective et multilatérale des restrictions aux échanges. Plus grave, la concentration des tensions entre certains pays développés et les grands émergents pourrait remettre en cause le principe d'égal pouvoir des États membres. Un statu quo ou l'abandon du cycle de Doha pourrait être synonyme d'un renoncement à ces principes fondateurs du GATT puis de l'OMC.

## ENCADRÉ 3.12

### *Exemples de mesures restrictives mises en place à partir de la crise bancaire et financière de 2007-2008 :*

| Pays | Mesure |
|---|---|
| Argentine | – Allongement des délais pour obtenir un permis d'importation de produits alimentaires<br>– Accord compensatoire avec les entreprises qui s'engagent à exporter autant de produits locaux (en valeur) qu'ils n'en importent |
| Australie | – Hausse des droits de douane et d'accise sur les produits alcoolisés, le tabac ou le kérosène importés |
| Arabie saoudite | – Réintroduction de droits de douane sur les importations d'acier, sauf pour les importations provenant du Golfe. |
| Brésil | – Subventions à l'exportation dans le secteur agroalimentaire et suppression de taxes sur l'achat de produits destinés à la fabrication de produits manufacturés exportés<br>– Hausse des droits de douane (générateurs électriques et convertisseurs électroniques rotatifs, briques réfractaires, carreaux en céramique, composants de rasoirs électriques ?) et hausse des droits de douane à l'importation de certains équipements de machines et de moules pour métaux<br>– Fixation d'un prix minimum d'importation de l'acier<br>– Mise en place de permis d'importation sur certains produits automobiles, papier, chaussures, pneus, alimentaires et durcissement des procédures d'importation de textile et habillement<br>– Clause de préférence donnée aux achats du Gouvernement à des entreprises locales ou du Mercosur, jusqu'à un différentiel de prix de 25 %<br>– Réduction de la TVA sur les véhicules automobiles produit à 65 % au moins localement |

158 Cf Evenett S. J. (2011), Did WTO rules restrain protectionism during the recent systemic crisis ?, CEPR discussion paper series n° 8687, December 2011 et Lepage H. (2011), Le retour de la menace protectionniste, *Problèmes économiques*, n° 3032, 7 décembre 2011.

## ENCADRÉ 3.12 (suite)

| Pays | Mesure |
|---|---|
| Mercosur | – Initiation commune de hausse temporaire des droits de douane (2010 et 2011) sur certains produits laitiers, textiles et de cuir<br>– Hausse temporaire des droits de douane sur certains jouets, les pêches et nectarines, certains climatiseurs, certains véhicules de chantier |
| Chine | – Introduction de licences automatiques à l'importation sur plusieurs produits agricoles, minéraux, chimiques, électriques et métalliques<br>– Embargo sur l'importation de volailles et de produits avicoles provenant d'Espagne, de France, du Royaume-Uni, de Suède, de Pennsylvanie et du Texas, du Bhoutan et sur l'importation de produits laitiers provenant des États-Unis<br>– Préférence à l'achat donnée par le Gouvernement aux produits dont la propriété intellectuelle et la manutention sont chinois (ordinateurs, produits de communication, logiciels, nouveaux produits énergétiques)<br>– Contrôle des importations de soja et huiles de soja provenant d'Argentine et nouvelles procédures pour les importations de minerai de fer<br>– Subventions et soutien au prix de production de blé national<br>– Restriction de l'utilisation de produits de sécurité informatique fabriqués à l'étranger dans les secteurs pétrolier, gazier, bancaire et de télécommunication |
| Commission européenne | – Hausse des subventions à l'exportation de produits laitiers<br>– Limitation des exportations hors-quota de sucre blanc |
| Inde | – Hausse des droits de douane sur des produits de fer et d'acier, sur des machines agricoles, sur certaines pièces de fabrication automobile, sur des résines, sur le sucre<br>– Subventions à l'exportation aux producteurs de coton, de textile et de cuir<br>– Restriction du nombre de points d'entrée des véhicules importés<br>– Obligation pour les fournisseurs de services de télécommunication par satellite d'obtenir une autorisation avant d'importer des équipements de télécommunication (pour raison de sécurité nationale) ; délai de 30 jours ouvrables<br>– Embargo sur les importations de certains produits laitiers et de certains produits avicoles<br>– Hausse du prix minimum d'importation de certains minéraux travaillés de construction<br>– Préférence nationale donnée aux produits électroniques et de technologie de l'information, jusqu'à un écart de prix de 30 % |
| Afrique du Sud | – Hausse des droits de douane sur certains vêtements et articles textiles, certains produits agricoles, les pylônes électriques et télégraphiques et certains produits en aluminium<br>– Hausse temporaire des droits de douane sur certains produits chimiques |
| Indonésie | – Instauration de droits de douane sur les matières premières destinées à la fabrication de produits laitiers et sur certains biens de consommation<br>– Durcissement des conditions d'importation de produits cosmétiques et pharmacologiques<br>– Restriction à l'importation de certaines espèces de crevettes<br>– Baisse des quotas d'importation de bétail |

**ENCADRÉ 3.12 (suite)**

| Pays | Mesure |
|---|---|
| Russie | – Hausse des droits de douane sur les barres et baguettes en acier, les polycarbonates, certains produits laitiers, l'huile de palme, le moût de raisin, les bouchons en plastique et capsules de bouteilles, certaines machines et équipements agricoles, les ascenseurs et tapis roulants, des éléments plastiques pour les cadres et les éléments de décoration de spectacles<br>– Droit de douane spécifique temporaire sur certains produits (plastiques de cuisine, vaisselle, soude caustique, fromages, pneus usagés, attaches, tubes en acier inoxydable)<br>– Hausse temporaire du droit de douane sur certains produits d'équipement de blanchisserie, les enveloppes calorifugées, les moteurs à combustion interne, les pompes, les polyvinyle-chlorides, les autoneiges, certains produits agroalimentaires, certains produits métalliques, certains oléagineux, les câbles de radiofréquence, certains papiers<br>– Hausse des taxes à l'exportation de certains déchets de magnésium, le nickel,<br>– Réduction des quotas d'importation de volailles et de porc provenant des États-Unis<br>– Embargo sur les importations de vin provenant de Moldavie<br>– Mise en place de critères obligeant qu'un minimum de 30 % des automobiles assemblées en Russie contiennent des moteurs et boites de transmission produites localement<br>– Embargo temporaire sur les importations de légumes provenant de l'UE |
| Turquie | – Hausse des droits de douane sur certains produits agricoles, sur certains éthylènes, sur le gazon artificiel<br>– Durcissement des conditions d'obtention de permis d'exportation de chutes de cuivre |
| États-Unis | – Mise en place de droits de douane sur certains bois tendres importés de 4 provinces canadiennes<br>– Réintroduction de subventions à l'exportation de produits laitiers |

Source : rapports conjoints de l'OCDE, de l'OMC et de la CNUCED sur l'état des lieux du protectionnisme dans les pays du G20, http://www.oecd.org/document/41/0,3746,en_2649_34887_44939305_1_1_1_1,00.html

## Ce qu'il faut en retenir… sans oublier le reste !

L'accord de Genève signé par 23 nations en 1947 avait pour objectif de réduire les droits de douane sur les produits manufacturés de façon multilatérale. Les négociations aboutissant à cette réduction se faisaient par cycles appelés « cycles de négociation ». Le dernier de ces cycles nommé « Uruguay Round », commencé en 1986, a été conclu en 1994 et a créé l'Organisation mondiale du commerce (OMC). Les droits de douane sur les produits manufacturés des 123 pays signataires avaient baissé jusqu'à 4 % en 1994. L'OMC mise en place le 1er janvier 1995, dont le fonctionnement repose sur l'Accord général sur les tarifs douaniers et le commerce et sur les accords du Cycle de l'Uruguay, avait pour objectif d'amener les parties contractantes à baisser leurs droits de douane et à respecter une concurrence loyale entre elles pour les échanges de biens et services. Aujourd'hui, de nombreuses organisations non gouvernementales posent la question du bien-fondé de l'OMC. Selon elles, la libéralisation des échanges n'engendrerait pas nécessairement la croissance et ne bénéficierait pas aux pays en développement et notamment aux pays les plus pauvres.

L'objectif de libéralisation du commerce se fonde sur l'analyse économique du protectionnisme qui démontre que l'instauration de barrières aux échanges conduit à une baisse des revenus du pays les instituant. Ces barrières peuvent prendre plusieurs formes : les droits de douane, les subventions, les quotas, les normes ou la réservation de marchés publics aux entreprises nationales. L'instauration d'un droit de douane, par exemple, va modifier la consommation des ménages, la quantité de bien produit et d'importations, le montant de recettes fiscales et la distribution des revenus. Il engendre une hausse du prix payé par le consommateur, une augmentation de la production et un accroissement des recettes fiscales. Il en résulte une moins bonne allocation des ressources et une perte de bien-être. Les économistes ont identifié des cas où l'instauration d'un droit de douane pouvait être positive. Dans le cas d'un grand pays, par exemple, le prix des importations baissera du montant du droit de douane. En effet, le grand pays dispose d'un pouvoir de marché c'est-à-dire qu'une baisse de sa demande d'importations en réduit le prix. Dès lors, le prix mondial des importations diminuera et les consommateurs du grand pays ayant institué le droit de douane ne verront pas leurs revenus baisser. L'établissement d'un droit de douane peut aussi se justifier dans le cas « d'échecs de marché ». L'accroissement de la production nationale résultant de l'existence d'un droit de douane peut apporter un « bénéfice social » marginal supérieur au surplus privé du producteur, compte tenu de l'existence d'effets externes positifs. Cela réhabilite l'intervention publique. Enfin, sous l'hypothèse de marchés imparfaits, les entreprises peuvent faire des profits. Là aussi, les gouvernements peuvent avoir intérêt à mettre en place une politique commerciale appropriée afin que les entreprises nationales s'approprient ces « sur-profits » au détriment des entreprises étrangères. Les profits de monopole réalisés par l'entreprise nationale augmentent alors d'un montant supérieur au montant du soutien public. Cette stratégie se fait au détriment de ses partenaires commerciaux et peut donc aboutir à une guerre commerciale qui aggraverait la situation de chacun. De plus, la mise en place de barrières commerciales de type droits de douane ou quotas pose la question des groupes bénéficiaires. En effet, le protectionnisme conduit à la détérioration du bien-être de tous les consommateurs au profit de groupes particuliers, les entreprises et les salariés des secteurs protégés. Seul le multilatéralisme va pouvoir empêcher la guerre commerciale et introduire dans le débat d'autres intérêts que ceux des producteurs nationaux comme les exportateurs. Un processus de coopération peut alors émerger même lorsque les pays choisissent leur politique commerciale (droits de douane, subvention...) de façon non coopérative.

Les négociations à l'OMC et les débats qu'elles induisent reflètent ces analyses théoriques et les divergences d'intérêts entre les membres. Le multilatéralisme est une forme d'organisation des relations commerciales internationales reposant sur une coopération entre partenaires commerciaux. Cela suppose que les pays concernés acceptent un certain nombre de règles communes. Le principe de non-discrimination constitue le fondement majeur de l'Accord général sur les tarifs douaniers et le commerce (dont l'acronyme anglais est le GATT) puis de l'OMC. Si un pays accorde des concessions tarifaires comme une baisse des droits de douane à un pays, il doit le faire pour tous les autres pays membres de l'OMC. Ce principe est connu sous le nom de clause de la nation la plus favorisée. Le pays doit en outre accorder une égalité de traitement entre les produits nationaux et les produits importés. La coopération des pays membres prend une forme de réciprocité dans les concessions entre partenaires au cours des négociations commerciales. Les négociations qui ont lieu à l'OMC aboutissent à des accords qui sont ratifiés par les parlements nationaux. L'organe de gouvernance est la conférence ministérielle composée des représentants des États membres de l'OMC. Elle se réunit au moins tous les deux ans. La première a eu lieu à Singapour (1996), la deuxième à Genève (1998), la troisième à Seattle (1999), la quatrième à Doha (2001), la cinquième à Cancun (2003) et la sixième à Hong Kong (2005), la septième (2009) et la huitième (2011) à Genève. C'est la Commission européenne qui représente les États membres de l'Union européenne dans les négociations. Elle négocie dans le cadre du mandat qui lui a été confié par le Conseil. Les positions européennes proposées par la Commission sont validées par le Conseil avant d'être présentées à l'OMC mais aussi par le Parlement européen depuis la ratification du traité de Lisbonne en 2009. Les négociations en cours ont lieu dans le cadre du Programme de Doha pour le développement adopté en 2001 par les États membres de l'OMC.

En réponse à la contestation d'une mondialisation déséquilibrée exprimée à l'occasion de la conférence de Seattle, le programme de Doha fait du développement un objectif de négociation au même titre que la régulation et la libéralisation des échanges. Les négociations portent sur la réduction des droits de douane sur les produits non agricoles, la diminution des droits de douane et des subventions sur les produits agricoles et la réduction des barrières aux échanges de services. De nombreux autres sujets, comme la possibilité pour les pays en développement de faire fabriquer des médicaments sous brevets en cas de pandémies, les liens entre le commerce et l'environnement, la facilitation des échanges ou encore les règles ou disciplines qui permettent aux États de se prémunir contre le dumping ou les subventions, font également partie des sujets de négociation. En dépit d'accords partiels sur les médicaments et les ADPIC et la suppression des subventions à l'agriculture en 2013, les négociations sont dans l'impasse. Les dissensions ont été telles que les négociations ont été suspendues en 2006 avant d'être reprises en 2007. Et pourtant, des sujets de négociation comme ceux de Singapour ont été abandonnés. Le directeur général de l'OMC a, un temps, changé de méthode de négociation en essayant d'abord de trouver un accord préalable avec quelques membres avant de l'élargir... Mais les négociations ont systématiquement achoppé sur la libéralisation du secteur agricole et l'accès aux marchés industriels. L'accroissement considérable du poids des grands émergents, le refus de la Chine de faire des concessions tant dans le domaine agricole qu'industriel, la réticence de l'Inde sur la renégociation de la Clause de sauvegarde, la difficulté du Brésil à participer à la réduction des pics tarifaires et le blocage des États-Unis sur les subventions agricoles internes ont eu raison du cycle de Doha qui est actuellement dans une impasse. Après avoir été sans cesse repoussée, l'échéance à laquelle le cycle devra être conclu n'est plus précisée. L'impasse des négociations du cycle de Doha a conduit les États membres à multiplier les accords bilatéraux ou régionaux. Une telle évolution rend encore plus difficile la conclusion d'un accord multilatéral car elle impliquerait que certains pays acceptent de renoncer à des accès préférentiels. Mais elle est dommageable à cause de son coût : la mauvaise allocation des ressources.

Sans attendre la fin des négociations, certains économistes ont évalué les gains qui résulteraient d'une réduction des droits de douane sur les produits industriels et agricoles, d'une baisse des subventions agricoles et de la réduction des barrières aux échanges de services. Ces estimations, basées sur des modèles d'équilibre général calculable, sont diverses. Leur ampleur reflète les hypothèses sur lesquelles sont fondés ces modèles et les scénarios estimés. La Banque mondiale, par exemple, évalue le gain de libéralisation des échanges à 287,5 milliards de dollars par an jusqu'en 2015, dans le cas d'une libéralisation totale des secteurs industriels et agricoles. Le

CEPII, qui retient des hypothèses différentes et tient compte de l'existence de préférences commerciales pour les pays en développement, évalue à 235 milliards de dollars le gain d'une libéralisation totale. Des scénarios de libéralisation partielle sont présentés avec un impact moindre. Les résultats du CEPII divergent de ceux de la Banque mondiale et de l'OCDE dans la mesure où ce sont les pays les plus pauvres qui gagnent le moins aux échanges. Les grands gagnants seraient l'AELE, la Corée, les pays de l'Asean et le Japon, la Chine ayant surtout tiré parti de la fin des quotas textiles. Les pays d'Afrique et de Méditerranée verraient, quant à eux, leur revenu réel baisser. Ces résultats ont relancé le débat de l'intérêt du Programme de Doha pour le développement pour les pays les plus pauvres qui verraient s'éroder les préférences commerciales dont ils bénéficient actuellement.

Si certains demandent l'abandon définitif du cycle de Doha, une telle option aurait un coût élevé car les États membres de l'OMC seraient en mesure de remonter leurs droits de douane à leur montant consolidé. En revanche, des décisions à la majorité qualifiée, conformément aux traités, au lieu de l'unanimité permettraient à nouveau d'envisager la conclusion du cycle de Doha. Mais cela remettrait en cause une pratique constante, reflet de l'un des principes fondateurs du GATT puis de l'OMC, celui d'égal pouvoir des États membres.

## Références choisies

**Deux manuels de référence pour connaître les différentes évaluations théoriques et empiriques du protectionnisme, ainsi que la justification de la mise en œuvre de politiques commerciales.**

- Krugman P., Obstfeld M., G. Capelle-Blancard, M. Crozet (2009), *Économie internationale*, Pearson, 8e éd.
- Richard E. Caves, Jeffrey A. Frankel, Ronald W. Jones (2002), *Commerce et paiements internationaux*, De Boeck, pp. 201 à 271.

**Pour préciser les moyens actuels d'évaluer la protection commerciale :**

- Bouët A. et Dhont-Peltrault E. (2000), « Comment mesurer la protection commerciale ? », *La Lettre du CEPII*, n° 195, novembre.

**L'ouvrage de référence analysant les effets du protectionnisme :**

- Bagwati Jagdish N. (1988), *Protectionism,* The MIT Press, June.

**Pour comprendre le fonctionnement de l'OMC :**

- Rainelli (2011), *L'OMC*, Paris, La Découverte, coll. « Repères », 9e éd., août.
- www.wto.org, le site de l'OMC

**Pour obtenir un état des lieux des négociations à l'OMC :**

- Le site de l'OMC, www.wto.org
- Régulièrement, le CEPII consacre également *La Lettre du CEPII* à l'état des lieux des négociations, comme Fontagné L., D. Laborde (2006), « Doha : pas de formule miracle », *La Lettre du CEPII*, n° 257, juin ou plus récemment Fontagné L. (2011)

« Dix ans après Doha », *La Lettre du CEPII*, n° 315, novembre. Voir le site www.cepii.fr.

- « Libre-échange ou protectionnisme ? », *Problèmes économiques* (2011), n° 3032, décembre.
- Le site Telos (http://www.telos-eu.com/) sur lequel les auteurs du CEPII interviennent régulièrement pour présenter leurs travaux d'évaluation des négociations menées dans le cadre de l'OMC. *Problèmes économiques* (2011).

# 4

# RÉGIONALISME COMMERCIAL OU MULTILATÉRALISME ?

## DÉBATS D'ACTUALITÉ

- Peut-on parler de zones naturelles d'échanges ?
- Les accords commerciaux régionaux sont-ils une étape vers le libre-échange ?
- Que sait-on des effets du « nouveau régionalisme » ?
- Existe-t-il un conflit entre régionalisme commercial et multilatéralisme ?
- Les blocs commerciaux constituent-ils des « blocs forteresse » ?

### MOTS CLÉS

Blocs commerciaux — création et détournement de commerce — effets-frontières — modèles de gravitation — accords commerciaux régionaux (ACR) — multilatéralisme

# INTRODUCTION

L'économie mondiale se caractérise depuis le début des années 1990 par la coexistence de deux phénomènes étroitement liés mais qui peuvent paraître antagonistes. D'une part, la poursuite des négociations multilatérales dans le cadre des accords du GATT puis de l'Organisation Mondiale du Commerce (OMC) dans un contexte où le nombre considérable de pays impliqués rend ces négociations de plus en plus longues et difficiles. D'autre part, la multiplication et le renouvellement d'accords commerciaux régionaux (ACR) par nature discriminatoires et obéissant par conséquent à une logique bien différente de celle du « traitement de la nation la plus favorisée » (NPF). Il paraît donc naturel de se poser la question de savoir si ces deux mouvements sont complémentaires, dans le sens où le régionalisme commercial ne serait qu'une étape vers une généralisation du libre-échange ou si, au contraire, la montée en puissance des accords commerciaux régionaux (ACR) sonne le glas d'une organisation des échanges internationaux fondée sur une approche multilatérale. Répondre à cette interrogation suppose de s'interroger sur la nature même du régionalisme commercial et, partant de là, sur les gains ou les pertes potentiels qui lui sont associés en termes d'efficacité économique et de bien-être.

Le régionalisme commercial apparaît comme un phénomène naturel dans le sens où la proximité géographique est une source d'approfondissement des échanges. Les coûts de transport ne constituent plus un frein aux échanges aussi important que dans le passé mais les frontières nationales continuent de compter. En effet, le *borderless world* imaginé par Kenichi Ohmae dans son ouvrage du même nom reste pour l'heure encore une utopie. La montée en puissance d'accords commerciaux régionaux (ACR) permet donc de donner un cadre plus formel et structuré à une proximité commerciale souvent (mais pas nécessairement) existante. La théorie économique nous apprend que la formation d'un accord préférentiel ne conduit pas nécessairement à un gain pour les pays qui la forment. En effet, les effets positifs en termes de bien-être des « créations de commerce » résultant de la libéralisation des échanges entre pays partenaires s'accompagnent généralement « de détournements de commerce », sources de pertes d'efficacité économique pour les pays de la zone (et *a fortiori* pour les pays exclus de l'accord). L'analyse des ACR devient plus ardue sur le plan théorique dès lors que l'on intègre dans l'analyse que l'essentiel des relations commerciales concerne des blocs rivaux de grande taille susceptibles d'adopter des comportements stratégiques. Les différentes simulations montrent généralement qu'un monde divisé en deux ou trois blocs commerciaux qui agissent de façon non coopérative est la plus mauvaise solution du point de vue du bien-être mondial.

Sur le plan empirique, les gains et les pertes résultant de la formation d'un ACR sont difficiles à évaluer car aux gains à l'échange qualifiés de « statiques » viennent s'ajouter des « gains dynamiques » potentiellement plus puissants, portant sur la trajectoire de croissance de long terme des économies. En revanche, les études empiriques montrent que la crainte de voir s'ériger des blocs forteresses à l'image d'une « Europe forteresse » n'est pas justifiée, même si les politiques commerciales entre grands blocs commerciaux sont asymétriques comme le montre la littérature sur les « effets-frontières ». Notons enfin que la nature institutionnelle des ACR ainsi que les véritables motivations conduisant un pays à participer à un tel accord sont très divers. La boîte à outils de l'économiste est alors de peu de secours quand les considérations sont d'ordre politique ou stratégique.

Le plan du chapitre est articulé autour de trois questions principales : (1) La régionalisation des échanges commerciaux est-elle un phénomène naturel ? (2) Quels sont les effets des accords commerciaux régionaux sur les volumes de commerce et le bien-être ? (3) Le régionalisme commercial est-il complémentaire ou entre-t-il en conflit avec le principe du multilatéralisme qui régit les relations commerciales internationales ?

## 4.1 LA RÉGIONALISATION DES ÉCHANGES COMMERCIAUX : UN PHÉNOMÈNE NATUREL ?

La régionalisation des échanges est à la fois un phénomène naturel qu'il convient de mesurer et comprendre et une réalité institutionnelle foisonnante dont une des manifestations est la multiplication des accords commerciaux régionaux (ACR) signés au cours des années quatre-vingt-dix. Les motivations qui guident les pays qui souhaitent rejoindre ou qui ont déjà rejoint un ACR sont très diverses. La littérature économique essaie d'expliquer cette dynamique mais elle reste impuissante quand les motivations sont essentiellement d'ordre stratégique ou politique.

À cela s'ajoute l'éclosion d'associations et de forums de coopération économique (souvent qualifiés de « régionalisme ouvert ») dont les objectifs sont très divers et peuvent concerner aussi bien la coordination des politiques macroéconomiques que les investissements ou encore l'environnement. Nous ne discuterons pas de ces associations ici car elles reposent souvent sur une coopération interrégionale et ne constituent pas des accords préférentiels, même si dans certains cas, elles peuvent avoir pour objectif de préparer une zone de libre-échange (Siröen, 2000, p. 13) [1 2].

### 4.1.1 *La mesure du phénomène : bi-intensités relatives et proximité géographique*

■ **Mesurer « la proximité commerciale ».** Parler d'une régionalisation des échanges internationaux revient à supposer implicitement que ces échanges sont plus intenses entre pays proches géographiquement. C'est précisément ce que font apparaître les travaux du Centre d'Études et de Prospectives Internationales (CEPII, 1998 ; 2004) consacrés à l'étude des échanges commerciaux de cinquante-trois pays (quatre-vingt dans l'étude la plus récente) répartis en trois régions (Eurafrique, Amérique et Asie-Océanie) pour la période 1967-1998 (2001 pour l'étude subséquente) [3]. Les auteurs montrent en effet que *plus de la moitié des échanges d'un pays se fait avec des partenaires appartenant à la même région* (figure 4.1). Cette polarisation est particulièrement élevée pour les pays de la région Eurafrique. Il convient cependant d'être prudent dans l'interprétation des résultats car l'évaluation des flux commerciaux bilatéraux peut être biaisée par la taille des partenaires à l'échange. En effet, toutes choses égales par ailleurs, les flux d'échange bilatéraux évalués en additionnant les flux d'exportations bilatérales rapportés au commerce mondial seront d'autant plus élevés que les partenaires à l'échange sont de grande taille. L'idée des auteurs est donc de calculer des « coefficients d'intensité relative bilatérale » (IRB) de façon à éliminer cet effet taille (encadré 4.1). Plus une IRB est élevée pour un couple donné de pays et plus cela signifie que ces deux pays ont des relations commerciales intenses.

Il apparaît que les intensités relatives sont généralement plus élevées pour des pays proches géographiquement et que l'on peut faire apparaître des réseaux d'échanges privilégiés au sein de chacune des régions du monde. Au sein de la région Eurafrique (regroupant l'Europe, l'Afrique et les pays de l'ancien empire soviétique), trois sous-réseaux semblent se dessiner. Le premier concerne sans surprise les pays d'Europe

---

1 Siröen, J.-M., (2000), *La régionalisation de l'économie mondiale*, Repère-La Découverte, Paris.

2 Les associations et forums de coopération économique les plus connus sont : l'Organisation de coopération et de développement économique (OCDE), l'APEC (Asia-Pacific Economic Cooperation) ou encore l'Asia/Europe Meeting (ASEM).

3 Freudenberg, M., Gaulier, G., Ünal-Kesenci, D., (1998), « La régionalisation du commerce international », *Économie internationale*, n° 74, pp. 15-41. L'étude en question a été réactualisée et augmentée. Voir le document de travail du CEPII (2004-16) rédigé par les mêmes auteurs dont le titre est : « Regionalism and the regionalisation of international trade ».

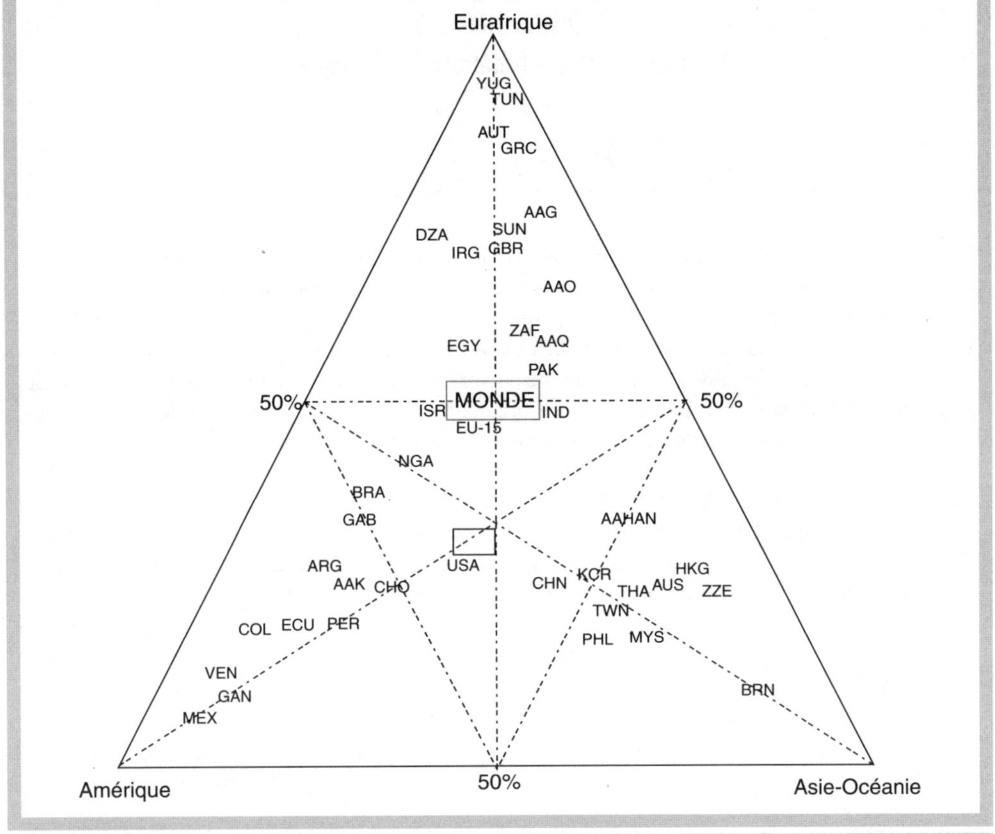


**Figure 4.1**
***La polarisation du commerce mondial au sein de la triade, par pays, 2001***

Source : G. Gaulier, S. Jean, D. Ünal-Kesenci, *Regionalism and the Regionalisation of International Trade*, CEPII, Working Paper n° 2004-16. Lecture : plus un point est proche d'une région, plus la part relative de cette région est importante dans le commerce du pays considéré.

du Nord qui ont entre eux des intensités relatives élevées (Norvège- Suède (IRB : 9,6) ; Finlande-Suède (IRB : 8,4) ; Finlande-Norvège (IRB : 5,4)) mais dont le réseau privilégié d'échanges ne semble pas dépasser le continent européen. Le second est centré autour de l'Allemagne qui entretient des relations commerciales intenses avec des pays comme l'Autriche, les pays d'Europe centrale ou la Suisse bien avant la France. Un troisième sous-réseau enfin est centré autour des pays du pourtour méditerranéen (France, Italie, Espagne) qui entretiennent des réseaux d'échange parfois plus intenses avec les pays du Maghreb qu'avec leurs partenaires de l'Union européenne.

## ENCADRÉ 4.1
### *Intensité relative bilatérale des échanges*

$$\delta_{ij} = \frac{v_{ij}}{v'_{ij}} = \frac{\dfrac{V_{ij}}{V_{\bullet\bullet}}}{\dfrac{V_{i\bullet}\,V_{j\bullet}}{V_{\bullet\bullet}^2}}$$

Le birapport d'intensité relative $\delta_{ij}$ compare le poids relatif d'un flux bilatéral observé $(v_{ij})$ à un poids relatif théorique qui dépendrait de la seule taille « commerciale » des partenaires à l'échange $(v'_{ij})$ : avec $V_{ij}$ le flux bilatéral observé (exportations plus importations entre *i* et *j*), $V_{i\bullet}$ et $V_{j\bullet}$ les échanges totaux des deux partenaires, et $V_{\bullet\bullet}$ le commerce mondial total. Les coefficients $\delta_{ij}$ éliminent l'effet de taille et permettent de capter l'intensité des échanges entre deux pays. Si la géographie ou l'histoire n'influençait pas l'orientation des échanges bilatéraux, les coefficients $\delta$ devraient être égaux à l'unité. Ainsi, par exemple, étant donné les poids respectifs des États-Unis et de l'Allemagne dans le commerce mondial, on pourrait s'attendre à trouver un commerce bilatéral très intense entre ces deux pays. Or, même si leur commerce bilatéral se situe parmi les plus importants des flux bilatéraux en 1996 (10e rang avec 1,2 % du commerce mondial), l'indicateur d'intensité relative bilatérale (IRB) des échanges n'est que de 0,4, soit une valeur nettement inférieure à l'unité. Cela signifie que les échanges entre ces deux pays ne représentent que 40 % de leur niveau théorique. Les États-Unis et l'Allemagne ont donc des liens commerciaux « privilégiés » avec d'autres pays. *A contrario*, l'indicateur d'intensité relative bilatérale pour le couple États-Unis-Canada est égal à 4,50, ce qui signifie que ces deux pays ont des liens commerciaux privilégiés qui sont quatre fois et demi plus importants qu'ils ne devraient l'être.

Source : D. Ünal-Kesenci (1998), « Commerce International et Complémentarités Régionales », *La lettre du CEPII*, n° 174.

Au sein de la région Amérique, les réseaux qui se dessinent suivent les frontières des accords commerciaux régionaux, l'ALENA (Association de Libre Échange Nord-Américaine) et le MERCOSUR. À cet égard, il peut être intéressant de remarquer que les États-Unis (EU) ne comptent aucun des pays de l'Union européenne parmi les pays avec lesquels les intensités relatives bilatérales sont les plus élevées et que l'intensité des échanges entre le Canada et le Mexique est faible même si chacun de ces pays entretient des relations privilégiées avec les États-Unis. Par contraste, les EU entretiennent des relations privilégiées avec certains pays de la façade orientale de l'Asie comme Taiwan, la Corée du Sud ou encore la Malaisie. On remarquera aussi que les IRB avec Israël et l'Egypte sont élevées pour des raisons stratégiques, tout comme celles avec le Gabon et le Nigeria, mais cette fois-ci pour des raisons d'approvisionnement en matières premières ou énergétiques. Concernant les réseaux d'échanges au sud du continent américain, on observe une intensité des échanges élevée au sein du MERCOSUR et du Pacte andin. Le Brésil entretient des relations privilégiées avec les autres pays d'Amérique centrale et du Sud mais plus particulièrement avec ses partenaires du MERCOSUR (Argentine, Paraguay, Uruguay).

Enfin, on observe « un déplacement du centre de gravité du commerce mondial vers la région Asie-Océanie. Ainsi, au cours des trente dernières années, le Japon s'est éloigné du « sommet américain pour se rapprocher de sa propre région. Cette attraction asiatique s'est exercée aussi sur l'Union européenne [...] elle s'est exercée au détriment de l'Amérique, mais aussi de la région eurafricaine » (Ünal-Kesenci, 1998). [4] Plus généralement, les échanges commerciaux sont moins polarisés que pour les deux régions précédentes et les exportations des pays de cette zone sont tournées vers l'extérieur. La Chine et le Japon sont des exemples typiques de cette situation mais ils ne sont pas les seuls (la Corée du Sud, Hong-Kong, Taiwan et la Thaïlande exportent plus de la moitié de leurs exportations en dehors de la zone). Il existe cependant un petit nombre de pays de cette zone qui entretiennent des échanges mutuels intenses (c'est le cas par exemple de la Malaisie et de Singapour ou de Hong-Kong avec Taiwan). On notera enfin sans surprise les liens commerciaux privilégiés qu'entretiennent l'Australie et la Nouvelle-Zélande (IRB : 19,8).

## ENCADRÉ 4.2
### *Régionalisation et investissements directs*

La polarisation des investissements directs est une autre manifestation possible du phénomène de régionalisation. Les travaux empiriques récents montrent que les flux de commerce (d'exportations) et les investissements directs étrangers (IDE) constituent deux modalités complémentaires d'internationalisation [5]. L'analyse des investissements directs pose cependant de nombreux problèmes de mesure bien connus. En effet, les flux d'investissements directs sont volatiles et les données bilatérales sont rares. L'étude du CEPII (2004, *op. cit.*) étudie la répartition des investissements directs entrants et sortants à partir d'un échantillon de 55 pays pour l'année 2000. La base de données utilisée a l'avantage d'être harmonisée mais ne prend en compte que les investissements directs provenant ou à destination d'un pays de l'OCDE. Cette étude montre que les régions Eurafricaine et Amérique sont de loin les régions d'origine des investissements directs entrants (« *inward FDI* »), avec respectivement 60 % des stocks d'investissements (55 % pour la seule Union européenne à 15) et 31 % pour la région Amérique (26 % pour les seuls États-Unis (EU)). La zone Asie ne représente que 10 % (dont 6 % pour le seul Japon). Il n'est pas étonnant dans ces conditions que les investissements directs entrants dans un pays européen proviennent généralement d'un autre pays de la zone Eurafrique (le plus souvent dans une proportion des deux tiers). On observe de la même façon que les investissements directs réalisés dans la région Amérique sont aussi issus dans les deux tiers des cas de pays européens et que les investissements directs entrants dans les pays d'Amérique latine proviennent en majorité des EU. Pour la zone Asie-Océanie, l'origine des investissements directs paraît équilibrée entre les trois régions de la triade mais l'échantillon relativement restreint pour les pays de cette région ne permet pas réellement de

4 Ünal-Kesenci, D. (1998), « Commerce international et complémentarités régionales », *La lettre du CEPII*, n° 174.

5 Cela remet évidemment en question l'idée que les IDE et les exportations constituent des formes alternatives (donc substituables) de pénétration des marchés étrangers. Idée que l'on retrouve aussi bien dans les théories traditionnelles du commerce international que dans l'analyse microéconomique des choix d'internationalisation des firmes et qui voudrait que les ventes réalisées par une filiale située à l'étranger remplacent les exportations du pays investisseur. Pour plus de détails, voir le chapitre 2 sur le rôle des firmes multinationales dans la nouvelle économie mondiale.

**ENCADRÉ 4.2 (suite)**

tirer de conclusions solides. L'étude des investissements directs sortants (« *outward FDI* ») confirme les observations précédentes mais de façon plus nuancée. Les entreprises européennes investissent essentiellement dans leur région d'origine (60 %) et l'Amérique reçoit environ un tiers des investissements directs sortants de la région Eurafricaine. Sur la période 1980-2000, le fait notable est une montée en puissance des investissements (entrants et sortants) de la zone Eurafricaine. Cela est particulièrement le cas depuis le début des années quatre-vingt-dix et correspond à l'approfondissement de l'intégration européenne (et en particulier la mise en place du marché unique européen). Cette évolution s'accompagne d'une baisse de la part de la région Amérique dans le total des investissements directs mondiaux depuis une vingtaine d'année. La région Asie-Océanie ne connaît pas d'évolution significative sur la période mais une fois encore cette observation doit être prise avec précaution.

■ **Expliquer la « proximité commerciale » entre pays**. Nous avons pu voir dans les développements qui précèdent que la distance géographique semble être un déterminant essentiel de la géographie des échanges commerciaux. Cette observation n'est pas sans surprise : l'utilisation d'un modèle de gravité simple (encadré 4.3) permet de montrer que le poids économique des partenaires à l'échange, généralement mesuré par les PIB du pays importateur et du pays exportateur, ainsi que la distance expliquent à eux seuls pratiquement les trois quarts des flux commerciaux bilatéraux. L'étape suivante est alors de déterminer quels sont les autres facteurs qui influencent ces intensités relatives. Pour cela, on introduit dans les estimations d'autres variables comme les écarts de richesse (PIB) par habitant entre pays partenaires (« distance économique »), l'existence d'une frontière commune ou encore l'appartenance à un accord commercial régional (ACR). Le signe attendu de la distance économique n'est pas évident *a priori* au regard de la théorie économique. Si l'on suit le message des théories traditionnelles du commerce international, des écarts importants de PIB par tête peuvent être interprétés comme reflétant des structures de spécialisation très différentes correspondant à des écarts d'intensité capitalistique. Dans ces conditions, des écarts élevés de richesse par habitant devraient permettre aux partenaires à l'échange d'exploiter au mieux leurs avantages comparatifs (dotations factorielles, différence technologique) et intensifier leurs échanges. Il existe cependant une explication alternative (issue des nouvelles théories du commerce international) selon laquelle les échanges devraient être d'autant plus intenses que les écarts de PIB sont faibles, la « distance économique » captant la proximité des préférences et des niveaux de vie entre partenaires à l'échange. Dans ces conditions, des écarts faibles de PIB par tête devraient favoriser les échanges de produits similaires (différenciés horizontalement). En définitive, l'effet de la « distance économique » dépend de l'importance des écarts de PIB par tête entre pays.

Techniquement, les économistes du CEPII introduisent à la fois la distance économique et son carré dans les régressions (ce qui revient à spécifier l'élasticité de façon linéaire) et montrent que les écarts de richesse ont un impact positif sur l'intensité du commerce bilatéral lorsque ces écarts sont très importants mais que pour des pays proches en termes de richesse par habitant (par exemple les pays de l'UE), une augmentation de la distance économique a un impact négatif sur les flux commerciaux bilatéraux, marquant la prédominance d'échanges croisés de produits similaires.

### 4.1.2 *Une réalité institutionnelle : les accords commerciaux régionaux (ACR)*

■ Les accords commerciaux régionaux (ACR) semblent en contradiction avec le système commercial multilatéral de l'OMC car ils sont par définition discriminatoires. En effet, l'établissement d'une union douanière (UD) ou d'une zone de libre-échange (ZLE) constitue normalement une violation du principe de l'OMC selon lequel tous les partenaires commerciaux doivent bénéficier de l'égalité de traitement (en vertu de la clause du « traitement de la nation la plus favorisée », NPF). Toutefois, en vertu de l'article 24 du GATT, la conclusion d'un ACR constitue une exception à cette règle et elle est autorisée sous réserve de conditions précises. Dans tous les cas, les ACR doivent être notifiés à l'OMC. L'article 24 dispose que lors de la constitution d'une ZLE ou d'une UD, les droits de douanes et autres obstacles au commerce doivent être réduits ou éliminés pour « l'essentiel des échanges réalisés dans tous les secteurs du commerce entre les membres du groupement ». En outre, les non-membres ne devraient pas voir leur position se dégrader par rapport à la situation précédant l'instauration de l'ACR. Dans le cas d'une UD, le tarif extérieur commun ne doit pas impliquer un relèvement des droits de douane de l'UD qui peuvent être estimés par la moyenne pondérée des tarifs initiaux (Mémorandum d'accord sur l'article 24 de l'accord de Marrakech).

Un exemple simple permet de comprendre le problème (Siroën, 2000, *op. cit.*, p. 70) : « supposons que, lors de l'adhésion d'un pays européen à l'Union européenne, la Pologne par exemple, le tarif appliqué soit de 10 % contre 30 % dans l'Union. L'adhésion implique que la Pologne retire sa « liste » (notification de la grille tarifaire à l'OMC) pour adopter celle de la Communauté européenne ce qui, du point de vue des pays tiers, équivaut à une hausse du tarif. Les autres pays sont alors en droit de demander des compensations (article 28). Cette contrainte conduit, en général, l'Union à accélérer la convergence de ses tarifs les plus hauts sur les tarifs les plus bas. Lorsque cette baisse tarifaire est significative, l'intégration régionale pousse donc à une baisse des tarifs moyens pratiqués dans l'Union ».

En d'autres termes, les accords sectoriels trop partiels ainsi que les accords de préférence non réciproques ne sont pas couverts par l'article 24, sauf s'ils préfigurent un accord complet (ce fût d'ailleurs une critique formulée à l'encontre de la Communauté Européenne du Charbon et de l'Acier). Cependant, la clause d'habilitation (c'est-à-dire la Décision de 1979 intitulée « Traitement différencié et plus favorable, réciprocité, et participation plus complète des pays en voie de développement ») autorise les parties cocontractantes du GATT à accorder un traitement préférentiel et non réciproque aux pays en voie de développement (sous réserve que de tels arrangements commerciaux ne soient pas conçus pour élever les obstacles aux échanges vis-à-vis des pays tiers. Notons enfin que l'article 5 de l'Accord général sur le commerce des services (AGCS) autorise la conclusion d'accords d'intégration économique dans le secteur des services.

Il existe une multitude d'accords commerciaux régionaux et leur nombre a considérablement augmenté depuis le début des années 1990 comme le montre la figure 4.2. Au 15 janvier 2012, 511 ACR avaient été notifiés au GATT / à l'OMC. Les notifications concernant les marchandises et celles concernant les services sont comptabilisées séparément. Sur ces ACR, 370 ont été notifiés au titre de l'article 24 du GATT de 1947 ou du GATT de 1994 ; 36 au titre de la Clause d'habilitation et 105 au titre de l'article 5 de l'AGCS. À la même date, 319 accords étaient effectivement entrés en vigueur [6]. On notera cependant la prépondérance dans les échanges commerciaux des trois grands accords que sont l'Union européenne, l'Association de Libre Échange Nord-Américaine (ALENA) et l'Association des Nations du Sud-Est Asiatique (ANSEA) : ils concernent d'une façon ou d'une autre 85 % du commerce mondial. Les ACR diffèrent en outre considérablement par leur champ d'application.

> Le Comité des accords commerciaux régionaux (établi par le Conseil général de l'OMC en 1996 pour examiner les groupements régionaux et déterminer s'ils sont conformes aux règles de l'OMC) prend en considération les types d'accords suivants, que ces accords soient en vigueur ou en préparation [7]. Il s'agit des zones de libre-échange (ZLE) dans lesquelles deux parties ou plus s'entendent pour s'accorder des concessions tarifaires sur une large part de leurs échanges commerciaux. Les unions douanières (UD) qui sont des ZLE ont accepté le principe d'un tarif douanier extérieur commun. Certaines ZLE et UD peuvent être asymétriques dans le sens où une ou plusieurs parties peuvent bénéficier d'une période de transition pour mettre en œuvre les réductions tarifaires prévues par l'accord. *A contrario,* ne sont pas pris en compte par l'étude, les accords non réciproques dans lesquels seule une partie des signataires de l'accord accordent des concessions. Ainsi, les ACR conclus entre les Communautés européennes (CE) et les pays d'Afrique du Nord et du Moyen-Orient dans les années 70 ne sont pas pris en compte car les concessions offertes par les CE n'étaient pas réciproques. En revanche, la nouvelle série d'accords CE-Méditerrannée (négociés dans le cadre de la Déclaration de Barcelone) sont pris en compte car ils prévoient des concessions des deux parties. [8] Ne sont pas non plus pris en compte les accords dont le champ d'application est restreint et qui ne prévoient pas l'instauration de ZLE ou d'UD.

Les données chiffrées pour 2006 montrent que les ZLE sont beaucoup plus répandues que les UD [9]. Elles représentent 84 % des ACR notifiés et en vigueur contre 8 % pour les unions douanières. Par ailleurs, pour des raisons historiques, la région euro-méditerranéenne représente plus de 50 % de tous les ACR en vigueur et correspond à la région où la

---

6 Le lecteur intéressé trouvera un grand nombre d?informations sur les ACR à l'adresse suivante : http://www.wto.org/french/tratop_f/region_f/region_f.htm.

7 OMC (Comité des accords commerciaux régionaux) (2000), Cartographie des accords commerciaux régionaux.

8 Pour davantage de précisions sur les accords euro-méditerranéens et leurs possibles effets, voir par exemple : Dupuch, S., El Mouhoud, Mouhoud et Talahite, S., (2004), « L'Union européenne élargie et ses voisins méditerranéens : les perspectives d'intégration », *Économie internationale*, n° 97, pp. 105-127.

9 Les chiffres qui suivent sont tirés de Fiorentino, R., Verdeja, L., Toqueboeuf, C., (2006), « The changing landscape of regional trade agreements : 2006 update », discussion paper n° 12, Trade Policies Review Division, World Trade Organization, Geneva.

concentration de ces accords est la plus forte. Il est très rare que des ACR prévoient l'élimination complète de toutes les barrières tarifaires et non tarifaires entre leurs signataires. On remarquera aussi que les ACR regroupant deux parties (« accords bilatéraux ») représentent un peu moins de 80 % des ACR notifiés et en vigueur et 94 % des ACR en cours de négociation. Les ACR regroupant plus de deux parties représentent un peu plus de 15 % des accords en vigueur mais moins de 10 % de ceux qui sont en cours de négociation. Enfin, la proportion d'ACR dont au moins une partie est elle-même un ACR est d'environ 30 % pour les ACR en vigueur comme pour ceux en cours de négociation. Il est fort probable que, dans les années à venir, un nombre croissant d'ACR sera le fruit d'accords entre ACR déjà en vigueur. Pour le moment, les négociations sont en cours depuis de nombreuses années mais n'aboutissent pas (voir, par exemple, l'ACR CE-MERCOSUR).

Le graphique ci-après montre tous les ACR notifiés au GATT/à l'OMC (1948-2009), y compris les ACR inactifs, par année d'entrée en vigueur.

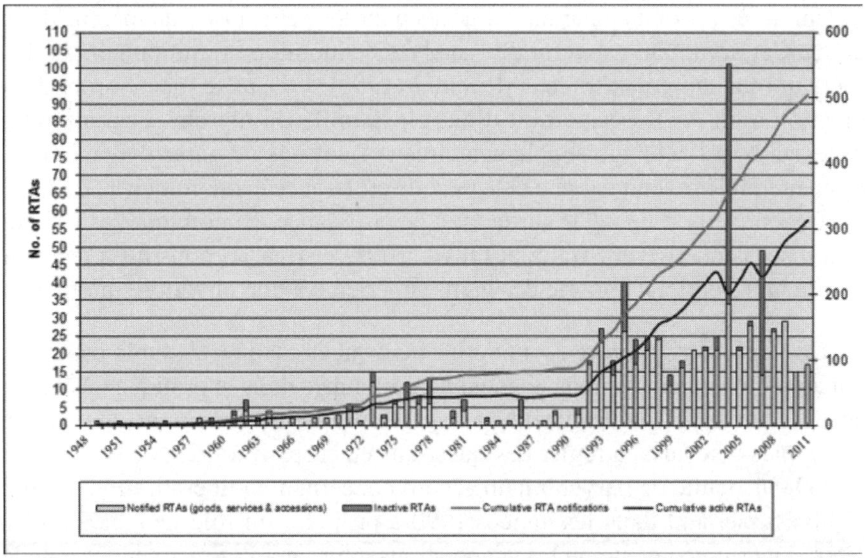


**Figure 4.2**
***Évolution du nombre d'ACR notifiés au GATT/OMC (1948-2009)***

*Source* : Secrétariat OMC

## 4.1.3 *Pourquoi rejoindre un accord commercial régional ?*

L'analyse économique apporte un certain nombre de réponses à cette question sans parvenir toutefois à expliquer la montée en puissance du régionalisme commercial dans les années 90. Aux raisons économiques, viennent s'ajouter en effet des motifs d'ordres politique ou stratégique sans que ces raisons soient nécessairement exclusives les unes des autres. Nous revenons sur quelques-uns des arguments avancés, sans prétendre à l'exhaustivité (voir par exemple Whalley (1998) [10] pour plus de détails). Nous proposons ensuite une explication de la formation d'un ACR reposant sur le jeu de groupes d'intérêt qui sont en faveur ou au contraire opposés au fait de rejoindre un ACR. Les raisons pour lesquelles un pays participe à un accord préférentiel sont souvent évoquées dans la littérature en référence à une autre alternative qui est l'ouverture multilatérale. Le lien entre régionalisme et ouverture multilatérale fait l'objet de développements spécifiques dans la troisième partie.

### A. Une diversité de raisons qu'il est difficile de hiérarchiser

Un premier ensemble de raisons généralement invoquées relève de considérations économiques. Elles mettent l'accent sur le fait que la formation d'un accord commercial régional (ACR) est porteur de gains à l'échange car il permettrait aux parties prenantes un meilleur accès (voire une garantie d'accès pour les petits pays) au marché des uns et des autres. Cet argument est celui de l'analyse économique traditionnelle de l'Union douanière qui fait suite aux travaux de Viner (1950) [11]. Dans le même ordre d'idée, la participation à un ACR permettrait d'élargir la taille du marché, engendrant par là même des gains à l'échange supplémentaires (« qualifiés de gains dynamiques »), ce qui augmenterait le revenu par tête et le taux de croissance économique [12]. La littérature sur les effets positifs d'un ACR sur le taux de croissance économique reste cependant sujette à discussion (Rivera-Batiz et Oliva, 2001) et rien ne nous dit à ce stade que l'ouverture préférentielle apporte des gains supérieurs à une ouverture multilatérale.

Ces arguments d'ordre économique peuvent être contestés sur le plan théorique (ou tout au moins nuancés) mais gagnent en pertinence dans la pratique dès lors que la formation d'un ACR ne se limite pas au simple démantèlement des barrières à l'échange mais vise aussi à régler des questions en suspens à l'OMC. D'aucuns soulignent que la difficulté de parvenir à un accord concernant la libéralisation des services et de l'investissement dans les années 1990 a pu jouer un rôle dans la signature de l'ALENA. Dans un contexte où les négociations multilatérales piétinent et sont de plus en plus âpres, l'ouverture préférentielle à un nombre limité de partenaires constitue un moyen de limiter les comportements de « passager clandestin » (ou de *free-rider*) et de progresser sur la voie de la libéralisation (sans que cela ne remette nécessairement en cause comme nous le verrons le système multilatéral).

---

10 Whalley, J., (1998), « Why do countries seek regional trade agreement ? », in J. Frankel (ed.), *The Regionalization of the World Economy*, Chicago University Press, Chicago.

11 Viner, J., (1950), *The Custom Union Issues*, Carnegie Endowment for International Peace, New-York.

12 Voir sur cette question les développements consacrés dans le chapitre 1 à la question du lien entre commerce international et croissance économique et la deuxième partie de ce chapitre sur les « gains dynamiques » que l'on peut attendre d'une augmentation de la taille des marchés résultant d'un processus de libéralisation régionale.

De façon plus générale, la notion de « passager clandestin » renvoie à une situation où un agent économique bénéficie d'un bien collectif financé par d'autres agents sans qu'on puisse lui interdire l'accès, même si on ne peut exiger de lui le paiement de sa quote-part. La notion de « passager clandestin » renvoie souvent à la question plus générale de la révélation des préférences. On prend souvent l'exemple du financement d'un bien collectif par souscription volontaire. On comprend bien que, même si les agents économiques souhaitent que ce bien collectif soit fourni (on se met dans le cas où le bien public est « pur » dans le sens où (1) on ne peut pas exclure un agent de la consommation de ce bien ; (2) la consommation de ce bien est indivisible), aucun d'entre eux n'aura intérêt à révéler spontanément sa préférence (ou sa disponibilité à payer) de façon à contribuer financièrement le moins possible. Évidemment, si tout le monde fait la même chose (et on ne voit pas pourquoi cèla ne serait pas la cas) alors le bien public n'est pas fourni faute de ressources suffisantes. Par extension et abusivement, on considère que le passager clandestin est celui qui bénéficie d'une situation sans en supporter le coût. Dans le cas qui nous occupe, l'idée est que certains pays peuvent être tentés de se comporter en passagers clandestins si le traitement de la nation la plus favorisée (NPF) leur permet de bénéficier de l'ouverture des autres pays, sans pour autant accorder des concessions équivalentes. Un système commercial multilatéral correspond alors à un bien public international au sens de Kindelberger (1988) [13].

L'exemple de l'Uruguay Round commencé en 1986 et achevé en 1994 avec les accords de Marrakech est là pour nous rappeler que le nombre élevé de pays engagés dans la négociation (plus de 120 fin 1994) peut constituer un frein pour arriver à un accord. Le régionalisme commercial constituerait alors un substitut au multilatéralisme [14]. D'ailleurs, comme le souligne Siroën (2000, *op. cit*, p. 22), « les structures de l'ALENA, ses textes, ses procédures reproduisent ceux de l'OMC. L'ensemble est régulé par une procédure de règlement des différends internes à la zone qui fonctionne, *grosso modo*, comme celle de l'OMC, qui reste, d'ailleurs, une voie de recours alternative ». En d'autres termes, les ACR peuvent permettre de mettre en œuvre des règles de loyauté dans les échanges qui semblent manquer à l'OMC (mis à part les dispositions de l'article 6 du GATT sur les droits anti-dumping et compensateurs et l'article 20 sur les exceptions).

Un pays qui participe à un accord préférentiel peut aussi augmenter son pouvoir de négociation (et celui de la zone concernée par cet accord). Cela est particulièrement vrai quand il s'agit d'une UD. Certains affirment par exemple que le fait que les États-Unis se soient fortement investis dans le Dillon Round (1959-1961), le Kennedy Round (1964-1967) ou encore le Tokyo Round (1973-1979) peut se concevoir comme une réponse à l'adoption par la Communauté européenne d'un tarif douanier commun qui augmente le pouvoir de négociation de la CEE dans les négociations multilatérales.

---

13 Kindleberger, C., (1988), *The International Economic Order. Essays on financial Crisis and International Public Goods*, Wheatsheaf, Harvester.

14 Cette question est discutée plus en profondeur dans la partie 3.3 du présent chapitre.

Plus généralement, « les grands pays ou grandes zones » (EU et UE) « tendent à imposer à l'OMC la nature et le contenu des négociations et à siffler la fin des cycles » (Siroën, 2000, *op. cit.*, p. 76). L'argument du pouvoir de négociation peut aussi être invoqué dans le cas de « petits » pays qui souhaitent signer un accord de libre-échange avec un pays de grande taille. Certains observateurs avancent par exemple que la création du MERCOSUR peut être comprise (mais là n'est sans doute pas la seule explication) comme un moyen de négocier ultérieurement avec l'ALENA voisine. De la même façon, la création en 1993 d'une ZLE entre la Hongrie, la Pologne, la République tchèque et la Slovaquie peut se comprendre eu égard à la perspective d'adhésion de ces pays à l'UE (réalisée en 2004).

Enfin, l'adhésion à un ACR peut permettre à un pays de rendre des réformes internes irréversibles. L'exemple du Mexique et des négociations menées dans le cadre de l'ALENA est souvent cité : les négociateurs mexicains semblaient moins préoccupés de négocier des concessions tarifaires (compte tenu du déséquilibre dans leur pouvoir de négociation avec les Américains) que d'inscrire les réformes de libéralisation de l'économie mexicaine dans le cadre du GATT puis de l'ALENA de façon à les rendre irréversibles. Dans le même ordre d'idée, la participation à un accord régional commercial (et l'intensification des échanges commerciaux qui est censée en découler) peut résulter de la volonté des partenaires de promouvoir davantage de sécurité au niveau de la zone considérée. La création de la CEE, tout comme l'élargissement de l'UE aux pays d'Europe orientale, en est une illustration.

## B. La participation à un accord préférentiel vue comme un jeu entre groupes d'intérêt

Nous avons proposé jusqu'à présent un certain nombre d'arguments visant à expliquer pourquoi les pays pouvaient être intéressés à participer à un accord commercial régional. Cependant, ces arguments ne disent rien du processus interne (jeu politique, concurrence entre groupes de pression) qui peut inciter un pays à rejoindre unilatéralement un accord préférentiel déjà existant. Cette question est importante car tout processus de libéralisation a pour effet de « redistribuer les cartes » entre consommateurs et producteurs et entre les producteurs eux-mêmes. Les consommateurs sont censés gagner à la libéralisation du fait de la baisse des prix qui devrait s'ensuivre et éventuellement du fait de l'élargissement de la gamme de produits auxquels ils ont désormais accès. Les producteurs et les salariés des secteurs protégés sont généralement perdants alors que ceux des secteurs à l'exportation sont gagnants, car ils peuvent vendre sur un marché plus vaste. Ces intérêts contradictoires conduisent les différents agents à se constituer en groupes de pression pour défendre leurs intérêts respectifs face à l'ouverture commerciale avec des pouvoirs de négociation (ou de pression) différents (Grossman et Helpman, 1995) [15]. En effet, la théorie des groupes de pression à la suite des

15 Grossman, G. et Helpman, E. (1995), « The politics of free trade agreements », *American Economic Review*, 85, pp. 667-690.

travaux d'Olson (1965) [16] nous apprend que plus les groupes d'intérêt sont petits et plus les bénéfices qu'ils peuvent attendre de l'action collective sont élevés, et plus ils sont susceptibles de s'organiser et d'investir dans le lobbying (la petite taille permettant de contrôler les comportements de *free-riding* inhérents au fonctionnement de tout groupe) (voir chapitre 3).

Baldwin (1995, 1997) apporte un éclairage intéressant à la question de savoir pourquoi un pays peut être incité à rejoindre un accord préférentiel grâce à sa théorie de l'« effet domino », même si celle-ci vise avant tout à expliquer le processus d'élargissement des accords commerciaux régionaux aux pays voisins. Le principe est simple : au fur et à mesure qu'un ACR s'agrandit et permet de faire bénéficier ses membres de coûts plus faibles et des avantages d'un marché plus grand, cela a pour effet de créer des incitations pour les non-membres à rejoindre cet accord en vertu d'un effet domino [17] [18]. Les gouvernements dans chaque pays sont supposés maximiser une fonction de soutien politique (et le choix de participer à un ACR ou au contraire de rester en retrait se fait en fonction de cet objectif). Cette fonction de soutien politique est une fonction croissante (1) des « dons » des groupes de pression au gouvernement (ces contributions financières sont évidemment versées si le gouvernement adopte la politique défendue par les groupes de pression), (2) du niveau de bien-être social net de ces mêmes contributions et (3) d'un terme représentant la perte de bien-être des groupes d'individus opposés à une telle ouverture pour des raisons qui peuvent être d'ordre économique (perte d'une rente) ou politique (sentiments nationalistes, par exemple). L'équilibre politique est le fruit de la tension entre ces deux forces : volonté d'ouverture pour les secteurs exportateurs et résistance de la part d'autres groupes.

L'effet domino invoqué par Baldwin vient du fait que les exportateurs issus de pays non membres peuvent augmenter leur niveau de profit en rejoignant l'ACR et ces bénéfices sont d'autant plus élevés que l'ACR est de grande taille. Plus un ACR est de grande taille et plus cela signifie pour les exportateurs des pays non membres, un désavantage important (notamment en termes de coûts unitaires de production) car ils doivent faire face à des restrictions à l'accès d'un nombre de plus en plus important de marchés [19]. Baldwin soutient en outre que les groupes d'intérêt économiques sont plus enclins à se mobiliser et à lutter quand ils doivent défendre des positions que pour accroître leur part de marché. Ces pressions sont de surcroît d'autant plus fortes que l'on se trouve sur des marchés de biens différenciés présentant des coûts fixes élevés (en termes de publicité, par exemple) ; coûts d'entrée qui seront plus facilement répartis sur des marchés de

16 *Op. cit*, chapitre 3.

17 Baldwin, R.E., (1995), « A domino theory of regionalism », in R. Baldwin, P. Haarparanta et J. Kianden (eds), *Expanding membership of the European Union*, Cambridge University Press, Cambridge.

18 Baldwin, R.E., (1997), « The causes of regionalism », *World Economy*, 20(7), pp. 865-888.

19 Comme nous le verrons plus loin, un marché de grande taille permet aux firmes d'exploiter des économies d'échelle dans les secteurs caractérisés par des rendements d'échelle croissants et donc de diminuer leurs coûts de production unitaires et améliorer leur compétitivité.

grande taille. L'argument est que ces coûts irrécupérables créent des quasi-rentes. Dans ces conditions, faire du lobbying pour accroître ses parts de marché et son niveau de profit va attirer de nouvelles entreprises et par là même dans un cas extrême conduire à une dissipation des rentes. En conséquence, l'incitation à faire du lobbying peut se révéler faible. En revanche, l'incitation à faire du lobbying pour défendre une position sur des marchés de ce type peut se révéler plus forte. Il suffit d'étudier pour s'en persuader la réaction d'une firme suite à un changement soudain de son environnement – la création d'un nouvel accord commercial régional – qui contribue à diminuer ses quasi-rentes de moitié. Cette firme va être encline à consacrer la moitié de ses quasi-rentes pour faire du lobbying en faveur de l'adhésion auprès de son gouvernement. Les exportateurs non membres sont alors incités à faire basculer l'équilibre politique en faveur d'une intégration dans l'ACR en augmentant leurs activités de lobbying.

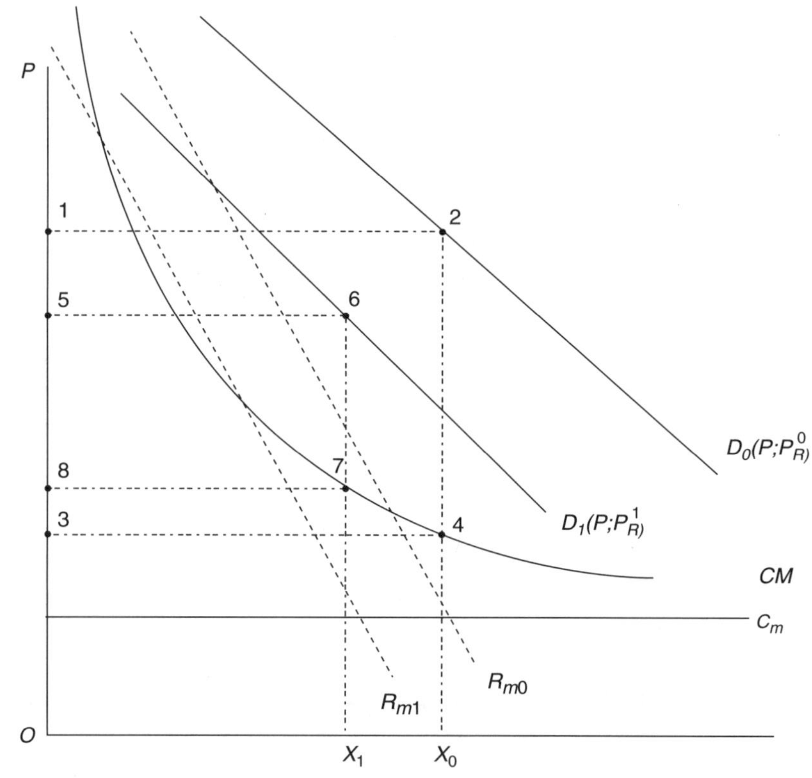


**Figure 4.3**
***Perte de profit d'une firme non membre (d'après de Melo et Grether, 2000)*** [21]

« Supposons la présence de deux firmes, l'une appartenant à un pays membre d'une zone économique, l'autre à un pays non-membre. On supposera qu'il s'agit d'un marché pour un produit différencié (les mêmes résultats s'obtiennent avec un bien homogène). Dans le figure 4.3, $D(P, P_R^O)$ est la fonction de demande à laquelle fait face la firme non membre dans le marché régional avant que les coûts de commerce dans la zone économique ne baissent. Cette firme a des courbes de coût moyen et de coût marginal notés $CM$ et $C_m$ et fournit $X_o$ avec un profit égal à la surface (1234). Comme l'intégration baisse les coûts de production de la firme membre de la zone économique (économies d'échelle) le prix baisse $P_R^1 < P_R^o$, ce qui déplace la courbe de demande de la firme non-membre vers l'origine, réduisant ses profits à la surface (5678). [...]. Celle-ci est alors incitée à dépenser des ressources (à la limite égales à la différence des surfaces 1234 et 5678) pour éviter la perte de compétitivité relative. » (D'après la présentation de J. De Melo et J.-M. Grether, 2000, pp. 728-730.)

Rieder (2006) [20] teste empiriquement la validité de la théorie des dominos dans le cadre de l'élargissement de l'Union européenne (UE). Il procède en deux étapes. Dans un premier temps l'auteur estime un modèle de gravité (voir encadré 4.3) permettant d'estimer les flux bilatéraux d'échanges entre pays de l'OCDE sur la période 1962-2004. Il apparaît que l'UE a des effets significatifs sur les flux de commerce entre pays de l'OCDE par le biais à la fois de créations et de détournements de commerce. Les flux de commerce intra-européens étaient en moyenne sur la période 35 % plus élevés toutes choses égales par ailleurs que les flux de commerce entre pays extérieurs à l'Union (c'est-à-dire une fois contrôlées les autres variables susceptibles d'expliquer les flux bilatéraux de commerce). Les effets de détournements de commerce ont été très significatifs et plutôt en hausse sur la période : les exportations des pays non membres de l'UE vers des pays de l'UE ont été plus de 10 % plus faibles que leurs exportations vers des pays non-membres de l'UE. Un modèle à choix discret est estimé dans une seconde étape de façon à mesurer l'importance des variables censées « capturer » l'effet domino par rapport aux autres explications possibles de l'élargissement de l'UE. Une conclusion intéressante de cet article est que plus la taille de l'UE s'accroît, plus les pertes pour les pays qui n'en font pas partie deviennent élevées (à cause des effets de détournement de commerce) et plus la probabilité qu'un pays tiers rejoigne l'Union s'accroît toutes choses égales par ailleurs. On notera que l'effet-taille de l'UE est différent d'un pays à l'autre car il dépend de l'importance qu'occupe l'UE dans les exportations de chaque pays. L'existence d'un effet domino (ou de contagion pour reprendre la terminologie des auteurs) est confirmée par un article récent de Baldwin et Jaimovich (2010) sur un large échantillon de pays (113) et d'accords commerciaux régionaux (704) pour la période 1976-2005 [22].

---

20 Rieder, R., (2006), « Playing Dominoes in Europe: An empirical analysis of the domino theory for the EU, 1962-2004 », HEI Working Paper n° 11/2006, Graduate Institute of International Studies, Genève.

21 De Melo, J., Grether, J.-M., (2000), *Commerce international*, De Boeck, Bruxelles.

22 Baldwin, R., Jaimovitch, D., (2010), « Are free trade agreements contagious? », NBER Working Paper n° 16084.

# 4.2 LES ACCORDS COMMERCIAUX : QUELS EFFETS SUR LES FLUX DE COMMERCE ET LE BIEN-ÊTRE ?

Nous étudions maintenant les effets des accords commerciaux régionaux sur les flux d'échange intra-bloc (autrement dit entre pays membres) mais aussi entre pays membres et pays tiers. Les premiers travaux sur l'union douanière (UD) sont contemporains de la création de la CEE. Ils étudient les effets en termes de bien-être de la création d'une UD dans un cadre concurrentiel et d'équilibre partiel, et montrent que la création d'une UD (ou plus généralement une ouverture préférentielle) n'accroît pas nécessairement le bien-être des pays membres par rapport à une situation initiale d'autarcie. Les travaux théoriques plus récents mettent l'accent sur les gains (potentiellement plus élevés) qui résulteraient de la formation d'un marché de plus grande taille et qui devraient se traduire à la fois par une compression des coûts unitaires de production (grâce par exemple à une meilleure exploitation des économies d'échelle) et un élargissement de la gamme de produits offerts qui devraient bénéficier aux consommateurs. Les travaux empiriques cherchant à évaluer les effets des ACR mettent le plus souvent l'accent sur les volumes et la direction des flux de commerce, en négligeant la question du bien-être. Ces travaux ne permettent pas en outre de dégager de conclusions solides sur les effets de créations et de détournement de commerce des ACR.

## 4.2.1 *La théorie traditionnelle de l'union douanière : effets de création et de détournement de commerce*

La théorie des accords commerciaux régionaux (ACR) remonte aux travaux précurseurs de Viner dans les années 1950 [23]. Le principal apport du modèle de Viner est de montrer que la création d'un ACR (plus spécifiquement d'une union douanière (UD)) ne conduit pas nécessairement à un accroissement de bien-être (évalué en termes de surplus collectif) pour les pays membres, par rapport à une situation de protectionnisme. En effet, deux effets doivent être pris en compte : les effets de création de commerce et les effets de détournement de commerce. En réalité, tout dépend de la structure de la production (et des coûts) avant la formation de l'union douanière.

- La création de commerce représente le changement en termes de bien-être résultant du remplacement d'une partie de la production domestique (à coût

23 Le lecteur désireux d'aller plus loin dans l'analyse ou de disposer de références bibliographiques sur la genèse et les développements de la théorie de l'union douanière pourra par exemple se référer à Hines (1994), « International economic integration » et Pelkmans, J., (2001), *European integration : Methods and economic analysis*, Londres, Longman.

élevé) par un flux d'importation provenant d'un pays participant à l'accord commercial dont les coûts sont plus faibles.

- Le détournement de commerce représente le changement en termes de bien-être provenant de la substitution d'importations provenant d'un pays à faible coût (situé en dehors de l'accord commercial) par un flux d'importations provenant d'un pays à coût plus élevé (appartenant à l'accord commercial).

Il est clair que les effets de création de commerce vont dans le sens d'une amélioration du bien-être, alors que les effets de détournement de commerce produisent une détérioration de bien-être dans la zone considérée [24]. Le modèle de Viner repose sur des hypothèses restrictives : c'est un modèle statique et concurrentiel, dans le sens où les agents économiques n'ont pas de pouvoir de marché. Pour en comprendre les intuitions, il est utile de prendre un exemple très simple.

Dans le scénario de départ, la France protège sa production de textile en instaurant un droit de douane supposé *ad valorem*. Le prix mondial du textile est égal à $p_m$. Le prix mondial après droit de douane est égal à $P_t = P_m (1+t)$. L'offre de textile est donc égale à $q_1$ et la demande à $q_2$. Les importations sont égales à la différence entre $q_2$ et $q_1$. Considérons maintenant que la France mette en place une UD avec l'Espagne et que le prix du textile espagnol ($p_e$) soit plus élevé que le prix mondial mais plus bas que le prix du textile français (protégé par le droit de douane) : $P_m < P_e < P_t$. Dans ce cas, la suppression du droit de douane qui ne concerne que la France et l'Espagne fait que le textile espagnol devient compétitif sur le marché français. La France va importer du textile espagnol au détriment du reste du monde (RDM). Les quantités produites par les producteurs français au nouveau prix de l'UD ($p_e$) sont alors égales à $q_3$ et la demande des consommateurs est égale à $q_4$. La production française a donc diminué de la quantité ($q_1q_3$) car certains producteurs qui étaient compétitifs au prix $P_t$ ne le sont plus au prix $p_e$. Les quantités demandées ont de leur côté augmenté car les consommateurs peuvent disposer du textile à un prix plus faible qu'auparavant. Il en résulte une création de commerce entre la France et l'Espagne.

En termes de surplus, le consommateur gagne la surface (a+b+c+d) et le producteur perd la surface (a). L'État perd un montant de recettes fiscales égal à (c+e) car il ne perçoit plus de droit de douane. Au total, les effets nets en termes de surplus sont donnés par la comparaison entre les surfaces (b+d) et e. Le premier terme (b+d) représente l'effet de création de commerce : la surface b correspond à un gain en termes de bien-être (et d'efficacité économique), car une partie des ressources allouées à la production de textile par des producteurs français peu efficaces mais protégés par un droit de douane va pouvoir être mobilisée à des usages alternatifs pour lesquels la France a un avantage comparatif. Une partie des producteurs nationaux disparaissent (ceux dont le coût marginal de production est supérieur à $P_e$ au profit d'importations espagnoles).

---

24 Les effets d'un ACR sur le bien-être des pays extérieurs à cette zone et pour le monde sont étudiés plus en détail dans la troisième partie consacrée aux liens entre régionalisme et multilatéralisme.

La surface (d) correspond au gain en bien-être du consommateur qui consomme davantage et moins cher. Le second effet à l'œuvre est l'effet de détournement de commerce. Il résulte de ce que l'UD détourne tout ou partie des courants d'échange en provenance du RDM, au profit des producteurs espagnols alors même que les coûts en Espagne sont plus élevés que dans le RDM.

L'analyse en termes de surplus collectif est la suivante :

| | |
|---|---|
| Surplus du consommateur | (a+b+c+d) |
| Surplus du producteur | -a |
| Recettes de l'État | -(c+e) |
| Effets nets | (b+d)-e |

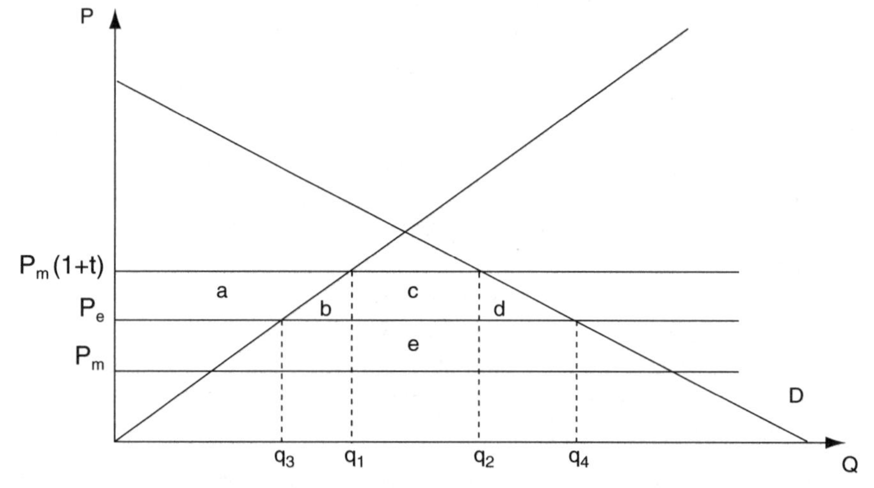


**Figure 4.4**
*Effets d'une union douanière*

Il est intéressant de noter que la création d'une UD aura des effets d'autant plus élevés en termes de bien-être que les effets de création de commerce sont importants et les effets de détournement seront faibles. Le lecteur vérifiera aisément graphiquement que cela est le cas quand (i) les écarts de prix entre l'Espagne et le RDM sont faibles (les effets de détournement disparaissent dans le cas limite où le prix espagnol est égal au prix mondial) ; (ii) la protection initiale qui protège le marché français du textile est élevée ; (iii) le tarif douanier extérieur commun est faible (car les détournements de commerce sont alors peu importants). Ainsi, cette approche voit dans l'UD un *second best* de sorte que tout ce qui rapproche l'union douanière du libre-échange généralisé qui est considéré comme un *first best* est bénéfique.

Les concepts de création et de détournement de commerce ne sont pas sans poser de question comme le montre Lloyd (1992) [25]. Limitons-nous à souligner trois types de problèmes. En premier lieu, dans un monde où les stratégies des entreprises sont transnationales, la création de courants d'échanges peut avantager les entreprises de pays tiers (*i.e* n'appartenant pas à l'ACR) opérant dans la région. De la même façon, les détournements d'échange peuvent être préjudiciables à des entreprises de pays membres mais ayant des installations de production dans des pays tiers et exportant vers les pays de l'ACR. En second lieu, dans des modèles dont la structure est plus complexe (avec un plus grand nombre de produits), on peut montrer que la valeur des importations en provenance de pays tiers ne diminue pas nécessairement car les changements intervenus dans les prix relatifs et l'augmentation du revenu réel au sein des pays de l'ACR peuvent donner naissance à de nouveaux échanges avec les pays tiers que l'on a appelés « création d'échanges externes ». D'aucuns soulignent, enfin, que les détournements de commerce au sens de Viner ne sont qu'un type d'effet sur les termes de l'échange (dû au changement de source d'approvisionnement) et que l'on devrait abandonner les concepts de détournements et de création de commerce et les remplacer par la notion d'effets sur les termes de l'échange et sur le volume de l'échange qui sont utilisés dans d'autres domaines de la théorie économique pour étudier les distorsions.

### 4.2.2 *Gains à l'échange : un bref retour sur les théories du commerce international*

Les effets de créations de commerce dans le modèle Viner peuvent tout d'abord être analysés grâce aux théories traditionnelles du commerce international. Rappelons, comme nous l'avons vu dans le premier chapitre, que les théories traditionnelles fondées sur la notion d'avantage comparatif expliquent la création de commerce entre deux pays, soit par l'existence de différences dans les technologies de production et donc dans les productivités du travail (modèle classique de Ricardo), soit par des dotations factorielles relatives différentes (modèle néo-classique à la HOS). Ainsi, les créations de commerce (les gains à l'échange) résultant de la mise en place d'un accord commercial régional (ACR) et donc d'une plus grande intégration régionale devraient être d'autant plus importantes que les prix relatifs initiaux sont très différents, autrement dit que les avantages comparatifs sont marqués. Les explications fournies par les théories traditionnelles paraissent pertinentes pour expliquer les gains à l'échange dans le cas de la création d'un ACR entre pays ayant des niveaux de développement différents.

Comment expliquer en revanche les gains à l'échange qui résultent de l'ouverture commerciale entre pays ayant des niveaux de développement et des structures de production et de consommation comparables ? Les théories traditionnelles ne permet-

25 Lloyd, J., (1992), « Régionalisation et commerce mondial », *Revue économique de l'OCDE.*

tent pas d'expliquer les échanges croisés de produits similaires (même s'ils sont différenciés) entre pays disposant de technologies et de dotations factorielles relatives comparables, comme cela est par exemple le cas entre pays de l'UE-15. Les nouvelles théories du commerce international, en soulignant en particulier l'importance des économies d'échelle et de la différenciation des produits, mettent l'accent sur un nouveau type de gains à l'échange. L'ouverture aux marchés étrangers résultant de la suppression totale ou partielle de barrières aux échanges entre partenaires d'un ACR permet aux firmes nationales de mieux exploiter les économies d'échelle qui peuvent être « internes » ou « externes » [26]. Dans le premier cas, les coûts unitaires de production diminuent quand l'échelle de production de la firme augmente. Dans le second cas, les économies d'échelle sont externes à la firme mais internes au secteur d'activité et profitent à l'ensemble des firmes. Les économies d'échelle incitent les pays à se spécialiser dans la production d'un nombre limité de biens et donc à commercer entre eux (les biens non produits sont importés). Par ailleurs, certains secteurs peuvent bénéficier d'effets d'apprentissage : les coûts unitaires de production diminuent avec le volume cumulé de production. La prise en compte d'économies d'échelle dans l'analyse traditionnelle de l'UD (à la Viner) ne change pas qualitativement les conclusions obtenues par rapport au cas où les coûts sont constants. La possibilité d'exploiter des économies d'échelle au sein de la zone élargie a cependant un effet positif supplémentaire en termes de bien-être appelé « effet de réduction de coûts » (Corden, 1972) [27].

L'hypothèse de rendements croissants peut s'accompagner de la prise en compte de la différenciation des produits, comme cela est le cas dans l'analyse de la concurrence monopolistique. L'ouverture aux échanges permet donc non seulement de profiter des gains d'échelle mais aussi d'élargir la gamme de variétés et de produits à la disposition des consommateurs dans chaque pays.

> Dans sa version la plus simple, le modèle de concurrence monopolistique (décrit dans le chapitre 1) montre que la libéralisation des échanges entre deux pays (ou plus) permet d'augmenter la taille du marché et donc l'échelle de production. Cela permet aux firmes en place de réaliser des économies d'échelle et de réduire leurs coûts unitaires de production. Il en résulte une augmentation des profits unitaires qui attirent de nouvelles firmes. Au nouvel équilibre, il y aura un plus grand nombre de firmes et des prix plus bas du fait de la concurrence accrue. Ainsi, chaque pays va se spécialiser dans la production d'un nombre limité de variétés, tout en important à un prix plus faible (qu'il ne les aurait produites) les variétés produites par ses partenaires commerciaux. Dans chaque pays, le consommateur (qui a un goût pour la variété) dispose donc d'un nombre plus élevé de variétés de produit à un prix plus faible, ce qui augmente son bien-être.

---

26 Le lecteur trouvera des développements plus approfondis sur la question des économies d'échelle dans le chapitre 1 de cet ouvrage.

27 Corden, W., (1972), « Economies of scale and customs union theory », *Journal of Political Economy*, 80, 465-475.

L'ouverture aux échanges a aussi pour effet d'accroître la concurrence au sein de la zone formée par les pays signataires d'un ACR. Cette concurrence accrue a tout d'abord pour effet de réduire les marges et donc l'écart entre les prix et les coûts unitaires de production. À cela vient s'ajouter une pression à la baisse sur les coûts de production eux-mêmes qui permet de réduire l'inefficience-X (ou « inefficience technique »). L'idée sous-jacente généralement attribuée à Liebestein est qu'en concurrence pure et parfaite, l'entreprise choisit un niveau de production qui lui permet de minimiser ses coûts de production (« efficience technique »). Inversement, quand la concurrence n'est pas parfaite (du fait de la protection de certains secteurs, par exemple) certaines entreprises peuvent produire (et rester sur le marché) avec des coûts unitaires supérieurs aux coûts minimaux (« inefficience technique »). L'intensification de la concurrence conduit alors à un « effet douche froide » sur le comportement concurrentiel des firmes qui doivent augmenter leur efficience technique pour survivre. L'intensité de la concurrence influence non seulement les prix et les coûts unitaires de production mais aussi l'innovation des entreprises. La relation entre innovation et structures de marché ne fait cependant pas l'objet d'un consensus chez les économistes. Pour certains, des structures de marché favorisant la concentration des firmes sont favorables au processus d'innovation car seules des firmes de grandes tailles, ayant un pouvoir de marché, peuvent dégager des ressources financières suffisantes pour financer des innovations. Pour d'autres, au contraire, une structure de marché concurrentielle incite les entreprises à innover pour « survivre ». Comme toujours, la réalité est plus complexe : Aghion *et al.* (2002) et Aghion *et al.* (2004) [28] montrent d'un point de vue théorique et empirique (à partir de l'étude du nombre de brevets déposés par les entreprises britanniques entre 1968 et 1997) l'existence d'une relation en « cloche » entre concurrence et innovation : trop de concurrence décourage l'innovation, pas assez de concurrence la tue [29].

On soulignera pour terminer que nous avons mobilisé les théories du commerce international pour étudier les effets de création de commerce résultant d'une ouverture commerciale préférentielle entre deux (ou plusieurs partenaires). Pourtant, ces théories peuvent aussi nous être utiles pour évaluer *ex ante* et *ex post* les effets de détournement de commerce. Rappelons tout d'abord (voir chapitre 1) que dans la théorie néo-classique du commerce international (à la HOS) les coûts marginaux sont croissants alors qu'ils sont décroissants (avec les quantités produites) dans les nouvelles théories du commerce international. Par ailleurs, c'est l'écart entre le prix au sein de l'UD et le prix mondial qui détermine dans le modèle de Viner l'importance des détournements de commerce. Or, ces prix ne sont plus nécessairement les mêmes avant et après la formation d'une UD dès lors que les coûts marginaux ne sont plus supposés constants, comme nous l'avons supposé dans la présentation du modèle de Viner. Il en ré-

28 Aghion, P., Bloom, B., Blundell, R., Griffith, R. et Howitt, P., (2002), « Competition and innovation : An inverted U relationship », *NBER working paper* n° 9269. Aghion, P. et Howitt, P., (2004), « Growth with quality improving innovations : An integrated framework », in Aghion, P. et Durlauf, S. (eds), *Handbook of economic Growth*, North Holland.

29 Pour plus de détails voir Bénassy-Quéré, A., Coeuré, B., Jacquet, P., Pisani-Ferry, J., (2004), *Politique économique*, De Boeck, Bruxelles.

sulte que les effets de détournement de commerce sont *ex post* plus importants qu'*ex ante,* quand les coûts marginaux sont croissants (dans notre exemple, le prix du textile espagnol augmente et s'éloigne *ex post* du prix mondial) et inversement quand ces coûts sont décroissants (le prix du textile espagnol se rapproche du prix mondial). On comprendra l'importance que cela revêt dès lors qu'il s'agit d'évaluer empiriquement ces effets de détournement de commerce.

### 4.2.3 Évaluation empirique des effets de création et de détournement de commerce

Les économistes considèrent généralement que les gains dynamiques provenant de l'ouverture internationale sont plus élevés que les gains statiques à l'échange. [30] Il convient cependant de revenir au préalable sur les méthodes utilisées empiriquement pour évaluer ces gains à l'ouverture. Remarquons que les effets engendrés par un ACR sont souvent étudiés en prenant en compte les seuls changements sur les volumes de commerce, comme si ceux-ci étaient plus ou moins proportionnels aux effets sur le bien-être (ce qui n'est pas le cas) [31]. Nous présentons dans un premier temps les différentes méthodes d'évaluation de l'impact des ACR, avant de faire le point sur les effets du régionalisme dans les années 90.

#### A. Méthodes d'évaluation et résultats préliminaires

Les travaux empiriques cherchant à évaluer les effets des accords commerciaux régionaux (ACR) sur les échanges entre pays membres et entre pays membres et les pays tiers, utilisent généralement trois types de méthodes. Les modèles utilisés relèvent d'une approche *ex ante* ou *ex post*. Dans le premier cas, les modèles cherchent à comparer une situation avec intégration avec une situation sans intégration. Ils sont par exemple utiles pour évaluer l'opportunité d'aller plus loin dans l'intégration. Les modèles reposant sur une approche *ex post* comparent la situation après la formation d'un accord commercial, avec la situation qui aurait prévalu sans cet accord (situation qualifiée d'anti-monde) (voir Hine, 1994, *op. cit.,* pour plus de détails sur les limites de ces méthodes). Nous mettons l'accent sur trois types de modèles.

■ Le premier modèle, longtemps très populaire, pour évaluer les effets de création et de détournement de commerce résultant d'un ACR est le *modèle de demande d'importation.* Il a été très largement utilisé jusqu'à la moitié des années 1970 pour étudier les effets liés à la formation de la CEE. À titre d'exemple, Balassa (1975) étudie l'incidence de la formation de la Communauté économique européenne (CEE) sur les flux commerciaux en

30 Voir les développements consacrés dans le chapitre 1 au lien entre ouverture internationale et croissance économique. L'ouverture est à la source de « gains dynamiques » dans le sens où elle peut affecter le rythme d'accumulation du capital et conduire l'économie à changer de sentier de croissance.

31 On peut tout aussi bien étudier l'impact d'un ACR au niveau macroéconomique, en particulier sur le niveau des prix ou sur l'emploi.

comparant les élasticités de la demande d'importation *ex post*, au sein et à l'extérieur de la Communauté, entre la période qui a précédé l'intégration et celle qui l'a suivie [32]. Il constate que l'élasticité-revenu de la demande d'importation parmi les membres a augmenté, tandis qu'elle n'a pas sensiblement changé pour les non-membres [33]. Balassa en conclut que le Marché commun a été à l'origine d'effets de création de commerce, sans que cela ne se traduise par des effets de détournement de commerce significatifs [34].

> Balassa (1975) souligne que les effets de création de commerce à l'intérieur de la CEE en termes de bien-être représentent à peu près 0,15 % du PNB communautaire. De façon grossière, on peut refaire le même type de calcul en s'appuyant sur les estimations présentées par Pelkmans (2001, p. 102). On suppose que le droit de douane moyen en 1959 est égal à 12 % et que les créations de commerce sont à peu près égales à 10 milliards de dollars en 1970. Cela donne une création de commerce (correspondant aux triangles de bien-être) égale à : 0,12 x 10 x 0,5 = 0,6 milliard de dollars. La somme est évidemment très faible par rapport au PNB cumulé de la CEE à six !

■ Un autre modèle largement utilisé pour évaluer l'impact des blocs commerciaux est encore une fois *le modèle de gravité* dont nous avons déjà expliqué les raisons du succès (encadré 4.3). De façon schématique, la méthode consiste à comparer les volumes de commerce entre deux pays appartenant au même accord commercial avec ceux d'une « norme de commerce » donnée par le modèle de gravité. Plus précisément, la plupart des travaux ajoutent dans les estimations économétriques, à côté des variables traditionnelles de gravitation, des variables muettes censées capter l'impact des accords commerciaux régionaux en termes de création et de détournement de commerce. La définition et l'interprétation des variables muettes n'est cependant pas toujours chose aisée comme le soulignent Soloaga et Winters (2001) [35].

■ Enfin, le dernier type de modèles utilisé rentre dans la catégorie *des modèles d'équilibre général calculable (EGC)*. Ces modèles en économie ouverte ont généralement pour objectif d'étudier les effets de l'ouverture commerciale, des mouvements de facteurs de production ou encore de chocs extérieurs. La première génération de modèles EGC est essentiellement statique : les comparaisons opérées entre deux situations sont effectuées en recourant à la méthode de la statique comparative, c'est-à-dire en comparant différents équilibres du modèle. Ces modèles concluent généralement que les gains liés à des réductions tarifaires sont faibles. Les améliorations les plus récentes apportées à ce type de

---

32 Balassa, B., (1975), « Trade creation and trade diversion in the european common Market, : An appraisal of the evidence », in Balassa, B.(ed), *European Economic Integration*, North-Holland, Amsterdam.

33 L'idée sous-jacente est qu'une variation du revenu national (et donc de la demande intérieure) a des effets sur les importations (qui dépendent de l'élasticité revenu de la demande d'importation).

34 Ce type de méthode a aussi été réalisé plus récemment pour mesurer les effets de l'Association de libre-échange des Caraïbes (CARIFTA) ou pour étudier les conséquences de l'ALENA du point de vue de la création de commerce entre les partenaires de l'accord et du point de vue du détournement de commerce entre l'Amérique du Nord et le reste du monde.

35 Soloaga, I., Winters, L.A., (2001), « Regionalism in the nineties : What effect on trade ? », *North American Journal of Economics and Finance*, 12(1), pp. 1-29.

modèle concernent la prise en compte des économies d'échelle et de la concurrence imparfaite, ainsi que du caractère dynamique de certains ajustements. Ces modèles multi-pays et multi-secteurs ont été adaptés pour mesurer en particulier les conséquences *ex ante* de l'achèvement du marché unique européen de 1992, de l'ALE ou encore de l'ALENA. Ils aboutissent généralement à des gains en termes de revenus réels deux à trois fois plus importants que les modèles EGC traditionnels supposant la concurrence parfaite. Cela s'explique par l'accent mis sur les effets de l'intensification de la concurrence et d'une meilleure exploitation des économies d'échelle. Mais il convient de réaliser ces résultats, car il apparaît que les gains *ex post*, même si leur évaluation pose aussi problème, se révèlent très en deçà des évaluations *ex ante* faites en utilisant les modèles d'EGC [36].

## B. Le régionalisme des années 90 et ses effets sur les flux commerciaux : une application du modèle de gravité

Comme nous l'avons déjà souligné, les années 1990 se caractérisent par une montée en puissance d'accords commerciaux préférentiels qui se créent (par exemple, l'ALENA et le MERCOSUR) ou sont déjà existants mais qui connaissent à cette période un regain de vitalité (ASEAN, CACM, ADEAN). Il paraît donc naturel d'étudier si l'appartenance à un ACR a des effets sur les flux commerciaux entre pays membres et sur les relations commerciales qu'entretiennent ces pays avec les pays extérieurs à l'ACR. Cependant, les résultats obtenus par les différentes études doivent être pris avec beaucoup de précaution. L'étude de Soloaga et Winters (2001) portant sur 58 pays et 9 ACR qui ont été créés ou qui ont connu un approfondissement institutionnel dans les années 1990 permet de tirer un certain nombre de conclusions.

Il apparaît en particulier que la « nouvelle vague de régionalisme » des années 1990 n'a pas conduit de façon générale à une augmentation (statistiquement) significative du commerce intra-régional par rapport au début des années 1980. On observe cependant que le commerce intra-bloc a sensiblement augmenté dans l'UE depuis le début des années 1980, sans cependant observer d'accélération (statistiquement) significative de cette tendance au cours du temps. Ces créations de commerce (non significatives sur le plan statistique dans le cas de l'AELE) se sont accompagnées de détournements de commerce significatifs, aussi bien pour l'UE que pour l'AELE. Ces résultats sont conformes à ceux trouvés généralement par les autres études. Concernant l'ALENA, les résultats en termes de création de commerce ne sont pas statistiquement significatifs et il ne semble pas que l'ALENA ait engendré de détournement de commerce (ce résultat est cependant infirmé par l'étude d'Adams et *al.* (2003)) [37]. Concernant le MERCOSUR, on n'observe pas de changement significatif pour les flux de commerce intra-régionaux. Il apparaît en revanche que le MERCOSUR s'est signi-

36 Pour plus de détails, voir par exemple Baudassé, T. et Montalieu, T. (1996), *L'accord de libre-échange nord-américain : une évaluation critique des modèles EGC*, document de recherche 2-96/2/EI, IOF, Université d'Orléans.

37 Adams, R., Dee, P., Gali, J., McGuire, G. (2003), « The trade and investment effects of preferential trading arrangements- Old and new evidence », *Staff Commission Paper*, May, Productivity Commission, Australia.

ficativement ouvert (en termes d'importations) aux pays tiers sur la période la plus récente, marquant un souci de libéralisation unilatérale de certains pays (là encore, cependant, ce dernier résultat tranche avec l'étude de Adams *et al.* (2003)). Enfin, concernant l'ANASE, il apparaît que le commerce intra-bloc a plutôt diminué depuis le début des années 1980 alors que ces pays semblent s'être ouverts aux exportations de pays tiers sur la période. Il est cependant important de noter que les résultats peuvent différer significativement d'une étude à l'autre pour des raisons liées à la fois aux méthodes d'estimations économétriques et aux accords préférentiels pris en compte. Adams *et al.* (2003) montrent que, sur la période 1970-1997, la grande majorité des accords préférentiels (soit 12 sur les 16 retenus par leur étude) dont l'UE, l'ANASE et l'ALENA ont détourné plus de commerce vis-à-vis des pays tiers qu'ils n'en ont créé entre les pays participants à ces accords. DeRosa (2007) obtient de son côté des résultats tout à fait différents : l'UE, l'ALENA, l'ANASE, le MERCOSUR et l'AELE auraient créé du commerce non seulement entre les pays participants à ces accords mais aussi vis-à-vis des pays tiers ! Ces résultats pour le moins contradictoires ne permettent donc pas de conclure de façon définitive que les accords préférentiels ont des effets en termes de créations nettes de commerce qui vont dans le même sens qu'une ouverture multilatérale (cette dernière restant pour nombre d'économistes une solution de premier rang).

## ENCADRÉ 4.3
### *Le modèle de gravité et ses fondements théoriques*

- Le modèle de gravité est un modèle empirique stable et robuste qui explique les flux commerciaux bilatéraux à partir d'un nombre relativement limité de variables explicatives incluant entre autres la taille des partenaires à l'échange et des coûts de transaction. On attribue généralement la paternité de cette relation à Tinbergen (1962), même si l'on peut en retrouver les prémisses chez des auteurs antérieurs. Le modèle de gravité comme norme de commerce a connu un regain d'intérêt ces dernières années, d'autant que ses fondements théoriques semblent mieux assurés. On sait en effet depuis Anderson (1979) [38] qu'il peut être dérivé de différents modèles structurels : modèles de type Ricardien, modèles à la Heckscher-Ohlin ou encore modèle de concurrence monopolistique avec coût de transport (Evenett et Keller, 1998) [39]. En revanche, comme l'a bien montré Deardorff (1998), les prévisions issues du modèle de gravitation ne permettent pas de discriminer entre les différentes théories du commerce international [40].

38 Anderson, J. (1979), « A theoretical fundation for the gravity equation », *American Economic Review*, 69(1), pp. 106-116

39 Evenett, J., Keller, W. (1998), « On theories explaining the success of the gravity model », *NBER working papers series*, Cambridge, EU.

40 Deardoff, A. (1998), « Determinants of bilateral trade : Does gravity work in a neo-classical world ? », chapter 1 in J.A. Frankel(ed), *The regionalization of the world economy*, Chicago : The university of Chicago Press.

**ENCADRÉ 4.3 (suite)**

- Dans sa version la plus simple, le modèle de gravité explique les flux de commerce (exportations plus importations – $T_{ij}$) entre un pays $i$ et un pays $j$ à partir du produit des PNB respectifs et de la distance géographique ($Dist_{ij}$). Ces variables « gravitationnelles » expliquent généralement à elles seules plus des deux tiers des flux de commerce bilatéraux. D'autres variables explicatives peuvent cependant être ajoutées pour améliorer le pouvoir prédictif du modèle, comme par exemple l'écart de PNB par tête (« distance économique »), le fait que les pays partenaires à l'échange aient une frontière commune ($Adj_{ij}$), qu'ils partagent la même langue ($Lang_{ij}$) ou encore qu'ils appartiennent à un même bloc commercial ($ACR^k_{ij}$)[41]. L'équation testée prend généralement la forme suivante (voir Frankel, Stein, Wei, 1998) :

$$\ln(T_{ij}) = \alpha + \beta_1 \ln(PNB_i \cdot PNB_j) + \beta_2 \ln(PNB_i/pop_i \cdot PNB_j/pop_j) + \beta_3 \ln(Dist_{ij}) + \beta_4(Adj_{ij}) + \beta_5(Lang_{ij}) + \sum_k \gamma^k ACR^k_{ij} + u_{ij}$$ [42]

Les estimations réalisées par les auteurs sur la période 1965-1990 montrent qu'une fois contrôlée la variable adjacence, un accroissement de la distance géographique de 10 % conduit toutes choses égales par ailleurs à une baisse d'environ 6 % des volumes d'échanges (($\beta_3 = -0,6$). Le coefficient estimé serait évidemment plus élevé si la variable adjacence ne figurait pas dans l'équation de gravité. Le produit des PNB (effet de gravitation) a aussi un impact important : deux grands pays échangent davantage que des pays de plus petite taille mais l'accroissement des échanges est moins que proportionnel à l'augmentation de la taille des deux pays partenaires à l'échange (($\beta_1 = 0,6$). Ce dernier résultat suggère que les petits pays sont plus ouverts au commerce international que les grands. Ces résultats sont conformes à ceux obtenus dans d'autres études. L'effet de convergence économique représenté par le produit des PNB par tête ainsi que l'interprétation de la variable muette d'appartenance à un même bloc commercial sont plus problématiques (voir Siroën, 2000, *op. cit*, p. 47).

## 4.3 Y A-T-IL UN CONFLIT ENTRE MULTILATÉRALISME ET RÉGIONALISME ?

Les travaux sur lesquels nous nous sommes appuyés jusqu'à présent supposent de fait que le libre-échange généralisé est la politique la plus efficace du point de vue du bien-être mondial. Par ailleurs, l'ouverture préférentielle est comparée à une situation protectionniste initiale du point de vue du bien-être d'un des pays de la zone régionale en formation. Or, la formation d'un ACR a des effets non seulement sur le bien-être des pays membres mais aussi sur les pays tiers, comme cela a été reconnu par Viner lui-même :

41 Dans ce cas, la variable muette $Adj_{ij}$ prend la valeur 1 si les deux pays ont une frontière commune et 0 dans le cas contraire. $Lang_{ij}$ prend la valeur 1 quand les deux pays partagent la même langue et 0 autrement. $ACR^k_{ij}$ prend la valeur 1 si les deux pays appartiennent au même bloc commercial et 0 autrement.

42 Le passage au logarithme permet d'interpréter directement les coefficients estimés sous forme d'élasticité (sauf pour les variables muettes).

« Lorsque la création de courants d'échanges est prédominante, l'un des membres du groupe au moins doit en tirer profit, les deux membres peuvent en tirer profit, les deux ensemble doivent au total en tirer un bénéfice net, et le monde entier en bénéficier ; mais le reste du monde y perd, à court terme au moins ... Si le détournement des courants d'échanges est prédominant, l'un des membres au moins y perd, forcément, les deux pris ensemble auront une perte nette, et le reste du monde ainsi que le monde entier y perdront » (Viner, 1950, *op. cit.*, p. 44).

L'effet sur le reste du monde devrait d'autant plus se faire sentir que l'accord régional est de grande taille et peut influer sur les prix mondiaux. Dans ce cas, les effets de détournements de commerce peuvent conduire à une baisse du prix mondial et donc à une dégradation des termes de l'échange des pays tiers, du fait de la chute des importations des pays membres de l'ACR (cette modification des prix relatifs peut avoir en retour un effet sur la spécialisation de ces pays). À cela, peut venir s'ajouter un durcissement de la politique commerciale de la zone qui peut prendre la forme d'un « droit de douane optimal » visant à améliorer ses termes de l'échange [43]. En réalité, il est très difficile d'estimer correctement les effets de l'intégration régionale sur le reste du monde, car certains éléments doivent être pris en compte comme le fait par exemple que si les effets de créations l'emportent sur les effets de détournements dans une zone, alors le revenu réel doit augmenter et devrait conduire à une augmentation des importations en provenance du reste du monde. En résumé, la formation d'un ACR (ou plus particulièrement d'une UD) n'est souhaitable que s'il permet d'accroître à la fois le bien-être à l'intérieur de l'accord, tout en ne lésant pas les pays tiers. Les travaux pionniers sur cette question sont ceux de Kemp-Wan (1976) qui démontrent que pour toute union douanière ou zone de libre-échange, il existe toujours un ensemble de tarifs extérieurs communs qui laisse inchangé le commerce du nouveau bloc avec les pays non membres, ce qui annule les détournements de commerce [44].

Le théorème de Kemp et Wan, qui renvoie au problème de Pareto-optimalité dans la théorie des unions douanières, postule que si un équilibre initial arbitraire du commerce international est perturbé par la formation d'une union douanière dans un sous-ensemble de pays, il est possible de trouver un vecteur de droits de douane extérieurs communs et un schéma de transferts compensatoires entre les membres de l'union, tels qu'il existe un nouvel équilibre mondial réunissant les trois caractéristiques suivantes : (i) aucun membre de l'union ne voit sa situation se dégrader par rapport à ce qu'elle était avant l'union ; (ii) s'il existait avant l'union un échange net entre les pays, nul ne se trouve moins bien que dans la situation initiale, qu'il soit membre ou non de l'union ; (iii) le revenu douanier net de l'union est au moins aussi élevé que la compensation nette versée aux membres de l'union. Le principal problème tient bien évidemment à la répartition de ces paiements compensatoires même si des méthodes de compensation on pu être proposées dans la littérature (d'après Palmero, 2004) [45].

43 Voir les développements consacrés à la théorie du droit de douane optimal dans le chapitre 2 de cet ouvrage.

44 Kemp, M.C. et Wan, H.Y., (1976), « An elementary proposition concerning the formation of customs unions », *Journal of International Economics*, 6, 95-7.

45 Palmero, S., (2004), Intégration et régionalisation : une approche par les modèles de blocs », *Économie appliquée*, LVII (1), pp. 5-45.

L'objet des développements qui suivent est d'étudier si le régionalisme remet en cause ou au contraire accompagne le multilatéralisme qui est au fondement des relations commerciales internationales. Plus précisément, dans le prolongement des travaux de Krugman (1991a et b) nous nous poserons la question de savoir si la constitution de blocs commerciaux qui caractérise les relations commerciales internationales est une bonne ou une mauvaise chose du point de vue du bien-être mondial [46]. Nous verrons ensuite sur le plan empirique si les grands blocs commerciaux constituent des « blocs forteresse », en nous fondant sur la littérature sur les effets-frontières. Nous essaierons, enfin, d'avoir une idée plus précise des relations qu'entretiennent régionalisme et mulilatéralisme commercial.

## 4.3.1 *Formation de blocs commerciaux et bien-être mondial*

Rappelons au préalable que Krugman apporte deux réponses différentes à la question de savoir si la formation de blocs commerciaux est une bonne ou une mauvaise chose du point de vue du bien-être mondial. Krugman (1991a) considère que l'existence d'un petit nombre de blocs commerciaux conduit ces derniers à exploiter un pouvoir de monopole et à lever des tarifs douaniers élevés, ce qui est néfaste du point de vue du bien-être mondial. Krugman (1991b) considère au contraire que la formation de « blocs naturels », c'est-à-dire entre pays proches géographiquement (et donc entretenant des relations commerciales intenses) est une bonne chose du point de vue du bien-être. En réalité, comme nous le verrons, ces deux arguments ne sont pas antinomiques dans le sens où ils correspondent à deux configurations possibles des coûts de transport interblocs.

### A. Existe-t-il un nombre de blocs commerciaux optimal ?

La théorie des blocs commerciaux permet d'expliquer les relations commerciales inter- et intra-régionales, afin d'évaluer leur impact sur le bien-être mondial lorsque la taille, et par conséquent le nombre de zones économiques, se modifie. Cette théorie se développe au cours des années 1990, au moment où les ACR connaissent un nouvel essor dans le monde. Le modèle de référence est un modèle de concurrence monopolistique appliqué au commerce international. De façon schématique, un élargissement des blocs commerciaux (ou une réduction de leur nombre) conduit à des effets de créations et de détournements de commerce. Les créations de commerce s'expliquent par le fait qu'un plus grand nombre de régions à l'intérieur d'un bloc peuvent commercer librement. Les détournements de commerce s'expliquent par le fait (a) que pour un droit de douane donné, l'élargissement d'un bloc commercial va détourner une partie des échanges qu'entretenaient les nouveaux pays membres avec les pays extérieurs au bloc au profit des pays du bloc commercial et (b) par le fait que plus les blocs commerciaux auront une taille importante et plus ils pourront augmenter leur droit de douane optimal.

---

46 Krugman, P., (1991a), « Is bilateralism bad ? », in E. Helpman and A. Razin (eds), *International trade and trade policy*, MIT Press, Cambridge, MA. Krugman, P., (1991b), « The move toward free trade zones », *Economic Review*, 76, pp. 5-25. Kansas city : Federal Reserve Bank of Kansas City.

Le bien-être mondial est évalué en considérant le niveau d'utilité d'un consommateur représentatif, celui-ci étant supposé avoir les mêmes préférences, quel que soit le pays considéré, et aimer la « variété ». Il est utile de se rappeler que chaque pays fournit une variété d'un même bien et que moins ces variétés sont substituables dans les préférences du consommateur et, toutes choses égales par ailleurs, plus le droit de douane sera élevé, le (les) pays ayant un « pouvoir de monopole » sur la (les) variété(s) produites.

## ENCADRÉ 4.4
### *Un modèle simple de blocs commerciaux*

Le modèle peut être représenté simplement de la façon suivante. Nous suivons en cela la présentation de Krugman (1991a) et Rivera-Batiz et Oliva (2003). On considère une économie monde constituée de $N$ pays supposés identiques. Chaque pays se spécialise dans la production d'une unité d'un bien unique supposé être imparfaitement substituable avec les biens produits dans les autres pays. Le pays représentatif est représenté par une fonction d'utilité à élasticité constante (dont l'acronyme anglais est CES pour *Constant Elasticity of Substitution*)

$$U(c_1, ..., c_N) = \left[\sum_{i=1}^{N} c_i^{\theta}\right]^{1/\theta}, \qquad (1)$$

où $c_i$ est la consommation du bien produit par le pays $i \in \{1, ...., N\}$ et $0 < \theta < 1$. La fonction d'utilité (1) implique que l'élasticité de substitution entre deux biens $i$ et $j$ est constante et égale à $(1/1 - \theta > 1)$.

Dans ce type de modèle, le phénomène de régionalisation suppose l'existence de $B < N$ blocs commerciaux. Chacun d'entre eux est supposé choisir un droit de douane *ad valorem* de façon à exploiter son pouvoir de marché sur le bien (ou la variété de bien produit) produit(e). L'objectif est évidemment pour chaque union douanière d'améliorer ses termes de l'échange (conformément aux enseignements de la théorie du droit de douane optimal), de façon à augmenter son niveau de bien-être. L'effet global est que les droits de douane sont plus élevés que ceux qui seraient choisis en situation de libre-échange mais il est important de souligner que tous les biens seront en définitive soumis au même droit de douane, sans que cela n'affecte à l'équilibre les termes de l'échange car les pays sont supposés identiques. Dans ces conditions, le droit de douane optimal d'une union douanière donnée s'écrit

$$t^* = \frac{1}{(1 - s)(\sigma - 1)} \qquad (2)$$

où $\sigma = 1/(1 - \theta)$ est l'élasticité de substitution de la consommation et $s$ est une variable endogène représentant la part des exportations du bloc dans le revenu du reste du monde. On voit d'après (2) que le droit de douane optimal $t^*$ augmente avec la taille du bloc commercial, $s$, et diminue avec l'élasticité de substitution de la consommation, $\sigma$. Plus la part des exportations d'un bloc dans les dépenses du reste du monde est grande et plus le niveau du droit de douane optimal sur les échanges sera grand, de façon à améliorer les termes de l'échange. Logiquement, la consolidation de l'économie mondiale en un petit nombre de grands blocs doit mener à un niveau plus élevé de droit de douane entre les blocs régionaux. Il est aussi intéressant de noter que le droit de douane optimal ne peut pas être nul, même pour des valeurs

**ENCADRÉ 4.4 (suite)**

très petites de $s$ conformément à l'hypothèse de concurrence monopolistique (les biens sont imparfaitement substituables).

La valeur de $s$ est donnée par

$$s = \frac{1}{(1 + t^*)^\sigma + B - 1}, \tag{3}$$

où $s$ est une fonction décroissante du droit de douane. En substituant (3) dans (2), on obtient le droit de douane optimal sous une forme implicite :

$$t^* = \frac{(1 + t^*)^\sigma + B - 1}{((1 + t^*)^\sigma + B - 2)(\sigma - 1)} \tag{4}$$

À partir de la fonction d'utilité (1) et en normalisant $N = 1$, on peut calculer le niveau de bien-être $U$ d'un pays représentatif comme une fonction du nombre de blocs commerciaux, $B$, du droit de douane optimal, $t^*$ et de l'élasticité de substitution entre deux biens, $\sigma$.

$$U = \left\{ \frac{1}{B} \left[ \frac{B(1 + t^*)^\sigma}{[(1 + t^*)^\sigma + B - 1]} \right]^\theta + \frac{B - 1}{B} \left[ \frac{B}{[(1 + t^*)^\sigma + B - 1]} \right]^\theta \right\}^{1/\theta} \tag{5}$$

On peut observer que les équations (4) et (5) constituent un système de deux équations qui peut être utilisé pour obtenir l'utilité comme une fonction du nombre de blocs symétriques.

La littérature sur les blocs commerciaux fait apparaître que la relation entre le bien-être et le nombre de blocs commerciaux n'est pas linéaire mais a la forme d'une courbe en U. Le bien-être est maximum pour un nombre de bloc égal à un (libre-échange). Le bien-être mondial admet un minimum pour deux ou trois blocs et ensuite il est d'autant plus élevé que le nombre de blocs est grand (figure 4.5). En réalité, cette relation entre le nombre de blocs et le niveau de bien-être d'un bloc commercial donné est le fruit de deux effets. Tout d'abord, le fait que le bien-être augmente quand le nombre de blocs augmente peut s'expliquer par le fait que le droit de douane optimal levé par chacun d'entre eux est plus faible (moins de pouvoir de marché) mais sur la figure 4.5 les droits de douane sont donnés. Il y a donc une autre explication : plus le nombre de blocs commerciaux augmente (les blocs deviennent de petite taille) et plus la demande de chacun d'entre eux est fournie par l'extérieur. Les distorsions sur les prix relatifs résultant des droits de douane sont alors plus faibles. Elles ne concernent que le prix relatif des variétés produites dans le bloc par rapport à celui des variétés produites à l'extérieur. En revanche, les variétés du bien produites à l'extérieur sont soumises au même droit de douane et il n'y a donc pas de distorsions de prix relatif (le droit de douane n'a pas d'effet sur la consommation d'une variété plutôt qu'une autre).

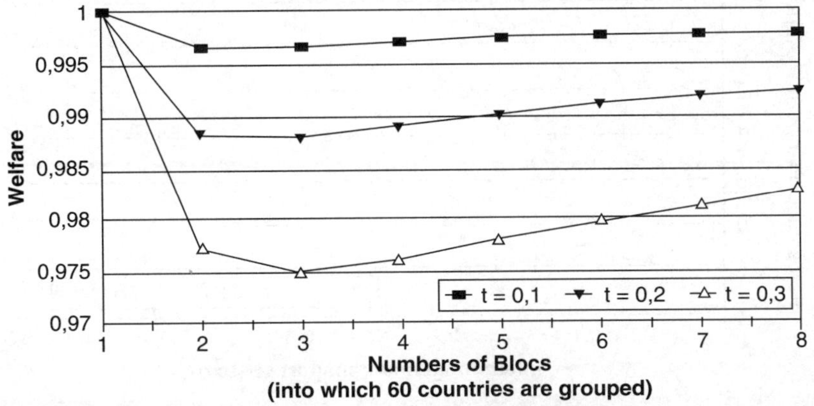


**Figure 4.5**
*Nombre de blocs et bien-être (coûts de transport nuls, theta = 0.75)*

Source : Frankel, Stein et Wei (1998)

## B. Nombre optimal de blocs et coûts de transport

L'introduction de coûts de transport dans les modèles de blocs commerciaux permet d'obtenir deux résultats intéressants.

■ **Coûts de transport et zones naturelles d'échanges**. Il apparaît tout d'abord que l'introduction de coûts de transport dans ce type de modèle (voir Krugman (1991a,b) et Frankel *et alii* (1998) [47] permet de nuancer (voir de remettre en question) l'idée selon laquelle une économie mondiale formée d'un petit nombre de blocs commerciaux diminue nécessairement le niveau de bien-être. L'idée sous-jacente est que tout phénomène de régionalisation aura d'autant plus de chance d'améliorer le bien-être que les pays concernés sont géographiquement très proches et sont à même de former un bloc « naturel » (figure 4.6). On remarquera que la formation d'un bloc naturel a d'autant plus d'effets en termes d'amélioration du bien-être que les coûts de transport intercontinentaux (entre blocs) augmentent. En effet, plus les coûts de transport inter-blocs (b) sont élevés et plus cela signifie que les effets de détournement de commerce vis-à-vis des pays extérieurs à la zone seront faibles (car les échanges entre le bloc et l'extérieur étaient déjà peu intenses compte tenu des coûts de transport). On observe le cas inverse quand les coûts de transports inter-blocs (b) sont trop faibles : le bien-être diminue (« blocs super-naturels » dans la terminologie de Frankel *et al.*). La valeur seuil de b dans les simulations de Frankel *et alii* est égale à 0,186. Un résultat notable est que les simulations réalisées avec un nombre plus élevé de pays montrent que plus

47 Frenkel, J., Stein, E., Wei, S.-J., (1998), « Continental trading blocs : Are they natural or super-natural ?, in Frankel, J. (ed.), *The regionalization of the world economy*, The University of Chicago Press, pp. 91-120.

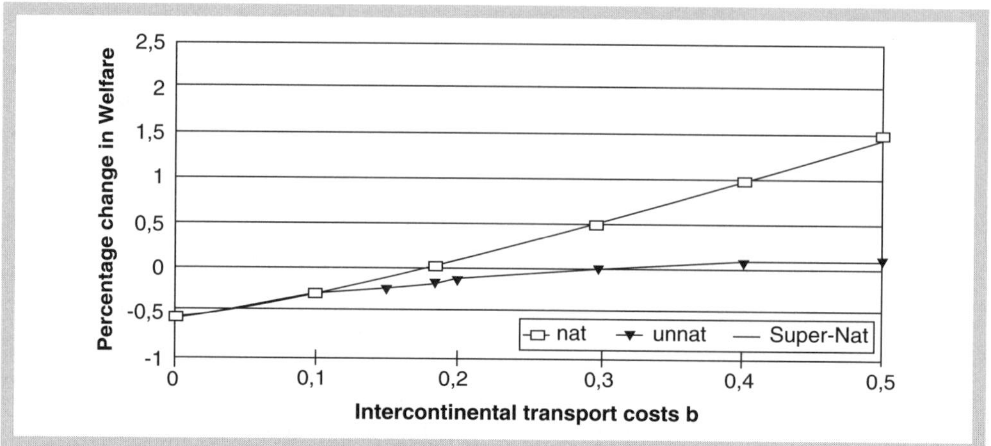


**Figure 4.6**
*Effet des accords sur le bien-être (theta = 0.75 ; t = 0.3 ; a = 0 ; C = 3)*

Source : Frankel, Stein et Wei (1998).

il y a de pays au sein d'un nombre faible de blocs commerciaux et plus le régionalisme commercial a des effets importants sur le bien-être.

Les simulations précédentes ne prennent cependant pas en compte les coûts de transport intra-blocs (a). Nitsch (1996) [48], en intégrant explicitement non seulement les coûts de transport inter-blocs (b) mais aussi des coûts de transport intra-blocs (a) dans ses simulations, montre que la mise en place de blocs commerciaux diminue toujours le bien-être mondial : le bien-être est maximum avec un bloc (libre-échange généralisé) et diminue ensuite continuellement avec le nombre de blocs : la courbe en U disparaît. Malgré cela, les travaux de Nitsch viennent confirmer l'argument des blocs naturels de Krugman : la formation d'un bloc continental ne diminue jamais le bien-être pour toute valeur des coûts de transport inter-blocs [49]. Cette argumentation en faveur du régionalisme commercial, fondée sur un modèle dans lequel les pays sont symétriques et où les biens sont différenciés et supportent des coûts de transport, est rejetée par les tenants d'une approche multilatérale au motif qu'elle ignore la notion d'avantages comparatifs. Or, bien évidemment, ceux-ci peuvent tout à fait justifier que le commerce entre partenaires éloignés soit plus important qu'entre pays proches (voir sur ce point les travaux de Deardorff et Stern, 1994) [50]. Avec ce type d'argument, il y a gain à l'échange à for-

48 Nitsch, V., (1996), « Do three trade blocs minimize world welfare ? », *Review of International Economics*, 4, pp. 355-363.

49 Le lecteur attentif remarquera que cela constitue une remise en cause des résultats de Frenkel *et alii* qui montraient que le bien-être n'augmentait qu'au delà d'un certain seuil de coûts de transport interblocs.

50 Deardorff, A., Stern, R. (eds), (1994), *Analytical and negociating issues in the gobal trading system*, Ann Arbor, University of Michigan Press.

mer un bloc commercial si les pays membres ont des avantages comparatifs sur des biens différents ou s'il existe des complémentarités entre ces pays.

■ **Accord préférentiel optimal et ZLE**. La question posée est celle de savoir si la formation d'une zone de libre-échange avec suppression totale des barrières internes à l'échange est préférable ou non à une ouverture partielle. La question est importante quand on se réfère à l'article 24 des accords de l'OMC. Cet article autorise en effet la formation d'ACR à condition (mais ce n'est pas la seule) que les pays signataires d'un tel accord s'engagent à éliminer en totalité les droits de douanes entre eux. Or, comme nous allons le voir, les simulations montrent qu'une telle disposition n'est pas toujours souhaitable du point de vue du bien-être mondial. La figure 4.7 montre ainsi que le maximum de bien-être est obtenu pour une valeur de k (« degré de préférence intra-bloc ») strictement inférieure à 1 : la zone de libre-échange conduit à un niveau de bien-être plus faible que pour un accord préférentiel optimal.

> Dans le graphique 7, k = 0 signifie qu'il n'y a pas d'ouverture préférentielle au sein du bloc commercial et k = 1 signifie une suppression totale des droits de douane à l'intérieur du bloc. Plus k est grand et plus on se rapproche d'une zone de libre échange (ZLE : k =1).

Une ZLE diminue le bien-être mondial si les coûts de transport inter-blocs (inter-continentaux, b) sont faibles, car les effets de détournement de commerce sont alors plus élevés que les créations d'échange. En revanche, plus les coûts de transport b sont élevés et plus la ZLE devient le meilleur accord commercial possible : la suppression des droits de douane à l'intérieur des blocs n'a que très peu d'effets de détournement de commerce, car les pays appartenant à des blocs commerciaux différents échangent très peu entre eux. En d'autres

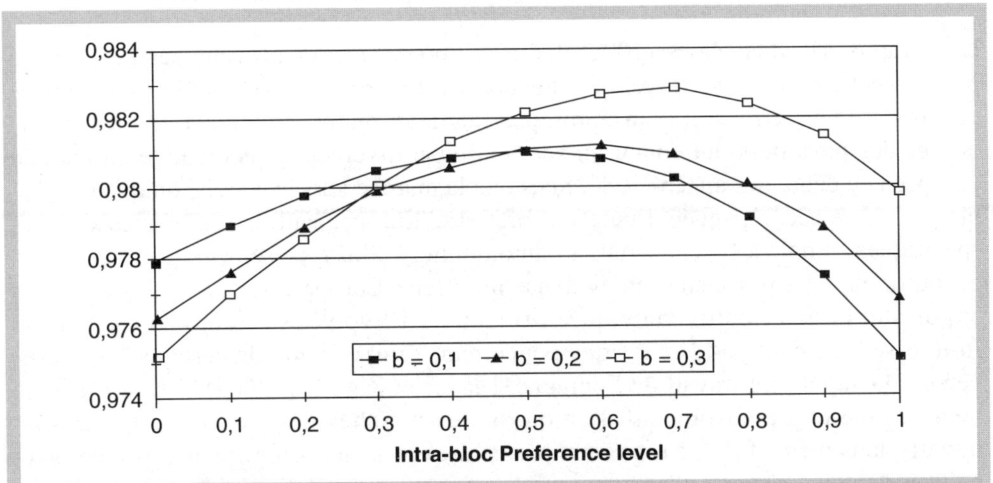


**Figure 4.7**
***Préférence intra-bloc et bien-être (theta = 0.75 ; t = 0.3 ; a = 0 ; C = 3 ; N = 2)***

Source : Frankel Source, Stein et Wei (1998).

termes, la mise en place d'une zone de libre-échange ne peut que diminuer le bien-être mondial si les coûts de transport inter-blocs sont trop faibles. Dans ces conditions, la question de savoir si on doit modifier les règles de l'OMC en autorisant une libéralisation partielle des échanges pour des pays proches géographiquement est ouverte.

## 4.3.2 *La notion de blocs « forteresse » a-t-elle un sens ?*

La théorie des blocs commerciaux suppose le plus souvent que ces derniers cherchent à mettre en place « un droit de douane optimal » ou tout au moins qu'ils peuvent être tentés de mettre en œuvre une politique commerciale plus agressive compte tenu de leur « pouvoir de marché ». Sur un plan plus politique, on se souvient des accusations portées contre « l'Europe forteresse » à l'occasion de la signature de l'Acte unique européen et de la mise en œuvre du marché unique européen. L'idée que les grands blocs commerciaux constitueraient des blocs « forteresse » renvoie donc naturellement à la question du protectionnisme et plus particulièrement à sa mesure, dont on a vu dans le chapitre 2 qu'elle pouvait se révéler problématique. Une des mesures consiste à utiliser le modèle de gravité comme une norme de commerce de façon à observer comment les volumes d'échange entre deux pays se situent par rapport à cette norme (autrement dit par rapport à ce qu'ils « devraient » être). L'écart étant expliqué par des freins à l'échange, dont naturellement les barrières tarifaires et non tarifaires font partie. La littérature empirique récente en se fondant sur la notion « d'effet frontière » relève d'une logique différente, dans la mesure où elle vise à comparer le volume de commerce entre deux pays au volume d'échanges interne à ces pays considéré comme une « norme » de parfaite intégration. (voir encadré 4.5).

### A. Effets-frontières et ouverture asymétrique au sein de la triade

Le travail de Head et Mayer (2002)[51] s'inscrit précisément dans cette perspective et a pour objectif d'étudier à travers le concept d'effet frontière si la notion « d'Europe forteresse » a un sens sur le plan empirique. Les deux auteurs montrent que « les importations des pays tiers ont connu un accès comparativement plus difficile au marché européen au début des années 1980, mais que la marche vers le marché unique ne semble pas s'être accompagnée d'un effet forteresse Europe, sauf dans quelques secteurs spécifiques comme les secteurs liés à l'automobile. » Plus précisément, leur conclusion est qu'on ne peut pas mettre en évidence un effet « Europe forteresse » vis-à-vis des exportateurs américains mais qu'en revanche l'hypothèse d'un effet « Europe forteresse » ne peut pas être écartée concernant l'importation de certains biens provenant du Japon. Le travail de Fontagné, Mayer et Zignago (2004) s'inscrit dans la même veine et a pour objectif d'étudier si les marchés des pays de la triade sont ouverts de la même façon à tous leurs partenaires ou si, au contraire, il existe des asymétries dans l'accès aux différents marchés des pays de l'UE, du Japon et des États-

51 Head, K., Mayer, T., (2002), « Effet frontière, intégration économique et Forteresse Europe », *Économie et Prévision*, 136(2) : pp. 285-314.

Unis.[52] L'analyse est menée sur la période 1976-1999 et concerne 26 secteurs. Les auteurs mettent en évidence des asymétries importantes en ce qui concerne l'accès au marché des différents partenaires à l'échange au sein de la triade[53]. Ils mettent en exergue que le marché européen est comparativement plus ouvert vis-à-vis des exportations américaines que le contraire mais on observe en fin de période une sensible diminution de cette asymétrie[54]. Le Japon paraît sensiblement plus ouvert aux importations américaines que l'inverse dans la période récente. Ce résultat peut paraître étonnant au regard des accusations de protectionnisme formulées par l'Administration américaine à l'encontre de ce pays. Il est cependant confirmé par d'autres études (voir par exemple Harrigan et Vanjani, 2003)[55]. De la même façon les exportateurs européens ont un accès plus facile au marché japonais que le contraire. Il apparaît enfin que les effets-frontières au sein de l'UE ont sensiblement diminué sur la période et qu'ils sont plus faibles que pour les autres relations bilatérales impliquant un pays tiers (voir figures 4.8, 4.9 et 4.10).

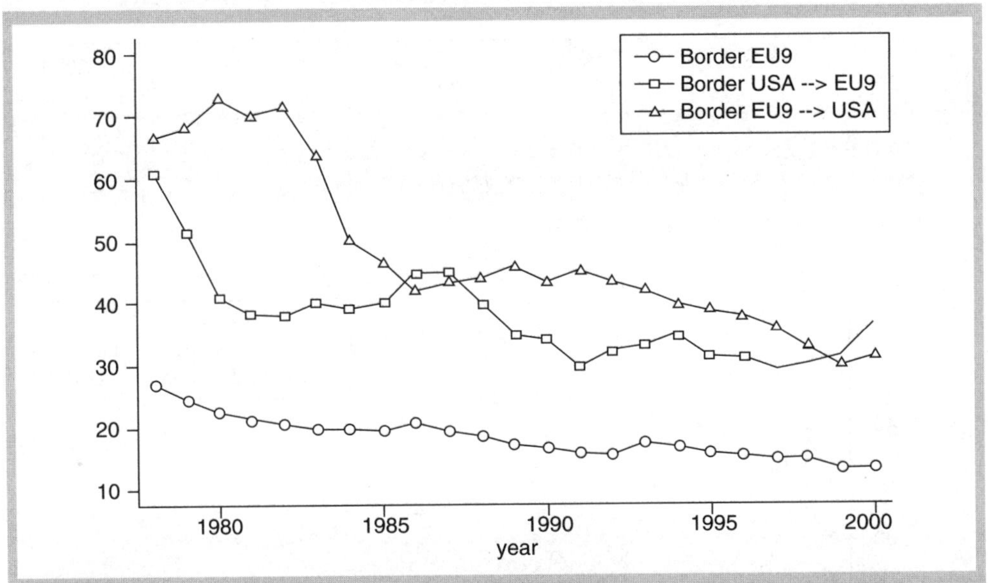


**Figure 4.8**
***Évolution des effets-frontières entre les États-Unis et l'Union européenne dans le temps***

Source : Fontagné, Mayer et Zignago (2005).

52 Fontagné, L., Mayer, T., Zignago, S., (2004), *Trade in the triad : How easy is the access to large market*, mimeo.

53 Les auteurs montrent en outre que l'asymétrie concernant les effets-frontières est très différente selon le secteur considéré.

54 Dans un article plus ancien, Harrigan (1996) montre en revanche que le marché européen est moins ouvert aux exportations américaines et européennes que le contraire. Harrigan, J., (1996), « Openness to trade in manufactures in the OECD », *Journal of International Economics*, (40), pp. 23-39.

55 Harrigan, J. et Vanjani, R., (2003), « Is Japan's trade (still) different ? », *The Journal of the Japanese and International Economies* ; 17(4) : pp. 507-519.

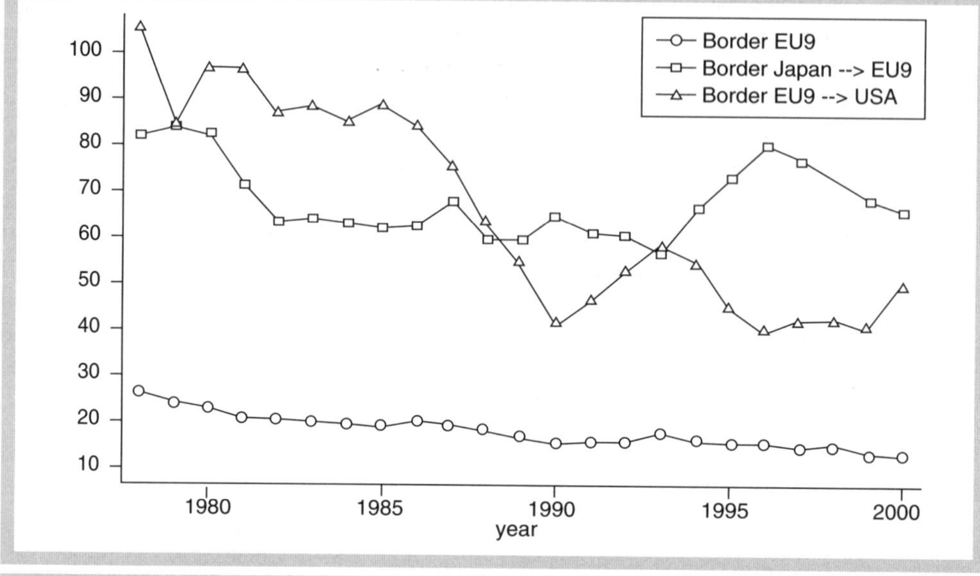


**Figure 4.9**
*Évolution des effets-frontières entre l'Union européenne et le Japon dans le temps*

Source : Fontagné, Myer et Zignago (2005).

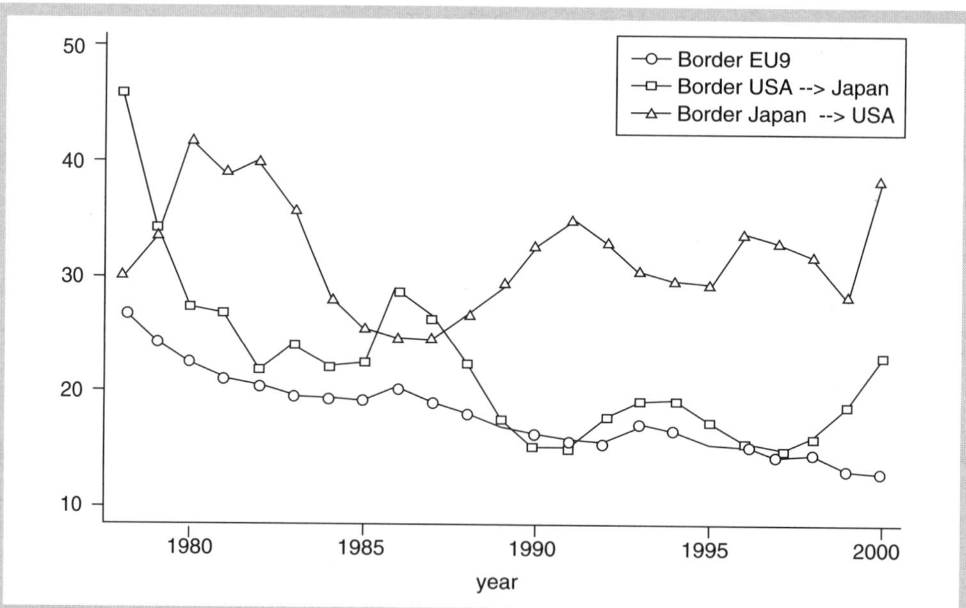


**Figure 4.10**
*Évolution des effets-frontières entre les États-Unis et le Japon dans le temps*

Source : Fontagné, Mayer et Zignago (2005).

## B. Les facteurs déterminants des effets-frontières

L'étape suivante consiste évidemment à ouvrir la « boîte noire » et à expliquer ces effets-frontières. Ceux-ci peuvent résulter de la volatilité du taux de change qui constitue un frein aux échanges, de l'existence de barrières protectionnistes tarifaires et non tarifaires, d'un biais des consommateurs en faveur des biens produits sur le sol national ou de la différenciation des produits (plus les produits sont différenciés et moins on peut substituer des produits nationaux à des produits importés en réponse à une augmentation des coûts d'échange). La méthode consiste à introduire dans les régressions chacune de ces variables (ou plutôt un ensemble de « proxy » visant à capter les effets de chacun d'entre eux) de façon à voir s'ils permettent de diminuer l'effet frontière. Si tel est le cas, on peut en déduire que ces facteurs ont un impact négatif sur les volumes d'échange. Contrairement à une opinion fréquemment répandue, les droits de douane, même s'ils sont faibles, ont encore un impact significatif sur les volumes de commerce et participent à l'existence d'effets-frontières au sein même de la triade. Les barrières non tarifaires ont, elles aussi, un impact négatif sur les volumes de commerce mais ce résultat doit être relativisé au regard d'autres études qui montrent par exemple que les barrières non tarifaires résiduelles au moment de l'achèvement du marché unique européen ne constituaient pas une explication (tout au moins significative) des effets-frontières. L'existence de biais domestique (en particulier pour les biens de consommation courante) ainsi que le degré de différenciation des produits sont aussi des facteurs explicatifs des effets-frontières. Au total, l'ensemble de ces facteurs expliqueraient, selon Fontagné, Mayer et Zignago (2004, *op. cit.*), entre un tiers et presque la moitié des effets-frontières.

### ENCADRÉ 4.5
### *Un bref retour sur la notion d'effets-frontières*

Dans un monde en voie d'intégration croissante, on pourrait penser que les frontières nationales n'ont plus d'importance sur les flux commerciaux. Un des tous premiers économistes à montrer le contraire est MacCallum (1995) [56]. Celui-ci montre qu'une province canadienne échangeait en 1988 environ 20 fois plus avec une autre province canadienne qu'avec un État américain de même taille (économique) et situé à une même distance. Nombre de travaux vont s'intéresser à cette question en étudiant des zones en voie d'intégration comme l'UE ou en voie de désintégration comme ce fut le cas de l'ex-Yougoslavie. Toutes ces études conduisent à confirmer que les frontières nationales comptent et ont un effet négatif sur les flux de commerce. L'existence d'effets-frontières aussi importants conduiront même Obsfeld et Rogoff (2000) [57] à en faire une des six grandes énigmes de la macroéconomie internationale. L'effet-frontière « mesure le chemin qui reste à parcourir pour atteindre au sein d'une union économique, le niveau d'intégration de référence qui existe à l'intérieur des pays » (Mayer, 2001) [58]. Il s'agit là encore d'une application du

56 McCallum, J., (1995), « National borders matters : Canada-US regional trade patterns », *American Economic Review*, 85, pp. 615-623.

57 Obsfeld, M., Rogoff, K. (2000), « The six major puzzles in international macroeconomics : is there a common cause » », *NBER working paper*, n° 7777.

58 Mayer, T., (2001), « Les frontières nationales comptent… mais de moins en moins », *La lettre du CEPII*, n° 207. Le lecteur trouvera les références des articles cités dans cet article.

**ENCADRÉ 4.5 (suite)**

modèle de gravité comme norme de commerce. Une difficulté particulière dans ce type d'études consiste à mesurer les flux de commerce internes aux pays. Un certain nombre de résultats montrent que les frontières entre États américains (donc à l'intérieur des EU) comptent elles aussi ou que les effets-frontières continuent de subsister au sein de l'UE, même s'ils se sont considérablement réduits : à la moitié des années 1990, deux régions européennes appartenant à un même pays commerçaient entre 6 et 13 fois plus entre elles que des régions séparées par une frontière.

### 4.3.3 *Le régionalisme sonne-t-il le glas du multilatéralisme ?*

Les accords commerciaux régionaux (ACR) sont par nature discriminatoires. Pour de nombreux observateurs, il existerait donc une contradiction essentielle entre le régionalisme et le système commercial multilatéral. Cette contradiction peut s'expliquer par trois types de considérations déjà évoquées (Siroën, 2000, *op. cit.*, p. 69) : « elles dérogent au traitement de la nation la plus favorisée. Les négociations sont menées au sein de la zone, et donc en dehors de la supervision multilatérale. Le respect des accords régionaux est surveillé et, le cas échéant, sanctionné au niveau de la zone et non au niveau multilatéral ». La réalité est évidemment plus complexe et doit être nuancée : régionalisme et multilatéralisme entretiennent des relations complexes et peuvent, sous certaines conditions, être complémentaires. Un forum comme l'APEC a par exemple explicitement pour objectif la mise en application des règles multilatérales et l'ALENA reproduit comme nous l'avons déjà vu certaines règles de fonctionnement et de résolution des conflits proches de l'OMC. Par ailleurs, la formation d'accords commerciaux régionaux pourrait faciliter (voire accélérer) les négociations multilatérales en diminuant le nombre de participants… ou en constituant une menace de repli (les États-Unis y ont recouru) pour faire pression dans les « rounds » de négociations multilatérales. On soulignera à cet égard que si les négociations commerciales multilatérales sont de la compétence de l'échelon européen dans le cas de l'UE, tel n'est pas le cas, par exemple, pour l'ALENA et plus généralement pour les autres accords préférentiels. On remarquera de la même façon que le lien de complémentarité entre ouverture préférentielle et multilatérale ne signifie pas comme on peut parfois l'entendre que l'ouverture préférentielle précède et conditionne une ouverture multilatérale réussie (du moins aujourd'hui). C'est même la situation contraire que l'on observe dans certains cas comme celui du Mexique qui a adhéré au GATT et renoncé à une politique commerciale traditionnellement protectionniste avant de participer à l'ALENA. Ces différents points rappelés, nous nous appuyons sur Winters (1996) et Rivera-Batiz et Oliva (2001) pour présenter différents modèles dont l'objectif est d'étudier si l'approche régionale est un frein ou au contraire renforce l'approche multilatérale concernant les relations commerciales internationales.

### A. Régionalisme contre approche multilatérale des relations commerciales : des relations potentiellement conflictuelles

Nous avons déjà abordé de façon incidente et à de multiples reprises le risque de conflit qui peut émerger entre une ouverture préférentielle des échanges et une ouverture multilatérale (ou une situation de libre-échange) quand nous avons traité des effets de détournements de commerce et du nombre de blocs optimal. Nous complétons ces développements en mettant tout d'abord l'accent sur le risque que la concurrence entre blocs dégénère en guerre commerciale et conduise à une détérioration du bien-être mondial. Nous proposons ensuite un argument dit « d'économie politique », selon lequel la participation à un ACR sape les bases du multilatéralisme en réduisant les gains et donc le soutien politique au sein des pays membres en faveur d'une ouverture multilatérale ultérieure.

■ **Les guerres commerciales entre blocs peuvent remettre en cause le fonctionnement du système multilatéral**. Nous avons vu que les accords préférentiels permettent aux pays membres (du moins en théorie) d'acquérir un pouvoir de monopole sur les marchés mondiaux. L'exploitation d'un pouvoir de marché permet alors d'améliorer les termes de l'échange du bloc commercial qui se protège. Cet effet terme de l'échange disparaît cependant dès lors que tous les pays partenaires à l'échange imposent des droits de douane sur les autres biens. Plus généralement, la formation de blocs commerciaux peut donner lieu à des conflits et à des mesures de rétorsion. Cette question n'est pas nouvelle : elle a été abordée dans un article célèbre par Johnson (1953) [59] dont l'objet est d'étudier quels seraient les tarifs douaniers optimaux pour que deux pays (ou deux blocs commerciaux) puissent maximiser leur bien-être quand chacun peut prendre des mesures de rétorsion. La guerre commerciale qui en résulte, assimilable à une situation de « dilemme du prisonnier », est néfaste pour les deux blocs commerciaux (par rapport à une situation de libre-échange ou d'ouverture multilatérale) mais le pays (bloc) qui en a l'initiative peut en tirer profit. Il existe une littérature récente importante sur les guerres commerciales qui dépasse de très loin le cadre de ce chapitre [60] et qui met l'accent plus généralement sur les comportements stratégiques (non coopératifs) entre pays (blocs) rivaux de taille différente (les grands pays gagnent généralement les guerres tarifaires) ou qui prend en compte plus de deux joueurs autorisant par là même l'existence de coalitions (voir par exemple Keenan et Riezman, 1990) [61].

La politique commerciale pour un grand pays ne se limite cependant pas à prélever un droit de douane optimal. En outre, ce sont de plus en plus les firmes qui ont un pouvoir de marché et non pas les pays. Dans ces conditions, la littérature sur la politique commerciale stratégique évoquée dans le chapitre 2 peut apporter un éclairage intéres-

59 Johnson, H.G., (1953), « Optimum tariffs and retaliation », *Review of Economic Studies*, 21, pp. 142-153.

60 Pour plus de détails sur la théorie économique du protectionnisme, le lecteur pourra aussi se référer au chapitre 2 du présent ouvrage.

61 Kennan, J., Riezman, R., (1990), « Optimal tariff equilibria with customs unions », *Canadian Journal of Economics*, XXIII.

sant. L'intégration régionale peut en effet conduire à une plus forte concentration au sein de certains secteurs (marché de type oligopolistique) et donc inciter les pouvoirs publics à mettre en œuvre une politique commerciale (par exemple une subvention à l'exportation) visant à faire de leur « champion national » un leader susceptible de capter la « rente » sur les marchés internationaux oligopolistiques. Enfin, les modèles de « blocs » à la suite des travaux de Krugman (1991) montrent que la prolifération de ce type de régionalisme peut être contre-productif car il conduit à une augmentation des droits de douane dans le monde et à une baisse du bien-être aussi bien à l'intérieur des blocs commerciaux que pour le monde dans son ensemble. L'argument sous-jacent qui est celui des « blocs forteresse » reste cependant peu convaincant, comme l'ont montré les études empiriques présentées ci-dessus.

■ **Groupes d'intérêt et frein au multilatéralisme**. L'idée développée par Levy (1997) [62] est que la participation à un ACR peut constituer un frein au multilatéralisme s'il réduit de façon conséquente les gains que peut retirer l'électeur médian d'une libéralisation multilatérale ultérieure. Le modèle suppose que le nombre de variétés à la disposition des consommateurs est endogène et dépend du régime commercial : la libéralisation des échanges permet d'augmenter le nombre de variétés et donc d'accroître le bien-être des consommateurs. Le processus de libéralisation est supposé se faire en deux temps, selon un choix séquentiel. Les électeurs choisissent tout d'abord de participer à un accord commercial ou de ne pas y participer. Ils votent ensuite sur l'opportunité de participer à un accord multilatéral (conditionnellement au choix fait à la première étape). Si l'on suppose que le vote se fait à la majorité simple, alors il est bien connu que ce sont les préférences de l'électeur médian qui déterminent le choix de la politique commerciale (ce qui revient encore à dire que la libéralisation multilatérale doit être source de gains pour au moins la moitié des électeurs).

Le modèle suppose qu'il existe un arbitrage dans tout processus de libéralisation entre, d'une part, les gains provenant d'une gamme plus large de produits (qui profite à tous les ménages) et, d'autre part, l'impact sur le prix relatif des facteurs de production (autrement dit du prix relatif capital par rapport à celui du travail). On comprend alors intuitivement que si l'électeur médian perçoit que le gain en termes de variété est plus que compensé par une évolution défavorable du prix relatif des facteurs, alors il s'opposera à tout processus de libéralisation multilatérale ultérieur. Cela a deux conséquences : (*i*) premièrement, la participation à un accord commercial régional devrait essentiellement concerner des pays dont les dotations relatives en facteur de production sont proches (la participation à un ACR a alors des effets limités sur le prix relatif des facteurs de production) ; (*ii*) deuxièmement, la participation initiale à un ACR conduit à accroître le niveau d'utilité de réservation de l'électeur médian, car elle lui permet de bénéficier d'un nombre plus élevé de variétés. La conséquence immédiate en est que cela réduit les gains additionnels que l'électeur médian peut retirer en termes

62 Levy, P.I., (1997), « A political-economic analysis of free-trade agreements », *American Economic Review*, 87(4), pp. 506-519.

de variétés d'une ouverture multilatérale ultérieure et cela d'autant plus que cette dernière concerne des pays ayant des dotations relatives factorielles très différentes. Dans ces conditions, la libéralisation préférentielle remet en cause le processus de libéralisation multilatérale. Krishna (1998) [63] fournit un argument voisin en soulignant que si la formation d'un ACR est à l'origine de détournements de commerce vis-à-vis du reste du monde, alors il sera difficile d'aller plus loin sur le chemin de la libéralisation des échanges, faute de soutien politique des producteurs exportateurs de la zone (encore faut-il que ceux-ci aient suffisamment de poids dans le processus de décision politique) [64]. La raison en est que les producteurs au sein de la zone d'intégration régionale bénéficient d'une rente (provenant à la fois de l'ouverture des marchés de la zone mais aussi des effets de détournements de commerce vis-à-vis du reste du monde) qui s'éroderait en cas de libéralisation multilatérale. Plus précisément, la libéralisation multilatérale sera bloquée si l'augmentation du surplus des consommateurs (grâce à la baisse des prix) et de la rente des producteurs (grâce à l'accès à d'autres marchés) ne permet pas de compenser les pertes résultant pour les producteurs de la zone de la suppression du régime préférentiel.

### B. Accords commerciaux régionaux et négociations multilatérales : comment établir un lien de complémentarité ?

Il convient de souligner au préalable deux points importants. Tout d'abord, l'ouverture commerciale préférentielle ne constitue pas nécessairement un frein à l'ouverture multilatérale. Tel est le cas par exemple quand la participation à un accord commercial régional conduit à réduire le poids des groupes de pression des secteurs exposés à la concurrence des importations (et donc opposés à l'ouverture) et à renforcer celui des secteurs exportateurs qui voient dans cette ouverture préférentielle des opportunités de profits supplémentaires liées par exemple à un élargissement de leurs débouchés aux marchés des autres pays membres. Un cas extrême serait la disparition des secteurs les moins compétitifs à la suite de l'ouverture préférentielle qui laisserait le champ libre aux groupes de pression des secteurs exportateurs souhaitant accroître encore leur marché en soutenant davantage de libéralisation commerciale. Ensuite, nous avons supposé jusqu'à présent à la suite des travaux de Krugman (1991, *op. cit.*) que les blocs commerciaux avaient tous la même taille. Or il a pu être montré (voir par exemple Bond et Syropoulos, 1996) que des blocs commerciaux (unions douanières) symétriques sont instables, car les pays sont incités à rejoindre des blocs de plus grande taille [65]. La ques-

---

63 Krishna, P. (1998), « Regionalism and multilateralism : A political economy approach », *Quaterly Journal of Economics*, 113, pp. 227-251.

64 En l'absence de détournements de commerce vis-à-vis du reste du monde, le jeu deviendrait un jeu à somme nulle du point de vue des firmes appartenant à l'ACR. En effet, les gains en termes de profits qu'elles obtiendraient d'un meilleur accès au marché des autres membres seraient compensés par les pertes de profit qu'elles subiraient sur leur propre marché. En d'autres termes, l'existence de détournements de commerce renforce le soutien des producteurs de la zone à la formation d'un ACR.

65 Bond, E.W., Syropoulos, C., (1996) : « The size of trading blocks, market power and world welfare effects », *Journal of International economics*, (40), pp. 411-437.

tion qui se pose immédiatement est alors de savoir si une union douanière de grande taille ne pourrait pas accepter de nouveaux membres jusqu'à devenir un bloc unique, ce qui correspondrait à une situation de libre-échange. La réponse est malheureusement négative, car le bien-être des pays membres d'un bloc commercial de grande taille est supérieur à celui qu'ils obtiendraient dans une situation de libre-échange de sorte qu'ils n'ont pas intérêt à accepter tout le monde (contrairement à l'hypothèse sous-tendant la théorie des dominos proposée par Baldwin).

■ C'est à ce stade qu'intervient l'intérêt porté au concept de « régionalisme ouvert » que certains voient comme un moyen de rendre compatible la prolifération des accords commerciaux régionaux avec le système multilatéral. Ce concept, popularisé par l'APEC (Asia Pacific Economic Council), reste relativement flou et il est sujet à de multiples définitions (Rivera-Batiz et Oliva, 2003, *op. cit.*, p. 572). Le « régionalisme ouvert » peut être défini par rapport au principe de la « nation la plus favorisée » (NF). L'application du principe de la NF (qui est la voie suivie par l'APEC) peut être plus ou moins restrictive. L'accord en question peut offrir de façon unilatérale à l'ensemble de ses partenaires commerciaux les mêmes conditions commerciales que celles prévalant entre les membres. Une conception plus restrictive est que l'accord accorde le bénéfice du principe de NF à ses partenaires, à condition que ceux-ci acceptent le principe de réciprocité et fassent donc de même. La définition généralement retenue dans la littérature théorique est encore différente. Il est généralement supposé que tout pays acceptant de renoncer à ses règles de préférences commerciales est accepté comme membre de l'accord (« *open membership rule* »). On peut alors monter que si les unions douanières (vues comme des coalitions dont le nombre et la taille sont déterminées de façon endogène) répondent à ce principe, alors elles constituent une étape intermédiaire vers le libre-échange généralisé : le libre-échange constitue un équilibre stable du jeu entre unions douanières (Yi, 1996) [66]. La raison est simple : comme nous l'avons vu, un système d'unions douanières symétriques n'est pas stable. Les pays membres de la petite UD ont intérêt à rejoindre une UD de plus grande taille qui s'agrandit grâce à la règle d'ouverture qui permet d'éviter les réticences des pays membres d'une grande UD à accepter davantage de pays.

> Sur un plan plus opératoire, enfin, Bergsten (1997) [67] va plus loin et souligne que le régionalisme ouvert doit être complémentaire du multilatéralisme. Il avance cinq propositions qui permettraient de mettre en phase la prolifération des accords commerciaux régionaux avec le système commercial multilatéral à travers le concept de « régionalisme ouvert » ; (1) une pleine accessibilité des pays tiers aux accords signés ; (2) l'application de la clause de la nation la plus favorisée sous sa forme inconditionnelle ; (3) l'extension conditionnelle des mesures de libéralisation régionale aux pays tiers qui souhaitent entreprendre des négocia-

---

66 Yi, S., (1996), « Endogenous formation of customs unions under imperfect competition : open regionalism is good », *Journal of International Economics*, 41, pp. 153-177.

67 Bergstein, F., (1997), *Open regionalism*, Institute for International Economics, Working paper 97-3.

tions bilatérales ; (4) l'élimination en parallèle des barrières au niveau multilatéral ; (5) l'adoption de mesures de facilitation du commerce.

■ Nous souhaitons, enfin, mettre l'accent sur le lien de complémentarité qui peut exister entre le renouveau du régionalisme dans les années 90 et les négociations multilatérales. On notera que cet argument est différent de celui que nous avons évoqué plus haut (voir point 1.3) selon lequel les accords commerciaux régionaux se sont développés en réaction aux lenteurs des négociations multilatérales (argument de la substituabilité). Le point de vue que nous adoptons considère que les accords commerciaux régionaux peuvent être bénéfiques parce qu'ils complètent et approfondissent les résultats (notamment en termes de diminution des tarifs douaniers) obtenus dans le cadre des négociations multilatérales du GATT. Cet argument de complémentarité est développé par Ethier (1998) [68] dans le cadre d'un modèle de blocs. L'auteur suppose qu'il existe deux types de barrières à l'échange : les droits de douane et des coûts de transaction qui augmentent avec la distance. Ces derniers constituent donc un biais en faveur de la formation d'accords régionaux. À chaque période, les autorités de chaque pays doivent choisir entre négocier sur une base multilatérale ou sur une base régionale de façon à tirer le meilleur parti de ces négociations. Les négociations continuent jusqu'au moment où les pays n'ont plus d'incitation à aller plus loin dans les négociations. Les coûts de négociation comme les bénéfices à attendre de la libéralisation ne sont évidemment pas les mêmes selon l'option choisie (ils sont une fonction croissante du nombre de partenaires et du degré de libéralisation atteint). On montre qu'une des configurations qui émerge (de façon endogène) du modèle correspond à une situation où les pays commencent à négocier une baisse des tarifs douaniers sur une base multilatérale puis dans un cadre régional. En effet, la baisse des tarifs douaniers obtenue dans le cadre des négociations multilatérales renforce (à partir d'un certain seuil) la tendance à la formation d'accords régionaux, car les coûts de transaction prennent une place de plus en plus importante dans les barrières aux échanges.

## C. En guise de conclusion : faut-il réformer l'article 24 du GATT ?

Les inquiétudes concernant les risques associés au nouveau régionalisme sont nombreuses. Ainsi, « aux arguments traditionnels sur les détournements de commerce et le protectionnisme viennent s'en ajouter d'autres, comme par exemple les restrictions souvent importantes au commerce des pays en développement, dans le domaine de l'agriculture notamment, souvent exclu des ACR, l'effet pernicieux des règles d'origine sur les courants commerciaux, [...] l'enchevêtrement des accords (le « bol de riz », dira Bhagwati) ou encore le désintérêt pour le multilatéralisme » (Deblock, 2002) [69]. D'autres observateurs font au contraire remarquer que cette montée en puissance des accords commerciaux régionaux s'est faite de façon concomitante aux avancées obte-

68 Ethier, W., (1998), « The new regionalism », *Economic Journal*, 108, pp. 1149-1161.

69 Deblock, C., (2002), « Les nouveaux accords commerciaux régionaux, le nouveau régionalisme et l'OMC », *cahiers de recherche-CEIM*, Université du Québec à Montréal.

nues (parfois difficilement) dans les « rounds » de négociations multilatérales, ce qui a sans doute permis d'éviter des effets de détournements majeurs pour les pays exclus de la régionalisation. À cela s'ajoute que les accords commerciaux régionaux n'ont pas dégénéré en « forteresse », car ils ont accepté de s'élargir (Benaroya, 1995) [70], constituant une option de « deuxième rang » tout à fait acceptable par rapport à l'option multilatérale.

Reste cependant posée une question qui est au cœur de l'article 24 mais que nous n'avons pas abordée jusqu'à présent : celle de savoir si les unions douanières et les zones de libre-échange (les plus nombreuses) sont toutes les deux de bonnes « candidates » au régionalisme commercial ou si l'on devrait privilégier l'une au détriment de l'autre et laquelle. Les arguments en présence sont les suivants. Les unions douanières (UD) sont accusées d'entraîner des détournements de commerce plus importants que les zones de libre-échange (ZLE), car elles imposeraient un tarif douanier optimal plus élevé.

> Deux raisons permettent d'expliquer ceci sur le plan théorique. Tout d'abord, un effet « taille » : les UD, parce qu'elles constituent une agrégation de pays, exercent un pouvoir de marché supérieur à celui de petits pays. D'autre part, quand les pays importent le même bien et qu'ils peuvent fixer leur droit de douane optimal (ZLE), ils bénéficient de l'amélioration des termes de l'échange résultant de la protection commerciale des autres. Comme l'ont montré Kennan et Raymond (1990, *op. cit.*), les UD permettent alors d'internaliser l'externalité tarifaire présente dans le cas des ZLE (ce qui en théorie conduit à un droit de douane plus élevé).

En pratique, les pressions portant sur le niveau du tarif douanier extérieur d'une UD peuvent aller dans un sens comme dans l'autre. Comme il a déjà été souligné, les pays tiers peuvent demander des compensations au titre de l'article 28 s'il s'avère que l'entrée d'un pays dans une UD s'est traduite pour eux par une augmentation du tarif douanier. Cette contrainte peut donc conduire l'UD à accélérer la convergence de ses tarifs les plus hauts vers ceux les plus bas (Siroën, 2000, p. 70). Par ailleurs, la supériorité des UD sur les ZLE repose sur d'autres types d'arguments : tout d'abord, elles n'ont pas en théorie besoin de règles d'origine dont on a pu voir qu'une utilisation pernicieuse pouvait être source de protectionnisme (voir annexe 1). Ensuite, les UD s'accompagnent souvent d'une plus grande liberté dans la circulation des hommes et des capitaux et vont plus loin dans le sens de l'intégration régionale en se rapprochant du concept de nation. Ces arguments peuvent conduire à penser que l'on devrait exclure les ZLE de l'article 24. Cela reviendrait cependant à se priver d'un outil institutionnel souple et sans doute plus apte à s'élargir à de nouveaux membres ou à des accords (voire des fusions) entre accords déjà existants, comme cela sera de plus en plus le cas.

---

70 Benaroya, F., « Que penser des accords de commerce régionaux ? », *Économie internationale*, 1995, n° 63 pp. 99-115.

Au total, il est aisé de critiquer l'article 24... mais sans doute plus difficile de le réformer. Une solution pragmatique consisterait à faire un examen critique des accords commerciaux au moment où ils sont notifiés au secrétariat de l'OMC et de s'assurer *ex post* que la mise en place d'un ACR ne s'est pas traduite par une modification des flux commerciaux vis-à-vis du reste du monde. Il est évidemment possible d'aller plus loin à l'instar de Panagarya (1999) [71] qui propose (1) d'établir un moratoire sur les accords ; (2) de modifier l'article 24 du GATT pour obliger les parties cocontractantes à geler leurs tarifs aux niveaux d'avant-négociation ; (3) de remplacer les mesures compensatoires et anti-dumping par des tarifs douaniers ; (4) d'établir une période (5 à 10 ans au terme de laquelle les avantages tarifaires et autres seront étendus aux tierces parties) ; (5) d'abolir les règles d'origine.

## CE QU'IL FAUT RETENIR... SANS OUBLIER LE RESTE !

L'économie mondiale se caractérise depuis le début des années 90 par la coexistence de deux phénomènes étroitement liés mais qui peuvent paraître antagonistes. D'une part, la poursuite des négociations multilatérales dans le cadre des accords du GATT puis de l'Organisation Mondiale du Commerce (OMC). D'autre part, la multiplication et le renouvellement d'accords commerciaux régionaux (ACR) par nature discriminatoires et obéissant par conséquent à une logique bien différente de celle du « traitement de la nation la plus favorisée » (NPF). Le régionalisme commercial apparaît comme un phénomène naturel dans le sens où la proximité géographique est une source d'approfondissement des échanges. La région d'appartenance représente plus de la moitié des échanges d'un pays. Il faut cependant bien faire attention que les flux bilatéraux entre deux pays peuvent être en partie expliqués par la taille des partenaires commerciaux. L'idée est donc de calculer des « coefficients d'intensité relative bilatérale », de façon à éliminer cet effet taille. On montre alors que les intensités relatives sont généralement élevées pour des pays proches et que l'on peut faire apparaître des réseaux régionaux d'échanges.

La théorie des accords commerciaux régionaux (ACR) remonte aux travaux précurseurs de Viner dans les années 1950. Le modèle statique de Viner, contrairement à l'intuition, montre que la signature d'un ACR (de petite taille) n'est pas forcément synonyme d'accroissement de bien-être (évalué en termes de surplus collectif), car deux effets doivent être pris en compte : les effets de création de commerce et les effets de détournement de commerce. La création de commerce représente le changement en termes de bien-être résultant du remplacement d'une partie de la production domestique (à coût élevé) par un flux d'importation provenant d'un pays participant à l'accord commercial dont les coûts sont plus faibles. Le détournement de commerce représente le changement en termes de bien-être provenant de la substitution d'importations provenant d'un pays à faible coût (situé en dehors de l'accord commercial) par un flux

71 Panagarya, A., (1999) : « The regionalism debate : An overview », *The World Economy*, 22, pp. 477-511.

d'importations provenant d'un pays à coût plus élevé (appartenant à l'accord commercial). La théorie du droit de douane optimal montre cependant qu'un ACR de grande taille (« *price maker* ») peut durcir sa protection en augmentant son droit de douane commun, de façon à améliorer ses termes de l'échange vis-à-vis du reste du monde. L'ACR en question peut choisir un droit de douane optimal qui soit préférable pour lui à une situation de libre-échange. Le droit de douane optimal est d'autant plus élevé que l'offre du reste du monde est inélastique (ou de manière identique que la taille de l'ACR est grande).

La théorie des blocs commerciaux permet d'expliquer les relations commerciales entre et à l'intérieur de zones régionales d'échange afin d'évaluer leur impact sur le bien-être mondial lorsque la taille, et par conséquent le nombre de zones, se modifie. Le modèle de référence est un modèle de concurrence monopolistique appliqué au commerce international. De façon schématique, un élargissement des blocs commerciaux (ou une réduction de leur nombre) conduit à des effets de créations et de détournements de commerce. Les créations de commerce s'expliquent par le fait qu'un plus grand nombre de régions à l'intérieur d'un bloc peuvent commercer librement. Les détournements de commerce s'expliquent par le fait (a) que pour un droit de douane donné, l'élargissement d'un bloc commercial va détourner une partie des échanges qu'entretenaient les nouveaux pays membres avec les pays extérieurs au bloc au profit des pays du bloc commercial et (b) par le fait que plus les blocs commerciaux auront une taille importante et plus ils augmenteront leur droit de douane optimal. Un certain nombre de résultats émergent de cette littérature : (*i*) La relation entre le bien-être et le nombre de blocs commerciaux n'est pas linéaire mais a une forme de courbe en U. Le bien-être est maximum pour un nombre de bloc égal à un (libre-échange). Le bien-être mondial admet un minimum pour deux ou trois blocs et ensuite il est d'autant plus élevé que le nombre de blocs est grand. (*ii*) Tout phénomène de régionalisation aura d'autant plus de chance d'améliorer le bien-être que les pays concernés sont géographiquement très proches et sont à même de former un bloc « naturel ». L'explication est intuitive : les effets de détournement de commerce vis-à-vis des pays extérieurs à la zone sont alors faibles car les échanges entre le bloc et l'extérieur étaient déjà peu intenses.

Il existe plusieurs méthodes permettant d'appréhender empiriquement les effets d'un accord commercial régional (ACR) : modèles d'équilibre général calculables, modèles de demande d'importation à la Balassa et modèles de gravitation. Les modèles de gravitation offrent la meilleure explication empirique des flux commerciaux bilatéraux avec un nombre très restreint de variables : taille économique des partenaires à l'échange (PNB réels) et distance géographique. Ces variables expliquent à elles seules environ les trois-quarts des flux commerciaux bilatéraux. Évidemment, d'autres variables peuvent être rajoutées pour améliorer le pouvoir prédictif du modèle : éloignement par rapport aux réseaux commerciaux mondiaux, existence d'une frontière commune entre les deux pays partenaires à l'échange, proximité linguistique, appartenance à un ACR etc. Il apparaît en particulier que la « nouvelle vague de régionalisme » des années 1990 n'a pas conduit à une augmentation significative et générale du commerce intra-régional par rapport au début des années 1980. On observe cependant que le commerce intra-régional a sensiblement augmenté dans l'UE depuis le début des années 1980, sans cependant observer d'accélération (statistiquement) significative de cette tendance au cours du temps. Ces créations de commerce se sont accompagnées de détournements de commerce significatifs vis-à-vis des pays tiers. Enfin, se pose la question de savoir si les trois grands blocs commerciaux (la fameuse triade : Union européenne, Japon et États-Unis) constituent des blocs forteresse ou pas. Le concept utilisé est celui d'effet- frontières. Pour estimer les effets-frontières, on utilise généralement des modèles de gravitation pour montrer le chemin qui reste à parcourir pour atteindre au sein d'une zone donnée le niveau d'intégration de référence qui existe à l'intérieur-même des pays. On s'aperçoit, par exemple, que deux régions européennes (malgré l'existence d'un marché unique) commercent environ dix fois plus entre elles lorsqu'elles appartiennent au même pays que lorsqu'elles sont séparées par une frontière (on a évidemment contrôlé dans les estimations le poids économique et la distance, ainsi que d'autres variables jouant sur les flux commerciaux bilatéraux). Concernant les relations commerciales au sein de la triade, on s'aperçoit qu'il existe aussi des effets-frontières mais qu'ils sont asymétriques. Ainsi, il semble que le Japon soit beaucoup plus ouvert aux exportations américaines que le contraire et que les exportations européennes ont un accès plus difficile au marché japonais que les exportateurs américains. La présence d'effet-frontières peut s'expliquer de différentes façons — barrières tarifaires et non tarifaires, biais domestique, degré de différenciation des produits — et se combiner différemment selon les pays de la triade concernés par l'échange.

## RÉFÉRENCES CHOISIES

(*) Siröen, J.-M., (2000) : *La régionalisation de l'économie mondiale*, Paris, La Découverte, coll. « Repères ». Un petit ouvrage bien fait et complet sur la question. Très facile d'accès.

(**) Voir les différentes livraisons de la *Revue du CEPII* et, en particulier, le numéro spécial (1998, n° 74) consacré au régionalisme commercial. Le lecteur y trouvera différents travaux empiriques de qualité et relativement accessibles.

(***) Pour aller plus loin sur le plan théorique et avoir une idée des travaux les plus récents, voir l'ouvrage de Rivera-Bartiz, L. et Oliva, M.-A. (2003) : *International trade*, Oxford University Press, notamment la partie V. L'ouvrage fournit une revue de la littérature complète sur le régionalisme commercial et ses liens avec le multilatéralisme.

(***) Le lecteur intéressé trouvera une série d'articles de « grands noms » qui se sont intéressés à cette question dans Bhagwati, J., Krishna, P. et Panagariya, A. (1999) : *Trading Blocks*, The MIT Press, Cambridge, Massachusetts, London, England.

# ANNEXE 1

## LE SCHÉMA D'INTÉGRATION RÉGIONALE DE BELA BALASSA

L'économiste hongrois Bela Balassa (1928-1991) a proposé en 1961 un schéma d'intégration régionale qui a longtemps fait figure de modèle de référence du processus de régionalisation. La voie suivie par l'Europe a confirmé pendant longtemps l'hypothèse développée par Bela Balassa. Le schéma de Bela Balassa distingue cinq étapes :

### Zone de libre-échange

Abolition des tarifs douaniers dans les échanges commerciaux entre pays signataires de la ZLE. L'élimination des tarifs douaniers se fait le plus souvent de façon progressive : l'accord de Marrakech fixe « le délai raisonnable » à dix ans. Chaque pays reste maître de sa politique douanière avec les pays tiers. Par conséquent, il y a un risque que les produits en provenance des pays non membres ne pénètrent dans la ZLE par le pays avec le tarif douanier le plus faible, quitte à être réexportés par la suite dans un autre pays membre aux conditions préférentielles de la ZLE. Pour éviter cette situation, la plupart des ZLE comprennent des règles d'origine. Deux critères sont utilisés : valeur ajoutée et changement de classification tarifaire. Selon le premier critère, un produit est considéré comme provenant d'un pays membre (et donc susceptible de bénéficier des conditions préférentielles de la ZLE) si la part de la valeur ajoutée du produit en question réalisée dans le pays membre dépasse un certain seuil (généralement 60 % ou plus). Selon le deuxième critère, un produit élaboré avec des inputs importés sera considéré comme d'origine nationale si l'élaboration est suffisante pour changer la classification tarifaire du produit).

*Exemples* :

Association Européenne de Libre-Échange (AELE) regroupant la Suisse, l'Islande, le Lichtenstein et la Norvège.

Accord de Libre Échange Nord Américain (ALENA) regroupant les États-Unis, le Mexique et le Canada.

L'Association des Nations du Sud-Est Asiatique (Association of South East Asian Nations, ASEAN) qui regroupe le Brunei, le Cambodge, l'Indonésie, le Laos, la Malaisie, le Myanmar, les Philippines, Singapour, la Thaïlande et le Vietnam.

### Union douanière

Il s'agit d'une zone de libre-échange comportant un tarif extérieur commun appliqué aux importations provenant des pays tiers. Les membres d'une union douanière renoncent donc à toute souveraineté en matière de politique douanière. Se pose dès lors la question de la répartition des recettes douanières. Dans le cas de l'Union européenne, ces recettes sont transférées au budget communautaire. En principe, une UD n'a pas besoin de règles d'origine car quel que soit le point de passage des importations, elles sont soumises au tarif douanier commun. En réalité, les règles d'origine peuvent être utilisées pour « segmenter les marchés dans le cas où les pays membres d'une UD auraient des politiques commerciales non tarifaires différentes » (de Melo et Grether, 2000, *op. cit.*, p. 722).

*Exemple* : Pacte Andin ou Accord de Carthagène regroupant la Bolivie, la Colombie, l'Équateur, le Pérou et le Venezuela.

### Marché commun et marché unique

Le marché commun est une union douanière permettant une libre circulation des facteurs de production (capital, travail). Le Traité de Rome prévoyait un marché commun dont l'achèvement a été rendu possible par l'Acte unique européen (1986). Ce dernier prévoyait la mise en place d'un marché unique européen à l'horizon 1993, avec une libre circulation des personnes, des marchandises, des capitaux et des services.

*Exemple de marché commun* : MERcado COmun del SUR (MERCOSUR) qui regroupe le Brésil, le Paraguay, l'Argentine et l'Uruguay.

### *Union économique et monétaire (UEM)*

L'UEM est un marché commun accompagné d'une harmonisation des politiques macroéconomiques (et sociales) avec fixation de parités de change irrévocablement fixes ou circulation d'une monnaie unique.

*Exemple* : l'Union européenne.

### *Union politique*

L'intégration économique amène les pays membres à unifier totalement leurs politiques économiques mais également celles qui concernent les affaires étrangères et la défense.

# 5

# L'INTÉGRATION EUROPÉENNE FACE À L'ÉLARGISSEMENT ET À LA CRISE ÉCONOMIQUE ET FINANCIÈRE ACTUELLE : QUELS ENJEUX ?

## DÉBATS D'ACTUALITÉ

- Quels échanges commerciaux au sein de l'Union européenne ?
- Les unions monétaires renforcent-elles les échanges entre pays membres ?
- L'intégration conduit-elle à un renforcement des inégalités entre régions européennes ?
- Comment réformer le Pacte de stabilité et de croissance ?
- Faut-il craindre la concurrence fiscale au sein de l'Union européenne ?
- Quelle place pour le budget européen ?
- Quelles stratégies de sortie de crise pour les pays de la zone euro ?

### MOTS CLÉS

Intégration européenne – commerce intra-européen – nouvelle économie géographique (NEG) – zones monétaires optimales – monnaie unique – Pacte de stabilité et de croissance – *policy mix* européen – concurrence fiscale – budget européen

# INTRODUCTION

Le 1er mai 2004, dix nouveaux membres ont rejoint l'Union européenne marquant une « réunification » du continent européen au sein de l'Union européenne (UE). En effet, huit de ces pays sont des pays d'Europe orientale et centrale (PECO), Pologne, Hongrie, République tchèque, Slovaquie, Slovénie, Estonie, Lituanie et Lettonie, auxquels viennent s'ajouter deux îles méditerranéennes, Chypre et Malte. Cet élargissement n'est pas le premier dans l'histoire de l'Union européenne. Il constitue cependant un formidable espoir sur le plan politique et en même temps il est sans doute celui qui est le plus porteur de défis, compte tenu des écarts de développement entre les nouveaux membres et les pays du cœur de l'Union européenne à quinze (UE-15). Sur le plan démographique, l'UE compte environ 100 millions d'habitants de plus qu'auparavant (avec l'adhésion de la Roumanie et de la Bulgarie à l'UE, le 1er janvier 2007), soit une hausse de 30 % de sa population. Sur le plan économique, le « poids » des nouveaux États membres équivalait au moment de leur entrée dans l'UE à environ 10 % du Produit intérieur brut (PIB) de l'UE-15. Le PIB moyen (évalué en parité de pouvoir d'achat) des dix pays de la « vague 2004 » représentait environ 45 % de celui de l'UE-15 avec de fortes disparités entre les pays nouveaux accédants. Le PIB par tête dans l'Union européenne à 27 (UE-27) a connu un recul de 18 % par rapport à celui de l'UE-15, accroissant encore l'écart avec les États-Unis.

L'espoir suscité par ce nouvel élargissement que les opinions publiques des anciens États-membres n'ont, semble-t-il, pas vu venir, a laissé la place à la méfiance. On se souviendra qu'un premier avertissement avait été donné lors des élections européennes des 10-13 juin 2004 (un mois après l'accession officielle des nouveaux entrants à l'UE) caractérisées par des taux de participation faibles et le succès relatif de partis eurosceptiques (y compris dans les nouveaux États membres)… le tout assorti d'une sanction des partis au pouvoir. Le coup de grâce sera donné par le « non » au projet de traité constitutionnel (qui n'en était pas à son premier échec) en France (29 mai 2005) et aux Pays-Bas (1er juin 2005). À la même époque, le projet de directive sur la libéralisation des services (dit projet de directive Bolkenstein) suscitait de vives protestations au motif qu'elle allait favoriser un « dumping social » au sein de l'UE-25. Depuis lors, le traité de Lisbonne est entré en vigueur le 1er décembre 2009 [1]. Ces vicissitudes institutionnelles ne doivent pas faire oublier que les nouveaux entrants sont désormais dans l'Union européenne et qu'ils doivent poursuivre leurs efforts de convergence et intégrer l'*acquis communautaire*, c'est-à-dire l'ensemble des règles et institutions qui, au cours du temps, définissent l'Union européenne. L'adoption de la monnaie unique constitue l'étape suivante pour les nouveaux accédants car ils ne disposent pas de clause de sauvegarde à l'image du Royaume-Uni et du Danemark.

Comprendre les enjeux de l'élargissement de l'UE à ces nouveaux membres suppose donc de revenir sur les grandes étapes de l'intégration européenne, qui remonte pour ses prémisses à la fin des années 1950. On pourra de cette façon montrer comment fonctionne sur le plan économique cet espace d'intégration (en voie de désintégration pour certains), dont l'ambition va au-delà d'une simple zone d'intégration commerciale. L'objet de ce chapitre n'est évidemment pas de traiter de l'ensemble des questions relatives à la construction économique européenne. Nous concentrons notre attention sur trois types de questions fondamentales. Nous traitons dans un premier temps des effets du processus d'intégration économique (notamment depuis la signature de l'Acte unique européen) sur la nature et la structure des échanges intra-européens ainsi que sur les effets à attendre en termes de répartition des activités économiques dans l'espace européen. La question est de savoir si les structures de spécialisation ont plutôt tendance à se rapprocher ou à diverger et si la géographie économique européenne est plus ou moins concentrée : les inégalités régionales augmentent-elles ou au contraire se réduisent-elles ? Ces questions ont d'importantes implications non seulement sur la cohésion de l'Union dans son ensemble mais aussi sur la viabilité de la monnaie unique compte tenu des chocs (asymétriques) qui sont susceptibles de la frapper. Ce point est traité dans le cadre de l'Union européenne élargie. Un deuxième ensemble de questions concerne la mise en place et le fonctionnement de la monnaie unique européenne. L'accent est mis sur le concept (renouvelé) de zones monétaires

1 Le traité de Lisbonne conserve les traités existants tout en les modifiant en profondeur : le traité instituant la Communauté européenne (Rome, 1957) qui est rebaptisé « traité sur le fonctionnement de l'Union européenne » et le traité sur l'Union européenne (Maastricht, 1992). Le lecteur intéressé pourra aussi se référer à : http://europa.eu/lisbon_treaty/glance/index_fr.htm.

optimales et sur la question du lien entre union monétaire et commerce intra-régional. Enfin, nous traiterons du *policy mix* européen encadré par le Pacte de stabilité et de croissance en nous interrogeant sur le caractère contra- ou pro-cyclique des politiques budgétaires nationales. Nous reviendrons pour finir sur trois questions transversales dans le débat public mais qui ont toute leur importance dans le contexte actuel de crise des finances publiques : en premier lieu, celle des stratégies budgétaires de sortie de crise, en second lieu celle de la place du budget européen, enfin nous évaluerons le risque de concurrence fiscale et sociale au sein de l'Union européenne élargie.

## 5.1 INTÉGRATION ÉCONOMIQUE : QUELS EFFETS SUR LA STRUCTURE DES ÉCHANGES COMMERCIAUX ET LA GÉOGRAPHIE EUROPÉENNE ?

La signature de l'Acte unique européen en 1986, qui prévoyait la mise en place d'un marché unique européen à l'horizon « 93 », constitue une étape supplémentaire dans le processus d'intégration européen. Si, comme le souligne Faugère (1999, p. 40) [2], « le projet de Marché commun correspondait à l'idée traditionnelle, selon laquelle chaque pays a intérêt à se spécialiser et à échanger [...], la problématique du marché intérieur est sensiblement différente, dans la mesure où, dans le prolongement des nouvelles analyses du commerce international, elle met l'accent sur les effets de l'intégration européenne sur l'offre ». En effet, comme nous avons pu le voir dans le chapitre précédent, deux types de gains sont à attendre d'un grand marché [3]. En premier lieu, un marché de grande dimension, en permettant de mieux exploiter les économies d'échelle, favorise l'émergence d'entreprises de grande taille susceptibles de concurrencer les grands groupes étrangers (nippons et nord-américains). En second lieu, le grand marché européen devait se traduire par un renforcement de la pression concurrentielle et donc par une baisse des prix bénéficiant aux consommateurs européens [4]. Parallèlement, la mise en œuvre du marché unique devait se traduire par une intensification des échanges communautaires. Il semble cependant persister des « effets frontières » non négligeables au sein de l'Union européenne, même si ceux-ci ont sensiblement diminué depuis la mise en place du marché unique [5]. On rappellera à la suite de Head et Mayer (2002) [6] « qu'à

2 Faugère, J.-P. (1999), *Economie européenne*, Paris, Dalloz, Presses de Science Po.

3 Le rapport Cecchini avait estimé les gains à attendre du marché unique à une augmentation du PIB européen de 6,5 % et à la création nette d'emplois de 1,8 million.

4 D'aucuns ont souligné que le renforcement de la concurrence devait avoir un effet positif sur l'innovation mais la relation entre concurrence et innovation n'est pas aussi simple, comme le montrent certains travaux récents (voir chapitre précédent et Bénassy-Quéré *et al.* (2004, pp. 418 et suivantes).

5 Pour plus de détails, le lecteur se référera aux développements consacrés aux effets frontières dans le chapitre précédent.

6 Head, K. et Mayer, T. (2003), « The empirics of agglomeration and trade », *in* Thisse J.-F. et Henderson V., eds., *Handbook of Regional and Urban Economics*, vol. IV, Amsterdam, Elsevier.

tailles et distances équivalentes, deux régions d'un même pays échangeaient vingt fois plus que deux régions de pays différents à la fin des années 1970 et 10 fois plus au début des années 1990 ». Un constat analogue peut être fait quand on observe l'évolution des disparités de prix entre États membres. Il apparaît que la réduction des disparités de prix entre pays européens s'est accélérée depuis l'entrée en vigueur du Marché unique, même si des écarts de prix subsistent pour certains biens et services (voir, par exemple, Rogers (2002) et Faber et Stokman (2004)) [7]. La comparaison des disparités de prix au sein de la zone euro par rapport au niveau observé à l'intérieur des États-Unis conduit à des résultats différents selon les études. Pour certains, l'écart s'est réduit depuis la moitié des années 1990. Pour d'autres, c'est le contraire qui est observé (en partant de données relativement identiques !) (pour plus de détails, voir Thévenot, 2004) [8]. Au total, ces deux mesures alternatives du degré d'intégration économique font donc apparaître un degré d'intégration croissant mais le processus est encore loin d'être achevé [9].

## ENCADRÉ 5.1

### *De l'Acte unique européen au projet de directive Bolkenstein*

L'objectif essentiel de l'Acte unique européen est la réalisation au 1er janvier 1993 du marché intérieur dans lequel les marchandises, les services, les hommes et les capitaux puissent circuler librement, ce qui suppose l'élimination de nombreuses entraves. L'idée sous-jacente est que malgré la réalisation du Marché commun et l'élimination des droits de douanes entre les pays membres de la CEE dès le 1er juillet 1968, le marché européen reste en fait largement fragmenté. Pour ce qui est des marchandises, ces entraves sont à la fois physiques (arrêt des marchandises aux frontières), techniques (la présence de normes techniques ou sanitaires nationales constitue volontairement ou non une forme de protection des marchés nationaux) ou encore fiscales (le principe de destination concernant la TVA introduit de fait une distinction entre les ventes sur le territoire national (TVA incluse) et les exportations soumises au taux zéro jusqu'à la frontière, puis au taux de TVA du pays de destination). L'Acte unique européen prévoit à cet effet d'harmoniser les réglementations nationales en utilisant au besoin le principe de *reconnaissance mutuelle* qui oblige un État membre à accepter les règles en vigueur chez ses partenaires comme condition d'entrée des produits sur son territoire. Depuis le 1er janvier 1993, les frontières ont été levées entre les pays membres, de sorte que les formalités administratives, les contrôles douaniers et les notions d'importation et d'exportation entre les pays européens (remplacées par les notions de livraisons et acquisitions intracom-

7 Rogers, J. H. (2002), « Monetary union, price level convergence, and inflation: How close is Europe to United States ? », *International Finance Discussion Paper* n° 2002-740, Board of Governors of the Federal Reserve System, Washington D.C. Faber, R., Stokman, A., (2004), « Price convergence in Europe from a macro perspective: Trends and determinants (1960-2003) ». Non publié.

8 Thévenot, C. (2006), « Convergence des niveaux de prix à la consommation et intégration de la zone monétaire européenne », *in* Ahion, P., Cohen, P., Pisani-Ferry, J., « Politique économique et croissance en Europe », *Rapport du Conseil d'Analyse Économique*, n° 59, Paris.

9 Il semble par ailleurs que le passage à la monnaie unique n'ait pas jusqu'à présent conduit à une réduction significative des disparités de prix.

## ENCADRÉ 5.1 (suite)

munautaires) ont disparu. L'application du principe d'origine qui serait cohérente avec cette nouvelle situation n'a pas été retenue, car elle aurait conduit à un complexe système de reversement de TVA entre États membres pour préserver à la TVA son caractère d'impôt sur la consommation. Un régime transitoire a par conséquent été mis en place (qui devait prendre fin au 1er janvier 1997 mais qui a été reconduit). La suppression des frontières fait disparaître le paiement de la TVA à la douane au moment de l'importation (acquisition) mais elle reste due dans le pays de destination de la marchandise. La TVA intracommunautaire est désormais déclarée et payée à l'administration fiscale dans les mêmes conditions que la TVA interne. Le volet principal de l'Acte unique concerne les marchandises mais les libertés de circulation des hommes, des services et des capitaux entrent aussi en ligne de compte. La libre circulation des capitaux est effective depuis le 1er juillet 1990 grâce notamment à l'application de deux principes : (1) tout intermédiaire financier ayant son siège dans un pays de l'Union peut désormais offrir ses produits et services aux résidents d'un autre État membre sans être tenu d'y ouvrir un établissement, (2) comme pour les autres biens et services, il est appliqué aux services financiers le principe de reconnaissance mutuelle.

Tandis que l'intégration européenne a progressivement favorisé la libre circulation des biens entre pays de l'UE, il en va tout autrement des services et de la mobilité des personnes. Or ces deux derniers points sont étroitement liés car la plupart des services supposent une proximité géographique entre le prestataire et le bénéficiaire du service et donc la mobilité de l'un ou l'autre. La question de la libéralisation des services est revenue à la pointe de l'actualité, le 1er janvier 2004, avec un projet de directive de la Commission européenne (dit projet de directive Bolkenstein, du nom de son initiateur). L'idée générale du projet est de libéraliser les services à l'intérieur de l'Union européenne en éliminant les obstacles à la liberté d'établissement et en favorisant la libre circulation des services. La libéralisation des services (qui représentent les deux tiers du PIB européen) est censée permettre une meilleure spécialisation des pays selon leur avantage comparatif et des baisses de prix, ainsi qu'une amélioration de la productivité (exploitation d'économies d'échelle, élimination des prestataires les moins productifs, etc.). La Commission européenne, en extrapolant les gains attendus du Programme du Marché Unique de 1992 pour les biens et services, évalue les gains de la libéralisation à environ 1,8 % du PIB européen (certaines estimations sont en deçà de ce chiffre et sont de l'ordre de 0,6 % du PIB européen)[10]. Concernant la liberté d'établissement, la Commission souhaitait supprimer ou limiter les régimes d'autorisations imposées par les États membres pour l'exercice d'une prestation de service. Concernant la libre circulation des services, le cœur du projet est constitué par le *principe d'origine*. Selon ce principe, les États membres veillent à ce que les prestataires de services soient soumis aux dispositions nationales du pays d'origine. Il s'agit en quelque sorte d'appliquer aux services la fameuse jurisprudence Cassis de Dijon de 1978, qui avait permis de mettre fin aux « normes prétextes » pour les biens de façon à accélérer le processus de libéralisation. Le projet de directive Bolkenstein a fait l'objet de nombreuses critiques et interprétations, parfois hasardeuses au motif, notamment, qu'il conduirait à une course au « le moins disant social » au sein de l'UE. L'élargissement de l'UE aux pays d'Europe orientale a en effet fait craindre à certains un afflux d'artisans et d'ouvriers

10 Pour plus de détails, voir par exemple Schwellnus, C. (2006), « La directive services : une analyse économique », *La lettre du CEPII*, n° 252.

**ENCADRÉ 5.1 (suite)**

venus de l'Europe de l'Est proposer leurs services à l'Ouest, à des prix défiant toute concurrence (c'est le syndrome du « plombier polonais »). En réalité, le projet de directive introduisait un certain nombre de garde-fous. En premier lieu, les salaires et le temps de travail n'étaient pas concernés par le projet. Ces deux sujets sont régis par une directive de 1996 sur les travailleurs détachés qui accorde aux salariés le droit de travailler dans un pays tiers pour une durée limitée, à condition de respecter salaire minimum et conventions collectives du pays d'accueil. Évidemment, cette directive présente des failles. Il est techniquement difficile de faire des contrôles sur les salariés envoyés pour une courte durée à l'étranger. Il existe un flou sur le respect des conventions collectives. La directive de 1996 ne concerne pas les travailleurs indépendants qui peuvent facturer leurs services en fixant le tarif de leur choix. La loi et les conventions collectives fixent des normes minimales : un informaticien hongrois peut tout aussi bien être payé à l'équivalent du salaire minimum... mais quatre fois moins que ses homologues occidentaux. Notons que le risque de démantèlement des services publics qu'aurait pu entraîner ce projet de directive est peu fondé, car il prévoyait un grand nombre de dérogations couvrant les services d'intérêt général non économiques fournis par l'État (justice, éducation, etc.) ou encore certains services touchant à la santé, aux services audiovisuels ou encore aux services rendus par les notaires et les professions juridiques). La « directive Services » a finalement été adoptée dans le cadre de la procédure de codécision par le Conseil européen du 24 juillet 2006 puis par le Parlement européen le 15 novembre 2006 (directive 2006/123/CE). Cette adoption s'est faite après de multiples amendements qui ont modifié significativement le projet de directive, en particulier pour ce qui concerne le principe d'origine. Les États membres disposaient de trois ans à compter de la publication de la Directive pour assurer sa transposition en droit interne. Cette date limite n'a toutefois pas été respectée dans tous les pays, obligeant la Commission européenne à adresser en juin 2010 un avis motivé à douze États membres qui n'avaient pas achevé la transposition.

Les développements qui suivent ont pour objectif d'analyser les effets du processus d'intégration européen, à la fois sur la structure des échanges intra-communautaires et sur le degré de concentration spatiale des activités économiques dans l'espace européen [11]. Une des questions sous-jacentes est celle de savoir si le processus d'intégration européen s'est traduit par un rapprochement des structures de spécialisation ou, au contraire, par la concentration de certaines branches d'activité dans un petit nombre de pays. Il est clair qu'un scénario du deuxième type serait coûteux en termes de « coûts d'ajustement » (en particulier dans les secteurs qui feraient les frais de cette spécialisation) mais aussi par ses conséquences en termes de conduite de la politique économique dans une union monétaire [12]. L'entrée récente des pays d'Europe orientale (PECO) dans

11 Le lecteur intéressé par le positionnement et la spécialisation de l'Union européenne par rapport à ses principaux partenaires commerciaux (États-Unis, Japon et Chine) pourra se référer à l'étude très complète du CEPII-CEREM, (2004), *L'insertion de l'industrie européenne dans la division internationale du travail : situation et perspectives*, document de travail du CEPII.

12 Il est clair qu'une politique monétaire unifiée s'accommode mieux d'un rapprochement des structures de spécialisation que d'une divergence car cela réduit la probabilité d'occurrence de chocs asymétriques au sein de l'Union (voir la deuxième partie de ce chapitre).

l'Union européenne (UE) suppose enfin que l'on s'intéresse à la structure des échanges commerciaux de ces pays ainsi qu'au risque que ne se développe un scénario de type « cœur-périphérie » dans l'UE élargie.

### 5.1.1 *Marché unique et structure des échanges dans l'UE-15 (CEE-12)*

Le processus d'intégration européen s'est accompagné d'un développement des échanges commerciaux entre pays européens. Le commerce intra-européen représentait en 2007 environ 60 % des échanges commerciaux de ces pays. Une étude plus fine des échanges intra-européens est cependant nécessaire si l'on veut avoir une idée de l'impact de l'intégration européenne sur le degré de spécialisation des pays membres. Fontagné *et al.* (1997) [13] ont réalisé une étude pour la Commission européenne sur les effets du marché unique sur les flux commerciaux intra-européens depuis le début des années 1980. L'idée sous-jacente est que l'évolution de la structure du commerce intra-européen est susceptible d'apporter des indications sur l'évolution de la spécialisation. Les auteurs distinguent trois types de commerce. Le commerce interbranche concerne des flux d'exportations et d'importations de produits différents. Le commerce intra-branche de variété concerne des flux croisés de produits appartenant à une même branche et ne se différenciant que sur des caractéristiques secondaires. Enfin, le commerce intra-branche de qualité concerne des flux d'exportations et d'importations de produits similaires mais se différenciant par leur qualité [14].

> Le commerce interbranche est souvent présenté comme correspondant à l'échange de produits différents, du type vin contre textile. L'étude en question apporte un éclairage différent : elle décompose de façon très fine les flux bilatéraux d'échanges communautaires en 10 000 produits. « Par exemple dans la nomenclature européenne utilisée, les automobiles à essence de 1000 à 1500 $cm^3$ sont considérées comme des produits différents des automobiles de 1500 à 3000 $cm^3$. Échanger des automobiles de la première catégorie contre des automobiles de la seconde correspond à du commerce interbranche, échanger des automobiles d'une même catégorie à des prix comparables correspond à du commerce intra-branche de variété, échanger des automobiles d'une même catégorie à des prix sensiblement différents, à du commerce intra-branche de qualité » (Fontagné et Freudenberg, 1998, p. 4) [15].

---

13 Fujita, M., Krugman, P. et Venables, A. (1999), *The spatial economy. Cities, regions and international trade*, Cambridge, MA, MIT Press.

14 Le lecteur pourra se référer utilement aux développements théoriques et à la mesure du commerce intra-branche présentés dans le premier chapitre de l'ouvrage.

15 Fontagné, L., Freudenberg, M. et Péridy, N. (1998) « Intra-industry trade and the single market: quality matters », *CEPR Discussion Paper,* n° 1953.

L'étude en question fait ressortir plusieurs points intéressants (tableaux 5.1 et 5.2). « (*i*) Le commerce inter-branche qui dominait au début des années 1980 les échanges intracommunautaires voit sa part reculer au profit du commerce intra-branche de qualité. La part du commerce intra-branche de variété, quant à elle, n'évolue guère sur la période 1980-1995. (*ii*) Il existe deux groupes de pays : les pays où le revenu par habitant est le plus élevé sont aussi ceux pour lesquels le commerce intra-branche occupe plus de la moitié des échanges avec leurs partenaires européens. Par contraste, dans les petits pays comme l'Irlande, la Grèce, le Portugal et le Danemark, le commerce inter-branche occupe toujours une place importante. *(iii)* La montée en puissance d'une spécialisation intra-branche de qualité laisse à penser que se développe une division qualitative du travail à l'intérieur de la Communauté. [...] Certes, il y a bien spécialisation, mais elle s'est faite à l'intérieur de chacune des branches. [...] Le développement d'un échange intra-branche de qualité, parce qu'il ne suscite pas de vastes restructurations sectorielles, est potentiellement moins perturbateur que celui d'un échange inter-branche issu d'un phénomène d'agglomération » (Fontagné et Freudenberg, 1998, pp. 3 et 4).

**Tableau 5.1**
***Valeur et part des types de commerce dans le commerce intra-CE***

| | Part en 1994 (%) | | | Variation entre 1985 et 1994 (points de %) | | |
|---|---|---|---|---|---|---|
| | Intra | | Inter | Intra | | Inter |
| | Variété | Qualité | | Variété | Qualité | |
| France | 24 | 44 | 32 | 2 | 9 | – 11 |
| Allemagne | 20 | 47 | 33 | 1 | 9 | – 10 |
| UEBL | 23 | 42 | 35 | – 2 | 8 | – 6 |
| Royaume-Uni | 16 | 48 | 36 | 2 | 12 | – 14 |
| Pays-Bas | 19 | 42 | 39 | 0 | 9 | – 9 |
| Espagne | 19 | 35 | 46 | 9 | 9 | – 18 |
| Italie | 16 | 37 | 47 | 5 | 5 | – 7 |
| Irlande | 8 | 34 | 58 | – 2 | 2 | 0 |
| Danemark | 8 | 32 | 60 | – 3 | 4 | – 1 |
| Portugal | 7 | 24 | 69 | 3 | 14 | – 17 |
| Grèce | 4 | 10 | 86 | 1 | 2 | – 3 |
| CE à 12 | 19 | 42 | 39 | 1 | 8 | – 9 |

Intra-variété : commerce intra-branche de variété.

Intra-qualité : commerce intra-branche de qualité.

Inter : commerce interbranche.

Source : Fontagné, L., Freudenberg, M., (1997), « L'impact du Marché unique sur le commerce européen », *La lettre du CEPII*, n° 154, février.

**Tableau 5.2**
*Points forts par prix/qualité, commerce intra-CE en 1994*

| Pays | Bas de gamme | Gamme moyenne | Haut de gamme |
|---|---|---|---|
| Irlande | | | + |
| Allemagne | | | + |
| France | | + | + |
| Royaume-Uni | | + | |
| Pays-Bas | | + | |
| UEBL | | + | |
| Danemark | | + | |
| Espagne | + | + | |
| Grèce | + | + | |
| Italie | + | | |
| Portugal | + | | |

Note : un signe + correspond à une contribution positive à la balance commerciale intra-CE.
Source : Fontagné, L., Freudenberg, M. (1997), « L'impact du Marché unique sur le commerce Européen », *La lettre du CEPII*, n° 154, février.

## 5.1.2 *La structure des échanges des pays de l'UE-15 avec les pays d'Europe centrale et orientale (PECO)*

L'étude des échanges commerciaux des pays d'Europe centrale et orientale (PECO) ne peut être menée qu'en gardant à l'esprit le choc formidable qu'a constitué la désintégration brutale du bloc soviétique ainsi que l'effondrement du Conseil d'Aide Économique Mutuelle (CAEM) qui organisait les flux commerciaux au sein de ce bloc [16]. Deux points méritent d'être soulignés qui répondent aux craintes exprimées par certains observateurs. En premier lieu, ce « grand » bouleversement n'a pas engendré de détournements de commerce durables au profit du cœur de l'UE et au détriment des relations commerciales entre PECO. Le commerce entre PECO s'est même réorganisé en « sous-bassins » d'échanges. En second lieu, l'accession des PECO à l'UE ne s'est pas accompagnée d'une divergence accrue des structures de production et de spécialisation par rapport aux pays du cœur de l'UE : le commerce intra-branche progresse fortement même s'il existe des différences notables entre pays.

■ **L'intensification des liens commerciaux entre les PECO et ceux de l'UE**, formalisés par la signature des Accords européens entre l'UE et chacun des pays candidats, **n'ont pas empêché les flux commerciaux entre PECO de se réorganiser par la suite sur une base régionale élargie** (Lefilleur (2005,

16 Voir aussi l'article de Maurel (1998) sur les effets du processus de désintégration de l'empire des Habsbourg dans les années 1920 sur les flux commerciaux : « Le régionalisme : les enseignements de l'est européen », *Économie internationale*, n° 74, pp. 43-52.

2008))[17]. La part des exportations intra-régionales (entre PECO) est passée de 16 % des exportations totales de ces pays à 8 % entre 1989 et 1991, tandis que la part de l'UE dans leurs exportations passait de 40 à 60 % sur la même période. On observe cependant que depuis la moitié des années 1990 le commerce régional entre PECO progresse plus rapidement en volume que le commerce de ces pays avec l'UE[18]. Comme le montre Mile (1998)[19], s'il y a eu au début de la transition un détournement des échanges au profit de l'UE, le phénomène a, dès 1994, marqué le pas grâce notamment à la libéralisation des échanges permis par l'Accord de libre échange centre-européen (ALECE). En d'autres termes, le scénario du *hub and spoke bilateralism* imaginé par Baldwin (1994) a fonctionné pendant la période de transition mais s'est depuis atténué[20]. La part des exportations des PECO vers l'UE-15 s'élevait en 2005 à environ 60 % de leurs exportations totales après avoir atteint près de 70 % à la fin des années 1990. La baisse observée entre 2000 et 2005 reflète la montée en puissance des échanges intra-PECO sur cette période. Les PECO pris dans leur ensemble sont devenus le deuxième partenaire commercial de l'UE-15 après les États-Unis.

Le scénario décrit par Baldwin (dit aussi « moyeu-rayon ») correspond à une situation où un pays-centre (pays A) signe un accord bilatéral (ou constitue une zone de libre-échange) avec chacun des pays B et C. Il en résulte une situation asymétrique : le pays A ne bénéficie que de créations de commerce (il est en quelque sorte dans une situation de libre-échange avec ses deux partenaires). À l'inverse, tant que les pays B et C maintiennent des barrières aux échanges entre eux, ils subiront un détournement de commerce. En clair, les gains du commerce iront surtout au centre tandis que les membres en périphérie risquent d'être marginalisés. Dans le cas qui nous occupe, la crainte était que les accords bilatéraux signés entre les PECO et l'UE ne conduisent à un détournement de commerce néfaste aux échanges intra-PECO. Il existait en outre un risque que les investissements directs étrangers (IDE) à destination des PECO soient découragés. En effet, le marché de l'UE est de grande taille par rapport à celui de ces pays, ce qui incite une firme multinationale qui opère dans les deux zones (UE et PECO) à s'installer près du grand marché, même si les salaires y sont plus élevés, car cela lui évite à la fois de supporter des coûts de transport élevés (pour exporter des PECO vers l'UE) et les barrières au commerce existant entre les PECO eux-

---

17 Le lecteur désireux d'avoir de plus amples détails et des références bibliographiques sur le sujet pourra utilement se référer à Lefilleur, J. (2005), « Vers une régionalisation des échanges commerciaux en Europe centrale et orientale », *Économie internationale*, 101, pp. 89-114. Voir aussi Lefilleur, J. (2008), Développement industriel et émergence de sous-bassins régionaux en Europe centrale et orientale pendant la période de transition, thèse de doctorat en sciences économiques, Université de Paris I – Panthéon Sorbonne.

18 Sur le plan institutionnel, on notera l'entrée en vigueur en 1993 de l'Accord de libre-échange centre-européen (ALECE) dont les pays fondateurs sont la Pologne, la République tchèque, la Slovaquie et la Hongrie (mais qui s'est élargi par la suite) et en 1994 du *Baltic Free Trade Agreement* (BFTA) qui regroupe les États baltes.

19 Mile, I. (1998), « The Central European Free Trade Agreement (CEFTA): A step towards EU membership or genuine cooperation ? », *in* Paraskevopoulos, C., Kintis, A., Kondonassis, A. (eds.), *Globalization and the Political Economy of Trade Policy*, Toronto, APF Press.

20 Baldwin, R. (1994), *Towards an Integrated Europe*, Londres, CEPR.

mêmes. En décourageant l'implantation d'IDE, ces accords pouvaient par ailleurs priver les PECO d'une source importante de commerce régional (hypothèse de complémentarité entre commerce et IDE) [21].

Lefilleur (2005, 2008) fait apparaître qu'il existe trois sous-bassins d'échange naturels au sein de la zone formée par les PECO : le sous-bassin balte formé de la Lituanie, de la Lettonie et de l'Estonie, le sous-bassin central avec la République tchèque, la Slovaquie, la Slovénie, la Hongrie et la Pologne, le sous-bassin balkanique, enfin, avec la Bulgarie et la Roumanie. Il apparaît que, toutes choses égales par ailleurs, deux pays appartenant à un même sous-bassin échangeaient sur la période considérée deux fois plus en moyenne que des pays n'appartenant pas au même sous-bassin et que cet « effet bassin » se renforce dans le temps. Au sein de chacun de ces sous-bassins, il apparaît que les échanges de biens intermédiaires (et non pas de biens finaux) sont plus intenses du fait de l'existence de complémentarités sectorielles dans les pays concernés qui présentent en outre des structures de production proches. Ces « effets bassins » s'accompagnent enfin d'une intensification du commerce intra-branche à l'intérieur des sous-bassins. L'analyse des échanges commerciaux des PECO avec l'UE-15 fait apparaître l'importance des effets de proximité : les échanges de chacun des sous-bassins sont fortement polarisés vers les bassins de l'UE-15 qui sont proches géographiquement. On observe en outre une augmentation des échanges intra-branches entre les PECO et leurs voisins de l'UE-15 qui s'explique par une convergence des structures de spécialisation des premiers vers les seconds. Celle-ci résulterait d'une décomposition verticale des processus de production entre les sous-bassins des PECO et les bassins avoisinants de l'UE-15 qui aurait été favorisée par les investissements directs étrangers (IDE) en provenance de l'UE-15 (environ 80 % des IDE reçus par les PECO en 2005) dont on sait qu'ils ont joué un rôle important dans la restructuration de l'appareil productif des PECO depuis la première moitié des années 1990.

■ La structure des exportations du bassin balte fait apparaître des avantages comparatifs dans les industries traditionnelles intensives en ressources naturelles (en particulier dans la filière bois) et dans une moindre mesure en travail (le contenu technologique de ses exportations reste encore relativement faible). Le sous-bassin central se caractérise par une prépondérance des industries mécaniques, électriques et électroniques. La part des exportations de moyenne-haute et haute technologie a connu une très forte augmentation au cours des dernières années et se situe désormais au-dessus de la moyenne de l'UE-15. Le sous-bassin balkanique a des avantages comparatifs marqués dans les filières du textile et de la métallurgie. Une étude plus fine de la spécialisation au niveau des pays et non plus des sous-bassins montre que les nouveaux entrants parmi les plus avancés se spécialisent sur des créneaux intensifs en facteur capital et à fort contenu technologique (la Hongrie dans le domaine de l'électronique et de l'informatique ou l'Estonie dans le secteur des télécommunications), tout en maintenant des avantages comparatifs dans des secteurs plus traditionnels (agroalimentaire pour la Hongrie et industrie du bois pour

21 Voir dans le chapitre 2 la discussion sur la relation de substituabilité ou de complémentarité qu'entretiennent IDE et commerce international.

l'Estonie). Par ailleurs, il existe une forte similitude entre la structure des exportations de certains PECO (Tchéquie, Slovénie, Hongrie et Pologne) et celle de l'UE-15 (cette similitude est en réalité plus marquée avec l'Espagne et le Portugal). La note est moins optimiste pour les pays les moins avancés comme la Bulgarie dont les caractéristiques en termes de structures d'exportation sont plus proches de la Grèce que du reste de l'UE-15. Enfin, la structure des exportations des PECO est très proche, ce qui fait qu'ils se retrouvent en situation de concurrence les uns avec les autres [22].

■ **La structure des échanges commerciaux des nouveaux pays accédants (PECO auxquels viennent s'ajouter Chypre et Malte) se caractérise par un recul du commerce inter-branche et par une montée en puissance du commerce intra-branche.**

• **Le commerce inter-branche représente encore à peu près la moitié du commerce total des 10 pays entrés en 2004 dans l'UE** même si sa part dans les échanges de ces pays est en diminution entre 2000 et 2007 (Malte constituant une exception) [23]. De façon symétrique, le commerce intra-branche a augmenté sur la même période (y compris pour la Bulgarie et la Roumanie) ; cette augmentation est particulièrement sensible depuis l'entrée de ces pays dans l'Union européenne. La part du commerce intra-branche est passée pour les pays de l'UE-10 (nouveaux accédants en 2004) de 42 % en 2000 à 51 % en 2007 avec des différences notables entre pays. En 2007, si on fait abstraction de Malte et Chypre, la part du commerce intra-branche dans le commerce total de ces pays se situait entre 41 % (pour la Slovaquie) et 58 % (pour la Slovénie et la République tchèque). Pour Malte et Chypre, les indices de commerce intra-branche sont beaucoup plus faibles (16 et 17 % respectivement), ce qui les situe à un niveau nettement moins élevé que la Bulgarie (32 %) et la Roumanie (33 %). On constate en outre que les pays pour lesquels le commerce intra-branche était déjà important en 2000 ne connaissent pas d'augmentation significative de ce type de commerce en 2007. En revanche, les pays baltes se caractérisent par une augmentation substantielle de la part du commerce intra-branche dans le total de leurs échanges sur la période 2000-2007. Un pays comme la Lettonie voit, par exemple, son indice de commerce intra-branche doubler sur la période.

L'indice de commerce intra-branche est plus faible en moyenne pour les nouveaux pays accédants que pour ceux de l'UE-15. On soulignera cependant que certains pays comme la République tchèque, l'Estonie, la Hongrie, la Pologne et la Slovénie ont un indice de Grubel-Lloyd supérieur à 50 % alors que des pays de l'UE-15 comme la Finlande, la Grèce, l'Irlande, le Luxembourg ou encore le Portugal ont des indices infé-

---

22 Un point intéressant à noter est que la structure des exportations de la Hongrie est proche de celle de l'Irlande (développement dans les deux pays d'un secteur à haute technologie) alors que l'Irlande présente avec les autres PECO très peu de similitudes.

23 Les développements qui suivent s'inspirent de Kawecka-Wyrzykowska, E., (2009), « Evolving pattern of intra-industry trade specialization of the new Member States of the EU: the case of automotive industry », *Economic Papers*, European Commission.

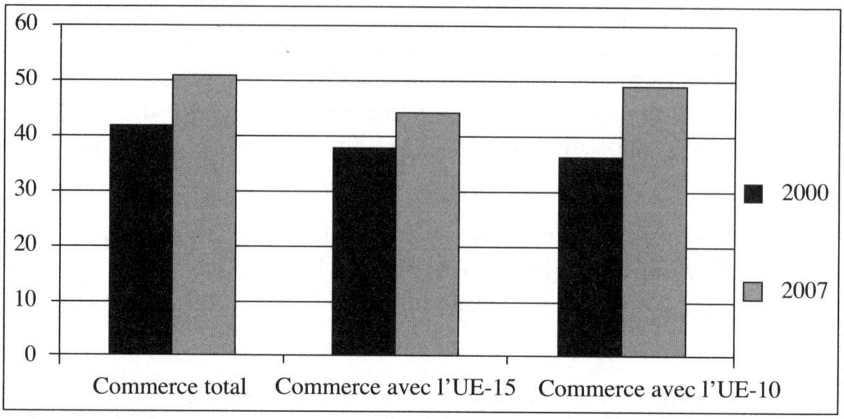


**Figure 5.1**
*Intensité du commerce intra-branche des pays UE-10 en 2000 et 2007*

Source : Kawecka-Wyrzykowska, E., (2009), « Evolving pattern of intra-industry trade specialization of the new Member States of the EU: the case of automotive industry », Economic Papers, European Commis sion, p. 15.

rieurs à 50 % (20 % pour la Grèce). On notera enfin que la part du commerce intra-branche des nouveaux pays accédants avec ceux de l'UE-15 était de 44 % en moyenne en 2007. Pour ce qui concerne les échanges entre les nouveaux pays accédants, cette part s'élève à 50 % environ. À titre de comparaison, le même indice s'élevait à 60 % pour le commerce entre pays de l'UE-15.

• **Dans les nouveaux pays accédants, le commerce intra-branche a toujours été dominé par le commerce intra-branche de type « vertical »**. On observe plus précisément que ces pays sont fortement spécialisés dans la production de biens de faible qualité (ils importent en revanche des biens de qualité élevée). Des progrès ont cependant été accomplis sur la période 2000-2007 : la part du commerce intra-branche vertical de haute qualité dans le commerce total des pays concernés a augmenté dans la totalité des nouveaux pays accédants. Cette part a même doublé pour des pays comme la République tchèque, la Slovaquie ou encore l'Estonie. De façon générale, cependant, la spécialisation sur des produits de faible qualité continue à dominer (les trois pays cités ci-dessus constituant une exception). Pour ce qui concerne le commerce intra-branche de variété, on soulignera qu'il a aussi augmenté sur la période de façon très significative. La part du commerce intra-branche de variété dans le total de leurs échanges double dans les nouveaux pays accédants passant de 7 % à 14 % sur la période 2000-2007 [24]. Dans certains pays, l'*augmentation* du commerce intra-branche sur la

24 Une observation plus fine montre que cette évolution est due en grande partie à la montée en puissance du commerce intra-branche de variété en Pologne qui est le plus « grand » pays parmi les nouveaux accédants.

période 2000-2007 est même due en quasi-totalité au commerce intra-branche de variété. Cependant, le commerce intra-branche vertical (de qualité) reste *en niveau* deux fois supérieur au commerce intra-branche de variété en 2007 dans les nouveaux États membres pris dans leur ensemble.

L'*évolution* de la spécialisation intra-branche n'est pas la même selon que l'on s'intéresse aux échanges entre les nouveaux pays accédants ou selon que l'on considère les échanges de ces pays avec ceux de l'UE-15. Dans le premier cas, l'accroissement du commerce intra-branche est principalement dû à une augmentation du commerce intra-branche vertical. Dans le second cas, cet accroissement est dû à une augmentation du commerce intra-branche de variété. Ce dernier point est important car il est un révélateur de la convergence des structures de production et de spécialisation des nouveaux entrants avec ceux du cœur de l'UE-15. Ceci n'est pas étonnant : les disparités de PIB par tête entre les nouveaux accédants et les pays du cœur de l'UE ont diminué sur la période. On remarquera enfin que si on s'en tient à la part du commerce intra-branche de variété en niveau, cette part est sans surprise plus élevée dans les échanges entre les pays nouveaux accédants que dans les échanges entre ces pays et ceux de l'UE-15 (les nouveaux pays accédants sont sans doute en moyenne plus proches entre eux qu'avec les pays de l'UE-15 pour ce qui concerne par exemple leur niveau de PIB par tête).

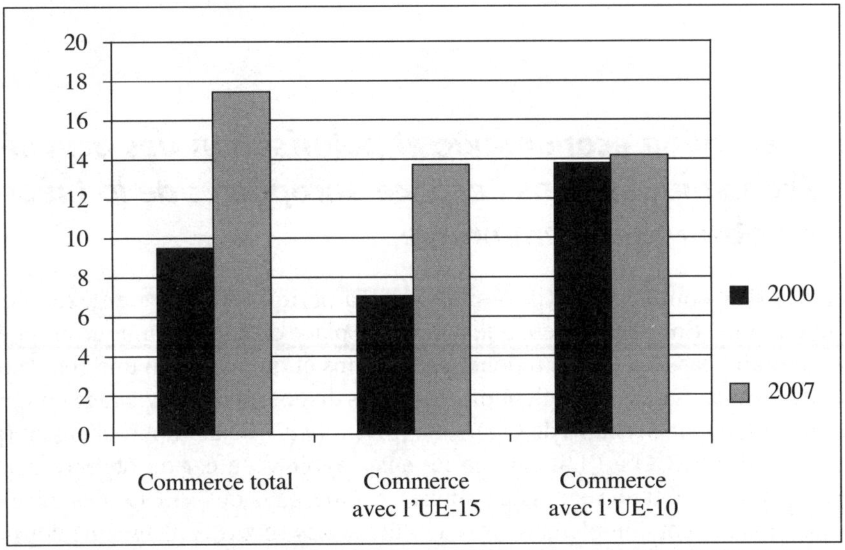


**Figure 5.2**
***Commerce intra-branche de variétés dans la zone UE-10, 2000 et 2007***

Source : Kawecka-Wyrzykowska, E., (2009), « Evolving pattern of intra-industry trade specialization of the new Member States of the EU: the case of automotive industry », Economic Papers, European Commission, p. 21.

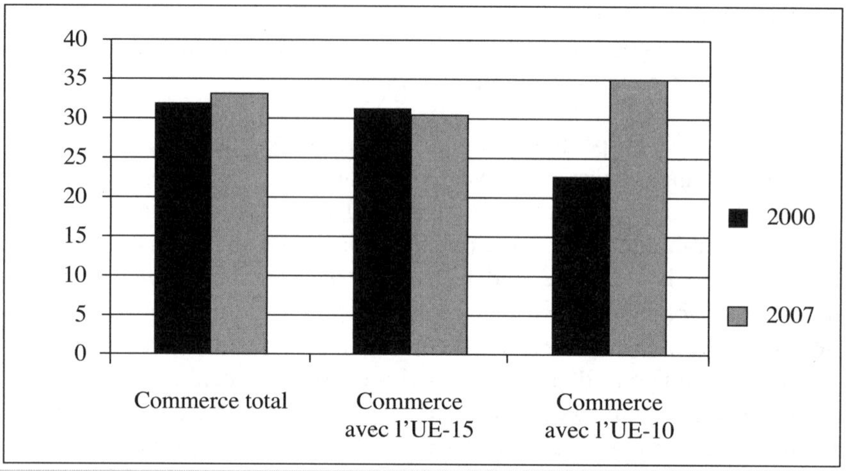


**Figure 5.3**
*Commerce intra-branche de qualité dans la zone UE-10, 2000 et 2007*

Source : Kawecka-Wyrzykowska, E., (2009), « Evolving pattern of intra-industry trade specialization of the new Member States of the EU: the case of automotive industry », Economic Papers, European Commission, p. 21.

### 5.1.3 *Intégration économique et polarisation des activités économiques dans l'espace européen : de la théorie à l'observation empirique*

L'étude des flux commerciaux intra-européens a permis de mettre en exergue deux points importants. En premier lieu, que la mise en place du Marché unique européen ne s'est pas traduite par le scénario redouté par certains et qui aurait vu une concentration de certaines branches dans un petit nombre de pays disposant d'un avantage comparatif. En second lieu, que le scénario de type « *hub and spoke* » lié au rapprochement (puis à l'intégration) des PECO à l'UE semble lui aussi avoir vécu car on observe depuis la moitié des années 1990 un regain de commerce entre pays des PECO. Les développements qui suivent sont complémentaires de l'étude des flux d'échange que nous avons menée jusqu'à présent. L'objectif est d'étudier à la fois sur un plan théorique et empirique comment se localisent les agents économiques dans l'espace, ainsi que les effets de l'intégration économique sur la physionomie de la géographie économique européenne. Nous utiliserons pour cela les enseignements de la nouvelle économie géographique (NEG).

## A. Nouvelle économie géographique : les principaux enseignements de la théorie économique

L'intégration de l'espace dans l'analyse économique ne s'est pas faite sans problème. Comme le font remarquer Baumont *et al.* (2000, p. 1) en introduction de leur ouvrage, « pour la théorie classique du commerce international, l'espace est au mieux regardé comme un support neutre des localisations des agents et des activités économiques. Au XIXe siècle, l'école spatialiste allemande de von Thünen à Launhardt et jusqu'à Weber en 1909, a réduit l'espace à une surface homogène de transport. Il aura fallu attendre la fin des années 1920 pour entrevoir la variable spatiale comme un paramètre stratégique du comportement des agents avec l'article de Hotelling en 1929 [25]. » La nouvelle économie géographique (NEG), à la suite de l'article fondateur de Krugman (1991), s'appuie sur des courants et des intuitions plus anciens mais présente l'avantage de fournir un corps théorique cohérent qui est relativement proche de celui des nouvelles théories du commerce international (le père fondateur de ces deux courants n'est autre que Paul Krugman…) [26] [27].

Head et Mayer (2004) proposent une liste d'éléments qui caractérisent les modèles de la NEG et les distinguent d'autres approches visant à expliquer les phénomènes d'agglomération dans l'espace. Ces éléments sont les suivants : (1) l'existence de rendements d'échelle internes à l'entreprise ; (2) la concurrence est imparfaite ; (3) il existe des coûts à l'échange ; (4) la localisation des entreprises est endogène (les entreprises entrent et sortent en fonction de la profitabilité obtenue en chaque localisation) ; (5) la demande se localise de façon endogène dans le sens où le marché (et les dépenses) dans une région dépend(ent) de la localisation des entreprises. Les hypothèses (1) à (4) sont communes aux nouvelles théories du commerce international et à la NEG. L'hypothèse (5) est importante car elle permet de distinguer les modèles de la NEG de ceux des nouvelles théories du commerce international. Si les hypothèses (1) à (5) sont réunies, alors même si des régions sont initialement « symétriques », il peut se produire une rupture et des phénomènes d'agglomération fondés sur des mécanismes de « causalité circulaire » (voir *infra*). Dans le cas où l'hypothèse (5) n'est pas présente, il peut y avoir agglomération mais celle-ci résulte d'une asymétrie initiale dans la taille des régions (une région est plus grande que l'autre).

■ **La répartition des activités économiques dans l'espace : une tension entre forces centrifuges et forces centripètes** – La nouvelle économie géographi-

25 Baumont, C., Combes, P.-Ph., Derycke, P.-H., Jayet, H., (2000), *Économie géographique : la théorie à l'épreuve des faits*, Paris, Economica.

26 Krugman, P. (1991), « Increasing returns and economic geography », *Journal of Political Economy*, 99, 3, pp. 483-499.

27 Pour une revue de la littérature théorique sur la nouvelle économie géographique, le lecteur pourra se référer en français à : Gérard-Varet, L.-A. et Thisse, J.-F. (1997a), « Économie géographique, problèmes anciens et nouvelles perspectives », *Annales d'économie et statistique*, (45), pp. 37-87 ou à : Ottaviano, G. et Puga, D. (1997), « L'agglomération de l'économie mondiale », *Économie internationale*, 71, pp. 75-97. En langue anglaise, le lecteur trouvera un excellent ouvrage collectif traitant à la fois des questions théoriques et empiriques coédité par J. V. Henderson et J.-F. Thisse, *Handbook of Regional and Urban Economics*, vol. 4, Elsevier, North Holland.

que (NEG) cherche à expliquer la localisation des activités économiques dans l'espace comme le résultat d'une tension entre des forces *centrifuges* qui conduisent à une dispersion des activités économiques dans l'espace et des forces *centripètes* qui sont à l'origine de l'agglomération spatiale des activités. Les explications théoriques permettant d'expliquer les phénomènes de polarisation mettent principalement l'accent sur la localisation des entreprises en soulignant que les configurations spatiales plus ou moins polarisées sont le résultat de l'arbitrage entre quatre types d'éléments (Gérard-Varet et Thisse, 1997)[28] : (1) les rendements d'échelle croissants, (2) la concurrence spatiale, (3) les coûts de transport et (4) les externalités positives.

Comme il a été souligné, l'existence de rendements d'échelle croissants est essentielle pour expliquer la polarisation d'activités économiques sur un site. On a même pu dire (Scotchmer et Thisse, 1992[29]) qu'il s'agissait du « *folk theorem* de la nouvelle économie géographique. En effet, si les rendements d'échelle sont non croissants et qu'il existe une distribution uniforme des ressources dans l'espace, alors l'économie se réduit à une multitude de « Robinson Crusoé », dans le sens où l'activité est dispersée sur l'ensemble du territoire (la théorie néo-classique du commerce international ne s'y est pas trompée qui suppose que les nations ont des dotations relatives différentes de facteur de production pour justifier l'échange international)[30]. L'argument est simple : dès lors qu'il existe des indivisibilités de production dues, par exemple, à l'existence de coûts fixes de production, alors il existe un arbitrage entre (1) concentrer la production sur un nombre limité de sites de grandes tailles de façon à bénéficier de coûts marginaux et moyens plus faibles et (2) les coûts de transport des lieux d'extraction des matières premières jusqu'au lieu de production et des lieux de production jusqu'aux lieux de consommation. Il en résulte donc que la concentration spatiale sera d'autant plus grande que les rendements d'échelle sont fortement croissants (ou de la même manière qu'il existe de fortes indivisibilités dans la production) et les coûts de transport sont faibles. Quand les coûts de transport sont faibles, on peut bénéficier des avantages liés à la concentration de la production sans craindre de perdre des parts de marchés sur les marchés où se trouve la demande.

Le deuxième élément qui entre en jeu est la concurrence que se livrent les producteurs quand ils sont situés à proximité et localisés sur un même marché. Il apparaît évident que plus le nombre d'entreprises est élevé et plus la concurrence en prix est forte. La concurrence en prix constitue donc une force de dispersion. Les entreprises ont donc intérêt à différencier leurs produits de façon à reconstituer leur

28 Gérard-Varet, L.-A. et Thisse, J.-F. (1997b), *Aménagement du territoire*, Rapport pour le Conseil d'Analyse Économique, Paris.

29 Scotchmer, S. et Thisse, J. (1992), « Space and Competition: a puzzle », *Annals of Regional Science*, 26, pp. 269-286.

30 La justification est simple : dans ce cas de figure, il serait toujours au moins aussi efficace de diviser les activités de production jusqu'à annuler les coûts de transport, ce qui correspond à une situation où il existe une multitude d'économie autarciques (la production est entièrement consommée sur place).

pouvoir de marché, de sorte que « la substitution d'une différenciation des produits à une différenciation géographique (Irmen et Thisse, 1995 [31]) contribue alors à la polarisation, les entreprises tendant à se localiser dans les zones où le marché des produits a une taille importante » (Gérard-Varet et Thisse, 1997b, p. 52). En d'autres termes, les firmes qui produisent des biens différenciés échappent en partie à la concurrence en prix et bénéficient des avantages de la proximité géographique sans en subir les inconvénients. [32 33]

## ENCADRÉ 5.2 [31 32]

### *La concurrence spatiale*

Ce résultat peut être mis en relation avec les travaux de Hotelling (1929)[32]. Il est supposé que deux vendeurs vendent à des consommateurs distribués de façon uniforme le long d'un segment linéaire et le prix en chacune des localisations est donné. Les coûts de transport sont supposés linéaires et supportés par les consommateurs qui paient d'autant plus cher qu'ils sont éloignés des producteurs. On montre alors que deux entreprises qui cherchent à maximiser leur clientèle et choisissent leur localisation de façon non coopérative vont s'implanter au centre du marché et donc minimiser leur différenciation spatiale (« principe de différenciation minimum »). Quand on introduit la concurrence en prix, la question devient plus complexe. L'introduction de la concurrence en prix conduit à un jeu en deux étapes. À la première période, les entreprises choisissent leur localisation. À la seconde, elles choisissent leur prix. Autrement dit, les entreprises sélectionnent leur localisation en anticipant la concurrence en prix qui en résulte. Le jeu est résolu par induction arrière (on résout d'abord le sous-jeu en prix conditionnellement aux prix de seconde période, puis le sous-jeu en localisation). Plus les producteurs sont proches et plus la concurrence en prix est forte. Au contraire, s'ils sont éloignés la concurrence en prix est moins élevée car les produits sont spatialement différenciés. Hotelling montre que l'équilibre est encore tel que les deux entreprises s'installent au centre du marché mais Aspremont, Gabszewicz et Thisse (1979)[33] ont pu démontrer que dans ce cas il n'existe pas d'équilibre en stratégie en prix en stratégie pure car un vendeur au moins est incité à baisser ses prix pour avoir tout le marché. En revanche, si les coûts de transport sont quadratiques, il existe un équilibre unique en prix pour chaque paire de localisation mais les entreprises s'installent chacune à une extrémité du marché (« principe de différenciation maximum ». Deux effets sont en jeu : un effet aire de marché qui pousse à la concentration géographique (les entreprises se localisent là où le marché est la plus grand (force centripète), c'est-à-dire dans ce cadre d'analyse au centre du marché) et l'effet de concurrence en prix qui incite les entreprises à s'éloigner l'une de l'autre (force centrifuge).

---

31 Irmen, A. et Thisse, J. (1998), « Competition in Multi-characteristics spaces: Hotelling was almost right », *Journal of Economic Theory*, 78, pp. 76-102.

32 Hotelling, H. (1929), « Stability in competition », *Economic Journal*, 39, pp. 41-57.

33 d'Aspremont, C., Gabszewicz, J.-J. et Thisse, J. (1979), « On Hotelling's Stability in Competition », *Econometrica*, 47, pp. 1145-1150.

## ENCADRÉ 5.2 (SUITE)

Une présentation un peu plus technique de ce résultat est faite par Gérard-Varet et Thisse (1997a, *op. cit.*, pp. 64-65). On désigne par $\Pi_1^*$ le profit de l'entreprise 1 évalué aux prix d'équilibre $p_1^*(x_1, x_2)$ correspondant à la paire de localisations $(x_1, x_2)$ où $x_1 < x_2$. En conséquence, puisque $\partial\Pi_1/\partial p_1 = 0$, nous avons :

$$d\Pi_1^*/dx_1 = (\partial\Pi_1/\partial p_2)(\partial p_2^*/\partial x_1) + \partial\Pi_1/\partial x_1 .$$

Il est possible de déterminer le signe des termes de droite de cette expression de la manière suivante. Le premier terme correspond à l'*effet stratégique* qu'entraîne un changement de localisation de l'entreprise 1 sur l'intensité de la concurrence en prix. Les biens étant spatialement différenciés, ils sont substituts, ce qui implique que $\partial\Pi_1^*/\partial p_2$ est positif ; au fur et à mesure que les biens deviennent des substituts plus proches, c'est-à-dire lorsque $x_1$ augmente, $\partial p_2^*/\partial x_1$ est négatif. En résumé, le premier terme est négatif. Le second, qui correspond à l'*effet aire de marché* découvert par Hotelling, est positif. Par conséquent, l'impact sur les profits d'une réduction de la distance entre les deux entreprises est indéterminé. Cependant, lorsque celles-ci sont suffisamment proches, le premier terme domine toujours le second, de sorte que *les entreprises choisissent toujours d'être séparées dans l'espace géographique.* Ceci implique que le principe de différenciation minimum cesse d'être valide lorsque l'on permet aux producteurs de se concurrencer en prix (Aspremont, Gabszewicz et Thisse, 1983[34]). La concurrence en prix est une force centrifuge majeure.

Quand les deux entreprises se rapprochent trop l'une de l'autre, le deuxième effet l'emporte sur le premier et les entreprises s'éloignent. La concurrence en prix est une force centrifuge majeure. Quand les entreprises peuvent échapper à une concurrence en prix (quand les produits sont hétérogènes) la concentration au centre du marché apparaît.

Le troisième élément qui peut expliquer la polarisation est l'existence d'externalités positives [35]. Depuis Scitovsky (1954) [36], on distingue deux types d'externalités : les « externalités technologiques » et les « externalités pécuniaires ». Les premières « traitent des effets d'interaction qui se produisent en dehors des marchés et affectent directement les utilités des consommateurs et/ou les fonctions de production des entreprises. En revanche, les secondes renvoient aux bénéfices des interactions économiques qui se concrétisent au travers des mécanismes habituels de marché (i.e., au travers des prix ) » (Gérard-Varet et Thisse, 1997, p. 43). Les externalités technologiques (aussi

34 d'Aspremont, C., Gabszewicz, J.-J. et Thisse, J. (1983), « Product differences and prices », *Economic Letters*, 11, pp. 19-23.

35 Pour Marshall (1920), *Principles of Economics* (London, MacMillan), les entreprises installées sur un même site peuvent bénéficier d'un large marché du travail spécialisé, d'un accès plus facile aux inputs nécessaires à la production ainsi que la possibilité de bénéficier d'externalités technologiques liées à la proximité géographique (on sait, par exemple, que les transferts de connaissances décroissent rapidement avec la distance du lieu où elles ont été émises). La présence d'entreprises du même secteur sur un site peut aussi constituer un signal pour les entreprises qui veulent s'installer sur un site. D'un autre côté, davantage d'entreprises c'est aussi plus de concurrence en prix (sauf si différenciation).

36 Scitovsky, T. (1954), « Two concepts of external economies », *The Journal of Political Economy*, 62, pp. 143-161.

appelées « *spillovers* ») produites par les interactions interpersonnelles (externalités de proximité au sens de Marshall (« *the secrets of industry are in the air* »)) conviennent le mieux pour rendre compte des phénomènes d'agglomération de « petite échelle » (micro-territoires). Ce type d'externalités positives renvoie à l'idée que l'échange d'informations se fait plus facilement quand les agents économiques sont proches les uns des autres, en particulier parce que l'échange d'informations dites « tacites » ou non standardisées se fait plus facilement et à un moindre coût. La différence essentielle entre informations standardisées et informations tacites est que le coût marginal de transmission des premières a été rendu invariant grâce à la révolution des nouvelles technologies de l'information (NTIC), alors même que le coût marginal de circulation des informations tacites diminue avec les interactions sociales et la proximité des agents économiques (« *intellectual breakthroughs must cross hallways and streets more easily than oceans and continents* », Glaeser *et al.*, 1992, p. 1126 [37]). La concentration d'activités économiques sur un même site permet en outre aux entreprises de disposer à un moindre coût d'une main-d'œuvre qualifiée ayant des compétences voisines comme l'avait déjà fait remarquer Marshall. On notera en revanche qu'expliquer les agglomérations de grande échelle impose de faire appel, soit à d'autres externalités technologiques dont l'efficacité ne se réduit pas avec la distance, soit à des externalités pécuniaires. Ces dernières étant médiatisées par les marchés, leur influence peut se faire ressentir sur de longues distances (Ottaviano et Puga, 1997) [38].

■ **Les mécanismes sous-jacents à l'agglomération spatiale dans un modèle de type cœur-périphérie –** La littérature théorique est foisonnante depuis le fameux modèle dit « cœur-périphérie » de Krugman (1991) [39]. Le modèle utilisé est un modèle de concurrence monopolistique à la Dixit-Stiglitz (1977) avec coûts de transport en iceberg à la Samuelson (1954). Les régions au nombre de deux sont supposées identiques en termes de préférences des consommateurs, de technologies de production et de dotations factorielles. Les consommateurs consomment un bien homogène (« bien agricole ») et des biens différenciés (« biens industriels »). Les consommateurs ont un goût pour la variété et leur utilité augmente avec le nombre de variétés de biens industriels mis à leur disposition. Les différentes variétés du bien industriel sont imparfaitement substituables dans les préférences des consommateurs. Le secteur traditionnel (« agriculture ») est produit au moyen d'une technologie à rendements d'échelle constants et il est vendu sur un marché parfaitement concurrentiel. Les travailleurs travaillant dans ce secteur sont supposés immobiles. Les coûts de transport concernant le bien agricole sont supposés nuls, de sorte que son prix est le même dans les deux régions. Le secteur manufacturier produit des biens industriels différenciés vendus sur des marchés régionaux où la concurrence est monopolistique. Chaque firme produit une variété de bien industriel différencié et la technologie de production de ce bien est à ren-

37 Glaeser, E. *et al.* (1992), « Growth in Cities », *Journal of Political Economy*, 100, pp. 1126-1152.

38 Ottaviano, G. I. P. et Puga, D. (1997), « L'agglomération dans l'économie mondiale », *Économie Internationale*, 71, pp. 75-100.

39 *Op. cit.*

dements d'échelle croissants. Les travailleurs de ce secteur sont supposés mobiles. Les coûts d'échange concernant les biens industriels sont formalisés en utilisant une fonction en « iceberg » à la Samuelson, ce qui signifie que seule une fraction des biens transportés arrivent dans l'autre région. La déperdition de bien correspond aux coûts de transport et plus (moins) un pays importe de variétés du bien industriel d'autres pays et plus son indice des prix sera élevé (faible).

Dans le modèle de type cœur-périphérie, l'immobilité des travailleurs du secteur agricole joue le rôle de force centrifuge parce qu'ils consomment les deux types de biens. La force centripète ou d'agglomération est plus complexe car elle est le fruit d'une « causalité circulaire et cumulative » mise en exergue par Myrdal (1957) [40] mais que l'on retrouve sous une terminologie différente chez différents auteurs comme Perroux (1955) [41], Hirshman (1958) [42] ou plus récemment Arthur (1994) [43] et Matsumaya (1995) [44]. Dans ce modèle, la causalité circulaire se met en place entre les entreprises et les consommateurs. L'idée générale est que si de nombreuses entreprises sont localisées dans une région (« le Nord »), le nombre de variétés de biens industriels est plus élevé dans cette région et le coût de la vie y est plus faible [45]. Le revenu réel des consommateurs du Nord augmente, ce qui attire de nouveaux travailleurs. La demande de biens industriels différenciés augmente alors dans le Nord, ce qui incite davantage d'entreprises à venir s'y installer. Par conséquent, il existe une plus grande variété de biens différenciés dans cette région. La figure 5.2 illustre la causalité circulaire qui relie le processus d'agglomération des producteurs au travers d'effets d'entraînement aval (la variété de biens industriels augmente le revenu réel des travailleurs) et amont (un nombre plus élevé de consommateurs attire plus d'entreprises). Krugman montre que ce mécanisme est susceptible de déboucher sur une configuration de type cœur-périphérie dans laquelle le secteur industriel se concentre en totalité dans une seule région (le Nord). Sans surprise (voir *supra*), ce type de configuration apparaît quand (i) les coûts d'échange sont relativement faibles, (ii) que les biens industriels sont suffisamment différenciés et (iii) que la part du secteur industriel dans l'économie nationale est suffisamment importante. La présence d'équilibres multiples fait que des changements mineurs dans les valeurs des paramètres peuvent engendrer des changements importants selon un processus discontinu des équilibres atteints. Il en

40 Myrdal, G. (1957), *Economic Theory and Under-developed Regions*, London, Duckworth.

41 Perroux, F. (1955), « Note sur la notion de pôle de croissance », *Économie appliquée*, 1-2, pp. 307-320.

42 Hirshman, A. O. (1958), *The Strategy of Economic Development*, New Haven, Yale University Press.

43 Arthur, W. B. (1994), *Increasing Returns and Path Dependance in the Economy*, Ann Arbor, The University of Michigan Press.

44 Matsumaya, K. (1995), « Complementarities and Cumulative Processes in Models of Monopolistic Competition », *Journal of Economic Literature*, 33, pp. 701-729.

45 Il faut bien comprendre que le changement de localisation d'une entreprise conduit à une augmentation du salaire nominal (la demande de travail augmente) dans la région d'accueil, ainsi qu'à une baisse de l'indice des prix à la consommation (un plus grand nombre de variétés sont produites localement, ce qui économise des coûts de transport pour le consommateur).

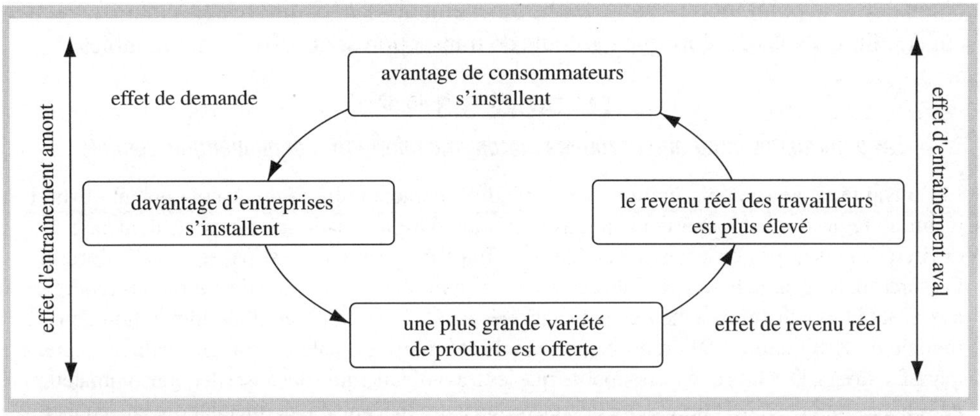


**Figure 5.4**
*Causalité circulaire dans la formation d'une agglomération d'entreprises et de travailleurs*
Source : Gérard-Varet et Thisse (1997a).

résulte que l'histoire (ici les dotations initiales) compte et qu'un avantage initial peut engendrer un processus cumulatif auto-renforçant (*self-enforcing*).

### ■ L'intégration économique renforce-t-elle les phénomènes de polarisation spatiale ?

La question qui se pose maintenant est de connaître les conséquences d'une intégration économique plus poussée (diminution des coûts d'échange) sur la localisation des activités économiques et des hommes dans l'espace. On peut montrer qu'une diminution des coûts d'échange ou alternativement une intégration économique plus poussée a tendance à renforcer le phénomène de polarisation (même si les externalités à l'origine du phénomène de l'agglomération peuvent être différentes selon le modèle). Des coûts d'échange élevés créent une force de dispersion supérieure aux forces d'agglomération, de sorte que le seul équilibre stable est celui dans lequel les activités sont dispersées dans l'espace. Dans le modèle de Krugman (1991), les forces de dispersion diminuent plus rapidement que les forces d'agglomération au fur et à mesure que les coûts d'échange se réduisent. Il existe donc un point mort (« *break point* ») de coûts d'échange au delà duquel les forces de concentration l'emportent sur les forces de dispersion (voir figure 5.3). L'équilibre symétrique ou dispersé dans lequel les travailleurs industriels se répartissent également dans les deux régions devient instable. On montre qu'il existe aussi un point soutenable qui peut être défini comme le degré d'ouverture tel que l'équilibre aggloméré devient stable. Le degré d'ouverture correspondant au point mort est supérieur à celui qui caractérise le point soutenable. Il existe par conséquent un intervalle de coûts d'échange où les forces d'agglomération sont trop faibles pour déstabiliser l'équilibre symétrique mais suffisamment forts pour assurer que si toutes les firmes étaient concentrées dans une région cet équilibre serait aussi localement stable (Ottaviano et Puga, 1997, p. 85). En d'autres termes, les trois équilibres sont stables lorsque le degré d'ouverture est compris entre le point soutenable et le point mort (« zone de chevauchement »). L'équilibre aggloméré devient le seul équilibre stable dès lors que les coûts de transaction sont suffisamment faibles.

## ENCADRÉ 5.3 [46] [47]

### *Les externalités input-output comme mécanisme alternatif d'agglomération spatiale*

Les travailleurs ne se déplacent en réalité que difficilement entre régions, notamment quand il s'agit de régions qui n'appartiennent pas à un même espace national. Ainsi, seulement 1,5 % environ des citoyens européens vivent dans un État européen qui n'est pas leur pays d'origine. De surcroît, les écarts de salaires interrégionaux n'induisent que très peu de migrations (comparé aux États-Unis) au sein même des pays européens. Or la dynamique d'agglomération dans le modèle de Krugman (1991) repose sur la mobilité interrégionale du travail qualifié (secteur manufacturier). Dès lors que l'on suppose que les travailleurs (qui sont aussi des consommateurs) ne sont pas mobiles, il est nécessaire de trouver un autre mécanisme permettant d'« enclencher » un processus cumulatif à travers lequel les activités économiques vont s'agglomérer à un endroit donné. Un tel mécanisme a été décrit par Krugman et Venables (1995)[46] et Venables (1996)[47]. Venables (1996) soutient que les entreprises peuvent avoir intérêt à se localiser les unes près des autres en raison de la présence d'externalités input-output directes analogues aux externalités amont et aval d'Hirschman (1958). En d'autres termes, l'accent est mis sur les relations entre producteurs de biens finaux et producteurs de biens intermédiaires : les producteurs de biens intermédiaires veulent s'installer près des producteurs de biens finals (qui sont la source de demande dans ce type de modèle : externalité de demande) ; les producteurs de biens finaux veulent être près de leurs fournisseurs pour économiser des coûts de transport (externalité de coût). Comme le soulignent Ottaviano et Puga (1997, p. 85), « la modélisation formelle de ces externalités fait apparaître qu'elles ne donnent lieu à des externalités pécuniaires qu'avec des rendements d'échelle croissants. Pour qu'une industrie aval apporte une externalité amont à une industrie, il ne suffit pas qu'il existe entre elles une relation de fournisseur-client ; il faut encore que l'augmentation de la production de l'industrie aval, en élargissant le marché des biens intermédiaires qu'elle utilise, pousse l'industrie amont à produire de façon plus efficace. De même, une industrie amont ne bénéficie d'une externalité aval que si l'augmentation de la production d'un secteur amont permet aux entreprises aval de produire de manière plus efficiente ».

Dans ce type de modèles, la question de savoir où l'agglomération se produit reste ouverte. On peut seulement souligner qu'une petite asymétrie initiale peut être amplifiée par un mécanisme de causalité cumulative et conduire à des différences importantes. Ainsi, un accident historique peut déterminer une localisation (par exemple le fait qu'une ville soit un port). La localisation de certaines activités peut aussi être déterminée en supposant que les phénomènes d'agglomération viennent renforcer et amplifier des avantages comparatifs (au sens de la théorie traditionnelle du commerce international). Enfin, certains auteurs mettent l'accent sur le rôle des anticipations des agents dans la formation d'agglomérations spatiales (Arthur, 1994)[48].

46 Krugman, P. & Venables, A.. (1995), « Globalization and the inequality of nations », *Quarterly Journal of Economics*, 110, pp. 857-880.

47 Venables, A. J. (1996), « Equilibrium Location of Vertically Linked Industries », *International Economic Review*, 37, pp. 341-359.

48 *Op. cit.*

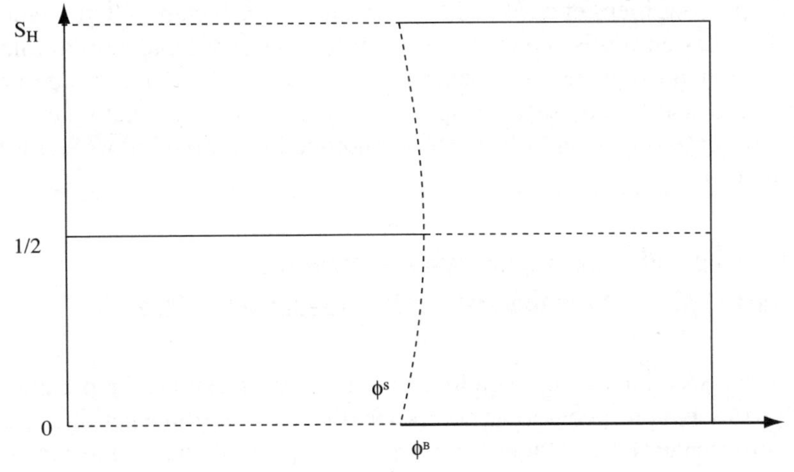


**Figure 5.5**
*Le diagramme « Tomahawk » dans les modèles centre/périphérie*

**Lecture** : le diagramme Tomahawk présente la part des travailleurs industriels résidant dans le nord $S_H$ en ordonnée et le degré d'ouverture des échanges $\varphi = \tau^{1-\sigma}$ en abscisse, où $\sigma$ est l'élasticité de substitution entre les différentes variétés du bien manufacturé et $\tau$ le coût d'échange. Il décrit les zones de stabilité à long terme (en trait plein sur le graphique) des équilibres où la production industrielle est répartie de manière équilibrée ($S_H = 1/2$) ou concentrée au Nord ou au Sud ($S_H = 1$ ou 0). Ainsi, si le degré d'ouverture est inférieur au point mort (« break point ») $\varphi^B$, alors seule la répartition équilibrée des activités industrielles entre les deux régions forme un équilibre stable. Lorsque le degré d'ouverture est supérieur au point soutenable (« sustain point ») $\varphi^S$, le seul équilibre stable devient l'agglomération de toutes les activités industrielles dans une région. Les trois équilibres sont stables lorsque le degré d'ouverture est compris entre le point soutenable et le point mort, zone dite de chevauchement.

Source : B. Cœuré, I. Rabaud, « Attractivité de la France : analyse, perception et mesure », *Économie et Statistique*, INSEE, n° 363-364-365-2003.

Au total, la diminution des coûts d'échange (et donc l'augmentation du degré d'intégration) peut se traduire par le passage d'un équilibre dispersé à un équilibre aggloméré selon un processus « catastrophique » (au sens mathématique du terme) dès lors que cette diminution dépasse le seuil du « point mort » (avant ce seuil rien ne se passe !). Dans le modèle de Krugman (1991), la diminution des coûts d'échange conduit à un processus d'agglomération même quand ils deviennent très faibles. On peut cependant montrer que les choses sont un peu plus compliquées quand il existe d'autres forces de dispersion non liées aux coûts d'échange. Ainsi, quand les coûts d'échange sont trop élevés, il n'y a pas d'agglomération possible (il est trop coûteux de servir les marchés étrangers à partir d'un seul site). L'agglomération apparaît pour des coûts d'échange intermédiaires car les externalités pécuniaires (à l'origine du phénomène de causalité circulaire) l'emportent. Quand les coûts d'échange deviennent trop faibles, cela réduit la force des externalités pécuniaires, de sorte que l'on devrait observer à nouveau un processus de dispersion dans le sens où « les différences dans le prix des biens et des facteurs immobiles l'emportent » (Ottaviano et Puga, 1997, p. 94). Les entreprises peuvent en effet trouver profitable de retourner dans la périphérie pour profiter de coûts salariaux plus faibles (sans crainte de perdre des parts de marché car les coûts de transport sont très faibles). La relation entre force de dispersion et coût d'échange n'est plus monotone : elle prend alors la forme d'une courbe en cloche.

## B. La polarisation de la géographie européenne : faits stylisés et enseignements des travaux empiriques

L'objet de cette section est de répondre à trois types de questions. En premier lieu, est-ce que l'on observe une géographie composée d'un cœur et d'une périphérie au sein de l'Union européenne (UE) ? Quelles sont les forces qui expliquent cette configuration ? Si cela est le cas, est-ce que le processus d'intégration européen a modifié les forces en présence ? Est-ce que l'on observe davantage de spécialisation au niveau de la production ?

■ L'observation de la répartition spatiale de l'activité économique mesurée en termes de revenus réels par habitant fait clairement apparaître une géographie européenne caractérisée par l'existence d'un cœur et d'une périphérie. Les régions riches constituent la fameuse « banane bleue » qui part du Sud-Est du Royaume-Uni, traverse les Pays-Bas puis se courbe au passage de l'Autriche pour arriver au Nord de l'Italie. Le phénomène « cœur-périphérie » semble avoir très légèrement décliné depuis le début des années 1980. Cela est dû à la convergence que l'on observe en termes de revenu (ou de richesse) par tête entre pays européens (UE-12). Le phénomène « cœur-périphérie » mesuré par l'indice (d'inégalité) de Theil reste cependant stable à l'intérieur des pays.

■ Les travaux cherchant à étudier l'évolution de la spécialisation au sein de l'UE sont nombreux et non exempts de critiques (voir Combes et Overman, 2004)[49], pour une revue critique de la littérature). Le travail de Midelfart-Knarvik *et al.* (2002)[50] permet de faire des comparaisons entre pays. Ces auteurs utilisent l'indice de Krugman (encadré 5.4) pour étudier l'évolution de la spécialisation pour quatorze pays de l'UE, en se fondant sur des données sectorielles couvrant 36 secteurs sur la période 1970-1997. Ce travail est complété par celui de Dupuch *et al.* (2004) qui incluent dans leur échantillon les pays d'Europe orientale (PECO). Les auteurs utilisent aussi l'indice de spécialisation de Krugman et travaillent des données sectorielles couvrant 72 produits

49 Combes P.-P. & Overman H. G., « The Spatial Distribution of Economic Activities in the European Union », *in Handbook of Regional and Urban Economics*, Vol. 4, Cities and Geography.

50 Midelfart-Knarvik, K. H., Overman, H. G., Redding, S. J., Venables, A. J. (2002), « Integration and industrial specialisation in the European Union », *Revue économique*, 53, pp. 469-481.

d'exportation sur la période 1990-2000. Les conclusions que l'on peut tirer de ces travaux sont les suivantes.

## ENCADRÉ 5.4
### *L'indice de spécialisation de Krugman*

L'indice de Krugman est calculé pour un pays a relativement à un pays b. Supposons que ces deux pays exportent les montants suivants :

| Produit $k$ | Valeur $x_a^k(t)$ | Part du produit dans les exportations totales $v_a^k(t) \equiv x_a^k(t)/\sum_k x_a^k(t)$ | Valeur $x_b^k(t)$ | Part du produit dans les exportations totales $v_b^k(t) \equiv x_b^k(t)/\sum_k x_b^k(t)$ |
|---|---|---|---|---|
| 1 | 10 | 0.1 | 500 | 0.5 |
| 2 | 90 | 0.9 | 500 | 0.5 |
| Total | 100 | 1 | 1000 | 1 |

Pour la période $t$, l'indice de spécialisation de Krugman est défini par la formule :

$K_{a,b}(t) = \sum_k abs\left(v_a^k(t) - v_b^k(t)\right)$ où $abs(.)$ signifie : valeur absolue.

avec $v_i^k(t) \equiv x_i^k(t)/\sum_k x_i^k(t)$

où $i = a,b$. $x_i^k(t)$ représente selon le cas les exportations, l'emploi, la production ou la valeur ajoutée, désagrégé(e)s en $k$ industries. Cet indice donne une information sur les différences de structures de production $v_i^k(t)$ entre un pays $a$ et un pays de référence $b$. Il varie de 0 lorsqu'il n'y a pas de spécialisation à 2 lorsque la spécialisation est complète. Contrairement aux autres mesures de spécialisation absolue, comme l'indice de Herfindhal-Hirshmann, l'indice de Krugman est une mesure de la spécialisation relative : il mesure la spécialisation d'un pays $a$ relativement à un pays $b$. Ainsi la mesure issue de notre exemple donne : $K_{a,b}(t) = abs(0.1 - 0.5) + abs(0.9 - 0.5) = 0.8$.

*Source* : Dupuch *et al.* (2004)

(*i*) Les pays du cœur et les « grands » pays de l'UE sont moins spécialisés que les autres pays, alors que les pays situés dans la périphérie sont davantage spécialisés que la moyenne de l'UE-15. Plus précisément, quatre groupes de pays peuvent être distingués (Combes et Overman, 2004). La France, l'Allemagne et le Royaume-Uni sont les pays qui connaissent la plus faible spécialisation au sein de l'UE-15. Les petits pays du cœur sont un peu plus spécialisés (Autriche, Belgique, Pays-Bas) que le groupe précédent. Les pays scandinaves sont encore plus spécialisés (Suède, Danemark, Finlande).

L'Irlande, la Grèce et le Portugal sont les pays les plus spécialisés. L'Italie et l'Espagne échappent en partie à cette classification. Le premier est un grand pays appartenant au cœur de l'Europe mais il est très spécialisé. Le second est encore considéré comme un pays « périphérique », tout en étant très faiblement spécialisé. L'évolution de la spécialisation montre que la plupart des pays de l'UE sont plus spécialisés au début des années 1990 qu'ils ne l'étaient au début des années 1980 [51]. Ceci tranche avec les États-Unis où la spécialisation semble avoir diminué sur la même période. Un fait important relevé par Dupuch *et al.* (2004) [52] est que l'Espagne ne connaît pas d'évolution notable sur ces vingt dernières années, alors que la Grèce et le Portugal, initialement très spécialisés, connaissent une diversification de leurs activités. Par ailleurs, les différences de spécialisation dans l'UE-25 sont encore plus importantes que dans l'UE-15. Les différences sont évidemment très importantes entre les pays du cœur et les nouveaux entrants. On note cependant aussi des différences notables entre nouveaux entrants. Enfin, des pays comme la Hongrie, la Tchéquie, la Pologne ou la Slovénie sont plus diversifiés que la Grèce et le Portugal, alors que les pays baltes sont plus spécialisés.

**Tableau 5.3**
*Indices de spécialisation de Krugman (UE-15)*

| Pays | 1970-1973 | 1980-1983 | 1988-1991 | 1994-1997 |
|---|---|---|---|---|
| Autriche | 0.314 | **0.275** | 0.281 | 0.348 |
| Belgique | **0.327** | 0.353 | 0.38 | 0.451 |
| Danemark | 0.562 | **0.553** | 0.585 | 0.586 |
| Espagne | 0.441 | **0.289** | 0.333 | 0.338 |
| Finlande | 0.598 | **0.51** | 0.528 | 0.592 |
| France | 0.204 | **0.188** | 0.207 | 0.201 |
| Allemagne | 0.319 | **0.309** | 0.354 | 0.37 |
| Grèce | **0.531** | 0.58 | 0.661 | 0.703 |
| Irlande | 0.701 | 0.623 | 0.659 | 0.779 |
| Italie | **0.351** | **0.353** | 0.357 | 0.442 |
| Pays-Bas | **0.508** | 0.567 | 0.547 | 0.517 |
| Portugal | 0.536 | **0.478** | 0.588 | 0.566 |
| Suède | 0.424 | **0.393** | 0.402 | 0.497 |
| UK | 0.231 | **0.19** | 0.221 | 0.206 |
| Moyenne pondérée | 0.326 | **0.302** | 0.33 | 0.351 |

Note : les valeurs minimales pour chaque pays sont en caractère gras.
Source : Midelfart-Knarvik (2002)

51 Les études menées en utilisant des données régionales (à partir de la base de données régionales d'Eurostat REGIO) sont plus difficiles à interpréter et les résultats moins tranchés.

52 *Op. cit.*

**Tableau 5.4**
***Indices de spécialisation des exportations pour les pays de l'UE-27***

| | 90-92 | 93-95 | 96-98 | 99-00 |
|---|---|---|---|---|
| France | 0.288 | 0.287 | 0.279 | 0.270 |
| Belgique -Luxembourg | 0.523 | 0.517 | 0.498 | 0.451 |
| Allemagne | 0.310 | 0.319 | 0.325 | 0.340 |
| Italie | 0.482 | 0.503 | 0.531 | 0.534 |
| Pays-Bas | 0.581 | 0.580 | 0.609 | 0.629 |
| UK | 0.419 | 0.431 | 0.407 | 0.429 |
| Irlande | 0.923 | 1.014 | 1.044 | 1.067 |
| Danemark | 0.684 | 0.689 | 0.662 | 0.639 |
| Finlande | 0.885 | 0.887 | 0.902 | 0.968 |
| Suède | 0.603 | 0.648 | 0.642 | 0.626 |
| Autriche | 0.555 | 0.539 | 0.484 | 0.485 |
| Espagne | 0.515 | 0.521 | 0.525 | 0.527 |
| Grèce | 1.151 | 1.066 | 1.021 | 1.029 |
| Portugal | 0.922 | 0.913 | 0.837 | 0.822 |
| EU-15 | 0.449 | 0.461 | 0.465 | 0.473 |
| Slovénie | | 0.662 | 0.662 | 0.690 |
| Estonie | | 0.949 | 0.949 | 1.110 |
| Lettonie | | 1.172 | 1.223 | 1.312 |
| Lituanie | | 0.990 | 0.975 | 1.093 |
| République tchèque | | 0.586 | 0.551 | 0.610 |
| Slovaque | | 0.681 | 0.646 | 0.713 |
| Hongrie | | 0.622 | 0.634 | 0.686 |
| Pologne | | 0.832 | 0.741 | 0.736 |
| Roumanie | | 0.980 | 1.074 | 1.097 |
| Bulgarie | | 0.889 | 0.939 | 0.970 |

Source : Dupuch S., Jennequin H. et Mouhoub (2004).

(*ii*) L'étude de la concentration de l'activité économique au sein de l'UE par secteur montre que le degré de concentration dépend du secteur et qu'il est difficile de tirer une conclusion générale. De surcroît, le degré de concentration a augmenté dans le temps pour certaines activités alors qu'il a diminué pour d'autres. Midelfart-Knarvik *et al.* (2003) [53] calculent des coefficients de Gini pour 36 secteurs manufacturiers sur les périodes 1970-1973, 1980-1983, 1990-1993 et 1994-1997. Les auteurs montrent que la concentration a augmenté dans 12 secteurs et diminué dans 24 autres. Les coefficients de Gini varient d'une période à l'autre. Plus intéressant dans notre perspective est la question de savoir quelles sont les caractéristiques des secteurs les plus concentrés. Combe et Overmann (2004, *op. cit.*) recensent les principales études traitant de cette

53 Midelfart-Knarvik, K. H., Overman, H. G., Redding, S. J., Venables, A. J. (2003),« The location of European industry », *in European Integration and the Functioning of Product Markets, European Economy*, Special report n° 2, European Commission Office for Official Publications, Luxembourg.

question et montrent (i) que les activités intensives en travail ou en capital (ou encore dans certaines ressources) ne sont pas plus concentrées que la moyenne, (ii) que les secteurs de haute technologie sont plus concentrés que la moyenne mais que la tendance est à la réduction de cette concentration, (iii) qu'il existe une corrélation positive entre rendements d'échelle croissants et concentration spatiale, (iv) que les mécanismes de causalité circulaire décrits dans la partie théorique ne trouvent qu'un écho limité empiriquement, (v) que l'impact des coûts d'échange (comme mesure du niveau d'intégration) sur la degré de concentration de l'activité économique n'est pas très clair.

Les développements précédents avaient pour objectif d'étudier les effets de l'intégration économique européenne sur les structures de spécialisation des pays membres ainsi que sur la répartition des activités économiques dans l'espace européen. L'intégration européenne va cependant plus loin qu'une simple intégration économique. Elle comporte un volet monétaire qu'il est maintenant utile d'étudier.

## 5.2 LA MONNAIE UNIQUE : UNE ÉTAPE SUPPLÉMENTAIRE DANS LE PROCESSUS D'INTÉGRATION EUROPÉEN ?

L'adoption d'une monnaie unique peut paraître un prolongement naturel au processus d'intégration économique qu'a connu l'Union européenne (et avant elle la CEE) depuis le début des années 1950. Pourtant, la mise en place de la monnaie unique européenne ne s'est pas faite sans difficulté. Nous retraçons d'abord les grandes étapes du processus d'intégration monétaire européen depuis l'échec du projet d'union monétaire européen contenu dans le rapport Werner de 1970 jusqu'au traité de Maastricht de 1992 et à la mise en œuvre de la monnaie unique. Nous apportons ensuite le point de vue de la théorie économique sur les conditions nécessaires à la viabilité d'une union monétaire et sur les gains attendus de la création d'une monnaie unique européenne.

### 5.2.1 *Les grandes étapes du processus d'intégration monétaire européen*

Le processus d'intégration monétaire européen débute par un échec dans les années 1960. En effet, les chefs d'État réunis à La Haye en décembre 1969, décident d'amorcer une réflexion sur les voies et les moyens de réaliser une Union économique et monétaire qui débouchera quelques mois plus tard sur le fameux rapport Werner (8 octobre 1970). Mais la décision du président Nixon de mettre fin à la convertibilité en or du dollar (10 août 1971) et l'effondrement du système de Bretton Woods qui s'ensuivit explique que ce rapport ambitieux ait connu une éclipse pendant vingt ans avant de ressurgir pour inspirer le rapport Delors (17 avril 1989) qui servira de base à la rédaction du traité de Maastricht (7 février 1992).

À partir du 18 décembre 1971, date de l'accord dit du *Smithsonian Institute (Washington)*, il fut en effet décidé d'établir une nouvelle grille de parités et d'élargir les marges de fluctuation de chaque monnaie par rapport au dollar de 1 à 2,25 % de part et d'autre de la parité officielle. Toutefois, afin de réduire les fluctuations entre monnaies européennes, le 21 mars 1972, le Conseil des ministres de l'Europe des six décidait de réduire de moitié l'écart maximum de fluctuation prévu par l'accord du Smithsonian Institute [54]. Ce dispositif, baptisé « le serpent dans le tunnel », superposait à la contrainte de fluctuation limitée par rapport au dollar, une contrainte bilatérale de sorte que l'amplitude maximale de variation entre la monnaie européenne la plus forte et la plus faible ne pouvait excéder 2,25 %. Mais la généralisation du flottement des monnaies par rapport au dollar à partir de 1973 (et donc la suppression *de facto* du « tunnel ») et les réactions divergentes des États membres face aux deux chocs pétroliers ont ouvert la voie à une période d'instabilité des changes. Celle-ci a contraint plusieurs participants – dont le franc – à sortir définitivement du « serpent monétaire » après un ou plusieurs allers-retours. Le rapport Werner et le projet d'Union monétaire européenne étaient alors abandonnés.

Entre-temps, la Conférence de Brême (6-7 juillet 1978), sur la base d'une proposition franco-allemande, avait permis de donner une nouvelle impulsion à l'Europe monétaire avec la création du Système monétaire européen, îlot de relative stabilité dans l'océan d'instabilité que représente à la fin des années 1970 le système monétaire international (Bourguinat, 1995) [55].

### A. Le S.M.E. : un système de changes fixes mais ajustables dont le bilan est contrasté

Le S.M.E. est un système de taux de change fixes mais ajustables. Chaque monnaie est définie par un cours pivot officiel par rapport à l'écu (*European currency unit*) [56]. L'écu n'est pas comme dans le régime de Bretton Woods une monnaie comme les autres mais un « panier » de monnaies dont la valeur est calculée comme une moyenne arithmétique pondérée (par la puissance économique de chaque pays au sein du SME) de celle des monnaies européennes. Les marges (ou bandes) de fluctuation entre deux monnaies ont été fixées initialement à +/– 2,25 % de part et d'autre des courspivots bilatéraux (ceux-ci étant obtenus par croisement des deux courspivots officiels de l'écu). Néanmoins, des marges de +/– 6 % ont été prévues pour des pays comme l'Italie et, plus tard, l'Espagne, le Royaume-Uni ou le Portugal ? souhaitant s'imposer une discipline de change sans pouvoir immédiatement respecter des marges étroites, jugées trop contraignantes.

54 Le flottement des monnaies a été immédiatement écarté pour deux raisons : d'une part il était incompatible avec la Politique agricole commune dont un des principes est l'unicité des prix agricoles ; d'autre part, la volatilité des taux de change aurait, pensait-on, nui au développement du commerce intra-européen.

55 Bourguinat, H. (1995), *Finance internationale*, Paris, PUF.

56 Pour une présentation synthétique des mécanismes du SME, voir Dévoluy, M. (1996), *L'Europe monétaire*, Paris, Hachette Supérieur, p. 95 sv.

Toutes ces marges ont en outre été élargies à +/– 15 % depuis le 2 août 1993, à cause des turbulences monétaires qui ont secoué le SME entre l'été 1992 et l'été 1993.

Facteur de stabilité des taux de change – malgré de nombreuses modifications de cours pivots – et point d'ancrage des politiques de désinflation depuis la moitié des années 1980, le SME a fait l'objet de critiques concernant essentiellement son fonctionnement asymétrique qui induirait un biais déflationniste, source de chômage.

■ **Le S.M.E a permis de limiter la volatilité des taux de change des monnaies européennes** (tableau 5.5). Mesurée par les écarts-types des taux de change mensuels, la volatilité des taux de change nominaux s'est réduite de 76 % entre le franc français et le deutsche mark et de près de 78 % entre la lire italienne et le deutsche mark entre les périodes 1974-1979 et 1987-1992. L'introduction de la livre dans le SME réduit sa volatilité par rapport au DM de 63 %. À l'inverse, la sortie du mécanisme de change ou l'introduction de marges de fluctuation plus importantes ramène le degré de volatilité au niveau des années 1970 [57].

**Tableau 5.5**
***Écarts types des variations mensuelles des taux de change exprimés en DM***

| | Japon | Grèce | Royaume- Uni | Suède | France | Italie |
|---|---|---|---|---|---|---|
| 1974 -1979 | 2,30 | 1,67 | 1,55 | 1,55 | 1,65 | 2,47 |
| 1979-1983 | 3,00 | 2,60 | 2,77 | 2,77 | 0,99 | 1,01 |
| 1983-1987 | 2,07 | 2,50 | 1,16 | 1,16 | 0,75 | 0,81 |
| 1987-1992 | 2,38 | 0,73 | 0,93 | 0,93 | 0,39 | 0,55 |
| 1992-1997 | 2,78 | 1,00 | 2,45 | 2,45 | 0,69 | 2,69 |

Source : Creel et Sterdyniak, 1998, *op. cit.*

Le SME s'est pourtant caractérisé par de fréquents ajustements des cours-pivots jusqu'en 1987 et il a subi une grave crise en 1992-1993 [58]. De 1979 jusqu'à la veille de la crise de 1992, le SME a connu douze réalignements de cours pivots, dont huit ont impliqué les grandes monnaies (mark, franc, lire) et ces réaménagements se sont tous réalisés dans le même sens : réévaluation du mark et dévaluation du franc et de la lire. Même si elles ont été atténuées, les fluctuations des monnaies sont restées fortes. Ainsi, le franc a été dévalué de plus de 30 % en termes nominaux vis-à-vis du mark, ce qui a permis à la France de « rattraper » une large part du différentiel d'inflation avec la RFA. Comme le souligne Capul (1992, p. 93), ces réaménagements monétaires ont d'ailleurs conduit certains observateurs à considérer le SME comme un système de « parités glissantes » plutôt que comme un accord de change fixe [59]. Toutefois, de 1987 jusqu'en 1992, les cours pivots des principales monnaies sont resté inchangés alors que,

57 Voir Creel, J. et H. Sterdyniak, (1998), « À propos de la volatilité de l'euro », *Revue de l'OFCE*, avril 1998, p. 221 sv.

58 Voir l'encadré sur la crise du SME de 1992-1993.

59 Capul, J.-Y. (1992), « L'Europe monétaire et financière », dans *L'Europe des communautés*, Paris, La Documentation française.

sur la même période, le dollar a perdu, puis regagné jusqu'à 30 % de sa valeur par rapport au franc et au deutsche mark.

■ **Le SME a en outre joué un rôle non négligeable dans le processus de désinflation, le taux d'inflation moyen passant de 8,5 % en 1983 à 3,8 % en 1993 pour les pays de l'Union européenne.** Ce mouvement de désinflation, même s'il a concerné tous les pays de l'OCDE, s'explique en partie par le choix d'un certain nombre de pays du SME de fixer leur taux de change par rapport au DM de façon à bénéficier de la crédibilité de la Bundesbank en matière de lutte contre l'inflation [60]. Comme le soulignent Lavigne et Villieu (1996), « dans cette optique de crédibilité, l'avantage de "se lier les mains" à travers le mécanisme de change est d'alléger le coût de la lutte contre l'inflation, en réduisant les tensions inflationnistes (donc en réduisant en durée et en ampleur l'excès de chômage transitoire dû à la désinflation » [61]. Plus spécifiquement, le respect de la discipline imposée par le SME correspond, notamment en France et en Italie, à un changement d'orientation de la politique économique interne dans la seconde moitié des années 1980. Il s'agissait de renoncer à une stratégie de croissance fondée sur une inflation élevée, accompagnée par des dévaluations compétitives pour rétablir l'équilibre extérieur.

■ **En dépit de ces réussites, le SME fait l'objet de critiques qui concernent essentiellement son fonctionnement asymétrique**, accusé désormais de consacrer l'hégémonie de la politique monétaire allemande, alors même que la lutte contre l'inflation semble gagnée et que les performances européennes en matière de croissance et d'emploi sont médiocres.

(*i*) La principale asymétrie dans un système de change fixe caractérisé par une forte mobilité des capitaux, comme c'est le cas en Europe depuis le début des années 1990 (voir *infra*), provient du fait qu'il est illusoire pour les pays participants de vouloir mener des politiques monétaires autonomes. Mais c'est, en réalité, le prix à payer pour bénéficier de la crédibilité de la Bundesbank en matière de lutte contre l'inflation. Ce résultat, bien connu des économistes depuis R. Mundell (1961) [62], a été popularisé plus récemment par le rapport Padoa-Schioppa (1987) [63], grâce à une présentation schématique nommée « *triangle d'incompatibilité* ».

---

60 Pour que leur lutte contre l'inflation soit crédible, les gouvernements peuvent faire appel à deux solutions : déconnecter la banque centrale du pouvoir politique et/ou se plier à une contrainte de change comme c'est le cas pour le SME. Le lecteur trouvera davantage d'informations sur la question de la crédibilité de la politique monétaire et sur l'indépendance de la Banque centrale dans la deuxième partie de ce chapitre.

61 Lavigne, A. et P. Villieu (1996), « La politique monétaire : nouveaux enjeux, nouveaux débats ? », *Revue d'économie politique*, 8.

62 Mundell, R. (1961), « A Theory of Optimum Currency Areas », *The American Economic Review*, vol. 51, pp. 657-664.

63 Padoa-Schioppa, T. *et al.* (1987), *Efficiency, Stability and Equity. A Strategy for the Evolution of the Economic System of the European Community*, Oxford University Press.

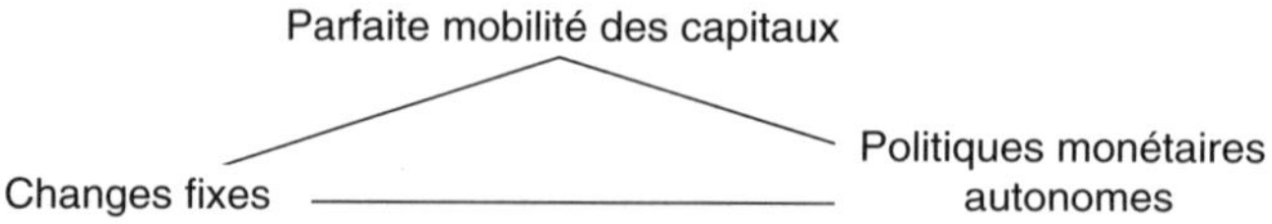


Triangle d'incompatibilité

Le triangle d'incompatibilité exprime simplement que si deux pays veulent jouir des deux caractéristiques correspondant à des sommets du triangle, ils devront renoncer à la troisième. Ainsi, en partant du constat en vertu duquel les capitaux sont aujourd'hui très fortement mobiles à l'échelle européenne, l'analyse économique montre qu'une politique monétaire autonome est irréalisable car elle se heurte à la contrainte du taux de change, *sauf pour le pays qui constitue l'ancre du système.* En effet, l'hypothèse de parfaite mobilité des capitaux implique qu'à chaque instant il existe des capitaux susceptibles de se déplacer instantanément d'un pays à un autre à la recherche de la meilleure rémunération possible. Tant que le taux d'intérêt porté par des actifs financiers comparables (en termes de risque par exemple) est supérieur à celui de ses voisins, il s'ensuit une entrée massive de capitaux. À l'inverse, si un pays maintient des taux d'intérêt plus faibles qu'ailleurs, il se produit des sorties de capitaux tant que subsiste un différentiel d'intérêt. À l'équilibre, les taux d'intérêt, éventuellement corrigés par la variation anticipée du taux de change de chaque monnaie, doivent donc être partout les mêmes [64]. Par conséquent, une banque centrale, qui voudrait mener une politique monétaire expansionniste, autrement dit qui voudrait accroître l'offre de monnaie, exposerait le pays à une fuite de capitaux du fait de la baisse du taux d'intérêt sur le marché intérieur. Cette fuite n'est compatible avec le maintien de taux de change fixes que si la banque centrale en question intervient sur le marché des changes pour empêcher la dépréciation en rachetant sa monnaie contre des devises. Si la fuite de capitaux continue, la Banque centrale risque d'épuiser ses devises et elle est donc obligée de revenir à une politique monétaire plus restrictive [65].

Dans un système de change fixe avec mobilité parfaite des capitaux, la masse monétaire d'un des deux pays devient endogène. Autrement dit, un seul des deux pays conserve l'autonomie de fixer sa propre masse monétaire et par conséquent la masse monétaire globale de la zone. *Dans le cas du SME, c'est clairement l'Allemagne, très attachée à la stabilité des prix, qui a joué le rôle de leader et par conséquent c'est un système asymétrique qui a fonctionné : la Bundesbank fixe la politique monétaire de la zone et les autres pays sont obligés de s'aligner pour respecter les accords de parité.* Mais dans la mesure où les spéculateurs anticipent, par exemple, la possibilité d'une dépréciation du franc par rapport au mark, la Banque de France doit maintenir un écart

64 Voir, pour plus de détails, le chapitre sur la globalisation financière et en particulier la théorie de la parité non couverte des taux d'intérêt (PTINC).

65 Des économistes, à la suite de Tobin, ont proposé de réduire la mobilité des capitaux en instaurant une taxe sur les opérations de change (de l'ordre de 1 % des montants échangés) de façon à dissuader les opérations spéculatives à très court terme. Voir sur ce point le chapitre sur la globalisation financière.

de taux d'intérêt avec l'Allemagne d'autant plus élevé que les craintes des spéculateurs sont fortes afin d'éviter des sorties de capitaux. Ainsi, en France, le taux d'intérêt réel de court terme inférieur de 1,2 point de pourcentage au taux allemand de 1970 à 1979, a été plus élevé d'un point de 1983 à 1988. Autrement dit, l'asymétrie, qui fit le succès du SME, contribua de façon décisive à ses difficultés car, comme le souligne Bourguinat (1995), « *le pays qui émet la monnaie la plus forte de la zone prête la crédibilité de sa politique monétaire aux autres pays […] mais comme tout prêt a une contrepartie, les pays "autres" que celui qui est le pivot acceptent plusieurs compensations : les taux d'intérêt qui sont dirigés par ceux du pays-centre et ne correspondent pas nécessairement aux conditions de leur marché domestique* »[66].

(*ii*) Cette asymétrie s'est traduite en outre par *une inégalité de traitement* entre les pays à monnaie forte et les pays à monnaie faible en matière d'intervention des banques centrales. Pourtant, à l'opposé du « serpent monétaire », où le poids des interventions reposait uniquement sur la Banque centrale du pays dont la monnaie était faible, le SME. a cherché à répartir plus équitablement la charge des interventions sur le marché des changes avec le pays dont la monnaie s'appréciait. Mais le système établi en 1979 ne rendait automatiques et immédiates ces interventions respectives que lorsque la marge de fluctuation était atteinte. Or la pratique a été tout autre et a rétabli une hiérarchie que l'on avait cherché à éviter. Ainsi, on a pu constater qu'en cas de tension sur la grille des parités, les pays à monnaie faible intervenaient pour défendre leur monnaie bien avant que ne soit atteinte la limite de +/– 2,25 % (interventions qualifiées d'infra-marginales) alors que les pays à monnaie forte se contentaient d'attendre que le point limite soit atteint. Il apparaît en particulier qu'avant 1987, la Bundesbank n'est jamais intervenue sur le marché des autres monnaies à l'intérieur des marges bilatérales alors qu'en volume, les interventions infra-marginales ont été au moins aussi importantes que celles intervenues à la marge. Cependant, avec les accords de Nyborg de septembre 1987, un certain rééquilibrage a été opéré grâce à l'engagement pris par les pays à monnaie forte de participer au financement des interventions « infra-marginales ». Ainsi, des crédits à court terme, remboursables en écu, peuvent être accordés aux pays dont la monnaie est en difficulté.

Acceptée initialement par les partenaires de l'Allemagne dans le cadre de leur politique de désinflation, cette situation a été de plus en plus vivement critiquée car, pour d'autres pays, la volonté de lutter contre le chômage est redevenue un objectif prioritaire qui passe par une baisse des taux d'intérêt afin de relancer la demande intérieure. La réunification allemande a servi de catalyseur à la grogne des partenaires de l'Allemagne car celle-ci, craignant des tensions inflationnistes, a été amenée à resserrer sa politique monétaire. Cela a provoqué un relèvement des taux d'intérêt allemands et obligé les autres pays à augmenter les leurs au moment où ils traversaient une période de récession[67].

---

66 *Op. cit.*

67 D'un autre côté, certains observateurs soulignent que les partenaires de l'Allemagne n'étaient pas très favorables à une réévaluation du Deutsche Mark…

**ENCADRÉ 5.5**

***Les nouveaux États-membres et le Mécanisme de change européen (MCE) II***

Tous les pays entrés dans l'UE en 2004 et en 2007 ont vocation à rejoindre l'Union économique et monétaire. Contrairement au Royaume-Uni et au Danemark, ils ne disposent pas de clause de sauvegarde (*opting out*) permettant à ces deux pays de rester en dehors de la monnaie unique. Le Danemark fait partie du MCE II mais ni le Royaume-Uni, ni la Suède n'en font pas partie. La Slovénie a rejoint la zone euro en 2007, Chypre et Malte en 2008, la Slovaquie en 2009 et l'Estonie en 2011. Les nouveaux États-membres qui n'appartiennent pas encore à la zone euro participent cependant au Système européen de banques centrales (SEBC) à travers le Conseil général de la BCE, où les gouverneurs des banques centrales de tous les pays de l'UE sont présents. Ce Conseil gère les relations monétaires entre la zone euro et les pays restés à l'extérieur (en particulier ceux appartenant au MCE II). La procédure « normale » suppose que les pays respectent les critères de Maastricht avant d'entrer dans la zone euro. Ceci implique en particulier d'appartenir au mécanisme de change européen (MCE II) pendant au moins deux années sans modification de parité. Le MCE II prévoit de maintenir le taux de change moyen de la devise d'un État participant au système, dans une fourchette de variation maximale possible autour d'un cours pivot central (+/– 15 % sauf pour le Danemark : +/– 2,25 %).

Les crises qui ont secoué le SME entre l'été 1992 et l'été 1993 sont apparues d'autant plus spectaculaires qu'elles font suite à une période marquée par une stabilité du système. En effet, malgré la libéralisation des mouvements de capitaux qui est effective depuis le 1er janvier 1990, il n'y avait pas eu de véritable réalignement de parité depuis 1987, excepté la modification du cours pivot de la lire en 1990 pour passer des bandes larges (+/– 6 %) aux bandes étroites (+/– 2,25 %). Ces crises, provoquées par des *attaques spéculatives* sur la plupart des monnaies européennes, dont le franc, ont conduit à une vague de dévaluations et à la sortie de la lire et de la livre du SME dès le 16 septembre 1992. Seule la décision des dirigeants européens d'élargir les marges de fluctuation dans le SME de +/– 2,25 % à +/– 15 % a été de nature à stopper court la spéculation.

## B. Le passage à la monnaie unique : un choix initialement controversé

La signature à Luxembourg et à La Haye par les Douze de l'Acte unique européen (17 et 28 février 1986), modifiant le traité de Rome et prévoyant la réalisation d'un marché intérieur pour le 31 décembre 1992, explique en grande partie le regain d'intérêt pour le projet d'union monétaire préconisé par le rapport Werner près de vingt ans auparavant. En effet, l'Acte unique européen, qui entre en vigueur le 1er juillet 1987, met en place de façon progressive un espace sans frontières intérieures caractérisé par la libre circulation des marchandises, des personnes, des services et des capitaux. Dès lors, se trouve posée la question du prolongement du marché unique par une monnaie unique et l'objectif d'union monétaire est très clairement exprimé par le rapport Delors qui servira de fondement au traité de Maastricht[68]. Pourtant, *a priori*, la réalisation d'une union monétaire n'implique pas nécessairement l'adoption d'une *monnaie unique*, même si le rapport Delors souligne que celle-ci « constitue un prolongement naturel et souhaitable pour des raisons économiques, psychologiques et politiques ». Le contre-projet britannique *de mise en concurrence des monnaies* puis de *monnaie commune*, qui se voulait une alternative à la stratégie progressive et coordonnée du rapport Delors, est là pour nous le rappeler.

> Les Britanniques ont présenté deux types de plans : le premier ? dit plan Lawson du nom du Chancelier de l'Échiquier de l'époque ?, clairement en faveur d'une concurrence des monnaies assortie d'une libéralisation financière, suggérait de laisser circuler librement, dans toute la CEE, les monnaies émises par les pays-membres[69]. Les agents économiques pourraient alors utiliser la monnaie de leur choix, que ce soit comme moyen de paiement ou réserve de valeur. Le « marché » choisirait alors spontanément la meilleure monnaie européenne, autrement dit celle dont l'institut d'émission inspirerait le plus confiance eu égard notamment à sa capacité à préserver la stabilité des prix (l'inflation constituant une amputation de la valeur réelle des encaisses monétaires détenues par les agents économiques). Pour séduisant qu'il soit, ce projet présente des limites évidentes (Bourguinat, 1995) : (*i*) la théorie économique tend à montrer que si des monnaies deviennent fortement substituables au sein d'un même espace monétaire, il peut en résulter une plus grande volatilité des taux de change, (*ii*) rien ne dit qu'émergera de ce processus une seule monnaie ; (*iii*) il pose des questions pratiques comme l'étiquetage des produits en différentes monnaies pour le commerce de détail. Le deuxième plan britannique, dit plan Major, proposait l'émission par une nouvelle institution, le Fonds monétaire européen, d'un écu « renforcé » circulant à côté des autres monnaies européennes. Cette monnaie commune serait définie par rapport aux autres monnaies du SME et aux monnaies tierces avec des marges de fluctuations de plus en plus étroites et bénéficierait d'une clause en vertu de laquelle cet écu devrait toujours être au moins aussi fort que la plus forte monnaie du SME.

## C. Le traité de Maastricht et le passage progressif à l'UEM

Finalement, ce sont les grandes orientations du plan Delors qui ont été retenues par les signataires du traité de Maastricht (7 février 1992), qui consacre le principe d'une monnaie unique au terme d'une période de transition au cours de laquelle les pays devront s'efforcer de respecter certains critères de convergence.

---

68 En outre, pour certains eurosceptiques d'Outre-Rhin, le projet de monnaie unique, même s'il était techniquement déjà avancé avant 1989, est devenu un projet politique avec la réunification allemande dans le sens où il était le prix à payer pour que les autres pays acceptent la réunification.

69 Le projet britannique reprend l'idée, bien que présentée à l'origine dans un autre cadre, de F. von Hayek (1899-1992).

Le traité de Maastricht définit un processus qui s'articule en trois phases :

- la première phase, engagée en juillet 1990 avec la libération complète des mouvements de capitaux, s'est achevée fin 1993. Elle a donné lieu à un renforcement de la coordination et de la surveillance multilatérale des politiques économiques mais les crises du SME entre l'été 1992 et l'été 1993 ont failli être fatales au processus d'intégration monétaire ;
- la deuxième phase, commencée au 1er janvier 1994, a vu la création de l'Institut monétaire européen (IME) qui préfigurait la future Banque centrale européenne (BCE). Durant cette phase, les pays membres ont dû se soumettre à deux types de mesures nouvelles : (1) rendre indépendante leur banque centrale, celle-ci s'engageant à renoncer à accorder des concours financiers aux administrations et entreprises publiques ; (2) s'efforcer de respecter les critères de convergence qui étaient décisifs pour accéder à la troisième phase, le dispositif de surveillance étant assuré par la Commission européenne assistée de l'IME ;
- la troisième phase constitue l'étape ultime du processus vers l'union monétaire, celle de la mise en place de la monnaie unique (qui prendra le nom d'euro lors du Conseil européen du 15-16 décembre 1995). Il était prévu que cette phase commence automatiquement le 1er janvier 1999 avec la fixation irrévocable des taux de change pour les pays réunissant les conditions de convergence [70]. Rappelons que deux pays, la Grande-Bretagne et le Danemark, bénéficient de clauses d'exemption (*opting out*) annexées au traité, qui les dispensent de passer à la troisième phase en 1999 et que onze pays ont été qualifiés pour la phase finale par le Conseil européen du 2 mai 1998. La Grèce a rejoint le club des « onze » en 2002.

Les critères de convergence retenus par le traité de Maastricht (article 109 J) sont au nombre de cinq et reposent sur une vision gradualiste du passage à l'UEM : pour créer l'UEM, il faut commencer par coordonner les politiques économiques et par intégrer les économies. Cette conception s'oppose à la thèse défendue par les « monétaristes » qui consistait à créer rapidement l'UEM avec l'idée qu'elle imposerait une contrainte telle sur les pays-membres qu'ils devraient nécessairement coordonner et intégrer leurs économies [71].

---

70 Le traité de Maastricht prévoyait deux cas de figure pour déterminer la date de passage à la troisième phase de l'UEM : soit il y avait une majorité de pays à respecter les critères de convergence au 31 décembre 1996 et le passage à la phase ultime se faisait au 1er janvier 1997, soit cela n'était pas le cas et le passage devenait automatique au 1er janvier 1999.

71 À l'époque, l'Allemagne et les Pays-Bas défendaient la thèse d'une marche graduelle vers l'UEM, tandis que la France et la Belgique, sans aller jusqu'à préconiser la création immédiate d'une monnaie unique, pensaient qu'il fallait réduire les marges de fluctuation des monnaies européennes avec un objectif de fixité parfaite des taux de change de façon à inciter à une meilleure coordination des politiques économiques.

Les critères de convergence retenus par les rédacteurs du traité de Maastricht sont les suivants [72] :

1. « la réalisation d'un degré élevé de stabilité des prix » : le taux de croissance annuel des prix à la consommation dans un pays candidat à l'UEM ne doit pas dépasser de plus de 1,5 % le taux d'inflation moyen des trois pays les plus performants en la matière ;
2. « le caractère soutenable des finances publiques » : le déficit budgétaire (en réalité le ratio entre le besoin de financement des administrations publiques et le PIB) est limité à 3 % du PIB et l'endettement public doit être inférieur à 60 % [73] ;
3. « le caractère durable de la convergence » : le taux d'intérêt à long terme des obligations d'État ne doit pas dépasser de plus de 2 % la moyenne des taux d'intérêt des trois pays ayant les taux d'inflation les plus bas ;
4. « le respect des marges normales de fluctuation prévues par le mécanisme de change du SME pendant deux ans au moins ».

Les critères retenus se devaient d'éviter deux écueils : des critères trop stricts retardent la convergence ; des critères trop souples accélèrent artificiellement la convergence avec le risque que l'UEM s'autodétruise au premier choc exogène. Mais contrairement à ce qui a trop souvent été avancé, ces critères, pour discutables qu'ils soient, sont cohérents et reliés entre eux par des relations simples au sein d'un système dynamique qui prend appui sur la lutte contre les déficits publics [74].

72 « Traité sur l'Union européenne », *Journal officiel des CE*, n° C 191 du 29 juillet 1992.

73 Il est important de souligner que le critère relatif à la dette publique doit être apprécié en tendance. Cela signifie qu'un pays dont le ratio dette publique/PIB, tout en dépassant le niveau critique, aurait significativement décru avant le passage à l'union monétaire, serait habilité à y participer. En ce sens, le traité est moins rigide que certains de ses interprètes ne le laissent penser.

74 La critique essentielle faite aux critères de convergence réside dans le fait qu'ils accordent moins d'importance à la convergence des variables réelles (emploi, croissance) qu'à la convergence nominale (inflation, taux d'intérêt). Autrement dit, pour entrer dans l'UEM, il faut gagner le combat contre l'inflation. Le chômage n'est pas la priorité.

## ENCADRÉ 5.6

### *Les critères de convergence ont-ils un sens ?*

Les deux critères relatifs au caractère soutenable des finances publiques s'expliquent par le fait qu'un déficit public induit une augmentation du PIB nominal par un effet multiplicateur keynésien mais entraîne aussi un accroissement de la dette publique. Or, selon les calculs de la Commission européenne, si le taux de croissance nominal du PIB est de 5 %, compte tenu du niveau des taux d'intérêt, un déficit public de 3 % du PIB induira une stabilisation du ratio dette publique / PIB à hauteur de 60 % du PIB. C'est donc à ce niveau que l'on retrouve l'origine du choix officiel des deux ratios relatifs aux « déficits publics excessifs » [75].

■ Le lien entre déficit public et taux d'intérêt provient du fait que l'État, pour financer ses déficits publics, doit émettre des titres représentatifs de la dette publique qui, pour un volume donné d'épargne et en l'absence de financement monétaire par la Banque centrale, peuvent gêner le placement des titres de la dette privée (effet d'éviction financier). Les agents privés (par exemple, les entreprises) ne trouveront prêteur que pour des taux d'intérêt plus élevés, ce qui peut les décourager d'investir. En outre, la dégradation des finances publiques peut encourager des anticipations inflationnistes si les agents anticipent un problème de *soutenabilité* de la dette qui débouchera inéluctablement sur un infléchissement de la politique monétaire (autrement dit sur un financement monétaire) pour satisfaire la contrainte de solvabilité de l'État.

■ Comme tout agent économique, l'État emprunte pour financer ses déficits budgétaires. Mais il doit ensuite payer des intérêts sur la dette publique. On montre alors que, quel que soit le déficit, le poids de la dette publique dans le PIB ne se stabilise que si le taux de croissance en volume de l'économie est supérieur au taux d'intérêt réel. En revanche, si le taux de croissance du PIB est inférieur au taux d'intérêt réel, le ratio dette publique/PIB est *a priori* sur une trajectoire explosive, donc insoutenable. L'État est alors soumis à une contrainte budgétaire intertemporelle. Celle-ci implique que la dette publique existante doit avoir comme contrepartie des excédents budgétaires futurs avant intérêt. Si l'État ne peut dégager des excédents primaires suffisants, cela rend pratiquement impossible la poursuite du recours à l'emprunt. Dans ce cas, le financement monétaire par la Banque centrale des déficits budgétaires permet de repousser le seuil de soutenabilité de la dette publique au prix d'une accélération de l'inflation[76].

■ Enfin, la hausse des prix et des taux d'intérêt a des effets sur le taux de change de la monnaie nationale, autre critère de convergence. *En effet, selon la théorie de la parité des pouvoirs d'achat (PPA) relative, l'évolution des taux de change entre deux monnaies compense les évolutions des taux d'inflation.* Ainsi, une augmentation des prix plus rapide en Italie qu'en Allemagne doit conduire, toutes choses égales par ailleurs, à une dépréciation de la

---

75 Le chiffre de 60 % représente la moyenne du ratio dette publique/PIB dans la CEE de 1985 jusqu'en 1990, année qui précédait la signature du traité de Maastricht. Le chiffre de 3 % correspond à la situation budgétaire de l'Allemagne dans les années 1980. En revanche, les autres pays-membres avaient un déficit budgétaire qui était en moyenne supérieur à 3 % du PIB, sauf en 1989. Par conséquent, dans ces pays, un déficit de 3 % aurait impliqué, étant donné les taux de croissance qui prévalaient à l'époque, une dette inférieure à 60 %. Un déficit de 3 % aurait donc été trop contraignant pour la plupart des pays. Ce ratio semble, en revanche, fait sur mesure pour l'Allemagne (Brociner, A., (1997), *L'Europe monétaire*, Paris, Seuil, Mémo, p. 23).

76 Pour un exposé complet des questions relatives à la soutenabilité de la dette publique, voir par exemple Varoudakis, A., (1994), *La politique macroéconomique*, Paris, Dunod, pp. 133-148.

**ENCADRÉ 5.6 (suite)**

lire par rapport au mark. Toutefois, l'évolution divergente des taux d'inflation entre l'Italie et l'Allemagne devrait aussi se traduire par un différentiel de taux d'intérêt entre les deux pays. Toutes choses égales par ailleurs, les taux d'intérêt devraient être plus élevés en Italie qu'en Allemagne, ce qui aurait pour effet d'entraîner une appréciation de la lire qui compenserait pour partie la tendance à sa dépréciation provenant du différentiel de prix entre les deux pays. En effet, les taux d'intérêt nominaux peuvent s'analyser, en vertu de la décomposition de Fisher, comme la somme d'un taux d'intérêt réel et d'un taux d'inflation anticipé. Par conséquent, si l'on considère que l'espace économique européen est suffisamment intégré, de sorte que les taux d'intérêt réels sont partout les mêmes, alors les écarts de taux d'intérêt nominaux reflètent les différentiels d'inflation anticipés. L'évolution divergente des taux d'intérêt nominaux entre les deux pays peut, en outre, être renforcée dans le cas où la situation des finances publiques italiennes serait dégradée par rapport à la situation allemande (incorporation dans les taux d'intérêt italiens d'une prime de risque). Toutefois, une augmentation des taux d'intérêt italiens ne peut pas durer très longtemps comme l'ont révélé les turbulences du SME en 1992-1993 et leur cascade de dévaluations qui ont suivi la *formation de bulles spéculatives* sur les monnaies faibles de l'été 1990. En effet, dans un premier temps, les pays qui avaient les plus mauvais taux d'inflation et donc les taux d'intérêt nominaux les plus élevés, ont attiré des capitaux étrangers, ce qui s'est traduit par une appréciation du taux de change de leur monnaie. Ainsi, pendant l'été 1990, la peseta et la lire sont devenues les monnaies les plus fortes du SME, alors que leur taux d'inflation était respectivement le double et le triple de celui de l'Allemagne. Mais cela n'a pas empêché un ajustement brutal par la suite des taux de change de ces monnaies.

Le traité de Maastricht ne fixant pas dans les détails les modalités d'introduction de la monnaie unique, les autorités se devaient cependant d'annoncer à l'avance la chronologie des événements. C'est ainsi qu'un scénario de référence pour le passage à la monnaie unique a été adopté par les chefs d'État ou de gouvernement lors du Conseil européen de Madrid (15-16 décembre 1995) en même temps qu'était donné le nom d'euro à la monnaie unique. Mais il faudra attendre le Conseil européen de Dublin (13-14 décembre 1996) pour que soient clarifiés le statut juridique de l'euro et ses modalités d'utilisation au cours de la période de transition. Les taux de conversion des monnaies sont irrévocablement fixés dès le 1er janvier 1999 [77]. L'euro devient la monnaie unique des pays participants, les unités monétaires nationales ne représentant plus que *des subdivisions temporaires* de l'euro comme les centimes vis-à-vis du franc ou les pfennigs vis-à-vis du deutsche mark. Les agents économiques privés ont la possibilité, pendant toute la période de transition, d'utiliser l'euro mais ne peuvent pas y être contraints (principe de « *ni interdiction, ni obligation* »). Dès le premier jour de l'UEM, le Système Européen de Banques

77 Après moult discussions, l'Institut Monétaire Européen (qui préfigurait la future banque centrale européenne) a proposé que les parités d'entrée dans l'UEM soient calculées comme des moyennes établies en référence à l'année 1998. Cette solution permet de réduire les pressions spéculatives car les cotations des derniers jours ne pèsent que d'un poids très faible. En revanche, elle ne résout pas le problème du choix d'un taux de change d'équilibre (encore que l'on puisse penser qu'un taux de change calculé sur douze mois a plus de chance de s'en approcher qu'un cours « du dernier jour »).

Centrales (SEBC) définit et exécute sa politique monétaire exclusivement en euro. De même, à partir du 1er janvier 1999, les gouvernements des pays participants émettent leurs nouveaux emprunts en euro exclusivement. La dernière phase, enfin, voit la généralisation de la monnaie unique à partir du 1er janvier 2002. À partir de cette date, les pièces et les billets libellés en euro sont mis en circulation par l'intermédiaire du secteur bancaire et on procède parallèlement au retrait des billets et des pièces libellés en monnaie nationale. C'est à partir de cette date que l'effet de l'euro devient particulièrement sensible pour le citoyen : les salaires et les prix seront désormais libellés en euro (un double affichage des prix en euro et en monnaie nationale est cependant maintenu).

## 5.2.2 *Les conditions de réussite d'une union monétaire*

La mise en place d'une union monétaire, et plus encore d'une monnaie unique, pose un certain nombre de questions redoutables portant à la fois sur l'opportunité de se passer d'une variable d'ajustement macroéconomique comme le taux de change et sur la viabilité d'un espace économique formé de pays susceptibles de connaître des chocs « asymétriques ». La théorie traditionnelle des zones monétaires optimales (ZMO) permet d'apporter un certain nombre d'éléments au débat, sans apporter toutefois de réponse véritablement tranchée car elle est davantage axée sur l'arbitrage entre un régime de changes fixes et un régime de changes flexibles que sur la constitution d'une véritable union monétaire. De surcroît, les critères retenus par la théorie traditionnelle des ZMO sont supposés stables dans le temps alors même que, comme le souligne Frankel (1999), « des paramètres tels que le degré d'ouverture et les corrélations de revenu ne sont pas fixés une fois pour toutes, mais changent, en réponse aux choix politiques fondamentaux des pays et en réponse à des facteurs exogènes » [78].

### A. La théorie traditionnelle des zones monétaires optimales (ZMO)

Une zone monétaire optimale peut être définie comme un espace économique — en général un groupe de pays — ayant intérêt à construire un système de change fixe ou posséder une monnaie unique, plutôt que de multiples monnaies entretenant des taux de change variables (Kauffmann, 1997) [79]. Dans ces conditions, l'opportunité de créer une Union économique et monétaire suppose de savoir si les pays de l'Union européenne forment une zone monétaire optimale.

Quatre types de critères sont retenus par l'analyse économique pour définir une zone monétaire optimale. [80]

---

78 Frankel, J.A., (1999), « No single currency regime is right for all countries or at all times », *Essays in International Finance*, n° 215, août, Princeton University. Cité par Creel, J. et Farvaque, E. (2004), *Construction européenne et politique économique*, Paris, Vuibert.

79 Kauffman, P. (1997, p. 24).

80 Pour une revue de littérature sur les zones monétaires optimales, voir par exemple : Schor, A.-D., (2000), « La théorie des zones monétaires optimales : l'optimum, le praticable, le crédible et le réel », *L'actualité économique*, Revue d'analyse économique, 76-4.

- Le premier d'entre eux, avancé par R. Mundell (1961) [81], est celui de la mobilité des facteurs. *Pour Mundell, un groupe de pays a intérêt à participer à un système de change fixe si la mobilité des facteurs à l'intérieur de la zone qu'ils constituent est plus forte qu'à l'extérieur.* Dans ce cas, si les prix et les salaires ne sont pas parfaitement flexibles, la mobilité des facteurs, et plus particulièrement celle du facteur travail, peut constituer un substitut à la flexibilité des taux de change pour résorber le chômage dans un pays touché par un choc asymétrique.

  Un exemple simple devrait permettre de comprendre le critère de Mundell. On considère deux pays (A et B) qui décident de former une union monétaire et on suppose que, pour une raison exogène, la demande du pays A se tourne vers les produits du pays B.

  – *Si les prix et les salaires étaient parfaitement flexibles* dans les deux pays, on devrait observer une baisse des salaires et des prix dans le pays A et une augmentation des salaires et des prix dans le pays B, ce qui permettrait de rétablir l'équilibre macroéconomique dans les deux pays sans procéder à un ajustement par le change. Dans le pays A, la baisse des salaires permet aux entreprises d'embaucher davantage et donc d'accroître leur demande de travail, ce qui, toutes choses égales par ailleurs, devrait y faire diminuer le chômage.

  – *Si les prix et les salaires nominaux sont rigides*, il en résulte pour le pays A un sous-emploi de ses capacités de production, une augmentation du chômage et un déficit extérieur. À l'inverse, le pays B verra sa position s'améliorer : ses capacités de production sont utilisées de façon plus efficace, le taux de chômage diminue et il peut dégager un excédent extérieur [82]. *L'équilibre macroéconomique ne pourra être rétabli sans variation du taux de change entre les deux monnaies que si les facteurs de production sont suffisamment mobiles pour se déplacer du pays A vers le pays B.* Dans ce cas, les migrations de travailleurs de A vers B permettront de diminuer l'excès d'offre de travail dans le pays A et donc d'y réduire le chômage. Elles permettront, en outre, de contenir les pressions à la hausse sur les salaires dans le pays B du fait de la réduction de l'excès de demande de travail [83].

  – Enfin, si les deux pays choisissent de maintenir un système de change flexible, l'équilibre macroéconomique peut être rétabli en laissant la monnaie du pays A se déprécier. Dans ce cas, les produits du pays A sont vendus moins chers sur le marché du pays B tandis que les prix des produits du pays B exprimés en devise sont plus élevés. Si l'on suppose notamment que les producteurs

---

81 *Op. cit.*

82 Si l'offre est insuffisante en B pour faire face au surcroît de demande, il peut se développer des tensions inflationnistes.

83 Si l'on pousse le raisonnement de Mundell jusqu'à l'absurde, il devrait exister autant de zones monétaires optimales que de « bassins d'emploi » entre lesquels la main-d'œuvre n'est pas mobile. Ce qui conduirait à un éclatement des économies nationales en entités caractérisées chacune par une monnaie propre !

ne modifient pas leurs marges, la variation du taux de change doit favoriser la demande de produits de A et freiner la demande de produits du pays B. Cela permet d'atténuer les pressions inflationnistes dans le pays B et les tendances déflationnistes en A, ainsi que le déséquilibre des comptes courants.

- Le deuxième critère d'optimalité est celui proposé par McKinnon (1963) qui fait remarquer que l'opportunité d'une zone monétaire dépend aussi du degré d'ouverture des pays participant à la zone [84] [85]. *Plus précisément, McKinnon considère que plus les pays sont ouverts sur l'extérieur et moins ils ont à perdre à adopter un système de change fixe.*

  En effet, pour McKinnon, la dépréciation d'une monnaie consécutive à un choc négatif a pour effet d'augmenter le prix des biens importés (exprimés en monnaie nationale). Or, quand la part des importations dans le PIB est importante, l'augmentation du prix des biens importés se reflète directement dans l'augmentation du niveau général des prix. Si les salaires sont indexés sur les prix, les salariés intégreront les effets d'une dépréciation du taux de change dans leurs revendications salariales d'autant plus fortement que le pays est ouvert. Par conséquent, la dépréciation initiale du taux de change nominal ne permettra pas de restaurer la compétitivité-prix des produits du pays concerné et donc d'améliorer l'équilibre extérieur. En outre, si le gouvernement est soucieux de juguler l'inflation résultant de la dépréciation (ou la dévaluation) de la monnaie, il peut être amené à freiner l'activité économique (relation traditionnelle de Phillips). Par conséquent, une politique de stabilité des prix aura un effet d'autant plus négatif sur l'emploi que le degré d'ouverture de l'économie est élevé.

- Kenen (1969) propose un troisième critère et met l'accent sur *le degré de diversification du tissu productif* des pays qui envisagent de créer une zone de change fixe [86]. *Selon lui, des économies diversifiées peuvent se passer de l'instrument du taux de change et former une zone monétaire optimale.*

  L'auteur considère plus précisément que plus un pays a un tissu productif diversifié, moins il a de risque d'être affecté par un choc spécifique. En outre, dans une économie diversifiée, un choc dans un secteur donné ne concerne par définition qu'un secteur parmi beaucoup d'autres. Ses effets n'affecteront pas l'ensemble de l'économie et il n'y a donc pas de raison de recourir à une modification du taux de change. Une dévaluation affecterait en effet le prix relatif entre l'ensemble des biens produits par le pays et ceux produits à l'étranger, alors que seule une catégorie de biens doit voir des prix s'ajuster. En revanche, dans une économie spécialisée dans la production d'un bien particulier, un choc

84 McKinnon, R. I. (1963), « Optimum currency areas », *American Economic Review*, 53.

85 Le degré d'ouverture d'une économie est mesuré par la proportion des biens dits échangeables dans la production totale de cette économie. Les biens échangeables sont à la fois les biens exportés et importés.

86 Kenen, P. (1969), « The theory of optimum currency areas : an eclectic view », dans Mundell, R., Swoboda, A. (eds.), *Monetary Problems of the international economy*, Chicago University Press.

d'offre (grève massive aboutissant à une augmentation très forte des salaires) ou de demande (baisse de la demande internationale de ce bien) dans ce secteur va concerner pratiquement toute l'économie. Dans ce cas, une dévaluation de la monnaie va permettre de rétablir le niveau antérieur des exportations dans ce secteur et toute l'économie retrouve ainsi son équilibre [87]. [88]

## ENCADRÉ 5.7 [88]

### *Chocs symétriques et asymétriques – chocs d'offre et de demande*

Une économie subit un choc lorsque survient un événement dont la nature est d'éloigner la production effective de la production potentielle. D'une manière générale, les chocs peuvent affecter la demande, l'offre, ou provenir d'une mesure de politique économique : une baisse de la demande de biens de consommation (ou de la propension à consommer) est un choc de demande, une hausse des cotisations sociales patronales ou une augmentation du prix de l'énergie est un choc d'offre, un déficit budgétaire est un choc de politique économique.

Lorsqu'on raisonne à l'échelle de plusieurs pays, deux types de chocs sont possibles : les *chocs symétriques* frappent tous les pays en même temps et provoquent des effets comparables sur chaque pays. Remarquons que lorsqu'un choc produit les mêmes effets dans plusieurs pays, il est probable que les économies concernées possèdent des structures de production et de spécialisation semblables. Les *chocs asymétriques* sont propres à chaque pays. La distinction est importante dès lors que l'on s'intéresse au rôle du taux de change. Une modification du taux de change, qui affecte immédiatement les prix et coûts relatifs d'un pays (par rapport à ses partenaires), ne se justifie que dans le cas de chocs asymétriques.

- Johnson (1970) considère qu'une zone monétaire optimale doit reposer sur une forte intégration budgétaire [89]. L'idée générale est que le jeu des transferts et des impôts entre les régions constitutives de l'Union et le budget fédéral devrait permettre de lisser les effets d'un choc asymétriques frappant une région ou un groupe de régions [90]. Ingram (1969) ajoute la dimension financière et souligne qu'une zone monétaire optimale doit aussi être une zone financièrement intégrée afin que les déficits de la balance des transactions courantes de certains pays puissent être financés plus facilement (par emprunt) [91] par les excédents

87 Dans la réalité, une dévaluation peut avoir des effets pervers qui ne permettent pas le rétablissement de l'équilibre extérieur. Sur cette question, voir par exemple Généreux, J. (1992),*Économie politique*, Paris, Hachette Supérieur, tome 3, p. 57 sv.

88 Le lecteur trouvera des développements sur les différentes mesures des chocs susceptibles de frapper une économie dans Bénassy-Quéré *et al.* (*op. cit.*).

89 Johnson, H. G, (1970), *Further Essays in Monetary Theory*, Harvard University Press.

90 Le lecteur pourra se référer pour une analyse approfondie des fonctions de stabilisation et de redistribution d'un budget fédéral à la partie 5.3.3. B.

91 Ingram, J. (1969), « Comment: The optimum currency problem », in R. Mundell & A. Swoboda, *Monetary Problems in International Economy*, Chicago University Press.

courants d'autres pays de la zone sans pressions fortes sur le taux de change et les taux d'intérêt.

- Nous citons enfin un critère d'optimalité plus récent – celui des *préférences homogènes* – développé entre autres par Cooper (1977) ou Kindleberger (1986)[92] [93]. Pour ces deux auteurs, une union monétaire est avant tout un « bien collectif » qui suppose pour fonctionner que les objectifs de politique économique des différents gouvernements convergent, notamment en matière d'inflation. En effet, l'évolution des taux de change, conformément à la théorie de la parité du pouvoir d'achat (PPA), est censée refléter celle des taux d'inflation (du moins dans sa version relative). Ainsi, toute détérioration de la compétitivité-prix des produits d'un pays se traduirait par un déséquilibre de sa balance commerciale et donc par une pression à la baisse sur son taux de change. L'objectif de stabilité interne (lutte contre l'inflation) a pu expliquer le rattachement de la monnaie de certains pays comme l'Autriche et les Pays-Bas (ou encore un peu plus tard la Belgique) à « la zone mark ». Il a souvent été dit qu'en se rattachant au mark allemand, ces deux pays formaient *de facto* une zone monétaire avec l'Allemagne mais sans renoncer à leur souveraineté car ils avaient fait les mêmes choix de politique monétaire que les Allemands. Il faut toutefois remarquer que la recherche de la seule convergence nominale – celle des taux d'inflation – n'est pas suffisante car la stabilité des taux de change dépend non seulement de l'évolution différenciée des prix mais aussi d'autres facteurs comme le taux de croissance de ces pays ou encore de la qualité de la spécialisation de leur appareil productif.

## B. Zones monétaires optimales : une analyse *ex post* de la probabilité d'occurrence de chocs asymétriques

Les développements suivants s'appuient sur l'argumentation de Frankel et Rose (1998) et Rose (2000)[94] et tranchent avec l'approche retenue traditionnellement par la théorie des ZMO. L'accent est mis sur le fait que les critères servant à définir une ZMO ne doivent pas être statiques mais dynamiques. En d'autres termes, ces critères sont susceptibles d'évoluer dans le temps et doivent être évalués en conséquence *ex*

---

92 Cooper, R., (1977), « Worldwide versus regional integration. The optimum size of the integrated area », dans *Economic Integration, Worlwide, regional, sectoral*, F. Machlup, ed., Londres. Kindleberger, (1986), « International public goods without international government », *American Economic Review*, 76.

93 On pourrait citer bien d'autres critères pour identifier une zone monétaire optimale. Ainsi, certains auteurs ont mis l'accent sur le fait que les différentes régions ou pays doivent être intégrés financièrement (ce qui est le cas quand les capitaux sont mobiles et que les taux d'intérêt sont identiques dans les pays concernés) et/ou fiscalement (par la mise en place, entre pays, de transferts budgétaires ayant une fonction stabilisatrice et redistributrice). Pour plus de détails concernant l'intégration financière, on se référera au chapitre sur la globalisation financière. L'intégration fiscale sera discutée un peu plus loin dans ce chapitre.

94 Frankel, J. A., Rose, A. K., (1998), "The endogeneity of the optimal currency area criteria", *The Economic Journal*, 108, 1009-1028. Rose, A., (2000), « One money, one market: the effect of common currencies on trade », *Economic Policy,* 30, 9-45.

*post* et non pas *ex ante*. L'union monétaire est en outre le plus souvent assimilée dans la théorie traditionnelle à un régime de change fixe alors même qu'une union monétaire au sens strict (avec monnaie commune) représente un engagement beaucoup plus important. Les travaux de Rose (2000) mettent plus particulièrement l'accent sur le lien entre union monétaire et échanges commerciaux. Ils s'inscrivent d'une certaine manière dans la même démarche que les travaux sur les « effets frontières » (voir les développements consacrés à cette question dans le chapitre précédent) qui montrent que la volatilité du taux de change est un facteur explicatif (mais loin d'être le seul) du fait que deux entités géographiques séparées par une frontière nationale commercent toutes choses égales par ailleurs moins que deux régions internes à un même pays. Pour évaluer les effets des unions monétaires sur le commerce, Rose (2000) estime une équation de gravité sur cinq années (1970, 1975, 1980, 1985, 1990) en se fondant sur un échantillon de 180 pays. L'échantillon de Rose comprend à la fois des unions monétaires se caractérisant par le partage de la souveraineté monétaire (qualifiées d'unions monétaires multilatérales) et des unions monétaires dans lesquelles la souveraineté monétaire est abandonnée au profit d'un pays-ancre. Les deux variables explicatives intéressantes, outre les variables généralement introduites dans les modèles de gravitation, sont la présence d'une variable muette qui permet de savoir si les deux pays partenaires à l'échange partagent la même monnaie et un indicateur de la volatilité du taux de change nominal bilatéral. L'intérêt d'introduire ces deux variables est de mesurer l'impact spécifique de l'union monétaire au delà de l'effet de réduction ou d'élimination de la volatilité du taux de change dont on sait qu'elle constitue un frein aux échanges.

Deux conclusions émergent de ce travail. En premier lieu, il apparaît que deux pays qui ont la même monnaie commercent en moyenne trois fois plus que des pays avec des monnaies différentes. En second lieu, une moindre volatilité du taux de change aurait un impact relativement limité sur les flux de commerce bilatéraux par rapport à l'effet de l'union monétaire. Les résultats de Rose laissent donc à penser qu'une union monétaire a un effet sur le commerce qui va bien au delà de la simple stabilisation du taux de change. L'article de Rose a ouvert la voie à de nombreux travaux qui ont cherché à tester la robustesse de ces résultats et ont souligné les limites et biais de cette étude (Rose, 2004) [95].

> Ces limites concernent notamment le fait que l'échantillon retenu par Rose considère des unions monétaires beaucoup trop hétérogènes, qu'il existe dans les estimations économétriques une corrélation entre la « variable union monétaire » et les autres variables explicatives du modèle ou encore qu'il existe un biais dû à des variables omises expliquant à la fois l'appartenance des pays à une union monétaire et des liens commerciaux privilégiés (voir Lochard, 2005) [96]. Le fait

---

95 Rose, A. K. (2004), « A meta-analysis of the effect of common currencies on international trade », *NBER working paper* 10373.

96 Lochard, J. (2005), « Mesurer l'influence des unions douanières sur le commerce », *Revue du CEPII*, n° 103, pp. 5-24.

de pallier ces biais conduit à relativiser fortement l'impact d'une union monétaire sur les flux de commerce.

Montrer que l'appartenance à une union monétaire renforce l'intensité des échanges commerciaux entre pays membres de cette union est certes intéressant mais ne nous dit pas si la corrélation des cycles économiques sera plus importante ou si on observera une diminution de la probabilité d'occurrence de chocs asymétriques. La véritable question est de savoir comment évolue la structure du commerce intra-zone et donc la structure de spécialisation au sein de l'union monétaire. S'il s'ensuit davantage de spécialisation car le renforcement de l'intégration conduit les pays à davantage exploiter leurs avantages comparatifs, alors la probabilité de voir se produire des chocs asymétriques s'accroît. *A contrario*, si l'on observe un rapprochement des structures de production et un développement du commerce intra-branche, alors la probabilité de subir des chocs asymétriques diminue. On a cependant pu voir que le commerce intra-branche devait être étudié de façon encore plus fine car une augmentation du commerce intra-branche de qualité (par opposition au commerce intra-branche de variété qui stagne) ne permet pas d'exclure l'apparition de chocs asymétriques. Creel et Farvaque (2004, *op. cit.*, p. 48) soulignent que si « l'effet "homogénéisant" domine, alors on peut dire que l'union monétaire est autovalidante, au sens où l'unification rend les économies plus semblables et réduit le coût d'appartenance [...] si l'effet "hétérogénéisant" domine, alors l'union monétaire sera instable. L'implication en est cette fois que les coûts *ex ante* sous-estiment les coûts réels ». Broyer, Kaidusch et Ott (2011) [97] étudient la relation qui prévaut entre le degré d'intensité des échanges commerciaux et la corrélation des cycles économiques pour les pays de la zone euro (hors Malte et Chypre) sur la période 2000-2008. Leurs estimations permettent de montrer que : (*i*) la corrélation des cycles économiques des pays membres de la zone euro s'est accrue ; (*ii*) l'intensité des échanges commerciaux au sein de la zone euro a très peu évolué sur la période [98] ; (*iii*) le degré de corrélation des cycles économiques augmente indépendamment de l'intensité des échanges commerciaux. Ceci semble signifier comme l'écrivent ces auteurs que sur « la décennie passée, la zone euro n'a été ni une zone monétaire endogène, ni menacée d'implosion par la spécialisation croissante ».

97 Broyer, S., Kaidusch, P., Ott, C., (2011), « Rencontre du troisième type : l'Union Monétaire Européenne », *Flash Economie*, Paris, Natixis.

98 L'intensité commerciale est mesurée comme la somme annuelle des exportations et des importations bilatérales entre pays membres de la zone euro (hors Malte et Chypre) rapportée à la somme des exportations et des importations totales des pays de la zone euro.

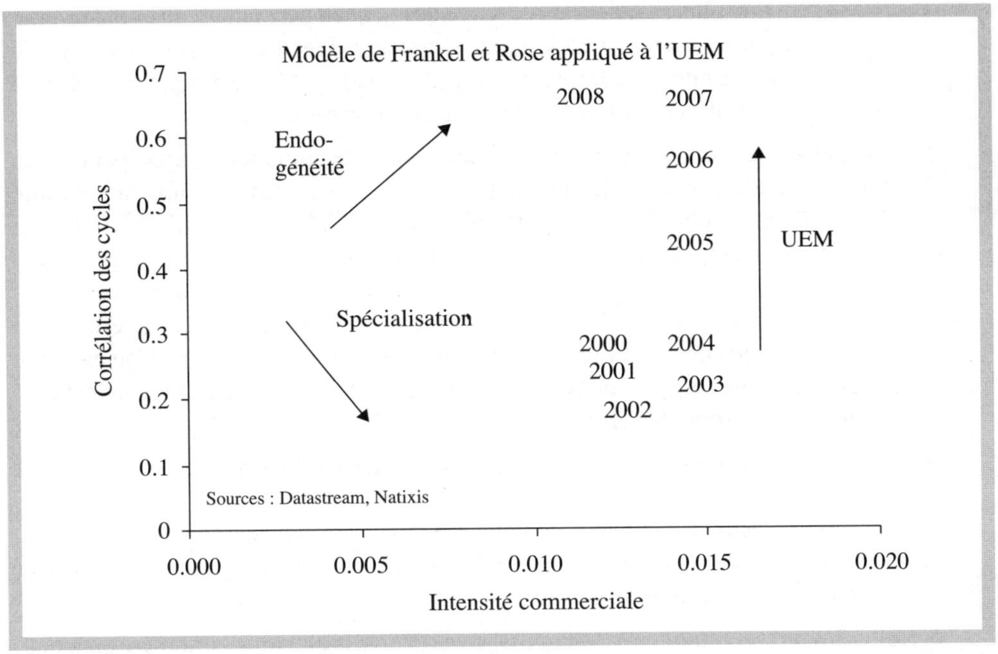


**Figure 5.6**
*Modèle de Frankel Rose appliqué à l'UEM*

Source : Broyer, Kaidusch et Ott (2011)

## C. Les avantages et les coûts à attendre de la monnaie européenne sont difficiles à évaluer

La théorie traditionnelle des zones monétaires optimales a pour principal inconvénient de s'intéresser aux coûts d'un système de change fixe par rapport à un système de change flottant. En cela, elle néglige les avantages liés à la circulation d'une monnaie unique par rapport à un système de changes irrévocablement fixes. Or, comme nous l'avons déjà vu en partie, les avantages d'une union monétaire résident précisément dans *l'existence d'une monnaie unique* et cela pour au moins cinq raisons :

- elle permet de réduire les coûts de transaction résultant de la conversion des monnaies. En effet, les transactions entre résidents appartenant à des pays différents de l'Union européenne nécessitent une opération de change, celle-ci se traduisant par le paiement de commissions à la banque qui effectue l'opération. Selon les calculs de la Commission européenne, les coûts de transactions représentaient chaque année entre 0,3 et 0,4 % du PIB européen. Dans ces conditions, la monnaie unique simplifie la gestion de trésorerie des entreprises travaillant à l'échelle européenne en allégeant les coûts liés à la gestion simultanée de plusieurs positions en devises ;

- elle assure une plus grande transparence des prix en permettant aux consommateurs de comparer le prix des biens et des services dans les autres pays de l'Union, car l'unité de compte est la même partout. Cela devrait accroître la concurrence entre entreprises au bénéfice du consommateur ;
- elle permet d'éliminer le risque de change entre les monnaies participantes à la zone monétaire, de sorte qu'il n'est plus besoin de se couvrir contre la volatilité des taux de change. Cela est particulièrement intéressant pour les petites et moyennes entreprises (PME) qui, faute de pouvoir payer un personnel spécialisé, renoncent à se couvrir contre le risque de change au prix de graves déconvenues comme pendant la crise monétaire de 1992. Plus généralement, la monnaie unique agit comme un réducteur d'incertitude dans le sens où elle crée un environnement plus sûr pour le commerce intra-européen et les investissements à long terme des entreprises ;
- elle permet de réduire à terme les primes de risque incorporées dans les taux d'intérêt des pays à « monnaie faible » en réduisant l'incertitude sur les projets des emprunteurs dans ce type de pays. Ce qui, toutes choses égales par ailleurs, devrait s'accompagner d'une baisse des taux d'intérêt à long terme et favoriser l'activité économique ;
- elle devrait, compte tenu de la puissance économique de l'Union européenne, devenir une grande monnaie internationale susceptible de concurrencer le dollar. Cela suppose que l'euro soit non seulement utilisé comme une monnaie de règlement dans les transactions internationales mais aussi comme une monnaie de réserve par les banques centrales internationales.

*Les coûts liés à la formation d'une union monétaire* sont essentiellement liés à la disparition du taux de change comme variable d'ajustement suite à un choc asymétrique qui affecterait un des pays membres de l'Union. Ce qui suppose, conformément à l'approche en termes de zone monétaire optimale développée ci-dessus, qu'il existe des mécanismes susceptibles de se substituer à la flexibilité des taux de change. La perte du taux de change comme variable d'ajustement est d'autant plus problématique pour l'Union européenne qu'elle ne constitue pas une zone monétaire optimale au sens où :

- dans la plupart des pays européens, les prix et les salaires sont rigides à la baisse, ce qui empêche un pays affecté par une récession de relancer ses exportations en modifiant son taux de change réel par une baisse des salaires et des prix. Cette question a beaucoup préoccupé les économistes qui se sont attachés à définir les formes de négociations salariales les plus efficaces dans le cadre de l'UEM pour éviter des poches de chômage en cas de chocs ;
- en dépit du principe de libre circulation des personnes, la mobilité du facteur travail est faible comparativement à des fédérations comme l'Allemagne, la Belgique ou les États-Unis en raison (1) de barrières culturelles et linguistiques, (2) de facteurs institutionnels liés à la reconnaissance des diplômes (même si des progrès ont été réalisés) ou à la « transférabilité » des droits sociaux quand

on change de pays de résidence, (3) de la situation générale de l'emploi en Europe car la décision de migrer dépend à la fois de la situation dans le pays d'origine et dans celle du pays d'accueil, (4) de la convergence des économies européennes pendant les trente glorieuses en termes de revenu par habitant, ce qui réduit aujourd'hui l'incitation à migrer. De fait, le taux de migration de la main-d'œuvre (exprimé par le rapport des flux migratoires à la population) n'est que de 0,41 % entre la France et les autres pays européens, alors qu'il atteint 2,8 % entre les États fédérés aux États-Unis. Des travaux récents montrent d'ailleurs qu'aux États-Unis, lorsqu'un État américain est frappé par une récession, l'ajustement se fait davantage par la migration des travailleurs vers d'autres États que par une baisse progressive des salaires ;

- le budget européen est trop modeste par rapport aux budgets des grandes fédérations existantes pour être utilisé à des fins de *stabilisation* et de *redistribution* comme cela est le cas aux États-Unis et au Canada. Il paraît, en outre, peu raisonnable d'envisager à court terme qu'il prenne de l'ampleur, compte tenu des réticences nationales à transférer à un niveau *supra*-national une part importante de leurs recettes fiscales. Et ce, tant que des progrès significatifs vers une plus grande unification politique et un meilleur contrôle démocratique des décisions communautaires n'auront pas été accomplis. De fait, le traité de Maastricht ne recèle aucune trace de fédéralisme budgétaire (nous revenons sur cette question dans la partie 5.3.3 B).

# 5.3 QUELLE(S) POLITIQUE(S) ÉCONOMIQUE(S) DANS UNE UNION EUROPÉENNE ÉLARGIE ?

Cette troisième partie traite dans un premier temps de la politique monétaire de la Banque centrale européenne. Nous abordons dans un second temps la question du « policy mix » européen en mettant l'accent sur le très controversé Pacte de stabilité et de croissance. Nous nous intéressons enfin aux questions qui divisent les européens dans le contexte actuel de crise économique et financière. Celles-ci concernent essentiellement les finances publiques et la gouvernance économique de la zone euro mais aussi la question centrale des écarts de compétitivité, en particulier entre l'Allemagne et ses principaux partenaires européens.

## 5.3.1 *Une politique monétaire unique dont la stratégie est discutée*

Rappelons que dans un contexte de fixité des taux de change, de forte interdépendance des économies et de liberté des mouvements de capitaux, la mise en œuvre d'une politique monétaire autonome est illusoire. En conséquence, nombre d'observateurs ont pu faire remarquer que le passage à la monnaie unique ferait perdre aux États membres une prérogative… qu'ils ne pouvaient plus exercer depuis longtemps [99]. La politique monétaire unique est menée par une banque centrale européenne (BCE) indépendante dont l'objectif est la stabilité des prix. La stratégie monétaire de la BCE repose sur deux piliers qui ne font pas consensus.

**Conformément à l'article 105 paragraphe 1 du traité de Maastricht, l'objectif principal assigné à la BCE est la stabilité des prix.** Ce n'est que dans la mesure où cet objectif est réalisé que la BCE peut apporter « son soutien aux politiques économiques générales dans la Communauté ». La BCE a précisé en mai 2003 qu'elle entendait par stabilité des prix une hausse de l'indice des prix à la consommation proche mais inférieure à 2 % sur une base annuelle (et non plus une fourchette comprise entre 0 et 2 %) [100] [101]. L'objectif de stabilité des prix est assuré grâce à l'indépendance du SEBC par rapport au pouvoir politique (article 107 du traité de Maastricht). Du point de vue de l'analyse économique, la question de l'indépendance de la Banque centrale s'inscrit dans le cadre d'un débat beaucoup plus vaste relatif à la *crédibilité* de la politique économique initié par Kydland et Prescott (1977) [102]. Plus précisément, si un gouvernement (ou les autorités monétaires qu'il contrôle) souhaite convaincre les agents économiques de sa volonté de stabiliser le taux d'inflation, il a intérêt à les persuader de la fermeté de ses engagements.

D'un point de vue théorique, cette question peut être modélisée sous la forme d'un jeu non coopératif entre des autorités monétaires – qui cherchent à la fois à stabiliser l'inflation et à réduire transitoirement le niveau de chômage – et des agents économiques rationnels [103]. On suppose, conformément à la courbe de Phillips *augmentée par les anticipations*, qu'il existe à court terme un arbitrage possible entre inflation et chômage mais que cet arbitrage disparaît à long terme. Autrement dit, il est possible à court terme « d'échanger » plus d'inflation contre moins de chômage mais le taux de chômage revient inéluctablement à son niveau naturel. Le problème est alors le suivant : à court terme, les autorités monétaires ont en général intérêt à ne pas respecter le taux d'inflation qu'elles ont annoncé et à surprendre les agents économiques. En effet, quand le taux d'inflation anticipé par les agents économiques est inférieur à celui réalisé par les autorités monétaires, celles-ci peuvent espérer bénéficier d'une reprise

---

99 Voir *supra*.

100 Le lecteur pourra se référer, par exemple, à Creel et Farvaque (*op. cit.*, p. 81 sv) pour une discussion de la stabilité des prix comme objectif de politique économique.

101 Les indices de prix à la consommation surestiment généralement la hausse des prix (c'est le fameux effet « Boskin ») du fait notamment de la mise sur le marché de nouveaux produits et de l'amélioration de la qualité des produits déjà existants. Ce biais statistique serait compris dans une fourchette de 0,8 à 1,6 % par an aux États-Unis (une étude récente estimant qu'il est plus faible et de l'ordre de 0,6 %). Il serait relativement faible en France et sans doute proche de 1 % en Europe. Pour plus de détails sur cette question, voir par exemple Bénassy-Quéré *et al.* (2004, pp. 218-219).

102 Kydland, F. E. & E. C. Prescott, (1977), « Rules rather than discretion: the inconsistency of optimal plans », *Journal of Political Economy*, 85, pp. 473-491.

103 Voir le modèle désormais classique de Barro, R. J. et D. B. Gordon, 1983, « Rules, discretion and reputation in a model of monetary policy », *Journal of Monetary Economics*, 12, pp. 101-121.

de l'activité économique et d'une baisse du chômage. Autrement dit, dans ce type de modèle où l'inflation est essentiellement monétaire et socialement indésirable, seule l'inflation non anticipée a un impact sur l'activité économique et le chômage.

Malheureusement, si les agents économiques font des *anticipations rationnelles*, ils anticipent correctement la motivation des autorités monétaires à faire de l'inflation-surprise et ne croient pas au taux d'inflation annoncé. On montre alors que les autorités monétaires n'ont pas de meilleur choix que de choisir le taux d'inflation anticipé par les agents (qui est plus élevé que celui annoncé) pour éviter une récession et une augmentation du chômage. L'issue de ce jeu non coopératif est sous-optimale. L'équilibre macroéconomique se caractérise alors non seulement par un taux de chômage qui n'a pas diminué par rapport au taux de chômage naturel (ou alors transitoirement) mais aussi par un taux d'inflation qui est supérieur à celui souhaité par les autorités [104]. Par conséquent, une politique de désinflation sera d'autant moins coûteuse en termes de croissance de l'activité économique qu'elle sera crédible.

Cette crédibilité peut s'acquérir, entre autres, en rendant indépendante la Banque centrale du pouvoir politique. De façon générale, l'indépendance de la Banque centrale dépend de nombreux facteurs tels que la procédure de nomination du Gouverneur et des membres du directoire, le caractère irrévocable de leur nomination et la plus ou moins grande durée de leur mandat. De toute évidence, dans un cadre strictement national, un mandat irrévocable de durée plus longue que l'intervalle entre deux échéances électorales constitue une condition nécessaire de l'indépendance politique de la Banque centrale car il permet d'éviter que les autorités politiques ne soient tentées de procéder à une politique monétaire laxiste à l'approche des élections afin de relancer transitoirement l'activité économique. De la même manière, la nomination à la tête de la Banque centrale d'un banquier central ayant la réputation d'une forte aversion à l'inflation permet de diminuer le biais inflationniste de la politique monétaire. Cela rejoint les conclusions du modèle de Rogoff (1985) : il est souhaitable que la politique monétaire soit confiée à une autorité monétaire ne partageant pas les préférences moyennes de ses concitoyens, mais plus conservatrice (c'est-à-dire ayant une plus forte aversion à l'inflation) [105] [106].

En imposant l' indépendance des banques centrales, le traité de Maastricht n'a fait que reprendre l'idée, en partie validée empiriquement, selon laquelle l'inflation serait d'autant plus faible que l'indépendance politico-économique de la Banque cen-

---

104 Le lecteur intéressé par une présentation simple mais rigoureuse des jeux de politique macroéconomique — et notamment de politique monétaire — pourra utilement se référer au chapitre 4 de l'ouvrage de Varoudakis (1994), *La politique macroéconomique*, Paris, Dunod.

105 Rogoff, K., (1985), « The optimal degree of commitment to an intermediate monetary target », *Quaterly Journal of Economics*, 100, pp. 1169-1189.

106 La solution de Rogoff ne permet pas d'éliminer complètement le biais inflationniste comme le montre la littérature récente qui envisage la question de la délégation de la politique monétaire dans le cadre d'une relation d'agence entre le gouvernement et la Banque centrale. Voir sur ce point par exemple l'article de Walsh, C. (1995), « Optimal contracts for central bankers », *American Economic Review*, 71, pp. 267-274.

trale est élevée. À titre d'exemple, les travaux de V. Grilli, D. Masciandaro et G. Tabellinin (1991) [107] font apparaître une relation inverse assez nette entre le taux d'inflation moyen et le degré d'indépendance de la Banque centrale sur la période 1970-1989 pour treize pays de l'OCDE [108].

> Sur le plan institutionnel, un certain nombre de mesures ont été prises pour assurer cette indépendance. Il est interdit à l'Eurosystème d'accorder des prêts aux organes communautaires ou à toute entité nationale du secteur public, ce qui accroît son indépendance en la mettant à l'abri de toute influence des autorités publiques. Ni la BCE, ni les BCN ne peuvent solliciter ni accepter des instructions des institutions ou organismes communautaires, des gouvernements des États membres de l'Union européenne ou de tout autre organisme. La BCE a son propre budget, indépendant de celui de l'Union européenne. Son capital est souscrit et libéré par les banques centrales nationales (BCN) de la zone euro. Enfin, les statuts prévoient des mandats de longue durée pour les membres du Conseil des gouverneurs. Celui des membres du Directoire ne peut être renouvelé. Plus précisément, le mandat minimum des gouverneurs des BCN est d'une durée de cinq ans. Le mandat des membres du Directoire de la BCE est non renouvelable et d'une durée de huit ans. La révocation des fonctions est prévue uniquement en cas d'incapacité ou de faute grave. Enfin, la Cour de justice des Communautés européennes est compétente pour régler tout litige.

L'indépendance politique des banques centrales n'est toutefois pas suffisante, tout simplement parce que l'indépendance d'une banque centrale a aussi une dimension économique qui supposerait, pour être réalisée, que les autorités monétaires aient la possibilité de manipuler de manière autonome les instruments dont elles disposent. Or l'indépendance économique est beaucoup plus délicate à établir pour plusieurs raisons. Tout d'abord, parce qu'elle suppose que soient prises en compte les interactions entre la politique monétaire et la politique budgétaire. Or les premiers travaux relatifs à l'indépendance de la Banque centrale ignorent ces aspects alors même que la contrainte de solvabilité de l'État ou les dispositions en matière de monétisation de la dette publique constituent des facteurs essentiels qui limitent l'indépendance effective d'une banque centrale [109]. Ensuite, il peut y avoir un conflit entre l'objectif de stabilité des prix, qui est du seul ressort de la Banque centrale, et la politique de change qui relève du domaine partagé.

---

107 Grilli, V., Masciandaro, D., et Tabellinin, G. (1991), « Political and Monetary Institutions and Public Financial Policies in the Industrial Countries », *Economic Policy* 6 (13) 341-392.

108 La corrélation entre le degré d'indépendance de la Banque centrale et le taux d'inflation ne nous dit rien sur le sens de la causalité : sont-ce les pays les plus anti-inflationnistes qui se sont dotés d'une Banque centrale indépendante ou est-ce l'indépendance de la Banque centrale qui a permis ces meilleures performances en matière d'inflation ?

109 Nous reviendrons un peu plus loin sur ces questions quand nous étudierons la question de la coordination de la politique monétaie et budgétaire (« policy mix ») dans le cadre d'une Union monétaire.

Très schématiquement, le Conseil européen peut conclure des accords de change sur recommandation de la Commission européenne, après consultation du Parlement européen et de la BCE « pour parvenir à un consensus compatible avec la stabilité des prix ». Il peut aussi « formuler les orientations générales de politique de change. Ces orientations générales n'affectent pas l'objectif principal de stabilité des prix » (article 109 du traité sur l'Union européenne). En pratique, la politique de change est dans sa gestion au quotidien du ressort de la BCE, le Conseil des ministres se réservant la possibilité de formuler des « orientations générales » que de façon exceptionnelle dans le cas distorsion patente du taux de change (encore faudrait-il savoir ce que l'on entend par cette dernière expression). [110] [111]

## ENCADRÉ 5.8

### *Le taux de change de l'euro et la concurrence de la zone « dollar »*

L'euro présente depuis son introduction une évolution heurtée [110]. Après avoir connu une première période (environ 30 mois) de dépréciation au cours de laquelle il a perdu 30 % de sa valeur, le taux de change euro/dollar est resté stable pendant environ 15 mois avant de connaître une forte appréciation à partir de février 2002, puis un repli pour se stabiliser à son niveau d'introduction en 2003 [111]. Depuis 2003 son évolution est aussi heurtée avec un pic atteint fin 2004 et début 2005 puis un repli pour repartir à la hausse en 2006 et il atteint plus de 1,6 dollar par euro en juillet 2008 pour se replier légèrement et se stabiliser jusqu'à début décembre 2009 à un peu moins de 1,5 dollar par euro. Il a connu depuis un repli pour s'établir à 1,3 dollar par euro en janvier 2012. Une question essentielle est donc de savoir quelles sont les conséquences sur les exportations européennes (mais aussi sur les importations européennes). Une appréciation de l'euro (ou de la même façon une dépréciation du dollar) renchérit le prix unitaire des exportations européennes vers la zone dollar (c'est-à-dire les pays dont la monnaie évolue plus ou moins comme le dollar : pour l'essentiel les pays asiatiques et d'Amérique latine) et rend plus compétitives les exportations américaines dans la zone euro (elle aussi entendue au sens large). Évidemment, tous les pays et tous les secteurs ne sont pas concernés de la même façon. Certains secteurs sont plus exposés que d'autres à la concurrence de la « zone dollar ». Henriot (2008, p. 147) s'appuyant sur le cas de la France souligne que « parmi les secteurs les plus soumis à la concurrence de la zone dollar figurent à la fois des secteurs de haute technologie (armement, aéronautique, filière électronique), mais aussi des secteurs plus traditionnels en liaison avec le poids des pays émergents. Dans des secteurs

110 Les développements qui suivent s'appuient sur Bénassy-Quéré, Fontagné et Fouquin (2003), « Heureux dollar », *La Lettre du CEPII*, n° 225 ; Henriot, A., (2008), « Impacts macroéconomiques et sectoriels des variations de l'euro », chapitre 4, in Didier *et al.* (2008), *Politique de change de l'euro*, rapport du Conseil d'Analyse Economique, Paris, La Documentation Française ; et Broyer, S., Brunner, C., (2008), « Quelles industries, quels indices boursiers sont les plus affectés par la dépréciation du dollar ? », *Natixis Flash Economie, n° 109*, mars.

111 L'euro est depuis 2004 la première monnaie mondiale sur les marchés obligataires : 47 % du stock de titres de dettes internationaux sont libellé en euros contre un peu plus de 30 % en dollars. La part de l'euro dans les réserves officielles de change est de l'ordre de 25 % contre 65 % pour le dollar. (chiffres par Jouyet, J.-P., (2008), « Pour une diplomatie de l'euro », *Le Monde*, 2 janvier.

**ENCADRÉ 5.8 (suite)**

de moyenne technologie, la concurrence reste surtout européenne (automobile, certaines branches de la filière mécanique » En réalité, la concurrence du dollar affecte un secteur donné de l'industrie européenne en fonction non seulement de l'exposition à la concurrence de la zone dollar mais aussi de l'élasticité prix (c'est-à-dire de la sensibilité au prix) des exportations et des importations dans ce secteur. L'élasticité prix dépend essentiellement du degré de concentration du secteur (qui conditionne les comportements de marge des entreprises) et de la différenciation des produits. L'idée sous-jacente est que si les produits sont différenciés, alors la concurrence en prix de la zone dollar est moins forte car les producteurs bénéficient en quelque sorte d'une « rente de monopole » sur la variété qu'ils produisent (les produits ou variétés d'un même produit sont moins substituables). Henriot cite une étude de Broyer et Brunner (2008) qui « trouvent une élasticité négative quasi unitaire des volumes exportés de la zone euro sur les marchés tiers par rapport aux variations de prix exprimés en dollars pour certains produits comme les équipements bureautiques, les équipements de transport hors automobile (c'est-à-dire l'aéronautique) ou encore l'habillement. Ces industries se caractérisent donc par une forte substituabilité entre les produits européens et les produits concurrents, ce qui les rend très vulnérables aux variations de change. En réalité cette élasticité est beaucoup plus faible pour certains secteurs, comme les machines-outils spécialisées ce qui tient à la différenciation des produits. Enfin, elle est quasiment nulle pour certains produits de base (métaux non ferreux, pétrole). Ceci ne doit pas s'interpréter comme une absence de substituabilité, mais tient plutôt au fait que les prix de référence de ces marchés sont exprimés en dollar, de sorte que les variations de change sont intégralement répercutées dans les marges des exportateurs. Tout en laissant les prix de vente inchangés (c'est aussi le cas de l'aéronautique). »

Enfin, la Banque centrale est un prêteur en dernier ressort dans la zone euro. Cela signifie qu'elle est le dernier recours en cas de crise financière grave (faillite d'une grande banque, krach boursier). Ce type de situation peut l'amener à mettre en œuvre une politique monétaire accommodante de façon à contenir les pressions à la hausse des taux d'intérêt et à stabiliser le système financier [112]. L'accroissement des liquidités dans l'économie peut alors remettre en question transitoirement l'objectif de stabilité des prix. On se souviendra par exemple qu'à la suite des attentats du 11 septembre 2001, la BCE s'est rapidement entendue avec la Réserve fédérale américaine pour baisser ses taux d'intérêt directeurs et alimenter les banques en liquidités.

■ **Une politique monétaire unique dont la stratégie monétaire fait l'objet de critiques récurrentes.** La stratégie de la BCE repose sur deux piliers qui sont initialement (voir ci-après, les modifications apportées en mai 2003 par la BCE) : (*i*) le suivi d'un agrégat monétaire large et (*ii*) la prise en compte d'indicateurs avancés de tensions inflationnistes.

112 Les questions relatives aux paniques bancaires et au rôle des banques centrales comme prêteur en dernier ressort sont traitées de façon approfondie dans le chapitre sur la globalisation financière et dans l'encadré 5.9 de ce chapitre.

(*i*) L'agrégat retenu par la BCE est l'agrégat M3 qui inclut l'ensemble des actifs financiers immédiatement susceptibles d'être convertis en moyens de paiement sans pertes en capital : pièces métalliques, billets, dépôts bancaires ou encore titres du marché monétaire. La BCE a fixé le taux de croissance annuel de M3 par rapport à une valeur de référence à 4,5 % : un écart à la hausse (respectivement à la baisse) étant supposé être révélateur de tension inflationniste (respectivement déflationniste).

> Le taux de croissance de référence de M3 fixé à 4,5 % renvoie directement à une application de la théorie quantitative de la monnaie. Le taux de croissance de la masse monétaire est fonction du taux de croissance à moyen terme des capacités de production (de l'ordre de 2 à 2,5 %), de la vitesse de circulation de la monnaie (en baisse de l'ordre de 0,5 à 1 % par an) et de l'objectif d'inflation (1 à 2 % par an). Dans ces conditions, on montre que M3 doit augmenter de 3,5 à 5,5 % par an.

(*ii*) Le second pilier de la stratégie monétaire de la BCE regroupe des indicateurs hétéroclites susceptibles de signaler les inflexions à venir de l'inflation. Ces indicateurs incluent le taux de croissance du PIB, les prix à la production, les prix à l'importation, les coûts salariaux, l'évolution du taux de change ou encore des indicateurs de tensions sur les capacités de production (permis de construire, carnets de commande).

La stratégie monétaire de la BCE fait l'objet de nombreux commentaires et critiques. Creel et Farvaque (2004, p. 87) soulignent que l'utilisation de l'agrégat M3 comme indicateur de politique monétaire a pu être justifié dans un premier temps par « sa stabilité dans la zone euro [...], par ses liens robustes avec le niveau général des prix [...] et par ses propriétés prédictives en termes d'inflation future [...] ». Ces arguments sont cependant remis en cause par nombre d'économistes (dont les auteurs précités) au motif que la frontière entre actifs monétaires et actifs non monétaires est de plus en plus ténue et qu'il existe des doutes sur la stabilité de la demande de monnaie dans la zone euro. L'utilisation d'un agrégat monétaire (quel qu'il soit) comme indicateur de la politique monétaire perd alors de sa pertinence. Dans le même esprit, Woodford (1998) fait remarquer que les agrégats semblent avoir de moins en moins de lien, tout au moins à court terme, avec le taux d'inflation et l'activité économique qui constituent pourtant les objectifs finaux des autorités [113]. La stratégie monétaire de la BCE paraît d'ailleurs en décalage avec la pratique des autres banquiers centraux ainsi qu'avec les nouveaux fondements de la macroéconomie monétaire : la notion de règle de taux d'intérêt semble supplanter celle de règle monétaire [114]. De fait, l'observation du taux de croissance de M3 dans la zone euro (en glissement annuel) fait clairement apparaître la difficulté de la BCE à respecter la valeur de référence de 4,5 %. La poursuite d'une stratégie fondée sur ces deux piliers introduit enfin une incertitude sur l'action de la BCE.

---

113 Woodford, M. (1998), « Doing without money: Controlling inflation in a post-monetary world », *Review of Economics Dynamics*, (1), pp. 173-219.

114 Pour une discussion approfondie de ces questions, voir par exemple Creel et Favarque (2004, chapitre 4, p. 85 et suivantes).

Aussi, cette dernière a-t-elle procédé à une évaluation de la mise en œuvre de sa politique monétaire après quatre années d'expérience (rapport rendu public dans le bulletin mensuel de la BCE de juin 2003). La clarification apportée par la BCE laisse à penser que la prise en compte des indicateurs avancés relèverait de la mise en œuvre de la politique monétaire à court terme tandis que le suivi de l'agrégat monétaire élargi relèverait du long terme [115].

> « La politique monétaire ne réagit pas de façon mécanique aux écarts de croissance de M3 par rapport à la valeur de référence. Celle-ci joue un rôle important en tant que point de repère quantifié à moyen et long terme permettant d'évaluer les évolutions monétaires. Elle rappelle constamment à la Banque centrale le principe fondamental selon lequel, tout en réagissant aux évolutions économiques, elle ne doit jamais perdre de vue le fait que, sur un horizon suffisamment long, le taux de croissance monétaire doit être compatible avec l'objectif de stabilité des prix » (*Bulletin mensuel de la BCE* de juin 2003, p. 91).

## ENCADRÉ 5.9
### *Les instruments de la BCE et les normes non conventionnelles de politique monétaire de la BCE comme « prêteur en dernier ressort »*

Les instruments à la disposition de la BCE sont les suivants : **(1) Les réserves obligatoires** faiblement rémunérées (au même niveau que le taux principal de refinancement) sont constituées par les banques commerciales (ou banques de dépôt) auprès du SEBC. Le montant des réserves obligatoires est proportionnel aux dépôts (à vue et à terme d'une échéance inférieure à deux ans) collectés par les banques. Une augmentation du taux de réserve obligatoire permet à la BCE de restreindre les crédits octroyés par le secteur bancaire. Il s'agit d'un instrument complémentaire à la politique d'open market et de facilités permanentes (mais secondaire par rapport à celle-ci). Notons que cet instrument est pratiqué depuis très longtemps dans les pays développés (en France depuis 1967). **(2) Dans le cadre de ses opérations d'open market**, la BCE mène des opérations de refinancement sous la forme d'appel d'offre. Les opérations principales de refinancement, les plus utilisées, sont hebdomadaires et conduisent à des prêts d'une durée d'une semaine. Il existe aussi des opérations de refinancement à plus long terme (3 mois) d'une fréquence mensuelle. Grâce à ces opérations, l'Eurosystème fournit des liquidités aux banques en échange de titres publics ou privés pris en pension pour une durée d'une semaine. La BCE annonce un taux minimum de prise en pension et sert les banques en fonction du taux d'intérêt demandé selon une procédure d'enchère. Le taux de refinancement ou Refi, constitue le principal taux directeur de la BCE, taux auquel elle prête dans le cadre de ces opérations principales de refinancement (le taux en janvier 2012 est de 1 %). La BCE peut procéder à des opérations de *réglage fin* afin d'atténuer les mouvements indésirés des taux d'intérêts liés aux fluctuations imprévues de la liquidité bancaire. Enfin, *des opérations à des fins structurelles* sont effectuées pour modifier à plus long terme la position nette du SEBC face au système bancaire. **(3) Deux facilités permanentes** dont l'accès est inconditionnel sont octroyées aux banques commerciales : *une facilité de prêt marginal* à 24 heures

115 Nombre d'observateurs soulignent que, de fait, le premier pilier est désormais passé au second plan mais que la BCE n'a pas voulu se déjuger en l'annonçant clairement.

## ENCADRÉ 5.9 (suite)

(quand elles ont un problème de liquidité), sous forme d'une prise en pension à un taux élevé (en janvier 2012 de 1,75 %), et une *facilité de dépôt* rémunérée à un taux faible (en janvier 2012 de 0,25 %) quand elles disposent d'un excès de liquidité.

Le taux de refinancement, le taux des facilités de prêt marginal et le taux des facilités de dépôt sont appelés **taux d'intérêt directeurs**, car la BCE influence à travers eux l'ensemble des taux de marché (le plus important est le taux de refinancement). Le taux d'intérêt au jour le jour (JJ) pratiqué sur le marché interbancaire est mesuré à travers l'EONIA (*Euro OverNight Index Average*). Les banques commerciales effectuant un arbitrage entre l'emprunt sur le marché interbancaire ou auprès de l'Eurosystème, ce taux évolue dans un tunnel défini par le taux de facilité de dépôt et le taux de facilité de prêt (il est souvent proche du taux de refinancement). Un système de paiement unifié dans la zone euro, TARGET, assure l'unicité des taux du marché monétaire dans l'ensemble de la zone euro.

Nous avons jusqu'à présent exposé les mesures conventionnelles de politique monétaire. Celles-ci ont été largement utilisées à partir de la faillite de la banque Lehman Brothers, le 15 septembre 2008. Le taux de refinancement est passé de 4,25 % à 1 % actuellement et la BCE a donc fourni beaucoup de liquidités à des taux historiquement bas. En complément, et pour ne pas baisser son taux directeur jusqu'à 0 %, la BCE a mis en œuvre un large éventail de mesures non conventionnelles regroupées sous le vocable de « politique de soutien renforcé au crédit » (*Enhanced Credit Support Policy*, ECSP) afin de soutenir le mécanisme de transmission de la politique monétaire dans un contexte de turbulence financière. Les mesures prises avaient pour objectif d'accroître les flux de crédit au-delà de qui pouvait être obtenu par le biais des seules réductions des taux directeurs. La BCE intervient en véritable « prêteur en dernier ressort » et cinq types de mesures ont été prises : (1) la fourniture de liquidité aux banques de la zone euro en quantité illimitée à taux fixe pour toutes les opérations de refinancement contre une remise de garanties appropriées, (2) l'allongement de la durée maximale des opérations portée à un an contre trois mois avant la crise, (3) l'extension de la liste des titres admis en garantie, (4) la fourniture de liquidités en devises étrangère, notamment en dollars grâce au soutien de la FED, (5) des achats fermes d'obligations sécurisées émises par les banques et adossées à des créances hypothécaires ou des prêts au secteur public (*Covered Bond Purchase Programme*, CBPP). Mais à partir de début 2010, des tensions apparaissent sur le marché des obligations d'État de la zone euro. Cette crise de la dette souveraine a conduit la BCE à apporter un second type de mesures non conventionnelles, à savoir le « Programme pour le marché de titres » (*Securities Markets Programme*, SMP). Ainsi, l'Eurosystème achète des titres de dettes publics et privés de la zone euro. Le traité sur l'Union européenne interdisant les achats de titres sur le marché primaire (des émissions), ces titres seront acquis auprès des banques. Le volume des achats est déterminé par le Conseil des gouverneurs et les achats de titres sont stérilisés à l'aide d'opérations spéciales d'absorption de la liquidité injectée. L'objectif du SMP est de remédier aux dysfonctionnements observés sur certains marchés obligataires et qui perturbent la transmission de la politique monétaire.

Nous invitons le lecteur souhaitant approfondir ces questions et s'intéressant aux scénarios de sortie de crise possibles pour la BCE à se référer au travail de Bordes et Clerc (2011), « La BCE : quel(s) scénario(s) de sortie de crise ? », *Revue d'économie financière*, n° 103, octobre, pp. 117-145.

L'appréciation de l'orientation de la politique monétaire de la BCE n'est pas chose aisée compte tenu du peu de recul dont nous disposons. L'orientation plus ou moins accommodante de la politique monétaire est généralement appréciée par rapport à ce que suggèrerait la règle de Taylor (voir Taylor, 1993) [116]. Plus généralement, l'intérêt de la règle de Taylor est qu'elle constitue un point de repère utile pour analyser le comportement passé des Banques centrales et notamment le poids qu'elles accordent respectivement à l'objectif de stabilisation conjoncturelle et à l'objectif d'inflation. Il suffit alors de comparer l'évolution effective des taux d'intérêt avec l'évolution qui aurait résulté de l'application de la règle de Taylor. Cette règle qui décrit la réaction moyenne de la Réserve fédérale américaine à l'inflation et à l'écart de production par rapport à son niveau potentiel peut s'écrire de la façon suivante :

$$i = r + \pi^* + 0{,}5\,(\pi - \pi^e) - 0{,}5(y^p - y)$$

où : i est le taux d'intérêt nominal,

r est le taux d'intérêt réel d'équilibre,

$\pi^*$ est le taux d'inflation anticipé,

$\pi$ est le taux d'inflation effectif,

$\pi^e$ est le taux d'inflation d'équilibre, retenu comme objectif par les autorités,

y est la valeur effective de la production,

$y^p$ est la production potentielle correspondant au plein emploi des facteurs de production.

Divers travaux utilisant cette méthode ont permis de montrer que la Bundesbank, contrairement à une opinion trop souvent répandue, poursuivait non seulement un objectif de faible inflation mais aussi de stabilisation conjoncturelle en cas de récession et de chômage. Concernant la BCE, il semble que sa politique monétaire était « plus accommodante en 2000/2003 au regard de ce qu'aurait impliqué le respect de la règle de Taylor. Toutefois, la conclusion est moins forte si l'on introduit dans la règle de Taylor non pas l'inflation totale, mais l'inflation sous-jacente (c'est-à-dire hors prix alimentaires et énergétiques), plus basse que l'inflation totale au cours de la période » (Bénassy-Quéré *et al.*, 2004, p. 227). Par ailleurs, nombre d'observateurs font remarquer que la politique monétaire de la BCE se caractérise par une certaine prudence (voire une certaine inertie) ainsi que par une forme de « suivisme » par rapport à la Réserve fédérale américaine qu'on a pu voir à l'œuvre suite au retournement conjoncturel intervenu au États-Unis à la fin des années 2000 et dont on pouvait raisonnable-

116 Certains soulignent *a contrario* que la globalisation financière, en remettant en question la stabilité de la demande monnaie, a distendu le lien entre la croissance de la masse monétaire et la croissance des prix. En outre, l'apparition de nouveaux produits financiers fortement substituables à la monnaie rend plus difficile le choix d'un agrégat monétaire pertinent. Dans ces conditions, on peut se demander si la meilleure solution ne consiste pas à fixer un objectif quantitatif d'inflation et de chercher à l'atteindre.

ment penser qu'il aurait des effets sur la croissance européenne [117]. Le taux d'intérêt directeur américain a baissé d'environ 5 points de pourcentage (475 points de base) entre la fin 2000 et la fin 2001. Le principal taux directeur de la BCE a lui baissé d'environ 1,5 points de pourcentage (150 points de base) entre la mi-2001 et la mi-2002 après maintes tergiversations (la BCE a mis six mois pour baisser son taux directeur d'un quart de point... suivie d'une autre baisse d'un quart de point en août de la même année). Sur la période récente, le manque de réactivité de la BCE a encore une fois été souligné par certains observateurs. Il faut en effet attendre juillet 2008, alors que le marché monétaire de la zone euro est « paralysé », pour que la BCE commence à baisser son taux d'intérêt directeur. Plus généralement, comme le soulignent Artus *et al.* (2009, p. 102), « au cours des dix-huit premiers mois de la crise, les politiques de taux d'intérêt menées par la Fed et la BCE ont été radicalement différentes l'une de l'autre. [...] Mais la question est de savoir si ces différences s'expliquent par des différences structurelles de comportement des banques centrales ou par la conjoncture économique [118]. »

### 5.3.2 Politique budgétaire et « policy mix » dans la zone euro

L'unification monétaire européenne a des implications majeures en matière de politique budgétaire même si le traité de Maastricht (encore appelé Traité sur l'Union européenne) ne recèle aucune trace de fédéralisme budgétaire. Ce traité prévoit en effet que les politiques budgétaires restent du ressort des États et exclut toute solidarité financière entre États (art. 104 B) sauf circonstances exceptionnelles (art. 103 A).

> L'article 125 du Traité sur le fonctionnement de l'Union européenne (ex-article 103 du Traité CE ou traité instituant la communauté européenne) dispose que « l'Union ne répond pas des engagements des administrations centrales, des autorités régionales ou locales, des autres autorités publiques ou d'autres organismes ou entreprises publics d'un État membre, ni ne les prend à sa charge, sans préjudice des garanties financières mutuelles pour la réalisation en commun d'un projet spécifique. Un État membre ne répond pas des engagements des administrations centrales, des autorités régionales ou locales, des autres autorités publiques ou d'autres organismes ou entreprises publics d'un autre État membre, ni ne les prend à sa charge, sans préjudice des garanties financières mutuelles pour la réalisation en commun d'un projet spécifique. »
>
> L'article 122 du Traité sur le fonctionnement de l'Union européenne (ex-article 100 du Traité CE ou traité instituant la communauté européenne) dispose que

117 Comme le soulignent Creel et Farvaque (*op. cit.*, pp. 94 et 95), « il ne faut pas conclure à un suivisme passif de la BCE. Le contexte de cette époque est en effet celui d'une resynchronisation partielle des économies américaine et européenne, qui se retrouvent ensemble en expansion puis en phase de décélération de la croissance. Bien sûr l'économie américaine, jusqu'en 2000 inclus, part d'un niveau d'activité plus élevé et reste plus dynamique que celle de la zone euro : le différentiel d'activité et de croissance est toujours en sa faveur. Il n'est donc pas anormal que les taux courts américains devancent leurs homologues européens. »

118 Artus, P., Betbèze, J-P., de Boissieu, C. et Capelle-Blancard, (2009), De la crise des subprimes à la crise mondiale, *La documentation Française*, Paris.

> « lorsqu'un État membre connaît des difficultés ou une menace sérieuse de graves difficultés, en raison de catastrophes naturelles ou d'événements exceptionnels échappant à son contrôle, le Conseil, sur proposition de la Commission, peut accorder, sous certaines conditions, une assistance financière de l'Union à l'État membre concerné. Le président du Conseil informe le Parlement européen de la décision prise. »

Les développements qui suivent traitent de quatre points fondamentaux permettant de comprendre le « policy mix » européen. Le premier point traite du risque de conflit d'objectifs entre la politique monétaire unique et les politiques budgétaires nationales. Le second point s'intéresse à la répartition des tâches entre politique monétaire et politique budgétaire selon la nature des chocs susceptibles de frapper les économies de la zone euro. Le troisième point s'interroge sur le caractère anti- ou pro-cyclique des politiques budgétaires discrétionnaires dans la zone euro. Le dernier point traite du Pacte de stabilité et de croissance en montrant les limites de cet instrument censé prévenir toute dérive des finances publiques.

■ **Une analyse du conflit d'objectifs entre la BCE et les autorités budgétaires nationales**. Les pays de l'Union européenne se trouvent dans un cas de figure inédit : la BCE est indépendante et a pour seul objectif de stabiliser le niveau des prix alors que les gouvernements européens peuvent être amenés à soutenir la croissance économique au moyen d'une politique budgétaire expansionniste. En l'absence de coordination entre la BCE et les gouvernements de la zone euro, ce conflit d'objectifs peut déboucher au moins en théorie sur une guerre d'usure aux conséquences néfastes [119]. Le deuxième problème susceptible de se poser concerne la façon dont la politique monétaire unique et les politiques budgétaires nationales vont se « partager le travail » pour répondre aux chocs susceptibles d'affecter les pays de la zone euro.

Le conflit d'objectifs entre la BCE d'une part et les gouvernements nationaux d'autre part correspond à une configuration bien connue en théorie des jeux ? celle de la « poule mouillée » ? et peut être analysé de la façon suivante [120]. On suppose que la BCE préfère poursuivre une politique monétaire restrictive impliquant des taux d'intérêt élevés tandis qu'un des gouvernements choisit une politique budgétaire laxiste pour soutenir son activité économique. Bien évidemment, la politique monétaire de la BCE ne convient pas au gouvernement et inversement la politique budgétaire du gouvernement, surtout si elle se traduit par un « déficit excessif », ne convient pas à la BCE.

Dans ces conditions, chaque protagoniste doit défendre sa réputation. Tant qu'aucun des joueurs n'a cédé, le *policy mix* se traduit par une surenchère à la hausse

119 Les développements qui suivent s'inspirent d'un document de travail de l'OFCE écrit par J. Creel (1998) et de l'article de Desquilbet, J.-B et P. Villieu, (1998), « La théorie du *policy mix* : un bilan critique », *Revue d'économie financière*, 45, pp. 31-58.

120 Ce type de jeu est qualifié de jeu de la « poule mouillée » (« *chicken game* ») car il s'inspire des compétitions de rues au cours desquelles deux véhicules foncent l'un vers l'autre, le vainqueur étant le conducteur qui obligera l'autre à dévier de sa trajectoire pour éviter l'accident. Le perdant est une « poule mouillée ».

des déficits publics et des taux d'intérêt. La BCE essaie de contenir les pressions inflationnistes qui risquent de se développer avec l'élévation du déficit public pendant que le gouvernement mène une politique budgétaire d'autant plus expansionniste que l'augmentation des taux d'intérêt asphyxie l'activité économique. Cette situation est inefficace et ne peut satisfaire ni la BCE, ni le gouvernement, mais elle peut durer longtemps. En effet, le gouvernement a d'autant moins intérêt à céder le premier que la réduction du déficit risque de se réaliser dans un contexte de ralentissement de l'activité économique – du fait du niveau élevé des taux d'intérêt – ; ce qui peut accroître l'instabilité conjoncturelle. Pour éviter ce risque, le gouvernement peut prolonger la guerre d'usure en attendant que la Banque centrale baisse son taux d'intérêt directeur avant d'entamer le redressement budgétaire [121].

Techniquement, cette guerre d'usure se traduit par l'absence de stratégie dominante aussi bien pour la BCE que pour le gouvernement (voir matrice des gains ci-après). L'absence de stratégie dominante doit cependant inciter la BCE et le gouvernement à coopérer mais deux types d'équilibres peuvent émerger. Soit la BCE maintient une politique monétaire rigoureuse et le gouvernement doit céder en menant une politique restrictive de réduction des déficits publics (équilibre dit « conservateur »), soit c'est la Banque centrale qui cède devant le refus du gouvernement de limiter son déficit en baissant son taux d'intérêt directeur (équilibre dit « social »).

Le jeu de la « poule mouillée » peut être représenté par la matrice de gains suivante : [122]

| **Gouvernement** / **Banque centrale** | Politique restrictive | Politique expansionniste |
|---|---|---|
| Politique restrictive | (4 ; 2)<br>Équilibre conservateur | (–1 ; –1) |
| Politique expansionniste | (0 ; 0) | (1 ; 3)<br>Équilibre social |

Remarque : le premier nombre représente dans chaque case le gain, par exemple en termes de réduction de l'inflation, de la BCE et le deuxième nombre le gain, par exemple en termes de croissance, du gouvernement.

On comprend bien que l'équilibre macroéconomique qui prévaudra dépend de celui qui, entre la BCE et le gouvernement, imposera sa domination. Dans ces conditions, on peut considérer que la BCE bénéficie d'un avantage stratégique par

121 La situation française au milieu des années 1990 est un exemple de guerre d'usure entre une Banque centrale qui vient de devenir indépendante et des gouvernements confrontés à des déficits publics importants. Pour une analyse plus approfondie de cette question et des références bibliographiques, voir Desquilbet et Villieu, *op. cit*, p. 52 sv).

122 On doit cette matrice des gains à J. Creel, *op. cit.*

rapport au gouvernement dans le sens où son indépendance a valeur d'engagement, ce qui lui confère un rôle de leader lui permettant d'imposer sa politique monétaire au gouvernement. Blinder (1982, p. 27) résume cela quand il écrit : « si on ne peut empêcher ses deux mains de se battre entre elles, il vaut peut-être mieux s'en attacher une dans le dos » [123]. Toutefois, comme le soulignent Debelle et Fisher (1994, p. 215), « la société se portera mieux si la Banque centrale s'engage sur le taux d'inflation, à condition que l'autorité fiscale se comporte raisonnablement, c'est-à-dire n'accorde pas une priorité excessive aux dépenses publiques » [124]. Les critères de convergence de Maastricht comme le Pacte de stabilité et de croissance étaient supposés assurer une certaine discipline budgétaire. L'histoire récente montre que cela n'a pas été le cas (voir les développements sur le Pacte de stabilité et de croissance et sur la dérive des finances publique consécutive à la crise économique et financière qui frappe la zone euro). Dans le même ordre d'idée, la crise financière actuelle a conduit la Banque centrale européenne à assouplir sa position sur son rôle de prêteur en dernier ressort (voir 5.3.1).

■ **Quelle répartition des tâches entre politique monétaire et politique budgétaire en cas de chocs frappant tout ou partie de la zone euro ?** L'idée générale est que la politique monétaire unique devrait réagir à des événements qui ont un effet significatif pour l'ensemble des pays de la zone (chocs « symétriques »), tant que cela ne remet pas en cause l'objectif de stabilité des prix, la politique budgétaire étant cantonnée à réduire les chocs asymétriques. Cette répartition des tâches n'est évidemment pas sans poser de problèmes pour plusieurs raisons. En premier lieu la politique monétaire (par exemple une baisse des taux d'intérêt) n'a pas les mêmes effets sur les économies de la zone euro et son impact peut être plus ou moins long (de l'ordre de 12 à 18 mois pour avoir un effet sur le PIB selon la BCE). La transmission des impulsions monétaires au secteur non financier dépend d'un certain nombre d'éléments qui peuvent différer d'un pays à l'autre, comme l'importance du financement bancaire (plus celui-ci est important et plus la politique monétaire devrait avoir d'impact sur la sphère non financière), la structure d'endettement des agents non bancaires et le degré d'indexation des prêts (une faible maturité des prêts et une part importante de prêts à taux négociables ou révisables devraient, toutes choses égales par ailleurs, accélérer la transmission des impulsions monétaires au secteur réel) ou encore la taille et la concentration du secteur bancaire (qui déterminent les comportements de marge des banques et leur propension à répercuter une hausse ou une baisse du taux d'intérêt sur le marché monétaire sur les taux bancaires) [125]. En second lieu, la distinction entre chocs

123 Blinder, A., (1982),« Issues in the coordination of monetary and fiscal policy », dans *Monetary policy issues in the 80's*, Federal Reserve Bank of Kansas City, p. 3646.

124 Debelle, G. et S. Fisher, (1994), « How independent should a central bank be ? », dans Jeffrey, C. et C. Fuhrer (eds.), *Goals, guidelines and constraints facing monetary policy*, Federal Reserve Bank of Boston, pp. 195-225.

125 Pour davantage de détails sur les canaux de transmission de la politique monétaire, voir Bénassy-Quéré *et al.*, *op. cit.*, p. 244.

symétriques et chocs asymétriques est parfois difficile à opérer. Comme le soulignent Coeuré et Bénassy (2001), la crise asiatique en 1997 a, par exemple, davantage touché les économies allemandes et italiennes que l'économie française, compte tenu de leur spécialisation et des échanges plus intenses qu'elles entretiennent avec les pays du sud-est asiatique. Par ailleurs, une plus grande spécialisation expose un pays à être soumis à un choc de nature asymétrique (rappelons-nous de la crise de la téléphonie mobile qui a frappé la Finlande en 2000). Enfin, même en cas de chocs symétriques, la stabilisation de l'activité économique par la BCE n'est compatible avec son mandat de stabilité des prix qu'en cas de chocs de demande (par exemple un ralentissement de la demande mondiale). Dans le cas d'un choc d'offre (augmentation du prix du pétrole), en revanche, il existe un arbitrage entre stabilité des prix et stabilisation de l'activité économique [126].

Si l'on s'intéresse à la corrélation des chocs au sein de l'UE élargie, un certain nombre de constats peuvent être faits. Il semble tout d'abord que les économies des six pays fondateurs de la communauté européenne évoluent de façon relativement homogène dans le temps et que leurs cycles conjoncturels sont plutôt bien corrélés. De Lucia (2008) montre que la dispersion de l'écart de production (« *output gap* ») a nettement diminué au cours de la période récente au sein de la zone euro. L'indice de corrélation entre les cycles économiques serait de l'ordre de 0,65 et de 0,8 si l'on ne prend en considération que l'Allemagne, la France, l'Italie et l'Espagne qui représentent 80 % du PIB de la zone euro [127]. Fidrmuc et Korhonen (2004) montrent que des pays comme la Hongrie, la Pologne et la Slovénie ont des cycles bien mieux corrélés avec les grands pays du « cœur » de la zone euro que certains petits pays de la zone euro. Le cycle conjoncturel de certains nouveaux accédants (comme par exemple la République tchèque) est peu corrélé à celui de la zone euro dans son ensemble mais le degré de corrélation de ces pays est du même ordre que pour des pays comme la Grèce, le Portugal ou encore l'Irlande. Enfin, les pays baltes (sauf l'Estonie) et les pays des Balkans (dont certains ont vocation à rejoindre prochainement l'UE) ont un cycle conjoncturel très faiblement corrélé avec celui de la zone euro [128] [129]. On peut cependant espérer que la fréquence des chocs asymétriques diminuera de façon endogène à condition que l'approfondissement de l'intégration économique européenne permette de rapprocher les structures de production et de spécialisation au sein de l'UE élargie (voir les développements précédents sur la structure des échanges intra-européens).

---

126 Sur les chocs d'offre et de demande, voir Bénassy-Quéré *et al.*, *op. cit.*, p. 51 sv.

127 De Lucia, C., (2008), « Ou en est la convergence des économies de la zone euro ? », *Conjoncture*, Paris, BNP Paribas.

128 Fidrmuc, J., Korhonen, L. (2004), « A meta-analysis of business cycle correlation between the euro area and the CEEcs : What do we know-and who cares ? », Bank of Finland, *discussion paper* n° 20.

129 Ces résultats doivent être pris avec beaucoup de précaution car l'étude de la corrélation des cycles pose de redoutables problèmes méthodologiques.

### ■ Les politiques budgétaires discrétionnaires sont-elles contra-cycliques dans la zone euro ? [130]

Soulignons de prime abord que répondre à cette question n'est pas aisée compte tenu des choix méthodologiques qui doivent être opérés et qui peuvent conduire à des résultats sensiblement différents d'une étude à l'autre. En premier lieu, il convient de bien mesurer la composante discrétionnaire de la politique budgétaire. On utilise généralement à cette fin le solde budgétaire structurel ou le solde budgétaire structurel primaire (hors paiement d'intérêt sur la dette). Le solde budgétaire structurel est obtenu par différence entre le solde budgétaire effectif et la composante cyclique de ce solde (autrement dit la part du solde public qui est automatiquement imputable à la conjoncture économique). Le problème qui se pose alors est celui de la mesure des fluctuations du PIB autour de son niveau potentiel (« *output gap* »). L'évaluation du solde structurel suppose donc d'estimer au préalable la croissance potentielle qui se définit généralement comme le niveau de production maximal soutenable sans tensions excessives dans l'économie, en particulier sans accélération de l'inflation [131].

Le comportement cyclique de la politique budgétaire discrétionnaire dans la zone euro dépend aussi de la manière dont on définit les conditions cycliques. La Commission européenne privilégie dans ses travaux le niveau de l'écart de production (« *output gap* »). Une solution alternative consiste à travailler plutôt avec la variation de l'écart de production, notamment lorsqu'il convient de distinguer les périodes de conjoncture favorable (« *good days* ») des périodes de conjonctures défavorables (« *bad days* »). En effet, il se peut que l'activité économique se dégrade très fortement alors même qu'elle se situe au dessus de son potentiel. Dans cet exemple, une détérioration du solde budgétaire serait considérée comme pro-cyclique par rapport au niveau (positif) de l'écart de production mais contra-cyclique par rapport à la variation (négative) de l'écart de production (pour une production potentielle donnée). Huart (2011) montre que dans la zone euro sur la période 1999-2008 la corrélation est quasi-nulle entre la variation du solde budgétaire structurel primaire et l'écart de production lorsque celui-ci est exprimé en niveau (politique budgétaire discrétionnaire acyclique), mais positive lorsque l'écart de production est exprimé en variation (politique budgétaire discrétionnaire contra-cyclique) (voir figure 5.7). À titre de comparaison, l'orientation de la politique budgétaire discrétionnaire était manifestement pro-cyclique dans la zone euro dans la période « Maastricht » (1993-1998). Ceci n'est guère étonnant car nombre de gouvernements de l'UE ont été amenés à faire efforts de consolidation budgétaire au cours de cette période pour être éligible à la troisième phase de l'union monétaire.

---

130 Les développements qui suivent s'appuient sur l'article de Huart, F. « Les politiques budgétaires sont-elles contra-cycliques dans la zone euro », *in* Henri Sterdyniak, éd., « Les finances publiques dans la crise », *Revue de l'OFCE*, n° 116, pp. 149-171.

131 Deux principales méthodes sont généralement utilisées pour évaluer la production potentielle : une méthode statistique d'extraction de la tendance et une méthode structurelle qui consiste à évaluer la fonction de production de l'économie.

L'orientation plus contra-cyclique depuis 1999 s'explique par le fait que les politiques budgétaires discrétionnaires ont été plus souvent contra-cycliques à la fois pendant les bonnes périodes et pendant les mauvaises périodes.

■ **Le Pacte de stabilité et de croissance : une réponse (controversée) à la crainte de déficits excessifs**. Dans l'esprit des rédacteurs des traités de Maastricht et d'Amsterdam, l'indépendance de la BCE ne suffit pas à lui assurer une crédibilité suffisante pour empêcher des « déficits excessifs » car il faut bien constater que « la logique d'ensemble des critères de finances publiques repose sur le fait qu'une union monétaire peut accroître l'incitation aux déficits budgétaires » (Desquilbet et Villieu, *op. cit.* p. 55) [132]. Aussi, outre les fameux critères de Maastricht (voir *supra*), un certain nombre de mesures ont été prises qui vont de l'interdiction du financement monétaire des déficits publics au Pacte de stabilité et de croissance en passant par la clause du *no bail out* qui interdit à l'Union et aux États membres d'aller au secours d'un État qui éprouverait des difficultés budgétaires.

La crainte de déficits budgétaires excessifs, déjà présente dans le rapport Delors, peut être expliquée de plusieurs façons. L'argument le plus souvent invoqué est que l'Union monétaire faciliterait une politique budgétaire expansionniste en permettant au pays qui la mettrait en œuvre de bénéficier d'un surcroît d'activité sans supporter les effets défavorables liés notamment à une hausse des taux d'intérêt, ceux-ci étant dilués dans l'ensemble de l'Union [133]. L'encadrement des déficits publics serait donc nécessaire compte tenu du problème d'aléa moral que représente le risque de « dérapage budgétaire » en union monétaire. De surcroît, l'insolvabilité d'un État membre pourrait avoir pour effet de mettre en danger l'Union monétaire dès lors que les titres représentatifs de la dette publique peuvent être disséminés au sein d'une système financier désormais intégré. D'où la clause de « no bail out » contenue dans les traités européens et l'interdiction faite à la BCE de monétiser les dettes souveraines. De fait, la plupart des titres de dette grecs, irlandais, italiens, portugais et espagnols sont détenus par les institutions financières de la zone euro. Selon la Banque des Règlements Internationaux (BRI), l'exposition bancaire totale de la France et de l'Allemagne vis-à-vis de la Grèce, du Portugal, de l'Irlande et de l'Espagne (comprenant les détentions directes et indirectes par les filiales) représentent environ 15 % de leur PIB.

---

132 Desquilbet, J.-B et P. Villieu, *op. cit.*

133 Ce type de comportement, qui relève du *free-riding*, pourrait être adopté par un petit pays de l'Union. En effet, celui-ci, compte tenu de sa taille, pourrait financer son déficit budgétaire en faisant appel à l'épargne européenne, sans que le taux d'intérêt ne s'élève dans l'Union. En revanche, un pays important, en épongeant l'épargne européenne pour financer son déficit, provoquerait une augmentation des taux d'intérêt.

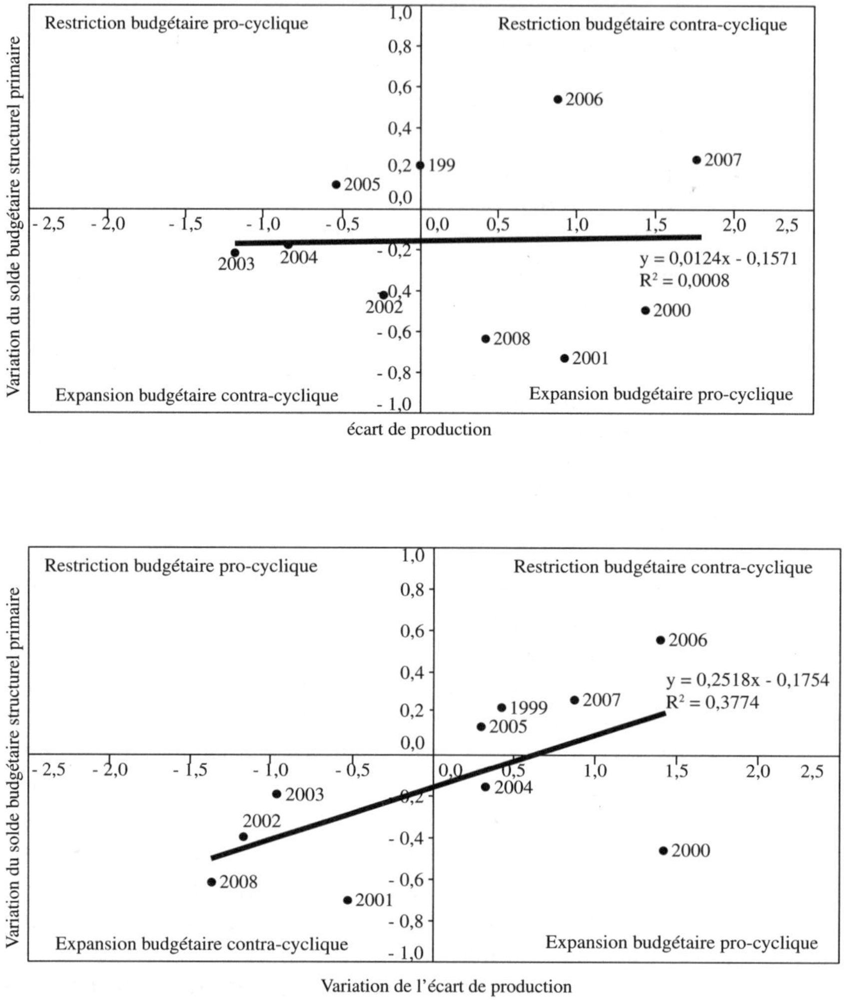


**Figure 5.7**
***L'orientation de la politique budgétaire discrétionnaire dans la zone euro (1999-2008)***

Source : Huart (2011), *Revue de l'OFCE*, p. 162 .

## ENCADRÉ 5.10

### *Le Pacte de stabilité et de croissance (PSC) dans sa version initiale*

Le Pacte de stabilité et de croissance, ratifié par le Conseil européen d'Amsterdam de juin 1997, a pour objet de dissuader tout gouvernement de l'Union de mener une politique budgétaire qui pourrait se traduire par des « déficits excessifs ». Dans sa version initiale proposée par les Allemands en novembre 1995, le Pacte de stabilité – qui ne comportait pas encore le terme de croissance –, prévoyait de faire intervenir un système de sanctions automatiques chaque fois que le déficit public d'un pays dépasserait 3 % du PIB. La version finale du Pacte de stabilité et de croissance, qui ne fait pas partie du traité d'Amsterdam, est définie par deux règlements du Conseil européen ainsi que par une résolution du même Conseil.

- Le premier règlement (1466/97) préconise un renforcement de la procédure de surveillance multilatérale des politiques économiques créée par le traité de Maastricht. Chaque État membre prépare annuellement un « programme de stabilité » comprenant des prévisions macroéconomiques, avec les recettes et les dépenses budgétaires anticipées sur plusieurs années.
- Le deuxième règlement (1467/97) ainsi que la résolution du Conseil européen renforcent l'article 104 C du traité de Maastricht sur les « déficits excessifs ». Dans ce cadre, un déficit est jugé « excessif » s'il dépasse 3 % du PIB, sauf « circonstances *exceptionnelles* et *temporaires* ». Ainsi en est-il si le dépassement résulte d'une « circonstance inhabituelle indépendante de la volonté de l'État membre concerné ». Dans ce cas, « le dépassement de la valeur de référence est considéré comme temporaire si les prévisions budgétaires établies par la Commission indiquent que le déficit tombera au-dessous de la valeur de référence lorsque la circonstance inhabituelle ou la grave récession aura disparu. » Il en va de même si le dépassement est consécutif à une récession grave soit, « en principe » une baisse annuelle du PIB de 2 % ou plus. En principe, seule une baisse du PIB de plus de 2 % en rythme annuel sera considérée comme exceptionnelle. Néanmoins, en cas de recul de l'activité à un rythme annuel compris entre 0,75 % et 2 % du PIB, un pays pourra demander à être considéré comme subissant une récession sévère.

Si un déficit est jugé « excessif », le Conseil européen peut adresser des recommandations de politique économique à l'État en question et, dans le cas où ces recommandations ne seraient pas suivies, il peut décider d'infliger des sanctions (à la majorité des deux tiers). Celles-ci prendront la forme d'un dépôt non rémunéré égal à 0,2 % du PIB, auquel s'ajoute un élément variable selon l'ampleur du dépassement, le dépôt maximum s'élevant à 0,5 % du PIB. Si le dépassement n'est pas corrigé dans les deux ans, le dépôt est converti en amende. Le Conseil européen doit décider à une majorité qualifiée de tous les membres (y compris les États non membres de la zone euro et l'État concerné) après avis de la Commission européenne, si un déficit de plus de 3 % du PIB est excessif.

Dès le début, il a été souligné que la crédibilité du Pacte pouvait poser problème pour les raisons suivantes :

1. un droit d'initiative a été octroyé à la Commission européenne pour déterminer si un déficit public est excessif. Or, l'application stricte du Pacte risquerait de créer des dissensions à l'intérieur de l'Union européenne. Ce faisant, la Commission européenne,

**ENCADRÉ 5.10 (suite)**

dont l'objectif principal est de faire progresser l'intégration européenne, pourrait classer un déficit de plus de 3 % du PIB comme n'étant pas excessif parce que dû à des circonstances exceptionnelles et temporaires ;

2. l'indépendance de l'institution chargée de la mise en application des sanctions n'est pas sans poser de problème. Rappelons qu'au sein des États fédérés américains, c'est le pouvoir judiciaire au niveau de l'État qui veille au respect des règles interdisant les déficits publics. En revanche, on peut douter de l'indépendance du Conseil européen pour infliger les sanctions prévues par le Pacte de stabilité et de croissance car l'État membre sanctionné pourra toujours chercher une alliance en matière financière avec d'autres États en leur proposant, en échange, un soutien sur d'autres sujets débattus par le Conseil.

D'après Stasavage (1998)[134].

Ces arguments doivent cependant être relativisés car en union monétaire deux situations sont possibles : *soit les marchés financiers discriminent entre les émetteurs, soit ils ne le font pas*. Dans le premier cas, si un pays a un déficit public excessif, seul son taux d'intérêt s'élève, même si les titres représentatifs de la dette publique qu'il émet sont libellés dans la même monnaie que les autres. Ce sont en effet les *spreads* entre émetteurs qui reflètent la qualité relative de la dette publique, pas le niveau général des taux d'intérêt. Dans le second cas, les marchés financiers pénalisent également tous les émetteurs, considérant qu'ils sont tous solidaires et le taux d'intérêt s'élève partout dans l'Union. La clause de *no bail out* prévue par le traité de Maastricht devrait impliquer qu'il y a discrimination, chaque État étant seul responsable de sa situation, mais elle paraît peu crédible dans le sens où on ne peut imaginer que les pays européens ou la BCE abandonnent à son sort l'un d'entre eux en difficulté (Artus, 1998) [135]. En ce sens, le pacte de stabilité budgétaire souligne bien les limites d'une banque centrale indépendante pour assurer la crédibilité de sa politique monétaire. L'observation des taux d'intérêt longs (par exemple le taux des obligations d'État à dix ans) dans la zone euro montre que les écarts de taux (en particulier avec l'Allemagne n'excédaient pas dix points de base jusqu'à une période récente). Cela signifie tout simplement que les investisseurs ont fait preuve de myopie en considérant que les titres représentatifs de la dette souveraine de pays comme la Grèce ou le Portugal ne présentaient pas plus de risque que ceux du Bund allemand (ces dernières étant considérées jusqu'à présent comme des « actifs sans risque »). Les *spreads* se sont cependant considérablement tendus depuis le début de la crise financière, mettant en évidence le risque de défaut auquel certains États pourraient être confrontés dans un contexte de récession (figure 5.8). De fait

134 Nous renvoyons le lecteur à l'article de D. Stasavage, dont nous nous sommes très largement inspirés, et qui a été publié dans la revue *Politique étrangère*, n° 4, hiver 1997-1998. Cet article est repris par *Problèmes économiques* dans le n° 2573 de 1998 sous son titre original : « Le Pacte de stabilité de l'UEM : crédible et efficace ? ».

135 Artus, P. (1998), « Le pacte de stabilité est-il un accord efficace ? », *Revue d'économie financière*, 45, pp. 153-165.

au 15 novembre 2011, les *spreads* avec le Bund allemand étaient de 523 points de base pour l'Italie, 474 points de base pour l'Espagne, 999 points de base pour le Portugal, 659 points de base pour l'Irlande et de 200 points de base pour la France [136].

> Remarquons au passage que l'introduction de la monnaie unique prive les gouvernements nationaux du contrôle de la masse monétaire. Cela les oblige à renoncer à deux types de privilèges souvent confondus mais qui ne sont pas identiques : le *seigneuriage* et le prélèvement d'une taxe inflationniste [137]. Le seigneuriage est le pouvoir donné à un État de s'endetter en créant de la monnaie *ex nihilo*. Techniquement, en présence d'un financement monétaire du déficit budgétaire, la dette publique existante peut avoir comme contrepartie non seulement des excédents primaires futurs mais aussi des revenus provenant de la création monétaire future (« seigneuriage »). L'interdiction du *seigneuriage* fait donc perdre à un État le contrôle d'une partie de ses ressources. La *taxe inflationniste* permet à l'État d'alléger sa dette. L'inflation constitue une « taxe » dans le sens où elle procure des recettes supplémentaires (la fiscalité porte sur les revenus courants) tout en diminuant la valeur réelle de la dette publique existante (le remboursement des annuités se faisant en monnaie dépréciée). Autrement dit, pour un taux de croissance et un taux d'intérêt nominaux inchangés, une croissance monétaire inflationniste permet de mener une politique budgétaire moins rigoureuse sans que la dette publique ne devienne insoutenable [138]. Aussi, ne serait-il pas exclu que l'augmentation de la dette publique incite les autorités à recourir à l'inflation plutôt qu'à augmenter les impôts ou à baisser les dépenses publiques. En revanche, la perte du contrôle du taux d'inflation élimine la possibilité de gérer la taxe inflationniste au niveau de chaque État. Avec la monnaie unique, la taxe inflationniste se répartira dans l'ensemble de l'Union européenne.

Le fonctionnement du Pacte de stabilité et de croissance (PSC) a fait l'objet de nombreuses critiques et propositions de réformes. L'expérience de ces dernières années conduit à constater que les règles posées par le PSC sont trop rigides et ne tiennent pas suffisamment compte des spécificités de chaque pays. Elles souffrent en conséquence d'un manque de crédibilité qui fait qu'elles sont mal respectées. Nous revenons sur quelques épisodes de la vie mouvementée du PSC pour illustrer ces difficultés d'application. Le 12 février 2001, l'Irlande fait l'objet d'une recommandation du Conseil Ecofin, suite à une proposition de la Commission européenne d'engager la procédure d'« alerte précoce » comme partie intégrante du processus de surveillance budgétaire visant à *prévenir* l'apparition de déficits excessifs. La raison invoquée n'est donc pas la situation budgétaire de l'Irlande qui enregistrait un excédent budgétaire mais le taux d'inflation irlandais qui était à l'époque plus de deux fois supérieur à celui de la moyenne de la zone euro, malgré les mises en garde de la Commission européenne et

136 100 points de base = 1 %.

137 Voir Dévoluy, *op. cit.*, p. 83 et Varoudakis, *op. cit*, p. 138.

138 On notera que la taxe inflationniste devient égale au seigneuriage quand le taux de croissance de la monnaie de base est égal au taux d'inflation.

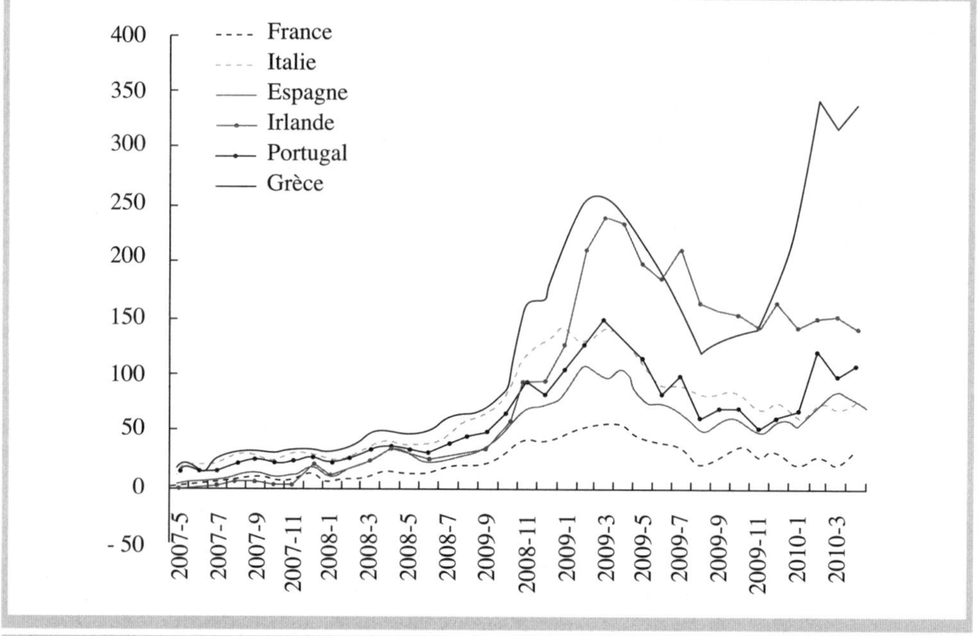


**Figure 5.8**
***Spreads sur les obligations à 10 ans (en points de base)***

Source : *Thomson Datastreat*

des ministres des finances au gouvernement irlandais. Il est cependant difficile de savoir si cette recommandation a eu un quelconque effet car la croissance irlandaise s'est dégradée début 2001, réduisant par là même les pressions inflationnistes et l'intérêt de davantage de rigueur budgétaire [139]. Le 5 novembre 2002, le conseil Ecofin lance la procédure en déficit excessif contre le Portugal. Le déficit public, égal en 2001 à 4,1 % du PIB (dans un contexte non récessif car la croissance était de 2,7 %), est ramené en 2002 en dessous de la barre des 3 % au prix cependant d'un fort ralentissement de l'activité économique.

Les avis de la Commission en matière de procédure pour déficit excessif n'ont cependant pas toujours été suivis d'effet. Il en a été ainsi au début 2002 avec les recommandations faites à l'Allemagne. Après un lobbying intense de cette dernière, le Conseil Ecofin n'a pas donné suite à l'avertissement préventif préparé par la Commission. Le 21 janvier 2003, le conseil Ecofin décide cependant d'engager sur la base de l'article 104 du traité sur l'Union européenne une « procédure de déficit excessif » à l'encontre de l'Allemagne. Le déficit budgétaire allemand a en effet fran-

139 De surcroît, cette recommandation intervient dans un contexte politique particulier : le gouvernement irlandais préparait le référendum de ratification du traité de Nice (qui va d'ailleurs se solder par un « non »).

chi en 2002 le plafond autorisé des 3 % du PIB. Le Conseil décide également de lancer contre la France une procédure d'« alerte précoce » avant d'engager début juin 2003 une « procédure de déficit excessif ». Le Conseil européen du 25 novembre 2003 a déclenché une crise institutionnelle. La France et l'Allemagne dont les déficits s'annonçaient supérieurs à 3 % du PIB en 2004 pour la troisième année consécutive ont refusé de mettre en place des politiques budgétaires restrictives en période de faible croissance. Les recommandations de la Commission européenne demandant une forte réduction du déficit structurel en 2004 (1 point de PIB pour la France et 0,8 pour l'Allemagne) suivie d'une réduction de l'ordre de 0,5 point de PIB jusqu'au retour à l'équilibre, ainsi que la présentation trimestrielle de bilans budgétaires, n'ont pas obtenu la majorité qualifiée au Conseil. Le Conseil européen s'en est tenu à adopter des recommandations demandant des réductions moins importantes et à suspendre la procédure de déficit excessif sans appliquer de sanction. L'affaire a été portée devant la Cour de justice des Communautés européennes qui a rendu un verdict en 2004 pour le moins mitigé (pour plus de détails, voir Mathieu et Sterdyniak, 2005) [140]. Les difficultés rencontrées par certains États – singulièrement les plus grands – à réduire leur déficit dans un contexte de retournement de la conjoncture proviennent en partie du fait que les années de forte croissance (1999-2000) n'ont pas été mises à profit pour réduire les déficits structurels et dégager ainsi des marges de manœuvre budgétaires en période de croissance faible. [141] L'affaire a cependant « laissé des traces » car les petits pays, qui avaient pour la plupart respecté la discipline prévue par le PSC, peuvent avoir l'impression que la règle n'est pas la même pour tous. De 2004 à 2007, la situation des finances publiques s'est améliorée dans la zone euro (le déficit public passant de – 3 % à – 0,6 % du PIB comme le montre le tableau 5.6) et en 2007 le solde primaire structurel était excédentaire (+ 1,5 % du PIB). En juin 2008, le conseil Ecofin annonçait que plus aucun pays de la zone euro n'était soumis à une procédure pour déficit excessif alors que cinq pays y étaient encore soumis en 2006. Les déficits publics se sont creusés depuis et la Commission a lancé de nouvelles procédures en déficit excessif (voir figure 5.9).

Il convient de rappeler que le Pacte de stabilité et de croissance s'applique à l'ensemble des États membres de l'Union européenne, y compris donc aux nouveaux pays entrants. Ces derniers n'encourent pas cependant les sanctions financières prévues par le Pacte… mais comme on a pu le noter, aucun des États membres de la zone euro en situation de déficit excessif n'a eu jusqu'à présent à payer d'amendes. De façon générale, les déficits publics des nouveaux membres se situaient au moment de leur entrée dans l'UE au-dessus de la norme des 3 % du PIB posée par le Pacte de stabilité et de croissance. Ces déficits excessifs ont d'ailleurs valu à un certain nombre de nouveaux membres (Hongrie, Pologne, République tchèque et Slovaquie) des propositions d'ouverture de « procédures en déficits excessifs » de la part de la Commission euro-

140 Mathieu, C., Sterdyniak, H., (2005), « Pacte de stabilité : la réforme impossible », *Lettre de l'OFCE*, n° 258.

141 Les notions de croissance potentielle, de déficit public structurel et de déficit structurel primaire sont définies dans la partie 5.3.2.

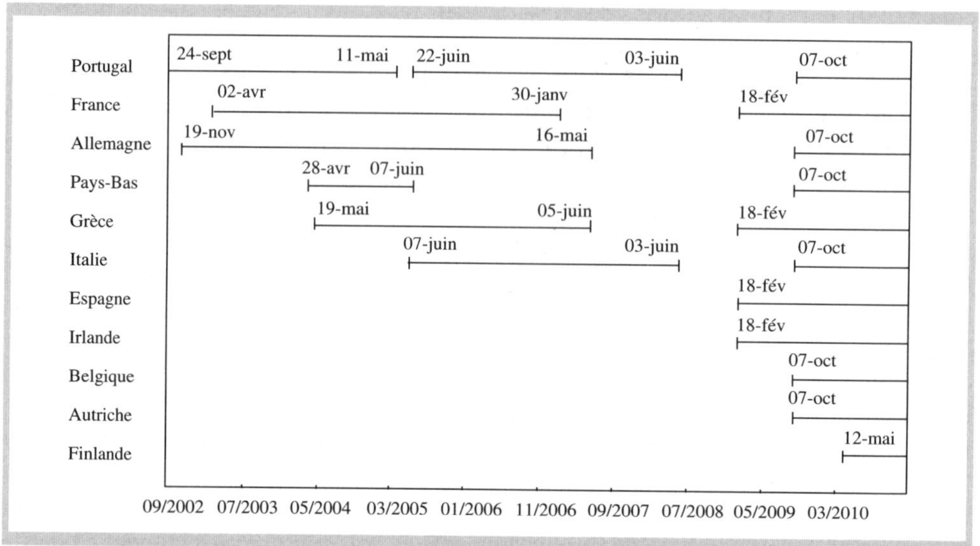


**Figure 5.9**
***Les finances publiques dans la zone euro***

Source : *Revue de l'OFCE*, n° 116, p. 20.

péenne (reprises par le Conseil Ecofin en juillet 2004) tout juste quelques mois après leur entrée officielle dans l'UE. On peut toutefois s'interroger sur la pertinence d'une telle contrainte pour des pays qui ont besoin de ressources budgétaires importantes pour financer les infrastructures publiques qui devraient accroître leur croissance potentielle [142]. On remarquera par ailleurs que le niveau d'endettement public moyen de ces pays était nettement plus faible que celui des pays de la zone euro. Enfin, ces pays, tout comme l'Irlande et la Portugal, sont appelés à traverser une période de rattrapage caractérisée par une croissance plus forte et aussi une inflation plus élevée que la moyenne de la zone en vertu du fameux effet Balassa Samuelson (voir encadré 5.11). La conjugaison d'une croissance plus forte (en terme nominal) et d'un taux d'intérêt commun avec les autres pays de la zone devrait conduire à une réduction mécanique de leur endettement qui fait que les exigences d'équilibre budgétaire paraissent inadaptées.

142 Voir Bénassy *et al.* sur la croissance potentielle.

**Tableau 5.6**
*Les finances publique dans la zone euro*

| en % | PIB | Solde public | Charges d'intérêt | Composante conjoncturelle | SPS* |
|---|---|---|---|---|---|
| 1998 | 2,8 | – 2,3 | 4,2 | – 0,1 | 2,0 |
| 1999 | 2,9 | – 1,4 | 3,7 | 0,0 | 2,3 |
| 2000 | 4,0 | – 1,1 | 3,5 | 0,6 | 1,8 |
| 2001 | 1,9 | – 1,9 | 3,3 | 0,4 | 1,0 |
| 2002 | 0,9 | – 2,6 | 3,1 | 0,0 | 0,5 |
| 2003 | 0,8 | – 3,1 | 3,0 | – 0,2 | 0,1 |
| 2004 | 1,9 | – 3,0 | 2,8 | – 0,6 | 0,4 |
| 2005 | 1,8 | – 2,6 | 2,7 | – 0,5 | 0,6 |
| 2006 | 3,1 | – 1,3 | 2,6 | 0,0 | 1,3 |
| 2007 | 2,8 | – 0,6 | 2,6 | 0,5 | 1,5 |
| 2008 | 0,3 | – 2,0 | 2,6 | 0,0 | 0,6 |
| 2009 | – 4,1 | – 6,1 | 2,5 | – 1,9 | – 1,7 |
| 2010 | 1,7 | – 6,3 | 2,5 | – 2,4 | – 1,4 |

Source : Dupuch S., Jennequin H. et Mouhoub (2004).

Une proposition souvent avancée est d'adopter une règle à moyen terme des finances publiques (souvent qualifiée de « règle d'or ») qui stipulerait à l'instar de ce qui se fait au Royaume-Uni que le solde public hors dépenses d'investissement public doit devrait être nul à moyen terme. L'idée sous-jacente est que les dépenses publiques d'investissement exercent non seulement un effet positif sur la croissance potentielle de l'économie (idée ancienne que l'on retrouve dans les travaux sur la croissance endogène) mais en cas de récession elles sont les premières susceptibles d'être réduites (le coût politique de leur réduction est plus faible… qu'une baisse de l'emploi public par exemple). Par ailleurs l'avantage d'une telle règle est qu'elle se serait cohérente avec (*i*) les besoins de financement de nouveaux pays entrants qui doivent améliorer leurs infrastructures publiques et (*ii*) avec l'objectif de Lisbonne (2000) qui vise à faire de l'Union européenne la zone « basée sur la connaissance, la plus compétitive et la plus dynamique, connaissant une croissance économique soutenable et la plus grande cohésion sociale ».

## ENCADRÉ 5.11

### *L' effet Balassa Samuelson* [155]

L'existence de biens non échangeables (« secteur abrité ») au sein des économies conduit à remettre en cause la validité de la Parité des Pouvoirs d'Achat (PPA) quand les niveaux de revenu par tête des pays sont différents, conformément au désormais fameux effet Balassa (1964) et Samuelson (1964)[156]. L'argumentation est la suivante : les niveaux de revenus par tête reflètent grossièrement les différences de productivité du travail. De plus, les différences de productivité sont plus grandes dans le secteur des biens échangeables (soumis à la concurrence internationale). La plus grande productivité du travail dans le secteur des biens échangeables dans les pays à haut revenu par tête (pays industrialisés) se traduit par des salaires plus élevés dans l'ensemble des secteurs et donc par des prix plus élevés dans le secteur des biens non échangeables dans ces pays par rapport au pays ayant un niveau de revenu plus faible (pays en voie de développement). Le niveau de prix plus élevé dans le secteur non échangeable se traduit aussi par des prix plus élevés dans les pays à haut revenu et leur monnaie est de ce fait surévaluée par rapport à celle des pays à revenu plus faible. L'effet Balassa-Samuelson peut aussi être mobilisé quand on s'intéresse aux pays en situation de rattrapage économique. En effet, ces pays connaissent des gains de productivité plus élevés que les pays « riches » et par conséquent un taux d'inflation lui aussi plus élevé (du fait de l'augmentation des prix plus forte dans le secteur abrité). Cette inflation n'est cependant pas la marque d'un déséquilibre macroéconomique comme l'a bien montré le cas de l'Irlande mais la caractéristique d'un pays en situation de rattrapage. Imposer une cible d'inflation aux pays en rattrapage (comme c'est le cas des PECO) identique à celle des pays du cœur de la zone euro n'est donc pas sans poser de problèmes.

Le Pacte de stabilité et de croissance a fait l'objet d'un certain nombre de réformes. Plusieurs propositions de la Commission européenne ont été retenues par le Conseil européen réuni les 20 et 21 mars 2003. D'abord, l'objectif d'un solde budgétaire « proche de l'équilibre ou excédentaire » à moyen terme sera jugé sur la base non plus du déficit public courant mais du solde structurel. Il s'agit là d'une avancée positive dans le sens où elle doit permettre aux stabilisateurs automatiques d'opérer, car la norme s'assouplit mécaniquement dès que l'activité économique tombe en dessous de son sentier de croissance potentielle. Les pays sont invités à réduire leur déficit structurel de 0,5 point l'an afin de tendre vers l'équilibre. Le plafond des 3 % du PIB est cependant conservé de sorte que l'on peut s'interroger si cela n'est pas contradictoire avec l'idée de laisser jouer les stabilisateurs automatiques. En effet, rien n'assure que le jeu des stabilisateurs automatiques ne conduira pas tel ou tel pays à franchir ce seuil en période de conjoncture défavorable, ce qui devrait les conduire à mettre en œuvre une politique pro-cyclique.

Le Pacte de Stabilité et de Croissance est parfois accusé de « brider » le jeu des stabilisateurs automatiques, notamment dans les périodes de récession. Rappelons que ces derniers ont pour effet de creuser mécaniquement le déficit budgétaire en période de basse conjoncture car les recettes fiscales sont moins importantes que prévues (dans le cas de l'impôt sur le revenu qui est généralement progressif, la diminution des recettes fiscales peut être plus que proportionnelle à la baisse des revenus sur lesquels ils sont prélevés). Parallèlement, les dépenses (notamment sociales) ont toutes les chances d'augmenter. L'aggravation du déficit budgétaire contribue alors à freiner le ralentissement de l'activité économique par un mécanisme de multiplicateur keynésien classique. À l'inverse, en période de haute conjoncture, les stabilisateurs automatiques devraient permettre d'améliorer le solde budgétaire et par conséquent freiner l'expansion et les tensions inflationnistes qui peuvent en être le corollaire. Le jeu des stabilisateurs automatiques est donc contra-cyclique. L'estimation du degré de stabilisation automatique et de leur impact sur la croissance économique varie selon les pays… et les modèles utilisés mais aussi selon la nature du choc qui frappe les économies. Un rapport d'information du Sénat portant sur les perspectives économiques 2005-2009 souligne que dans le cas d'un choc de consommation équivalent à 1 point de PIB, la variation du solde public serait en moyenne dans la zone euro de 0,70 point de PIB contre 0,19 et 0,28 point de PIB respectivement dans le cas d'un choc frappant l'investissement et les exportations.

Lors du Conseil européen de mars 2005, les chefs d'États et de gouvernements de l'UE ont décidé d'« assouplir » les règles du pacte de stabilité et de croissance sur plusieurs points : les États membres pourront échapper à une procédure en déficit excessif dès lors qu'ils se trouvent en situation de récession alors que cette possibilité ne leur était offerte jusque là que dans le cas d'une récession sévère (soit une contraction du produit supérieure ou égale à 2 points de PIB). En outre, la décision d'engager une procédure de déficit excessif ne pourra être prise qu'après examen d'un certain nombre de « facteurs pertinents », susceptibles d'entraîner la suspension de la procédure. Parmi ces facteurs pertinents, on retrouve par exemple la mise en œuvre de réformes structurelles (comme la réforme des systèmes de retraite) qui peuvent avoir pour effet d'aggraver les déficits publics à court terme mais d'améliorer la situation des finances publiques à long terme. Enfin, les pays auront deux ans (au lieu d'un auparavant) pour réduire leur déficit s'il est jugé excessif (délai qui peut être allongé en cas d'« événement économique inattendu ayant des conséquences graves pour le budget survenant pendant la procédure ».

Les États membres de l'UE se sont entendus en mars 2011 sur une nouvelle réforme du Pacte de stabilité et de croissance qui est en discussion devant le parlement européen (qui co-décide) au moment de la rédaction de cet ouvrage. Les modifications qui suivent doivent donc être prises avec précaution car elles sont encore susceptibles d'être amendées par les députés européens. Les principales dispositions sont données à titre indicatif : (*i*) une surveillance accrue des dépenses qui permet de rendre plus réaliste la réalisation des Objectifs de moyen terme (OMT) : la hausse des dépenses annuelles ne pourra excéder la hausse du PIB à moyen terme ; (*ii*) les États membres dont la dette dépasse 60 % du PIB devront s'engager à la réduire à un rythme annuel égal à 5 % de la différence avec le seuil des 60 % observée sur les trois années passées ; (*iii*) un nouveau régime de sanctions financières est introduit pour les États membres de la zone euro. Le déclenchement des sanctions sera plus automatique que dans le Pacte actuel. Une règle de majorité inversée sera adoptée : la sanction proposée par la Commission européenne sera considérée comme adoptée à moins que le Conseil ne la rejette à la majorité qualifiée ; (*iv*) un dépôt financier non rémunéré de 2 % du PIB pourra être imposé à un État membre, dépôt pouvant être converti en amende en cas de non respect des recommandations de la Commission ; (*v*) Les États se sont mis d'accord pour que les amendes collectées dans le cadre des procédures en déficit excessif soient versées au Fonds européen de stabilité financière (FESF) ou à son successeur à partir de 2012, le Mécanisme européen de stabilité financière (MES) [143].

## 5.3.3 *L'Europe en chantier : quelques « dossiers » brûlants*

Les développements qui suivent s'intéressent tout d'abord à la situation des finances publiques des pays de l'UE (en particulier de ceux appartenant à la zone euro) et aux réformes récentes portant sur la gouvernance économique européenne dans un contexte de crise économique et financière. Nous traitons ensuite du budget européen et nous revenons sur « l'éternel serpent de mer » que constitue le débat sur l'opportunité d'accroître sa taille et de promouvoir un véritable « fédéralisme budgétaire » à l'échelle européenne. Nous abordons aussi la question récurrente de la concurrence fiscale et du risque de « moins disant fiscal » dans une Union élargie où les nouveaux États membres sont parfois accusés de jouer de « l'arme fiscale » pour attirer des investissements étrangers. Nous traitons enfin d'une question qui a beaucoup fait couler d'encre ces deux dernières années : celle des performances de la France et de l'Allemagne en termes de compétitivité et de croissance au cours de la dernière décennie.

### A. Les finances publiques européennes dans la tourmente

La crise financière qui frappe la plupart des pays industrialisés depuis 2007 n'a pas épargné l'Union européenne et a mis à jour la fragilité de la zone euro. L'objet des développements qui suivent est tout d'abord de faire le point sur l'évolution des finances publiques dans la zone euro au cours de la période récente caractérisée par un ralentissement très important de la croissance économique. Nous mettons ensuite l'accent sur les politiques de consolidation budgétaire mises en place par les États membres pour endiguer cette dérive des finances publiques… dans un contexte où une possible « faillite » d'un pays comme la Grèce (en réalité celle d'un défaut de paiement sur tout ou partie de la dette) et la possible sortie de ce pays de la zone euro ne sont plus un tabou. Nous présentons enfin les principaux axes de réformes permettant d'améliorer la gouvernance économique de la zone euro.

---

143 Pour davantage de précisions sur les réformes de la gouvernance européenne qui vont au-delà de la réforme des volets préventif et correctif du Pacte de stabilité et de croissance et s'inscrivent dans le cadre du « paquet législatif sur la gouvernance », voir le point 5.3.3.A.

■ **Soldes budgétaires publics et politiques de consolidation budgétaire au cours de la période récente.** Le solde public de la zone euro était légèrement déficitaire en 2007 (– 0,6 % du PIB) alors que le solde primaire (c'est-à-dire hors charge d'intérêt sur la dette) était excédentaire (+ 2 % du PIB). Il apparaît donc que la dégradation rapide des soldes publics au cours de la période récente ne résulte pas fondamentalement de déséquilibres datant d'avant la crise. Le besoin de financement des administrations publiques (déficit public) a fortement augmenté dans les pays de la zone euro et de l'OCDE en 2009 [144]. Le solde public en % du PIB était en 2010 de – 6,6 % dans la zone euro contre – 7,8 % pour l'ensemble des pays de l'OCDE. Au total, le déficit public s'est creusé de 4,3 points de PIB sur la période 2007-2010 dans la zone euro (contre 8,5 points de PIB aux États-Unis sur la même période). La dette publique au sens de Maastricht de la zone euro augmente sur la même période de près de 20 points de PIB (passant de 66,5 % à 85 % du PIB) avec de fortes disparités entre les États. La détérioration des soldes publics en 2009 intervient dans un contexte de fort ralentissement de l'activité économique. [145] Les politiques budgétaires ont donc été contra-cycliques en 2009, quelle que soit la définition retenue pour définir le cycle économique (ralentissement de la croissance du PIB réel, écart de production négatif (« *output gap* ») ou variation négative de l'écart de production) [146]. Les déficits publics sont cependant dus pour une grande part aux stabilisateurs automatiques budgétaires et à la charge de la dette. En effet, la variation du solde budgétaire primaire structurel est faible dans la zone euro (– 1,9 point de pourcentage par rapport à 2008) et nettement inférieure à la variation du solde public global (– 4,3 points de pourcentage par rapport à 2008). [147] Pour 2010, en revanche, l'orientation budgétaire est devenue restrictive et pro-cyclique. En effet, les gouvernements ont cherché à maîtriser les déficits publics parce qu'ils étaient contraints de le faire par des règles budgétaires ou tout simplement parce que cela était nécessaire pour pouvoir continuer à emprunter sur les marchés financiers.

144 Les développements qui suivent s'appuient sur l'article de Huart, F. (2011), « Les politiques budgétaires sont-elles contra-cycliques dans la zone euro », *in* Henri Sterdyniak, ed., « Les finances publiques dans la crise », *Revue de l'OFCE*, n° 116, pp. 149-171.

145 Selon certaines estimations, la crise économique aurait conduit à une baisse du PIB dans la zone euro de 8,5 points sur la période 2007-2009 par rapport au niveau qu'il aurait eu en l'absence de crise.

146 Rappelons que l'écart de production correspond à la différence entre la production effective et le niveau estimé de la production potentielle. Voir 5.3.2 pour plus de détails.

147 On rappellera que le solde structurel correspond au solde public corrigé des effets mécaniques de la conjoncture économique. Il reflète l'effet des mesures budgétaires discrétionnaires prises par les pouvoirs publics. Le solde primaire structurel correspond au solde structurel hors charges d'intérêt de la dette.

**Tableau 5.7**
*PIB par tête (exprimé en PPA) dans les pays de la CEEC par rapport à la moyenne européenne*

| | Solde public (en % du PIB) | | | | Solde primaire structurel (en % du PIB potentiel) | | | | Croissance du PIB réel (en %) | | | | Écart de production (PIB courant – PIB potentiel) | | | |
|---|---|---|---|---|---|---|---|---|---|---|---|---|---|---|---|---|
| | 2007 | 2008 | 2009 | 2010 | 2007 | 2008 | 2009 | 2010 | 2007 | 2008 | 2009 | 2010 | 2007 | 2008 | 2009 | 2010 |
| États-Unis | – 2.8 | – 6.5 | – 11.0 | – 10.7 | – 1.2 | – 4.4 | – 7.6 | – 7.2 | 2.1 | 0.4 | – 2.4 | 3.2 | 0.9 | – 1.2 | – 5.1 | – 3.2 |
| Zone euro | – 0.6 | – 2.0 | – 6.3 | – 6.6 | 1.4 | 0.7 | – 1.3 | – 1.6 | 2.7 | 0.5 | – 4.1 | 1.2 | 1.3 | 0.0 | – 5.1 | – 4.7 |
| OCDE | – 1.2 | – 3.3 | – 7.9 | – 7.8 | – 0.3 | – 2.0 | – 4.8 | – 4.6 | 2.8 | 0.5 | – 3.3 | 2.7 | 1.4 | – 0.3 | – 5.1 | – 3.8 |

Source : Huart, F., (2010), « Les politiques budgétaires sont-elles contra-cycliques dans la zone euro », dans Henri Sterdyniak, ed., « Les finances publiques dans la crise », *Revue de l'OFCE*, n° 116, p. 159.

Les restrictions budgétaires annoncées en mai 2010 sont très importantes pour certains pays de la zone euro. Elles représentaient environ 7 % du PIB en Grèce, 3 % en Irlande, 2,5 % au Portugal et en Espagne pour 2010. Pour 2011, les mesures de restrictions budgétaires devraient concerner l'ensemble des pays de la zone euro mais dans une moindre mesure que les ajustements réalisés par les quatre pays précédents. On estime que le durcissement de la politique budgétaire en 2011 dans la zone euro s'élèvera à environ 1 % du PIB.

**Tableau 5.8**
***Restrictions budgétaires annonncées dans la zone euro à partir de mai 2010***

| | **Mesures discrétionnaires (y.c. mesures ponctuelles, % du PIB)** | | | |
|---|---|---|---|---|
| **Année de référence** | **2010** | **2011** | **2012** | **2013** |
| Autriche | – 0,5 | 0,2 | 0,5 | 0,5 |
| Belgique | 0,7 | 0,5 | 0,5 | 0,5 |
| Finlande | – 1,0 | 0,2 | 0,0 | 0,0 |
| France | 0,0 | 0,6 | 0,6 | 0,6 |
| Allemagne | – 1,5 | 0,4 | 0,2 | 0,2 |
| Grèce | 7,0 | 4,0 | 2,0 | 2,0 |
| Irlande | 3,0 | 2,0 | 1,5 | 1,0 |
| Italie | 0,5 | 0,8 | 0,4 | 0,4 |
| Pays Bas | – 1,0 | 0,7 | 0,7 | 0,7 |
| Portugal | 2,5 | 3,1 | 1,5 | 1,5 |
| Espagne | 2,5 | 2,9 | 2,0 | 2,0 |
| Autres | 0,3 | 0,5 | 0,5 | 0,5 |
| Zone euro | 0,2 | 1,0 | 0,7 | 0,7 |

Source : Barclays Capital, sur la base des programmes de stabilité actualisés et des annonces des gouvernements.
Source : Bénassy-Quéré, Agnès & Laurence Boone (2010), « Crise de l'Eurozone : dettes, institutions et croissance », *Lettre du CEPII* n° 300, 28 juin 2010.

■ **On peut douter de l'efficacité des politiques de consolidation budgétaire dans le contexte que connaît la zone euro** comme le montrent Laurent et Le Cacheux (2010) [148]. Les défenseurs des effets bénéfiques de la consolidation budgétaire s'appuient sur les expériences réussies du Danemark au début des années 1980, de la Suède et de la Finlande au début des années 1990 et du Canada au milieu de la même décennie. Ces pays avaient en effet réussi à maîtriser leurs finances publiques et en même temps à améliorer leur taux de croissance économique. Ces exemples sont cependant difficiles à généraliser car ils concernent des petits pays ouverts qui se sont

148 Les développements s'appuient sur : Laurent, E., Le Cacheux, J., (2010), « Zone euro : no future ? », *Lettre de l'OFCE*, n° 320.

appuyés aussi sur une forte dépréciation de leur monnaie. L'étude du FMI (2010) montre que si les politiques de consolidation budgétaire conduisent à une contraction du PIB à court terme, une réduction du ratio d'endettement public (rapporté au PIB) a des effets positifs sur la croissance de long terme.

> Une étude récente du Fonds monétaire international (FMI, 2010) [149] portant sur des épisodes de consolidation budgétaire dans 15 pays avancés pour la période 1980-2009 apporte les éléments d'appréciation suivants : (*i*) ces épisodes se caractérisent par une contraction du PIB : un effort de consolidation budgétaire égal à 1 % du PIB réduit le PIB de 0,5 % dans les deux ans qui suivent et augmentent le taux de chômage de 0,3 %. La demande intérieure baisse d'environ 1 % ; (*ii*) Une baisse des taux d'intérêt réduit l'ampleur de la contraction du PIB : un effort de consolidation fiscale correspondant à 1 % du PIB conduit à une baisse des taux d'intérêt de 20 points de base après deux ans. Si les taux d'intérêt sont proches de zéro les effets des politiques de consolidation budgétaire sont plus coûteux en termes de baisse du PIB ; (*iii*) une baisse du taux de change réel (amélioration de la compétitivité-prix) permet d'amortir les effets des politiques de consolidation budgétaire en augmentant les exportations nettes ; (*iv*) les politiques de contraction budgétaire sont plus coûteuses en termes de contraction du PIB quand plusieurs pays procèdent à des ajustements en même temps ; (*v*) Les politiques de contraction budgétaire reposant sur des coupes dans les dépenses publiques ont des effets moins dépressifs sur le PIB que les politiques fondées sur un alourdissement de la fiscalité ; (*vi*) enfin sur le long terme, une réduction de la dette dans la zone euro, au Japon et aux États-Unis a un impact favorable sur les taux de croissance économiques : une baisse de 10 points de pourcentage du ratio dette sur PIB augmente le PIB d'environ 1,4 % en moyenne dans ce groupe de pays. Le mécanisme est le suivant : une baisse de la dette publique permet d'améliorer le taux d'épargne et le solde des opérations courantes de la balance des paiements. Ce supplément d'épargne conduit à une baisse des taux d'intérêt réels dans ces pays et plus généralement dans le monde (sous l'hypothèse de mobilité internationale des capitaux) ; ce qui a un effet positif sur l'investissement privé et sur le taux de croissance économique.

Certains observateurs font pourtant valoir que la dépréciation externe de l'euro pourrait permettre de la même façon de compenser la contraction de la demande intérieure résultant de la rigueur budgétaire. Cet argument est cependant à prendre avec beaucoup de précaution car l'UE dans son ensemble est mécaniquement moins ouverte que les pays qui la composent (mais plus ouverte que le Japon et les États-Unis) de sorte qu'il faudrait une très forte dépréciation de l'euro pour avoir un effet sensible sur la croissance économique [150]. Par ailleurs, il faut remarquer qu'il existe des différences de spécialisation et de taux d'ouverture entre pays,

---

149 IMF, (2010), *World Economic Outlook: Recovery, risk and rebalancing*, chapter 3, Will it hurt? Macroeconomic Effects of Fiscal Consolidation.

150 Le taux d'ouverture de la zone euro mesuré par le rapport entre le total des importations et des exportations et le PIB est en 2010 de 33 % environ contre 71 % pour l'Allemagne, 44 % pour la France ou encore 45 % pour l'Italie.

ce qui pourrait renforcer les écarts de croissance au sein même de la zone euro. Enfin, les pays de la zone euro ne peuvent naturellement pas opérer une dévaluation vis-à-vis de leurs principaux partenaires commerciaux car ceux-ci sont aussi dans la zone euro (60 % des exportations en moyenne des pays de la zone euro s'adressent à un autre pays de la zone euro). Enfin, les taux d'intérêt dans la zone euro sont déjà très bas. Dans ces conditions, les politiques d'ajustement budgétaire risquent de provoquer une forte récession au sein de la zone euro. De surcroît, les politiques de consolidation budgétaire mises en œuvre dans tous les pays simultanément le sont dans un contexte de croissance économique extrêmement faible et de perspectives peu favorables. Ceci devrait contribuer à alimenter la défiance des marchés financiers qui à juste titre doutent de leur effet sur les soldes budgétaires nationaux et les taux d'endettement public. Les politiques budgétaires restrictives menées par les États-membres ne peuvent que déprimer encore plus la demande intérieure de la zone euro compte tenu des interdépendances qui caractérisent cette zone. La stabilisation du niveau d'endettement public devrait par conséquent être encore plus difficile.

■ **Un renforcement de la gouvernance économique européenne difficile à mettre en oeuvre.** La notion de « gouvernement économique » de la zone euro, un temps considérée comme obsolète, est revenue à l'ordre du jour. Le problème est que chacun met un contenu différent derrière cette notion. Le gouvernement économique de la zone euro doit permettre pour certains de renforcer les disciplines budgétaires de façon à accélérer la consolidation des finances publiques [151]. La crise actuelle de la zone euro montre cependant que se focaliser sur la surveillance multilatérale des politiques budgétaires nationales est insuffisant. [152] L'expérience récente montre en effet que des pays comme l'Irlande et l'Espagne avaient un excédent budgétaire en 2007 alors même qu'ils se sont retrouvés très fragilisés par la crise. La dégradation des finances publiques s'explique en effet aussi par l'endettement cumulé des autres agents économiques, l'État jouant le rôle d'« assureur en dernier ressort » en cas de crise systémique. Le risque d'instabilité doit donc être apprécié sur la base d'une surveillance multilatérale d'autres indicateurs que les seuls paramètres budgétaires. L'emballement du crédit ou encore l'évolution du prix de certains actifs peuvent constituer de bons indicateurs avancés de crise (voir chapitre sur la globalisation financière). La question des écarts de compétitivité entre États est aussi une question très importante pour la viabilité même de la zone euro (voir point 5.3.3.D).

151 C'est dans cette perspective que s'inscrivent non seulement les propositions de constitutionnalisation des règles budgétaires nationales, inspirée de la décision allemande d'inscrire en 2009 dans la Loi fondamentale l'obligation d'un quasi-équilibre des comptes publics mais aussi le renforcement du Pacte de stabilité et de croissance.

152 Les développements qui suivent s'appuient sur l'article de Brand, T., Mareuge, C. (2011), « Gouvernance économique européenne : quels indicateurs pour prévenir les déséquilibres et renforcer la convergence ? », *La note d'analyse du Centre d'Analyse Stratégique (CAS).*

## ENCADRÉ 5.12

### *Organes et instruments de coordination des politiques économiques*

• **Le *Conseil Ecofin* et l'*Eurogroupe*.** Le *Conseil Ecofin* est une déclinaison du Conseil de l'Union européenne (ce dernier est aussi appelé « conseil des ministres » et ne doit pas être confondu avec le Conseil européen) pour les affaires économiques et financières. Ce sont les ministres de l'économie et des finances de l'UE qui siègent au sein du *Conseil Ecofin*. Celui-ci est compétent dans de nombreux domaines tels que la coordination des politiques économiques générales des États membres, le contrôle de la politique budgétaire et des finances publiques des États membres, certaines questions relatives à l'euro (orientations générales de la politique de change), les marchés financiers ainsi que les mouvements de capitaux et les relations économiques avec les pays tiers. Il peut aussi adresser des mises en garde à un État dont la politique économique lui semble dangereuse. Le *Conseil Ecofin* prend la plupart de ses décisions à la majorité qualifiée. L'*Eurogroupe* (organe consultatif et informel) est constitué des ministres des finances des seuls États membres de la zone euro (auxquels peuvent se joindre le président de la BCE et un représentant de la Commission). L'*Eurogroupe* a pour vocation de surveiller l'évolution macroéconomique et la situation budgétaire dans les États membres de la zone euro. L'*Eurogroupe* est devenu progressivement une forme réduite du *Conseil Ecofin* mais il n'est pas une instance de décision contrairement à ce dernier. Il se réunit généralement la veille des sessions de l'*Ecofin*. L'existence de l'Eurogroupe est inscrite à l'article 137 du traité sur le fonctionnement de l'Union européenne.

• **La coordination des politiques économiques se fait par le biais des *grandes orientations des politiques économiques* (GOPE)** ainsi que par la discussion de programmes de moyen terme des finances publiques rédigés par chaque État membre appelés *programmes de stabilité* pour les pays de la zone euro et *programmes de convergence* pour les autres pays de l'UE. Les GOPE ne se limitent pas aux seules politiques budgétaires ; elles englobent aussi la politique monétaire, la question des négociations salariales ou encore les réformes structurelles et les politiques de développement durable. Les GOPE sont approuvées par les chefs d'État et de gouvernement réunis au sein du Conseil européen après discussion entre la Commission européenne et les ministres des finances réunis au sein du *Conseil Ecofin*. Les GOPE visent à fournir des recommandations concrètes aux États membres sur les politiques macroéconomiques et structurelles. Elles font l'objet d'un rapport annuel d'exécution afin de renforcer le suivi des recommandations.

• **Deux nouveaux instruments de coordination ont été créés en 2011**. Le premier instrument appelé « *semestre européen* » a été adopté par le Conseil Ecofin en 2011. L'objectif du « *semestre européen* » est de faire en sorte que les « programmes nationaux de réforme » soient conformes à la « stratégie 2020 » [153]. Le calendrier est le suivant : (1) en mars, le Conseil européen formule des orientations politiques stratégiques sur la base de « l'analyse annuelle de la croissance » rendue par la Commission, (2) en tenant compte de ces orientations, les États membres présentent en avril leurs stratégies budgétaires à moyen terme dans leurs programmes

153 La stratégie de Lisbonne élaborée en 2000, arrivée à échéance à la fin de l'année 2010, devait faire de l'Union « l'économie de connaissance la plus compétitive et la plus dynamique du monde » en dix ans. Les États membres et la Commission européenne ont donc adopté un nouveau plan stratégique pour les dix ans à venir appelé « Stratégie Europe 2000 ». Les objectifs sont plus modestes et plus réalistes que ceux de la stratégie de Lisbonne. La nouvelle stratégie est centrée sur trois axes : (*i*) l'importance de l'innovation avec des politiques encourageant la recherche et les projets communs ; (*ii*) l'augmentation du taux d'emploi et (*iii*) une croissance plus verte. En outre, cinq objectifs quantitatifs sont proposés. Parmi ceux-ci : l'augmentation du taux d'emploi à au moins 75 % (aujourd'hui, seulement 69 % de la population en âge de travailler occupe un emploi) et l'affectation de 3 % du produit intérieur brut à la recherche et au développement au lieu des 2 % actuels qui font que l'Union reste encore loin derrière les États-Unis et le Japon.

**ENCADRÉ 5.12 (suite)**

de stabilité et de convergence ainsi que leurs programmes nationaux de réforme, (3) en juin-juillet, la Commission et le Conseil débattent de ces programmes et transmettent leurs avis aux États membres avant que ceux-ci n'établissent leurs budgets définitifs pour l'année suivante.

Le deuxième instrument appelé « *pacte euro plus* » ou « *pacte pour l'euro* » a été adopté lors du Conseil européen du 20 avril 2011. Il concerne les 17 pays de la zone euro ainsi que la Bulgarie, le Danemark, la Lettonie, la Lituanie, la Pologne et la Roumanie. Ces pays ont décidé de se coordonner sur quatre domaines : la compétitivité, l'emploi, la soutenabilité des finances publiques et le renforcement de la stabilité financière. Cet instrument n'a pas véritablement de caractère contraignant mais ses objectifs vont plus loin que ceux du « semestre européen ».

Les réformes visant à renforcer la gouvernance de la zone euro vont plus précisément dans deux directions complémentaires [154].

(*i*) Le premier volet concerne la gestion des crises avec le renforcement du Fonds européen de stabilité financière (FESF) créé le 9 mai 2010 qui sera pérennisé par le Mécanisme européen de stabilité (MES) à partir de juin 2012 (initialement 2013). Le MES repose sur un accord intergouvernemental classique conclu entre les États de l'eurozone. À la différence du MESF, le MES prévoit que seuls les États prêtent et non l'Union, ce qui permet en partie de résorber la tension qui existait entre le MESF, le FESF et l'interdiction faite à l'Union de renflouer un État qui connaît des difficultés financières (art. 125 du Traité sur le fonctionnement de l'Union européenne, TFUE). L'article 125 TFUE interdisant cependant aussi aux États membres de venir en aide à un autre État, il s'est avéré nécessaire de modifier le TFUE pour que le MES soit conforme aux traités européens. À cette fin, le Conseil européen a adopté en mars une décision pour ajouter un alinea 3 à l'article 136 du TFUE autorisant l'assistance financière entre pays de l'eurozone. Cette disposition devrait entrer en vigueur en janvier 2013.

L'Irlande en 2010 et le Portugal en 2011 ont été les premiers à bénéficier de l'intervention du FESF. Il bénéficie de la note AAA. Suite au sommet de l'Eurogroupe du 11 mars 2011, un accord a été trouvé pour augmenter la capacité d'intervention effective du FESF à 440 milliards d'euros, grâce à une augmentation des garanties apportées par les 17 États de la zone euro. Par ailleurs, depuis ce sommet, le FESF a le droit d'acheter de la dette primaire (c'est-à-dire nouvellement émise) des États. Le 21 juillet 2011, décision a été prise d'élargir le rôle du FESF : il pourra maintenant racheter des obligations d'État sur le marché secondaire, participer au sauvetage des banques en difficulté et prêter à des États en situation délicate. Les premières obligations du FESF ont été émises le 25 janvier 2011. Le FESF a placé ses premières obligations à cinq ans pour un montant de 5 milliards d'euros dans le cadre d'une aide

154 Le lecteur doit encore une fois garder à l'esprit que des modifications peuvent encore intervenir de sorte qu'il devra lui-même « actualiser » ces informations.

financière commune de l'UE et du FMI à destination de l'Irlande. On soulignera pour finir que la création du FESF constitue un grand pas pour la zone euro dans la direction d'« une union de transferts » caractérisée par des mécanismes de solidarité financière entre les États membres de la zone euro (malgré les réticences initiales des Allemands).

(*ii*) La prévention des crises est le deuxième volet du « paquet » de réformes de la gouvernance économique de la zone euro (appelé aussi « Six Pack ») qui a finalement été adopté par le Parlement européen en septembre 2011. L'objectif est de renforcer la convergence entre États et d'approfondir la surveillance multilatérale des déséquilibres *macroéconomiques* qualifiés d'« excessifs ». Le « paquet » de réformes va donc au-delà de la surveillance des déséquilibres *budgétaires* « excessifs ». La proposition de règlement de la Commission européenne sur la prévention et la correction des déséquilibres macroéconomiques (COM (2010) 527) prévoit un mécanisme en quatre temps [155]. Dans un premier temps, la Commission publie régulièrement les résultats du tableau de bord formé d'indicateurs qu'il faut encore définir ainsi qu'un rapport mettant en exergue le caractère contradictoire de ces différents indicateurs s'il y a lieu ; elle arrête sur cette base une liste des États pouvant présenter un risque de déséquilibre. Dans un second temps, cette liste est discutée au niveau du Conseil européen et de l'Eurogroupe. Dans un troisième temps, la Commission fait « un bilan approfondi » de la situation du ou des États membres en situation de déséquilibre ou de risque de déséquilibre. Sur la base de ce bilan, la Commission peut demander au Conseil de produire des recommandations « préventives » à l'État membre concerné ou, s'il s'agit « de graves déséquilibres ou de déséquilibres qui compromettent le bon fonctionnement de l'Union économique et monétaire », elle demande au Conseil de recommander à l'État membre concerné une « action correctrice » consistant à mettre en œuvre des mesures « prescriptives » dans un délai imparti. Enfin, dans un quatrième temps, la proposition de règlement établissant des « mesures d'exécution en vue de remédier aux déséquilibres excessifs dans la zone euro » prévoit une amende de 0,1 % du PIB pour l'État qui persisterait à ne pas donner suite aux recommandations du Conseil dans le cadre de cette procédure.

■ **La sortie d'un État membre de la zone euro constitue un risque majeur pour l'existence même de la zone euro.** Il convient de remarquer au préalable que le Traité de Lisbonne de 2007 prévoit un cadre légal dans son article 50 pour une éventuelle sortie de l'Union européenne mais interdit l'exclusion de la zone euro contre la volonté d'un État [156]. En revanche rien n'est prévu pour encadrer la demande qui serait formulée par un État de quitter la zone euro. Les risques généralement mis en avant pour éviter ce scénario catastrophe sont les suivants : (*i*) un pays qui sortirait de la zone

155 Ce paquet proposé par la Commission européenne et voté par le Parlement européen est composé de six textes distincts qui comprennent quatre propositions portant sur les aspects budgétaires, en particulier sur la réforme du Pacte de stabilité et de croissance. Ces propositions ont été présentées dans la section 5.3.2 (voir *infra*) dont une partie des développements concerne précisément le Pacte de stabilité et de croissance.

156 Les développements qui suivent s'appuient sur l'article de Prandi, M. (2011), « Sortie de l'euro : le scénario de crise », *Les Échos*, 12 septembre. Article repris dans *Problèmes économiques*, n° 3029.

euro verrait immédiatement sa nouvelle (ancienne) monnaie être attaquée. Le pays en question verrait sa dette réelle exprimée dans la nouvelle monnaie augmenter et ferait immédiatement défaut sur sa dette entraînant des conséquences négatives pour les prêteurs non résidents ; (*ii*) Les établissements financiers des États membres de la zone euro réduiraient considérablement leur exposition à la devise du pays sortant et le système bancaire du pays en question serait très fortement fragilisé ; (*iii*) on pourrait observer une guerre des changes consécutive à l'inévitable dépréciation (dévaluation) du taux de change de la monnaie du pays sortant par rapport à l'euro (une dépréciation de 55 % par rapport à l'euro pour la Grèce et de 35 % pour le Portugal selon certaines estimations seraient nécessaires pour restaurer la compétitivité-prix de ces pays et relancer leurs exportations) ; (*iv*) la sortie de l'euro se traduirait par une augmentation des taux d'intérêt de long terme et une accélération de l'inflation – cette dernière résultant de la monétisation de la dette publique et de la dépréciation du taux de change qui entraînerait une inflation importée) ; (*v*) des tensions sociales se produiraient inévitablement dans le pays en question.

■ **La question des « euro bonds » continue à diviser les européens depuis que cette idée a été lancée fin 2008 par le Président de l'Eurogroupe, Jean-Claude Juncker** [157]. Les États de la zone euro ont admis officiellement la nécessité de davantage de solidarité financière dans une union monétaire lors du sommet des 26-27 octobre 2011 en lançant une révision du traité de Lisbonne permettant d'intégrer davantage leur politique économique et budgétaire. Les *eurobonds* sont des instruments de dette négociables communs à plusieurs États-membres. Ils conduisent dans leur principe à mutualiser tout ou partie de la dette de ces États (ce qui suppose soit dit en passant d'abroger l'article 125 du traité sur le fonctionnement de l'Union européenne déjà évoqué précédemment) et nécessitent la mise en place d'une garantie solidaire des *eurobonds* par les États. La dette souveraine pourrait être décomposée en deux parties : une partie dont le montant serait limité à 60 % du PIB serait émise au niveau européen par une agence de la dette européenne (ou toute autre institution y ressemblant) et bénéficierait donc de la garantie européenne. Au-delà, la dette serait émise au niveau national sans garantie européenne, ce qui signifierait des taux d'intérêt plus élevés. Pour les pays les plus endettés cette solution pourrait cependant creuser l'écart de taux d'intérêt entre les « parties » européenne et nationale de leur dette. L'alternative serait une mutualisation totale des dettes publiques accompagnée d'une répartition du produit de ces émissions entre les différents États par l'agence commune. Dans tous les cas, la mutualisation des dettes doit s'accompagner d'une surveillance accrue des politiques budgétaires (ce qui constitue un pas supplémentaire vers davantage de fédéralisme budgétaire) de façon à éviter que certains États ne s'endettent excessivement en comptant sur les autres pour rembourser. Pour les pays les plus vertueux, le risque d'une mutualisation est celui d'une augmentation de leur coût de financement.

157 Pour une analyse détaillé de ce à quoi pourrait ressembler une agence européenne de la dette, voir par exemple Diev, P. et Daniel, L. (2011), « Vers une agence européenne de la dette », in « Les finances publiques dans la crise », *Revue de l'OFCE*, n° 116, pp. 253-276.

■ **Le plan « anti-crise » finalement adopté dans la nuit du 27 au 28 octobre 2011 par les chefs d'État et de gouvernement de la zone euro comporte les points suivants**[158]. En premier lieu, une restructuration de la dette grecque interviendra qui devrait permettre à la Grèce de réduire son endettement public de 100 milliards d'euros (sur un total de 350 milliards) et ramener sa dette souveraine à 120 % de son PIB d'ici 2020 (contre 150 % aujourd'hui). Les banques ont finalement accepté de renoncer à 50 % de la valeur de leurs obligations grecques. La décote sera fera grâce à un échange de titres à partir de janvier 2012. En attendant, la Grèce continue de se financer sans les marchés financiers en comptant sur les 100 milliards d'euros d'aide promis par l'UE et le Fonds monétaire international (FMI). Cette aide est assortie d'une surveillance stricte des réformes promises par la Grèce. En second lieu, l'accord prévoit une recapitalisation des banques qui en ont besoin. Le chiffre de 106 milliards d'euros avancé par l'Autorité bancaire européenne (EBA) est sensiblement inférieur à celui du FMI qui avance un montant de recapitalisation de l'ordre de 200 milliards d'euros. Les fonds propres « durs » (CoreTier 1) devront atteindre un ratio de 9 % d'ici à la fin juin 2012. Elles devront le faire par elles-mêmes ou recourir au soutien des États, voire à celui du Fonds européen de stabilité financière (FESF). En troisième lieu, les pays de la zone euro ont décidé d'augmenter la capacité d'intervention du FESF qui passerait de 440 milliards d'euros actuellement à 1000 milliards d'euros de façon à pouvoir aider les États membres soumis à des pressions sur les marchés. Cette augmentation devrait s'appuyer sur un « effet de levier » qui reposerait sur un système assurantiel incitant les investisseurs à acheter de la dette publique d'États fragiles en garantissant une partie de la dette de ces pays. Des fonds spéciaux (*Special Purpose Vehicule*) adossés au FESF et/ou au FMI pourraient aussi voir le jour dont le financement pourrait être assuré par des pays émergents comme le Brésil, la Chine ou la Russie. Ils pourraient fournir des prêts aux États, acheter leurs émissions et recapitaliser les banques. Enfin, pour éviter tout effet de contagion de la crise, la Banque centrale européenne devrait continuer ses achats de titres représentatifs d'obligations d'État sur les marchés secondaires où ils sont négociés afin de freiner l'augmentation des taux d'intérêt pour les pays concernés.

■ **En guise de conclusion…** les chefs d'État et de gouvernement à l'exception des premiers ministres tchèque et britannique ont adopté le 30 janvier 2012 à Bruxelles un document comportant seize articles intitulé « **Traité pour la stabilité, la coordination et la gouvernance dans l'Union économique et monétaire** ». Ce texte doit être formellement signé en mars 2012 et entrera en vigueur dès lors que douze pays l'auront ratifiés. Il donne une force juridique plus forte au respect de la « règle d'or » de retour à l'équilibre des comptes publics qui doit être inscrite de préférence dans la Constitution des États membres signataires[159]. La Cour de justice européenne pourra être saisie

---

158 Notons encore une fois que certains mécanismes restent à ce stade encore flous et doivent être précisés dans un futur proche.

159 L'Allemagne a adopté en 2009 une loi constitutionnelle créant un « frein à l'endettement » qui interdit tout déficit structurel supérieur à 0,35 % du PIB à partir de 2016. Le plafond de déficit peut cependant être dépassé en cas de « catastrophe naturelle ou de circonstance économiques exceptionnelles ».

par un État membre si celui-ci estime qu'un autre État membre n'a pas transposé correctement cette « règle d'or » dans sa législation. Elle pourra infliger des amendes allant jusqu'à 0,1 % du PIB de l'État contrevenant. Ce texte complète et renforce en outre les nouveaux dispositifs de surveillance (en particulier ceux prévu par le « Six Pack ») et les sanctions prévues par le Pacte de stabilité et croissance. L'article 3 prévoit que « les budgets des administrations publiques seront à l'équilibre ou à l'excédent ». Le déficit structurel ne devra pas excéder 0,5 % du PIB par an sur un cycle économique. Les États doivent mettre en place un mécanisme de correction automatique en cas de dépassement par rapport à cet objectif. Les États dont le déficit public dépasserait la limite de 3 % du PIB s'exposeraient à des sanctions quasi-automatiques. La partie consacrée à la coordination et à la convergence des politiques économiques ne prévoir rien de plus que les dispositions contenues dans le « semestre européen » et le « Pacte sur l'Euro plus ».

## B. Budget européen et politique régionale européenne

Nous nous interrogeons dans un premier temps sur l'opportunité de doter l'Union d'un budget comparable à celui de grandes fédérations comme les États-Unis et le Canada. Nous présentons dans un second temps les grandes caractéristiques du budget européen du point de vue des recettes comme des dépenses. Nous traitons enfin de la politique régionale (ou plus exactement de la politique de cohésion pour la croissance et l'emploi) qui constitue désormais le premier poste du budget de l'Union avant la Politique Agricole Commune (PAC) et qui a vocation à réduire les inégalités structurelles entre États-membres de l'Union européenne.

■ **Une logique de la coordination, poussée jusqu'au bout, supposerait la mise en place d'un budget supranational.** Un tel budget pourrait être utilisé à des fins de *stabilisation* et de *redistribution* comme le préconisait déjà le rapport MacDougall (1977) [160] et comme cela est le cas dans les grands pays fédéraux comme les États-Unis. La question essentielle est alors de savoir (pour en tirer des enseignements dans le cas de l'Union européenne) si le budget fédéral aux États-Unis joue effectivement un rôle de stabilisation et de redistribution. On rappellera à la suite de Zumer (1998, p. 247) [161] que la *stabilisation* est le mécanisme par lequel le système budgétaire central (fédéral) amortit un choc conjoncturel subi par une région par le jeu de transferts et d'impôts fédéraux, quel que soit le niveau de développement de la région en question. La *redistribution* est le mécanisme par lequel le système budgétaire central (fédéral) tend à réduire à long terme les inégalités structurelles entre régions (le revenu disponible de chaque État diffère de son revenu primaire en raison des prélèvements et transferts).

160 MacDougall, D. (1977), « Report of the study group on the role of public finance in European integration », chaired by Sir Donald MacDougall, *EC Economic and Financial Series,* n° A13 et B13.

161 Le lecteur pourra trouver une analyse critique de ces études ainsi que les références bibliographiques citées dans l'article de F. Zumer (1998), « Stabilisation et redistribution budgétaires entre régions : État centralisé, État fédéral », *Revue de l'OFCE*, n° 65, pp. 244-287.

*La fonction de redistribution* est assurée par le budget européen par le biais des fonds structurels mais le montant de ces transferts reste limité comparativement à certains pays fédéraux. Il faut cependant bien voir qu'on ne peut justifier la mise en place d'un budget européen plus conséquent au motif que la perte de l'instrument de taux de change ne permettrait plus d'absorber *un choc asymétrique permanent.* En effet, la baisse permanente du revenu d'une région ou un retard de développement (assimilable à un choc asymétrique permanent) ne peut être pas comblée par une politique de dévaluation. D'ailleurs, tous les gouvernements centraux tendent à redistribuer les ressources entre les régions de manière permanente. Le rapport MacDougall considérait que le ratio souhaitable des transferts nets de la Communauté vers les régions bénéficiaires devait se situer dans une fourchette comprise entre 3 et 10 % du PIB communautaire pour assurer une redistribution plus active. Toutefois, certaines études indiquent que ces transferts ne sont pas négligeables. En effet, des pays comme l'Irlande ou la Grèce bénéficient de transferts nets qui représentent respectivement 7 % et 5 % de leur PIB. Cela correspond à peu près à ceux que verse le budget fédéral américain aux États fédérés les plus pauvres des États-Unis. Le degré de redistribution estimé aux États-Unis est différent selon les études. Mélitz et Zumer (2002), en faisant appel à l'économétrie sur données de panel, estiment pour leur part que l'effet redistributif du budget du gouvernement fédéral est de l'ordre de 16 % aux États-Unis et de 18 % au Canada [162]. En d'autres termes, le jeu des transferts et des impôts fédéraux réduit les inégalités structurelles de 16 % aux États-Unis (respectivement 18 % au Canada). À titre de comparaison, l'effet redistributif obtenu par les deux auteurs est plus élevé pour la France (38 %) et le Royaume-Uni (26 %). Cela est toutefois conforme à l'intuition dans le sens où l'on peut penser que dans des États unitaires (*a fortiori* très centralisés comme la France) les transferts et impôts entre le niveau central et les régions sont élevés et donc que le degré de redistribution et de stabilisation y est plus élevé que dans les États fédéraux (« les solidarités territoriales devraient jouer davantage [dans les pays unitaires] que celles qui opèrent au sein d'ensembles plus vastes et moins centralisés » (Zumer, *op. cit.*, p. 248)).

Il n'existe, en revanche, pas vraiment de mécanisme de *stabilisation budgétaire* au niveau européen pour faire face aux conséquences de chocs asymétriques transitoires dans une partie de l'Union. Le budget européen est de l'ordre de 1 % du PIB communautaire et n'est donc pas en mesure de jouer un rôle de stabilisateur automatique, contrairement à ce qu'on observe aux États-Unis. En effet, dans la tradition du fédéralisme fiscal (ou budgétaire), le budget fédéral doit permettre d'amortir, au moins partiellement, les effets de la récession dans les régions frappées par un choc grâce à un transfert de ressources de la part des régions ayant une meilleure conjoncture. Dans les faits, de tels transferts procèdent de ce que les régions ayant une activité économique déprimée bénéficient d'un surcroît de prestations et de prélèvements plus faibles tandis que les régions ayant une meilleure situation économique permet-

162 Mélitz, J. et Zumer, F., (2002), "Regional redistribution and stabilization by the Centre in Cananda, France, the United Kingdom and the United States: A reassessment and new tests", *Journal of Public Economics*, 86, pp. 263-286.

tent de dégager davantage de recettes fiscales. Ainsi, Sachs et Sala-i-Martin (1992) [163] observent qu'aux États-Unis, lorsqu'un État fédéré est frappé par un choc négatif qui fait baisser le revenu (individuel) par tête, les transferts fédéraux augmentent en moyenne de 6 % tandis que les impôts payés à l'État fédéral baissent en moyenne d'environ 34 %. Au total, les stabilisateurs automatiques du budget fédéral, grâce notamment à la progressivité de l'impôt sur le revenu, permettraient d'absorber 40 % du choc initial. Ces résultats doivent cependant être nuancés car les deux auteurs ne font pas de distinction entre les fonctions de stabilisation et de redistribution. Ainsi, des auteurs comme Von Hagen (1992) [164] ou de Gros et Jones (1994) [165] montrent que la compensation d'un choc régional par le budget fédéral ne serait que de l'ordre de 10 %. Mélitz et Zumer (2002) obtiennent un degré de stabilisation de l'ordre de 20 % : en d'autres termes, le système des transferts et impôts entre le niveau central (ou fédéral) et l'échelon des États fédérés permet d'atténuer et donc de lisser les fluctuations de revenu provenant d'un choc transitoire à hauteur de 20 %. De façon assez surprenante, l'effet de stabilisation est à peu près le même en France et au Royaume-Uni qu'aux États-Unis, alors qu'on aurait pu s'attendre à un effet plus élevé dans les deux premiers pays [166].

Une dernière question importante concerne l'opportunité de mettre en place un système centralisé de stabilisation entre pays au niveau européen. Est-ce qu'une stabilisation centralisée (avec par exemple un budget fédéral) est plus efficace qu'une stabilisation décentralisée (permettant aux pays membres de la fédération de faire face par eux-mêmes à un choc asymétrique conjoncturel) ? La question est ardue sur le plan empirique et les résultats doivent être pris avec précaution. La recension des études existantes par Mélitz et Zumer (2002) laisse cependant entrevoir que le degré de stabilisation (décentralisé ou autonome) par les budgets nationaux serait du même ordre de grandeur pour les pays de l'UE que le degré de stabilisation interrégionale aux États-Unis assuré par le budget fédéral.

■ **L'Union européenne (UE) a entamé en octobre 2010 sa grande négociation budgétaire sur le cadre financier 2014-2020.** C'est le quatrième exercice de ce type depuis la création en 1988 de ce qui s'appelait alors les perspectives financières. Le 20 juin 2011, la Commission européenne a adopté sa position de principe dans le cadre

---

163 Sachs, J. et Sala-i-Martin, X. (1992), « Federal Fiscal Policy and Optimum Currency Areas: Evidence for Europe from the United States », in Grilli Vittorio, Canzoneri Matthew and Masson Paul, editors. Establishing a central bank: Issues in Europe and lessons from the US. London, UK: Cambridge University Press, pp. 195-219.

164 von Hagen, J. (1992), « Fiscal Arrangements in a Monetary Union: Some Evidence from the US », dans Fair, D., et de Boissieu, C. (eds.), *Fiscal Policy, Taxes and the Financial System in an Increasingly Integrated Europe*, Netherlands,Kluwer Academic Publishers.

165 Gros, D. et Jones, E. (1994), « Fiscal Stabilisers in the US Monetary Union », *CEPS Working Document* n° 83.

166 La littérature récente sur le sujet est rare. Le lecteur pourra se référer à : Hepp, R. et von Hagen, J. (2011), « Fiscal federalism in Germany: Stabilization and redistribution before and after unification », *Publius: The Journal of Federalism*, et à Leppänen, S. (2007), « Interregional insurance and redistribution in the Russian federation », mimeo, University of Joensuu, Finlande.

financier pluriannuel (CFP) pour la période 2014-2020. Le montant global proposé pour les sept années à venir s'établit à 1,025 milliard d'euros en crédit d'engagement (soit 1,05 % du Revenu National Brut (RNB)) et à 972,2 milliards d'euros (soit 1 % du RNB de l'UE) en crédits de paiements. Le budget de l'Union s'élève pour 2011 à environ 140 milliards d'euros. Les recettes de l'Union européenne sont essentiellement composées de ressources propres auxquelles viennent s'ajouter des recettes diverses. Le montant des ressources propres de l'UE est plafonné à 1,24 % du RNB. Elles s'élevaient en 2010 à 122,9 milliards d'euros. Le budget de l'Union européenne n'est en rien comparable à celui d'un État fédéral [167]. Aux États-Unis, la part du budget fédéral (rapportée au PNB) est plus de dix fois supérieure à celle de l'Union. À titre de comparaison, la taille du budget de l'Union est inférieure au budget d'un pays comme la Belgique ou l'Autriche (!). Le budget de l'Union est toujours à l'équilibre.

Les ressources propres du budget européen sont essentiellement formées de transferts proportionnels à la fois au montant de la consommation dans chaque État (il s'agit de la « ressource TVA » qui représente 11 % environ des ressources totales et qui correspond au montant d'une TVA perçue selon un taux de pourcentage uniforme appliqué à une assiette harmonisée de chaque État membre) et au montant du Revenu National Brut (RNB) de chaque État (« ressource RNB », qui représente

**Tableau 5.9**
*Les dix principaux financeurs du budget communautaire (en % dans le financement du budget de l'UE)*

| | Moyenne 2001-2003 (15 EM) | Moyenne 2004-2006 (25 EM) | Moyenne 2007-2009) (27 EM) | 2010 |
|---|---|---|---|---|
| Allemagne | 23,3 | 20,8 | 19,3 | 19,5 |
| France | 18 | 16,6 | 16,6 | 16,7 |
| Italie | 14,6 | 13,8 | 13,5 | 13,3 |
| Royaume-Uni | 11,5 | 12,3 | 10,4 | 10,9 |
| Espagne | 8,5 | 9 | 9,5 | 9,3 |
| Pays-Bas | 6,2 | 5,5 | 4,9 | 5 |
| Belgique | 4,2 | 4 | 4,2 | 4 |
| Pologne | – | 2 | 2,9 | 2,6 |
| Suède | 2,9 | 2,8 | 2,3 | 2,3 |
| Autriche | 2,4 | 2,2 | 2,1 | 2,2 |

Source : Brehon, Nicolas-Jean, « Le budget européen : quelle négociation pour le prochain cadre financier de l'Union européenne », *Questions d'Europe*, n° 170 et 171, 31 mai 2010, p. 7.

167 Le lecteur souhaitant disposer d'une information complète et accessible sur les questions budgétaires et de programmation et financière pour la période récente comme pour les années passées pourra se référer utilement au lien suivant : http://ec.europa.eu/budget/explained/budg_system/fin_fwk0713/fin_fwk0713_fr.cfm.

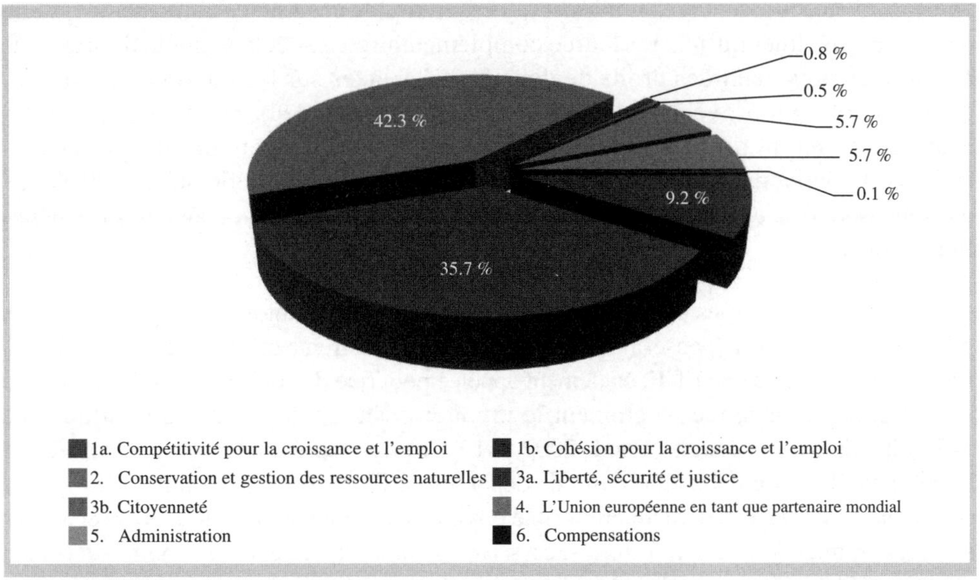


**Figure 5.10**
*Le cadre financier pluriannel*

Source : http://ec.europa.eu/budget/explained/budg_system/fin_fwk0713/fin_fwk0713_fr.cfm.

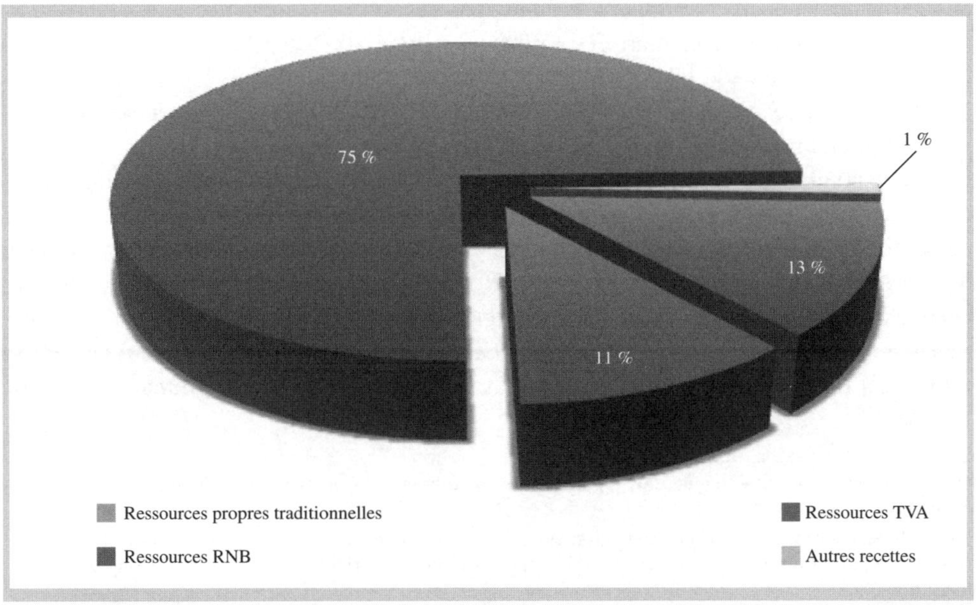


**Figure 5.11**
*Le financement du budget de l'Union européenne en 2011 (prévisions)*

Source : http://ec.europa.eu/budget/explained/budg_system/financing/fin_fr.cfm.

environ 75 % des ressources totales et qui est en rapide croissance alors même qu'elle devait ne constituer qu'une ressource complémentaire !). À cela s'ajoute des ressources propres provenant des droits de douane et des taxes sur les importations de produits agricoles en provenance de pays tiers (12 %). Les deux premières ressources étant plus ou moins proportionnelles au niveau d'activité économique des pays membres, il est relativement aisé, une fois imputées les dépenses bénéficiant aux différents pays membres, de connaître les pays qui sont contributeurs nets ou au contraire bénéficiaires nets.

Les actions et les projets financés par le budget de l'Union sont regroupés en six grandes catégories de dépenses (appelées « rubriques ») et trente et un domaines politiques. La politique régionale de l'UE, également appelée politique de cohésion pour la croissance et l'emploi, est devenue récemment le premier poste de dépenses de l'Union avec 347 milliards d'euros pour la période 2007-2013. Ce poste représente 36 % des dépenses de l'Union en 2011. Le deuxième poste de dépenses de l'UE concerne la politique agricole commune (PAC) et plus particulièrement le poste « aides directes aux agriculteurs et dépenses liées au marché ». Les réformes successives de la Politique agricole commune (PAC) ont entraîné le déplacement des aides à la production vers l'aide directe au revenu des agriculteurs [168]. Ces derniers doivent respecter un certain nombre de critères de santé et environnementaux. Cette part est cependant passée de près de 70 % dans les années 1970 à 34 % au cours de la période 2007-2013 (30 % du budget de l'UE en 2011). Des crédits sont en outre alloués au développement rural (11 % du budget au cours de la même période). Les dépenses agricoles ont été « sanctuarisées » pour la période 2007-2013 sous la pression de la France. La réforme de la PAC est régulièrement au centre des débats lors des discussions sur les perspectives financières au motif qu'elle « absorbe » près du tiers du budget européen et qu'elle ne concerne que 5 % de la population. En réalité, la PAC, qui a déjà fait l'objet de nombreuses réformes « coûte » cher car elle est l'une des seules politiques communes et qu'elle est presque exclusivement financée par le budget européen. [169] La deuxième question délicate concerne le fameux « rabais » britannique obtenu en 1984 par Margaret Thatcher qui n'est plus justifié. Le Royaume-Uni est le seul pays de l'Union européenne qui ne participe pas au financement du budget de l'Union proportionnellement à sa richesse nationale (sur la période 2008-2010 la part du Royaume-Uni dans le financement du budget de l'UE est de 10 % alors que sa part dans le PNB communautaire est de 13,7 %) [170].

168 Les dépenses au titre de la PAC figurent dans la rubrique « Conservation et gestion des ressources naturelles ».

169 Le lecteur souhaitant disposer d'une information synthétique et bien faite sur la politique agricole commune (PAC) pourra se référer à : http://www.touteleurope.eu/fr/actions/agriculture-peche/politique-agricole-commune.html.

170 Pour plus de détails sur les dossiers qui « fâchent » et pour une analyse approfondie des négociations portant sur le cadre financier de l'UE pour la période 2014-2020, voir Brehon, J.-N. (2010), « Le budget européen : quelle négociation pour le prochain cadre financier de l'Union européenne », *Questions d'Europe*, Fondation Robert Schuman, n° 170 et 171.

■ **La récente adhésion des dix nouveaux pays membres pose la question des inégalités structurelles au sein de l'Union européenne élargie et de l'efficacité de la politique régionale européenne.** Rappelons au préalable que le seul élargissement de 2004 a conduit mécaniquement à ce que le PIB par tête dans l'UE-25 diminue de 13 % environ et à une forte augmentation des inégalités structurelles. Force est de constater que les nouveaux États membres avaient au moment de leur adhésion un PIB par habitant bien largement inférieur (quand on le rapporte à la moyenne de l'UE-15) à celui de l'Espagne, du Portugal et de la Grèce quand ceux-ci ont rejoint la CEE de l'époque (le PIB par habitant de ces derniers équivalait à environ 60 % de la CEE-10). Il existe en outre de fortes disparités en termes de richesse par habitant au sein même des nouveaux entrants. Un pays comme la Slovénie avait par exemple un PIB par tête qui représentait en 2001 (soit peu de temps avant son entrée dans l'UE) environ 70 % de la moyenne de l'UE à 15, ce qui le plaçait au niveau du Portugal et de la Grèce. La Roumanie ou la Bulgarie qui sont entrés en 2007 avaient en revanche un PIB par habitant qui représentait moins de 30 % du PIB par habitant de l'UE-15.

**Tableau 5.10**
***PIB par tête (exprimé en PPA) dans les PECO par rapport à la moyenne européenne***

| | 1980 | 1985 | 1991 | 1995 | 1999 | 2001 |
|---|---|---|---|---|---|---|
| CEE-9 | 1 | | | | | |
| CEE-10 | | 1 | | | | |
| UE-15 | | | 1 | 1 | 1 | 1 |
| Espagne | | 0.70 | 0.78 | 0.78 | 0.82 | 0.84 |
| Portugal | | 0.55 | 0.68 | 0.69 | 0.72 | 0.69 |
| Grèce | 0.65 | 0.65 | 0.63 | 0.61 | 0.62 | 0.64 |
| République tchèque | | | | 0.62 | 0.59 | 0.57 |
| Estonie | | | | 0.34 | 0.39 | 0.42 |
| Pologne | | | | 0.34 | 0.39 | 0.40 |
| Slovénie | | | | 0.63 | 0.68 | 0.69 |
| Hongrie | | | | 0.45 | 0.50 | 0.51 |
| Slovaquie | | | | 0.46 | 0.49 | 0.48 |
| Lettonie | | | | 0.25 | 0.29 | 0.33 |
| Bulgarie | | | | 0.33 | 0.28 | 0.28 |
| Lituanie | | | | 0.32 | 0.34 | 0.38 |
| Roumanie | | | | 0.28 | 0.24 | 0.25 |

Source : Dupuch S., Jennequin H. et Mouhoub (2004).

La question fondamentale qui se pose est donc celle de savoir comment les inégalités structurelles ont évolué au sein de l'UE élargie et si on observe un processus de convergence à la fois entre les États membres et à un niveau plus fin entre régions européennes. La littérature portant sur les disparités régionales et le processus de convergence européen est très développée mais les résultats peuvent différer significativement d'une étude à l'autre et doivent donc être interprétés avec beaucoup de prudence. Deux types d'enseignements peuvent cependant être tirés des études existantes sur le sujet [171] :

(*i*) La plupart des études montrent que les disparités de PIB par tête ont diminué entre les pays de l'UE-15. On observe en particulier un rattrapage des quatre (anciens) pays de la cohésion. Ce phénomène de rattrapage intervient pour l'Espagne, le Portugal et l'Irlande depuis le milieu des années 1980. Il est plus tardif pour la Grèce dont le niveau de vie progresse à un rythme supérieur à la moyenne européenne depuis le début des années 1990. Le processus de convergence de la Grèce, de l'Espagne, de l'Irlande et du Portugal s'est poursuivi sur la période 1996-2005 mais de façon différenciée avec un taux de croissance annuel sur la période toujours supérieur à la moyenne enregistrée par l'UE-15 (hormis le Portugal dont le taux de croissance passe en dessous de celui de l'UE-15 au tournant des années 2000). Le taux de croissance du PIB par habitant a été supérieur dans tous les nouveaux États membres à la moyenne de l'UE-27 sur la période 1995-2005 (à l'exception de Chypre). On observe de surcroît que les huit nouveaux États membres qui avaient le niveau de PIB le plus faible en termes de standard de pouvoir d'achat en début de période sont aussi ceux qui connaissent les taux de croissance les plus élevés depuis 2000. La croissance a été moins forte dans les quatre nouveaux États membres ayant les PIB les plus élevés en début de période mais elle reste supérieure à celle de l'UE-27 – il s'agit de Chypre qui a même connu un taux de croissance légèrement inférieur à la moyenne communautaire, de la Slovénie, de la République tchèque et de Malte).

(*ii*) L'analyse des disparités de revenu par tête et de convergence au niveau régional est plus complexe à analyser. On observe certes une tendance à la convergence (absolue) au sein des régions de l'UE-15 sur la période 1980-1995 [172] : en

---

171 Le lecteur trouvera une bonne revue de la littérature à la fois théorique et empirique sur la convergence régionale en Europe dans : Le Gallo, J. et Riou, S. (2008), « Les politiques européennes de cohésion territoriales », in *Innovation et compétitivité des régions* (Th. Madiès et J.-C. Prager, eds.), rapport du Conseil d'Analyse Économique, Paris, La Documentation Française. Le lecteur trouvera un grand nombre d'informations chiffrées sur l'évolution et la convergence du PIB au niveau national et régional dans l'UE-27 dans le quatrième rapport sur la cohésion économique et sociale (2007) publié par la Commission européenne sous le titre : *Des régions en pleine croissance, une Europe en pleine croissance*. Voir aussi : Martin, Ph. (1997), « Convergence et politiques régionales en Europe », *Lettre du CEPII*, n° 157 et Cour, P. et L. Nayman (1999), « Fonds structurels et disparités régionales en Europe », *Lettre du CEPII*, n° 177. Le lecteur souhaitant approfondir ces questions pourra se référer à : Magrini, S. (2004), « Regional (di)convergence », chapitre 62, in Henderson, J. V. et J.-F. Thisse, *Handbook of Regional and Urban Economics*, vol. 4, North Holland.

172 Il existe différentes définitions et mesures de la convergence. Voir sur ce point Charlot, S., Combes, P.-P, (2000), « Convergence ou divergence régionale », in *Économie géographique : les théories à l'épreuve des faits* (C. Baumont, P.-P. Combes, P.-H. Dericke et H. Jayet, eds.), Paris, Economica.

moyenne plus le revenu par tête des régions européenne était faible en 1980 et plus leur taux de croissance a été élevé sur la période 1980-1995. Ceci ne doit pas masquer cependant des situations très hétérogènes : des régions « riches » en début de période ont continué à s'enrichir avec un taux de croissance sur la période supérieur à la moyenne (c'est le cas des régions du sud de l'Allemagne) et d'autres « pauvres » en début de période ont vu leur taux de croissance stagner ou même régresser (c'est le cas de certaines régions grecques ou du sud de l'Italie). De surcroît, la vitesse de convergence entre régions européennes est très faible sur la période 1950-1995 et il semble bien qu'elle ait diminué depuis le début des années 1980. Ce ralentissement pourrait être dû à l'absence de convergence entre régions riches et régions pauvres à l'intérieur même des pays. *Un fait notable est en effet que les disparités régionales à l'intérieur des pays ne manifestent pas de tendance à la baisse sur cette période.* Au total, il semble bien que le processus de convergence à l'œuvre entre les États européens se soit accompagné d'une augmentation des inégalités régionales à l'intérieur même des États.

La plupart des indicateurs statistiques montrent (y compris le coefficient de Gini et le coefficient pondéré de variation) que les disparités entre régions de l'UE-27 exprimées en PIB par habitant ont eu tendance à se réduire sur la période plus récente 1995-2004 (en particulier depuis 2000). Il est cependant intéressant de noter encore une fois que l'on n'observe pas sur cette période de réduction des disparités régionales à l'intérieur des pays. Les situations sont très contrastées selon les États membres. *La convergence régionale observée au niveau de l'UE résulte donc pour une large part du processus de convergence des pays à bas revenu par tête plutôt que des régions en tant que telles.* On notera pour terminer une relation positive (qui ne vaut pas causalité !) entre la vitesse de convergence de certains pays vers la moyenne communautaire et l'accroissement des disparités régionales au sein de ces pays. On citera l'exemple de l'Espagne et du Portugal dans les années 1980 mais aussi de la Slovaquie, de la Hongrie, de la Pologne et de la République tchèque sur la période 1998-2003.

La littérature théorique qui emprunte à la fois à la Nouvelle Économie Géographique (NEG) et aux théories de la croissance endogène (voir en note de bas de page 172 l'article de Le Gallo et Riou (2008)) montre qu'il peut exister une tension entre croissance et inégalités territoriales dans un contexte d'intégration économique : l'intégration économique (réduction des barrières à l'échange) peut en effet contribuer à la croissance globale en renforçant les phénomènes de polarisation (agglomération) spatiale... au prix d'une augmentation des inégalités régionales à l'intérieur des pays. Les effets d'agglomération comme facteur de croissance posent évidemment la question de l'efficacité de la politique régionale et plus généralement des politiques publiques : une politique de cohésion qui vise à réduire les inégalités spatiales peut-elle quand même engendrer des gains d'efficacité à l'échelle macroéconomique ?

## ENCADRÉ 5.13
### *La politique de cohésion 2007-2013*

La politique régionale (également appelée « politique de cohésion ») poursuit désormais trois objectifs [173] pour la période 2007-2013 :

(*i*) un objectif « convergence » (qui remplace « l'objectif 1 » de la période 2000-2006) qui vise à promouvoir le développement des États membres et des régions en retard de développement et auquel est affecté 82 % du montant total des crédits consacrés à la politique de cohésion. Les instruments financiers de cet objectif sont le Fonds européen de développement régional (FEDER), le Fonds social européen (FSE) et le Fonds de cohésion. Sont éligibles aux fonds structurels (FEDER et FSE), les régions dont le PIB par habitant est inférieur à 75 % de la moyenne européenne (84 régions sont concernées). Les régions qui ont un PIB par habitant devenu très légèrement supérieur au seuil de 75 % en raison de l'élargissement de l'UE à des régions plus défavorisées (ce qui a abaissé la moyenne) bénéficieront d'un financement transitoire et dégressif de phasing out. Ces régions (au nombre de 16) recevront environ 5 % du montant total des crédits consacrés à la politique de cohésion. Sont éligibles au Fonds de cohésion : les États membres dont le Revenu National Brut (RNB) par habitant est inférieur à 90 % de la moyenne européenne et qui mènent des programmes de convergence économique. Ce fonds se concentre sur les infrastructures de transport et environnementales, sur l'efficacité énergétique et sur les énergies renouvelables. Ces pays recevront un peu plus de 23 % des ressources allouées à cet objectif. Les régions qui dépasseront 90 % du RNB par habitant pour des raisons statistiques (résultant de l'élargissement de l'UE à des régions plus défavorisées), bénéficieront d'un financement transitoire, spécifique et dégressif. Enfin, les régions ultrapériphériques peuvent bénéficier d'un financement spécifique du FEDER. Le but est de faciliter leur intégration dans le marché intérieur et de prendre en compte leurs contraintes spécifiques (compensation des surcoûts dus notamment à l'éloignement).

(*ii*) l'objectif « compétitivité régionale et emploi » (remplace « l'objectif 2 » de la période 2000-2006) doit renforcer la compétitivité et l'emploi des régions qui ne correspondent pas aux critères pour recevoir un soutien dans le cadre de l'objectif « convergence ». Cet objectif est financé par le FEDER et le FSE (16 % des crédits). Il doit permettre d'anticiper les changements économiques et sociaux, promouvoir l'innovation, l'esprit d'entreprise, la protection de l'environnement, l'accessibilité, l'adaptabilité et le développement de marchés du travail inclusifs (c'est-à-dire qui facilitent la capacité des individus à intégrer, à se maintenir et à progresser sur le marché du travail). Les régions éligibles sont celles relevant de l'objectif 1 durant la période 2000-2006 qui ne répondent plus aux critères d'éligibilité régionale de l'objectif « Convergence » et qui bénéficient par conséquent d'un soutien transitoire ainsi que toutes les autres régions de l'UE non couvertes par l'objectif « Convergence ».

(*iii*) l'objectif de « coopération territoriale européenne » vise à soutenir la coopération transfrontalière le long des frontières terrestres et maritimes des États-membres ; transnationale au niveau des grands ensembles géographiques et interrégionale visant à favoriser la mise en réseau, les échanges d'expérience et de bonnes pratiques. Cet objectif représente 2,5 % du total des crédits alloués à la politique de cohésion. Il vise à promouvoir des solutions communes

173 Les développements suivants s'appuient sur un document de synthèse de la législation européenne : http://europa.eu/legislation_summaries/regional_policy/provisions_and_instruments/g24231_fr.htm.

**ENCADRÉ 5.13 (suite)**

pour des autorités voisines dans les domaines du développement urbain, rural et côtier, le développement des relations économiques et la mise en réseau des petites et moyennes entreprises (PME). La coopération sera axée sur la recherche, le développement, la société de l'information, l'environnement, la prévention des risques et la gestion intégrée de l'eau. L'instrument financier de cette politique est exclusivement le FEDER.

Les Fonds structurels constituent le « bras » financier de la politique régionale européenne [174]. Un des principes d'intervention des Fonds structurels est le principe d'additionnalité : ils ne sauraient se substituer aux dépenses structurelles publiques d'un État. Les études d'impact reposent selon le cas sur des simulations, des études économétriques ou encore sur des études de cas. Les résultats diffèrent fortement d'une étude à l'autre [175]. La Commission européenne dans son quatrième rapport sur la cohésion économique et sociale publié en 2007 fournit un certain nombre d'indications concernant l'impact de la politique de cohésion. Celle-ci vise à soutenir trois principaux domaines d'investissement potentiellement générateur de croissance : les infrastructures de transport et environnementales (stations de traitement des eaux et des eaux usées par exemple), l'investissement productif (essentiellement PME et innovation) et les investissements en capital humain. Les études d'impact sont réalisées au moyen de trois modèles macroéconomiques différents : le modèle HERMIN, le modèle EcoMod et le modèle QUEST [176]. Le modèle HERMIN appliqué à la période de financement 2000-2006 fait par exemple ressortir un impact important de la politique de cohésion sur le PIB de l'ordre de 5 à 10 % supérieur à ce qu'il aurait été en l'absence d'intervention dans les nouveaux États membres à l'horizon 2015 (qui s'accompagnerait d'une création nette d'emplois de l'ordre de deux millions au même horizon). Le modèle EcoMod prédit lui aussi des effets positifs considérables en termes de gain de PIB alors que les gains attendus par le modèle QUEST sont plus modestes (l'une des grandes différences entre ces trois modèles réside dans la façon dont sont traités les « effets d'éviction » de l'investissement privé par l'investissement public). Dans les trois modèles, ce sont des effets d'offre portant sur l'amélioration de la productivité, de la qualification de la main-d'œuvre et des infrastructures qui expliquent les gains de croissance attendus à long terme.

---

174 Très schématiquement, le FEDER participe au financement d'investissements productifs et d'investissements en infrastructures dans les régions éligibles et soutien les initiatives de développement local et d'emploi ainsi que celles relatives aux activités des petites et moyennes entreprises (transfert de technologie, aides directes aux investissements, réalisation d'infrastructure de proximité, etc.). Le FSE finance la formation professionnelle, l'aide à l'emploi et l'insertion professionnelle. Le Fonds de cohésion finance les infrastructures de transport et d'environnement.

175 Pour une revue de littérature des études d'impact des fonds structurels, voir Le Gallo et Riou (2010).

176 Le lecteur trouvera dans le quatrième rapport de la Commission (2007, p. 99) une brève présentation des modèles utilisés.

**Tableau 5.11 HERMIN**
*Impact de la politique de cohésion 2000-2013 sur le PIB et l'emploi en 2015*

| Pays | Gain de PIB (en % par rapport à la valeur de référence | Gain d'emplois (en % par rapport à la valeur de référence | Gain d'emplois (en milliers par rapport à la valeur de référence |
|---|---|---|---|
| Bulgarie | 5,9 | 3,2 | 90,4 |
| République tchèque | 9,1 | 7,1 | 327,8 |
| Estonie | 8,6 | 5,4 | 31,0 |
| Irlande | 0,6 | 0,4 | 8,2 |
| Grèce | 3,5 | 2,3 | 95,0 |
| Espagne | 1,2 | 0,8 | 156,7 |
| Chypre | 1,1 | 0,9 | 3,1 |
| Lettonie | 9,3 | 6,0 | 55,4 |
| Lituanie | 8,3 | 4,8 | 67,7 |
| Hongrie | 5,4 | 3,7 | 147,3 |
| Malte | 4,5 | 4,0 | 6,9 |
| Pologne | 5,4 | 2,8 | 384,2 |
| Portugal | 3,1 | 2,1 | 104,8 |
| Roumanie | 7,6 | 3,2 | 267,5 |
| Slovaquie | 6,1 | 4,0 | 87,9 |
| Slovénie | 2,5 | 1,7 | 15,7 |
| Allemagne de l'Est | 1,1 | 0,9 | 60,0 |
| Mezzogiorno Italien | 1,5 | 0,9 | 60,1 |
| Total | | | 1969,7 |

Source : GEFRA, EMDS (2007)

## C. Faut-il avoir peur de la concurrence fiscale au sein de l'UE élargie ?

Le processus d'intégration européen a soulevé de façon récurrente la question de la concurrence fiscale entre pays membres. Avec la signature de l'Acte unique européen et la mise en œuvre du marché unique, l'accent était plutôt mis sur le risque de distorsions que pouvaient engendrer des systèmes d'imposition disparates, notamment en ce qui concernait la fiscalité sur le capital (c'est-à-dire sur les bénéfices des sociétés et sur les revenus de l'épargne) et la taxe sur la valeur ajoutée (TVA). Le débat s'est ensuite porté sur les effets potentiellement « destructeurs » d'une concurrence fiscale (et d'une course au « moins-disant fiscal ») sur les finances publiques. En économie ouverte, les différentiels de fiscalité entre pays entraînent des distorsions qui sont essentiellement liées à la mobilité des bases taxables. Le risque est alors de voir se développer une concurrence fiscale entre pays, les différents gouvernements développant une stratégie agressive dictée par le principe du « moins-disant fiscal ». La littérature théorique montre généralement que la concurrence fiscale (modélisée sous la forme d'un jeu non coopératif où les variables stratégiques sont les taux d'imposition) conduit à des taux d'imposition et une offre de biens publics plus faibles que le niveau optimal (ou coopératif). En d'autres termes, la baisse des taux de prélèvement résultant de la concurrence fiscale risque d'accentuer les difficultés budgétaires des pays ayant des taux de prélèvement supérieurs à la moyenne et de contraindre par conséquent leurs choix en matière budgétaire [177]. Le deuxième risque relevé est que la concurrence fiscale risque d'aboutir à une exonération des bases mobiles, la charge fiscale reposant en définitive sur les facteurs immobiles.

La fiscalité participant à l'exercice de la souveraineté d'un État et les parlements nationaux n'étant pas prêts à renoncer à la prérogative de consentir à l'impôt, force est de constater que l'harmonisation fiscale européenne n'a que très peu progressé : la règle de l'unanimité reste de mise en matière de fiscalité. Pourtant, les bienfaits de l'harmonisation fiscale sont régulièrement avancés pour au moins trois types de raisons. Tout d'abord, parce que la mise en place du marché unique européen suppose la levée de toutes les barrières légales à la mobilité des biens, des capitaux et des personnes. Ensuite, parce qu'avec la monnaie unique, les arbitrages entre pays européens pour profiter de la fiscalité la plus avantageuse sont beaucoup plus probables. Enfin, parce que la concurrence fiscale peut réduire encore les marges de manœuvre budgétaires des pays de l'Union européenne. Cependant, l'harmonisation fiscale ne signifie pas l'uniformisation de tous les impôts qui ne semble, ni indispensable, ni souhaitable. L'expérience des États-Unis montre que des écarts modérés d'imposition peuvent subsister dans un marché unifié.

C'est sur la TVA et certaines accises (impôts spécifiques sur la consommation de certains produits tels que le tabac, les alcools ou les carburants) que l'harmonisation a le plus avancé. Avant l'achèvement du marché unique, la neutralité de la TVA était assurée par rapport aux échanges internationaux grâce à l'application du *principe de destination* : les importations subissent la TVA aux taux en vigueur dans les pays d'importation et les exportations sont détaxées (« taux 0 à l'exportation »). Autrement dit, la TVA sur les produits échangés entre pays était perçue par le pays importateur au moment du passage de la frontière, ce qui permettait d'éviter toute concurrence fiscale entre pays membres. Toutefois, depuis le 1er janvier 1993, les frontières ont été levées entre les pays membres de l'Union européenne de sorte que les formalités administratives et les contrôles douaniers aux frontières ont disparu. Par conséquent, la TVA devrait être payée au pays vendeur (*principe d'origine*). Or, étant donné que la TVA est un impôt sur la consommation, il est nécessaire que cet impôt soit réellement perçu par le pays de destination des marchandises, ce qui implique évidemment de créer un système de reversement entre administrations fiscales. Les gouvernements des pays membres n'ayant pas réussi à se mettre d'accord, il a été décidé d'instituer un régime transitoire qui devait prendre fin au 1er janvier 1997 mais qui a été reconduit. Depuis le 1er janvier 1993, les notions d'importation et d'exportation sont remplacées par cel-

177 Soulignons *a contrario* que pour certains économistes comme James Buchanan (prix Nobel d'Économie en 1986), la concurrence fiscale est au contraire souhaitable car elle constitue un frein puissant à l'expansion de l'État. Les gouvernements sont considérés comme des Léviathan (autrement dit des prédateurs) qu'il faut discipliner dès lors que le système de sanction par le vote ne fonctionne pas efficacement.

les d'acquisition et de livraison intercommunautaires lorsqu'elles portent sur des opérations entre pays membres de l'Union européenne et la TVA est exigible à l'acquisition dans le pays de destination (le principe de destination est maintenu). Désormais, la taxation d'une livraison intracommunautaire dépend de la communication par le client de son numéro d'identification à son fournisseur. Si le client est identifié, la livraison est exonérée au départ du pays d'origine et taxée dans le pays de destination. En revanche, si le client n'est pas identifié, la livraison est taxable dans le pays d'origine et exonérée dans le pays de destination [178].

> Ce système, outre qu'il alourdit les formalités administratives, a pour effet d'accroître la fraude fiscale. En effet, en l'absence de contrôle aux frontières et compte tenu de l'insuffisance des contrôles menés à l'intérieur des entreprises et de la difficulté pour les administrations fiscales de coopérer, le risque est grand pour les États membres de perdre des recettes fiscales considérables. Par exemple, dans le cas d'exportations fictives en provenance de France, la marchandise restant sur le territoire où elle a été vendue, l'État français perd la TVA qui aurait dû lui être reversée. *A contrario*, si les marchandises sont bien exportées mais que l'acheteur ne déclare rien à l'administration fiscale de son pays, alors cet État perd des recettes fiscales et la concurrence entre entreprises est biaisée car l'importateur peut vendre ces marchandises moins cher.

Le degré de mobilité des bases imposables est au cœur de l'harmonisation fiscale européenne car, en vertu du *principe de subsidiarité*, l'uniformisation des règles fiscales ne doit s'appliquer qu'aux seuls cas où des décisions non coordonnées sont susceptibles d'engendrer des distorsions excessives [179]. Or, à partir du moment où un impôt est assis sur une base imposable qui est très peu mobile, rien ne permet *a priori* d'inclure cet impôt dans le champ de l'harmonisation fiscale européenne. Il n'est pas par conséquent souhaitable d'harmoniser la fiscalité sur les revenus des ménages car, malgré l'affirmation du principe de libre circulation des personnes au sein de l'Union européenne, il apparaît clairement que la mobilité résidentielle est réduite du fait de barrières linguistiques et culturelles et qu'elle ne devrait pas s'accroître sensiblement, du moins à court terme. Dans les faits, seuls les individus très qualifiés ou titulaires de hauts revenus et les frontaliers sont susceptibles de se livrer à un arbitrage fiscal. Les travaux empiriques reposant sur l'estimation de fonctions de réaction fiscale montrent cependant que les États européens ont un comportement stratégique qui les conduit à baisser leur taux marginal le plus élevé quand les autres États font de même [180]. Ceci s'explique vraisemblablement par un phénomène de « concurrence

178 Le numéro d'identification est constitué par deux lettres indiquant le pays, suivies de deux chiffres servant de clé de vérification et du numéro SIREN.

179 La Grande-Bretagne n'est traditionnellement pas favorable à une harmonisation fiscale négociée et soutient qu'une « harmonisation par le marché » obligerait les pays ayant une fiscalité plus élevée que la moyenne à s'aligner sur les autres, sauf à voir leurs bases fiscales se réduire à cause de la délocalisation d'activités, de capitaux ou de transactions.

180 Voir par exemple : Redoano, M. (2007), « Fiscal interactions among european countries. Does the EU matter ? », CESifo working papers n° 1952.

par comparaison » (« yardstick competition ») et non pas par un phénomène de concurrence fiscale compte tenu de la faible mobilité résidentielle à l'échelle européenne. L'idée est que les électeurs en situation d'asymétrie d'information observent les politiques mises en œuvre dans les États voisins pour en tirer des renseignements sur la « qualité » des décisions prises par leurs propres dirigeants. Ces derniers ayant conscience de ce type de comportement et soucieux d'être réélus vont adopter des stratégies de mimétisme impliquant un alignement sur les politiques mises en œuvre dans les États voisins [181].

Une difficulté subsiste toutefois concernant les revenus de placement, du fait de la très forte mobilité des capitaux à l'échelle européenne et mondiale. En théorie, comme le souligne Le Cacheux (1996), il n'est pas indispensable d'harmoniser les impôts sur les revenu de placement car l'imposition des revenus obéit dans tous les pays européens au *principe de résidence* : le contribuable est imposé dans le pays dans lequel il réside, quelle que soit l'origine géographique de ses revenus [182]. Autrement dit, en vertu de ce principe et si l'on considère que les individus sont peu mobiles, l'Europe pourrait très bien se passer en théorie d'une harmonisation de la fiscalité de l'épargne. Cela supposerait toutefois que la coopération entre administrations fiscales soit plus efficace, l'obligation de déclaration de ces revenus dans le pays de résidence devant s'accompagner d'une levée du secret bancaire dans des pays comme le Luxembourg. Les années 1980 et 1990 se caractérisent d'ailleurs par une pression très forte à la baisse des taux d'impôt sur les revenus de l'épargne et par un alignement sur le moins-disant fiscal. Cela s'est traduit de fait par « une quasi-exonération de la plus grande partie des revenus de placement dans l'ensemble de la Communauté, d'autant plus que la mobilité internationale croissante des capitaux renforce l'argument de ceux qui prennent prétexte de l'existence de paradis fiscaux à l'extérieur de la Communauté pour plaider en faveur de la défiscalisation » (Sterdyniak *et al.*, 1991) [183]. De fait, on observe que dans l'Union européenne le taux d'imposition moyen du travail a augmenté de 10 points de pourcentage alors que le taux moyen d'imposition de l'épargne a baissé de 7 points entre 1980 et 1995 [184] [185]. Cela se traduit bien évidemment par une concentration excessive de la charge fiscale sur les revenus les moins mobiles et en particulier sur les

---

181 Un article fondateur de cette littérature est celui de Salmon, P., (1987), « Decentralisation as an Incentive Scheme », *Oxford Review of Economic Policy*, vol. 3(2), pp. 24-43.

182 Le Cacheux, J. (1996), « L'intégration européenne et la fiscalité », in *Impôts et réforme fiscale*, Paris, Les Cahiers français,

183 En 1989, l'Allemagne a essayé d'instaurer une retenue à la source sur les placements financiers mais elle a dû y renoncer compte tenu des fuites de capitaux. En revanche en 1992, L'Allemagne et la France ont relevé sensiblement la fiscalité sur les revenus de placements sans grandes conséquences en termes de fuites de capitaux.

184 Certains vont même plus loin et soulignent que la concurrence fiscale peut conduire (dans un terme plus ou moins éloigné) à réduire le caractère redistributif de l'impôt et à transformer les impôts en « pseudo-prix pour services rendus ».

185 Les impôts et taxes sur le travail ont cependant commencé à se réduire depuis sous le double effet des allégements de charges sur les bas salaires puis des baisses d'impôt sur le revenu.

revenus d'activité, ce qui pose un grave problème d'équité horizontale des systèmes fiscaux. La directive européenne sur la fiscalité de l'épargne entrée en vigueur en juillet 2005 vise à pallier un certain nombre de ces problèmes en organisant les échanges d'information sur les revenus de l'épargne sous forme de paiement d'intérêt sur des créances perçues par un ressortissant européen dans un pays où il n'est pas résident afin de permettre l'imposition fiscale dans le pays de résidence. La Commission européenne a adopté le 13 novembre 2008 une proposition de modification visant à prévenir l'évasion fiscale et qui prévoit d'étendre le champ d'application de cette directive aux revenus équivalents à des intérêts et provenant d'investissements effectués dans divers produits financiers innovants ainsi que dans certains produits d'assurance-vie. Cette coordination reste cependant incomplète puisque le Luxembourg et l'Autriche (pays où le secret bancaire est maintenu) sont dispensés de cette contrainte tant que des pays extérieurs à l'UE comme la Suisse n'ont pas levé leur secret bancaire. En attendant, ces pays appliquent une retenue à la source sur les revenus de l'épargne des non-résidents égale à 35 % depuis le 1er juillet 2011.

Concernant l'imposition des entreprises, l'harmonisation fiscale s'est limitée aux critères de détermination de la base d'imposition et aux règles permettant d'éviter une double imposition des dividendes [186]. Plus récemment, en 2010, le « Groupe de politique fiscale » encore appelé « groupe Semeta » mis en place par la Commission européenne a fait des propositions visant à mettre en place une assiette commune consolidée pour l'impôt sur les sociétés pour les groupes opérant à l'échelle européenne [187]. En revanche, le rapprochement des taux d'impôt sur les sociétés, préconisé par le rapport Ruding (1992), est plutôt le fruit d'une convergence favorisée par la concurrence fiscale. Ces taux se situent désormais, pour la plupart, entre 20 et 30 % dans l'UE-15. Mais dans tous les cas, il faut bien comprendre que les choix de localisation des entreprises dépendent à la fois du taux d'impôt et des règles de détermination de l'assiette qui sont différentes selon les pays, c'est-à-dire des taux de prélèvement *effectifs* [188]. Deux types d'inefficacité résultent de l'application de taux d'imposition effectifs différents dans les pays de l'Union européenne : *l'absence de neutralité à l'exportation de capitaux (NEC) et de neutralité à l'importation de capitaux (NIC).*

> La NEC signifie qu'une entreprise, dont le siège social est dans son pays d'origine, ne voit pas son choix d'implanter une filiale dans un autre pays influencé par l'impôt. La NIC, de son côté, requiert que les producteurs qui

---

186 Le Conseil européen a adopté en 1997 un code de bonne conduite visant à prohiber certaines pratiques fiscales dommageables de la part des pays membres.

187 Pour un commentaire des avantages mais aussi des limites d'une telle assiette consolidée, voir par exemple : http://www.telos-eu.com/fr/article/ue-de-l-harmonisation-fiscale.

188 Concernant les différentes mesures de la charge fiscale pesant sur les sociétés et en particulier le mode de calcul des taux marginaux et taux moyens effectifs d'imposition qui sont très utilisés pour effectuer des comparaisons internationales de « compétitivité fiscale », voir par exemple : Bretin, E., Guimbert, S., Madiès, Th. (1999), « L'imposition sur le bénéfice des sociétés : théorie et pratique », *Économie et Prévision*, 152, pp. 71-101.

vendent sur le même marché supportent le même taux d'impôt. Pour réaliser la NEC, il faut imposer les entreprises sur la base de leur résidence : une entreprise française doit supporter le taux français quel que soit le lieu où elle investit dans l'Union. Dans ce cas, les entreprises étrangères qui travaillent en France ont une taxation différente et la NIC n'est plus respectée. En revanche, si la NIC est respectée, alors les entreprises qui investissent en France doivent supporter le même taux d'imposition quel que soit leur pays d'origine. Dans ce cas, c'est la NEC qui serait en défaut. La réalisation simultanée de la NIC et de la NEC supposerait bien évidemment de mettre en place des systèmes fiscaux identiques dans tous les pays. La recherche d'une plus grande neutralité a conduit la Commission européenne à proposer en 1990 une directive concernant la suppression de la double imposition des dividendes distribués par une filiale à sa maison-mère située dans un autre pays membre. Les pays peuvent opter soit pour une exemption d'impôt dans le pays de destination du dividende (ce qui va dans le sens de la NIC), soit pour un crédit d'impôt (ce qui va dans le sens de la NEC). On comprend dès lors qu'à partir du moment où tous les pays ne choisissent pas la même option, ni la NIC, ni la NEC ne sont réalisées.

La question posée en matière d'imposition des sociétés est évidemment celle des effets de l'entrée des nouveaux États membres dans l'Union européenne. Remarquons au préalable que les taux nominaux comme les taux moyens effectifs d'imposition se sont réduits ces vingt dernières années dans l'UE-15 (voir figures 5.4 et 5.5) [189]. L'estimation de fonctions de réaction fiscales montrent que les États européens adoptent des comportements stratégiques de réduction des taux d'imposition sur les sociétés. Les nouveaux membres ont cependant des taux d'imposition plus bas que les autres États : les taux d'imposition nominaux étaient par exemple en 2010 de 19 % en Pologne et en Slovaquie, 15 % en Lettonie et en Lituanie et à 0 % (pour les bénéfices réinvestis) en Estonie. Cela va-t-il obliger les anciens pays membres à réduire leurs propres taux d'imposition ? Un certain nombre d'éclairages doivent être apportés. En premier lieu, il est clair que les investissements directs étrangers (IDE) sont sensibles à la fiscalité sur les sociétés comme le montre l'étude de Mooij et Ederveen (2003) qui recensent les résultats obtenus par 350 estimations économétriques portant sur la sensibilité des flux d'IDE à la fiscalité [190]. L'ordre de grandeur est le suivant : une baisse d'un point de pourcentage du taux d'imposition sur les sociétés conduit, toutes choses égales par ailleurs, à une hausse de 3 à 4 % de l'investissement direct étranger entrant. Il semble cependant (Bénassy-Quéré et Lahrèche-Révil, 2005) que la concurrence fiscale serait essentiellement interne aux anciens pays membres de l'UE dans le sens où les investissements directs vers les nouveaux membres ne seraient pas influencés par les écarts de fiscalité. Par ailleurs, la nouvelle économie géographique (NEG) nous apprend (voir ci-

189 Bénassy-Quéré, A. et Lahrèche-Révil, A., (2005), « Impôt sur les sociétés : tous à zéro ? », *Lettre du CEPII*, n° 246.

190 Mooij, R. et Ederveen, S., (2003), « Taxation and Foreign Direct Investment: A Synthesis of Empirical Research », *International Tax and Public Finance*, 10, pp. 673-693.

dessus) que l'intégration économique, quand elle progresse (ce qui va être le cas dans l'UE-25), renforce les phénomènes d'agglomération (tout au moins pour des coûts d'échange pas trop faibles). Cette agglomération permet aux pays du cœur de l'UE de bénéficier d'une rente qui leur permet de taxer plus fortement les activités économiques sans craindre les délocalisations. La question est alors de savoir si le degré d'intégration n'est pas tel que les pays du « cœur » de l'UE doivent faire converger leur taux d'imposition vers ceux des nouveaux pays membres. Les premières estimations économétriques montrent que cela n'est pas encore le cas. Enfin, soulignons que la fiscalité est l'un des éléments dans le choix de localisation des IDE. La qualité des infrastructures publiques ou les dépenses publiques de recherche développement ont elles aussi un impact non négligeable (un point de pourcentage d'imposition à la hausse sur les sociétés peut être compensé par une hausse de 3 % des dépenses publiques de recherche et développement et laisser inchangé le montant d'IDE américain entrant en France).

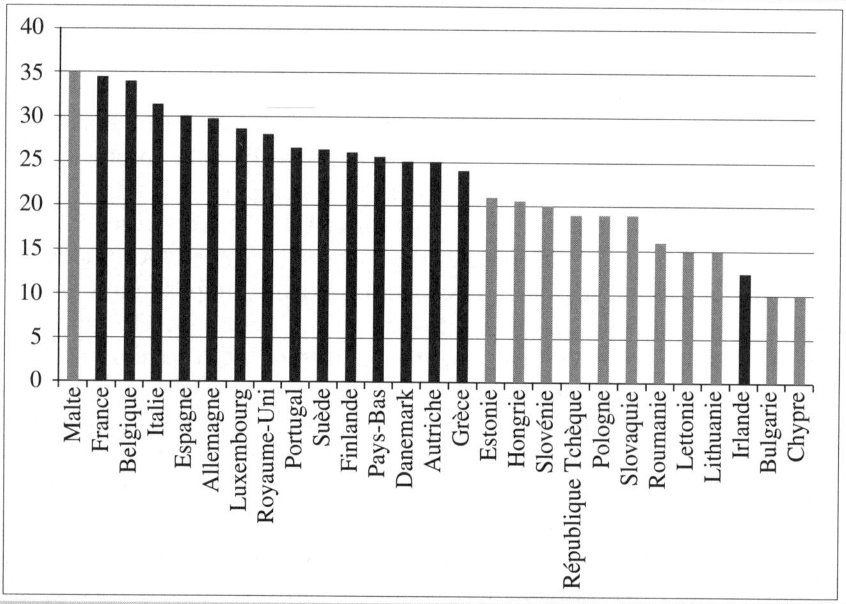


**Figure 5.12**
***Taux nominaux de l'impôt sur les sociétés dans l'UE 25, taux maximaux 2010 (%)***

Source : Eurostat (2010), « Évolution de la fiscalité dans l'Union européenne », http://europa.eu/rapid/pressReleasesAction.do?reference=STAT/10/95&format=HTML&aged=1&language=FR&guiLanguage=fr.

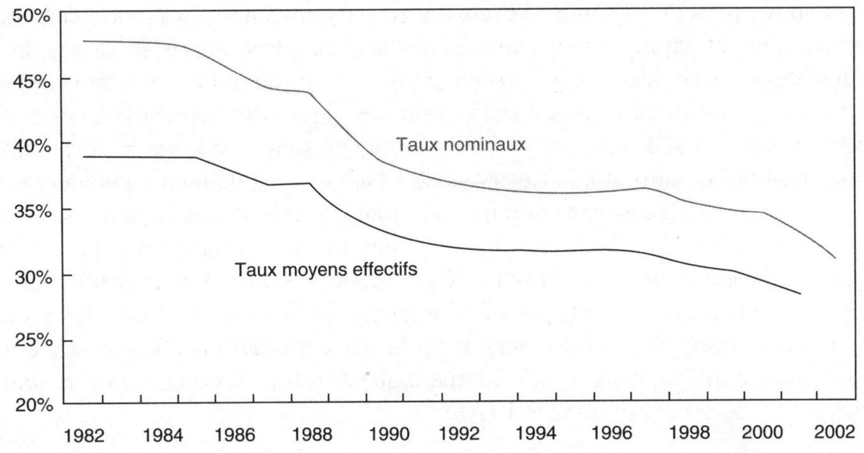


**Figure 5.13**
***Taux nominaux de l'impôt sur les sociétés dans l'UE 25, taux maximaux 2004 (%)***

Source : Bénassy-Quéré, A., Lahrèche-Révil, A., (2005), « Impôt sur les sociétés : tous à zéro ? », *Lettre du CEPII*, n° 246.

## D. Compétitivité : la France a-t-elle décroché par rapport à l'Allemagne ? [191]

La crise économique et financière actuelle a mis en exergue le risque associé à des stratégies trop différentes de politique économique entre États membres de la zone euro. Le débat s'est récemment focalisé sur les différences de compétitivité entre la France et l'Allemagne.

■ **Une dégradation des performances commerciales de la France par rapport à l'Allemagne…**

La dégradation des performances commerciales de la France par rapport à l'Allemagne est un constat indéniable, en particulier depuis le début des années 2000, mais ceci est vrai aussi pour les autres pays de l'OCDE qui perdent des parts de marché par rapport à l'Allemagne. Tous les indicateurs en témoignent même si les données chiffrées peuvent différer d'une étude à l'autre. On remarque depuis trente ans une érosion continue des parts de marché de la France dans les exportations mondiales (3,8 % des exportations mondiales de biens en 2010 contre 6 % en 1980) alors que l'Allemagne maintient

191 Les développements qui suivent s'appuient très étroitement sur les rapports suivants : Artus, P. et L. Fontagné (2006), *Évolution récente du commerce extérieur français*, rapport du CAE, Paris, La Documentation Française ; Madiès, Th. (2007), *La France dans la concurrence mondiale : quels atouts pour quelle politique économique*, rapport du CAE, Paris, La Documentation Française ; Fontagné, L. et G. Gaulier (2008), *Performances à l'exportation de la France et de l'Allemagne*, rapport du CAE, Paris, La Documentation Française ; Blot, C. et M. Cochard, (2010), *Compétitivité de la zone euro*, Lettre de l'OFCE, Paris ; Coe-Rexecode (2010), *Mettre un terme à la divergence de compétitivité de la France et l'Allemagne* rapport remis au ministère de l'Économie, des Finances et de l'Industrie.

globalement ses positions. Cette érosion n'est cependant pas propre à la France et concerne les autres pays de l'OCDE : la montée en puissance des pays émergents dans le commerce mondial explique en partie ce constat. Les observations suivantes donnent davantage de poids au décrochage : (*i*) les performances de la France (mesurées par le poids des exportations françaises dans le total des exportations mondiales de biens et services) se sont dégradées par rapport à l'Allemagne au tournant des années 2000 et à partir de 2004 par rapport aux autres pays de l'OCDE ; (*ii*) de façon générale le recul français concerne toutes les parties du monde (dont l'Asie émergente) et l'ensemble des secteurs ; (*iii*) la part de marché des exportations françaises dans les exportations de biens de la zone euro baisse de 4 points de pourcentage entre 1999 et 2009 contre une augmentation de plus de 3 points pour l'Allemagne sur la même période. (Il y a dix ans les exportations françaises représentaient 55 % des exportations allemandes, elles en représentent aujourd'hui 40 % ? on soulignera que ce ratio a fortement évolué selon les périodes depuis le début des années 1970.)

Les soldes commerciaux de l'Allemagne et de la France ont divergé depuis le début des années 2000. La position allemande s'est renforcée : l'excédent commercial allemand est passé d'environ 3 % du PIB en 1999 à un peu plus de 8 % du PIB en 2007 pendant que sur la même période la position française passait d'un excédent commercial représentant 1 % du PIB à un déficit d'un peu plus de 2 % du PIB (il est très difficile d'interpréter l'évolution des soldes commerciaux pour les années de crises 2008 et 2009). Ceci ne doit pas faire oublier que le commerce extérieur de la France a connu une période faste d'excédent au cours des années 1990 et même au début des années 2000. Les échanges intra-européens n'échappent pas au « décrochage » et ceci est plus ennuyeux : une part importante du déficit commercial français résulte des échanges réalisés par la France avec les autres pays de la zone euro. Il existe une véritable « redistribution des cartes » dans la mesure où le solde commercial de l'Allemagne par rapport aux autres pays de la zone euro s'est au contraire très fortement amélioré (l'Allemagne a gagné près de 15 points de part de marché à l'intérieur de la zone euro pendant que l'Espagne, la France ou l'Italie en perdait). Il est important de noter cependant que les soldes commerciaux ne sont pas guidés uniquement par les écarts de compétitivité-prix mais aussi par les écarts de croissance entre pays de la zone euro (une croissance plus faible, en particulier de la demande intérieure, limite les importations toutes choses égales par ailleurs).

■ **… qui est moins due à une perte de compétitivité-prix (coût) qu'à des facteurs microéconomiques trop négligés**

Les auteurs de l'étude de Coe-Rexecode (2010) soulignent que le « décrochage » entre la France et l'Allemagne est principalement dû à l'évolution des coûts salariaux qui serait défavorable aux exportations françaises. Soulignons au préalable (ce que font les auteurs) que les comparaisons doivent porter sur les coûts salariaux unitaires, autrement dit sur les écarts de coûts salariaux corrigés des écarts de productivité. Les auteurs de l'étude considèrent que le décrochage en termes de performances commerciales date du début des années 2000 alors même que les faiblesses traditionnelles de la France par rapport à l'Allemagne sont plus anciennes (culture industrielle, proximité recherche-éducation-industrie, investissement en R&D, etc.). La raison essentielle du décrochage serait donc liée à une perte de compétitivité-coût provenant d'une augmentation significative des coûts salariaux unitaires en France à partir du début des années 2000 (cette augmentation étant concomitante à la dégradation des performances commerciales relatives de la France) : le surcoût salarial français se serait donc répercuté sur les prix à l'exportation et aurait pesé sur les marges initiant un cercle de déclin industriel et de diminution des parts de marché à l'exportation. Aucune démonstration n'est en réalité apportée par les auteurs de l'étude d'un éventuel lien de causalité (qui serait bien difficile d'ailleurs à mettre en évidence) entre coût du travail et performances commerciales et les calculs d'écarts salariaux unitaires entre la France et l'Allemagne sont discutables. Les solutions à apporter s'imposent cependant d'elles-mêmes pour les auteurs : « recaler » les coûts industriels de la France !

Il est indéniable que l'Allemagne a choisi une stratégie de maîtrise des coûts pour restaurer sa compétitivité érodée après la réunification afin de contrer l'appréciation de l'euro (entre 2001 et 2008 l'euro s'est apprécié de 70 %). Celle-ci a pris deux formes : (*i*) des réformes successives visant à introduire davantage de flexibilité sur le marché du travail initiées dès 1999 mais qui s'accélèrent à partir de 2002 (avec les mesures contenues dans la réforme Hartz) [192] et (*ii*) une fragmentation des processus de production en délocalisant en particulier dans les pays d'Europe orientale (mais pas uniquement) une partie de la chaîne de création de valeur afin d'améliorer la compétitivité-coût. Le résultat est clair : cette politique s'est traduite par une baisse moyenne de 3,6 % des coûts salariaux unitaires dans l'industrie allemande entre 2003 et 2007 [193] selon l'OCDE. Il est important cependant de noter que l'on n'a pas observé en France de dérapage des salaires : ceux-ci ont augmenté pratiquement au même rythme que la productivité de sorte que les coûts salariaux unitaires ont à peine progressé entre 2003 et 2007 [194]. La part des salaires dans la valeur ajoutée a diminué en Allemagne de 3 points sur la période alors qu'elle se maintenait en France. On soulignera donc que l'exception est allemande (et dans une moindre mesure hollandaise) et non pas française.

---

192 Sans oublier l'augmentation de la TVA de 3 points et la réduction concomitante des cotisations sociales.

193 Il serait beaucoup trop hasardeux de tirer des conclusions sur les deux dernières années compte tenu de l'effondrement de la productivité qui rend difficile l'interprétation de l'évolution des coûts unitaires sur la période récente.

194 Notons pour être précis que l'on obtient des résultats différents selon que l'on compare les coûts salariaux unitaires pour l'ensemble de l'économie ou de la seule industrie manufacturière (les premiers étant trompeurs).

## ENCADRÉ 5.14

### *Taux de change nominal, taux de change réel et prix* [195]

Le taux de change nominal définit le prix d'une monnaie en termes d'une autre monnaie. Il n'a pas les mêmes conséquences sur l'économie réelle selon que le niveau des prix (ou le taux d'inflation) est relativement élevé ou faible. En effet, on ne peut connaître le pouvoir d'achat de la monnaie, ou la compétitivité-prix d'une économie, que si l'on rapporte le taux de change nominal au niveau des prix relatifs. Le ratio $sp^*/p$, où $s$ est le taux de change nominal (nombre d'unités monétaires nationales par unité de devise) et où $p$ et $p^*$ sont, respectivement, le niveau des prix domestiques et étrangers, définit le taux de change réel, c'est-à-dire le pouvoir d'achat de la monnaie en termes de biens. C'est cette dernière variable qui est cruciale pour l'économie réelle. Si un taux de change surévalué affaiblit la compétitivité, il n'est pas efficace, non plus, que le taux de change réel soit excessivement sous-évalué : dans ce cas, les biens importés, plus chers, peuvent renforcer les tensions inflationnistes, et les termes de l'échange peuvent être trop dépréciés. C'est pourquoi il convient de permettre l'établissement du taux de change réel à un niveau d'« équilibre ».

*Source* : Lahrèche-Révil, A., (2002) : « L'élargissement monétaire de l'Union », *Lettre du CEPII*, n° 217.

Les déterminants économiques traditionnels portant sur la demande et la compétitivité-prix ont certes contribué aux mauvaises performances de la France mais ne permettent pas de rendre compte de l'écart de performance entre la France et l'Allemagne. L'explication par un effet de composition sectorielle ou géographique est aussi finalement limitée. La structure géographique des exportations est certes défavorable à la France par rapport à l'Allemagne qui bénéficie d'une spécialisation géographique à l'exportation davantage tournée vers les pays d'Europe orientale et vers les pays émergents d'Asie. Cependant ces différences expliqueraient selon une étude récente moins de 10 % de l'écart de croissance des exportations entre les deux pays. Les raisons plus profondes du « décrochage » vis-à-vis de l'Allemagne sont les suivantes : (*i*) une faible élasticité (sensibilité)-revenu des exportations françaises sur les marchés étrangers en particulier émergents. Ceci signifie concrètement que les exportations françaises, contrairement aux exportations allemandes, peinent à tirer profit de la demande sur les marchés importateurs quand la croissance sur ces marchés s'accélère. C'est à ce moment là que l'écart se creuse ; (*ii*) les performances de la France sont moins bonnes que l'Allemagne sur le « haut de gamme » et les produits à fort contenu technologique (en particulier sur le marché européen) ; (*iii*) les marges à l'exportation des exportateurs français par rapport aux variations du taux de change sont plus sensibles que celles des exportateurs allemands. Lorsque l'euro s'apprécie de 10 %, les exportateurs français réduisent leurs prix en euros de 3 %, les exportateurs allemands de moitié. Ceci traduit le fait que les exportateurs français ont moins de pouvoir de marché que leurs concurrents allemands sur les marchés extérieurs sur lesquels ils opèrent.

---

195 Il serait beaucoup trop hasardeux de tirer des conclusions sur les deux

Le rapport COE-Rexecode souligne que les entreprises allemandes ont pu maintenir leur compétitivité-prix pour faire face à l'appréciation de l'euro sans avoir à réduire leur marge alors même que les entreprises françaises comprimaient leurs marges à l'exportation pour limiter la perte de compétitivité-prix (celle-ci ne se dégrade que de 4,6 % tandis que l'euro s'apprécie de près de 40 % par rapport au dollar entre 2003-2008). Ce point est cependant fondamental car l'excédent brut d'exploitation (EBE) des entreprises manufacturières a progressé en Allemagne alors qu'il s'est dégradé en France. Or une amélioration de l'EBE grâce à une compression des salaires permet d'améliorer la capacité d'autofinancement des entreprises exportatrices et de réinvestir les gains de productivité... pour améliorer dans un second temps la compétitivité « hors-coût ». C'est semble-t-il la stratégie poursuivie par l'Allemagne.

### ■ La course à la compétitivité : un pari risqué pour la cohésion de la zone euro

Le champion de l'exportation et de la compétitivité qu'est l'Allemagne a connu un taux de croissance comparativement plus faible que la France depuis 1999 : 1,6 % pour l'Allemagne contre 2,2 % pour la France sur la période 1999-2008 alors que les performances en termes de croissance étaient comparables sur la période 1992-1999. Le rôle du commerce extérieur change nettement à partir de la fin des années 1990 car la contribution du commerce extérieur à la croissance allemande qui était nulle sur la période 1992-1998 passe à 0,9 point pour un taux de croissance économique comparable entre les deux périodes (environ 1,5 %). Inversement la contribution de la demande intérieure a été particulièrement réduite en Allemagne. En France, elle contribuait à hauteur de 2,6 points à la croissance avec un effet de la consommation estimé à 1,5 point contre 0,5 en Allemagne. Les exportations dépassaient 50 % du PIB en 2008 en Allemagne contre moins de 25 % en France. En glissement annuel, les exportations se sont effondrées de plus de 18 % à la fin du deuxième trimestre 2009. La contribution du commerce extérieur à la croissance expliquait les trois quarts de la chute d'activité. L'Allemagne a été avec le Japon le pays le plus touché par la crise. La France a mieux résisté à la crise compte tenu de son ouverture plus faible sur l'extérieur et d'un faible recul de sa demande intérieure. Le taux de croissance pour les années 2008-2009 est de – 2 % en Allemagne contre – 0,9 % en France. L'Allemagne cependant connu un rebond notable en 2010 (+ 3,6 %). La stratégie de l'Allemagne porte en elle les germes de la récession et de comportements non coopératifs qui peuvent à terme menacer la zone euro dans son ensemble. La politique de « désinflation compétitive » conduite par l'Allemagne a certes permis de stabiliser ses parts de marché à l'exportation dans un contexte d'appréciation de l'euro (à partir de 2001). La recherche de la compétitivité à tout prix passant par une compression des salaires (ou tout au moins par une stagnation des salaires) plutôt que par des gains de productivité est néfaste pour la zone euro dans son ensemble car elle conduit à déprimer la demande intérieure de la première puissance économique de l'Union européenne. Ceci pèse naturellement sur la croissance des partenaires de l'Allemagne. Par ailleurs, ce type de politique ne peut que renforcer le risque de surenchères à la baisse : chacun des pays cherchant à s'engager dans une course à la compétitivité pour regagner ces parts de marché (le commerce entre pays européens devient alors un jeu à somme nulle).

## Ce qu'il faut retenir… sans oublier le reste

*La construction européenne constitue un exemple sans précédent d'intégration entre pays souverains.* La mise en place du marché unique européen constitue un pas supplémentaire dans le sens de l'intégration économique. La question de la libéralisation des services est toutefois encore problématique (voir les discussions autour du projet de directive Bolkenstein). Le grand marché européen devait en particulier se traduire par un renforcement de la pression concurrentielle et donc par une baisse des prix bénéficiant aux consommateurs. Parallèlement, la mise en œuvre du marché unique devait conduire à une intensification des échanges intracommunautaires. Les « effets frontières » ont en effet diminué au sein de l'UE et on observe une réduction des disparités de prix entre pays européens depuis l'entrée en vigueur du Marché unique. Ces deux mesures alternatives du degré d'intégration économique font donc apparaître un degré d'intégration croissant mais le processus est encore loin d'être achevé. Le marché unique européen s'est en outre accompagné d'une montée en puissance du commerce intra-branche de qualité et d'un recul du commerce interbranche dans l'UE-15. Il existe donc bien un processus de spécialisation à l'œuvre mais celui-ci se fait à l'intérieur de chacune des branches d'activité sans nécessiter de vastes restructurations sectorielles comme certains le craignaient. Les grands pays du cœur de l'UE sont moins spécialisés que la moyenne.

*Les pays situés dans la périphérie sont plus spécialisés que la moyenne de l'UE-15.* Les nouveaux pays membres sont généralement spécialisés dans des industries intensives en ressources naturelles et en travail. Les nouveaux entrants parmi les plus avancés semblent se spécialiser sur des créneaux intensifs en facteur capital et à fort contenu technologique. L'intensification des liens commerciaux entre les PECO et les pays de l'UE-15 (qui s'accompagne d'une montée en puissance du commerce intra-branche) n'a pas empêché les flux commerciaux entre PECO de se réorganiser dès la moitié des années 1990 sur une base régionale. Il existe trois « sous-bassins » d'échange naturels : le « sous-bassin » balte formé de la Lituanie, de la Lettonie et de l'Estonie, le « sous-bassin » central avec la République tchèque, la Slovaquie, la Slovénie, la Hongrie et la Pologne, le « sous-bassin » balkanique, enfin, avec la Bulgarie et la Roumanie. Au sein de chacun de ces « sous-bassins », il apparaît que les échanges de biens intermédiaires (et non pas de biens finaux) sont plus intenses du fait de l'existence de complémentarités sectorielles dans les pays concernés qui présentent en outre des structures de production proches. Ces « effets bassins » s'accompagnent enfin d'une intensification du commerce intra-branche à l'intérieur des « sous-bassins ».

*Le processus d'intégration a aussi des implications en matière de répartition des activités économiques sur le territoire européen.* La nouvelle économie géographique (NEG) apporte un éclairage intéressant sur cette question. Les configurations spatiales plus ou moins polarisées sont le résultat de l'arbitrage entre quatre types d'éléments (1) les rendements d'échelle croissant, (2) la concurrence spatiale, (3) les coûts de transport et (4) les externalités positives. La baisse des coûts d'échange (et donc l'accroissement du degré d'intégration) renforce la polarisation des activités dans l'espace. Dans le modèle de type « cœur-périphérie » avec mobilité des travailleurs du secteur manufacturier, la relation entre agglomération et intégration est monotone. Tel n'est pas le cas quand les travailleurs sont immobiles et qu'on suppose l'existence d'externalités amont-aval entre entreprises. Des coûts d'échange très faibles (degré élevé d'intégration) peuvent conduire à un retour vers davantage de dispersion. Empiriquement, on observe que la géographie européenne est caractérisée par l'existence d'un cœur (la fameuse banane bleue) et d'une périphérie. On note une convergence en termes de revenu (ou de richesse) par tête entre pays européens (UE-12). Il n'existe pas en revanche de convergence régionale à l'intérieur des pays. Les secteurs de haute technologie sont plus concentrés que la moyenne mais la tendance est à la réduction de cette concentration. Les secteurs caractérisés par des rendements d'échelle croissants sont en moyenne plus concentrés que les autres. Enfin, l'impact des coûts d'échange (comme mesure du niveau d'intégration) sur le degré de concentration de l'activité économique n'est pas très clair.

*L'intégration européenne ne se réduit pas à une union économique. Elle comporte un volet monétaire.* Les travaux empiriques montrent que le fait d'appartenir à une union monétaire renforce (toutes choses égales par ailleurs) les échanges commerciaux entre pays. L'euro est depuis le 1^er^ janvier 1999, la monnaie unique d'un espace européen formé dans un premier temps de onze pays et de dix sept pays actuellement. Le processus d'intégration monétaire européen est associé au traité de Maastricht (1992). L'idée d'une unification monétaire européenne est pourtant plus ancienne : on l'a fait généralement remonter au rapport Werner (1970) qui inspirera vingt ans après le rapport Delors (1989) qui va servir lui-même de base à la rédaction du traité de Maastricht. Entre-temps, l'intégration monétaire a quand même avancé de façon peut-être moins ambitieuse certes mais avec le souci de stabiliser les taux de change entre pays européens (création du SME) alors même qu'un système de change flottant prévalait à l'échelle internationale. Le traité de Maastricht consacre le principe d'une monnaie unique au terme d'une période de transition qui doit voir la situation économique des pays candidats se rapprocher. La qualification pour l'euro suppose que les pays en question satisfassent à un certain nombre de critères de convergence (dit critères de Maastricht) concernant entre autre la stabilité des prix et le caractère soutenable des finances publiques. La zone euro se caractérise par la coexistence d'une politique monétaire unifiée confiée à une banque centrale indépendante et de douze politiques budgétaires qui restent du ressort des gouvernements nationaux. L'objectif principal assigné à la BCE est la stabilité des prix. La stratégie monétaire de la BCE fait l'objet de critiques alors même que celle-ci a apporté des clarifications en 2003.

*Il existe potentiellement un conflit d'objectifs entre la BCE et les gouvernements nationaux* dont la politique budgétaire peut avoir pour objectifs de stabiliser l'activité économique. Le *policy mix* européen repose sur l'affectation de la politique monétaire unifiée aux chocs symétriques en laissant la gestion des chocs asymétriques aux politiques budgétaires des États membres. La réalité est plus complexe car, même dans le cas de chocs symétriques, il peut subsister un conflit entre la stabilité des prix et le soutien de l'activité économique dans le cas de chocs d'offre. Enfin, la politique budgétaire des pays européens (et non pas seulement des pays de la zone euro) est encadrée par le Pacte de stabilité et de croissance (PSC) au motif qu'une union monétaire pourrait favoriser une dérive des finances publiques. La clause dite du no « *bail out* » (article 125 du Taité sur le fonctionnement de l'Union européenne qui interdit à l'Union et aux États de porter assistance à un pays ayant des difficultés financières) va dans le même sens. Le PSC a fait l'objet dès sa création de nombreuses critiques et la crise économique et financière actuelle souligne ses faiblesses. Les États-membres se sont d'ailleurs entendus en mars 2011 sur une nouvelle réforme du PSC qui est en discussion devant le parlement européen.

*La crise actuelle a eu pour effet de dégrader considérablement la situation des finances publiques des pays appartenant à la zone euro* alors même que le solde budgétaire des pays de la zone euro était légèrement déficitaire en 2007 (le solde public primaire, c'est-à-dire corrigé des charges d'intérêt sur la dette, étant même positif à cette date). Les pays européens ont réagi en menant des politiques budgétaires très restrictives à partir de 2010 avec le risque que de telles politiques ne se traduisent par une récession « généralisée » au sein de la zone euro. La crise actuelle a aussi conduit les européens à créer en 2010 un Fonds européen de stabilité financière (FESF) qui sera remplacé en juin 2012 par le Mécanisme européen de stabilité (MES) et dont l'objet est essentiellement de venir en aide aux pays qui connaissent des difficultés financières. Ceci s'est accompagné d'un train de mesures visant à réformer la gouvernance économique de la zone euro. Ces réformes ont pour objet de dépasser la seule question de la soutenabilité des finances publiques et s'intéressent aussi aux questions de compétitivité. Nous traitons ainsi d'une question qui a beaucoup fait couler d'encre ces deux dernières années : celle des performances de la France et de l'Allemagne en termes de compétitivité et de croissance au cours de la dernière décennie

*Le débat sur l'opportunité d'accroître la taille du budget européen reste un « éternel serpent de mer »*. Les pays ne sont pas prêts à abandonner davantage de souveraineté (en matière fiscale notamment). L'entrée de nouveaux États-membres en 2004 et 2007 a donc nécessité un redéploiement des fonds structurels vers ces pays dans un contexte où le budget européen ne devrait pas augmenter. Nous mettons l'accent sur l'efficacité des fonds structurels européens (et plus particulièrement de la politique de cohésion qui est devenue le premier poste du budget européen avant la politique agricole commune) dans un contexte où les inégalités entre pays semblent décroître mais où les inégalités régionales à l'intérieur des pays ne semblent pas se résorber).

*Enfin, le risque de voir se développer une concurrence fiscale entre « anciens » et « nouveaux » membres reste d'actualité.* Des travaux récents montrent que concurrence fiscale serait essentiellement interne aux anciens pays membres de l'UE dans le sens où les investissements directs vers les nouveaux membres ne seraient pas influencés par les écarts de fiscalité. Par ailleurs, la nouvelle économie géographique (NEG) nous apprend que l'intégration économique, quand elle progresse (ce qui va être le cas dans l'UE-25), renforce les phénomènes d'agglomération (tout au moins pour des coûts d'échange pas trop faibles). Cette agglomération permet aux pays du cœur de l'UE de bénéficier d'une rente qui leur permet de taxer plus fortement les activités économiques sans craindre les délocalisations.

## Références choisies

(*) Facile d'accès

(**) Pour aller plus loin

(**) Aghion, Ph., Cohen, E., Pisani-Ferry, J. (2006), *Politique économique et croissance*, Rapport du Conseil d'Analyse Économique, Paris, La Documentation Française. Un rapport complet sur la question du « décrochage » sur le plan économique de l'Europe par rapport aux États-Unis et sur les mesures susceptibles de réduire le fossé.

(*) Barthe, M.-A. (2011), *Économie de l'Union européenne*, Paris, Economica. Un ouvrage facile d'accès et à jour sur le marché unique européen, la zone euro, la gouvernance économique et la politique de cohésion économique et sociale.

(**) Bénassy-Quéré, A., Coeuré, B., Jacquet, P., Pisani-Ferry, J. (2007), *Politique économique*, Bruxelles, De Boeck. Un ouvrage pédagogique qui peut servir très utilement de support de cours pour les questions de politique économique.

(**) Didier, M., Bénassy-Quéré, A., Bransbourg, G., Henriot, A. (2008), *Politique de change de l'euro*, rapport du Conseil d'Analyse Économique, Paris, La Documentation Française. Un rapport complet sur la politique de change de la zone euro, sur les effets macroéconomiques et sectoriels des fluctuations de l'euro, sur la définition d'un taux de change d'équilibre de l'euro ou encore sur l'essor de l'euro comme monnaie de réserve.

(**) El-Agraa, A. (2007), *The European Union, economics and policies*, Prentice Hall, Pearson Education, 8e édition. Un ouvrage en langue anglaise très complet et très bien fait comportant plusieurs contributions d'auteurs reconnus sur l'économie et les politiques européennes.

(*) Fitoussi, J.-P., Le Cacheux, J., eds. (2010), *L'État de l'Union européenne*, Paris, Fayard/Presses de Sciences Po. De façon plus générale, le lecteur pourra se référer aux publications de l'Observatoire Français des Conjonctures Economiques (OFCE) qui traitent régulièrement des questions économiques européennes (http://www.ofce.sciences-po.fr/).

(**) Henserson, V., Thisse, J.-F., eds. (2004), *Handbook of Regional and Urban Economics*, Elsevier, North-Holland, volume IV. Un ouvrage plus difficile d'accès mais très complet qui permet de comprendre en profondeur les développements récents, tant sur le plan théorique qu'empirique, de la nouvelle économie géographique (NEG). Voir en particulier dans la troisième partie les développements consacrés à la géographie de l'Union européenne (mais aussi de la Chine et des États-Unis).

(**) Sterdyniak, H., ed. (2011), « Les finances publiques dans la crise », *Revue de l'OFCE*, n° 116, Paris. Une compilation d'articles qui permet de faire le point sur les effets de la crise économique et financière sur les finances publiques dans la zone euro et sur les voies de réformes institutionnelles possibles. Le lecteur trouvera dans ce recueil à la fois des données chiffrées très récentes et les résultats de travaux empiriques portant sur les questions budgétaires mais aussi des éléments méthodologiques très utiles.

6

# GLOBALISATION FINANCIÈRE : DE LA RÉALITÉ D'UN PHÉNOMÈNE À SES VERTUS ET DANGERS

## DÉBATS D'ACTUALITÉ

- Peut-on mesurer l'intégration financière internationale ?
- La globalisation financière signifie-t-elle une perte de souveraineté pour les États ?
- La globalisation financière améliore-t-elle le financement des économies nationales ?
- La globalisation financière rime-t-elle avec l'instabilité financière ?
- Les crises financières sont-elles devenues nécessairement internationales ?
- Quelles sont les particularités de la crise bancaire et financière qui a frappé les pays développés à partir de 2007 ?
- Comment réformer le système financier international ?
- Faut-il utiliser une taxe (de Tobin) sur les opérations de change à court terme ?
- Faut-il contrôler les mouvements de capitaux ?
- Comment réglementer les banques à l'échelle internationale ?
- Quel rôle pour le FMI après les crises financières des deux dernières décennies ?

### MOTS CLÉS

Système financier international – mesures de la globalisation financière – relation de parité des taux d'intérêt – approche de Felstein-Horioka – mouvements (de capitaux) – stock mondial d'actifs financiers – marché de capitaux internationaux – marché de changes – marchés dérivés – marchés financiers émergents – marché efficient – discipline des marchés financiers (sur les États) – instabilité financière – crise financière – crise bancaire – crise mexicaine – crise asiatique – crise argentine – indicateurs avancés des crises (monétaires) – bulles spéculatives – taxe de Tobin – contrôle des mouvements de capitaux – réforme du système financier international – réglementation internationale des banques – FMI – spéculation – arbitrage – couverture (de change) – déréglementation (du système financier) – décloisonnement (des marchés financiers) – marchéisation – diversification (des portefeuilles internationaux) – efficience informationnelle et allocative des marchés financiers

# INTRODUCTION

Début 1995, au plus fort de la crise mexicaine, Michel Camdessus déclarait : « Nous sommes entrés dans le cycle des grandes crises du XXIe siècle ». L'actualité récente semble confirmer les propos prémonitoires du directeur général du Fonds Monétaire International d'alors. En effet, à partir de l'été 1997, une crise financière débute en Thaïlande et se propage à l'ensemble des pays de l'Asie du Sud-Est avec son lot d'effondrements de monnaies, de krachs boursiers et de faillites bancaires. À la mi-août 1998, la Russie est entrée à son tour dans la tourmente, entraînant avec elle les pays émergents d'Asie, d'Amérique du Sud et d'Europe centrale. Fin 2001, l'Argentine a connu une crise monétaire et financière aiguë. Plus récemment encore, la crise financière mondiale de 2007-2009 nous a démontré que les crises financières ne se limitaient pas aux pays émergents ou en développement mais pouvaient toucher au cœur des économies des pays développés. L'ensemble de ces événements conduit à une première réflexion sur l'origine des crises financières : sont-elles provoquées par des mouvements de capitaux essentiellement spéculatifs, à l'échelle du monde, ou par des États n'ayant pas su prendre les mesures correctrices permettant d'éviter ces crises ? Toutefois, l'internationalisation du financement des économies ne peut pas se résumer aux crises financières. Elle doit être replacée dans un processus plus large d'intégration financière.

Ainsi, au début des années 1970, le mouvement d'intégration financière s'est effectué de manière indirecte, grâce au développement d'un marché financier « supranational » [1], indépendant des marchés financiers nationaux. Ce marché international des capitaux n'a cessé de se développer depuis. À compter du début des années 1980 et de la libéralisation financière des États-Unis, l'intégration financière progresse en répondant à une autre logique : elle correspond à un rapprochement direct des marchés financiers nationaux. Cette intégration financière est définie par Bourguinat (1999) comme « le processus de mise en communication, de plus en plus poussé, des marchés nationaux de capitaux qui conduit à un marché financier mondial en voie d'unification croissante » [2]. Dans cette perspective, la globalisation financière s'entend comme le stade ultime d'un processus d'intégration des marchés financiers nationaux.

Dans ces conditions, le phénomène de globalisation financière appelle un certain nombre d'interrogations. La première d'entre elles, qui est un préalable à toutes les autres, concerne la réalité même de ce phénomène. En effet, dans un contexte de

---

1 Le recyclage des excédents pétroliers (pétrodollars) dans les années 1970 a stimulé l'activité de ce marché « supranational », essentiellement un marché interbancaire où se créent et circulent des euro-devises. Il s'agissait d'un marché international de gros (montant élevé des transactions), autonome des marchés financiers nationaux (un marché « off shore ») dans la mesure où il visait principalement à en contourner les réglementations. Sur un tel marché, les banques, qui étaient déjà plusieurs milliers après le premier choc pétrolier, agissaient sans contrôle strict des autorités monétaires et leurs dépôts n'étaient pas soumis à réserves obligatoires. Pour plus de détails sur le sujet, voir l'encadré 6.1 ci-après sur les marchés de capitaux internationaux.

2 Bourguinat, H. (1999), *Finance internationale*, Paris, PUF, coll. « Thémis ».

mondialisation des économies, la globalisation, surtout financière, semble aller de soi. Pourtant, certaines études réalisées sur la question peinent à montrer que le degré d'intégration financière s'est accru au cours des trois dernières décennies. En revanche, ces travaux ont le mérite de montrer que la globalisation est un phénomène multiforme qui ne peut être appréhendé que sous différents angles d'analyse, chacun conduisant à privilégier une mesure particulière de l'intégration financière. Aussi, il est indispensable de dépasser une approche purement quantitative du phénomène pour nous interroger sur les ingrédients constitutifs de la globalisation financière et sur le fait de savoir s'ils sont à l'heure actuelle réunis (section 6.1).

Une seconde interrogation porte sur les effets escomptés de la création d'un marché financier global. Cette question renvoie au débat sur la libéralisation financière et au bien-fondé d'un système financier mondial dominé par les marchés financiers. Dans une perspective libérale, les avantages à en attendre résident dans l'amélioration de l'efficience allocative et informationnelle des marchés financiers, dans une meilleure diversification des portefeuilles internationaux et dans une discipline accrue des politiques menées par les États. Toutefois, la globalisation financière a contribué à promouvoir des mouvements de capitaux hautement spéculatifs. Dans ces conditions, la globalisation ne conduit-elle pas de manière inhérente à une instabilité financière dans la mesure où elle accentue l'interconnexion des marchés et, donc, les possibilités de propagation d'une crise financière d'une place à l'autre ? Elle porterait alors en elle les germes d'un risque systémique. Les crises financières qui ont frappé à la fois les pays émergents et les pays développés sont là pour nous rappeler l'acuité d'une telle question. Cela conduit enfin à nous interroger sur les moyens de prévenir et de traiter de telles turbulences (section 6.2).

# 6.1 LA GLOBALISATION FINANCIÈRE : QUELLE RÉALITÉ ?

La forte croissance des opérations financières, au cours de ces trente dernières années, semble attester que l'on s'achemine vers une forte intégration des marchés financiers nationaux. Pourtant, le degré d'intégration financière est difficile à mesurer et conduit, selon les approches retenues, à des résultats contradictoires, même si les dernières études convergent et concluent à une nette progression de l'intégration financière au cours des années 1990 et 2000. On ne peut pour autant affirmer que le stade de la globalisation financière, entendue comme une unification complète des marchés financiers nationaux, est en passe d'être atteint. En outre, la diversité des mesures de cette intégration renvoie au caractère polymorphe de la globalisation financière. Il est alors intéressant d'avoir recours à une analyse plus qualitative afin de déterminer les grandes caractéristiques d'une globalisation financière et de savoir si l'on peut les identifier à l'heure actuelle.

## 6.1.1 *La forte croissance des opérations financières internationales est un indicateur de l'accroissement de l'intégration financière internationale*

L'ampleur de l'intégration financière internationale peut être appréciée en observant le fort développement dans les pays développés (A) des mouvements de capitaux et du stock d'actifs financiers, (B) des opérations sur le marché international des capitaux, (C) des transactions sur le marché des changes et sur les marchés dérivés. On observe, en outre, ces dernières années, un phénomène de rattrapage pour les pays émergents (D).

### A. Le fort développement des opérations financières transfrontalières et du stock mondial d'actifs financiers

Comme l'indique la figure 6.1, les flux transfrontaliers annuels de capitaux (qui englobent les investissements de portefeuille – actions et obligations –, les titres de créances, les investissements directs étrangers et les dépôts et crédits bancaires) ont connu une montée en puissance depuis le début des années 1980. Ils ont ainsi doublé au cours des années 1980, pour ensuite être multipliés par cinq pendant la décennie 1990 et enfin connaître un doublement entre 2000 et 2007. L'année 2007 marque le record des opérations financières transfrontalières qui s'élèvent à 11 000 milliards de dollars (plus de 15 % du PIB mondial). La crise financière de 2008-2009 s'est traduite par une baisse brutale (de l'ordre de 85 %) de ces flux de capitaux transfrontaliers qui atteignent seulement 1600 milliards de dollars en 2009 (1900 milliards en 2008). 2010 témoigne d'une inversion de tendance et d'une reprise certaine de ces opérations financières qui atteignent 4400 milliards de dollars (8 % du PIB mondial), soit presque un triplement par rapport à 2009 (mais « seulement » 40 % par rapport au niveau record de 2007). Si cette tendance se confirme, ces flux reviendront à leur niveau de 2007 en 2011 ou 2012.

Comme l'illustre la figure 6.2, les chiffres précédents, portant sur des flux financiers transfrontaliers, sont confortés par ceux retraçant l'évolution du stock mondial d'actifs financiers depuis trente ans. Selon une étude du cabinet McKinsey (2011), le stock d'actifs financiers a été multiplié par plus de quatre entre 1980 (12 000 milliards de dollars, 109 % du PIB mondial) et 1990 (54 000 milliards, 260 % du PIB mondial). Entre 1990 et 2000, ce stock a été multiplié par deux pour atteindre en 2000 le montant de 114 000 milliards de dollars, soit 320 % du PIB mondial [3]. Il a continué à doubler au cours de la décennie 2000 pour atteindre 212 000 milliards en 2010 (356 % du PIB). Le stock d'actifs financiers a été logiquement affecté par la crise financière en passant de 200 000 milliards de dollars en 2007 à 175 000 milliards en 2008 pour revenir dès 2009 à son niveau de 2007. Ces chiffres montrent bien la forte croissance du stock mondial d'actifs financiers, ce dernier

3 « Mapping Global Financial Markets », *McKinsey Global Institute*, août 2011.

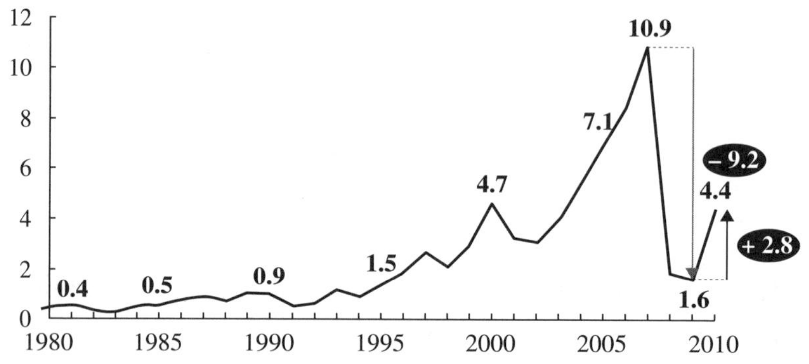


**Figure 6.1**
*Flux transfrontations mondiaux annuels de capitaux (entrants) 1980-2010, en milliers de milliards de dollars, en taux de change constant de 2010*

Source : McKinsey Global Institute, 2011.

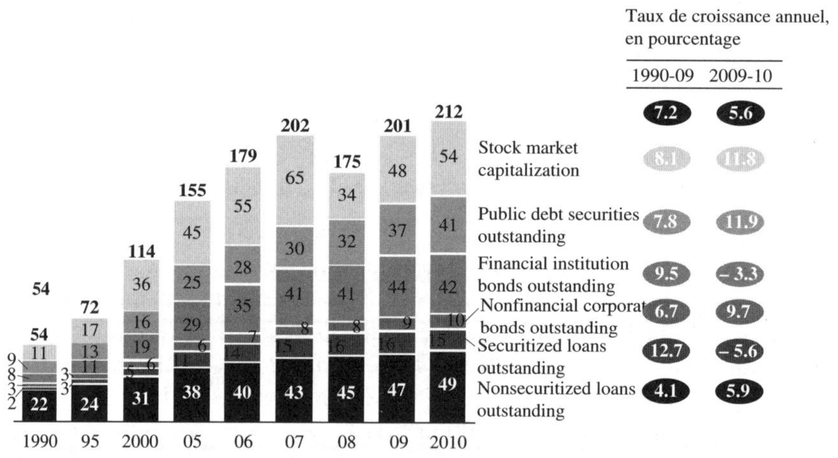


**Figure 6.2**
*Stock mondial d'actifs financiers, 1990-2010, en milliers de milliards de dollars en fin de période, en taux de change constant de 2010*

Source : McKinsey Global Institute, 2011.

comprenant une part grandissante d'actions et d'obligations privées ou publics (c'est-à-dire de titres financiers). En effet, les crédits internationaux (non titrisés) représentaient plus de 40 % du stock financier mondial en 1990 contre 27 % en 2000 et 23 % en 2010.

Au-delà de ces chiffres, il est intéressant de noter que ces actifs financiers sont de plus en plus détenus par des non-résidents. Ainsi, par exemple, à l'heure actuelle, les investisseurs étrangers détiennent 15 % des actions américaines, 25 % des obligations privées, 45 % des bons du Trésor américain contre respectivement 4 %, 1 % et 20 % en 1975.

## B. La montée en puissance des marchés de capitaux internationaux

Les marchés de capitaux internationaux sont nés dans les années 1950, avec le marché de l'« euro-dollar », pour connaître un essor significatif dans les années 1970 et une montée en puissance déterminante à compter des années 1980. Cela témoigne d'une autre facette du mouvement de globalisation financière, celle qui consiste non pas en un rapprochement des marchés de capitaux nationaux mais en un développement d'un marché « *off-shore* » ou « parallèle », dominé par les banques et où s'échangent de gros montants (marché de « gros »).

Ces marchés internationaux de capitaux se sont ainsi considérablement développés à compter du début des années 1980. Les flux échangés sur ces marchés ont été multipliés par dix depuis 1990 (645 milliards de dollars) et par 43 depuis 1983 (145 milliards) pour atteindre, en 2007, le montant de 6200 milliards de dollars. À cause de la crise financière, les années 2008 et 2009 ont connu un repli important avec un montant de financement annuel qui n'a guère dépassé 4 000 milliards de dollars (soit le niveau de 2005). Alors que l'année 2010 a marqué une reprise de l'activité financière de manière générale, le volume des transactions sur les marchés internationaux de capitaux est resté au même niveau que celui de 2008 et 2009.

Les crédits internationaux nets, avec les émissions nettes d'obligations et d'euro-effets à moyen terme, représentent plus des deux tiers des opérations en moyenne sur les vingt dernières années. Si les émissions d'obligations internationales et d'euro-effets représentent la principale source de financement depuis 1996, les crédits internationaux ont constitué les opérations les plus importantes jusqu'au milieu des années 1990 avec un montant de 700 milliards en 1995 (contre 520 milliards pour les obligations et euro-effets en brut, soit 280 milliards en net). Entre 1995 et 2007, les émissions d'obligations internationales et d'euro-effets ont été multipliées par dix pour atteindre 5 300 milliards brut en 2007 (2 800 milliards en net), contre une multiplication par quatre pour les crédits internationaux qui atteignent 2 800 milliards en 2007. À l'heure actuelle, les crédits internationaux représentent 25 % des financements internationaux contre plus de 50 % pour les obligations internationales. L'encadré 6.1 propose une présentation synthétique du système financier international et situe, en son sein, les marchés de capitaux internationaux ou euro-marchés dont une présentation succincte est proposée.

## ENCADRÉ 6.1

### *Le système financier international et les marchés internationaux de capitaux*

Nous proposons une définition systémique du système financier international. De manière générale, un système se définit comme un ensemble d'éléments en interaction. Ces éléments peuvent être regroupés en sous-systèmes. Par ailleurs, ce système peut être ouvert, finalisé et contrôlé.

Appliquons ce concept de système à la finance internationale et identifions :

- sa finalité ;
- ses éléments constitutifs ;
- les sous-systèmes que l'on peut isoler ;
- les modalités de contrôle du système.

### *Quel est l'objet du système financier international ?*

La finalité du système financier international est de permettre la réalisation d'échanges financiers entre opérateurs de nationalité différente (ou de résidence différente), c'est-à-dire de mettre en relation à l'échelle internationale des agents qui ont un besoin de financement et d'autres qui ont une capacité de financement et d'assurer ainsi l'équilibre épargne-investissement à l'échelle mondiale par le jeu des transferts internationaux de capitaux. Cependant, les opérations qui s'effectuent sur les marchés internationaux de capitaux ou euro-marchés ne s'adressent pas nécessairement à des opérateurs de nationalité différente. Les « euro-opérations » proviennent d'un désajustement entre le lieu où s'effectue l'opération et la monnaie dans laquelle celle-ci est libellée. Un dépôt en dollars effectué par une personne physique ou morale française dans une banque française ou installée en France est un euro-dollar.

### *Quels sont les éléments constitutifs du système financier international ?*

On peut considérer les éléments du système :

- comme des opérateurs qui se différencient par leur activité (les secteurs institutionnels de la comptabilité nationale, en insistant sur le secteur des institutions financières et des compagnies d'assurance) ;
- comme des sous-systèmes de marchés de produits financiers (plus ou moins intermédiés et organisés).

Selon la classification retenue par l'OCDE, les investisseurs institutionnels comprennent les fonds de pension, les organismes de placement collectif (OPCVM en France, *Mutual Funds* aux États-Unis, *Unit Trusts* au Royaume-Uni), les compagnies d'assurance, les fonds alternatifs ou non conventionnels (*hedge funds* – fonds spéculatifs –, les fonds de *Private Equity* – Capital risque et LBO –, les fonds souverains). Au-delà de ces investisseurs institutionnels, s'ajoutent d'autres investisseurs financiers : les établissements de crédit (banques essentiellement) et les entreprises d'investissement. Les entreprises d'investissement ont vocation à fournir des services d'investissement sur les marchés de capitaux, à savoir notamment l'exécution d'ordres pour le compte de tiers, la négociation pour compte propre, la gestion de portefeuille pour le compte de tiers, le placement (services rendus aussi par les banques). On estime ainsi le montant des actifs détenus par les 1000 plus grandes banques mondiales à plus de 100 000 milliards de

## ENCADRÉ 6.1 (suite)

dollars, 50 % de ces actifs étant détenus par des banques européennes. Enfin les États et les collectivités publiques qui n'ont pas un rôle de créancier mais d'emprunteur (étant donné leur déficit budgétaire à financer) jouent un rôle important.

Les investisseurs institutionnels se sont imposés comme des intervenants majeurs au côté des banques et des entreprises d'investissement. Ainsi, l'ensemble de ces investisseurs institutionnels gère 90 000 milliards de dollars fin 2010 (soit 115 % du PIB mondial, même niveau que 2007). Ce montant a quintuplé depuis le début des années 1990 et doublé depuis 2000. Le montant des actifs gérés par les *hedge funds* (fonds spéculatifs qui investissent de manière risquée des ressources partiellement empruntées) a été multiplié par plus de 60 depuis 1990 pour atteindre, fin 2010, 2000 milliards de dollars, ce qui ne représente tout de même que 2 % des actifs financiers détenus par les investisseurs institutionnels. Au-delà des fonds spéculatifs, on estime le montant des actifs détenus par l'ensemble des investisseurs institutionnels non conventionnels (alternatifs) à moins de 10 000 milliards de dollars (dont 4 000 milliards par des fonds souverains et 3 000 milliards par des fonds de *Private equity* qui investissent dans de jeunes entreprises innovantes ou rachètent des entreprises en s'endettant).

On remarquera que trois principaux investisseurs institutionnels, de taille semblable, émergent au niveau mondial : il s'agit des organismes de placements collectifs, des fonds de pension et des compagnies d'assurance qui gèrent respectivement, en 2010, 25 000 milliards de dollars, 30 000 milliards et 25 000 milliards. Cela étant, il existe des différences significatives entre pays. Les fonds de pension sont dominants ou importants aux États-Unis, au Royaume-Uni, au Pays-Bas et en Suisse. Les compagnies d'assurance ont un rôle dominant au Japon et en Allemagne. Leur place est importante au Royaume-Uni et en France. On notera l'importance des organismes de placement collectif en France et aux États-Unis. Leur rôle est secondaire dans les autres pays. En France, l'encours global des actifs gérés par les OPCVM a été multiplié par 15 entre 1985 et 2010, en passant de 100 milliards d'euros à 1 500 milliards d'euros.

Les investisseurs institutionnels américains exercent en la matière un leadership écrasant. Ces investisseurs possèdent 45 % des actifs financiers détenus dans la zone OCDE alors que les États-Unis contribuent pour 25 % au PIB de cette zone. Notons la place importante des investisseurs anglais (actifs détenus représentant 260 % du PIB anglais, 2$^{d}$ rang mondial, 8 % des actifs mondiaux) mais aussi français (170 % du PIB, 4$^{e}$ rang mondial juste après le Japon, 6 % des actifs mondiaux).

### *Les éléments du système comme des sous-systèmes de marchés de produits financiers (voir figure 6.9 en fin de chapitre)*

a) **Les systèmes financiers nationaux (finance directe et indirecte)**
   - finance indirecte : intermédiaires financiers (marché du crédit) ;
   - finance directe sur les marchés de capitaux :

- marché des valeurs mobilières ou marché financier (actions, obligations) ;
- marché monétaire (titres de créances négociables à court et moyen terme) ;
- marchés dérivés.

## ENCADRÉ 6.1 (suite)

**b) Les euro-marchés ou marchés de capitaux internationaux**

Les euro-marchés se caractérisent par le fait que les opérations de financement relèvent d'activités hors-frontières au sens où le support monétaire est indépendant de la nationalité du prêteur et de l'emprunteur. Il s'agit de marchés *off-shore*, de gros et fortement intermédiés :

- il est **off-shore**, car c'est un marché parallèle qui échappe aux réglementations nationales en vigueur. Les autorités monétaires n'apportent aucun contrôle strict. Seule la BRI exerce un suivi comptable (reporting) ;
- c'est un marché **de gros**, qui ne porte que sur des montants élevés. C'est ainsi un marché où l'on retrouvera des investisseurs institutionnels, des banques, des entreprises multinationales et des États ;
- il est **fortement intermédié**, car les grandes banques internationales y jouent un rôle déterminant, si bien que ce marché international constitue une forme hybride de système financier, entre finance directe et indirecte.

On distingue, au sein des marchés de capitaux internationaux, différents compartiments :

- le marché des euro-devises et des euro-crédits

C'est un marché où les banques (les euro-banques) offrent la possibilité de dépôts et de prêts en euro-devises, dans le cadre d'une intermédiation bancaire classique. Ces dépôts et ces prêts sont appelés respectivement des euro-dépôts et des euro-crédits. Un euro-crédit est un crédit, de montant élevé (en moyenne d'un milliard de dollars et jusqu'à 40 milliards de dollars), consenti en eurodevises, à moyen et long terme (généralement de 1 à 15 ans, en moyenne cinq ans) par un pool ou syndicat de banques (principe de la « syndication »). Les dépôts en eurodevises sont définis au sens strict comme des dépôts en devises dans une banque située à l'extérieur du pays d'émission de la devise considérée, quelle que soit la nationalité ou la résidence de l'auteur du dépôt et de la banque qui l'a accepté.

- le marché international des émissions

Les euro-banques n'accordent plus de prêts à partir de dépôts en euro-devises mais jouent un rôle d'intermédiaire financier en mettant en relation émetteurs et souscripteurs de titres. Elles constituent souvent un syndicat de banques qui s'engagent à placer mondialement les titres émis moyennant des commissions. Il existe plusieurs possibilités d'émissions syndiquées :

- les émissions de titres financiers appelés facilités d'émission à court-moyen terme ;
- les euro-obligations ;
- les euro-actions.

**c) Le marché des changes (cf. encadré 6.2)**

- C'est le marché où se rencontrent les offres et demandes de devises.

**d) Les marchés dérivés (cf. 6.4)**

Il s'agit de marchés dont l'objet premier est de proposer des produits financiers permettant de se couvrir contre les fluctuations de cours et de taux, qui surviennent sur des marchés au comptant. Cela étant, les marchés dérivés sont aussi des marchés spéculatifs dans la mesure où ils sont le lieu d'opérations à fort effet de levier (en particulier sur les marchés d'option).

**ENCADRÉ 6.1 (suite)**

***Intégration financière internationale et interaction des éléments du système***

Le processus d'intégration financière accroît l'interaction entre compartiments (ou sous-systèmes) du système financier international, jusqu'à un stade ultime appelé globalisation financière. D'où l'intérêt d'une présentation systémique de la finance internationale.

***Le contrôle du système***

Comme le système financier international est de plus en plus intégré, le risque de propagation d'un accident financier d'un compartiment à un autre et d'un opérateur à un autre est plus élevé. On parle d'effet domino et de risque de système, qui seront d'autant plus forts que l'opérateur défaillant est important.

D'où la nécessité (cf. 6.2.3) :

- de mettre en place des autorités de contrôle, au travers d'organisations professionnelles et d'autorités de tutelle ;
- d'une coopération entre autorités de tutelle nationales (au sein du comité de Bâle) ;
- d'une réglementation prudentielle des intermédiaires financiers, organisée au niveau international ;
- de mettre en place un contrôle des mouvements de capitaux (taxe de Tobin).

## C. Un marché des changes et des marchés dérivés en pleine expansion

Le processus d'intégration financière internationale est à l'origine du fort développement du marché des changes depuis le milieu des années 1980. Comme en témoigne le tableau 6.1, le volume journalier des opérations sur le marché des changes est passé de 500 milliards de dollars en 1989 à plus 1 500 milliards en 1998 pour atteindre 4 000 milliards en avril 2010 (pour les instruments traditionnels). On a assisté, cependant, à un retournement du marché entre 1998 et 2001, le volume journalier tombant à 1200 milliards en 2001, soit son niveau de 1995. *A contrario*, les transactions de change ont très fortement augmenté à partir de 2001 : accroissement de 50 % entre 2001 et 2004, de 70 % entre 2004 et 2007, et de 20 % entre 2007 et 2010 à cause du repli de 2009 (on est en 2010 à un même niveau que 2008).

L'encadré 6.2 présente le marché des changes (acteurs, organisation et produits) en fournissant un certain nombre de données chiffrées.

On notera la montée en puissance des instruments dérivés de change comme de taux, avec une prédominance des marchés de gré à gré pour les premiers et des marchés organisés pour les seconds depuis leur émergence au début des années 1980 (voir tableau 6.1 et 6.2). De manière générale, les marchés de produits dérivés sur actifs financiers (hors matières premières), négociés de gré à gré (*OTC*), repré-

**Tableau 6.1**
*Évolution du marché des changes entre 1989 et 2010*
*(moyenne quotidienne en milliards de dollars, en avril de chaque année)*

| Catégories | 1989 | 1992 | 1995 | 1998 | 2001 | 2004 |
|---|---|---|---|---|---|---|
| **A. Instruments au comptant et dérivés de change sur marché de gré à gré** | | | | | | |
| Transactions au comptant | 317 | 494 | 386 | 631 | 1 005 | 1 490 |
| Transactions à terme « sec » | 27 | 97 | 130 | 209 | 362 | 475 |
| Swaps cambistes | 190 | 546 | 656 | 954 | 1 714 | 1 765 |
| Swaps de devise | ind. | ind. | 7 | 21 | 31 | 43 |
| Options et autres produits | ind. | ind. | 60 | 119 | 212 | 207 |
| **Total des instruments de change de gré à gré** | **534** | **1 137** | **1 239** | **1 934** | **3 324** | **3 981** |
| Volume des transactions à taux de change constant (ceux d'avril 2010) | ind | ind. | 1 505 | 2 040 | 3 370 | 3 981 |
| **B. Instruments dérivés de change sur marché organisé** | **ind.** | **17** | **12** | **26** | **80** | **166** |

**Tableau 6.2**
*Volume des échanges sur les marchés dérivés de taux par instrument*
*(Moyenne quotidienne en avril, en milliards de dollars, en montant de notionnel)*

| Type d'instrument | 2001 | 2004 | 2007 | 2010 |
|---|---|---|---|---|
| ***A. Marchés dérivés de taux de gré à gré*** | | | | |
| – FRA | 129 | 233 | 258 | 601 |
| – Swaps | 331 | 621 | 1 210 | 1 275 |
| – Options et autres produits | 29 | 171 | 217 | 208 |
| ***Total (marchés de gré à gré)*** | **489** | **1 025** | **1 686** | **2 083** |
| ***Total à taux de change constant*** (ceux d'avril 2010) | **640** | **1 085** | **1 680** | **2 083** |
| ***B. Marchés dérivés de taux organisés*** | **2 188** | **4 524** | **6 099** | **8 142** |

sentent 80 % des échanges sur les marchés dérivés [4]. Remarquons que le tableau 6.1 fait non seulement apparaître les transactions de change au comptant mais aussi les produits dérivés de change avec les transactions à terme « sec », les swaps cambis-

4 La Banque des règlements internationaux (BRI) propose, depuis 1989, une enquête mondiale, tous les trois ans, sur les produits de change et sur les produits dérivés négociés de gré à gré. Cette enquête agrège les données obtenues auprès des banques centrales de 53 pays sur l'activité de leur place financière. En France, par exemple, cette enquête, menée par la banque de France, a concerné 40 établissements de crédits.

tes, les swaps de devise, les options et les dérivés de change sur marchés organisés. Ces produits dérivés représentent 65 % des transactions de change en 2010.

À titre d'exemple, on assiste sur les dix dernières années à une multiplication par trois du volume moyen quotidien des transactions sur dérivés de change et une multiplication par sept pour les instruments dérivés de taux. L'encadré 6.4 présente les marchés dérivés (typologie, fonctionnement des principaux produits dérivés).

### D. Les flux de capitaux en direction des pays émergents se sont largement intensifiés, tout en étant cycliques et en changeant de nature au cours du temps

La structure du financement externe des pays émergents s'est largement modifiée. On note à l'heure actuelle une très nette prépondérance des financements privés. En effet, alors que les fonds publics représentaient près des deux tiers des capitaux à long terme reçus par ces pays au milieu des années 1980, ils ne comptent plus aujourd'hui que pour 5 % du total. Au cours des années 1990, le montant des flux nets de capitaux privés a connu un caractère assez cyclique. La première moitié des années 1990 a connu une très forte augmentation de ces flux entrants de capitaux : après un niveau moyen de 25 milliards de dollars au cours des années 1980 et un montant de 40 milliards en 1990 (moins de 0,5 % du PIB), ces flux augmentent très fortement jusqu'en 1996 pour atteindre à cette date plus de 350 milliards de dollars (2,5 % du PIB). Au cours de la période 1990-1996, les flux nets de capitaux privés ont été ainsi cinq fois plus élevés qu'au cours des années 1980. Après une chute brutale en 1997, ces flux nets sont restés en dessous de la barre des 200 milliards pour connaître une reprise marquée à compter de 2003 (260 milliards) et atteindre en 2007 le montant historique de 1200 milliards de dollars (8 % du PIB). La crise financière de 2008-2009, en touchant violemment les pays développés, a fait chuter de 50 % ces flux entrants de capitaux qui se sont établis à niveau de 600 milliards de dollars. Les années 2010 et 2011 ont vu une nette reprise et ces flux s'établissent à un niveau de 1000 milliards de dollars (avec une prévision de 1100 milliards pour 2012 pour l'*Institute of International Finance*).

En ce qui concerne ces flux privés, on observe une diversification croissante des sources de financement des pays en voie de développement et une perte de vitesse, au cours des années 1990, des crédits bancaires au profit des titres financiers. Une des caractéristiques fondamentales des années 1990 est la croissance forte et régulière des investissements directs étrangers (IDE), même durant les périodes de crise. Ainsi, les IDE entrants, qui constituent la principale source de financement externe des pays émergents, sont passés de moins de 20 milliards de dollars en 1990 à 150 milliards en 2000 et à 500 milliards en 2007. Il est à noter cependant que ces IDE ont profité à quelques pays comme le Brésil, la Chine, la République tchèque, l'Inde et le Mexique qui ont bénéficié de plus de 50 % des IDE en direction des pays émergents. Les investissements de portefeuille constituent pour les pays émergents la seconde source de financement, en importance, entre 1990 et 2002, mais aussi la plus volatile. La troisième source de financement, constituée par les prêts bancaires internationaux, s'est très fortement contractée à compter de la crise asiatique, suite notamment au retrait des banques japonaises. Cependant, depuis 2002, les crédits internationaux émanant de banques ou d'établissement financiers non bancaires ont connu un essor considérable pour représenter, en 2007, 40 % des flux nets de capitaux privés à destination des pays émergents. Alors qu'au cours de la crise de 2008-2009 les investissements directs ont représenté plus de 60 % des flux entrants de capitaux privés, on assiste depuis 2010 à un retour en force des investissements de portefeuille (490 milliards de dollars, 50 % des flux). Les investissements directs reviennent à leur niveau d'avant crise en représentant 35 % des flux, soit 360 milliards en 2010. Les crédits bancaires (162 milliards, 15 % des flux) se renforcent par rapport à 2008-2009 mais n'atteignent pas encore leur niveau d'avant crise.

Il est enfin à noter que les pays émergents sont depuis 1999 exportateurs nets de capitaux. Les flux sortants de capitaux privés sont passés de 250 milliards en 2000 à 650 milliards en 2010 (le même montant est prévu en 2011 et 2012 par l'*Institute of International Finance*).

## ENCADRÉ 6.2

### *Les marchés de change – Acteurs, organisation et produits –*

Le marché des changes peut être défini comme le marché sur lequel s'échangent les devises de l'ensemble des économies à monnaie convertible. L'expansion du commerce mondial depuis 1945 et l'intensification des mouvements internationaux de capitaux ont induit un accroissement considérable de l'activité sur le marché des changes.

Mais c'est dans la financiarisation des échanges internationaux qu'il faut chercher les raisons de l'expansion du marché des changes depuis le début des années 1980, marché sur lequel il s'échange actuellement 4 000 milliards de dollars par jour (BRI). L'activité quotidienne sur les marchés des changes représente d'ailleurs plus de 70 fois le volume journalier du commerce mondial de biens et services.

Ainsi, seulement 5 % des opérations de change sont dues au commerce international, 15 % aux mouvements de capitaux. En fait, ces opérations autonomes (exportations, importations, investissement direct ou de portefeuille, etc.) donnent lieu à une chaîne d'opérations induites. Tout d'abord, ces opérations induites correspondent à des opérations de couverture à terme que réalisent les banques pour le compte de leurs clients ou pour leur propre compte. Ensuite, les banques réalisent des opérations d'arbitrages ou encore spéculatives dans le cadre de la gestion de leur position de change.

Par conséquent, le marché des changes, où 40 % des transactions sont interbancaires, connaît une relative autonomie par rapport au secteur réel et se situe au cœur du système financier international même si, au sein de ce dernier, il fonctionne aussi de manière autocentrée (voir le schéma synthétique 6.9 du système financier international en fin de chapitre).

Afin de présenter le fonctionnement du marché des changes, nous présentons successivement la règle des trois unités, les acteurs et, enfin, les différents marchés de change et leur importance relative.

## ENCADRÉ 6.2 (suite)

### *La règle des trois unités*

Nous reprendrons ici la parabole de la « règle des trois unités » (Bourguinat, 1999) chère au théâtre classique.

- **l'unité de temps** : le marché des changes fonctionne 24 h sur 24 grâce à de grandes banques internationales (une vingtaine) qui communiquent avec leurs contreparties par téléphone, fax ou systèmes de communication informatisés.
- **l'unité de lieu** : le marché des changes prend la forme d'un réseau organisé à l'échelle du monde entier, mais de manière fortement décentralisée. Cela a été rendu possible grâce au développement de plateformes de négociation électronique --courtage électronique-- (systèmes Reuters et EBS) qui représentent à l'heure actuelle plus de 90 % du négoce interbancaire. La diffusion planétaire de l'information financière s'effectue par le biais d'agences telles que Reuters et Bloomberg.
- **l'unité d'opérations et d'acteurs** : on trouve partout les mêmes procédés (tables de change, technologies informatiques) et les mêmes produits (comptant, « terme sec », swaps,...). Les acteurs du marché (banques, courtiers) sont aussi de même nature, même si les courtiers sont plus nombreux sur les places financières anglo-saxonnes qu'en France par exemple. On notera un rôle accru des investisseurs institutionnels.

### *Les principaux participants*

On distingue trois principales catégories de participants qui animent ce marché :

- **les banques commerciales ou d'affaires et les maisons de titres – *securities houses* – (courtiers déclarants ou *reporting dealers* au sens de la BRI)** : elles interviennent sur le marché par l'intermédiaire de leurs cambistes, dans leurs salles de marché. Ces cambistes sont de deux types :
  - les **traders**, qui sont des ***market makers***, des « teneurs de marché », qui traitent sur le marché interbancaire, directement avec les banques contrepartistes ou par l'intermédiaire de courtiers ;
  - les **cambistes clientèle**, ou **sales (ou dealers)**, qui sont des vendeurs chargés de répondre à la demande des clients de la banque.
- **les courtiers ou brokers** : il s'agit d'intermédiaires actifs du marché des changes. Ils centralisent les ordres d'achat et de vente des devises de plusieurs banques. Moyennant rémunération (commissions), ils mettent donc en contact des banques et donnent l'information des cours auxquels s'achètent et se vendent les devises en respectant l'anonymat des institutions acheteuses et vendeuses de ces devises. Le cas échéant, ils serviront de contrepartie à l'achat ou à la vente, mais ne prendront pas de position de change. Avec le développement du courtage électronique au cours des années 1990, ces courtiers « traditionnels » sont dorénavant très peu nombreux et représentent une part faible du marché (10 % du marché actuellement contre 50 % dans les années 1980). Ces systèmes électroniques (Reuters et EBS) sont rapides et fiables. Un prix peut changer plus de vingt fois par minute et certains jours actifs, une cotation a pu voir

**ENCADRÉ 6.2 (suite)**

son prix changer plus de 18 000 fois dans la même journée ! Ils offrent en outre le même degré de confidentialité qu'un courtier « physique ».

- **les autres intervenants directs** : on assiste à une diversification des contreparties des grandes banques internationales (institutions financières déclarantes ou courtiers déclarants), le marché des changes ne se limitant plus à un marché interbancaire. Ces autres intervenants sont : **a) les « autres institutions financières »** au sens de la BRI, à savoir des banques de plus petite taille, les investisseurs institutionnels, les filiales financières de grandes entreprises et enfin les banques centrales (que nous traiterons à part dans la section suivante). Actuellement, 50 % des transactions des courtiers déclarants ont lieu avec ces intervenants contre 20 % en 1998. **b) la « clientèle non financière »,** à savoir les grandes entreprises non financières et les États (15 % des transactions, stable sur les dix dernières années). Certaines de ces entreprises, le plus souvent multinationales, ont créé leur propre salle de marché dans des filiales financières afin de pouvoir intervenir directement sur le marché pour leur propre compte.
- **les banques centrales** : elles interviennent essentiellement sur le marché des changes au comptant afin d'influer sur la valeur internationale de leur monnaie domestique dans le cadre d'une politique de change. Pour cela, les banques centrales mobilisent leurs réserves de change en achetant ou en vendant certaines devises contre la monnaie nationale selon qu'elles souhaitent que cette dernière se déprécie ou s'apprécie (loi de l'offre et de la demande). On peut douter de l'efficacité directe de ces interventions lorsque l'on compare le volume journalier des transactions de change (de l'ordre de 4 000 milliards de dollars) au montant des réserves en devises des pays industriels (6 000 milliards de dollars fin 2007, 8 000 milliards en mai 2010), mais aussi au volume moyen des interventions journalières des principales banques centrales sur le marché des changes (2,5 milliards de dollars en 2007). Cependant, ces interventions peuvent devenir efficaces si certaines conditions sont remplies (Dominguez et Frankel, 1993) :
  - la réussite de l'intervention repose sur les doutes du marché quant à la véritable valeur d'une monnaie ; le marché accepte alors d'être guidé par les autorités monétaires ;
  - les toutes premières interventions sont décisives, surtout lorsqu'elles sont soudaines (effet de surprise) ;
  - les interventions seront d'autant plus efficaces qu'elles s'effectuent de manière concertée au niveau international. La participation à cet égard de la FED (et maintenant de la BCE) est primordiale ;
  - l'action des interventions porte essentiellement sur les anticipations des opérateurs, anticipations qui fondent leurs décisions et donc la manière dont les cours de change seront affectés (efficacité indirecte).

### *Les différents « marchés » d'instruments de change*

En retenant la classification de la BRI, on distingue les instruments traditionnels du marché des changes des autres instruments dérivés de change. Notons que les instruments traditionnels comprennent déjà des opérations dérivées du marché des changes au comptant.

## ENCADRÉ 6.2 (suite)

a) Les marchés d'instruments traditionnels

Il existe trois principaux marchés **d'instruments traditionnels** :

- **le marché des changes au comptant** : c'est le marché où la livraison des devises s'effectue dans les 48 h ouvrées (quasi-simultanéité entre l'accord sur une transaction de change et sa réalisation) ;
- **le marché des changes à terme « sec »** : c'est le marché où la livraison des devises s'effectue à plus de 48 h ouvrées ;
- **le marché des swaps cambistes** : le swap cambiste correspond à une transaction financière dans laquelle deux parties s'engagent à échanger des devises aujourd'hui, par exemple des euros, contre des dollars au cours de change au comptant et à échanger les mêmes devises à l'échéance du contrat (généralement inférieure à un an). Ces swaps cambistes sont donc la combinaison d'une opération de change au comptant et d'une opération de change à terme. Elles ont lieu sur le marché interbancaire des changes et permettent aux banques de se couvrir à terme pour une échéance courte (inférieure à 7 jours dans 75 % des cas). Il s'agit là d'un point qui les différencie des swaps de devises qui sont conclus pour des échéances à moyen et long terme.

b) Les marchés d'instruments dérivés de change

Concernant **les instruments dérivés de change**, on distingue ceux qui s'utilisent sur des marchés de gré à gré de ceux que l'on trouve sur des marchés organisés :

- sur les marchés de gré à gré, s'échangent essentiellement des swaps de devises et des options (contrats à terme conditionnel) ;
- sur ceux organisés, s'échangent des contrats standardisés à terme ferme (marché des « futures » sur change) et des contrats standardisés à terme conditionnel (options).

En avril 2010, les marchés de changes de gré à gré (OTC) ont été le lieu de transactions journalières d'un montant moyen de 4 000 milliards de dollars (les marchés organisés seulement de 170 milliards). 95 % des transactions s'effectuent sur les marchés « traditionnels » (3 700 milliards). De manière générale, 40 % des transactions de change sont au comptant, 60 % étant donc des opérations dérivées de ce marché au comptant.

À l'heure actuelle, concernant les instruments traditionnels, 40 % des transactions sont au comptant, 15 % s'effectuent sur le marché à terme « sec » et 45 % sur le marché des swaps cambistes. Une tendance de fond se dessine depuis le premier recensement de 1989 : on observe une baisse très significative des opérations au comptant, qui représentaient 50 % des opérations sur « les marchés traditionnels » en 1989 et une forte progression des swaps cambistes (30 % des transactions en 1989 contre 45 % aujourd'hui). Concernant les autres instruments dérivés sur marché de gré à gré, le marché le plus actif est celui des options (montant journalier des transactions cinq fois plus élevé que celui des swaps de devises). Enfin, les instruments dérivés de marchés organisés sont encore peu développés par rapport à ceux de gré à gré, avec un montant quotidien des échanges 25 fois moindre (soit un volume d'échanges, en montant du notionnel, de 170 milliards de dollars). Le tableau 6.2 propose des chiffres plus détaillés sur différents instruments de change.

### 6.1.2 *Les outils de l'analyse économique mesurent difficilement la globalisation financière et conduisent à des résultats plus nuancés* [5]

Le caractère multiforme de la globalisation financière prend tout son sens lorsque l'on essaie de mesurer le degré d'intégration financière internationale. Chacune des mesures renvoie à une approche différente du processus d'intégration financière. Mais rappelons que, dans tous les cas, le degré d'intégration ne peut s'apprécier qu'en tendance.

La première approche repose sur la loi « du prix unique » qui signifie que des actifs identiques doivent s'échanger au même prix dans des pays différents. La seconde mesure le degré d'ouverture financière à la part du financement de l'investissement productif national qui revient à l'épargne étrangère. Si le premier type de mesures conclut à une forte unification financière au cours de ces trente dernières années, les résultats obtenus dans le cadre de la seconde approche laissent l'économiste plus circonspect.

#### A. L'approche par la « loi du prix unique » conclut à une forte intégration des marchés financiers

La « loi du prix unique », construite initialement pour les marchés de biens et services, a été utilisée par la suite comme indicateur d'une intégration parfaite des marchés de capitaux. Compte tenu des conditions très fortes qui la fondent, elle est considérée comme un idéal-type par les économistes même si elle a connu par la suite un certain nombre d'amendements visant à la rapprocher de la réalité (encadré 6.3). Appliquée aux marchés financiers, la loi du prix unique est alors représentée par *la relation de parité des taux d'intérêt couverte en change* et dans une version encore plus forte par *la relation de parité des taux d'intérêt non couverte*. Alors que la première est particulièrement bien vérifiée par les études empiriques, il en va tout autrement pour la seconde.

■ **Une loi du prix unique pour les marchés financiers : les relations de parité des taux d'intérêt couverte et non couverte.** Dès 1923, J. M. Keynes s'était intéressé à cette loi centrale d'équilibre des marchés financiers dans son *Essai sur la réforme monétaire* (*Tract on Monetary Reform*). Dans cette perspective, l'intégration parfaite des marchés financiers nationaux est supposée réalisée lorsque la relation de parité des taux d'intérêt est respectée. Cette dernière indique que des actifs financiers de pays différents, dont les caractéristiques sont identiques (même échéance, même liquidité,

---

5 Il ne s'agit pas ici d'une présentation exhaustive des manières de mesurer l'intégration financière. Le lecteur intéressé pourra se référer à l'article très complet de Goldstein et Mussa (1993), « The integration of world capital markets », *IMF Working papers*, WP/93/95. Pour une vision très synthétique, voir Allegret (1997), encadré p. 165. Notons qu'une des approches non présentées ici étudie la corrélation des mouvements de prix des actions entre pays à travers leur indice boursier. On observe que les corrélations entre pays industrialisés sont faibles et ne s'accroissent pas de manière significative depuis les vingt dernières années.

## ENCADRÉ 6.3

### *Loi « du prix unique » et degré d'intégration des marchés de biens et services*

La loi du prix unique signifie que des biens qui présentent des caractéristiques identiques doivent s'échanger au même prix dans des pays différents, une fois que ceux-ci ont été exprimés dans la même unité monétaire. Cette loi est valide sous des conditions bien précises que semblent bien difficilement remplir nos économies réelles :

- $H_1$ : les biens dans les pays doivent être parfaitement substituables.
- $H_2$ : les agents économiques ont libre accès aux marchés étrangers dans lesquels les prix sont parfaitement flexibles[6] (concurrence pure et parfaite), sans coûts de transport ni de transaction.

Toute déviation par rapport au prix unique sur un des marchés nationaux ne peut persister dans la mesure où les conditions précédentes assurent que les marchés seront parfaitement arbitrés. En effet, une différence de prix entre deux marchés domestiques implique qu'il existe une opportunité d'arbitrage, c'est-à-dire la possibilité de réaliser un gain certain. Les arbitragistes achètent le produit sur le marché le moins cher pour le revendre sur celui où son prix est plus élevé, faisant ainsi augmenter son prix sur le premier marché et diminuer sur le second. Ces opérations d'arbitrage durent jusqu'à ce qu'il n'y ait plus d'opportunités de profit, c'est-à-dire jusqu'à ce que le prix de chaque produit soit identique sur les deux marchés. On comprend bien alors que le prix unique est un prix d'équilibre fortement stable.

Lorsque la loi du prix unique est vérifiée sur l'ensemble des marchés nationaux dans lesquels s'échange un même produit, on parle d'une **intégration parfaite de ces marchés**.

On passe à une version affaiblie de la loi du prix unique lorsqu'on lève une de ces hypothèses en supposant l'**existence de coûts de transfert**. Ces derniers comprennent des éléments assez disparates : coût de transport, de courtage, d'assurance, commissions. La prise en compte de ces coûts conduit à élargir l'espace des prix dans lequel il n'existe plus d'opportunités d'arbitrage. Cette loi sera alors qualifiée de « bande de prix uniques ». L'idée est que des opérations d'arbitrage interviendront à partir du moment où le gain lié à l'écart de prix par rapport au prix unique dépasse les coûts de réalisation de cette opération (coûts de transfert).

Enfin, on passe à un degré encore plus faible de l'intégration, dite alors **imparfaite**, lorsque seules des conditions d'élasticités prix-croisés positives sont respectées. De manière générale, le calcul d'élasticité prix-croisés vise à mesurer la sensibilité de la demande d'un bien au prix d'un autre bien. Ici, il s'agira de mesurer le sens et le niveau du pourcentage de variation de la demande d'un bien domestique suite à une variation relative marginale du prix de ce même bien sur un marché étranger. Pour que l'on puisse parler d'intégration de ces marchés, il faut que l'élasticité prix-croisés soit tout d'abord positive. Cela traduit simplement le fait qu'une hausse du prix d'un produit étranger similaire rend le produit domestique plus attractif et donc sa demande plus élevée. Ensuite, le marché sera d'autant plus intégré, et les biens de bons substituts, que la valeur de l'élasticité sera elle-même élevée. Notons qu'une faible élasticité-prix rend compte, de manière indirecte, du fait que les produits sont différenciés et la concurrence essentiellement hors-prix. Ce phénomène va à l'encontre d'un processus de standardisation des produits, nécessaire à l'unification des marchés.

---

6 Cette flexibilité parfaite (instantanée) des prix n'est plus une obligation à partir du moment où les taux de change connaissent une telle flexibilité. Dans ce cas, l'arbitrage s'effectue sur le taux de change.

même niveau de risque) seront rémunérés au même taux d'intérêt, au cours de change près. Il existe deux versions de cette relation de parité : l'une est dite couverte en change et l'autre non couverte.

■ Illustrons tout d'abord la relation de **parité des taux d'intérêt couverte (PTIC)** à travers l'exemple suivant [7]. On s'intéresse à un opérateur-arbitragiste qui emprunte à échéance de trois mois une somme X (un million de dollars) sur le marché monétaire américain au taux $i_{us}$ (taux trimestriel) : il devra rembourser dans trois mois la somme exprimée en dollars : $P_{us} = X.(1 + i_{us})$. Cet opérateur place immédiatement la somme empruntée (X) sur le marché européen au taux, $i_{eur}$, à échéance trois mois (taux trimestriel).

Soit, S, le cours de change au comptant (*Spot exchange rate*) EUR/USD et, F, le cours de change à terme (*Forward exchange rate*) trois mois EUR/USD. L'opérateur recevra dans trois mois de son placement européen la somme suivante (libellée en dollars) : $P_{eur} = X.(1 + i_{eur}).F/S$.

En cas d'absence d'opportunité d'arbitrage, l'opérateur effectue une opération blanche et l'on peut écrire la relation d'équilibre suivante :

$$P_{us} = P_{eur} \Leftrightarrow X\,(1+ i_{us}) = X.(1 + i_{eur}).F/S \Leftrightarrow (1+ i_{us}) / (1 + i_{eur}) = F/S$$

De manière approchée, il est possible d'écrire :

$$i_{us} - i_{eur}\ (\Delta\ i) \cong \frac{F - S}{S}\ (\Delta\ F)$$

Avec Δ F, taux de report/déport.

Si une telle égalité n'était pas vérifiée ($P_{us} < P_{eur}$), en opérant de la sorte, notre arbitragiste (et il ne serait pas le seul) contribuerait à faire augmenter le taux d'intérêt sur le marché américain et à le faire baisser sur le marché européen, et à apprécier au comptant l'euro et à le déprécier à terme-3 mois, rendant moins profitables les opérations d'arbitrage ultérieures [8]. D'où la nécessité d'intervenir le plus rapidement possible lorsque l'on perçoit une telle opportunité qui consiste à réaliser un gain certain lié à une incohérence de cours ou de taux. Les opérations d'arbitrage menées à leur terme conduisent à rendre cohérents les taux d'intérêts nationaux et étrangers, le cours au comptant et à terme des monnaies. Lorsque cette cohérence est rétablie, il n'existe plus d'opportunités d'arbitrage et la relation de parité des taux d'intérêt cou-

7 Cet exemple est facilement généralisable.

8 Les mouvements de prix, provoqués par les opérations d'arbitrage sur les différents marchés mentionnés, résultent du simple jeu de la loi « de l'offre et de la demande ». Elle s'applique ici à quatre marchés. Les deux premiers sont les marchés monétaires européen et américain. Les deux autres marchés correspondent au marché au comptant euro contre dollar, et au marché à terme trois mois euro contre dollar. Sur le marché monétaire, un emprunt (prêt) correspond à une demande (offre) de fonds prêtables et fait donc augmenter (baisser) le taux d'intérêt (coût de l'emprunt).

verte est vérifiée. On comprend alors le rôle ambivalent des opérations d'arbitrage : moyen de réaliser un gain rapide et sans risque (« de l'argent facile » !) mais aussi de rendre cohérents les prix et permettre ainsi le bon fonctionnement d'une économie de marché.

Se pose maintenant la question de savoir comment déceler une opportunité d'arbitrage et comment faire pour en profiter. Cela ne consiste pas nécessairement à emprunter sur le marché où le taux d'intérêt est le plus faible et à prêter sur celui où il est le plus élevé. Il faut aussi tenir compte du fait que l'on a intérêt à emprunter (par exemple aux États-Unis) dans la monnaie qui est forte au comptant et faible à terme (le dollar, S faible – EUR/USD –) car sa conversion au comptant permettra d'obtenir une contre-valeur importante en euros qui sera placée (sur le marché européen). Le fruit du placement sera, à l'échéance, converti en dollars au cours de change à terme et il est donc préférable que le dollar soit faible et donc l'euro fort à terme (F élevé).

Soit $\Delta i = i_{us} - i_{eur}$ (différentiel d'intérêt) et $\Delta F = F - S / S$ (taux de report -$\Delta F > 0$- ou de déport -$\Delta F < 0$-), OA (opportunité d'arbitrage).

$\Delta i > 0 \Rightarrow i_{us} > i_{eur}$ ; $\Delta F > 0 \Rightarrow F > S$

On peut distinguer trois cas possibles.

1. Si $\Delta i$ et $\Delta F$ sont de signe opposé :
   - Si $\Delta i < 0$ et $\Delta F > 0 \Rightarrow$ OA (on place en Europe, on emprunte aux États-Unis)
   - Si $\Delta i > 0$ et $\Delta F < 0 \Rightarrow$ OA (on place aux États-Unis)

   On gagne ici sur « les deux tableaux », c'est-à-dire sur le différentiel d'intérêt et sur la différence entre le cours de change au comptant et à terme (c'est rare !).
2. Si $\Delta i$ et $\Delta F$ sont de même signe et différents :
   - Si $\Delta i < 0$ et $\Delta F < 0$
     - Si $|\Delta i| > |\Delta F| \Rightarrow$ OA (on place en Europe)
     - Si $|\Delta i| < |\Delta F| \Rightarrow$ OA (on place aux États-Unis)
   - Si $\Delta i > 0$ et $\Delta F > 0$
     - Si $\Delta i > \Delta F \Rightarrow$ OA (on place aux États-Unis)
     - Si $\Delta i < \Delta F \Rightarrow$ OA (on place en Europe)

   On gagne sur « un seul tableau » (mais on gagne tout de même !).
3. On perd « à tous les coups » lorsque : $\Delta i = \Delta F$ (condition d'absence d'opportunité d'arbitrage).

Précisons que lorsqu'un gain est réalisé, ce dernier doit être supérieur au coût de mise en œuvre de l'opération pour que cette dernière soit véritablement rentable.

Lorsque la relation de PTIC est vérifiée, un différentiel d'intérêt favorable au pays étranger ($i_{us} > i_{eur}$) implique que la monnaie nationale (euro) cote un report par rapport à la devise (dollar). Dans le cas contraire ($i_{us} < i_{eur}$), la monnaie nationale sera nécessairement en déport par rapport à la devise.

■ **La PTINC (Parité des taux d'intérêt non couverte)** s'établit de la même manière à la différence près que l'investisseur ne se couvre plus contre le risque de change mais anticipe le cours au comptant qui prévaudra à terme. Dans son rôle d'arbitragiste, il opère maintenant aussi comme un spéculateur. Dans notre exemple, il choisira de spéculer et d'anticiper le cours de change EUR/USD qui prévaudra dans trois mois. Le gain qu'il est susceptible de réaliser n'est plus certain, comme dans une opération d'arbitrage. En effet, comme la réalisation de ce gain repose sur l'anticipation de la valeur d'une variable dans l'avenir, il devient aléatoire (et donc risqué). Si le différentiel d'intérêt entre le pays étranger (États-Unis) et le pays domestique (France) est favorable au premier, les spéculateurs, anticipant un taux de dépréciation suffisant de la monnaie nationale (euro) entre le moment où l'opération se décide et où elle s'achève, effectueront les transactions financières suivantes : (1) ils emprunteront sur le marché européen, (2) convertiront la somme en dollars (ce qui contribue à déprécier la monnaie nationale) au cours au comptant (3) pour prêter sur le marché américain à trois mois. À terme, ils pensent vendre leurs dollars au cours au comptant qu'ils ont anticipé trois mois auparavant, avec une possibilité d'erreur et c'est en cela que le pari est risqué. Le raisonnement suppose que tous les spéculateurs font la même anticipation du cours au comptant qui prévaudra dans trois mois.

À anticipations inchangées, ce type d'opération spéculative élimine toute possibilité de gain et rétablit la PTINC qui s'écrit ainsi :

$$i_{us} - i_f \cong \frac{E_t(S_{t+1}) - S_t}{S_t}$$

où $E_t(S_{t+1})$ est la valeur anticipée en t du cours de change en t+1 et $S_t$ sa valeur en t.

De la même manière que pour la PTIC, un creusement du différentiel d'intérêt entre le pays étranger et domestique conduit à un accroissement de l'appréciation de la monnaie domestique.

Enfin, remarquons que les opérations, qui permettent à cette relation de PTINC d'être établie, sont de nature hybride. En effet, elles sont non seulement spéculatives car le profit attendu est risqué mais elles sont aussi des opérations d'arbitrage car elles conduisent à profiter d'une opportunité de profit et à rétablir une relation d'équilibre sur les marchés financiers en les arbitrant.

■ **Les vérifications empiriques confirment une baisse des coûts de transfert**. On peut s'attendre à ce que la loi du prix unique pour les marchés financiers, représentée par la relation de parité des taux d'intérêt, soit mieux vérifiée que celle sur les marchés de biens et services. En effet, les actifs financiers se déplacent plus aisément, surtout pour les pays industrialisés (cf. figure 6.3), sur un support le plus souvent immatériel avec le développement de l'échange de données informatisées (EDI). Ainsi, la réalisation d'une transaction est pratiquement instantanée et peu coûteuse étant donné la baisse fulgurante des coûts de communication qui sont à des niveaux très bas depuis le début des années 1990 (cf. figure 6.4). L'information y est fluide car communiquée par des grandes agences d'information telles que Reuters ou Bloomberg. Les coûts d'obtention de l'information semblent

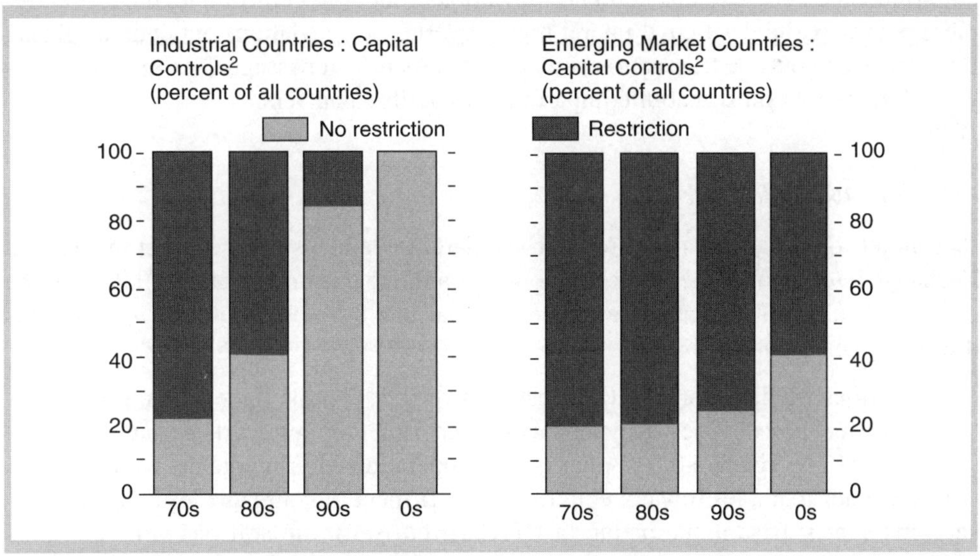


**Figure 6.3**
***Le contrôle des mouvements de capitaux dans les pays industrialisés et dans les pays émergents***

Source : « Globalization and external Imbalances », *World Economic outlook*, April 2005.

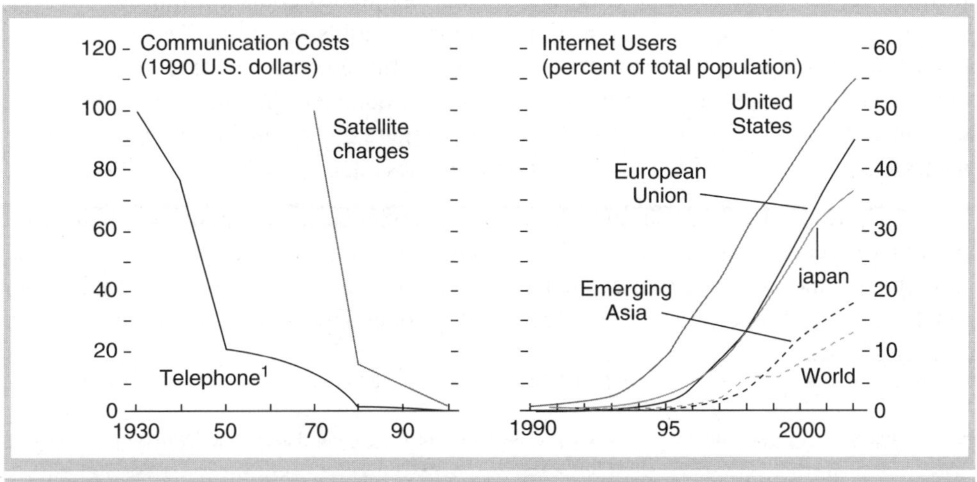


**Figure 6.4**
***Coûts de communication et accessibilité à internet***

Source : « Globalization and external Imbalances », *World Economic outlook*, April 2005.

donc assez faibles, d'autant que les transactions financières se déroulent sur des marchés organisés (bourses de valeurs, marchés dérivés organisés) où les produits sont standardisés. Par conséquent, les opportunités d'arbitrage semblent très limitées.

Alors que la parité des taux d'intérêt couverte est relativement bien vérifiée empiriquement, une fois que certaines déviations sont prises en compte, il en va autrement pour la parité des taux d'intérêt non couverte. Ces déviations ont deux origines : l'existence de coûts de transactions ou de transferts liés au passage d'un marché financier à l'autre et la substituabilité imparfaite des actifs financiers.

### *Les coûts de transferts*

Ils sont tels qu'on a pu les décrire pour les marchés de biens et services et inhérents à l'échange international. Leur prise en compte implique que la relation de PTIC, comme de PTINC, n'est plus décrite graphiquement par une droite d'absence d'opportunités d'arbitrage mais par une bande.

Amendée de la sorte, la PTIC est bien vérifiée comme l'atteste les travaux statistiques et économétriques. Keynes évaluait en 1923 que les écarts de taux d'intérêt devaient être supérieurs à 0,5 % pour que des opérations d'arbitrage deviennent profitables. De nos jours, les travaux empiriques confirment toujours que les coûts de transactions sont suffisants pour que la PTIC *stricto sensu* ne soit pas vérifiée, mais suffisamment faibles pour qu'ils n'impliquent pas en moyenne des déviations supérieures à 0,1 % (Frenkel et Levich, 1975) [9].

Des études plus récentes de Clinton (1988) et Taylor (1989) tendent à montrer qu'il existe des opportunités d'arbitrage même lorsque les coûts de transactions sont pris en compte, mais que ces opportunités sont de moins en moins fréquentes et les gains associés faibles (on ne peut donc parler de profits anormaux). De telles déviations sont plus répandues et de plus forte ampleur en période de turbulences, comme ont pu le montrer Boulos et Swanson (1994) pour la première guerre du Golfe, ou de manière générale en période de forte volatilité du marché des changes (Bhar *et al.,* 2004) [10].

En revanche, la prise en compte de ces coûts de transactions ne suffit pas à expliquer les écarts par rapport à la PTINC qui semble très mal vérifiée. Les revues de la littérature, menées par Froot et Thaler (1990) et Lewis (1995), sont sans équivoque. Ainsi, sur les 75 études empiriques recensées, Froot et Thaler ne trouvent que quelque

---

9 Frenkel, J. & R. Levich (1975), "Covered Arbitrages: Unexploited Profits?", *Journal of Political Economy*, April.

10 Clinton, K., (1988), « Transactions Costs and Covered Interest Arbitrage: Theory and Evidence », *Journal of Political Economy*, April, pp. 358-70. Taylor, M., (1989), « Covered Interest Arbitrage and market Turbulence », *The Economic Journal*, June, pp. 376-91. Boulos, N., et P. Swanson, (1994), « Interest Rate Parity in Times of Turbulence : the Issue revisited », *Journal of Financial and Strategic Decisions*, 7 (2), Summer, pp. 43-52. Bhar, R., Kim, S., et T. Pham, (2004), « Exchange Rate Volatility and Its Impact on the Transaction Costs of Covered Interest Rate Parity », *Japan and the World Economy*, 16 (4), pp. 503-525.

cas où le différentiel d'intérêt et le taux de déport varient dans le sens prédit par la théorie et on ne trouve aucun cas où ils soient égaux. Cependant, l'étude plus récente de Chinn et Meredith (2005) montre que lorsqu'on s'intéresse à des instruments financiers à long terme, et non plus à court terme comme dans l'ensemble des études précédentes, les résultats sont beaucoup plus encourageants. Ainsi la PTINC est mieux vérifiée lorsque les taux de rendement retenus sont ceux d'obligations, ces dernières étant américaines, allemandes, japonaises et canadiennes dans l'échantillon retenu. Flood et Rose (2002) démontrent eux, à partir d'un échantillon de 23 pays développés et en développement, que la PTINC est mieux validée dans les années 1990 que précédemment, mais avec des différences notables entre pays [11].

Quoi qu'il en soit, les vérifications empiriques butent sur la difficulté d'obtenir des séries de cours anticipés. De plus, il faut supposer les anticipations parfaites des opérateurs de manière à prendre comme anticipation du cours à une période donnée le cours au comptant qui s'est effectivement réalisé (et connu *ex-post*). De plus, la non-vérification de la PTINC peut s'expliquer par le fait que les opérateurs, ayant de l'aversion au risque, exigent une rémunération supplémentaire (prime de risque) pour se lancer dans une telle opération risquée. En effet, cette dernière nécessite de spéculer sur le cours au comptant qui prévaudra à une date future.

#### *La non-substituabilité des titres*

La seconde déviation provient de la difficulté de trouver des titres aux caractéristiques strictement identiques, ces caractéristiques ne se limitant pas au rendement espéré ou au risque (variance du rendement). Une première différence peut provenir de la liquidité d'un titre qui renvoie à celle de son marché, c'est-à-dire à la possibilité qu'il offre de trouver rapidement une contrepartie (marché qualifié d'actif par les professionnels) et avec minimum de perte de valeur à la revente. À ce sujet, il est clair, qu'à l'heure actuelle, le marché américain des bons du Trésor, compte tenu du volume de la dette publique américaine et de l'activité sur son marché secondaire, est des plus liquides. Par conséquent, les bons du Trésor américain, à maturité identique, pourront être acceptés à des taux de rendement inférieurs. En outre, pour les titres publics, la garantie (signature) des États n'est pas équivalente et cela modifiera le taux de rendement exigé par l'investisseur. Il en va de même bien entendu pour les titres privés. Au-delà de ces différences de liquidité, le risque des actifs financiers est affecté, au niveau international, par le « risque pays ». Ce risque peut être défini comme « le risque de matérialisation d'un sinistre, résultant du contexte économique et politique d'un État étranger, dans lequel un agent économique (entreprise, banque, investisseur institutionnel) effectue

11 Froot, K., et R. Thaler (1990), « Anomalies: Foreign Exchange », *Journal of Economic Perspectives*, 4 (3), pp. 179-92. Lewis, K., (1995), « Puzzles in International Financial Markets », in *The Handbook of International Economics*, Vol. 3, Elsevier. Flood, R., et A. Rose, (2002), « Uncovered Interest Parity in Crisis », *IMF Staff Papers*, 49 (2), 2002. Chinn, M., et G. Meredith, (2005), « Testing Uncovered Interest Parity at Short and Long Horizons during the Post-Bretton Woods Era », *document de travail* n° 11077, National Bureau of Economic Research.

une partie de ses activités ou de ses placements ». Le « sinistre » peut être causé soit par l'immobilisation d'actifs (par exemple, la confiscation de biens détenus à l'étranger), pour une entreprise multinationale, soit sous la forme d'une répudiation de dettes par un État souverain, pour une banque ou un investisseur institutionnel, soit par la perte d'un marché commercial, pour une entreprise exportatrice, soit même à travers une atteinte à la sécurité des personnes (rapt d'un expatrié).

> Le « risque pays » n'est pas un concept nouveau. En fait, il a connu de nombreux avatars au cours des cinquante dernières années. On peut fixer sa naissance avec la nationalisation du canal de Suez, par Nasser en 1956. Dans sa première vie, c'est-à-dire au cours des années 1960-1970, il s'est identifié au « risque politique » et a concerné essentiellement les nationalisations intervenues dans l'industrie pétrolière, au Moyen-Orient ou en Algérie (expropriation d'Elf, par exemple). Ensuite, les années 1980 l'ont confondu avec le « risque souverain », à savoir la possibilité que des États emprunteurs tels que le Brésil ou l'Argentine fassent défaut de paiement sur leur dette externe. Dans les années 1990, il s'est transformé en « crise des pays émergents » (crise mexicaine de 1994, crise asiatique en 1997, crise russe en 1998, crise argentine de 2001), sans oublier les retombées des conflits armés, nombreux en cette fin de siècle (guerre du Koweït, guerres civiles africaines, Kosovo, etc.). Les années 2000 combinent le risque « pays » des deux décennies précédentes. En effet, le risque pays s'est manifesté par la « crise des pays développés » qui s'est transformée pour certains d'entre eux en crise de la dette souveraine (crise de la zone euro). Le monde n'a pas été non plus épargné par les conflits armés depuis les attentats du 11 septembre, l'intervention militaire en Irak et en Afghanistan et les guerres civiles du fameux « printemps arabe »…

En outre, les régimes fiscaux sont très différents selon les pays et l'on note des différences notables entre pays concernant les retenues à la source sur les revenus des capitaux (intérêts et dividendes), ou sur la taxation des plus-values. Cela est particulièrement vrai pour les pays membres de l'Union européenne jusqu'à la fin des années 1980 (Levich, 1990)[12]. Un exemple révélateur, même s'il est relativement ancien de l'importance de l'aspect fiscal, est apporté par la tentative de retenue à la source de 10 % instituée par la République fédérale d'Allemagne en 1989 qui fit fuir en quelques mois 120 milliards de deutschemarks avant d'être supprimée.

### *L'étude de Frankel (1992) en guise de conclusion à l'approche par la « loi du prix unique » et à ses vérifications empiriques*[13]

Frankel (1992) apporte trois justifications à l'écart entre le taux d'intérêt national et le taux d'intérêt étranger. La première est celle des coûts de transfert entre marchés nationaux (appelée **prime pays**) dans une conception très large (des coûts de transaction au

12 Levich, R. (1990), « The Euromarket after 1992 », *European banking*, J. Dermine ed., Basic Blackwell.

13 Frankel, J. A. (1992), « Measuring International Capital Mobility: a Review », *American Economic Review, Papers and Proceedings*, vol. 82, n° 2, pp. 197-202.

risque de contrôle futur des capitaux). En particulier, cette prime pays renvoie aux coûts de transferts et à la non-substituabilité des titres que nous avions jusque-là traités séparément. La deuxième concerne la prime liée au risque de change et la dernière, enfin, le taux anticipé de dépréciation du taux de change. Ces deux primes constituent la **prime monétaire**. Les résultats de ces travaux menés sur 25 pays développés montrent que les coûts de transferts ont nettement diminué. En revanche, la prime monétaire demeure à un niveau élevé. Cette approche par la « loi du prix unique » (ou par « la parité des taux d'intérêt ») conforte donc l'idée d'une intégration croissante des marchés de capitaux dans la mesure où l'on observe une forte convergence du taux de rémunération d'un actif d'un pays à l'autre.

### B. La relation entre l'investissement et l'épargne domestiques : une mesure alternative de l'intégration financière qui conduit à discuter la réalité de la globalisation financière

L'objectif premier de cette approche est de mesurer la mobilité des capitaux. Par la même, elle s'attelle à des questions centrales pour l'économiste. En effet, les conclusions obtenues en la matière renseignent sur la pertinence des résultats apportés par la macroéconomie ouverte dans la mesure où la plupart de ses modèles conjecturent une parfaite mobilité des capitaux. De plus, la mobilité des capitaux présente l'avantage d'être un indicateur direct du niveau de l'intégration financière. Ainsi, alors que les travaux précédents concluaient à un degré croissant de l'intégration financière sur les dernières décennies, cette approche est venue jeter le trouble sur des résultats qui semblaient acquis. L'idée d'un processus tendant vers une globalisation financière est alors remise en cause. Cependant, des travaux ultérieurs ont discuté de la capacité de la méthode à évaluer correctement le degré de mobilité des capitaux ou d'intégration financière.

■ **Les travaux précurseurs de Feldstein et Horioka remettent en cause l'idée d'une intégration croissante des marchés de capitaux nationaux.** L'idée de Feldstein et Horioka est simple. Si l'intégration financière va croissante, grâce à une mobilité accrue des capitaux, alors le niveau de l'investissement productif devient indépendant du montant de l'épargne domestique susceptible de le financer [14]. Si le taux d'épargne domestique devient insuffisant pour financer les projets d'investissement nationaux, le pays pourra avoir recours à l'épargne étrangère, attirée par une rémunération légèrement supérieure à celle qui se pratique sur le marché international. Il ne peut donc se produire d'effet d'éviction sur l'investissement domestique. En revanche, si les capitaux sont peu mobiles (intégration très imparfaite), l'investissement est contraint de s'adapter à l'épargne domestique disponible et devient complètement dépendant d'elle.

---

14 En première approximation, on peut considérer que cette approche assimile l'intégration financière à la mobilité des capitaux.

### *L'équation économétrique à estimer*

Il s'agit alors de régresser linéairement le taux d'investissement sur le taux d'épargne : $I/_Y = a + b\left(S/_Y\right) + e$

où Y, $I/_Y$, $S/_Y$ et $e$, sont respectivement, le revenu national, le taux d'investissement (public et privé), le taux d'épargne et le terme d'erreur (bruit blanc de moyenne 1 et d'écart type nul).

### *Les résultats économétriques et leur interprétation en termes d'intégration financière*

Feldstein et Horioka (1980) estiment d'abord cette équation pour seize pays de l'OCDE, sur la période 1960-1974, en y ajoutant d'ailleurs d'autres variables explicatives (par exemple le taux d'accroissement de la population) [15]. Feldstein (1983) [16] prolonge l'analyse sur la période 1974-1979 [17]. Le test statistique effectué sur le coefficient *b* de la régression conduit à rejeter l'hypothèse de sa nullité sur toutes les périodes. L'hypothèse d'intégration parfaite des marchés financiers est donc rejetée, ce qui n'est pas en soi un résultat surprenant, surtout sur la période étudiée. Comme le précise Feldstein (1983), c'est le résultat incontestable de ces travaux. L'hypothèse alternative, pour laquelle $b = 1$, est acceptée au seuil de confiance de 95 %, pour une seule période : celle de la période 1970-1979. Cela signifie que l'autre cas extrême d'absence totale d'intégration financière (du moins d'intégration très imparfaite) n'a pu être observé que pour cette période. *La conclusion qui en découle est assez naturelle : le degré d'intégration financière se situe entre ces deux pôles extrêmes. Mais où se situe-t-il exactement et, au fil des périodes, comment s'est-il déplacé ? Le processus tend-il vers une globalisation financière ?*

L'estimation du coefficient *b* de la régression, calculé sur quatre sous-périodes allant de 1960 à 1979, témoigne du lien fort et grandissant entre l'investissement domestique et l'épargne domestique [18]. Cependant, le coefficient de corrélation linéaire est en recul au fil des périodes passant de 0.82 à 0.57 entre la période 1960-1969 et la période 1975-1979. On en conclut clairement que l'intégration a été imparfaite sur toute la période (*b* proche de 1), mais que la relation (linéaire) épargne-investissement s'est distendue au cours du temps (coefficient de corrélation en baisse, rendant moins robuste la régression linéaire entre ces deux variables [19]). *Au regard du critère construit par Feldstein-Horioka, il serait justifié d'affirmer que*

---

15 Feldstein, M. et C. Horioka (1980), « Domestic Saving and International Capital Flows », *Economic Journal*, vol. 90, June, pp. 314-329. L'estimation s'effectue en coupe transversale.

16 Feldstein, M. (1983), « Domestic Saving and International capital Movements in the Long Run and the Short Run », *European Economic Review*, n° 21.

17 Par la suite, on se référera à ces deux articles en employant le sigle F-H.

18 Le coefficient b estimé sur les quatre sous-périodes 1960-1969, 1960-1979, 1970-1979 et 1975-1979 est respectivement de 0,779, 0,796, 0,843 et 0,865.

19 Le coefficient de corrélation linéaire juge de la validité d'un ajustement linéaire entre une variable expliquée (ici l'investissement) et une variable explicative (ici l'épargne). Une régression linéaire est d'autant plus justifiée que ce coefficient est proche de 1. Il est à différencier du coefficient de la régression (b) que l'on cherche à estimer.

*l'intégration financière s'est ralentie entre le début des années 1960 et la fin des années 1970.*

### La naissance d'une controverse

Dans ce cadre, l'analyse économique nous éloignait de ce que l'intuition pouvait suggérer. Aussi Feldstein et Horioka, op. cit., écrivaient-ils en 1980 : « Bien qu'il puisse y avoir un arbitrage parfait sur les rendements à court terme et des flux substantiels d'investissement directs et de portefeuille, il existe des rigidités et des préférences suffisantes pour un habitat national de sorte que tout accroissement de l'épargne est essentiellement investie dans le pays d'origine » (p. 323). C'est en cela que les résultats de Feldstein et Horioka ont « jeté un froid » dans la communauté scientifique. Il s'en est suivi d'ailleurs un nombre impressionnant de travaux sur cette énigme des plus marquantes et controversées de l'économie financière [20].

■ **Les travaux ultérieurs confirment les résultats généraux de Felsdtein et Orioka mais montrent que la relation investissement-épargne s'est distendue dans le temp** [21]. Globalement, deux voies de recherche ont été empruntées par la multitude de travaux suscités par les articles précurseurs de Feldstein et Horioka.

■ Un premier type de recherches élargit l'échantillon étudié (1) aux pays en voie de développement (2) et étend la période analysée aux années 1980, 1990 et 2000 en s'enrichissant de nouvelles techniques économétriques.

1. Les études menées par Dooley *et al.* (1987) et Mamingi (1994) concluent à une plus faible corrélation entre épargne et investissement dans les pays en voie de développement que dans les pays développés. Cependant, pour des raisons de biais dans l'estimation, les auteurs n'en déduisent pas une plus forte intégration financière dans les pays développés que dans les pays en voie de développement [22]. Des études plus récentes, comme celle de Younas et Chakraborty (2011), portant sur 99 pays au cours de la période 1970 à 2005, montrent que

---

20 Coakley, J., Kalusi, F. et R. Smith (1998), « The Feldstein-Horioka Puzzle and Capital Mobility: a review », *International Journal of Finance and Economics*, 3, pp. 169-188. Ces chercheurs ont recensé que l'article originel de Feldstein Horioka (1980) avait été cité 142 fois dans des ouvrages ou revues de recherche entre 1988 et 1995. Par ailleurs, remarquons que le terme de « puzzle » signifie à la fois en français : mystère, énigme, et « casse-tête ». D'ailleurs, depuis Obstfeld et Rogoff (2000), l'énigme de Feldstein et Horioka est qualifiée de la « *mother of all puzzles* » en finance internationale (« The Six Major Puzzles in International Macroeconomics: Is there a Common Cause ? » NBER *Macroeconomics Annual*, 15, pp. 340-390).

21 Le lecteur intéressé par ces questions pourra se référer à l'article de Coakley *et alii* (1998), *op. cit.* Une synthèse très complète des résultats avec une analyse critique des études empiriques est proposée. Certaines références citées par la suite pourront être trouvées dans cet article et dans celui de Goldstein et Mussa (1993, *op. cit.*). Un très bon complément, qui propose une revue de la littérature plus récente, est constitué par l'article d'Aspergis et Tsoumas (2009), « A survey of the Feldstein – Horioka puzzle: What has been done and where we stand », *Research in Economics*, Vol. 63 (2), June, pp. 64-76.

22 Ils attribuent ce résultat à un « effet taille », dans la mesure où l'échantillon des pays en voie de développement comprend des petits pays qui ne peuvent influencer le taux d'intérêt international. Contrairement aux pays développés, la corrélation épargne/investissement n'est pas alors « biaisée à la hausse ».

l'intégration financière a été plus marquée dans les pays en voie de développement que dans les pays développés [23].

2. Concernant les pays développés, les tests de Frankel (1991) pour les États Unis, et de Feldstein et Bacchetta (1991), pour 23 pays de l'OCDE, montrent que la corrélation épargne/investissement a été légèrement plus faible dans les années 1980 que dans les années 1960 et 1970. Les études les plus récentes confirment un tel résultat : le coefficient de la régression *b* est estimé à 0,63 pour les pays de l'OCDE au cours de la période 1980-1992 alors que son estimation s'élève à 0,75 durant la période 1960-1992 (Coakley *et al.*, 1994, 1995). Cela tend à prouver une faible progression de l'intégration financière dans les années 1980. De plus, les travaux de Obstfeld (1993) suggèrent que cette corrélation a été plus forte dans la seconde moitié des années 1980 que dans la première : cela signifie que l'intégration a été plus soutenue dans la première que dans la seconde moitié de cette décennie [24]. Au sein des pays de l'OCDE, les études concluent en toute logique à une plus forte intégration financière des pays de l'Union européenne (Feldstein et Bacchetta, 1991 ; Artis et Bayoumi, 1992 ; Bayoumi *et al.*, 1996). Les travaux ultérieurs, qui couvrent les années 1990, arrivent à des résultats qui relativisent le paradoxe de Feldstein-Horioka et montrent globalement qu'au cours de cette décennie l'intégration financière a été plus marquée avec un coefficient *b* compris entre 0,2 et 0,5 selon les études, c'est-à-dire selon l'échantillon de pays retenus et la technique économétrique utilisée (voir *supra*).

■ **Le second type de recherches critique le cadre d'analyse en s'interrogeant sur la capacité de la méthode utilisée par F-H à mesurer correctement l'intégration financière**. En effet, comme le précise Allegret (1997) [25], certaines conditions sont nécessaires afin de s'assurer que l'absence de corrélation entre épargne et investissement provient uniquement de la parfaite mobilité des capitaux :

1. Le taux d'investissement d'un pays ne doit dépendre que du taux de rendement « naturel » de l'économie (r) et d'aucunes autres variables qui soient corrélées avec l'épargne domestique. Ce qui permettra de faire du taux d'investissement une variable endogène et du taux d'épargne une variable explicative et de régresser ces deux variables.
2. Le taux de rendement anticipé du capital à l'étranger (r*) doit être une donnée pour le pays, qu'il ne peut donc influencer, et être égal au taux de rendement anticipé dans l'économie domestique (r).

---

23 Chakraborty, D. et J. Younas (2011), « Globalization and the Feldstein-Horioka puzzle », *Applied Economics*, Vol. 43 (16), pp. 2089-2096.

24 Même si nous ne citons que quelques études, les résultats présentés correspondent à ceux de l'ensemble des études économétriques menées, indépendamment de la technique d'estimation utilisée (coupe transversale, séries temporelles, données de panels). Les études menées en coupe transversale, dans la lignée des travaux de F.-H. (1980), sont les plus nombreuses. Pour plus de détails, voir Coakley *et al.* (1998), *op. cit.* Aspergis et Tsoumas (2009), *op. cit.*

25 Allegret, J.-P., (1997), *Économie monétaire internationale*, Paris, Hachette Supérieur.

En premier lieu, concernant la première condition, il n'est pas à exclure que l'épargne et l'investissement réagissent en parallèle à des mêmes chocs. Comme le note Bryant (1987), si un pays connaît une croissance démographique et des gains de productivité supérieurs à un autre, il est logique de s'attendre à ce que l'investissement et l'épargne croissent plus rapidement dans le premier que dans le second, indépendamment de toute considération de mobilité de capitaux. De plus, comme le montre l'étude de Bayoumi (1990), portant sur les périodes de l'étalon-or (1880-1913) et sur la période 1965-1986, la corrélation entre investissement et épargne domestique trouve largement son explication dans la politique économique des gouvernements, même en situation de parfaite mobilité des capitaux. Par exemple, dans le cas d'un déficit extérieur causé par une insuffisance de l'épargne domestique, les gouvernements vont mener des politiques fiscales et monétaires appropriées afin de redynamiser l'épargne nationale et réduire ce déséquilibre.

En second lieu, la deuxième condition est difficile à remplir car l'étude porte aussi sur des grands pays, tels les États-Unis, qui ont clairement une influence sur le niveau du taux d'intérêt mondial. Ensuite, l'égalisation du taux d'intérêt domestique et du taux d'intérêt mondial n'est pas du tout assurée. Dooley *et al.* (1987) montrent que certains actifs financiers sont pas ou peu échangeables, ce qui rend les opérations d'arbitrage inopérantes et donc l'égalisation de leur rendement au niveau international difficilement praticable [26].

De manière générale, Fouquau *et al.* (2009) trouvent sur la période 1960-2000 pour 24 pays de l'OCDE que la relation investissement-épargne est non linéaire et que des variables comme le degré d'ouverture, la taille des pays ou encore le ratio du solde courant ramené au PIB ont des effets significatifs sur l'estimation du coefficient $b$.

### *L'énigme de Feldstein et Horioka appartient-elle au passé ?*

Dans un article publié en 2004, Coakey *et al.* se posent légitimement la question. En utilisant un nouvel estimateur en données de panel qui contrôle l'hétérogénéité des pays (en termes de taille notamment) et tient compte du fait que le taux d'investissement et le taux d'épargne peuvent dépendre de mêmes variables, ils montrent que les résultats changent radicalement [27]. En effet, à partir d'un échantillon de douze pays de l'OCDE sur la période 1980-2000, l'estimateur traditionnel de Feldstein-Horioka, en coupe transversale, conduit au résultat traditionnel d'un coefficient de régression de 0,676 (« règle des 2/3 » établie à

---

26 Pour une vision plus complète et approfondie des critiques du cadre d'analyse, le lecteur pourra se référer à Coakley *et al.* (1998). En particulier, un des enjeux théoriques a été d'étendre le cadre d'analyse initial de F.-H., en équilibre partiel, grâce à des modèles d'équilibre général. Certains auteurs ont montré qu'il était possible de construire de tels modèles où coexistent une forte corrélation entre épargne et investissement et une forte mobilité des capitaux (Obstfeld, 1986). Cependant, contrairement au cadre de F.-H., leur vérification économétrique est difficile à réaliser. En outre, les modèles de croissance endogène, intégrant capital humain et capital physique ou financier, débouchent sur le même type de conclusions. Une forte relation entre épargne et investissement ne dépend pas de la mobilité du capital physique ou financier mais de celle du capital humain (Barro *et al.*, 1995).

27 Coakley, J., Fuertes, A.-M. et F. Spagnolo (2004), « Is The Feldstein-Horioka Puzzle History? », *The Manchester School*, Vol. 72, n° 5, September, pp. 569-590.

partir des précédentes études empiriques). En revanche, on en arrive avec le nouvel estimateur (*Mean Group Regression*) à ce que le coefficient soit de moitié ($b = 0.32$) et, plus important, qu'il ne soit pas significativement différent de zéro. Il n'existerait donc pas de relation entre l'investissement et l'épargne, au cours des années 1990 ; ce qui traduirait une très forte mobilité des capitaux et une intégration quasi-parfaite des marchés financiers.

L'étude de Giannone et Lenza (2004) sur données de panel confirme ces résultats en obtenant sur la même période 1980-2000 un coefficient *b* de 0,18 pour 24 pays de l'OCDE. Katsimi et Moutos (2007), intègrent l'investissement en capital humain et trouvent au travers d'une régression sur 25 pays de l'OCDE que l'intégration financière a été forte entre 1997 et 2002 ($b = 0{,}26$). En revanche, le coefficient *b* est de 0,61 sur la période 1986-1990 et de 0,70 entre 1991 et 1995 (et tout de même de 0,57 sur la période 1986-2002). Cela conforte globalement les résultats de Feldstein et Horioka mais montre aussi que le processus d'intégration financière s'est fortement accru au milieu des années 1990. Fouquau *et al.* (2009), en utilisant des données de panel et une nouvelle méthode d'estimation sur 24 pays de l'OCDE sur la période 1960-2000 montrent une forte hétérogénéité dans le degré de mobilité des capitaux (et d'intégration financière) entre les pays de l'OCDE. Le *b* est ainsi compris entre 0,52 et 0,71 selon les pays. Plus récemment, Kumar *et al.* (2011) ont estimé à partir d'une méthode semi-paramétrique en données de panel (*Generalized Method of Moments* – GMM) le coefficient *b* sur la période 1960-2007. Avec la méthode GMM, ils obtiennent un *b* de 0,46 (selon les techniques économétriques utilisées, ce coefficient est compris entre 0,46 et 0,6). Il est à noter que, sous Bretton Woods (1960-1974), l'intégration financière était inexistante ($b = 0{,}96$). En revanche, sur la période 1975-2007, celle-ci s'est accrue avec un *b* à 0,54. Entre 1995 et 2007, ce coefficient *b* est de l'ordre de 0,4 [28]. Ce résultat d'une intégration financière croissante sur la longue période est confirmée par l'étude de Younas et Chakraborty (2011), qui porte sur 99 pays développés et en voie de développement au cours de la période allant de 1970 à 2005.

**En conclusion, on peut dire que les études empiriques montrent que l'énigme de Feldstein-Horioka demeure sur la longue période (des années 1960 à nos jours) mais avec moins de force (le coefficient *b* est plus faible que celui de Feldstein et Horioka qui rappelons-le s'intéressent aux années 1960 et 1970). En revanche, les études attestent globalement que le processus d'intégration financière est allé croissant avec une accélération du phénomène au cours des années 1990 sans qu'on puisse affirmer qu'à l'heure actuelle le stade ultime de ce processus, la globalisation financière, soit atteint.**

28 Kumar, S., Rao, B. et A. Tamazian (2011), « Systems *GMM* estimates of the Feldstein – Horioka puzzle for the OECD countries and tests for structural breaks », Economic Modelling, Vol. 27, n° 5, September, pp. 1269-1273. On trouvera les autres références citées dans cet article. Voir aussi Kumar, S. et B. Rao (2011), « A Time-series Approach to the Feldstein-Horioka Puzzle with Panel Data from OECD Countries ? », *The World Economy*, Vol. 34, n° 3, March, pp. 473-485. Ils arrivent aux mêmes conclusions en utilisant une autre méthode économétrique (celle dite de Pedroni).

### 6.1.3 *La globalisation financière est le fruit de la rencontre de quatre phénomènes : le décloisonnement des systèmes financiers, la déréglementation, la « marchéisation » et la « mobiliérisation » des bilans bancaires*

Même si les approches quantitatives développées dans les sections précédentes tendent à prouver que l'intégration financière s'est faite croissante sur les dernières décennies, on ne peut affirmer à partir de ces approches, que le processus d'intégration a été mené à son terme, c'est-à-dire vers un stade de globalisation financière. D'où l'intérêt d'une analyse plus qualitative qui dessine les grandes caractéristiques de la globalisation financière afin de déterminer si elles sont identifiées à l'heure actuelle.

La globalisation financière implique un recours accru au marché financier dans le financement des économies, une concurrence accrue entre opérateurs sur ces marchés et la possibilité d'accéder à tous les compartiments de ce marché. Cette situation peut être atteinte si cinq phénomènes sont à l'œuvre : le décloisonnement des marchés de capitaux et du secteur bancaire, la création de nouveau marchés de capitaux (complétude des marchés de capitaux), la déréglementation des activités financières, la marchéisation et la mobiliérisation des bilans des intermédiaires financiers. Les trois premiers et les deux derniers seront traités ensemble étant donné leur forte connexion.

#### A. Décloisonnement, déréglementation et complétude des marchés de capitaux

Le décloisonnement des marchés contribue à l'ouverture des marchés financiers nationaux. Au niveau externe, cela passe par la suppression d'entraves à la communication entre marchés financiers nationaux. Une bonne illustration en la matière est fournie par les directives européennes de libéralisation financière qui ont conduit à la levée effective du contrôle des changes en France en 1989 et au Royaume-Uni en 1987 (selon le FMI) [29].

Au plan interne, le décloisonnement contribue à supprimer l'étanchéité entre compartiments des marchés financiers. En France, les réformes entreprises pour le marché monétaire à compter de 1985 en sont un bon exemple. En effet, ce dernier était un

29 On appelle, de manière générale, « contrôle des changes » toutes les mesures qui restreignent la liberté des placements de capitaux d'une devise à l'autre. Le principal objectif de ces mesures est de déconnecter le taux d'intérêt domestique du taux d'intérêt international, de manière à laisser des marges de manœuvre à la politique économique nationale (et en particulier à la politique monétaire). En outre, lorsque la monnaie du pays est attaquée, celui-ci n'a pas à relever les taux d'intérêts à des niveaux exorbitants. En effet, une hausse des taux d'intérêt peut décourager la spéculation en augmentant le coût des emprunts en monnaie nationale, mais elle décourage aussi la consommation et l'investissement (et donc l'activité économique). En France, le contrôle des change a pris la forme de mesures administratives d'interdiction : les sorties de capitaux étaient soumises à autorisation préalable, les prêts bancaires en monnaie nationale aux non-résidents étaient limités. Alors que de tels contrôles peuvent être efficaces à court terme (en cas de crise de change), leur efficacité s'émousse avec le temps.

marché essentiellement interbancaire accessible à quelques entreprises non bancaires, les ENBAMM (Entreprises Non Bancaires Admises au Marché Monétaire). Il s'agissait des compagnies d'assurance, des caisses de retraite, des SICAV et FCP, certaines entreprises nationalisées (Renault, RATP) et de la Chambre syndicale des Agents de change. À côté d'un marché monétaire, strictement interbancaire, et d'un marché financier largement réservé aux grandes entreprises a été ouvert un marché de titres de créances négociables, à court et moyen terme, accessibles à tous les agents économiques.

L'intérêt d'une telle réforme était de conduire à une complétude des marchés de capitaux, en offrant la possibilité à un investisseur (emprunteur) de choisir la durée de son placement (financement) en titres négociables. En effet, avant 1985, seul le marché obligataire était ouvert à tous les agents économiques. En parallèle, ce marché a été stimulé par une offre diversifiée de titres à court et moyen termes : les certificats de dépôts émis par les établissements de crédit (créés en mars 1985, d'échéance allant d'un jour à un an à l'heure actuelle, montant minimum de l'émission de 150 000 euros), les billets de trésorerie émis par les sociétés non financières (créés en décembre 1985, d'échéance allant d'un jour à un an), les bons du trésor négociables (bons accessibles à tous depuis 1986 et dont l'échéance varie de dix jours à sept ans) permettant un financement de l'État, les bons à moyen terme négociables émis par les entreprises et les banques (échéance supérieure à un an). C'est dans cette même logique (de complétude des marchés financiers) que s'inscrit la création du MATIF, Marché à Terme des Instruments Financiers en 1986 (devenu en 1988 Marché International de France) et le Marché des Options Négociables de Paris (MONEP) où se négocie des options sur actions et sur indices [30]. L'innovation financière s'avère un complément indispensable au décloisonnement des marchés financiers afin de tendre vers leur complétude, c'est-à-dire la possibilité pour n'importe quel agent économique de disposer du contrat financier souhaité.

L'exemple des États-Unis illustre le fait que le décloisonnement ne se limite pas aux marchés financiers, mais concerne aussi les intermédiaires bancaires qui vont ainsi pouvoir se « déspécialiser ». C'est en cela que le décloisonnement concerne l'ensemble du système financier.

Aux États-Unis, le début des années 1980 a sonné le glas de deux lois les plus contraignantes pour les banques commerciales américaines. En premier lieu, le *Mc Fadden Act* de 1927 empêchait la concentration bancaire en interdisant aux banques d'acquérir des filiales dans d'autres États que celui de leur siège social. Il s'agissait ici d'une spécialisation géographique. Ce verrou sautera sous la pression des États qui acceptent désormais l'acquisition de leurs banques par des banques d'autres États. En 1993, 34 États autorisent de telles pratiques avec, dans la majorité des cas, une clause de réciprocité. En outre, il ne s'agit jamais de créations de banques mais de rachats d'unités existantes.

30 Depuis, le MATIF e le MONEP sont venus se fondre dans le compartiment des marchés dérivés de NYSE-Euronext, NYSE-Euronext Liffe.

En second lieu, le *Glass Steagall Act* de 1933 consacra une séparation fonctionnelle totale entre les activités de prêts/emprunts/dépôts et les activités financières (émissions, gestion de titres). Les premières activités sont réservées aux banques commerciales et les secondes aux banques d'affaire (*investment banks*). Depuis le milieu des années 1980, certains États américains autorisent une diversification des banques vers les activités de placements en valeurs mobilières, d'assurance (bancassurance) voire même d'immobilier (activité traditionnelle des banques d'épargne américaines (*saving and loan associations*)). Depuis l'abolition du *Glass Steagall Act*, en 1999, et le vote du *Gramm-Leach-Bliley Act*, les banques commerciales, si elles reçoivent l'agrément fédéral, peuvent constituer des holdings financiers (*Financial Holding Company*), statut qui leur permet d'accéder à tous les métiers financiers (gestion d'actifs, banque de financement et d'investissement) et aux activités d'assurance. Il est notable qu'un des premiers groupes financiers mondiaux, *Citigroup* (260 000 employés dans 100 pays), est précisément né de la fusion entre la banque américaine, *Citicorp*, et la compagnie d'assurance, *Travelers Group* (en octobre 1998).

Dans ce cadre-là, le décloisonnement conduit à une déspécialisation de l'activité des banques et à un accroissement de la pression concurrentielle car elles deviennent de nouveaux concurrents dans les métiers (ou les zones géographiques) qui leur sont maintenant autorisés. En outre, le phénomène de décloisonnement a nécessité une déréglementation de l'activité bancaire. Toute réglementation n'a pas pour autant disparu. En effet, il s'en est suivi un mouvement de re-réglementation d'ordre prudentiel qui a fait l'objet d'une harmonisation européenne et internationale (par le biais respectivement de directives européennes et de recommandations de la BRI) [31].

## B. La marchéisation et la mobiliérisation du bilan des banques

La « marchéisation » désigne la sensibilité accrue des intermédiaires financiers aux prix qui s'établissent sur les marchés financiers. Le taux de base bancaire est devenu extrêmement dépendant du taux d'intérêt qui est devenu avant tout un prix de marché. De plus, on a assisté à une « mobiliérisation » des bilans bancaires. En effet, on retrouve une part de plus en plus importante de titres négociables au sein des bilans bancaires (et notamment de valeurs mobilières, d'où le terme de « mobiliérisation »). Au passif, on assiste à un recours accru à la dette subordonnée qui prend la forme de certificats de dépôts pour le financement de court terme et d'obligations pour un financement à plus long terme. En effet, les ressources traditionnelles des banques, à savoir les dépôts, ne représentent plus en France que 30 % du passif bancaire en 2010 alors qu'ils en représentaient 87 % en 1980 (ils étaient déjà à un niveau de 36 % en 1993). Le coût de financement des banques est déterminé par les marchés et constitue donc un moyen pour ces derniers de discipliner les banques. On assiste à un phénomène parallèle à l'actif des

31 Le lecteur intéressé par des développements théoriques sur cette question pourra se référer à Couppey, J. et Ph. Madiès (1997), « L'efficacité de la réglementation prudentielle des banques à la lumière des approches théoriques », *Revue d'Économie Financière*, n° 39, février, pp. 95-125.

banques, où la part de titres est passée de 5 % à 25 % entre 1980 et 1993, la part des crédits tombant de 85 % à 55 %. Ce phénomène s'est prolongé par la suite étant donné que les crédits ne représentent plus, en 2010, que 40 % de l'actif des banques (la part des titres étant de l'ordre de 45 %).

Le cas français n'a rien de particulier et est révélateur de ce qui se produit au niveau international. En effet, une tendance se confirme concernant les financements internationaux. Depuis 1996, les émissions d'obligations internationales et d'euro-effets jouent un rôle prépondérant par rapport aux crédits bancaires internationaux. Elles ont été multipliées par dix entre 1995 et 2007 pour atteindre actuellement 2 800 milliards de dollars en net – 5 300 milliards en brut (cf. section 6.1-B pour plus de détails).

En conclusion, on assiste à un rôle accru des marchés financiers dans le financement des économies. Pour autant, le phénomène de désintermédiation doit être entendu au sens de perte de vitesse des activités traditionnelle des banques (collecte de dépôts/octroi de crédits) au profit d'un rôle d'intermédiaire financier plus rémunérateur. Il faut souligner à ce sujet le rôle paradoxal et ambigu des banques qui ont à la fois profité mais aussi contribué à l'essor des marchés de capitaux nationaux et internationaux. Par exemple, les banques contrôlent en France 80 % des OPCVM, première catégorie d'investisseurs institutionnels français avec un encours d'actifs gérés de 1500 milliards d'euros actuellement. Au niveau des marchés de capitaux internationaux, les banques jouent un rôle crucial pour placer les émissions de titres auprès de souscripteurs (ce rôle important des banques sur les marchés primaires est vrai aussi au niveau national). À cet effet, étant donné la taille des émissions, elles constituent généralement un syndicat de banques qui se fait rémunérer sous forme de commissions fortement lucratives.

## 6.2 QUE FAUT-IL ATTENDRE DE LA GLOBALISATION FINANCIÈRE ?

La controverse sur la globalisation financière ne s'arrête pas à la mesure et à la réalité du phénomène. Cela aurait été sans compter sur les clivages traditionnels qui traversent l'analyse économique. En effet, les courants libéraux et interventionnistes n'appréhendent pas de la même manière un tel sujet. Pour les premiers, la globalisation financière est intrinsèquement vertueuse car elle est identifiée à un mouvement de libéralisation financière sans précédent. Pour les seconds, elle comporte des dangers d'instabilité et de crises financières que l'on doit tenter de maîtriser.

### 6.2.1 *Les avantages escomptés sont ceux d'une libéralisation financière*

Les effets bénéfiques de la globalisation financière ne peuvent être appréhendés que dans un cadre où l'on croit à l'efficacité des mécanismes de marché. Les effets attendus de la globalisation financière consistent alors dans une amélioration du fonctionnement des marchés financiers. Nous retiendrons trois voies d'amélioration. La première porte sur l'efficience allocative et informationnelle des marchés financiers, la seconde sur la diversification des risques au sein des portefeuilles internationaux, et la dernière sur la discipline qu'imposent les marchés aux politiques économiques menées par les États.

## A. La globalisation financière améliore l'efficience allocative et informationnelle des marchés financiers

De par le décloisonnement interne et externe des marchés financiers qu'elle implique, la globalisation financière agrandit l'espace des choix des épargnants et des investisseurs. Et c'est en cela qu'elle est supposée améliorer, au niveau national et surtout international, l'allocation des ressources financières (et donc l'efficience allocative des marchés financiers).

L'efficience informationnelle renvoie à l'idée que le prix qui prévaut sur un marché financier reflète à tout instant les informations sur lesquelles se fondent les anticipations des intervenants. La théorie de l'efficience retient que les anticipations des opérateurs sont rationnelles, c'est-à-dire qu'elles prennent en compte l'ensemble des informations disponibles et qu'elles ne conduisent pas à des erreurs systématiques (en moyenne, les anticipations se réalisent). Selon Fama (1970), on distingue trois degrés croissants d'efficience informationnelle en fonction de la richesse de l'ensemble d'information des opérateurs :

1. Une première forme « faible » où l'ensemble d'information se limite aux prix passés de l'actif considéré.
2. Une deuxième forme « semi-forte » où les opérateurs disposent de toute l'information publique disponible (rapports d'activité des entreprises, avis des analystes, notations des agences de rating, etc.).
3. Enfin, une forme « forte » de l'efficience où l'ensemble d'informations intègre même les informations privilégiées de certains, ce qui signifie en fait la disparition de ces dernières.

Mais, quelle que soit la forme de l'ensemble d'information retenue, on dira qu'un marché est efficient si la meilleure prévision du prix de l'actif de demain correspond à son prix d'aujourd'hui [32]. L'idée est qu'un opérateur ne peut pas « battre le marché » et ainsi réaliser des gains anormaux. L'efficience constitue donc un critère de fonctionnement optimal des marchés [33].

32 Ce résultat reste valable tant que le temps de décision de l'opérateur est assez court pour que l'ensemble d'informations sur lequel se fonde sa décision ne soit pas modifié.

33 Pour des développements plus complets sur l'efficience, et en particulier sur l'efficience du marché des changes et ses vérifications empiriques, voir Allegret (1997) et Bourguinat (1999), *op. cit.*, ou Bourguinat *et al.* (2007). Remarquons que le marché des changes est qualifié d'efficient lorsque les relations de parité des taux d'intérêt couverte et non couverte sont réalisées simultanément (sous l'hypothèse de neutralité au risque des opérateurs). La propriété d'efficience du marché des changes est mal vérifiée par l'ensemble des tests réalisés. Cela conforte les méthodes de prévisions chartistes.

### B. La globalisation devrait permettre une meilleure diversification des portefeuilles d'actifs

Il serait naturel de s'attendre à ce que la globalisation financière, par le libre accès aux marchés qu'elle procure, permette à tout opérateur de diversifier à souhait son portefeuille d'actifs. Or, la littérature sur le sujet montre que le degré de diversification des portefeuilles est inférieur à ce que préconisent les modèles de gestion optimale de portefeuilles, en particulier le modèle international d'équilibre des actifs financiers (*International Capital Asset Pricing Model, ICAPM*) [34]. Ce bais en faveur d'un « habitat national » se définit généralement comme la tendance des investisseurs à sélectionner des actifs domestiques plutôt que des actifs étrangers, au-delà de ce qu'il est rationnel de faire. Il existe un ratio qui permet de mesurer le degré de ce « biais national », à savoir le ratio d'acceptation des actifs étrangers (*foreign asset acceptance ratio, FAAR*) qui mesure dans quelle proportion la part des actifs étrangers dans le portefeuille d'un investisseur diverge de la part qu'il aurait détenu dans un portefeuille global « sans frontières ». Ainsi, l'allocation optimale définie par l'*ICAPM* conduit à un ratio *FAAR* de 100. Même s'il existe toujours un biais national, celui-ci s'est fortement réduit au cours des années 1990, pour les principaux pays industrialisés. L'augmentation a été plus prononcée pour les actions, dans la mesure où le ratio FAAR agrégé a cru de 8 % à 30 % entre 1990 et 2003. L'acceptation des obligations étrangères a aussi augmenté mais dans une moindre mesure (cf. figure 6.5).

Les six pays [35] couverts par l'étude, reprise dans le *Global Financial Stability Report* de septembre 2005 (FMI), ont connu une baisse significative du biais « national » entre 1990 et 2003. Les deux pays, dont les portefeuilles contenaient le plus d'actifs étrangers en 1991, à savoir le Royaume-Uni et les Pays-Bas, ont toujours la ration *FAAR* le plus élevé en 2003. Les Pays-Bas ont le ratio le plus élevé en 2003. La France, qui était un pays « relativement rétif aux actifs étrangers » en 1991, est devenu, en 2003, un pays qui accepte relativement bien les actifs étrangers. Pour les États-Unis, le ratio *FAAR* a augmenté entre 1991 et 1997 et s'est stabilisé depuis à un niveau toujours faible. Le Japon a connu une augmentation continue mais demeure aussi à niveau qui reste relativement faible (cf. figure 6.6).

34 Ce modèle montre en l'occurrence que la diversification internationale permet de diminuer le risque non systématique, dans la mesure où les indices bousiers des différents pays ont un comportement indépendant (ce que montrent les études empiriques) et cela sans sacrifice au niveau de la rentabilité du portefeuille. Pour une présentation pédagogique du modèle théorique du MEDAF et de son extension internationale, voir par exemple Jacquillat, Pérignon et Solnik (2009), *Marchés financiers, gestion de portefeuille et des risques*, Paris, Dunod.

35 Il s'agit des États-Unis, du Japon, du Royaume-Uni, de la France, de l'Allemagne et des Pays-Bas.

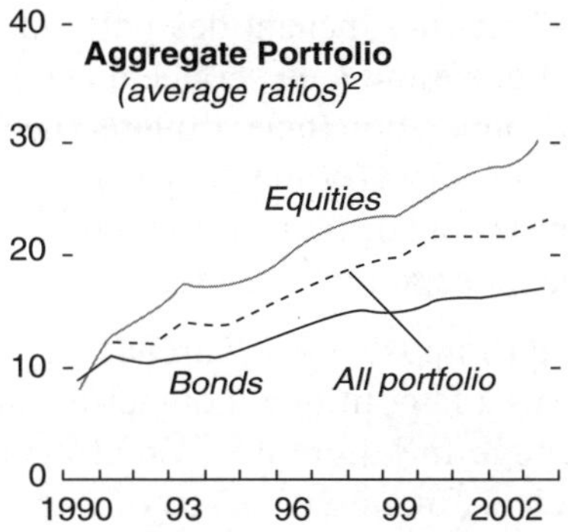


**Figure 6.5**
*Le ratio d'acceptation des actifs étrangers (ratio FAAR, en pourcentage) pour le portefeuille agrégé de 6 pays entre 1990 et 2003.*

NB : il s'agit ici du ratio FAAR moyen pondéré des États-Unis, du Japon, du Royaume-Uni, de la France, de l'Allemagne, et des Pays-Bas.
Source : FMI, Global Financial Stability Report, septembre 2005.

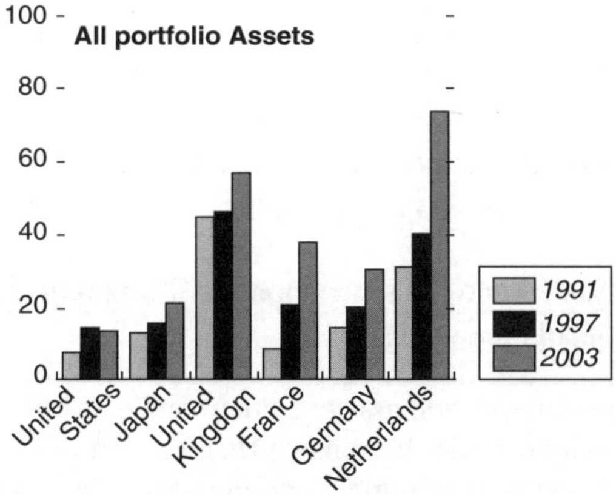


**Figure 6.6**
*Le ratio d'acceptation des actifs étrangers (ratio FAAR, en pourcentage) par pays entre 1990 et 2003*

Source : FMI, Global Financial Stability Report, septembre 2005.

### C. La globalisation financière accentue la pression des marchés financiers sur les politiques menées par les États

Les investisseurs internationaux sont de plus en plus présents sur les marchés de la dette publique. Ils pénalisent les États qui mènent des politiques budgétaires trop laxistes conduisant à un endettement et surtout à un service de la dette excessif [36]. La sanction provient du supplément de rémunération (taux d'intérêt) nécessaire aux États pour lever des fonds sur les marchés obligataires (prime de risque plus élevée). La levée de fonds devient plus onéreuse et donc le coût de financement des déficits publics s'alourdit. Ces États sont alors incités à une modération budgétaire.

Mais la discipline qu'imposent les marchés ne se limite pas à la politique budgétaire. Elle concerne aussi la politique monétaire, car ces investisseurs ont une aversion naturelle au dérapage inflationniste. En effet, l'inflation (non anticipée) érode le pouvoir des revenus financiers perçus (coupons, dividendes). Afin de s'assurer une crédibilité dans la stabilisation des prix, la quasi-totalité des pays de l'OCDE se sont dotés de banques centrales indépendantes du pouvoir politique. Cette indépendance des banques centrales a donc été indéniablement acquise sous la pression des marchés.

## 6.2.2 *Globalisation financière et instabilité financière : quels liens ?*

Nous discutons dans les développements qui suivent des limites de la globalisation financière. Nous commencerons par nous interroger sur le caractère spéculatif de la globalisation financière puis nous répondrons à deux types de questions :

- la spéculation sur les marchés financiers est-elle déstabilisante ?
- la globalisation financière favorise-t-elle l'occurrence de crises financières ?

### A. La globalisation financière s'accompagne d'une montée des mouvements spéculatifs dans le monde

Comme le note Plihon (1996) [37], on assiste à une montée de la finance spéculative qui se développe indépendamment des besoins de financement de la sphère réelle (échanges de biens et services et investissements productifs). Ainsi, par exemple, à l'heure actuelle, les opérations de change sont 70 fois plus importantes que celles liées au commerce international de biens et de services (voir l'encadré 6.2 sur le marché des chan-

36 Voir à ce sujet le chapitre 5 qui consacre des développements à la crise des dettes souveraines dans la zone euro.

37 Plihon, D. (1996), dans l'ouvrage collectif dirigé par Chesnais, F. (1996), *La mondialisation financière*, Paris, Syros.

ges). Ainsi, le commerce international engendrerait moins de 5 % des opérations de change, tout comme les mouvements de capitaux [38].

En outre, l'essor spectaculaire des investissements de portefeuilles traduit cette montée de la finance spéculative car ces derniers répondent avant tout à une logique de rendement à court terme [39]. Le financement extérieur des économies s'effectue donc au moyen de capitaux de plus en plus volatils. Les investissements de portefeuille ont été ainsi multipliés par dix entre le début des années 1980 et la fin des années 1990 et par trois environ entre le début des années 2000 et 2009.

## B. Spéculation stabilisante ou déstabilisante ?

Depuis Keynes, on attribue traditionnellement des vertus stabilisatrices à la spéculation. En effet, si le prix d'un actif est considéré comme bas par rapport au prix jugé normal, des spéculateurs rationnels l'achèteront et contribueront à la hausse effective de son prix, le ramenant ainsi à une valeur plus raisonnable. Il faut remarquer que la stabilisation du prix s'effectue au moyen d'anticipations autoréalisatrices d'agents spéculateurs. Cependant, le but de la spéculation n'est en rien de chercher à stabiliser les marchés. La stabilisation en est une conséquence indirecte. Mais la conclusion qui s'impose est qu'un marché est d'autant plus stable que les spéculateurs y sont nombreux car ces derniers jouent comme des forces de rappel (Artus, 1996) [40] [41].

À l'heure actuelle, cette vision de la spéculation paraît bien idyllique. (1) Les objections invoquées renvoient principalement à certaines techniques financières utilisées sur les marchés financiers et en particulier sur les marchés financiers dérivés. (2) Au-delà de cet argument, il faut, en outre, insister sur le rôle joué par une distribution asymétrique de l'information entre les intervenants de ces marchés.

(1) En premier lieu, on a souvent incriminé **les stratégies dites « *stop-loss* »** qui consistent à vendre un actif lorsque son prix est passé au dessous d'un certain seuil.

---

38 On ne peut cependant réduire la partie restante à des opérations d'arbitrage ou spéculatives. Les transactions commerciales impliquent un certain nombre d'opérations de change en chaîne entre banques (effet dit de « pomme de terre chaude »). De manière plus significative, elles sont le résultat des techniques modernes de gestion du risque de change.

39 Même s'il est parfois difficile de faire la distinction pour des raisons comptables, juridiques ou statistiques, un investissement étranger correspond à un investissement direct si l'investisseur étranger possède 10 % ou plus des actions d'une entreprise. En revanche, un investissement étranger, qui est inférieur à 10 % du capital, sera comptabilisé comme un investissement de portefeuille. On considère que les investisseurs de portefeuille n'exercent aucune influence sur la gestion d'une société dont ils possèdent des actions. Par conséquent, ils ne peuvent présider aux destinées de l'entreprise et leur placement ne s'inscrit donc pas dans une logique de long terme. De manière générale, les investissements de portefeuille prennent la forme de dépôts bancaires ou de placements financiers sous forme de titres publics ou privés.

40 Artus, P. (1996), « La spéculation », *Revue économique*, mai. Repris partiellement dans *PE,* n° 2.492, du 30 octobre, sous le titre « Spéculation et manipulation des marchés ».

41 Les anticipations sont qualifiées d'autoréalisatrices car elles conduisent à des opérations (d'achat/vente) sur les marchés financiers qui contribuent à leur réalisation effective. En outre, les anticipations seront d'autant plus autoréalisatrices qu'elles sont partagées par un nombre important de spéculateurs.

Cela a été particulièrement le cas lors du krach boursier de 1987. En effet, le danger de telles techniques s'est confirmé lorsqu'elles sont mises en œuvre automatiquement par des logiciels informatiques. Les prix ont été précipités à la baisse sans qu'aucune contre-tendance n'ait pu les freiner, dans la mesure où les opérateurs utilisant ces techniques étaient nombreux. Même si le seuil de vente peut différer entre intervenants, une spirale à la baisse des prix conduit nécessairement à ce que la majorité des seuils soient dépassée, provoquant un effet cumulatif à la baisse. L'effet de contagion apparaît clairement à deux niveaux. Il a lieu non seulement entre opérateurs à stratégies « stop-loss », mais s'étend aussi à tous les opérateurs (et en particulier aux arbitragistes) dans la mesure où ces derniers ne peuvent que suivre la tendance.

En deuxième lieu, **les techniques de couverture dynamique (« *dynamic hedging* »)** conduisent au même type de déviances. Le principe de la méthode consiste à se couvrir contre une baisse du cours d'un actif en achetant des options de vente (*put*) à des prix d'exercice inférieurs au prix actuel du marché, tout en se couvrant contre une hausse de cet actif par l'achat d'options d'achat (*call*) à des prix d'exercice supérieurs au prix courant. Dans le cas où il y a baisse (hausse) du cours, l'opérateur exerce ses options de vente (d'achat) de manière à pouvoir vendre (acheter) ses actifs à un prix d'exercice supérieur (inférieur) au prix du marché. Une telle technique de couverture contribue à accentuer la tendance du marché. Quand le prix baisse, l'intervenant exerce ses *puts* et vend donc ses actifs au prix d'exercice, ce qui participe à l'accentuation de la chute du prix. Dans le cas contraire, il exerce ses *calls* et amplifie la hausse initiale des cours.

Les stratégies de « stop-loss » ou de couverture dynamique ont donc été largement automatisées et on parle alors de **négociation (trading) algorithmique**. Par la suite, s'est développée **la négociation (trading) haute fréquence** qui en constitue un prolongement naturel car cette technique ne peut être mise en œuvre que grâce à des systèmes informatiques et automatisés. Le trading haute fréquence permet de profiter d'opportunités d'arbitrage avant ses concurrents grâce à une détection très rapide de telles opportunités et à l'exécution encore plus rapide des ordres sur le marché pour gagner des millièmes ou des millionièmes de seconde, c'est-à-dire de réduire le temps de latence dans l'exécution des ordres. En négociation électronique, le temps de latence correspond au temps que met un ordre pour être envoyé sur le marché. C'est en réduisant ce temps de transmission que de nombreux fonds disposent d'un avantage compétitif sans équivalent. On estime à l'heure actuelle que plus d'un tiers des transactions réalisées sur le marché européen sont à haute fréquence et qu'entre la moitié et les deux tiers le sont sur le marché américain (Autorité des Marchés Financiers (AMF), 2010). On comprend le danger de telles opérations car elles sont loin d'être anecdotiques et couplées à des stratégies de type « stop-loss » elles sont une source importante d'instabilité des marchés. En outre, elles modifient la microstructure des marchés financiers en introduisant une instabilité permanente des carnets d'ordre. En effet, un ordre serait déjà obsolète une fois émis car pour les opérateurs passant des ordres à « fréquence normale » les prix de actifs auront déjà bougé avant que leur ordre n'ait été exécuté sur les marchés.

(2) Enfin, ce type d'opérations accentue leur caractère déstabilisant quand elles interviennent sur des marchés où l'asymétrie d'information est forte (d'où le rôle important de la microstructure des marchés financiers). Sur ces marchés, on peut schématiquement distinguer deux types d'opérateurs : les agents informés et les agents non informés. L'asymétrie entre ces deux types d'agents provient du fait que les premiers savent distinguer si une chute du cours de l'actif provient d'une baisse de sa valeur fondamentale (baisse des bénéfices attendus pour une action) ou d'un choc d'offre purement conjoncturel qui déprime le cours. Dans une situation de baisse des cours, les agents non informés ne savent pas distinguer ces deux formes de chocs. Ils peuvent alors interpréter cette baisse comme le résultat de la vente d'agents sachant la valeur intrinsèque de l'actif menacée. En conséquence, ils se dessaisissent à leur tour de leurs actifs, ce qui contribue à éloigner davantage son prix de sa valeur fondamentale.

## ENCADRÉ 6.4
### *Les marchés dérivés*

Les marchés dérivés comprennent trois grandes catégories de marchés :

1. les marchés de ***swaps*** (**ou contrats d'échange**).
2. les marchés **à terme ferme** et les marchés **à terme conditionnel (options)**.

Ces marchés peuvent être soit **standardisés**, soit de **gré à gré**. Les premiers ont l'avantage de permettre une sécurité accrue des opérations en ayant recours à une chambre de compensation qui évite le face à face entre intervenants. De plus, des dépôts de garantie sont exigés avant toute opération et des appels de marge ont lieu quotidiennement afin de maintenir le niveau cette garantie. Ces systèmes permettent de limiter le risque de contrepartie. En revanche, les marchés de gré à gré conduisent à une plus grande souplesse des opérations en permettant aux intervenants de se construire des contrats sur mesure. Ce que ne permettent pas, par définition, des contrats standardisés. L'arbitrage entre ces deux marchés est celui de la sécurité des opérations contre la flexibilité des contrats ou, pour reprendre l'analogie vestimentaire de Christian de Boissieu, le choix entre le « **prêt-à-porter** » et le « **sur mesure** ». Cependant, le point commun de ces marchés est qu'ils viennent en complément d'un marché au comptant existant.

1. **Le swap de taux d'intérêt** permet à deux coéchangistes de profiter mutuellement des conditions d'intérêts préférentielles que chacun possède sur un marché que l'autre souhaiterait utiliser. Prenons l'exemple d'une entreprise qui souhaite emprunter à taux fixe et l'autre à taux variable, sachant que chacune obtient de meilleures conditions d'emprunt sur le marché où elle ne souhaite pas emprunter. Elles ont alors tout intérêt à emprunter chacune sur le marché où le taux d'emprunt leur est le plus favorable et échanger (« swapper ») ensuite leurs emprunts respectifs. Les swaps constituent un bon exemple d'opérations de gré à gré.
2. **Les marchés à terme** permettent de négocier des contrats à terme ferme ou conditionnels (options). Le premier type de contrat permet à des opérateurs d'échanger un actif à une date future, mais à un prix convenu dès aujourd'hui. Il offre la possibilité d'une

## ENCADRÉ 6.4 (suite)

couverture à terme. Le marché International de France (MATIF) créé en 1986 constitue un marché à terme standardisé. Il fait partie maintenant d'Euronext Liffe. Le contrat conclu sur ce marché doit générer un gain qui compense la perte subie sur la position exposée au risque. Le contrat le plus connu de ce marché est le contrat sur emprunt notionnel (7 à 10 ans d'échéance).

Le second type de contrat diffère du premier par **la possibilité et non l'obligation** d'effectuer la transaction à terme. Il permet alors de se couvrir contre une évolution défavorable du cours de l'actif, tout en profitant d'une évolution favorable. L'actif est appelé de manière générale le sous-jacent. Il peut revêtir des formes très diverses : action, indice boursier, devise (taux de change), obligation, taux d'intérêt, matière première. Les premiers contrats à terme ne portaient pas sur des actifs financiers, mais sur des matières premières et minérales (dès les années 1960).

Détaillons un peu plus les options. Elles sont de deux types : achat (*call*) ou vente (*put*). L'achat d'une option d'achat (vente) donne à l'échéance la possibilité à son acquéreur d'acheter (de vendre) le sous-jacent au prix (le prix d'exercice) déterminé lors de l'achat de l'option. Si l'acheteur peut exercer son option jusqu'à l'échéance, on parle d'option **américaine**. Si cette possibilité ne lui est offerte qu'à l'échéance, on parle d'option **européenne**. L'acquisition de cette option se fait contre versement d'une prime.

Prenons un exemple pour comprendre l'utilisation d'une option à la fois comme instrument de spéculation et de couverture. Soit un opérateur qui achète une option d'achat européenne dont le sous-jacent est une action. La prime (C) est de 10 EUR, le prix d'exercice (E) de l'action 100 EUR, l'échéance (6 mois).

Déterminons le profit à l'échéance que procure l'achat de cette option. Ce profit est directement fonction de la valeur sur le marché de l'action à l'échéance.

Si à l'échéance le prix de l'action (S) est inférieur au prix d'exercice (E), l'opérateur n'exerce pas son option et préfère se procurer l'action sur le marché. Il perd cependant la prime. L'option permet donc à son détenteur de profiter d'une baisse des cours, même si son anticipation est à la hausse des cours. Dans le cas inverse où $S > E$, le risque anticipé d'une hausse du cours se réalise et l'opérateur exerce son option afin de s'en protéger. Mais au delà de la couverture, l'option s'avère un **instrument puissant de spéculation** (**à fort effet de levier**) car plus S est élevé et plus le gain potentiel ($G = S - E - C$) de notre opérateur s'accroît (et devient à la limite infini). Le gain devient effectif lorsque l'opérateur achète son action au prix d'exercice et la revend directement sur le marché. Le gain à l'échéance (G) est représenté par la graphique suivant :

**ENCADRÉ 6.4 (suite)**

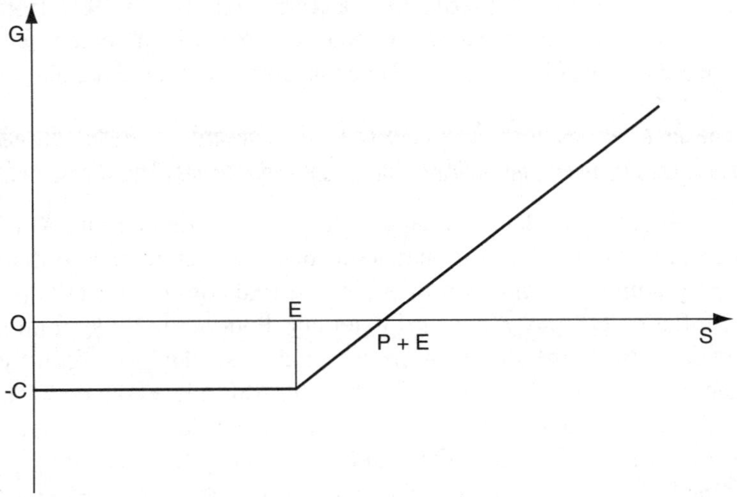


Ce gain (G) correspond à un gain d'opportunité car il mesure ce que l'acheteur de l'option gagne à l'avoir acheté (par rapport à la situation où il ne l'aurait pas fait), gain qui dépend de la valeur du sous-jacent à l'échéance. Le graphique précédent représente le gain de l'acheteur d'une option d'achat (*call*). Le gain du vendeur de cette option est l'opposé de celui de l'acheteur (–G) et sa représentation graphique est donc symétrique par rapport à l'axe des abscisses. En effet, ce que perçoit l'un est nécessairement versé par l'autre et il s'agit donc d'un jeu « à somme nulle ». On peut aussi définir le gain à l'échéance de l'acheteur et du vendeur d'une option de vente (*put*). On peut combiner ces quatre stratégies élémentaires (acheteur de call, vendeur de call, acheteur de put, vendeur de put) et construire de nouvelles options. L'achat, par exemple, d'un *straddle* (straddle acheté) correspond à l'achat d'un call et à l'achat d'un put de même prix d'exercice.

### C. La globalisation financière peut entrer dans des dynamiques de crise : l'exemple des crises dans les pays émergents

Ces vingt dernières années, de graves crises financières sont venues ternir l'image que l'on pouvait avoir de la globalisation financière. Nous retiendrons les plus récentes pour illustrer notre propos. Elles ont concerné des pays émergents : la crise mexicaine de 1994-1995, la crise asiatique de 1997-1998 et la crise argentine de 2002. On laissera de côté la crise du SME de 1993 et la crise des marchés obligataires nationaux de 1994 dont la portée géographique et financière a été « extraordinaire » selon l'expression même de la Banque des règlements internationaux (1 500 milliards de dollars de perte en capital, soit 10 % du PIB de l'OCDE). C'est dire que les pays développés n'ont pas été non plus épargnés. La possibilité de telles crises remet en cause l'idée d'une finance globalisée gouvernée par des mécanismes de marché autorégulateurs et justifie l'intervention d'instances internationales.

■ **La crise mexicaine de 1994-1995 : quels facteurs explicatifs et quel rôle attribué au FMI ?** Comme la cessation de paiement du Mexique en août 1982 avait sonné le glas de la finance internationale intermédiée, la crise mexicaine de 1994-1995 a jeté des doutes sur la finance internationale désintermédiée et tout particulièrement sur le financement par les marchés financiers de pays émergents ou récemment émergés.

### *Analyse des déterminants fondamentaux de la crise : malgré des résultats économiques jusque là encourageants, des faiblesses persistent et des signes d'avant-crise se font jour.*

À compter de 1988, le président Salinas a accentué, sous l'égide du FMI, la mise en œuvre d'un programme de stabilisation macroéconomique et de transformations structurelles. Ce programme d'inspiration libérale s'est fixé comme objectifs premiers : la maîtrise de l'inflation et l'ouverture sur l'extérieur. Pour atteindre le premier objectif, le gouvernement a supprimé l'indexation des salaires sur les prix, réduit les déficits publics et accordé à la Banque centrale mexicaine son indépendance. Concernant le second objectif, le contrôle des changes a été supprimé et la dette publique largement ouverte aux investisseurs étrangers. On peut estimer que globalement ces objectifs ont été atteints. En effet, le déficit public, qui était de l'ordre de 15 % du PIB en 1987, s'est transformé en un léger excédent sur la période 1991-1993. Le taux d'inflation qui était de 160 % en 1987 est tombé à 8 % en 1993 et les entrées de capitaux privés ont atteint en moyenne 6 % du PIB en 1990-1993. Ces bons résultats ont permis au Mexique d'accroître de manière significative ses réserves en devises, ces dernières passant de 6 milliards de dollars fin 1989 à 25 milliards fin 1993.

Cependant, comme le note Camdessus (1995) [42], des faiblesses persistaient dans l'économie mexicaine, alors que d'autres se faisaient jour avant la crise. Ces faiblesses constituent ce que l'économiste appelle les déterminants fondamentaux d'une crise de change [43].

1. **Le déficit des transactions courantes s'est largement aggravé entre 1987-1988, situation de quasi-équilibre, et 1994 où le déficit a atteint 8 % du PIB.** Cette situation était largement imputable à la forte augmentation de la consommation des ménages, de plus en plus satisfaite par des importations. Cette situation semblait d'autant plus préoccupante qu'aucune force de rappel ne semblait à l'œuvre pour ramener à l'équilibre extérieur. En effet, le taux de change réel du peso s'était apprécié de 76 % entre fin 1987 et fin 1993. Le problème de compétitivité des exportations était donc clairement posé, la valeur en dollars des exportations ayant augmenté de 17 % en 1994. Or des études récentes montrent que le taux de change réel et les exportations constituent, en général, les meilleurs indicateurs avancés des crises monétaires (voir encadré 6.5 ci-dessous).

42 Camdessus, M. (1995), « La crise financière mexicaine, ses origines, la réponse du FMI et les enseignements à en tirer », *Revue d'économie financière*, n° 33, été.

43 Nous parlerons indifféremment d'une crise de change, d'une crise monétaire ou d'une attaque spéculative. Pour plus de détails sur l'analyse des crises de change en termes de fondamentaux, voir l'encadré 6.7.

## ENCADRÉ 6.5
### *Comment prévoir les attaques spéculatives ?*

L'identification d'indicateurs avancés présente un enjeu à la fois théorique et pratique. L'enjeu théorique concerne le bien-fondé d'une formalisation des crises de change à partir de modèles de fondamentaux (dans la lignée du modèles de « crise de balance de paiement » de Krugman (1979)) par opposition à des modèles d'attaques spéculatives (dans la lignée d'Obstfeld (1986)) – voir encadré 6.7. Le second enjeu découle du premier, dans la mesure où des modèles qui privilégient des variables fondamentales rendent prévisibles les attaques spéculatives. Dans cette perspective, la détermination d'indicateurs avancés joue un rôle central dans la prévention des crises (voir *supra*).

Les études empiriques visant à identifier ces indicateurs ne se limitent pas à la crise mexicaine ou asiatique. Au contraire, elles s'étendent à un grand nombre de pays et couvrent une longue période. **Les travaux de Frankel et Rose (1996)**[44] portent sur des données annuelles de panel concernant 105 pays en voie de développement sur la période 1971-1992. Leur méthode consiste à comparer le comportement de variables macroéconomiques en période calme ou en période de crise monétaire pour sélectionner comme indicateur celles dont le comportement diffère au cours des deux types de périodes. Les différentes techniques utilisées (d'analyse graphique – dite « *event study* » – ou de probit multivarié) montrent que les crises monétaires ont tendance à survenir lorsque :

1. les investissements directs étrangers se réduisent et les taux d'intérêt mondiaux s'accroissent (variables **étrangères**) ;
2. la croissance du crédit domestique est forte (variable **interne**) ;
3. les réserves de changes s'amenuisent, le taux de change réel est surévalué par rapport à un indice de Parité des Pouvoirs d'Achat (concernant la PPA, voir le chapitre sur l'euro) et la dette extérieure atteint un niveau élevé (variables **externes**).

Remarquons que le solde des transactions courantes et le déficit budgétaire se comportent de manière similaire en périodes de tranquillité comme en périodes de crise et constituent donc de mauvais indicateurs d'attaques spéculatives. En outre, lorsque les variables sont prises en compte avec un retard d'un an, l'estimation de la probabilité des crises est améliorée. Par conséquent, les indicateurs retenus permettent de prévoir les crises monétaires un an à l'avance.

**Une seconde étude menée par Kaminsky *et al.* (1997)** se propose d'améliorer les résultats précédents en établissant un ordre hiérarchique parmi les indicateurs avancés des crises de change (méthode dite « **des signaux** »)[45]. Ces économistes travaillent sur des données mensuelles de quinze pays en développement et cinq pays industrialisés au cours de la période 1970-1995. Le principe de la méthode est le suivant : un bon indicateur est celui dont la déviation par rapport à sa valeur seuil envoie un signal fiable qu'une crise aura lieu dans

44 Frankel, J. A. et A. K. Rose (1996), « Currency crashes in emerging markets: an empirical treatment », *Journal of International Economics*, vol. 41, n° 3-4, November, pp. 351-366.

45 Kaminsky, G. L., Lizondo, S. et C. M. Reinhart (1998), « Leading indicators of currency crises », *IMF Staff Paper*, vol. 45, n° 1, pp. 1-48.

## ENCADRÉ 6.5 (suite)

les 24 mois (horizon de référence). Le taux de change réel apparaît comme le meilleur indicateur avancé des crises dans la mesure où son utilisation minimise l'erreur de pronostic et permet de prévoir les crises le plus tôt possible (17 mois auparavant). Parmi les variables macroéconomiques testées, les exportations et le prix des actions apparaissent comme les deux autres meilleurs indicateurs, le crédit domestique (rapporté au PIB) étant le plus décevant. Enfin, notons que les réserves de change ne constituent en soi qu'un indicateur avancé très moyen. En revanche, lorsque les réserves sont rapportées aux engagements à court terme des autorités et de la banque centrale (ratio agrégat monétaire $M_2$/réserves officielles), elles constituent un très bon prédicteur des crises de change. En effet, cet indicateur est classé à la quatrième place parmi les neuf agrégats macroéconomiques testés. D'autres travaux confirment le rôle important de cet indicateur qui préjuge de la capacité de la banque centrale à résister à une attaque spéculative. Selon Calvo et Mendoza (1996), cet indicateur fut particulièrement pertinent dans le cas de la crise mexicaine. Alors que le ratio était stabilisé autour de deux entre 1990 et 1993, il dépasse sept en 1994[46].

Il existe à l'heure actuelle un consensus parmi les économistes pour considérer que l'expansion du crédit (malgré l'étude de Kaminsky *et al.* (1997), le ratio $M_2$/R, et l'appréciation du taux de change réel sont des indicateurs avancés fiables des crises de change. Remarquons qu'il s'agit d'indicateurs monétaires et financiers. Selon Sachs *et al.* (1996)[47], ces trois indicateurs expliquent 70 % de la variation de l'indice de crise construit par les auteurs sur la période 1990-1994. Il permet d'expliquer pourquoi certains pays ont été atteints par la crise mexicaine et pas d'autres.

2. **Un second élément d'interrogation résidait dans la modification de la structure de la dette publique extérieure du Mexique.** En effet, le gouvernement mexicain a adopté la stratégie d'un financement externe de sa dette publique sur la base d'émissions de titres de plus en plus courts. Le raccourcissement de la maturité de la dette était flagrant depuis 1992. En effet, l'échéance moyenne de l'encours des obligations publiques passe de 400 jours en 1992 à 300 jours en 1993 et 200 jours fin 1994. Le financement à court terme de la dette a tout d'abord été assuré par les *cetes* (d'échéance un à trois mois), titres très attractifs pour les investisseurs étrangers dans la mesure où ils servaient des taux d'intérêts élevés (et en particulier largement supérieurs aux taux américains). Sur la période qui va de décembre 1991 à décembre 1993, le montant des *cetes* détenus par les investisseurs étrangers est passé de 9,1 milliards de pesos (3 milliards de dollars) à 47,7 milliards (environ 15,5 milliards de dollars).

Mais en 1994, la hausse des taux d'intérêt étrangers (et surtout américains) rend moins attractifs les placements au Mexique et en particulier les titres de sa dette publique.

---

46 Calvo, G. A. et E. G. Mendoza (1996), « Mexico's balance-of-payment crisis: a chronicle of a death foretold », *Journal of International Economics*, vol. 41, n° 3-4, November, pp. 235-264.

47 Sachs, J. D., Tornell, A. et A. Velaso (1996), « Financial crises in emerging markets: the lessons from 1995 », *Brookings Papers on Economic Activity*, n° 1, pp. 147-215.

Le peso commence à être malmené sur le marché des changes. En réponse, le gouvernement décide de remplacer une partie des *cetes* par des *tesobonos.* Il s'agit de passer d'une dette à court terme libellée en monnaie nationale à une dette indexée sur le dollar. L'avantage d'une telle mesure pour le Mexique est de faire chuter le taux d'intérêt servi et donc la charge de sa dette car le risque de change est transféré des investisseurs internationaux vers le gouvernement mexicain. En contrepartie, le gouvernement prend le risque en cas d'attaque sur le peso de ne plus pouvoir profiter d'une baisse mécanique de sa dette libellée en monnaie nationale. L'exposition au risque de change est d'autant plus importante qu'entre mars et octobre 1994 13 milliards de dollars d'effets publics (*cetes*) furent convertis en *tesobonos*. En novembre 1994, la part des *cetes* dans la dette publique détenue par les investisseurs étrangers tombait à 25 % alors que celle des *tesobonos* avoisinait les 70 % (et 85 % de la dette publique à court terme) [48].

### Des erreurs de politique économique aux défaillances du marché

Comme le soulignent Pisani-Ferry et Sgard (1996), la crise financière mexicaine est imputable en premier lieu à des erreurs de politiques économiques de l'Administration Salinas : une politique de change qui n'a su contenir l'appréciation réelle trop forte du peso et une structure de financement de la dette publique incapable de résister à une attaque spéculative [49]. De plus, durant tout le début de l'année 1994, le gouvernement n'a cessé d'employer des stratagèmes pour reporter la divulgation d'informations (en particulier sur les réserves de change), voire même pour dissimuler certaines d'entre elles [50]. Cela concernait tout particulièrement les réserves de change dont la tendance était à la baisse sur toute l'année 1994 (de 30 milliards en février à 17 milliards en novembre).

Le coup de grâce est apporté par le gouvernement Zedillo. En décembre, les sorties de capitaux s'accentuent et les réserves en dollars fondent (7 milliards de dollars). En conséquence, le peso est sous pression dans la bande de fluctuation qui a été établie avec le dollar. En contradiction avec des promesses électorales, on procède alors à une hausse

48 On comprend dans une telle situation le risque de procéder à une dévaluation, même si cela pourrait contribuer au rééquilibrage de la balance des transactions courantes. D'ailleurs, l'analyse économique insiste à l'heure actuelle sur des déséquilibres de stock plutôt que sur ces déséquilibres de flux (compte courant, budget de l'État). En effet, ils rendent compte de deux éléments essentiels : la capacité du pays à honorer ses dettes et à résister à une attaque spéculative. Ainsi, comme en fait foi la crise mexicaine, la maturité de la dette en est un révélateur fondamental. D'autres indicateurs, comme le ratio $M_2$ / réserves (voir encadré 6.5) et dette /réserves, sont extrêmement importants. Concernant ce dernier, il est passé au Mexique de 0.6 en 1991 à 2,1 en 1993 et a atteint 17 à la veille de la crise fin 1994.

49 Pisani-Ferry, J. et J. Sgard (1996), « De Mexico à Halifax : l'intégration financière des économies émergentes », tiré de l'ouvrage collectif dirigé par A. Cartapanis, *Turbulences et spéculations dans l'économie mondiale*, Paris, Economica.

50 Pour des approfondissements sur cette question, voir Braun, R., Mukherji, A. et D. Runkle (1996), « Delayed financial disclosure: Mexico's recent experience », *Federal Reserve Bank of Minneapolis Quaterly Review*, Vol. 20, n° 4, Fall, pp. 13-21. L'article met en évidence le fait que de mauvaises informations sur les réserves de change étaient en possession des autorités mexicaines et que la divulgation de ces informations a été retardée. Cependant, selon ces auteurs, on ne peut clairement savoir si ces retards provenaient de problèmes logistiques ou d'une véritable intention stratégique de cacher des informations. Cela étant, dans un modèle prenant en compte les objectifs contradictoires du gouvernement mexicain et des investisseurs internationaux, les auteurs montrent que le retard stratégique s'avère une solution d'équilibre dans la mesure où les investisseurs sont incertains sur la cause exacte du retard.

surprise de 15 % du plafond de la bande de fluctuation du peso vis à vis du dollar. Mais cette brusque dévaluation arrive trop tard et dans un contexte de nervosité des investisseurs internationaux. Elle provoque une sortie massive de capitaux et un effondrement de la bourse de Mexico. Le gouvernement est contraint de laisser flotter sa monnaie. Cette dernière perd près de la moitié de sa valeur entre décembre 1994 et février 1995.

L'analyse qui a été menée précédemment permet de voir que l'attaque spéculative qu'a connue le Mexique peut se comprendre par un trop fort éloignement par rapport à certaines données économiques fondamentales (taux de change réel, réserves de change, échéance de la dette extérieure)[51]. Mais la crise mexicaine doit-elle simplement se comprendre comme un véhicule de corrections apportées par les marchés financiers internationaux ? On peut en douter, car elle montre à de nombreux égards les limites de la globalisation financière[52].

En premier lieu, comme le soulignent Pisani-Ferry et Sgard (1996), la discipline du marché s'est exercée trop tard et trop brutalement. Elle aurait dû imposer une prime de risque supérieure sur les emprunts de l'État mexicain dès 1992. De plus, les marchés ont surréagi à un ensemble d'événements politiques et économiques :

- au niveau politique, l'année 1994 a connu une succession d'événements qui ont terni l'image du Mexique : le soulèvement aux Chiapas en janvier (qui s'accentue en décembre), l'assassinat du candidat à la présidence du PRI en mars et celui du secrétaire général de ce parti en septembre ;
- d'un point de vue économique, la F.E.D. décide d'augmenter, en février 1994, ses taux directeurs afin d'étouffer un possible dérapage inflationniste suite à la forte reprise américaine. Cela est venu progressivement entamer le différentiel d'intérêt entre les *three-month U.S. Treasury bills* et les *cetes* (qui avaient en plus le désavantage d'être libellés en monnaie locale).

Autant il est possible de comprendre le caractère imprévisible des événements politiques, autant le différentiel d'intérêt s'érodait depuis plus d'un an. Il suffit donc d'une information supplémentaire (la dévaluation du 20 décembre) pour que soit franchi un seuil informationnel à partir duquel le marché se remémore un ensemble d'infor-

---

51 Voir encadré 6.7 pour une présentation synthétique des modèles (de crise de balance des paiements), qui privilégient les déterminants fondamentaux, pour expliquer les attaques spéculatives.

52 Cole, H. et T. Kehoe (1996), « A self-fulfilling model of Mexico's 1994-95 debt crisis », *Federal Reserve Bank of Minneapolis, Research Department Staff Report 210*, April, développent un modèle combinant déterminants fondamentaux (échéance moyenne de l'encours de la dette publique mexicaine) et phénomènes auto-réalisateurs. En effet, les auteurs montrent que, lorsque le niveau de la dette publique mexicaine se situe dans un intervalle, appelé zone de crise, une attaque purement auto-réalisatrice peut se produire. En effet, les spéculateurs anticipent que le gouvernement n'est plus capable de rembourser le service de sa dette car il ne peut plus réemprunter sur le marché international. Par conséquent, plus aucun investisseur n'est disposé à lui prêter, et l'anticipation des spéculateurs est validée. Dans le cas précis du Mexique, les auteurs estiment qu'une crise, purement aléatoire, peut avoir lieu lorsque le montant de la dette publique dépasse 10 % du PIB (étant donné la très courte échéance de la dette mexicaine). Par ailleurs, l'article suggère que si l'échéance moyenne de la dette mexicaine avait été le double, aucune crise n'aurait pu se produire.

mations négatives passées. Par effet de rattrapage, sa réaction est alors d'autant plus violente.

En second lieu, cette crise financière démontre les difficultés de la globalisation financière à assurer un financement stable (et donc durable) des économies et, surtout, des économies émergentes. En effet, on assiste, entre 1990 et 1993, à une explosion des investissements de portefeuilles au Mexique. Ces derniers représentaient 5 % des flux nets de capitaux en 1990. Ils en représentent en 1993 plus de 60 %. De tels capitaux cherchent un rendement à court terme, ce qui les rend extrêmement sensibles aux rumeurs. La vague de repli de capitaux suite à l'annonce de la dévaluation du peso témoigne de la volatilité de ce type de financement extérieur.

Pour Orléan (1996), des réactions aussi brutales sont le résultat d'un processus de « contagion mimétique » [53]. En effet, dans une telle situation d'incertitude, les investisseurs perdent l'idée de la valeur d'équilibre des cours. À l'image du concours de beauté dans la « théorie générale, de l'emploi, de l'intérêt et de la monnaie » de Keynes (1936), ils s'en remettent alors à l'opinion moyenne du marché en essayant de prévoir ce qu'elle sera [54]. En effet, un investisseur doit anticiper ce que sera la tendance du marché pour s'y fondre, car c'est cette dernière qui dicte la dynamique du prix. Par conséquent, cette stratégie de mimétisme n'enfreint en rien la rationalité individuelle.

Mais un tel processus est auto-renforçant car dans le cas d'une crise, il ne fait qu'amplifier la tendance baissière. On comprend alors la nécessité d'une intervention des autorités internationales pour redonner un signal fort au marché que la tendance ne peut continuer ainsi et que le marché doit revenir à une valeur plus objective du cours. Il faut prendre conscience de la difficulté d'une telle tâche dans la mesure où cette spirale baissière sur le peso avait conduit le Mexique au bord de la cessation de paiement. La forte dépréciation du peso a eu un effet mécanique de réévaluation de la dette extérieure en monnaie nationale, qui était fin 1994 de 143 milliards (dont 85 milliards de dette publique).

Étant donné le raccourcissement de l'échéance moyenne de la dette publique et son indexation croissante sur le dollar, le Mexique se devait de refinancer près de 40 milliards de dollars en 1995, dont plus des trois-quarts pour des non-résidents. C'était, en plus, sans compter sur les 30 milliards de déficit courant pour l'exercice 1998. De plus, afin d'endiguer cette dépréciation du peso, la Banque centrale mexicaine a mené une politique de hausse des taux d'intérêt avec comme conséquence

---

53 Orléan, A. (1996), « Contagion spéculative et globalisation financière : quelques enseignements tirés de la crise mexicaine », dans l'ouvrage collectif dirigé par A. Cartapanis, *Turbulences et spéculations dans l'économie mondiale*, Paris, Economica.

54 Selon Keynes, « la technique du placement peut être comparée à ces concours organisés par les journaux où les participants ont à choisir les six plus jolis visages parmi une centaine de photographies, le prix étant attribué à celui dont les préférences s'approchent le plus de la sélection moyenne opérée par l'ensemble des concurrents. Chaque concurrent doit donc choisir non les visages qu'il juge lui-même les plus jolis, mais ceux qu'il estime les plus propres à obtenir le suffrage des autres concurrents, lesquels examinent tous le problème sous le même angle » (*Théorie générale de l'emploi de l'intérêt et de la monnaie*, Paris, Payot, 1982).

directe une hausse du coût de financement des banques. Cela venait s'ajouter à des retraits de dépôts attirés jusqu'alors par une forte rémunération mais effrayés par la perte de valeur de la monnaie locale. Il s'ensuivit un renchérissement du crédit et un étranglement de nombreuses entreprises. En conséquence, le secteur bancaire était au bord de l'effondrement. L'externalité négative provoquée par l'effondrement du peso conduit à un risque de système pour l'instant interne au Mexique.

Rapidement, par un phénomène de « contagion systémique » international, cette crise, qui venait de ternir un des joyaux des marchés émergents, s'est propagée par un effet « tequila » à des pays d'Amérique latine (Argentine, Brésil et, dans une moindre mesure, le Chili) mais aussi à l'Asie du Sud-Est (à la mi-janvier, en particulier les Philippines) et à l'Europe centrale. Les monnaies dites faibles du SME (peseta et lire) ont été aussi affectées à la mi-janvier 1995. Cette contagion systémique se nourrit d'une externalité négative bien précise : la suspicion généralisée des investisseurs internationaux vis-à-vis des marchés financiers émergents et, de manière générale, des maillons jugés faibles du système monétaire international. Mais l'explication d'un tel phénomène de défiance ne réside pas dans le fait que la crise mexicaine a fait prendre consciences aux investisseurs internationaux que d'autres marchés financiers s'étaient éloignés des fondamentaux. Le cas de l'Argentine en est un bon exemple. Dès le début de janvier 1995, le peso argentin fait l'objet d'attaques répétées alors que rien ne les justifie d'un point de vue des fondamentaux (et en particulier des réserves en dollars). En effet, toute émission de peso doit s'accompagner d'une mise en réserve d'une somme équivalente en dollars selon une loi constitutionnelle (système dit de « *currency board* », adopté en avril 1991). L'idée est que les investisseurs internationaux ont des difficultés à discriminer entre les marchés financiers émergents considérés comme un type de marché. Cette idée est d'autant plus fondée en situation de crise.

### La nécessité d'une intervention extérieure

Devant une telle contagion, qui menaçait de les atteindre, les États-Unis ont annoncé fin janvier un plan de sauvetage sans précédent de près de 50 milliards de dollars : 20 milliards de crédit du gouvernement américain, 18 milliards de la part du Fonds Monétaire International (FMI), 10 milliards de la Banque des Règlements Internationaux (BRI). Ainsi, ils ont œuvré en véritable prêteur en dernier ressort international, la crise mexicaine s'apparentant à une crise de liquidité dans le refinancement à court terme d'un État solvable [55]. En contrepartie, le Mexique a dû accepter un plan d'ajustement macroéconomique visant à ralentir la demande intérieure, de manière à rétablir l'équilibre balance des transactions courantes.

55 Le concept de prêteur en dernier ressort s'est développé au cours du dix-neuvième siècle, sous l'impulsion des travaux de Henri Thorton (1802) et de Walter Bagehot (1873). Le prêt en dernier ressort consistait de la part de la banque centrale à fournir de la liquidité aux banques (de second rang) en période de crise (ruées des déposants auprès des guichets de leur banque). On s'accorde à dire depuis lors que l'assistance de la banque centrale doit être rapide et temporaire et qu'elle doit aider les banques qui connaissent une crise de liquidité en laissant les banques insolvables faire faillite. Cette idée est ici appliquée au système monétaire international.

Suite à la crise mexicaine, les pays du G7, lors du sommet de Halifax de juin 1995, ont souhaité apporter des moyens supplémentaires au FMI afin qu'il puisse jouer son rôle d'institution régulatrice du système financier international.

En premier lieu, de nouveaux moyens financiers sont venus renforcer le pouvoir d'intervention du FMI en cas de crise. Une nouvelle procédure, appelée « mécanisme de financement d'urgence », a été créée et lui permet de doubler ses capacités d'emprunts à court terme auprès des banques centrales des dix pays les plus industrialisés. Les ressources ainsi dégagées, qui prennent la forme d'Accords généraux d'emprunt, viennent donc s'ajouter aux ressources propres du FMI.

En second lieu, le rôle préventif de détection et de surveillance du FMI a été renforcé. Ainsi, un système d'alerte devait être mis en place par le FMI, composé d'indicateurs macroéconomiques de référence et régulièrement publiés par l'ensemble des pays. En outre, une surveillance minutieuse de l'évolution des secteurs bancaires et financiers devait être mise en place, tout particulièrement « *pour les pays susceptibles d'avoir une influence importante sur l'économie mondiale* » (sommet d'Halifax, 15-17 juin 1995, document d'information).

Dans cette perspective, depuis avril 1996, des avancées significatives se sont produites. Ainsi, la création du *Special Data Dissemination Standard* (SDDS) a pour objectif de fournir des données sur certaines variables économiques et monétaires, selon une procédure normalisée du point de vue de leur publication (conditions de compilation, périodicité, rapidité de communication). Par ailleurs, le FMI se réserve le droit d'exclure un pays du SDDS s'il ne fournit pas d'informations suffisantes et fiables. En outre, en mars 1997, le FMI a annoncé la création prochaine du *General Data Dissemination Standard* dont le but sera de définir des normes de collecte et de diffusion d'informations pour tous les pays membres. Enfin, une dernière étape importante a été franchie en mai 1997. Elle concerne la publication par le FMI, à la demande d'un État, de notices d'informations destinées à la presse [56]. Dans ces conditions, certains économistes ont vu dans le FMI une alternative à la constitution d'une agence de *rating* mondiale chargée d'évaluer la demande de crédits des États. Cependant, depuis lors, la crise asiatique est venue jeter le trouble sur l'efficacité des systèmes d'alerte mis en place par le FMI.

■ **La crise asiatique : une expérience qui se répète ?** L'exemple que nous développons maintenant concerne la crise financière asiatique de 1997. L'analyse des déterminants et du déroulement de cette crise se fera en comparaison avec la crise mexicaine.

#### *Le déroulement de la crise*

Comme au Mexique, la crise financière asiatique s'est traduite par une série concomitante d'attaques spéculatives et de chutes de cours boursiers. Le premier pays touché a été la Thaïlande, attaqué dès le mois de mai 1997, et dont la banque centrale a

56 Ces dernières concernent la situation économique du pays en question et sont réalisées par ses experts.

cessé de défendre sa devise dès le 2 juillet. Le baht perd en 24 heures 15 % de sa valeur et la crise s'étend en deux temps aux autres pays.

Ce sont, tout d'abord, les tigres asiatiques qui sont affectés. Le 4 juillet, la Banque Centrale de Malaisie est contrainte de laisser flotter le ringgit. Il en va de même pour le peso philippin (le 11 juillet) et la roupie indonésienne (le 14 août). Entre le premier juillet 1997 et la mi-octobre 1997, ces monnaies chutent de 30 à 50 % et les cours boursiers de 20 à 30 %.

Ensuite, le cercle de contagion s'élargit aux Nouveaux Pays Industrialisés. Contre toute attente, compte tenu du montant élevé de ses réserves en devises et de son excédent courant, le dollar de Singapour est attaqué. Il connaît le 12 août son plus bas niveau depuis 3 ans face au dollar américain. Le 17 octobre, c'est au tour du dollar de Taiwan d'être malmené sur les marchés et la Banque Centrale taïwanaise ne peut que constater la chute de sa monnaie (baisse de 10 %). Seules les autorités monétaires de Hong Kong ont pu résister le 23 octobre à une attaque massive sur leur monnaie grâce à une politique monétaire fortement restrictive (le taux d'intérêt au jour le jour passe de 7 % à 300 %). En revanche, le même jour se déclenche un véritable « krach » boursier à Hong Kong, qui conduit en quatre jours à une chute de 25 % de l'indice boursier. Les principales places financières d'Europe et d'Amérique du Nord sont pour la première fois significativement affectées par la dégringolade de la sixième place financière du monde. Enfin, la Corée du Sud voit sa monnaie attaquée un peu plus tardivement. Après une première attaque significative, le 25 août, le won perd 10 % de sa valeur le 21 novembre.

Ces événements témoignent d'une forte contagion systémique entre pays asiatiques et dans une moindre mesure entre ces derniers et ceux extérieurs à cette zone. Mais la propagation de la crise a été sans mesure avec l'effet « tequila » produit par la crise financière mexicaine (voir l'encadré 6.6 sur la propagation des crises financières internationales). Par ailleurs, des différences notables apparaissent entre l'expérience mexicaine et asiatique au niveau des fondamentaux de la crise. En outre, les relations de causalité entre la crise des marchés des changes, celle du secteur bancaire et de la bourse des actions, sont de nature différente.

## ENCADRÉ 6.6
### *Les mécanismes de propagation des crises financières dans les pays émergents*

La crise financière qui s'est déclenchée en juillet 1997 avec le flottement du *bath* thaïlandais s'est, nous l'avons vu, propagée ensuite à d'autres pays asiatiques puis au-delà, mue par un effet domino. La question posée est alors celle de savoir quels sont les facteurs qui peuvent expliquer ce phénomène de contagion (Branat et Lahet, 2005). Un premier type d'explications est lié à l'existence de chocs communs qui frappent les économies émergentes. Ceux-ci

## ENCADRÉ 6.6 (suite)

peuvent résulter par exemple d'une augmentation des taux d'intérêt américains qui conduisent à des sorties de capitaux de ces pays qui deviennent moins attractifs (en termes de rémunération) pour les investisseurs. Le deuxième type de facteurs concerne les interdépendances commerciales et financières entre pays. Ainsi, un pays qui fait face à une crise de change voit sa monnaie se déprécier ; ce qui améliore toutes choses égales par ailleurs sa compétitivité prix. Le pays en question se retrouve donc dans une meilleure position sur les marchés d'exportation par rapport à ses concurrents directs. À l'inverse, ces derniers (qui sont souvent eux-mêmes des pays émergents) voient leur compétitivité (en termes relatifs) se dégrader, ce qui peut être « sanctionné » par les investisseurs étrangers qui retirent leurs capitaux de ces pays.

L'interdépendance financière renvoie à l'idée que les pays émergents sont souvent liés entre eux par le fait qu'ils bénéficient de prêts internationaux octroyés par un (des) créancier(s) commun(s) (par exemple le Japon pour les pays de la façade orientale de l'Asie ou les États-Unis pour l'Amérique latine). Ce créancier commun est donc amené à réaménager son portefeuille de titres ou de prêts quand un de ses débiteurs subit une crise financière et que lui-même fait face à une crise de liquidité occasionnée par des pertes (créances douteuses ou irrécouvrables) dans le pays touché par la crise. Par un effet de report, cela a des conséquences sur les autres pays débiteurs qui vont faire face à une situation de rationnement du crédit. Enfin, quand les facteurs précédents ne permettent pas d'expliquer les crises en série, on parle de « contagion pure » : l'effet de contagion est lié à la montée d'une aversion généralisée du risque « pays émergents » chez les investisseurs internationaux (Masson, 1998). La distinction opérée par Ahluwalia (2000) entre « contagion discriminante » et contagion « non discriminante » permet d'affiner l'analyse. Dans le premier cas, les investisseurs ont une perception du risque qui change pour les pays qui présentent des similarités économiques avec le pays soumis à une crise de change ou une crise financière (ceci constitue en quelque sorte un signal d'alerte). Dans le second cas, la contagion touche les pays sans distinction.

Les travaux empiriques permettent d'identifier les facteurs explicatifs des crises financières récentes dans les pays émergents et la montée du risque tel qu'il est perçu par les investisseurs internationaux. Notons au préalable que les rendements exigés par les investisseurs permettent d'apprécier le niveau de risque tel qu'il est évalué par le marché. Ce risque peut être mesuré par la différence entre le taux d'intérêt exigé par les investisseurs pour acquérir des titres émis par des pays émergents et le taux d'intérêt sans risque américain (cette différence est appelée *spread* et correspond au supplément de rémunération qui est requis par les investisseurs étrangers pour qu'ils acceptent de détenir des titres de pays émergents). Un accroissement du risque perçu conduit à un accroissement des *spreads* de taux d'intérêt. Les *spreads* de taux d'intérêt ont augmenté après le déclenchement de la crise thaïlandaise dans de nombreux pays émergents et le même phénomène s'est accentué après la crise russe. Cela peut traduire un changement de comportement des investisseurs par rapport au risque « pays émergent » ou tout simplement l'existence de chocs communs.

On soulignera que, dans la plupart des études empiriques, la variable « facteur commun » est non significative pour expliquer les crises en série dans les pays émergents (même si le taux de change du dollar ou le taux d'intérêt américain peuvent contribuer à expliquer la crise dans tel ou tel pays). Les facteurs propres à chaque pays ne doivent pas en revanche être négligés. Les études économétriques montrent ainsi que la note souveraine (ou *rating* des pays effectué

## ENCADRÉ 6.6 (suite)

par des agences de notation du risque pays) est une variable explicative significative des *spreads* (ou plutôt de l'évolution des *spreads*) – voir note 1 –. On notera que le canal commercial apparaît lui aussi comme une variable explicative des crises financières qui ont touché les pays asiatiques. Les travaux de Kaminsky et Reinhart (2000) sont à cet égard intéressants. Les deux auteurs calculent la probabilité d'occurrence d'une crise à partir d'un échantillon de pays émergents regroupés en cohorte selon l'importance de leurs liens commerciaux et financiers. Leurs résultats suggèrent que la probabilité de crise dans les pays asiatiques est maximale lorsque les pays sont regroupés en fonction du critère « créancier commun ». L'étude de Brana et Lahet (2005) permet de compléter l'analyse et de mettre en exergue l'existence d'une contagion discriminante dans le cas de la crise asiatique. Les auteurs considèrent « qu'il y a contagion discriminante quand les fondamentaux d'un pays 0 touché par la crise expliquent la modification de la prime de risque dans le pays 1 » – voir note 2 –. La crise asiatique aurait, semble-t-il, une dimension régionale alors que la crise russe (qui est une crise en soi) est à l'origine d'un phénomène de contagion vers l'Amérique latine. Enfin, toutes les crises comportent une part de contagion pure (c'est-à-dire qui n'est expliquée ni par les fondamentaux ni par un choc commun) dans le sens où on a pu observer (comme nous l'avons déjà souligné) un changement de comportement des investisseurs par rapport au risque à la suite de la crise thaïlandaise et de la crise russe.

Les crises qui frappent les pays émergents présentent souvent tous les symptômes d'un phénomène de contagion. L'accent est très souvent mis sur les effets de contagion à l'échelle internationale alors que les effets de contagions internes sont souvent peu étudiés (Jeanne, 2003). Les symptômes des crises financières sur le plan interne sont les suivants : 1) une crise de change 2) une crise bancaire 3) une crise de la dette souveraine 4) ou encore une crise de la balance des paiements (fuite de capitaux). Ces symptômes sont parfois présents tous les quatre, comme dans le cas de la crise argentine. En revanche, les pays d'Asie du Sud-Est n'ont pas eu de crise de la dette souveraine et le Brésil n'avait pas de crise bancaire déclarée en 1998. Le seul dénominateur commun de ces dernières crises financières est la concomitance d'une crise de change et d'une fuite des capitaux.

On comprend alors toute la complexité des crises financières internationales car il existe des mécanismes de propagation (dans les deux sens) entre les quatre types de crises énoncées ci-dessus. Des travaux théoriques et empiriques ont commencé à explorer les liens entre crises bancaires et crises de change (voir à ce sujet l'encadré 6.7 sur les crises jumelles). Une évaluation de l'importance relative de ces différents mécanismes de propagation interne doit être menée car elle conditionne le type de mesures à prescrire pour sortir de la crise. C'est une question à laquelle s'attellent à l'heure actuelle les chercheurs…

*Références citées* : Brana, S., et D. Lahet, (2005), « La propagation des crises financières dans les pays émergents : la contagion est-elle discriminante ? », *Économie internationale*, 103, pp. 73-96. ; Jeanne, O., (2003), « Comprendre les crises financières internationales », *Revue d'économie financière*, n° 70 (1). Les autres références figurent dans l'article de Brana et Lahet (2005).

**ENCADRÉ 6.6 (suite)**

(1) Pour calculer leur *rating* des pays, les agences internationales intègrent des éléments permettant d'appréhender le risque politique mais aussi économique (taux de croissance, inflation, équilibre de la balance des paiements, dette extérieure, etc.).

(2) Les auteurs montrent techniquement que le *rating* de la Thaïlande (qui constitue une *proxy* des fondamentaux du pays concernés) permet d'expliquer la crise en Indonésie, puis le rating indonésien la crise en Corée du Sud.

### Le rôle des déterminants fondamentaux [57]

L'appréciation du dollar a été souvent mise en avant pour expliquer la crise monétaire asiatique. En effet, les monnaies asiatiques étaient ancrées de manière fixe au dollar américain. Mais, comme le souligne la lettre du CEPII d'octobre 1997, il faut relativiser le rôle de l'appréciation du dollar (augmentation du taux de change effectif réel des devises asiatiques de 10 %) depuis le milieu de 1995 dans la dégradation des déficits courants des pays asiatiques (4 % à 8 % du PIB selon les pays) [58]. En effet, la dégradation des déficits courants a débuté dès l'année 1994, c'est-à-dire avant la forte appréciation du dollar (et donc des monnaies qui lui étaient rattachées). Ainsi, le ralentissement des exportations proviendrait davantage du ralentissement de la demande extérieure au bloc asiatique. En outre, les déficits courants observés depuis 1995 sont largement la contrepartie des excédents du compte des opérations financières provoqués par l'entrée massive de capitaux entre 1993 et 1995 [59]. Par conséquent, le rôle du taux de change réel est moins important que dans la crise mexicaine. Mais, dans les deux cas, la crise s'apparente à une crise de balance des paiements (déficits courants importants).

### Le rôle du secteur bancaire [60]

La crise financière asiatique apparaît comme l'aboutissement d'un processus de fragilisation financière des économies asiatiques dont les attaques spéculatives ont été révélatrices. On peut noter un certain nombre de signes avant-coureurs de cette fragilité : bulle spéculative sur le marché immobilier prête à se retourner, accroissement des créances douteuses dans les bilans bancaires. Les entrées de capitaux,

57 Voir encadré 6.7 sur les modèles mettant en avant le rôle des fondamentaux dans l'explication des crises de change.

58 Sgard, J. *et al.* (1997), « La crise financière en Asie », *La lettre du CEPII*, n° 161, octobre 1997. Par ailleurs, notons qu'une augmentation du taux de change effectif réel correspond à une dégradation de la compétitivité-prix des exportations asiatiques.

59 Rappelons, en effet, que toute entrée de capitaux se traduit dans le futur par le versement de revenus financiers à des non-résidents, ce qui tend à dégrader le solde des transactions courantes.

60 Voir pour plus de détails sur le rôle des intermédiaires financiers sur la crise asiatique, le rapport de la BRI, 1998, chapitre 7 : « Intermédiation financière et crise asiatique ». Voir aussi l'encadré 6.7 sur les crises jumelles (crise bancaire et crise de change).

contrairement au cas mexicain, se sont traduites par des emprunts en devises à échéance courte contractés par des banques locales (tout particulièrement en Thaïlande). En effet, comme le remarque la Société Financière Internationale dans sa note d'information du 29 janvier 1998, la dette bancaire à court terme des cinq pays asiatiques (Thaïlande, Malaisie, Indonésie, Corée du Sud et Philippines) est passée de 82 milliards de dollars en 1993 à 152 milliards en 1996. Dans certains cas, les autorités ont eu l'imprudence d'encourager ce type de financement bancaire, notamment en Thaïlande, par la création d'instruments financiers tels que *le Bangkok International Banking Facility (BIBF).*

Plutôt que d'effectuer des investissements directs, les investisseurs étrangers ont prêté aux banques locales et s'en sont par conséquent remis à elles pour sélectionner les projets d'investissement susceptibles d'être financés. Mais les banques ont failli à cette tâche car elles croyaient pouvoir compter indéfiniment sur des ressources extérieures ou intérieures (taux d'épargne élevé dans ces pays) abondantes. En outre, concernant l'emploi de ces ressources, les banques ont surestimé les perspectives de croissance de l'économie et ont participé au financement de la bulle spéculative sur le marché immobilier. À cela est venu s'ajouter un déficit de contrôle à tous les niveaux : apporteurs de fonds obnubilés par des rendements à court terme élevés, modèles de gestion interne du risque inexistants, actionnariat ne jouant pas son rôle de contrôle de la direction des banques, surveillance trop faible par les autorités de tutelle, liens trop étroits avec les milieux politiques.

La Corée du Sud constitue un exemple remarquable de ces dysfonctionnements. En effet, les grands conglomérats financiers, s'appuyant sur des relais politiques, faisaient pression sur les grandes banques pour obtenir des crédits sans aucune étude de dossier sérieuse, ce qui a conduit à un surendettement du secteur privé. Comme le mentionne la Société Financière Internationale (1998), le levier d'endettement (dette rapportée aux capitaux propres) moyen des trente premiers conglomérats sud-coréens (les « chaebols ») était de l'ordre de 400 %. On comprend pourquoi le secteur privé n'a pu résister à la forte hausse des taux d'intérêt. D'ailleurs, huit des trente plus grands conglomérats financiers ont fait faillite en 1997.

### La crise asiatique : crise d'un modèle de croissance et crise jumelle

Plus généralement, la crise asiatique correspond à une crise d'accumulation du capital par suraccumulation d'un capital de moins en moins rentable. En effet, les flux de capitaux étrangers ont servi essentiellement à financer des investissements privés, ces derniers étant les moteurs de la croissance. Au Mexique, en revanche, les capitaux étrangers avaient servi à financer la consommation interne (biens durables) des ménages. La crise asiatique révèle donc une crise plus profonde : celle d'un modèle de croissance.

En outre, il est intéressant de remarquer que la crise asiatique correspond à une crise jumelle (voir encadré 6.7) : crise de change et crise bancaire. Ainsi, il semble que la crise (de solvabilité) bancaire ait fortement contribué à provoquer des attaques spéculatives. En retour, ces dernières ont entraîné une dépréciation des devises asiatiques qui ont mécaniquement dégradé les bilans bancaires. En revanche, au Mexique, seul ce dernier élément semble avoir été significatif.

Enfin, la crise asiatique témoigne du rôle ambivalent de prêteur en dernier ressort joué par les instances internationales quand le secteur réel comme le secteur financier traversent non pas une crise d'*illiquidité* mais une crise de *solvabilité* [61]. Dans ce cas, c'est la doctrine du « *too big to fail* » [62] qui justifie une telle intervention car la faillite de ces économies remettrait en cause la stabilité de l'économie mondiale. Comme l'illustre le tableau 6.3 suivant, pour les principaux acteurs de la crise asiatique (Thaïlande, Indonésie, Corée du Sud), le FMI s'est érigé en coordinateur du plan de sauvetage dans lequel sa participation financière a été considérable.

**Tableau 6.3**
*Le financement des plans de sauvetage des économies asiatiques*

| **Plan thaïlandais (1)** | | **Plan indonésien (2)** | | **Plan coréen (3)** | |
|---|---|---|---|---|---|
| FMI | 23.4 | FMI | 60.8 | FMI | 126 |
| Banque mondiale | 9 | Banque mondiale | 27 | Banque mondiale | 60 |
| Banque asiatique de développement | 7 | Banque asiatique de développement | 21 | Banque asiatique de développement | 24 |
| Japon | 24 | Japon | 30 | | |
| | | Singapour | 30 | Principaux pays industrialisés | 132 |
| Autres pays | 39.6 | Autres pays | 71.7 | | |
| Total | 103 | Total | 240,5 | Total | 342 |

(1) Crédit d'une durée de 2,5 années, (2) Crédit d'une durée de 3 ans, (3) Prêt d'une durée de 3 ans.
Source : *L'Expansion*, 22 janvier au 5 février 1998.

On comprend que l'aide internationale exige en contrepartie de profondes réformes structurelles, tant au niveau réel que financier. Le caractère conditionnel de l'aide du FMI recouvre toute une gamme de dispositions, qui vont de l'engagement assez général de coopérer avec le FMI, en vue de définir des politiques économiques, à la définition d'un ensemble de mesures économiques et financières précises et chiffrées. Ainsi, la Corée du Sud a dû s'engager à fermer certains établissements de crédits et à autoriser des prises de participations étrangères dans le capital des banques et des

61 De manière générale, l'illiquidité correspond à un manque de liquidité passager, alors que l'insolvabilité compromet la pérennité de l'activité.

62 En français, cela signifierait : « trop important pour faire faillite ».

« chaebols ». Mais l'action du FMI vient buter sur son droit d'ingérence dans les affaires intérieures d'un pays et de manière générale sur la souveraineté des États [63].

La crise asiatique a été l'occasion de faire resurgir un problème ancien du FMI : les rapports sur la situation économique des pays ne sont pas rendus publics de manière systématique. Par exemple, le Fonds n'avait pas publié de rapport sur la situation financière de la Thaïlande avant la crise de l'été 1997. Or la philosophie du FMI est de fournir des informations fiables et complètes sur la situation d'un pays afin que la discipline des marchés internationaux puisse se mettre à l'œuvre. Dans ces conditions, les investisseurs internationaux peuvent exiger des primes de risque plus élevées à l'encontre de pays trop éloignés de certains fondamentaux. De cette manière, le comportement « d'aléa de moralité » des États est limité. Ce comportement consiste pour les États à ne pas prendre les mesures correctrices qui s'imposent sachant que, si la crise financière se produit, le FMI et la Communauté internationale seront présents pour apporter leur soutien financier.

■ **La crise financière argentine de 2001-2002 : la crise d'un régime de change ?** En avril 1991, le gouvernement argentin adopte un régime de caisse d'émission (*currency board*). Ce régime s'est effondré en janvier 2002. Le choix d'un tel régime de change s'explique par la volonté d'un ancrage de la monnaie nationale afin de stopper la fuite devant le peso et l'hyperinflation. Dans un premier temps, une parité un pour un entre le peso et le dollar rétablit la confiance dans le système bancaire et établit l'idée que cette parité est irrévocable. Il s'ensuit une période de forte croissance et de stabilité des prix. Cette croissance est soutenue par des investissements directs étrangers visant au rachat d'entreprises privatisées. Les succès initiaux de ce régime de change ont fait dire à certains experts que la caisse d'émission pourrait être généralisée à d'autres pays d'Amérique latine. Cette caisse d'émission a occupé par ailleurs une place très particulière du point de vue de l'évolution de la situation économique et politique de l'Argentine. Dans un contexte historique marqué par des épisodes récurrents d'hyperinflation, la caisse d'émission est devenue un élément central du nouveau pacte social argentin. Son effondrement a donc conduit à des bouleversements certes économiques, mais aussi sociaux et politiques.

#### *Comment expliquer cette crise financière ?* [64]

On peut distinguer trois principales origines : les chocs extérieurs (1), la dollarisation de l'économie liée au caractère particulier de son régime de change (2) et les déséquilibres budgétaires (3).

---

63 Pour l'anecdote, des manifestants coréens ont arboré des pancartes comportant les trois lettre « IMF », mais avec la signification suivante inscrite à l'encre rouge : *I'M Fired* (« Je suis viré »). Au-delà de l'anecdote, cela révèle la difficulté pour les pays aidés par le FMI d'accepter les plans d'austérité qui accompagnent son soutien financier. Selon les prévisions des autorités sud-coréennes, le PNB par habitant chuterait en 1998 à son niveau d'il y a huit ans, pour atteindre entre 6200 et 6400 dollars contre 9511 dollars en 1997 (*Le Monde*, 27 août 1998).

64 Voir à ce sujet le rapport sur les crises financières du Conseil d'Analyse économique, La Documentation française, 2004.

1. **Les chocs extérieurs**. L'Argentine a été affectée par la crise russe d'août 1998 et par la crise brésilienne de janvier 1999. Alors que l'Argentine avait reçu un volume important de capitaux extérieurs, le compte financier montre que les deux crises russe et brésilienne ont introduit une rupture dans les volumes d'entrée. Ainsi, à partir du quatrième trimestre 1999, les entrées nettes de capitaux s'affaiblissent régulièrement et se transforment en sorties nettes à partir du quatrième trimestre 2001. À cela s'ajoute l'appréciation du peso argentin en terme réel qui pénalise la compétitivité de l'économie et renforce le déficit du compte courant. En outre, à compter de 1998, le coût des financements internationaux de l'Argentine s'accroît avec le risque souverain de l'Argentine qui connaît une brutale dégradation à la veille de la crise. Il s'en suit une perte de réserves de change qui ont des conséquences restrictives sur la masse monétaire interne, étant donné le système monétaire argentin.
2. **La dollarisation de l'économie** fait référence à la possibilité offerte aux agents argentins d'effectuer des dépôts en dollars et de contracter des prêts en dollars et ce pour des transactions domestiques. Cette dollarisation ne doit pas s'interpréter nécessairement comme le signe que « le peso est aussi bon que le dollar ». Au contraire, le fait que les agents économiques argentins placent leurs liquidités en dollars vise à les prémunir contre une dépréciation du peso et le retour d'une hyperinflation. L'écart de rémunération entre les dépôts, les prêts et les actifs financiers libellés en peso et ceux libellés en dollar se creuse à compter de 2000 et témoigne d'une défiance grandissante.
3. **Les déséquilibres budgétaires**. Pour un certain nombre d'économistes, l'économie argentine aurait été victime d'une gestion irresponsable des dépenses publiques et ceci serait la cause première de la crise (Mussa, 2002) et cette crise constituerait une crise de « fondamentaux » (voir encadré 6.7)[65]. Le régime de change n'a pas été en mesure d'apporter une stabilité budgétaire et on assiste à une dégradation du déficit budgétaire de l'Argentine à compter de 1999, suite à une récession qui s'installe et malgré le plan d'austérité décidé cette même année. Un tel régime s'avère vite incompatible avec un régime de croissance avec des cycles marqués. Parallèlement, la dette du secteur public est passée d'une moyenne de 36,4 % du PIB sur la période 1993-1998 à 53,5 % sur la période 1999-2001.

#### *Le déroulement de la crise*

La crise économique subie par l'Argentine à la fin de 2001 a frappé d'abord par sa dimension monétaire. La fin du *Currency board* est effective le 11 janvier 2002. Mais, auparavant, d'autres phénomènes se sont produits. Les ruées de déposants auprès du guichet de leur banque se transforment en véritable panique bancaire en novembre et sont suivies du gel des dépôts bancaires (le *corralito*) au début de décembre et de la mise en place d'un contrôle des

65 Mussa, M., (2002), « Argentina and the Fund: from Triumph to Tragedy », *Policy Analysis in International Economics*, n° 67, Institute for International Economy.

changes très restrictif. Le système de paiement est alors bloqué, ce qui a des conséquences immédiates sur la sphère réelle. L'incapacité de remboursement de la dette publique en dollar et l'effondrement du peso qui s'en est suivi expliquent cette crise bancaire qui, elle-même, a nourri la crise de change par le fait que les déposants fuient devant la monnaie locale pour se procurer du dollar. Ainsi se conjuguent une crise de change et une crise bancaire (crise jumelle, voir encadré 6.7), sur le modèle déjà observé pour la crise asiatique. S'y adjoint, dans le cas de la crise argentine, une répudiation de la dette publique. Les conséquences sociales et politiques sont importantes et cela, d'autant plus, que la sphère réelle est affectée profondément : suspension de la quasi-totalité des contrats financiers privés et publics, destruction du fond de roulement des entreprises, chute de la production (-15 % au premier septembre 2002), poussée inflationniste (hausse des prix à la consommation de 30 % sur la même période), nouvelle augmentation du chômage (taux de chômage de 25 % en juin) et de la pauvreté (passée, en un an, de 35 % à 52 % de la population).

### *Quel succès pour la « pesification » de l'économie ?*[66]

Suite à cette crise, la question centrale a été celle de la survie de la monnaie nationale, c'est-à-dire du peso. Il s'agissait de savoir si, après dix années de change fixe et de régime bi-monétaire, les agents accepteraient leur monnaie nationale ou si nous allions assister à une dollarisation inévitable. Trois scénarios pouvaient être envisagés lors de cette sortie de crise : le succès entier de la « pesification » et la réouverture progressive des circuits de liquidité (accès aux dépôts, levée progressive du contrôle des changes), l'échec rapide suivi d'une dollarisation complète, enfin une voie intermédiaire où la « pesification » s'imposerait graduellement avec encore le maintien de contrôles forts. On sait maintenant que c'est ce troisième cas de figure qui s'est produit. La « pesification » a réussi techniquement. L'inflation mensuelle est passée de 4,6 % en moyenne au premier semestre à 1,8 % au cours des quatre mois suivants. Le change s'est stabilisé dès le mois de mai 2002 et le gel des dépôts en compte courant a pu être levé au début décembre 2002. En cette fin d'année 2002, le budget était à l'équilibre et la chute de la production interrompue. Une reprise économique s'est engagée à compter de 2003.

## ENCADRÉ 6.7

### *Théorie des attaques spéculatives et le rôle des fondamentaux*

- La théorie des attaques spéculatives étudie les mécanismes par lesquels les monnaies sont attaquées. Le modèle initial est celui de Krugman (1979). Il est représentatif, avec celui de Flood et Garber (1984), d'une première génération de modèles dits de crise de balance des paiements (approche monétaire de la balance des paiements). Ces modèles insistent sur le fait que c'est un changement dans les fondamentaux de l'économie qui provoque la crise de change. Ainsi, l'effondrement d'un régime de

66 Sgard, J., (2002), « L'Argentine un an après : de la crise monétaire à la crise financière », *La lettre du CEPII*, n° 218, décembre.

## ENCADRÉ 6.7 (suite)

change (fixe) a lieu quand les politiques monétaires ou budgétaires suivies par les autorités sont incompatibles avec le maintien de changes fixes. La mise en œuvre de telles politiques conduit à un épuisement des réserves de change que des agents économiques rationnels sont capables d'anticiper. Par conséquent, ces derniers procèdent à une attaque spéculative pour profiter des dernières réserves de change, avant que le changement de régime ne conduise à une dévaluation ou à un flottement de la monnaie. Tous les modèles de crise de balance des paiements considèrent donc que le moment de l'attaque est unique (équilibre unique) et nécessite au préalable une dégradation des déterminants fondamentaux. Certains, comme celui de Flood et Garber (1984), permettent de prévoir le moment précis où se produit l'attaque spéculative.

- Une deuxième génération de modèles modélise les crises de change en termes d'attaques spéculatives auto-réalisatrices. Dans cette perspective, les équilibres deviennent multiples (coexistence d'équilibres avec attaque et sans attaque) et les crises de changes ne proviennent pas d'une politique économique en contradiction avec le régime de change en vigueur. Au contraire, ce sont les attaques spéculatives qui provoquent un changement de politique économique après l'effondrement du régime de change. En effet, les spéculateurs, anticipant un tel enchaînement, procèdent à une attaque préventive. Il suffit alors que les autorités ratifient *ex post* les anticipations des spéculateurs pour que l'attaque devienne auto-réalisatrice. Cette dernière peut donc se produire à n'importe quel moment et, sans elle, le régime de change pourrait continuer à fonctionner car il est tout à fait compatible avec l'équilibre de la balance des paiements (au sens des fondamentaux).
- Dans une troisième génération de modèles, des auteurs comme Obsfeld (1991 à 1997), Ozkan et Sutherland (1994), et Jeanne (1996 et 1997), retiennent toujours la logique de l'équilibre multiple, mais s'en démarquent en justifiant le choix des autorités d'abandonner le régime de change. On suppose, en effet, dans ces modèles, que le gouvernement a un comportement optimisateur et qu'il compare le coût du maintien dans le régime de change au coût de sa sortie. Cela permet de déterminer les conditions dans lesquelles le gouvernement abandonnera le régime de change. Ainsi, dans l'article de Ozkan et Sutherland (1994), le gouvernement arbitre entre le niveau du taux d'intérêt (nécessaire pour défendre la parité) et le chômage. Plus récemment, Obsfeld (1994 à 1997) et Jeanne (1997) développent des modèles avec clause de sortie.
- Des travaux récents de Flood et Marion (1996) et Cole et Kehoe (1996) établissent une synthèse des différentes conceptions en montrant qu'une dégradation des fondamentaux est nécessaire pour faire entrer l'économie dans une zone de crise, mais que la crise dépend alors du comportement des spéculateurs qui décident de se livrer ou pas à une attaque contre la monnaie concernée.
- Enfin, de nouveaux travaux établissent un lien entre crise bancaire et crise de change. D'un point de vue empirique, l'étude de Kaminsky et Reinhart (1999), en considérant un échantillon de 20 pays développés et en développement sur le période 1970-mi 1995, en arrive au résultat suivant : 56 % des crises bancaires sont suivies, dans les 36 mois, par une crise de change, alors que 12 % des crises monétaires sont accompagnées de crises bancaires dans le même délai. L'existence de ces crises jumelles (coexistence des crises de change et bancaires) semble être spécifique aux années 1990.

**ENCADRÉ 6.7 (suite)**

- D'un point de vue théorique, les travaux récents de Goldfajn et Valdés (1997) lient crises monétaires et crises bancaires en prenant en compte l'influence exercée par le système bancaire sur les entrées de capitaux (crise jumelles). Ils confirment que ce sont les crises bancaires qui constituent généralement un indicateur avancé des crises monétaires et pas l'inverse.

N.B. : le lecteur intéressé trouvera la quasi-totalité des références citées dans les articles suivants : (1) Kaminsky, G. L., et C. M. Reinhart, (1999), « The twin crisis: the causes of banking and balance-of-payments problems », *The American Economic Review*, vol. 89, n° 4, pp. 473-500. (2) Goldfajn, I., et R. O. Valdés, (1997), « Capital flows and the twin crises : the role of liquidity », *IMF Working Papers*, WP/97/87, July. (3) Jeanne, O., (1997), « Are currency crises self-fulfilling? A test », *Journal of International Economics,* vol. 43.

## D. L'instabilité financière concerne aussi les pays développés : la crise bancaire et financière récente [67]

Nous développerons ici successivement les causes, le déroulement et les conséquences de cette crise financière qui s'est transformée en crise économique sévère.

■ **Une situation macroéconomique favorable… qui cache des faiblesses**. Il n'est pas chose aisée d'identifier les facteurs à l'origine de la crise actuelle (Artus *et al.*, 2010). La situation macroéconomique ne laissait pas prévoir, quelques mois avant le déclenchement de la crise financière en août 2007, de ralentissement significatif de l'économie mondiale (seul un ralentissement de l'économie américaine était perceptible). Le point de départ semble être un excès de liquidités mondiales. Le rapport entre la masse monétaire au sens strict et le PIB pour les États-Unis, l'Europe, le Japon et la Chine est passé entre le milieu des années 1980 et 2007 de 15 % à 30 % environ. Le point important est que cette forte augmentation de la liquidité mondiale ne s'est pas traduite par un regain d'inflation : l'inflation mondiale a même baissé de 12 % à moins de 5 % au cours des dix dernières années. Ceci résulte à la fois à la crédibilité des politiques de lutte contre l'inflation menées par des banques centrales indépendantes et de la baisse du prix des biens manufacturiers due à la concurrence des pays émergents (ceci malgré une augmentation du prix des matières premières due en particulier aux grands pays émergents). La forte liquidité mondiale conduit à une diminution de l'aversion au risque des investisseurs qui sont à la recherche de rendements plus élevés pour leurs placements. La baisse de l'inflation combinée à la baisse généralisée des primes de risque conduit à une baisse des taux d'intérêt de long terme. La baisse des taux d'intérêt conjuguée à celle des primes de risque rend le crédit abondant et « bon

67 Les développements qui suivent s'appuient essentiellement sur l'ouvrage de Artus, P. Betbèze, J.-P., de Boissieu, C. et Capelle-Blancard, G. (2010), *De la crise des subprimes à la crise mondiale*, Paris, Conseil d'Analyse Économique, La Documentation Française, et sur Aglietta, M. (2008), « Comprendre la crise du crédit structuré », *La Lettre du CEPII*, n° 275.

marché » et favorise les opérations reposant sur un fort effet de levier d'endettement. L'augmentation du crédit ne se traduit pas cependant par une augmentation du prix des biens : la récession de 2001 et la croissance faible qui suit jusqu'en 2005 environ font que les capacités de production dans les pays développés ne sont pas pleinement utilisées. En revanche, on observe une augmentation du prix des actifs, en particulier des actifs immobiliers. Ceci conduit à une expansion des crédits hypothécaires qui sont adossés sur la valeur des actifs immobiliers en vertu du principe de « l'accélérateur financier » et de la consommation des ménages aux États-Unis par le biais de « l'effet de richesse ». L'ensemble des éléments qui viennent d'être présentés concourt à rendre les agents économiques (trop) confiants et à s'endetter au-delà du raisonnable : c'est le fameux « paradoxe de la tranquillité » développé par Minsky dans les années 1970 qui veut que les conditions d'un retournement se mettent en place au cours des périodes d'euphorie économique.

■ **Des dysfonctionnements d'ordre microéconomique au premier rang desquels la « titrisation ».** Il convient de bien comprendre comment les difficultés liées initialement à un segment du financement de l'immobilier, appelé crédits *subprimes* (ceux-ci désignent les crédits hypothécaires accordés à des emprunteurs à risque, par opposition aux crédits *primes* qui sont souscrits par des emprunteurs qui offrent de bonnes garanties de remboursement), a pu « dégénérer » en une crise générale du crédit. Ceci suppose de bien comprendre le modèle de financement appelé « titrisation des crédits ». La titrisation est une « opération financière qui consiste à transformer des actifs pas ou peu liquides (traditionnellement des prêts), en titres aisément négociables sur des marchés par l'intermédiaire d'une entité juridique ad hoc » (Artus *et al.*, 2010, p. 28). La titrisation concernait initialement des crédits hypothécaires (Mortgage Backed Securities : MBS) mais rapidement d'autres crédits ont servi de supports (Asset Backed Securities : ABS) : crédits automobile, prêts étudiants etc. L'explosion des crédits hypothécaires est très fortement liée au développement de leur titrisation par des banques d'investissement qui ont « titrisé » des crédits hypothécaires plus risqués que ceux « titrisés » traditionnellement par les agences publiques de refinancement hypothécaires Fannie Mae et Freddie Mac. Ceci a permis aux banques d'investissement d'échapper au cadre réglementaire prudentiel imposé sur les actifs à leur bilan.

Rappelons au préalable deux points importants concernant la période 1996-2005 qui précède le déclenchement de la crise financière : on constate tout d'abord une réduction de l'aversion pour le risque des prêteurs sur le marché hypothécaire sur cette période. Ceci se traduit par un doublement du nombre de prêts hypothécaires ainsi qu'une baisse significative du *spread* des crédits *subprimes* à 30 ans (le *spread* étant calculé par rapport aux obligations d'État considérées comme « l'actif sans risque » de même durée). On constate ensuite une augmentation de l'offre de crédit aux ménages les moins solvables entre 2001 et 2005 qui conduit à une augmentation des taux de défaut entre 2005 et 2007.

La titrisation peut être conçue comme un processus en trois étapes (Aglietta, 2008) : (*i*) une banque d'investissement rachète des crédits à ceux qui les ont émis. Il en résulte un pool de crédits structurés homogène ou hétérogène (cette première étape est appelée : *pooling*). (*ii*) La deuxième étape appelée *offloading* consiste à sortir les crédits mis en pool du bilan de la banque d'investissement pour être placés dans des structures spéciales appelées « véhicules ad hoc » ou « conduit » (*special purpose vehicules*). Ces structures s'apparentent à des banques de marché non régulées et non supervisées. En contrepartie des pools de crédits, elles émettent des titres pour les vendre à des investisseurs (comme les fonds spéculatifs) mais aussi à des banques. (*iii*) La troisième étape nommée *credit tranching* consiste à émettre les titres en tranches hiérarchisées selon leur niveau de risque. À partir d'un pool de crédits structurés notés par exemple BBB, le véhicule peut proposer aux investisseurs des tranches de titres présentant des niveaux de risque et de rendement différents : tranches « super seniors » notées AAA, « seniors » notées AA et A, « mezzanines » notées BBB et BB jusqu'aux tranches « equity » non notées et les plus exposées [68].

Le principe général est que la bonne notation des tranches supérieures est possible en vertu du principe de subordination par le fait qu'en cas de détérioration des revenus du pool ce sont les tranches inférieures qui subissent d'abord les pertes et protègent les tranches supérieures (voir tableau 6.4). Il est important de bien comprendre que du point de vue des banques d'investissement, le but de la titrisation est de maximiser le profit dégagé par le « conduit ». Ce profit est égal à la différence entre les revenus tirés du pool de crédit figurant à l'actif du bilan (les intérêts versés par les emprunteurs initiaux) et les commissions de tous les intermédiaires et des paiements faits aux investisseurs qui achètent les tranches. Le problème est que pour maximiser le profit de la titrisation il faut que les tranches supérieures dont le taux de rémunération est faible soient des tranches épaisses mais alors les tranches inférieures sont fines : elles n'offrent une protection qui justifie la notation AAA des tranches supérieures que si le pool de crédits ne fait pas trop de pertes.

En premier lieu, la titrisation était censée améliorer l'efficacité du système financier en diversifiant le risque (et non pas en le disséminant) sur une population plus grande d'agents économiques. Le fait que les prêteurs vendent des crédits qui seront ensuite « titrisés » au lieu de les conserver et d'en porter eux-mêmes le risque n'est pas neutre sur l'incitation pour le prêteur à considérer le profil de risque du débiteur (voir tableau 6.5). La proximité dans le premier cas entre l'emprunteur et le prêteur fait que ce dernier peut évaluer de façon beaucoup plus fine la solvabilité du débiteur tout au long de la durée du prêt. Dans le second cas, au contraire, le prêteur ne supporte plus le risque que l'emprunteur fasse défaut et par conséquent devient moins strict dans l'évaluation des risques (*screening*) et dans leur suivi (*monitoring*). En second lieu, la mise en pool de différents crédits devrait normalement diminuer le risque moyen. Cela sup-

68 La notation des tranches est assurée par les agences de notation de sorte que l'activité de notation de financements structurés a pu représenter plus de la moitié du chiffre d'affaires d'agences comme *Moody's*, *Standard and Poor's* ou *Fitch*.

**Tableau 6.4**
*Bilan et compte de revenu d'un conduit (millions de dollars)*

| Actif | | Passif | | Notation et rendement (pb > Libor) | Revenus | | Paiements | |
|---|---|---|---|---|---|---|---|---|
| Encours du pool | 720 | Tranches de titres | | | Revenu du pool | 62 | Paiements | 47 |
| | | Supersenior, senior | 504 | AAA et AA (25) A (75) | | | Supersenior, senior | 30 |
| | | Mezzanine | 202 | BBB (180) BB (475) | | | Mezzanine | 15 |
| | | Equity | 14 | non notées | | | Equity | 2 |
| | | | | | | | Commissions | 11 |
| | | | | | | | Profit pur | 4 |
| | 720 | | 720 | BBB (200) | | 62 | | 62 |

Note : Profit pur = Revenu du pool – (Paiements + Commissions).
Source : Aglietta (2008).

**Tableau 6.5**
*Deux modèles de crédit*

| Initier les crédits et porter le risque | Initier les crédits et les vendre (ou les garder mais vendre le risque) |
|---|---|
| • Le profit du prêteur est fonction croissante du risque pris | • Le profit du prêteur en fonction croissante du volume des crédits vendus |
| • Incitation à évaluer la solvabilité de l'emprunteur | • Incitation à accorder des crédits contre collatéral : la hausse anticipée de la valeur des biens |
| • Asymétrie d'information réduite par la proximité de l'emprunteur et du prêteur qui fait le monitoring pendant la vie du prêt | • Asymétrie d'information accrue par la faible incitation à considérer le profil de risque du débiteur |
| • Offre de crédit par des banques munies d'une capacité à évaluer des crédits | • Offre de crédit par les banques et par une variété d'officines non bancaires |
| • Contrôle potentiel : provision en capital en face du crédit | • Aucun contrôle prudentiel, aucune provision en capital |
| **Aléa moral contenu** | **Aléa moral maximisé** |

Source : Aglietta (2008).

pose cependant que ces crédits soient indépendants et ne soient donc pas adossés à un même collatéral. Or, dans le cas présent, les crédits individuels étaient adossés à un même collatéral : un bien immobilier. Enfin, la titrisation peut conduire à créer des produits financiers dont le profil de risque devient très difficile à apprécier. Comme le souligne Aglietta (2008), « lorsque les défauts sur les crédits initiaux ont commencé à augmenter, les modèles de mesure du risque de crédit se sont avérés grossièrement erronés. En effet, les sources de risque dans le crédit structuré ne sont pas de l'ordre de la volatilité qui est captée par des lois normales. Ce sont des risques fortement asymétriques du côté des pertes et qui entraînent des pertes rares mais extrêmes ».

■ **Le déroulement de la crise et la réaction des pouvoirs publics.** La hausse des taux d'intérêt américains à partir de 2004 va changer la donne après la période de politique monétaire accommodante qui suit les attentats du 11 septembre 2001. L'augmentation des taux d'intérêt fragilise directement les ménages les plus vulnérables qui sont endettés à des taux variables. Ces derniers doivent alors vendre leurs biens immobiliers dans l'urgence. Dès 2006, les prix de l'immobilier baissent aux États-Unis. Il n'est pas difficile de comprendre les effets de ce retournement sur le crédit structuré : le retournement du marché immobilier a entraîné une augmentation de la probabilité de défaut de crédits dont le collatéral était un bien immobilier. Les banques qui détenaient à leur actif ce type de prêts ont subi des pertes importantes dans la mesure où les biens immobiliers ne pouvaient être revendus qu'à un prix plus faible en cas de défaut de paiement des débiteurs. De surcroît, la corrélation entre des crédits qui avaient été supposés indépendants a fait que les pools d'actifs (« conduits ») qui servaient de support à la titrisation ont été à leur tour atteint. Leurs pertes ont augmenté et les agences de notation ont alors fortement dégradé les notes de certaines tranches adossées à des crédits structurés (Moody's a dégradé par exemple 9 000 tranches en 2007, puis 37 000 en 2008). Les banques ont dû alors réintégrer dans leur bilan les créances « titrisées » qui ne pouvaient plus être financées dans les « conduits » du fait de l'effondrement du marché des actifs titrisés.

Les difficultés rencontrées par les banques vont avoir deux conséquences notables :

(*i*) un assèchement de la liquidité sur certains marchés et en particulier sur le marché interbancaire. Les banques qui se refinancent traditionnellement sur le marché interbancaire ne se font plus confiance car elles ignorent l'exposition des autres banques aux prêts *subprimes*. Les taux d'intérêt interbancaires à trois mois augmentent alors inévitablement. Les banques centrales sont réactives et interviennent dès le début de la crise pour « injecter » des liquidités en utilisant des mesures non conventionnelles de politique monétaire consistant à utiliser « tous les ressorts des politiques de « *quantitative easing* » (assouplissement quantitatif) et « *credit easing* » (assouplissement des conditions de crédit) : allongement de la maturité des refinancements, extension de la gamme des collatéraux acceptés, appels d'offre à taux fixes intégralement servis, achats fermes de titres publics et privés… en bref une sorte *d'open market* généralisé pour rétablir la liquidité du système financier » (Artus *et al.*, 2009, p. 96). La Réserve fédérale américaine (Fed) accompagne ces mesures d'une baisse de son taux d'intérêt directeur jusqu'à le ramener à son taux le plus bas de son histoire en décembre 2008 (entre 0 et 0,25 %). Ce n'est qu'à partir d'octobre 2008 que la Banque centrale européenne (BCE) va entamer une série de baisses de son taux d'intérêt directeur (voir à ce sujet le chapitre 5). L'intervention des banques centrales comme « prêteurs en dernier ressort » pose alors un problème d'aléa moral quand les banques se savent à l'abri de la faillite à cause du risque systémique que leur faillite (surtout quand elles sont de grande taille) ferait peser sur la stabilité du secteur bancaire et financier (« *too big to fail* »).

(*ii*) les banques vont être obligées de constater une dépréciation sans précédent de la valeur de leurs actifs (en particulier ce que l'on appelle les « actifs toxiques ») et doivent se recapitaliser en levant des fonds sur les marchés. Les fonds souverains des pays émergents entrent dans le capital de grandes banques américaines et européennes : *Abu Dhabi Investment Authority* entre dans le capital de la banque Citygroup à hauteur de 5 % environ de son capital, *Government of Singapore Investment Corp.* entre à hauteur de 10 % dans le capital d'UBS et *China Investment Company Ltd* entre à hauteur de 10 % dans le capital de Morgan Stanley. L'entrée en lice des fonds souverains n'évite pas cependant la faillite de certaines banques prestigieuses comme *Lehman Brothers,* le 15 septembre 2008. Les autorités américaines décident cependant de secourir en mars 2008 d'autres banques comme Bear Stearns. Le gouvernement britannique va même jusqu'à « nationaliser » en février 2008 la banque anglaise *Northern Rock* faute de repreneurs [69]. Fin 2008, c'est 45 % du secteur bancaire anglais qui est sous le contrôle de l'État. Les encadrés 6.8 et 6.9 détaillent respectivement la crise dans les différents secteurs bancaires et les plans de sauvetage mis en place.

### ENCADRÉ 6.8
### *Faillites et restructurations bancaires*

La plupart des grandes banques ont été frappées durement par la crise financière et ont procédé à des réductions d'effectifs. Certaines ont été renflouées par les pouvoirs publics, d'autres comme *Lehman Brothers* ont fait faillite. Parmi les institutions financières qui ont fait faillite, ont été nationalisées ou renflouées à cette période, on citera *American International Group* (États-Unis), *Fortis* (Belgique) et *Dexia* (Belgique). Des institutions très connues de *Wall Street*, comme *Merrill Lynch*, *Goldman Sachs* et *Morgan Stanley* ont cessé de fonctionner comme banques d'investissement pour « se reconvertir » en banques commerciales (et passer sous le contrôle du Système de réserve fédéral). Aux États-Unis, le *Troubled Asset Relief Program* (TARP) a permis au gouvernement fédéral d'injecter 125 milliards de dollars de capital dans les plus grandes banques du pays. Cet effort de recapitalisation s'est poursuivi de sorte que le gouvernement américain est devenu le premier actionnaire dans nombre de grandes banques dont *Citigroup*. Les gouvernements européens n'ont pas été en reste dans la recapitalisation des banques. Par exemple, le Crédit Agricole, BNP Paribas et Société Générale ont aussi bénéficié d'apports en capital de la part du gouvernement français (de l'ordre de 10 milliards d'euros sur une enveloppe maximale de 40 milliards d'euros).

Début 2009, de grandes institutions financières avaient vendu ou étaient en train de vendre leurs participations financières : *Royal Bank of Scotland* a cédé toutes ses participations de la *Banque de Chine* pour 2,3 milliards de dollars, UBS a vendu pour 900 millions de dollars de parts de la *Banque de Chine*, *Bank of America* a également réduit sa participation dans la *China Construction Bank* en vendant un bloc de 7,3 milliards de dollars d'actions et

69 En deux jours, les 14 et 15 septembre 2007, cette banque a connu un phénomène de ruée bancaire : des déposants paniqués ont retiré deux milliards de livre sterling, soit 10 % des dépôts.

## ENCADRÉ 6.8 (suite)

*Allianz* et *American Express* ont annoncé conjointement la vente de 1,9 milliard de dollars d'actions dans la *Banque industrielle et commerciale de Chine*. Les grandes banques ont aussi procédé dans une large mesure à des désinvestissements massifs au début de l'année 2009. *Citigroup* a par exemple vendu sa société fiduciaire japonaise à *Mitsubishi UFJ Financial Group* pour 282 millions de dollars. Ceci a conduit à des restructurations importantes dans le secteur bancaire. Ainsi, *Merrill Lynch*, compte tenu de ses difficultés et du risque de faire faillite, s'est vendue à *Bank of America*. La banque *Santander* (Espagne) a fait plusieurs acquisitions stratégiques au cours de l'année 2008, telles que *Alliance & Leicester* et *Bradford & Bingley*. Santander a également acquis les actions de *Sovereign Bancorp* (États-Unis). *Nomura* (Japon) et *Barclays* (Royaume-Uni) ont racheté des actifs de *Lehman Brothers* et ont ainsi étendu leurs opérations. *Mitsubishi UFJ Financial Group* a pris une participation de 21 % dans la banque d'investissement américaine *Morgan Stanley*.

**Principales récapitalisations bancaires (en milliards de dollars)**

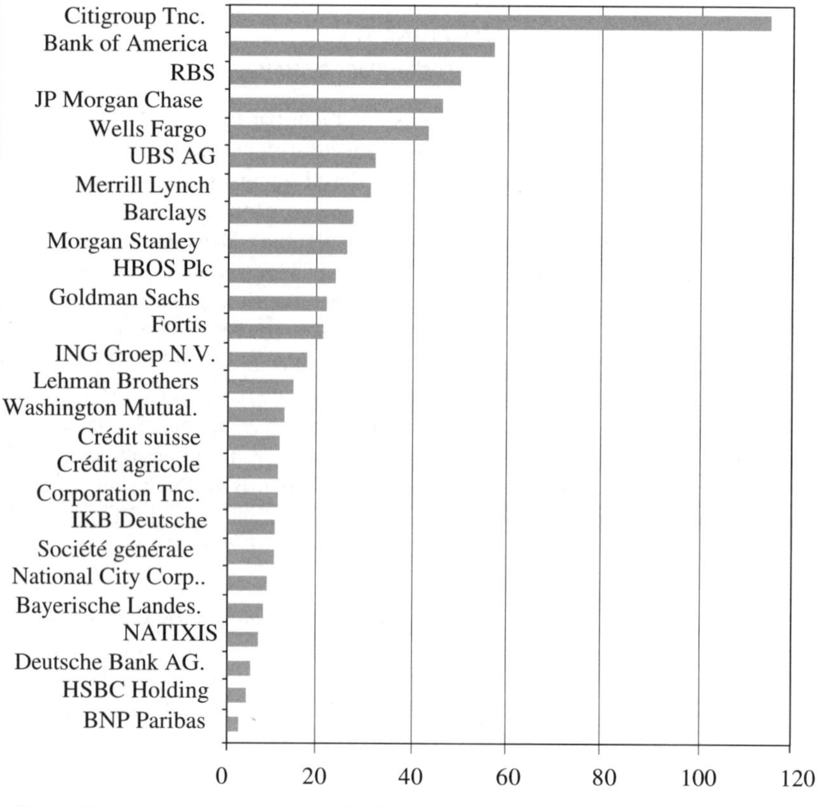


*Note :* Chi rage au 1er janvier 2009. *Source :* Bloomberg

## ENCADRÉ 6.9

### *Comprendre les plans de sauvetage des banques*

Extrait de l'interview d'Agnès Benassy-Quéré, directrice du Centre d'études prospectives et d'informations internationales (CEPII). Article paru le 19 octobre 2008, dans *Le Monde*.

**1) Les plans présentés cette semaine constituent-ils une première ?**

Beaucoup de crises bancaires que le système capitaliste a déjà traversées ont coûté très cher. Au Japon, à la suite de la crise des banques liée à l'éclatement de la bulle immobilière, au début des années 1990, le gouvernement a lancé douze plans de relance pour un total de 1027 milliards d'euros, ce qui a conduit à un taux d'endettement public de 178 % du produit intérieur brut (PIB). Dans les années 2000, la Chine a discrètement procédé à des recapitalisations bancaires massives très onéreuses. [...]

**2) Comment est-on passé d'un plan européen de 300 milliards d'euros à des plans à 1 700 milliards ?**

[...] Le second plan européen est d'une toute autre ampleur car il a été discuté et structuré à partir de trois types d'interventions possibles. Première possibilité (à l'américaine) : récupérer les actifs douteux d'une banque, lui donner du cash à la place, puis revendre – ou plutôt tenter de revendre – ces actifs toxiques.

Deuxième option (à l'européenne) : prendre des participations dans une banque en lui versant du cash. Cette entrée d'un État dans le capital d'un établissement se veut, en principe, temporaire. Il faut espérer que la plupart des banques vont se redresser et donc se revaloriser, ce qui permettra à l'État actionnaire de revendre sa participation en faisant une plus-value.

Troisième voie (à la britannique) : garantir les prêts entre les banques afin d'assurer au prêteur qu'il récupérera, quoi qu'il arrive, son argent. C'est le principe de la caution. Ce dispositif ne coûte rien tant qu'un emprunteur ne fait pas défaut.

Le plan de sauvetage français repose, lui, sur deux piliers. Une enveloppe de 40 milliards d'euros est destinée à d'éventuelles recapitalisations. Par ailleurs, une société de droit privé est créée, la Société de refinancement. Elle est présidée par Michel Camdessus, ex-directeur général du Fonds monétaire international (FMI). L'État en sera actionnaire à hauteur de 34 %, ce qui lui donne une minorité de blocage. Les 66 % restants sont détenus par les banques. En échange d'actifs « de bonne qualité » (point sur lequel la ministre de l'économie Christine Lagarde a insisté) qui serviront de gage en cas de défaillance, elle refinancera les établissements de crédit en leur prêtant du cash. L'État se portant garant à hauteur de 320 milliards d'euros. Cette approche vise à permettre aux banques de prêter de nouveau aux entreprises et aux particuliers. Elle n'a pas pour objectif direct de faire refonctionner le marché interbancaire. C'est donc un mécanisme différent de celui promu par les Britanniques.

**3) Comment chaque pays a-t-il fixé le montant du plan de sauvetage ?**

Les ratios, les résultats, etc., sont connus, mais il n'est pas pensable qu'un État ait une parfaite connaissance des bilans des banques. Concernant les montants des plans de sauvetage retenus, des discussions ont eu lieu au sein des gouvernements de la zone euro et les chiffres sont à peu près proportionnés au PIB respectif de chaque État. Les ordres de grandeur sont comparables. [...]

## ENCADRÉ 6.9 (suite)

### 6) D'où vient l'argent ?

C'est l'un des aspects les plus simples. Le monde entier court après des bons du Trésor ou des obligations d'État, encore perçus comme un refuge. La crise financière n'a pas fait disparaître l'épargne. L'appétit pour de la dette publique est fort chez les Chinois, les Russes, mais aussi en Europe, dans les fonds de pension, par exemple. Les fonds souverains à eux seuls ont un portefeuille de l'ordre de presque 3 000 milliards de dollars.

### 7) Est-ce de la création de monnaie ?

Au niveau mondial, il ne s'agit pas de création de monnaie, plutôt d'un transfert. Un État émet des obligations ou des bons du Trésor qui sont souscrits par tel ou tel prêteur, qui lui verse du cash en échange. Ces liquidités sont ensuite distribuées dans l'économie. Si le prêteur est de la zone euro, les liquidités passent d'une main à l'autre sur le territoire de la zone. S'il est extérieur à la zone, les liquidités en devises doivent être converties en euros, mais cela ne crée pas forcément de la monnaie. Quoi qu'il en soit, il est clair que l'État augmente son taux d'endettement brut.

### 8) Est-ce inflationniste ?

Pour beaucoup d'États, l'inflation serait une solution à la progression importante de leur taux d'endettement. L'inflation est, en effet, une manière de transférer du revenu, du créancier au débiteur. Les revenus de celui-ci augmentent (en valeur nominale) alors que le montant de sa dette se déprécie. C'est plus facile que d'augmenter les impôts !

Mais ce n'est pas si simple de « faire » de l'inflation, surtout depuis l'indépendance des banques centrales qui, comme la Banque centrale européenne (BCE), veillent farouchement sur la hausse des prix. Aux États-Unis, la Réserve fédérale n'a pas pour seul objectif, contrairement à la BCE, la lutte contre la hausse des prix. C'est pourquoi un certain nombre d'observateurs pensent que le gouvernement américain pourrait pencher en faveur d'une inflation plus élevée pour régler la question de l'endettement.

Cette technique n'a rien de nouveau. Après la Seconde Guerre mondiale, la Grande-Bretagne affichait un taux d'endettement de 300 % de son produit intérieur brut. Taux qui a diminué au cours des années grâce à une inflation élevée. Il est vrai qu'à cette époque, les banques centrales n'étaient pas indépendantes.

### 9) Qu'est-ce que l'injection de liquidités ?

Prenons l'exemple de la BCE. Une banque lui demande des liquidités. Elle va prendre en pension des titres détenus par l'établissement, et les mettre de manière temporaire à son bilan. Parallèlement, elle va créditer le compte BCE de la banque – toutes les banques de la zone euro ont un compte à la BCE – et lui transmettre ainsi du cash.

Pendant le temps que dure l'opération, l'établissement bancaire voit juste l'actif de son bilan modifié : moins de titres mais plus de cash.

Quand la banque rembourse la BCE, elle réintègre les titres qu'elle avait mis en pension, l'actif de son bilan retrouvant sa structure initiale. C'est un mécanisme classique. L'Eurosystème, cette structure qui regroupe la BCE et les banques centrales de la zone euro, passe son temps à créer de la monnaie et à en détruire. [...]

## ENCADRÉ 6.9 (suite)

**13) Qui, *in fine*, va payer ?**

Nous assistons d'abord à un partage international des pertes entre les pays créanciers et les pays débiteurs. La Chine et le Japon, créanciers des États-Unis, ont investi dans de nombreux établissements américains dont la valorisation a baissé. Ils sont donc déjà perdants. Tout comme certains pays européens qui étaient détenteurs d'actifs américains.

Il y a aussi un partage national des pertes entre les contribuables, les actionnaires et les ménages. Aux États-Unis, ce partage est plus favorable aux actionnaires. Le rachat des actifs « pourris », prévu dans le plan Paulson, revalorise les banques, donc leurs actionnaires. En revanche, quand il y a nationalisation partielle d'un établissement, l'arrivée d'un nouvel actionnaire, en l'occurrence l'État, dilue le capital et donc spolie les actionnaires déjà en place.

Quoi qu'il en soit, l'endettement supplémentaire de l'État peut, en cas de rigueur budgétaire affichée et obligatoire (le respect du pacte de stabilité, par exemple, qui fixe à 3 % du PIB le déficit budgétaire), et si les opérations en capital en cours se révèlent perdantes, se traduire soit par une hausse des impôts, soit par une baisse des dépenses de l'État (éducation, santé, politique de l'emploi, etc.), ce qui aura un impact sur la qualité de vie des contribuables et des ménages en général. Et si un État laisse grimper l'inflation pour dévaloriser son endettement, ce sont les ménages qui en feront les frais puisque leur pouvoir d'achat baissera.

**14) Ces mesures suffiront-elles ?**

Ce n'est pas évident. Le marché interbancaire reste frileux. Il faudra peut-être un plan européen, voire international, de garantie interbancaire. D'autres mesures sont nécessaires. La question des normes comptables est importante. Depuis quelques années, c'est le *mark to market* qui a fait loi, c'est-à-dire la valeur de marché trimestre par trimestre. C'est un cercle vicieux car à mesure qu'une banque voit ses actifs se dégrader, elle est obligée de les vendre ce qui fait encore plus baisser la Bourse… Il serait plus raisonnable d'évaluer les actifs selon d'autres méthodes. Pourquoi pas une moyenne historique ? Les gouvernements se sont penchés sur cette question lors du Conseil européen de Bruxelles.

Enfin, que dire des plans de recapitalisation ? Certes, les montants avancés sont importants (40 milliards d'euros pour la France) mais la valeur globale des banques est équivalente à 3,5 fois le PIB ! Que se passera-t-il s'il est nécessaire un jour de sauver l'ensemble des banques françaises ?

Pourquoi ne pas se poser, sans aucun *a priori*, les questions qui ont occupé les pays en développement dans les années 1980, c'est-à-dire une restructuration de la dette des banques ou bien envisager une conversion forcée des dettes en actions ?

Toutes ces mesures seraient évidemment très compliquées à mettre en place : il existe 8 000 banques environ en Europe, dont 44 de grande taille : les dettes des unes sont bien souvent les actifs des autres. Mais, en dernière extrémité, il n'y aura peut-être pas d'autre choix.

La crise va se propager dès juillet 2007 par un effondrement des principales bourses mondiales et une augmentation très forte de la volatilité des cours boursiers.

Les premiers signes de ralentissements économiques apparaissent au cours de l'été 2008 (à peu près un an après le début de la crise). Fin 2008, ce ralentissement se mue en récession (voir figure 6.7). Les États-Unis, concernés au premier chef par la crise des *subprimes*, ont mis en place dès la fin 2007 un programme appelé « *Hope Now* » visant à venir en aide aux ménages les plus en difficulté et à limiter les risques de défaut de paiement. La poursuite de la crise financière et son aggravation ont conduit les différents gouvernements à adopter, dès le second semestre 2008, des plans de relance budgétaire, rompant par là même avec les grands principes d'orthodoxie budgétaire prônés jusque-là et revenant aux préceptes de la théorie keynésienne.

La Commission européenne annonce en novembre 2008 une impulsion budgétaire de 200 milliards d'euros (soit 1,5 % du PIB de l'Union européenne) en grande partie financée par les États membres (30 milliards d'euros « seulement » étant financés par des fonds européens). Les plans de relance financés par les États membres ont cependant été établis et mis en œuvre de façon insuffisamment coordonnée comme le montre le tableau 6.6 ci-après. La France a choisi un plan de relance fondé en grande partie par un soutien à l'investissement public et privé tandis que tandis que le Royaume-Uni privilégiait la relance par la consommation par le biais d'une baisse sensible de la TVA, le plan allemand étant plus équilibré. Les États-Unis ont de leur côté mis en place un premier plan de réduction d'impôts destiné aux ménages en difficulté et au rachat de certains prêts hypothécaires par le Gouvernement fédéral (avec un coût estimé à 158 milliards de dollars, soit 1 % du PIB américain)[70]. Ce premier plan sera suivi d'un deuxième plan de relance mis en place cette fois-ci par le président Obama peu de temps après avoir été élu[71]. Le coût de ce plan s'élève à 787 milliards de dollars (soit 5 % du PIB américain) et son champ d'application est très large. Il permet en effet non seulement d'aider les ménages les plus touchés par la crise en augmentant les indemnités de chômage et certains programmes d'aides sociales mais aussi en investissant directement dans les infrastructures publiques, dans l'éducation et dans la santé. À titre de comparaison, la Chine a présenté un plan de relance très ambitieux s'élevant à 586 milliards de dollars, soit 15 % du PIB chinois ! Soulignons pour terminer que la mise en place de plans de relance budgétaire discrétionnaire ne doit pas faire oublier l'importance des stabilisateurs automatiques dont les effets sont sans doute plus marqués dans les pays de l'Union européenne qu'aux États-Unis. Les systèmes de sécurité sociale et plus généralement de protection sociale sont plus développés en Europe et permettent « d'amortir » les effets de la récession par le biais d'une augmentation des indemnités de chômage et des aides sociales.[72]

---

70 Il s'agit de l'*Economic Stimulus Act* approuvé par le congrès en février 2008.

71 Il s'agit de l'*American Recovery and Reinvestment Act* approuvé par le congrès en février 2009.

72 Le lecteur pourra aussi se référer au chapitre 5 sur l'intégration européenne qui consacre de longs développements aux effets de la crise économique et financières mondiale sur les finances publiques dans les pays de l'Union européenne.

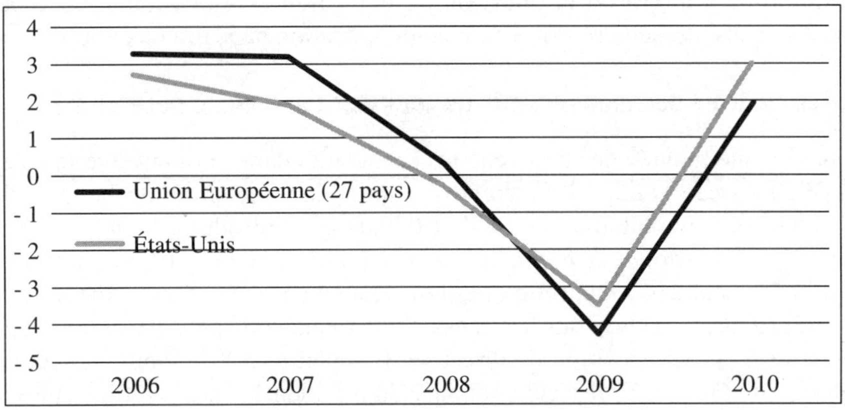


**Figure 6.7**
**Figure** *Taux de croissance du PIB dans l'UE-27 et aux États-Unis (2006-2010)*

Source : Bureau of Economic Analysis (États-Unis), Eurostat (Europe).

**Tableau 6.6**
*Plans de relance dans les principaux pays européens*

| | France | Allemagne | Royaume-Uni | Espagne | Italie |
|---|---|---|---|---|---|
| Montant du plan (mds €/ % PIB /€ par hab.) | 28,6 / 1,5% / 406 | 82 / 2% / 990 | 23,5 / 1,3% / 364 | 11 / 1% / 239 | 7 / 0,5% / 112 |
| Répartition : 2009 vs. 2010 | 75 % - 25 % | 50 % - 50 % | 50 % - 50 % | / | / |
| Investissement / Emploi / Consommation | 76,9 % / 4,2% / 18,2% | 51,8% / 20% / 22% | 30% / 5,2% / 62,5% | 100% / 0 / 0 | / |

Source : Patrick Artus, Jean-Paul Betbèze, Christian de Boissieu, Gunther Capelle-Blancard (2009), « De la crise des subprimes à la crise mondiale », Paris, La Documentation Française, p. 112.

## 6.2.3 *La réforme du système financier international*

L'objet de cette section est d'insister sur deux éléments de la réforme du système financier international visant à lutter contre l'instabilité financière. L'urgence d'une telle réforme a été rendue évidente par la sévérité de la dernière crise bancaire et financière qui a frappé les pays développés. Il ne peut donc s'agir d'un traitement exhaustif de la question dans la mesure où nous allons nous concentrer sur deux points certes importants mais qui ne peuvent résumer l'ensemble de la réforme en cours ou nécessaire. Nous traiterons d'abord de la question du contrôle des mouvements de capitaux (section A) et ensuite de la réforme de la réglementation bancaire (section B) [73].

## A. Le contrôle des mouvements de capitaux : une vaine nécessité ?

En réponse à une montée des mouvements spéculatifs dans le monde, certains économistes (Eichengreen *et al.*, 1995) [74] ont réexaminé la proposition de James Tobin de taxer les mouvements internationaux de capitaux et d'introduire « *du sable dans les rouages trop bien graissés de la finance internationale* » (Tobin, 1978). Suite à la crise bancaire et financière récente, cette question a connu un regain d'actualité avec la proposition d'instaurer une taxe sur les transactions financières dans l'Union européenne à compter de 2014 (proposition de directive de septembre 2011), ou à défaut dans la zone euro ou en France. Telle a été l'annonce du président Sarkozy, rallié depuis à cette idée, en janvier 2012. On verra que les objectifs d'une telle taxe ne se limitent pas à ceux énoncés originellement par James Tobin. On distingue, généralement, cette approche multilatérale, associée à la taxe Tobin, d'une approche unilatérale pratiquée par les pays émergents à partir des années 1990.

■ **Approche multilatérale et taxe de Tobin.** La taxe proposée par Tobin, en 1978, correspondait à une taxe uniforme, comprise entre 0,2 et 0,5 %, et prélevée sur les transactions en devises au comptant (y compris sur les livraisons au titre de contrats à terme et d'options sur devise) [75]. L'idée est de décourager les mouvements purement spéculatifs en taxant le montant échangé lors de chaque opération, de manière à réduire les fluctuations trop violentes. L'objectif final d'une telle mesure est, par ailleurs, de redonner de l'autonomie aux politiques monétaires nationales, en permettant de plus larges écarts de taux d'intérêt à court terme entre les différentes monnaies [76]. Il s'agirait, en quelque sorte, de desserrer la contrainte imposée par la relation de parité des taux d'intérêt sur les marchés financiers (voir section 6.1.2).

Suite aux crises dans les pays émergents dans les années 1990, des voix se sont élevées pour proposer une telle taxe. Quoi qu'il en soit, cette dernière vient buter sur un certain nombre d'écueils. Tout d'abord, pour les libéraux, cette taxe ne viendrait

---

73 Nous ne traiterons pas directement de la question de la réforme des marchés de capitaux, la crise ayant mis en exergue le rôle dangereux des marchés de gré à gré trop peu sécurisés (sans autorité de tutelle). Nous serons rapides sur la question de la lutte contre les paradis fiscaux qui abritent des fonds spéculatifs et concentrent des opérations risquées et de manière plus générale sur le système bancaire parallèle ou « *shadow banking* ». La question des agences de notation ne sera pas enfin abordée.

74 Eichengreen, B., Tobin, J. et C. Wyplosz (1995), « Two cases for sand in the wheels of international finance », *The Economic Journal*, January.

75 En 1978, Tobin expose pour la première fois son projet dans une communication à un colloque de l'*Eastern Economic Association*. Il avait cependant imaginé cette taxe dès 1972.

76 Dans un entretien accordé au journal *Le Monde*, le 18 novembre 1998, James Tobin, prix Nobel d'économie en 1981, insistait encore sur ce point. Il défendait l'idée de situations nationales contrastées, nécessitant des politiques monétaires différenciées. En particulier, sa taxe sur les mouvements de capitaux permettrait aux pays émergents une plus large autonomie par rapport aux pays industrialisés.

qu'entraver le bon fonctionnement des marchés financiers. En effet, elle accroîtrait la volatilité des ces marchés, et en particulier du marché des changes, en freinant les opérations des spéculateurs qui permettent justement de stabiliser les cours. Elle ne serait donc qu'un impôt de trop. Ensuite, pour que la taxe soit efficace, il faut qu'elle s'applique dans le monde entier. Sinon, les spéculateurs concentreront leurs opérations sur les places non taxées [77]. Il faudrait pouvoir disposer d'une autorité supranationale capable de collecter l'impôt sans trop d'évasion. Cela suppose qu'elle dispose en particulier d'un pouvoir de coercition sur les paradis fiscaux qui permettrait aux capitaux, se plaçant chez eux, de s'acquitter d'une telle taxe. Enfin, il existe un risque de substitution des actifs, c'est-à-dire qu'une taxe limitée aux opérations de change au comptant encouragerait l'utilisation des marchés dérivés afin de réaliser des opérations qui s'apparentent en réalité à des opérations au comptant. Il conviendrait donc de taxer l'ensemble des transactions de change (pour plus de détails sur de telles transactions, voir l'encadré 6.2).

Mais depuis les années 2000, l'objectif d'une taxe de « type Tobin » n'est pas seulement de réduire l'instabilité financière mais de trouver aussi de nouvelles sources de financement pour l'aide au développement à destination des pays les plus pauvres. En outre, il est devenu de plus en plus politiquement et économiquement indéfendable d'exclure une taxation des opérations financières lorsque l'on connaît la situation budgétaire et d'endettement des pays développés. Cette situation est en effet le résultat des politiques budgétaires expansionnistes visant à endiguer la crise économique provoquée par les déviances du secteur bancaire et financier.

Ainsi, au niveau international, un rapport d'experts rendu public en juillet 2010 a été réalisé dans le cadre de la recherche de nouveaux financements pour le développement à côté de l'aide publique classique, en baisse dans de nombreux pays développés en raison de la crise financière. En mai 2009, une soixantaine de pays, des institutions internationales et des ONG réunis au sein du Groupe pilote sur les financements innovants, né en 2006 sous l'impulsion notamment de la France et du Brésil, avaient décidé d'explorer la question d'une taxe sur les transactions financières. De cette volonté était né à l'automne 2009 un groupe de travail de douze pays moteurs : l'Allemagne, l'Autriche, la Belgique, le Brésil, le Chili, l'Espagne, les États-Unis, la France, le Japon, la Norvège, le Royaume-Uni et le Sénégal. Cette « task force », chargée d'explorer la faisabilité juridique et technique d'une taxe sur les transactions financières, est à l'origine de la commande du rapport, qui a mobilisé neuf experts internationaux.

---

77 Cet argument d'évasion fiscale par les paradis fiscaux nous semble peu convaincant dans la mesure où les 10 places les plus actives en matière d'opérations de change assurent plus de 90 % des opérations de la planète. Un accord entre ces pays limiterait, de manière crédible, l'évasion fiscale. Le Royaume-Uni et les États-Unis totalisent à eux seuls presque 60 % des transactions de change. La difficulté réside tout de même dans le fait que ces deux pays sont historiquement les plus réticents à une telle taxe même si la position américaine s'est infléchie suite à la crise bancaire et financière de 2008 et l'arrivée au pouvoir du président Obama.

Les experts ont étudié différentes options permettant d'alimenter un fond commun : une taxe sur les activités du secteur financier, une TVA sur les services financiers, une taxe globale sur les transactions financières, une taxe sur les dépôts collectés au niveau national, une taxe sur transactions de change. Si chacune présente selon eux des avantages, les experts ont retenu cette dernière mesure comme option principale. Il a été noté que « le marché des changes, qui est le segment des marchés financiers le plus internationalement organisé et intégré », représente le meilleur mécanisme pour atteindre le but d'un financement innovant pour le développement. Le rapport démontre la faisabilité juridique et opérationnelle d'une taxe sur les transactions de change. Les systèmes informatiques hautement sécurisés de règlement des transactions interbancaires effectuant déjà un micro-prélèvement à chaque transaction, il suffirait de mettre en place une taxe additionnelle. Plusieurs taxes similaires existent déjà, notamment en Grande-Bretagne, en Inde et à Taiwan, sans aucun phénomène d'évitement même si ces taxes se limitent dans ces pays aux actions.

Le rapport démontre qu'une taxe de seulement 0,005 % sur les quatre monnaies principales (dollar, euro, livre sterling et yen) engendrerait 33 milliards de dollars par an pour corriger les effets de la mondialisation par une meilleure distribution des richesses mondiales. La crise financière de 2008 a fait basculer plus de 65 millions de personnes dans la pauvreté, particulièrement dans les pays du Sud. Les taxes sur les transactions de change permettraient de lever de nouveaux fonds pour faire face aux défis du développement, de la pauvreté et du changement climatique. Selon les ONG, cette somme est insuffisante pour combler un besoin estimé à 300 milliards de dollars, mais le rapport a permis de « faire avancer le débat ». En septembre 2010, à New York, ce rapport a été étudié lors d'un sommet de l'ONU dont l'objet était d'évaluer l'avancement des objectifs du millénaire pour le développement (OMD). Le président Sarkozy a clairement indiqué depuis qu'il soutiendrait une telle proposition lors de la Présidence française du G20. Il l'avait déjà annoncé lors du sommet du G20 de Toronto, le 29 juin 2010 : « La France, soutenue par l'Allemagne, s'est battue sur cette question. (…) Donc clairement le G20 s'investit sur les financements innovants et notamment, parmi eux, la taxe sur les transactions financières. »

Depuis, dans l'Union européenne, une proposition de directive de la Commission européenne sur la taxation des transactions financières (COM (2011) 594) a été rendue publique en septembre 2011. La taxe proposée couvrirait 85 % des transactions financières avec un taux minimum de 0,1 % sur les actions et les obligations et de 0,01 % sur les produits dérivés. [78] En l'état, la directive exclut de la taxation les transactions de change au comptant, soit 40 % des opérations de change (1 500 milliards de dollars par jour), le reste concernant des produits dérivés de change soumis eux à impo-

78 Il est à noter que la taxe concerne seulement les opérations sur les marchés secondaires, celles concernant les marchés primaires étant donc exclues. Par ailleurs, les instruments financiers ne se limitent pas aux actions et obligations mais sont concernés tous les instruments du marché monétaire (titres de créances négociables) à l'exception des instruments de paiement, les parts ou actions des organismes de placement collectif (OPCVM et fonds d'investissement alternatifs dont les *hedge funds*).

sition. Une telle mesure devrait être mise en place progressivement à partir de 2014 et pourrait rapporter jusqu'à 55 milliards d'euros en année pleine. Dans cette proposition, une transaction serait imposée dès lors que l'un des deux co-échangistes résiderait dans l'Union européenne. L'idée de la Commission est que la largeur de l'assiette conjuguée à la faiblesse des taux limite au maximum les risques de délocalisation. Il est à noter que le choix de la Commission européenne s'éloigne pour l'instant des préconisations du rapport international d'août 2011 (voir *supra*) qui privilégiait plutôt une taxe sur les transactions de change « à la Tobin » alors que la Commission propose d'inclure seulement les transactions sur produits dérivés de change, ce qui représente tout de même 60 % des transactions de change (soit 2 500 milliards de dollars par jour). Le sommet du G20 à Cannes en novembre 2011 a reconnu le bien-fondé d'une contribution de la finance au règlement des crises qui pourrait prendre la forme notamment d'une taxation des transactions financières mais en laissant chacun libre pour l'instant de ses modalités d'application, ce dernier point étant soutenu notamment par les États-Unis. Conformément à la position française au G20, le président Sarkozy a proposé en janvier 2011 l'application de la proposition de directive européenne dès fin 2012 dans l'Union européenne, à défaut dans la zone Euro ou simplement en France. Les réticences du Royaume-Uni laissent présager au mieux un accord à vingt-six et la France s'orientera dans un premier temps si elle est seule vers une taxation uniquement des actions comme cela existe actuellement au Royaume-Uni, ce qui reviendrait à remettre au goût du jour l'ancien « impôt de bourse » supprimé en janvier 2008, au début du mandat de Nicolas Sarkozy.

■ **La mise en place de contrôles unilatéraux dans les pays émergents**. Alors que la taxe de Tobin présente l'inconvénient de nécessiter un accord international multilatéral, un système similaire établi unilatéralement par un pays, semble plus opérationnel. Les pays émergents ont ainsi adopté une variété de mesures, en matière de contrôle des mouvements de capitaux, au cours des années 1990. Ces mesures passent soit par des taxes sur les mouvements de capitaux (Brésil, Chili, Colombie et Thaïlande) soit par des restrictions quantitatives (République tchèque, Malaisie).

L'ensemble de ces mesures ont deux caractéristiques communes : leur caractère temporaire et asymétrique (unilatéral). Contrairement à la taxe Tobin, qui porte sur les transactions de change, les mesures dans les pays émergents portent sur les entrées de capitaux ou sur les sorties de capitaux. En revanche, conformément à la taxe Tobin, ce sont les flux à court terme, hautement spéculatifs, qui sont particulièrement visés.

■ **Le contrôle sur les entrées de capitaux**. De nombreux pays émergents ont adopté de tels contrôles sur une période plus ou moins longue. Il s'agit du Brésil (1993-1997), du Chili (1991-1998), de la Colombie (1993-1998), de la Malaisie en 1994 et de la Thaïlande (1997-1998). Ces pays ont réactivé de tels contrôles depuis 2008.

Le système chilien est actuellement considéré par les experts du FMI comme un modèle pour d'autres pays émergents qui veulent se protéger contre les soubresauts de la finance internationale. Il présente à leurs yeux deux avantages. Le premier d'entre eux est d'être fondé sur des mécanismes de marché et non sur une logique purement administrative. Ensuite, le système est simple dans sa mise en œuvre et efficace pour pénaliser les flux de capitaux à court terme. L'expérience menée au Chili a conduit à la mise en place du système dit d'« *encaje* » (encaisse, dépôts obligatoires). Son principe est le suivant : chaque investisseur doit confier à la banque centrale chilienne une somme équivalent à 30 % des fonds qu'il place dans le pays. Ce pourcentage a été ramené à 10 % en août 1998 (pour disparaître en 1999 et réapparaître en 2008) et peut donc être modifié au gré des tensions du système financier international. Ce dépôt n'est pas rémunéré et il est restitué au bout d'un an. De manière équivalente, l'investisseur peut opter pour une autre solution qui consiste à payer directement une taxe égale aux intérêts sur la somme qui aurait été déposée auprès de la banque centrale. Ce système de dépôts obligatoires est peu coûteux pour les investisseurs qui ont une stratégie de placement à moyen-long terme au Chili et ne pénalise donc pas les investissements directs. En revanche, il devient très pénalisant pour ceux qui effectuent un investissement de portefeuille sur une période courte, par exemple infra-annuelle, car le dépôt obligatoire non rémunéré n'est restitué qu'au bout d'une année.

■ **Le contrôle sur les sorties de capitaux**. En suivant Edwards (1999) [79], on peut distinguer deux types de contrôle sur les sorties de capitaux. En premier lieu, les autorités imposent un contrôle ou durcissent un contrôle existant lorsque le pays est confronté à une crise liée à un déficit extérieur mais sans avoir subi une crise de change entraînant une dévaluation de sa monnaie. Il s'agit là d'une mesure préventive, telle qu'elle a pu être mise en œuvre par la Thaïlande suite à la première attaque sur le bath en mai 1997. En second lieu, une telle mesure est prise lorsque le pays vient de subir une crise financière et notamment une attaque sur le marché des changes qui a conduit à une forte dépréciation de sa monnaie. L'objectif est de donner du répit au pays concerné afin qu'il puisse mettre en place une politique de réforme structurelle sans être sous la menace d'une nouvelle attaque spéculative. Dans ce cas, le contrôle est curatif et doit permettre une baisse du taux d'intérêt national. Le contrôle, mis en place en Malaisie, à compter du 1er septembre 1998, s'inscrit dans cette logique.

■ **Quelle est l'efficacité des contrôles unilatéraux de capitaux ?**

On s'aperçoit que le contrôle des mouvements de capitaux a eu des effets mitigés pour les pays émergents. Globalement, l'impact sur le volume et la composition des entrées de capitaux a été positif. Ainsi, pour le Chili et la Malaisie, au cours des années 1990, l'excédent du compte financier s'est réduit respectivement de 7,6 points et de 15,1 points. L'effet a été cependant temporaire (il n'y a pas eu de rupture de tendance) mais on observe un net rallongement de l'échéance moyenne des capitaux entrants dans ces pays. Le second objectif de ce type de contrôle est de permettre de maintenir un taux d'intérêt domestique supérieur au taux d'intérêt international afin de lutter contre l'inflation. Cet écart de taux d'intérêt a été rendu possible mais il n'a pas été durable.

79 Edwards, S. (1999), « How Effective Are Capital Controls? », *Journal of Economic Perspectives*, vol. 13, n°4, pp. 65-84.

Enfin, le dernier objectif est de permettre une baisse du taux de change réel (de la monnaie nationale) afin de réduire le déficit du compte des transactions courantes. Les études empiriques montrent qu'un tel objectif n'a pu être atteint.

Il est enfin à noter que si les expériences chilienne et malaisienne ont été probantes par rapport à celles brésilienne ou thaïlandaise, cela provient du fait que le contrôle de mouvements de capitaux s'est accompagné de politiques économiques adaptées et d'une amélioration de la supervision prudentielle du système financier. Et, si l'on peut observer, en la matière, un consensus entre économistes, il s'établit autour de l'idée que les pays émergents n'ont pas pu maîtriser leur libéralisation financière car ce processus a été mené trop rapidement. En effet, il a fallu un demi-siècle à un grand nombre de pays européens pour s'affranchir d'un contrôle des changes, une majorité de pays émergents l'ayant réalisé en moins d'une décennie.

De nombreuses études jusqu'à la fin des années 1990, se sont focalisées sur l'expérience particulière de certains pays comme nous venons de le voir. Au cours des années 2000, les chercheurs se sont orientés vers des études empiriques multi-pays. Ainsi, Cardarelli *et al.* (2010) étudient 109 épisodes de flux massifs (entrants) de capitaux privés dans 52 pays développés et émergents sur la période allant de 1987 à 2007 [80]. Ils trouvent que ces périodes d'entrées massives de capitaux tendent à se terminer brutalement dans 40 % des cas et dans 15 % des cas par une crise de change. Cette étude montre, une fois de plus, le rôle de complément (et non de substitut) des contrôles de mouvements de capitaux par rapport au politiques macroéconomiques et prudentielles. Binici *et al.* (2010) proposent une étude des restrictions à l'entrée et à la sortie des capitaux, par type d'actifs, concernant 74 pays et sur la période 1995-2005 [81]. Il en résulte que les contrôles de capitaux sont en mesure d'influencer le volume et la composition des flux de capitaux. Mais l'effet des contrôles de capitaux varie significativement selon le type de contrôle, le type d'actifs contraint, le sens du flux de capitaux (entrant ou sortant), le niveau de revenu du pays considéré. Ainsi des contrôles sur les actions et les titres de créances peuvent diminuer fortement les flux sortants mais sont de peu d'effets pour les flux entrants. Et seuls les pays développés (à haut revenu) sont à même d'imposer un contrôle sur les flux sortants de dettes.

La doctrine du FMI a clairement changé concernant le contrôle des mouvements de capitaux depuis quelques années et de manière générale les préconisations du FMI se sont fortement éloignées du fameux « consensus de Washington » qui défendait des politiques économiques très restrictives et libérales [82]. Dans le cas où une économie est proche de son niveau de croissance potentiel, que ses réserves en

80 Cardarelli, R., Elekdag, S. et A. Kose (2010), "Capital Inflows: Macroeconomic implications and Policy Responses", *Economic System*, Vol. 34 (4), December, pp. 333-356.

81 Binici, M., Hutchison, M. et M. Schindler (2010), "Controlling the Capital? Legal restrictions and the Asset Composition of Internatiobal Flows", *Journal of International Money and Finance*, Vol. 29 (4), June, pp. 666-684.

82 Voir à ce sujet, Capital Inflows: The Role of Controls, *IMF Staff Position Note*, 2010.

devises sont suffisantes, que sa monnaie n'est pas sous-évaluée, le contrôle des entrées de capitaux est jugé efficace pour lutter contre des flux excessifs de capitaux qui ne sont que temporaires. Cela se fait en complément de politiques macroéconomiques et prudentielles adaptées.

Le FMI propose d'ailleurs aux pays une assistance technique dans un grand nombre de domaines : politique monétaire, régulation bancaire et consolidation fiscale. Cette assistance technique du FMI est en train de s'étoffer. Il s'attache désormais à formuler aussi des recommandations sur le choix des contrôles de capitaux les plus performants et les circonstances dans lesquelles les appliquer. Pour limiter l'endettement de leur secteur privé vis-à-vis de l'étranger, les pays émergents ont recouru à une variété d'instruments : taxes, réserves obligatoires non rémunérées, restrictions quantitatives et exhortation verbale. C'est une véritable méthodologie de la contingence qui doit s'appliquer en la matière. En effet, ce qui est performant dans un environnement particulier n'est pas nécessairement généralisable. On comprend alors toute l'importance de préconisations, pays par pays, et tout l'intérêt d'études de cas plutôt que d'études multipays pour construire un contrôle des capitaux efficace. Par exemple, les mesures administratives en vigueur à Taiwan, qui reposent en grande partie sur un contrôle strict des flux, pourront s'avérer inadéquates dans un environnement où le rôle de la bureaucratie est plus limité. De la même façon, dans des pays où existent des marchés de produits dérivés sophistiqués, il sera facile de contourner les réserves obligatoires non rémunérées adoptées au Chili.

### B. La réforme de la réglementation internationale des banques

La crise bancaire récente dont les années 2008 et 2009 ont été au cœur a démontré que les crises bancaires et financières n'étaient pas cantonnées aux pays émergents, ce qu'auraient pu laisser penser les années 1990 (voir section 6.2.2). On comprend alors la nécessité de repenser la réglementation bancaire au niveau international et les discussions sur le sujet entamées au sein du Comité de Bâle depuis 1975 entre les pays du « groupe des Dix » (G10, le nom donné aux pays qui ont participé aux Accords généraux d'emprunt) se sont naturellement étendues au G20. Les pays du G20 ont connu leur premier sommet des chefs d'État et de gouvernement les 14 et 15 novembre 2008 à Washington. La question clé est de savoir comment réglementer plus efficacement le secteur bancaire et la réponse ne passe pas nécessairement par plus de réglementation mais par « mieux » de réglementation même si ces deux éléments ne sont pas incompatibles.

Croire que l'harmonisation internationale de la réglementation bancaire est née avec la crise bancaire de 2007-2009 est erroné. Dès 1975, le Comité de Bâle ou Comité de Bâle sur le contrôle bancaire (*Basel Committee on Banking Supervision*) a été créé par les gouverneurs des banques centrales du G10 afin de renforcer la sécurité des systèmes bancaires et promouvoir une égalité des conditions de concurrence entre les grandes banques internationales. Le Comité de Bâle, qui est accueilli dans les locaux de la

Banque des règlements internationaux (BRI) à Bâle, a vu depuis ses membres s'élargir pour compter désormais les représentants de 27 pays. La création du Comité suivait de quelques mois la faillite de la banque allemande Herstatt qui par effet domino avait mis en difficulté d'autres institutions financières internationales.

Depuis le fameux « ratio Cooke » en 1988, le Comité de Bâle a proposé une série de recommandations visant à adapter son ratio de solvabilité aux évolutions de l'activité bancaire qui s'est étendue de la banque de détail (dépôts/crédits, gestion des moyens de paiement), à la banque de financement et d'investissement et à la gestion d'actifs. Ce ratio ne pouvait donc pas prendre en compte seulement le risque de crédit mais devait impérativement intégrer le risque de marché, ce qui sera le cas à partir 1996 [83]. Kane (1981) propose une « dialectique de la réglementation bancaire » qui fournit une grille de lecture intéressante de l'évolution de la réglementation au niveau national et international [84]. Suite à la mise en place d'une réglementation comme le ratio Cooke, [85] on assiste au développement d'innovations financières qui permettent à l'agent réglementé (ici la banque) de contourner la réglementation. Cette adaptation permanente de la réglementation est nécessaire mais de manière inéluctable la réglementation a un temps de retard sur la profession bancaire, temps de retard qu'il s'agit de minimiser. Il s'agirait donc d'une « course-poursuite » sans fin entre la réglementation et l'agent réglementé.

### B.1 Pourquoi réglementer les banques ?

Si le secteur bancaire est aussi réglementé, c'est que l'activité bancaire présente des spécificités certaines et comprendre ces spécificités est un préalable indispensable pour construire une réglementation efficace du secteur bancaire. Autrement dit, les banques sont particulièrement réglementées car spécifiques et non pas spécifiques car réglementées. Ainsi, la puissance publique se doit d'assurer la stabilité du secteur bancaire, c'est-à-dire de diminuer la probabilité de défaillance des banques car tout d'abord les banques assument la gestion du système de paiement et assurent le bon fonctionnement de l'économie monétaire. Ensuite, celles-ci participent au financement de l'économie et sont indispensables au financement des PME (40 % du PIB, 65 % de l'emploi en France). Enfin, les banques sont au cœur des crises systémiques qui affectent les systè-

---

83 Le risque de crédit, ou de contrepartie, est le risque de perte sur une créance lié au fait qu'un débiteur n'honore pas en totalité sa dette à l'échéance. Il est naturellement fonction de trois paramètres : le montant de la créance, la probabilité de défaut et la proportion de la créance qui ne sera pas recouvrée en cas de défaut. Le risque de marché est le risque de perte qui peut résulter des fluctuations de prix des actifs financiers qui composent un portefeuille. En théorie du portefeuille, une partie de ce risque provient de l'actif lui-même mais une autre partie est liée aux fluctuations globales du marché (risque systématique par essence non diversifiable).

84 Kane, E. (1981), « Accelerating Inflation, Technological Innovation and the decreasing of the effectiveness of banking regulation », *Journal of Finance*, Vol. 36, May.

85 La proposition de ce ratio Cooke de solvabilité en 1988 est le premier pas d'un mouvement de re-réglementation prudentiel qui fait suite au phénomène de déréglementation engagé dans les pays anglo-saxons dans les années 1980. Cette déréglementation a conduit une crise bancaire importante aux États-Unis à la fin des années 1980.

mes monétaires et financiers et les systèmes économiques de manière générale, idée que nous allons maintenant développer.

Les banques sont en effet des acteurs importants des trois composantes ou sous-systèmes qui composent tout système financier. Reprenons chacun de ces trois sous-systèmes et précisons le rôle joué par les banques : **(1) les marchés de capitaux** mettent en œuvre un processus de « finance directe », c'est-à-dire organisent une rencontre directe entre agents économiques à besoin de financement (épargne inférieure à l'investissement) et agents à capacité de financement (épargne supérieure à l'investissement). Mais cette finance n'est pas si « directe » que cela car les banques, sous forme de syndicat ou pool bancaire, jouent un rôle déterminant dans le placement des titres financiers nouvellement émis sur les marchés primaires [86]. Les banques ont un rôle ici d'intermédiaire financier rémunéré sous forme de commissions et cela constitue une des activités liées au métier de la Banque de financement et d'investissement. Les banques ont aussi une présence forte sur les marchés secondaires sachant que, rappelons-le, les 1000 plus grands établissements financiers détiennent plus de 100 000 milliards de dollars d'actifs financiers, soit plus que les investisseurs institutionnels. Dans cette activité, les banques doivent être en mesure de gérer des risques de marché. **(2) Le secteur bancaire** assume le processus de « finance indirecte » en ayant une activité de transformation d'échéances en collectant des ressources fortement exigibles (essentiellement sous forme de dépôts) qui lui permettent d'accorder des crédits à l'économie d'une échéance moyenne plus longue [87]. Cette activité traditionnelle d'octroi de crédit fait subir aux banques un risque de contrepartie ou de crédit, c'est-à-dire le fait que leurs débiteurs n'honorent pas en totalité leurs engagements de paiement d'intérêts et surtout de remboursement du capital. **(3) Les systèmes de règlements** permettent aux agents économiques d'effectuer leurs paiements dans les meilleures conditions de coût et de sécurité et on observe que le secteur bancaire est en charge de la gestion des systèmes de règlements. Les banques ont d'ailleurs un monopole dans l'exercice de la gestion des moyens de paiement comme d'ailleurs dans celui de la collecte de dépôts inférieurs à deux ans et dans l'octroi de crédits.

Chaque sous-système, précédemment décrit, présente des structures, des intervenants, un mode de fonctionnement mais aussi des réglementations qui visent à en assurer le bon fonctionnement. Le **risque systémique** est issu d'une discordance entre les comportements des intervenants au sein des différents sous-systèmes et les mécanismes de régulation qui provoque un déséquilibre général et de grande ampleur. La manifestation du risque systémique est **la crise systémique**. Le déséquilibre initial de l'un des sous-sys-

---

86 Le syndicat ou pool de banques correspond à un rassemblement structuré de banques qui va placer dans ce cas des titres émis par des entreprises au niveau national et/ou international. Les banques peuvent aussi accorder des crédits de manière syndiquée. Celle technique permet aux banques de partager le risque surtout sur des crédits de montant élevé, c'est-à-dire pouvant atteindre plusieurs dizaines de milliards de dollars.

87 À noter que les « crédits font aussi les dépôts » car les crédits constituent la principale source de création monétaire par les banques dites de « second rang » qui sont au cœur de cette création monétaire. Les dépôts à vue et les dépôts à terme d'échéance inférieure à deux ans constituent d'ailleurs la principale composante de la masse monétaire.

tèmes, par le jeu de réactions en chaîne, se propage à l'ensemble du système financier. Puis, le déséquilibre de la sphère financière s'étend à l'ensemble de l'économie.

Dans la mesure où, comme expliqué précédemment, les banques sont parties prenantes des trois sous-systèmes, elles sont au cœur du risque systémique. La faillite d'un établissement de crédit, surtout s'il est de grande taille (« *too big to fail* »), est un événement désastreux à même de mettre en cause la stabilité d'une économie et de l'économie internationale par les effets en chaîne qu'elle suscite : défaillance en cascade d'autres banques et entreprises, retraits massifs des dépôts bancaires, désorganisation des paiements, fuite des capitaux vers l'étranger. **Le coût économique et social d'une faillite bancaire est donc exorbitant comparé à celui de n'importe quelle autre entreprise et justifie les contraintes réglementaires et la surveillance du secteur bancaire imposées par les pouvoirs publics.**

### B.2 Comment contrôler et réglementer le secteur bancaire ?

Les spécificités de l'activité bancaire permettent de comprendre les fondements de la réglementation bancaire et donc les objectifs de celle-ci : assurer la confiance des déposants dans le secteur bancaire et limiter la prise de risque et la probabilité de défaillance des banques. Nous montrerons ainsi dans la section B.2.1 comment la garantie des dépôts peut préserver la confiance des déposants dans leur secteur bancaire. La section B.2.2 traitera de la question du contrôle des banques en mettant en avant l'harmonisation internationale du contrôle prudentiel des banques impulsée par le Comité de Bâle.

#### B.2.1 La garantie des dépôts pour sécuriser le secteur bancaire [88]

La mise en place d'une garantie des dépôts a pour fonction première d'indemniser les déposants victimes d'une faillite bancaire. Cette garantie est étendue en France aux titres et cautions. La notion de garantie des dépôts englobe celle d'assurance des dépôts. En effet, la garantie se définit, au sens juridique, comme l'obligation de protéger quelqu'un contre un dommage éventuel. Elle ne préjuge donc en rien de la forme que peut revêtir cette garantie. Dans cette perspective, l'assurance des dépôts constitue une forme « assurantielle » de garantie des dépôts qui spécifie que cette dernière est financée grâce à des primes versées *ex ante* et, le cas échéant, ajustées au risque.

- **Des dispositifs longtemps méconnus**

Jusqu'à la survenance de l'actuelle crise bancaire, beaucoup de déposants ne soupçonnaient même pas la possibilité d'une défaillance bancaire, oubliant que la banque est aussi une entreprise. Pourtant, plus d'une quinzaine de banques affiliées à l'Association française des banques (AFB) – certes de petite taille – ont fait faillite depuis 1976, ces faillites résultant d'un fonctionnement normal du secteur bancaire dans une économie de marché. Cet état de fait s'explique en partie par la volonté des

---

88 Cette section se fonde sur l'article de Madiès, Ph., « Pourquoi et comment garantir les dépôts bancaires ? », Revue banque et stratégie, n° 271, juin 2009, pp. 47-52. Pour une version courte de l'article, voir Madiès, Ph., « Pourquoi et comment garantir les dépôts bancaires ? », Revue banque, n° 714, juin 2009, pp. 61-63.

autorités publiques et professionnelles d'en limiter la publicité afin de préserver la confiance des déposants dans leur secteur bancaire. La crise bancaire et les plans de sauvetage, adoptés récemment en France et dans l'ensemble des pays développés, ont fait prendre conscience aux particuliers que leur banque pouvait être vulnérable et leurs dépôts menacés. Grâce à un fort relais médiatique, ils ont été largement informés de l'existence de tels systèmes d'assurance des dépôts.

Cependant, ces derniers existent depuis fort longtemps et constituent un sujet d'étude ancien pour les chercheurs spécialisés en économie bancaire (plus de 1 000 publications depuis 1990). Au niveau mondial, selon *l'International Association of Deposit Insurers* (IADI), 103 pays ont actuellement adopté un système explicite d'assurance des dépôts contre 12 au début des années 1970. Les deux tiers des systèmes de garantie des dépôts se sont constitués au cours des années 1980 et 1990 car, par une relation de cause à effet, les trois-quarts des pays membres du FMI ont connu une crise bancaire et financière au cours de ces deux décennies.

Aux États-Unis, même si dans quelques États des systèmes d'assurance organisés par la profession bancaire existaient dès le dix-neuvième siècle pour indemniser des déposants victimes d'une faillite bancaire, l'acte fondateur des systèmes de garantie, sous une forme obligatoire et publique, correspond à la création du Federal Deposit Insurance Corporation (FDIC) en 1933. Le FDIC a été instauré par le président F. Roosevelt suite à la crise de 1929 et ses milliers de faillites bancaires. La crise des caisses d'épargne à la fin des années 1980 a en outre conduit à la principale réforme du système d'assurance des dépôts américain en 1991. En Europe, la question de la garantie des dépôts a connu un regain d'intérêt depuis l'adoption de la directive du 30 mai 1994, à l'origine d'une harmonisation minimale des systèmes de garantie et de leur caractère obligatoire dans tous les pays de l'Union européenne.

Avant donc la crise bancaire actuelle, les systèmes d'assurance des dépôts avaient suscité l'attention et fait l'objet de nombreux débats. La justification de ces dispositifs tient à l'asymétrie d'information entre déposants et direction de la banque, à la possibilité d'une ruée bancaire à l'encontre d'une banque saine, enfin à l'occurrence possible d'un risque systémique au niveau du secteur bancaire. Ces réflexions permettent de s'acheminer vers une conclusion où l'on présente les principales caractéristiques d'une organisation satisfaisante de la garantie des dépôts.

### ■ L'asymétrie informationnelle et le problème de « passager clandestin »

Les déposants d'une banque, nombreux et de petite surface financière, sont victimes d'un comportement de « passager clandestin» dans la mesure où, individuellement, ils sont peu incités à surveiller l'utilisation qui est faite de leurs dépôts. Ils ont en effet tout intérêt à se reporter sur d'autres déposants ou d'autres créanciers, plus à même d'exercer un tel contrôle. De plus, une forte asymétrie informationnelle existe entre les déposants et les dirigeants de leur banque étant donné que les premiers n'ont pas les moyens de juger et de contrôler le caractère plus ou moins risqué de la gestion menée par les seconds. L'assurance des dépôts peut alors se justifier par la nécessité de protéger et de représenter des petits déposants. Dans cette perspective, l'assurance devrait être organisée par une instance publique de supervision des établissements de crédit, qui, étant donné son expertise et ses possibilités d'investigation, maîtrisera mieux l'asymétrie d'information.

### ■ La question des ruées bancaires [89]

Dans un article fondateur, Diamond et Dybvig (1983) [90] montrent que le contrat de dépôt possède un effet indésirable de « course au guichet », qui lui est inhérent tant que la banque effectue une activité socialement utile de transformation d'échéance. Cela correspond au fait que les banques utilisent les dépôts collectés pour accorder des crédits à plus long terme. Si les déposants anticipent le retrait massif des autres déposants, ils viendront au plus vite reprendre les sommes déposées auprès de leur banque car le service de liquidité répond à la règle « du premier arrivé, premier servi ». Comme la valeur de liquidation des actifs de la banque est inférieure au montant des dépôts, la banque peut être tout à fait saine (ou solvable) et pourtant acculée à la faillite par une course au guichet des déposants.

Diamond et Dybvig démontrent que le contrat de dépôt assorti d'une assurance permet d'éviter une course au guichet. L'idée est que chaque déposant n'a aucune raison de se précipiter au guichet puisqu'il sera remboursé dans tous les cas (et donc indemnisé si la banque se trouvait en situation d'illiquidité). Cette théorie plaide en faveur d'une organisation publique (et non pas professionnelle) de la garantie des dépôts et d'une indemnisation totale des déposants. En effet, toute l'efficacité de la réglementation publique réside dans la crédibilité d'une intervention *ex post* de l'organisme assureur qui inhibe *ex ante* toute incitation à la ruée. Il faut que les intentions du régulateur soient clairement affichées dès le départ. Sinon, l'organisme de garantie subit passivement les dépenses causées par l'indemnisation des déposants sans jamais pouvoir profiter des avantages liés à son caractère dissuasif. En quelque sorte, par son côté curatif, l'assurance des dépôts devient paradoxalement préventive.

### ■ Les risques de système au niveau du secteur bancaire

Si la course au guichet n'est pas évitée, le système bancaire facilite la transformation de la faillite individuelle en panique bancaire. Le secteur bancaire joue donc le rôle de catalyseur dans le passage du risque individuel au risque systémique. L'interruption de la fourniture de liquidités par une banque affecte, par effet de contagion, la confiance des autres déposants dans la capacité de leur banque à donner satisfaction à leur retrait d'argent. Une fois la panique bancaire engagée, elle se transmet à la sphère réelle et monétaire. À cause de la diminution des crédits variés accordés par les banques à l'économie, des effets dommageables affectent le financement de la trésorerie des entreprises, l'inves-

---

89 Pour une analyse plus approfondie de cette question, voir Madiès, Ph., « Le rôle de la garantie des dépôts dans la prévention des paniques bancaires : fondements théoriques et études empiriques », *Finance*, vol. 27 (1), juin 2006, pp. 61-129.

90 Diamond, D. & P. Dybvig, (1983), « Bank Runs, Liquidity and Deposit Insurance », *Journal of Political Economy* 91.

tissement privé et la consommation des ménages. Si les banques ne peuvent plus se refinancer sur le marché monétaire interbancaire, et en l'absence d'intervention particulière de la Banque centrale, les banques étant gestionnaires des moyens de paiements, c'est tout le système de paiement qui s'écroule et avec lui l'économie réelle, les transactions économiques ne pouvant plus faire l'objet d'un règlement.

C'est à ce type de scénario que l'on aurait assisté récemment sans l'intervention active des banques centrales et des gouvernements pour rétablir la confiance dans le secteur bancaire et financier.

■ **Un système dual avec un prêteur en dernier ressort et un organisme de garantie comme premier filet de sécurité**

Tout d'abord, la mise en place **d'un assureur ultime ou prêteur « en dernier ressort »** constitue le dernier rempart contre un risque systémique qu'il faut à tout prix éviter. Il correspond à un système implicite de garantie des dépôts qui existe dans tous les pays, mais dont la crédibilité dépend de celle de la banque centrale et de la qualité des finances publiques. Il est clair que l'utilisation de ce dernier filet de sécurité présente des inconvénients notoires. Ce prêteur en dernier ressort peut provoquer une aggravation de la dérive des prix en période inflationniste due à une augmentation de la création monétaire et une perversion des mécanismes de marché dans le sens où la banque centrale vient en aide à des banques non seulement illiquides mais parfois insolvables. Il en va de même de l'intervention de l'État lors de la mise en œuvre des plans de sauvetage du secteur bancaire qui visent à améliorer simultanément la « liquidité » et « solvabilité » des établissements de crédit. Cependant, un tel système persuade les déposants de voir leurs dépôts remboursés en toute circonstance (volet curatif) et évitent ainsi des comportements de course au guichet, susceptibles d'entraîner son utilisation (volet préventif)[91].

Ensuite, **le premier filet de sécurité** serait constitué par un **organisme explicite de garantie des dépôts** capable de résister à des faillites résultant d'un fonctionnement normal des mécanismes de marché et permettant un assainissement du secteur bancaire. On comprend bien que le Fonds de garantie français, disposant de moins de deux milliards d'euros, ne peut être crédible pour faire face à une crise bancaire généralisée, sachant que le montant total des dépôts assurés (comptes courants et à terme, épargne réglementée) avoisine les 1600 milliards d'euros. Il en est de même, aux États-Unis, où le système fédéral d'assurance des dépôts (FDIC) dispose d'un fond d'assurance de 45 milliards de dollars pour couvrir 5 000 milliards de dollars de dépôts. On peut estimer que le financement de la garantie des dépôts doit être pris en charge par des banques soucieuses de la réputation de leur place financière et qui doivent en conséquence assumer les faillites en leur sein. Étant donné la faible corrélation du risque de faillite des banques dans un contexte « non-systémique», la question de l'organisation d'un marché de l'assurance des dépôts peut être posée, chaque banque

91 Aussi, le président de la République, Nicolas Sarkozy, déclarait, au début de la tourmente bancaire et financière, lors de son discours de Toulon le 25 septembre 2008, qu'il « n'acceptera pas qu'un seul déposant perde un seul euro parce qu'un établissement financier se révélerait dans l'incapacité de faire face à ses engagements ».

choisissant ou non ce service d'assurance. Les primes seraient alors déterminées *a priori* (mutualisation du risque) et de manière actuarielle ou ajustée au risque (individualisation du risque), c'est-à-dire payées avant la réalisation du sinistre et calculées en fonction de la probabilité de faillite des banques. Cela permet d'atténuer le traditionnel aléa de moralité résultant de primes uniformes. En effet, ces dernières conduisent à une sous-évaluation, pour les banques plus risquées, de leur financement en dépôts assurés. Cela encourage, de manière générale, les banques à accroître leur niveau de risque. Une solution organisationnelle satisfaisante semble être celle d'une garantie des dépôts explicite et obligatoire financée par les banques au moyen de primes « les plus actuarielles possibles », avec indemnisation plafonnée des déposants. Celle-ci est mise en œuvre par une instance publique de supervision des établissements de crédit dépendant à la fois de l'État et de la Banque Centrale et associant les banques à sa gestion. Une convergence vers ce modèle organisationnel semble se dessiner au niveau international, du moins pour les pays développés.

#### B.2.2 Les modes de contrôle d'un établissement de crédit

Surveiller le secteur bancaire signifie fixer les prescriptions adéquates (contraintes à respecter), vérifier leur application par des contrôles sur pièces et sur place menés par une autorité de supervision des banques (le superviseur bancaire). Cela passe par un Collège de superviseurs pour les banques transfrontalières qui se dénomme au niveau de l'Union européenne le Comité européen des contrôleurs bancaires (CECB). Mais la puissance publique n'a pas pour autant le monopole du contrôle des établissements de crédit. Elle joue un rôle certes important mais complémentaire (et non substitut) d'autres formes de contrôle des banques exercées par d'autres acteurs.

**Quelles sont les voies de contrôle de la prise de risque d'un établissement de crédit ?** La figure 6.8 ci-après en présente une vision synthétique.

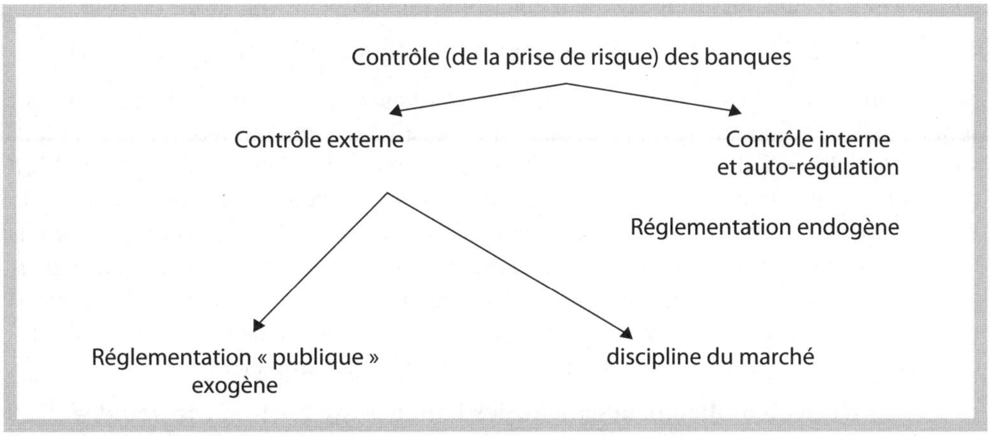


**Figure 6.8**
*Le contrôle de la prise de risque des banques*

La réglementation externe « publique » est un élément du contrôle externe des établissements de crédit, qui lui-même n'est qu'un mode d'exercice du contrôle des établissements de crédit. Cette réglementation porte sur : (1) les conditions d'exercice de l'activité bancaire (structure du secteur bancaire) et (2) le comportement des banques en terme de prise de risques.

**B.2.2.1 Les conditions d'exercice de l'activité bancaire (réglementation sur la structure du secteur bancaire)**

L'accès à la profession bancaire passe par un agrément obligatoire et unique délivré en France par l'Autorité de contrôle prudentiel (ACP) depuis janvier 2010 (avant par le Comité des Établissements de Crédit et des Entreprises d'investissement (CECEI)). Les banques doivent disposer d'un capital minimum (5 millions d'euros) et présenter un projet d'activité (nature des opérations envisagées, moyens techniques et financiers mis en œuvre et qualité (honorabilité et compétences) des apporteurs de capitaux et dirigeants).

Clairement, le secteur bancaire connaît des barrières à l'entrée réglementaires qui visent à effectuer un filtre dans une logique prudentielle mais il s'agit aussi de laisser entrer suffisamment de banques sur le marché pour qu'une concurrence puisse avoir lieu et cela dans l'intérêt du consommateur. À titre d'exemple, en France, en 2010, 683 établissements de crédit étaient agréés pour exercer leur activité dont 307 comme banques commerciales, mutualistes ou coopératives. Cela étant, les cinq premiers groupes bancaires en France collectent 80 % des dépôts et octroient 80 % des crédits.

Par ailleurs, les banques nécessitent l'autorisation de l'ACP pour l'extension ou la cession de la participation directe ou indirecte dans un établissement de crédit lorsque cette opération a pour effet l'acquisition ou la perte de contrôle effectif sur la gestion de la banque ou l'acquisition ou la perte de l'exercice du tiers, du cinquième ou dixième des droits de vote. En outre, elles se doivent de déclarer à l'ACP toute transaction conférant à une personne ou à un groupe de personnes plus du vingtième des droits de vote.

**B.2.2.2 Réguler le comportement des banques (le contrôle prudentiel)**

Selon l'article L. 511-41 du Code monétaire et financier, les établissements de crédit sont tenus « de respecter des normes de gestion destinées à garantir leur liquidité et leur solvabilité à l'égard des déposants et, plus généralement des tiers, ainsi que l'équilibre de leur structure financière ». Le respect de ces normes, dont la plupart découlent de l'application de directives européennes, conduit à calculer sur base consolidée de nombreux ratios, dits « ratios prudentiels », auxquels des limites sont attachées mais également à des dispositions qui obligent les banques à se doter de systèmes de contrôle interne efficaces. L'objectif est de veiller à ce que les banques ne prennent pas de risques excessifs et n'aient pas une probabilité de défaillance trop élevée.

**a) Réglementation prudentielle des banques qui porte sur la *liquidité***

Le **coefficient de liquidité**, introduit dès 1946, a été pendant de longues années le seul ratio prudentiel de la réglementation bancaire française. Sa dernière modification notable est intervenue en 1988 pour transformer ce coefficient en **coefficient de liquidité immédiate**. Le coefficient de liquidité est un rapport entre, au numérateur, les éléments d'actif et de hors bilan (les engagements reçus, par exemple, les accords de refinancement) liquides ou à moins d'un mois et au dénominateur, les éléments de passif et de hors bilan (engagements donnés) exigibles au plus dans un mois. Ces éléments sont retenus dans le calcul du coefficient à hauteur de quotités variables destinées à refléter la réalité du fonctionnement d'un établissement de crédit. Par exemple, les dépôts à vue, les plus exigibles juridiquement, sont des ressources stables pour une banque car ils sont répartis sur un grand nombre de supports. Ils ne sont donc pas repris à 100 % dans le dénominateur du coefficient.

De même que le coefficient de liquidité assure qu'une banque sera en mesure de faire face à ses engagements à très court terme, **le coefficient de fonds propres et de ressources permanentes** veille à limiter la transformation opérée par les banques en contrôlant l'équilibre entre emplois et ressources à long terme. Un rapport minimum de 60 % doit être respecté entre, au numérateur, les fonds propres et les ressources en euros d'une durée supérieure à 5 ans et, au dénominateur, les immobilisations et concours en euros d'une durée supérieure à 5 ans.

Ces ratios de liquidité n'avaient pas fait l'objet d'une harmonisation internationale (ni européenne) contrairement au ratio de solvabilité comme nous le verrons par la suite, ce qui a été décrié lors de la crise bancaire récente. Ainsi la dernière réforme des accords de Bâle, dite **accords de « Bâle 3 »**, de décembre 2010, introduit deux nouveaux ratios de liquidité qui complètent le pilier 1 de « Bâle 2 » (voir *infra*) : **(1) un ratio de liquidité de « court terme »** (« *liquidity coverage ratio* », LCR). Il imposerait dès 2015 aux banques internationales de détenir un stock d'actifs facilement négociables, sans risque, qui leur permettrait de résister pendant 30 jours à une crise qui se traduirait, par exemple, par des retraits massifs de la part des déposants. Ce ratio est à rapprocher du ratio français de liquidité immédiate (coefficient de liquidité). **(2) Un ratio de liquidité de « long terme »** (« *net stable funding ratio* », NSFR). Ce ratio vise le même objectif que le précédent mais sur un an et plus. Plus contraignant, il doit inciter les établissements de crédit à rallonger leur profil de financement en faveur de ressources de long terme, supposés plus stables (mais aussi plus coûteuses). Ce dernier ratio est à rapprocher du ratio français de fonds propres et de ressources permanentes.

C'est ce ratio à long terme (et non celui à court terme qui a fait l'objet d'un consensus), le NSFR, qui a suscité une levée de boucliers de la part des banquiers. L'idée de ce ratio est de favoriser l'adéquation entre la durée des prêts que les banques accordent et celle des ressources qu'elles collectent auprès des déposants ou des marchés de titres, afin de les rendre moins dépendantes des aléas des refinancements à court terme. Il s'agit donc d'une contrainte importante pour les banques puisque pour investir dans des actifs à long terme comme les crédits immobiliers, la banque est obligée de collecter des ressources à long terme qui coûtent cher, comme des produits d'épargne à taux très attractifs. Mais les banques ont pu se réjouir car le comité de Bâle est revenu sur le calendrier du NSFR, qui ne s'appliquera pas avant 2018 (la forme finale du ratio étant décidée en 2016).

### b) Surveiller *la solvabilité* des banques

Conforme aux normes européennes et internationales, la réglementation de la solvabilité repose principalement sur le principe d'une adéquation entre la prise de risque et les fonds propres d'un établissement de crédit. Le ratio phare est le **ratio de solvabilité** ou **d'adéquation des fonds propres** qui a fortement évolué depuis sa mise en place en 1988 sous l'égide du comité de Bâle (ratio Cooke, Bâle 1), pour les grandes banques internationales. Ce ratio tient maintenant compte aussi des risques de marché (sur bilan et hors bilan) depuis 1996. Depuis les accords Bâle 2, en 2004, on tient compte du **risque opérationnel**. Le comité de Bâle définit le risque opérationnel comme le « risque de pertes provenant de processus internes inadéquats ou défaillants, de personnes et systèmes ou d'événements externes ». Cette définition recouvre les erreurs humaines, les fraudes et malveillances, les défaillances des systèmes d'information, les problèmes liés à la gestion du personnel, les litiges commerciaux, les accidents, incendies, inondations, etc. Son champ d'application semble donc très large, ce qui n'est pas sans poser de problèmes pratiques. La qualité du contrôle interne des banques (modèles de gestion interne des risques) est aussi prise en compte dans l'exigence de fonds propres.

- **Les accords de « Bâle 2 » reposent sur trois piliers complémentaires :**

– **Pilier 1** : L'exigence de fonds propres (ratio de solvabilité McDonough).

– **Pilier 2** : La procédure de surveillance de la gestion des fonds propres (possibilité d'aller au-delà de l'exigence de fonds propres du pilier 1, notamment en cas de mauvaise gestion interne des risques).

– **Pilier 3** : La discipline du marché (transparence financière) qui devrait permettre aux apporteurs de capitaux d'ajuster les rémunérations exigées au niveau de risque que les banques leur font encourir.

La crise bancaire récente qu'ont connue les pays développés nous conduit bien entendu à nous interroger sur l'efficacité d'un tel dispositif. Les régulateurs internationaux ont ainsi proposé une nouvelle réforme, qui n'est certainement pas la dernière, dans le cadre des accords de Bâle 3.

- **Qu'apportent de nouveau ces accords de « Bâle 3 » ?**

**Concernant le pilier 1**, le premier objectif des régulateurs est d'améliorer la solvabilité des banques en **améliorant la qualité du « noyau dur »** des capitaux propres (*common equity tier 1*) et **en augmentant son niveau exigé**. Le Comité de Bâle comptant actuellement vingt-sept membres, il lui était impossible d'arriver à un accord sans consentir de compromis.

Le premier point d'achoppement a concerné **le niveau minimum de capitaux propres**. On sait depuis la réunion du Comité de Bâle en septembre 2010 qu'ils doivent maintenant couvrir 4,5 % de la valeur des engagements pondérée des risques associés, un ratio qui vaut plus du double du plancher de 2 % en place précédemment, et que les partisans de l'orthodoxie la plus stricte auraient préféré voir plus relevé. Les régulateurs ont par ailleurs instauré une « réserve de capital » obligatoire de 2,5 %. En théorie, les banques sont autorisées à y puiser en cas de grande difficulté mais on peut penser qu'en pratique aucune ne voudra l'utiliser. Au final, le ratio de capitalisation de référence – que l'on appelle le ratio *Tier one* – s'élève maintenant à 7 % (contre 4 % sous Bâle 2).

Le second compromis a porté sur **le calendrier**. Le Japon et l'Allemagne craignaient que leurs institutions bancaires ne soient désavantagées. C'est pourquoi les nouvelles règles entreront en vigueur progressivement. Les banques auront jusqu'à janvier 2019 pour constituer la réserve de capital. Les banques allemandes non cotées en bourse ont de leur côté jusqu'à 2023. Les investisseurs prêteront sûrement peu d'attention à ces questions de planning car tous les grands établissements de crédit qui ont besoin du marché devront montrer qu'ils respectent les nouvelles règles dès maintenant.

En outre, **la sélectivité des fonds propres**, sous « Bâle 3 », sera accrue. Ainsi, le ratio « Tier 1 » sera calculé en ne prenant quasiment en compte que des actions ordinaires. Ne seront donc plus intégrés les instruments hybrides ainsi que les intérêts minoritaires détenus dans d'autres sociétés financières. C'est sur ce dernier point que le comité de Bâle est revenu en juillet 2010 sous la pression du lobby des banques mutualistes et coopératives. Il a accepté de prendre en compte dans une certaine mesure des participations des banques dans d'autres établissements financiers. Il s'agit d'une évolution favorable aux banques mutualistes, françaises tout particulièrement, dont le modèle repose sur des participations croisées entre maison mère et caisses régionales. Un autre aménagement qui ménage particulièrement les établissements français a été acté ; il sera en effet possible de prendre en compte, pour partie, les capitaux propres des filiales d'assurance dans le calcul des fonds propres des banques. Le modèle très hexagonal de bancassurance devrait ainsi être préservé.

**Concernant le pilier 2**, les instances nationales ont le droit d'exiger des banques qu'elles mettent de côté une tranche supplémentaire de réserve pouvant aller jusqu'à 2,5 %, en fonction du cycle économique (**coussins contra-cycliques**). Les grandes institutions qui constituent les piliers du système devront prévoir un matelas plus épais. Le pilier 2 sera renforcé par **un ratio d'effet de levier** à terme intégré dans le pilier 1. Sous Bâle 2, les banques devaient moduler le niveau de fonds propres en fonction du niveau de risque des différents types d'actifs. Or la crise a démontré que tant les agences de notation que les marchés ou les banques elles-mêmes étaient susceptibles de mal évaluer ce risque. C'est pourquoi le comité de Bâle a proposé un ratio de solvabilité supplémentaire qui ne le prenne pas en compte, fixé à 3 %. Autrement dit, les actifs des banques ne pourraient pas représenter plus de 33 fois le capital « Tier 1 ». Il s'agit tout de même d'un ratio en l'état peu contraignant. Ce ratio est très utilisé aux États-Unis, ce qui explique que les Américains aient défendu son application et que les Européens, au contraire, aient été plus réticents. Le risque est que le calcul ne tienne pas compte des distorsions comptables entre les États-Unis et l'Europe. Avec les US Gaap, les produits dérivés n'alourdissent pas la taille du bilan des banques américaines. Avec un bilan artificiellement diminué par rapport à leurs homologues européennes, les banques américaines auraient donc moins de fonds propres à constituer. Les banques européennes ont donc accueilli avec soulagement la décision du comité de Bâle de repousser jusqu'à 2018 l'adoption du nouveau ratio.

Même si les régulateurs réussissent à faire appliquer les nouvelles règles partout dans le monde, le relèvement des ratios de solvabilité n'empêchera pas une nouvelle crise à lui seul pour les raisons suivantes :

**(1)** Il faut absolument appliquer les ratios de liquidité harmonisés internationalement qui ont cruellement fait défaut au cours de la dernière crise (voir section 6.2.2-D).

**(2)** Un traitement particulier doit être aussi appliqué aux **banques dites « systémiques »** : exigence de fonds propres et d'actifs liquides accrue et supervision renforcée. Le comité de Bâle s'est saisi de la « faillite ordonnée » des groupes bancaires transfrontières, c'est-à-dire installés dans plusieurs pays, en publiant ses recommandations dès mars 2010 afin de lutter contre le problème du « *too big to fail* ». Les États-Unis ont légiféré depuis l'été 2010 pour organiser, dans un cadre juridique précis, la liquidation des grandes banques américaines (et ont par ailleurs interdit le trading sur fonds propres pour les banques commerciales). Le sommet du G20 à Cannes, en novembre 2011, a entériné la liste des vingt-neuf grandes banques à dimension internationale dites « systémiques ». Elles devront renforcer sensiblement leurs fonds propres d'ici 2 019 en raison des risques que leur taille ou leur complexité feraient peser sur le système financier international si elles étaient en difficulté. Quatre banques françaises, à savoir BNP Paribas, Crédit agricole, Société générale et BPCE (Banque populaire-Caisse d'épargne) figurent au nombre de ces vingt-neuf institutions financières recensées par le Conseil de stabilité financière (CSF) qui devront également faire l'objet d'une supervision renforcée. L'objectif est que ces banques disposent d'un capital suffisant pour que les États ne se trouvent pas contraints de se porter à leur secours lors d'une prochaine grande crise. Ces banques, dont la liste sera actualisée chaque année, devront augmenter leur capital dans une proportion variant de 1 % à 2,5 % de leurs actifs pondérés en fonction du risque qu'elles font peser sur l'ensemble du système. Le niveau exact de cette surcharge pour chacune d'entre elles sera fixé en 2014. Elle devra être appliquée progressivement à partir de 2016 pour être en place à l'horizon 2 019. Elle viendra en surcroît des augmentations de fonds propres requises par les nouvelles normes prudentielles dites de « Bâle 3 ». Ces banques devront d'autre part mettre en place un mécanisme leur permettant de faire faillite de façon ordonnée, pour éviter un événement comme la chute de la banque d'affaires américaine Lehman Brothers, qui a accéléré en 2008 la crise économique et financière. Ce dernier élément vise à limiter le comportement d'aléa de moralité de ces grandes banques incitées à prendre des risques en privatisant les profits mais en socialisant les pertes car se sachant nécessairement sauvées par les États.

En dehors du ratio de solvabilité, **le contrôle des grands risques** est appliqué en France mais ne fait toujours pas l'objet d'une harmonisation internationale dans le cadre des accords de Bâle 3, harmonisation uniquement européenne. Ce ratio vise à imposer la division des risques qui permet de prévenir le risque de contrepartie. Un grand risque est un risque sur un client ou un groupe de clients liés qui excède 10 % des fonds propres de l'établissement prêteur. La somme des grands risques ne peut excéder huit fois le montant des fonds propres de l'établissement prêteur.

### ■ Conclusion

La réglementation prudentielle, qui porte sur le comportement des banques, est devenue la disposition la plus importante de la réglementation bancaire. Elle fait l'objet d'une harmonisation internationale de plus en plus étendue dans le cadre des accords de « Bâle 3 » qui porteront pleinement leur effet à partir de 2019. Ces accords sont progressivement rendus obligatoires dans l'Union européenne par les directives européennes *Capital Requirements Directive* 3 et surtout *Capital Requirements Directive* 4 (CRD 3 et CRD 4).

Mais les nouvelles règles pourraient avoir pour effet de simplement transférer le risque sur d'autres acteurs du système financier, le système bancaire de l'ombre ou parallèle (*shadow banking system)*, comme les fonds spéculatifs domiciliés principalement dans des paradis fiscaux (si ceux-ci ne font l'objet d'une attention particulière du régulateur). Et il est fort probable que ces acteurs gèrent moins bien les risques que les banques traditionnelles. Le *shadow banking system* désigne l'ensemble des activités d'intermédiation financière effectuées par des institutions financières non soumises à la réglementation bancaire telles que les fonds de titrisation, les *hedge funds*, les *special purpose vehicles* (SPV, Fonds communs de créances) et d'autres « conduits ». Ces derniers sont utilisés dans les opérations de titrisation de créances. Selon une étude de la Réserve fédérale de New York (2010), le montant des financements qui passent par ce *shadow banking system* sont estimés en mars 2010 à 16 000 milliards de dollars (20 000 milliards en mars 2008) contre 13 000 milliards concernant le système bancaire classique.

Il faut de manière générale éviter « les zones de non-droit » qui ont conduit à la faillite d'une banque d'affaires comme Lehman Brothers et à déstabiliser le secteur des banques d'affaires américaines qui n'étaient pas rattachées au Système de Réserve fédéral, ne se refinançaient pas auprès de la Réserve fédérale et n'avaient comme seule autorité de tutelle la *Securities and Exchange Commission* (SEC), l'autorité de tutelle américaine des marchés financiers. Mais ces réformes ne sont-elles pas illusoires si les actionnaires peuvent à nouveau imposer aux banques des taux de rentabilité des capitaux propres supérieurs à 20 % ?

## Ce qu'il faut retenir... sans rien oublier du reste !

La croissance des mouvements de capitaux, au cours de ces vingt dernières années, pourrait donner l'illusion que l'on s'achemine vers une forte intégration des marchés financiers nationaux. En effet, l'ampleur de l'intégration financière internationale peut être appréciée en observant le fort développement dans les pays développés (i) des mouvements de capitaux, (ii) des stocks d'actifs financiers, (iii) des opérations de change. On observe, en outre, ces dernières années, un phénomène de rattrapage pour les pays en voie de développement et les pays émergents.

Pourtant, le degré d'intégration financière est difficile à mesurer et conduit, selon les approches retenues, à des résultats contradictoires. En outre, chacune des mesures renvoie à une approche différente du processus d'intégration financière. Mais, dans tous les cas, le degré d'intégration ne peut s'apprécier qu'en tendance. La première approche repose sur la loi « du prix unique » qui signifie que des actifs identiques doivent s'échanger au même prix dans des pays différents. La seconde mesure le degré d'ouverture financière à la part de l'investissement productif national qui est financée par l'épargne étrangère.

La « loi du prix unique », construite initialement pour les marchés de biens et services, a été utilisée par la suite comme indicateur d'une intégration parfaite des marchés de capitaux. Compte tenu des conditions très fortes qui la fondent, elle est considérée comme un idéal-type par les économistes, même si elle a connu par la suite un certain nombre d'amendements visant à la rapprocher de la réalité.

Appliquée aux marchés financiers, la loi du prix unique est alors représentée par la relation de parité des taux d'intérêt couverte en change et dans une version encore plus forte par la relation de parité des taux d'intérêt non couverte. De manière générale, *la relation de parité des taux d'intérêt* indique que des actifs financiers de pays différents, dont les caractéristiques sont identiques (même échéance, même liquidité, même niveau de risque) seront rémunérés au même taux d'intérêt, au cours de change près.

Alors que la parité des taux d'intérêt couverte est relativement bien vérifiée empiriquement, une fois que certaines déviations sont prises en compte, il en va autrement pour la parité des taux d'intérêt non couverte. Ces déviations ont deux grandes origines : l'existence de coûts de transactions ou de transferts liés au passage d'un marché financier à l'autre et la substituabilité imparfaite des actifs financiers. Globalement, cette approche par la « loi du prix unique » (ou par « la parité des taux d'intérêt ») conforte l'idée d'une intégration croissante des marchés de capitaux dans la mesure où l'on observe une forte convergence du taux de rémunération d'un même actif d'un pays à l'autre.

Si le premier type de mesures conclut à une forte unification financière au cours de ces trente dernières années, les résultats obtenus dans le cadre de la seconde approche laissent l'économiste plus circonspect.

Le principe de cette seconde mesure est le suivant. Si l'intégration financière va croissante, grâce à la mobilité accrue des capitaux, alors le niveau de l'investissement productif devient indépendant du montant de l'épargne domestique susceptible de le financer. Par conséquent, si le taux d'épargne domestique devient insuffisant pour financer les projets d'investissement nationaux, le pays pourra avoir recours à l'épargne étrangère, attirée par une rémunération légèrement supérieure à celle qui se pratique sur le marché international.

Au regard de ce critère de mesure construit par Feldstein-Horioka (F.-H.), il serait justifié d'affirmer que l'intégration financière s'est ralentie entre le début des années 1960 et 1980. C'est en cela que les résultats de ces économistes ont « jeté un froid » dans la communauté scientifique. Il s'en est suivi d'ailleurs un nombre impressionnant de travaux sur cette énigme des plus marquantes et controversées de l'économie financière. Globalement, deux voies de recherche ont été empruntées par la multitude de travaux suscités par les articles précurseurs de Feldstein et Horioka. La première voie élargit l'échantillon étudié aux pays en voie de développement et étend la période analysée aux années 1990 et 2000 en s'enrichissant de nouvelles techniques économétriques. Elle conclut à une faible progression de l'intégration financière dans les années 1980. Une seconde voie critique le cadre d'analyse en s'interrogeant sur la capacité de la méthode utilisée par F.-H. à mesurer correctement l'intégration financière. En utilisant de nouvelles méthodes économétriques, des travaux récents suggèrent que l'intégration financière a été élevée au cours des années 1990 et 2000.

Ces approches quantitatives ne conduisent pas unanimement à l'idée que l'intégration financière s'est faite croissante sur les dernières décennies. Qui plus est, on ne peut affirmer à partir de ces approches, que le processus d'intégration a été mené à son terme, c'est-à-dire vers un stade de globalisation financière. D'où l'intérêt d'une analyse plus qualitative qui dessine les grandes caractéristiques de la globalisation financière afin de déterminer si elles sont réalisées à l'heure actuelle. En effet, la globalisation financière implique un recours accru aux marchés financiers dans le financement des économies, une concurrence accrue entre opérateurs de ces marchés et la possibilité d'accéder à tous les compartiments de ce marché. Cela peut être atteint si quatre phénomènes s'opèrent : le décloisonnement des systèmes financiers, la déréglementation, la « marchéisation » et la mobiliérisation des bilans bancaires.

Par ailleurs, la controverse sur la globalisation financière ne s'arrête pas à la mesure et à la réalité du phénomène. Cela aurait été sans compter sur les clivages traditionnels qui traversent l'analyse économique. En effet, les courants libéraux et interventionnistes n'appréhendent pas de la même manière un tel sujet. Pour les premiers, la globalisation financière est intrinsèquement vertueuse car elle est identifiée à un mouvement de libéralisation financière sans précédent.

Pour les libéraux, les effets attendus de la globalisation financière consistent alors dans une amélioration du fonctionnement des marchés financiers. Nous retiendrons trois voies d'amélioration. (i) La première porte sur l'efficience allocative et informationnelle des marchés financiers, (ii) la seconde sur la diversification des risques au sein des portefeuilles internationaux, et (iii) la dernière sur la discipline qu'imposent les marchés aux politiques économiques menées par les États.

(i) Tout d'abord, la globalisation financière agrandit l'espace des choix des épargnants et des investisseurs parce qu'elle implique le décloisonnement interne et externe des marchés financiers. C'est en cela qu'elle est supposée améliorer, au niveau national et surtout international, l'allocation des ressources financières (et donc l'efficience allocative des marchés financiers). En outre, on dira qu'un marché est efficient, d'un point de vue informationnel, si la meilleure prévision du prix de l'actif de demain correspond à son prix d'aujourd'hui. L'idée est qu'un opérateur ne peut pas « battre le marché » et réaliser ainsi des gains anormaux. L'efficience constitue donc un critère de fonctionnement optimal des marchés. Celle-ci a cependant du mal à être vérifiée.

(ii) Ensuite, il serait naturel de s'attendre à ce que la globalisation financière, par le libre accès aux marchés qu'elle procure, permet à tout opérateur de diversifier à souhait son portefeuille d'actifs. Or la littérature sur le sujet montre que le degré de diversification des portefeuilles est largement inférieur à ce que préconisent les modèles de gestion optimale de portefeuilles.

(iii) Enfin, les investisseurs internationaux sont de plus en plus présents sur les marchés de la dette publique. Ils pénalisent les États qui mènent des politiques budgétaires trop laxistes conduisant à un endettement et surtout à un service de la dette excessif. La sanction provient du supplément de rémunération (taux d'intérêt) nécessaire aux États pour lever des fonds sur les marchés obligataires. Mais la discipline qu'imposent les marchés ne se limite pas à la politique budgétaire. Elle concerne aussi la politique monétaire car ces investisseurs ont une aversion naturelle au dérapage inflationniste.

Pour le second courant de l'analyse économique, plus « interventionniste », la globalisation financière comporte des dangers d'instabilité et de crises financières que l'on doit tenter de maîtriser.

Tout d'abord, on assiste à une montée de la finance spéculative qui se développe indépendamment des besoins de financement de la sphère réelle (échanges et investissements productifs). L'essor spectaculaire des investissements de portefeuilles en témoigne car ces derniers répondent avant tout à une logique de rendement à court terme.

Ensuite, on invoque, à l'heure actuelle, le rôle déstabilisant de certaines techniques financières utilisées sur les marchés financiers et en particulier sur les marchés financiers dérivés. Au delà de cet argument, il faut, en outre, insister sur le rôle joué par une distribution asymétrique de l'information entre les intervenants de ces marchés.

Enfin, ces vingt dernières années, de graves crises financières sont venues ternir l'image que l'on pouvait avoir de la globalisation financière. Nous retiendrons les plus récentes pour illustrer notre propos : (i) la crise mexicaine de 1994-1995, (ii) la crise asiatique de 1997-1998, (iii) la crise argentine de 2001-2002, (iiii) la crise bancaire et financières des pays développés entre 2007 et 2010. La possibilité de telles crises remet en cause l'idée d'une finance globalisée gouvernée par des mécanismes de marché autorégulateurs et justifie l'intervention d'instances internationales. Ces crises témoignent du rôle ambivalent de prêteur en dernier ressort joué par les instances internationales quand le secteur réel, comme le secteur financier, traversent non pas une crise d'illiquidité mais une crise de solvabilité. Dans ce cas, c'est la doctrine du « *too big to fail* » (« trop gros pour faire faillite ») qui justifie une telle intervention car la faillite de ces banques remettrait en cause la stabilité de l'économie mondiale. Ainsi, le FMI s'est érigé en coordinateur du plan de sauvetage dans lequel sa participation financière a été considérable. La crise bancaire et financière récente a montré que les crises financières ne se limitaient pas aux pays émergents et que les pays développés pouvaient être touchés de plein fouet. Une véritable réflexion sur la réforme du système financier international s'est engagée et nous insistons sur deux éléments importants de cette réforme : le contrôle des mouvements de capitaux (dont la fameuse taxe de Tobin) et la réglementation internationale des banques.

## ÉLÉMENTS DE BIBLIOGRAPHIE

L'ensemble des références bibliographiques figurant en note de bas de page, nous en proposons ici au lecteur une sélection.


### *facile d'accès

CAMDESSUS, M. (1995), « La crise financière mexicaine, ses origines, la réponse du FMI et les enseignements à en tirer », *Revue d'économie financière*, n° 33, été.

Présentation claire et concise qui permet d'avoir une première vision de la crise mexicaine.

FONTAINE, P. et J. HAMET (2011), *Les marchés financiers internationaux*, Paris, PUF, coll. « Que sais-je ? ». Ouvrage à la fois concis et complet sur les marchés de capitaux internationaux.

SGARD, J. *et al.* (1997), « La crise financière en Asie », *La lettre du CEPII*, n° 161, octobre 1997.

Présentation très synthétique, insistant sur le déroulement et les causes de la crise financière asiatique.

SGARD, J. (2002), « L'Argentine un an après : de la crise monétaire à la crise financière », *La lettre du CEPII*, n° 218.

Article qui analyse la pésification de l'économie argentine suite à la crise monétaire et financière qu'elle a connue.

### **accès plus difficile

BOURGUINAT, H. (1999), *Finance internationale*, Paris, PUF, coll. « Thémis ». Ouvrage général où l'on trouvera de larges développements sur l'intégration financière internationale et la globalisation financière. Pour une version plus récente, voir Bourguinat, H., Dupuy, M., et J. Teïletche (2007), *Finance internationale*, Paris, Dalloz, coll. « HyperCours ».

### ***niveau avancé

Aspergis et Tsoumas (2009), « A survey of the Feldstein-Horioka puzzle: What has been done and where we stand », *Research in Economics*, Vol. 63 (2), June, pp. 64-76.

Cette référence intéressera le lecteur souhaitant disposer des développements récents sur la controverse initiée par Feldstein et Horioka et portant sur la réalité du phénomène de globalisation financière.

Rapport du Conseil d'analyse économique, *Les crises financières*, Paris, La Documentation Française, 2004. Rapport très complet sur les causes des crises financières dans les pays émergents qui débouche sur des propositions de réforme de l'architecture financière internationale.

Rapport du conseil d'analyse économique, *La crise des subprimes*, Paris, La Documentation Française, 2008.

Rapport du conseil d'analyse économique, *Réformer le système monétaire international*, Paris, La Documentation Française, 2011. Rapport intéressant pour ceux qui veulent traiter d'une réforme complémentaire à celle du système financier international, à savoir celle du système monétaire international.

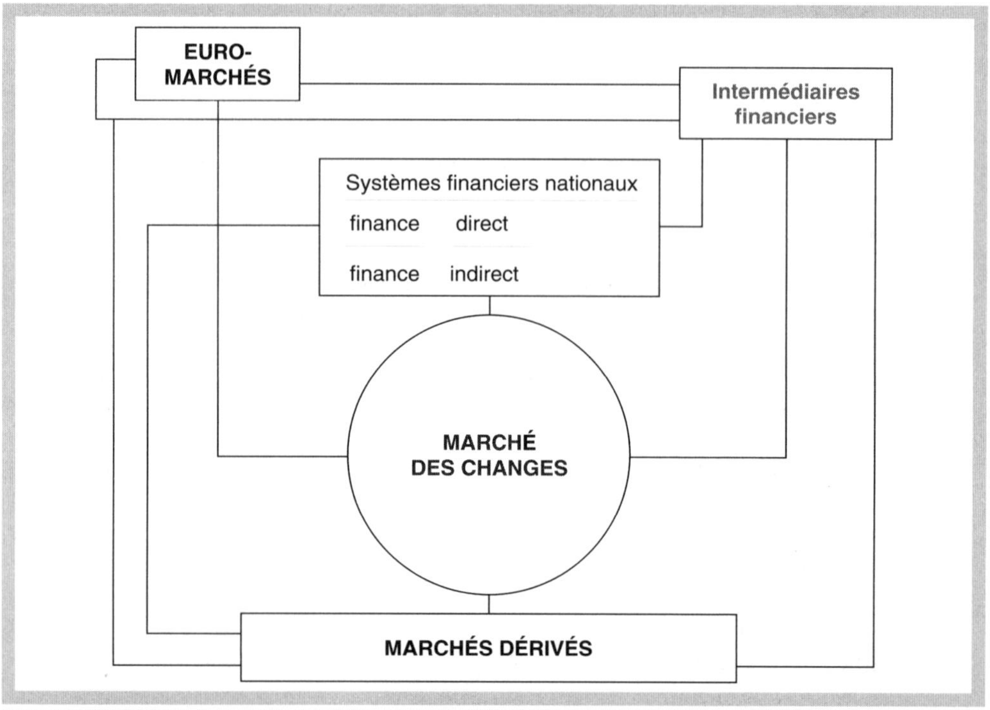


**Figure 6.9**
*Schéma général du système financier international*

# INDEX

## D



## E

## U



## V



## W



## Z

# TABLE DES MATIÈRES

# OUVERTURES ◀▶ ÉCONOMIQUES

ALLEGRET J.-P., LE MERRER P., *Économie de la mondialisation. Opportunités et fractures*

AMELON J.-L., CARDEBAT J.-M., *Les nouveaux défis de l'internationalisation. Quel développement international pour les entreprises après la crise ?*

ANDERSON R. D., SWEENEY J. D., WILLIAMS A. TH., *Statistiques pour l'économie et la gestion.* 3e édition
Traduction de la 5e édition américaine par Cl. Borsenberger

BÉNASSY-QUÉRÉ A., CŒURÉ B., JACQUET P., PISANI-FERRY J., *Politique économique.* 2e édition

BEREND IVAN T., *Histoire économique de l'Europe du XXe siècle*
traduction de la 1re édition anglaise par Amandine Nguyen

BERGSTROM T., VARIAN H., *Exercices de microéconomie - 1. Premier cycle. Notions fondamentales.* 3e édition
traduction de la 5e édition américaine par A. Marciano

BERGSTROM T., VARIAN H., *Exercices de microéconomie - 2. Premier cycle et spécialisation.* 2e édition française
traduction de la 5e édition américaine par J.-M. Baland, S. Labenne et Ph. Van Kerm
avec la collaboration scientifique d'A. Marciano.

BESANKO, DRANOVE, SHANLEY, SCHAEFER, *Principes économiques de stratégie*

BILEK A., HENRIOT A., *Analyse conjoncturelle pour l'entreprise. Observer, comprendre, prévoir*

BISMANS F., *Mathématiques pour l'économie - Volume 1. Fonctions d'une variable réelle*

BOUTILLIER S., PEAUCELLE I., UZUNIDIS D., *L'économie russe depuis 1990*

BURDA M., WYPLOSZ C., *Macroéconomie. À l'échelle européenne.* 5e édition
traduction de la 5e édition anglaise par Stanislas Standaert

BRIEC W., PEYPOCH N., *Microéconomie de la production. La mesure de l'efficacité et de la productivité*

CADORET I., BENJAMIN C., MARTIN F., HERRARD N., TANGUY S., *Économétrie appliquée.* 2e édition
*Méthodes, Applications, Corrigés*

CAHUC P., ZYLBERBERG A., *Le marché du travail*

CAHUC P., ZYLBERBERG A., *Économie du travail. La formation des salaires et les déterminants du chômage*

CARLTON D. W., PERLOFF J. M., *Économie industrielle*, traduction de la 2e édition américaine par F. Mazerolle.
2e édition

CARTELIER J., *L'économie de Keynes*

CAVES R.E., FRANKEL J. A., JONES R. W., *Commerce international et paiements,*
traduction de la 9e édition américaine par M. Chiroleu-Assouline

CAYATTE J.-L., *Introduction à l'économie de l'incertitude*

COLLECTIF, *Économie sociale. Enjeux conceptuels, insertion par le travail et services de proximité*

COMMISSARIAT GÉNÉRAL DU PLAN, *L'intégration régionale.*
*Une nouvelle voie pour l'organisation de l'économie mondiale ?*

CORNET B. et TULKENS H. (Éds), *Modélisation et décisions économiques*

CÔTÉ D., *Les holdings coopératifs. Évolution ou transformation définitive ?*

CRÉPON B., JACQUEMET N., *Économétrie : méthode et applications*

CUTHBERTSON K., *Économie financière quantitative. Actions, obligations et taux de change,*
traduction de la 1re édition anglaise par C. Puibasset

DARREAU Ph., *Croissance et politique économique*

DE CROMBRUGGHE A., *Choix et décisions économiques. Introduction aux principes de l'économie*

DEFFAINS B., Langlais É., *Analyse économique du droit. Principes, méthodes, résultats*

DEFOURNY J., *Démocratie coopérative et efficacité économique. La performance comparée des SCOP françaises*

Defourny J., Develtere P., Fonteneau B. (Éds), *L'économie sociale au Nord et au Sud*

Defourny J., Monzon Campos J.L. (Éds), *Économie sociale/The Third Sector. Entre économie capitaliste et économie publique/Cooperative Mutual and Non-profit Organizations*

De Grauwe P., *Économie de l'intégration monétaire*, traduction de la 3e édition anglaise par M. Donnay

De Grauwe P., *La monnaie internationale. Théories et perspectives*, traduction de la 2e édition anglaise par M.-A. Sénégas

de Kerchove A.-M., Geels Th., van Steenberghe V., *Questions à choix multiple d'économie politique.* 3e édition

de Melo J., Grether J.-M., *Commerce international. Théories et applications*

Develtere P., *Économie sociale et développement. Les coopératives, mutuelles et associations dans les pays en voie de développement*

Drèze J., *Pour l'emploi, la croissance et l'Europe*

Drumetz F. • Pfister C., *Politique monétaire*

Dupriez P., Ost C., Hamaide C., Van Droogenbroeck N., *L'économie en mouvement. Outils d'analyse de la conjoncture.* 2e édition

Esch L., *Mathématique pour économistes et gestionnaires.* 4e édition

Essama-Nssah B., *Inégalité, pauvreté et bien-être social. Fondements analytiques et normatifs*

Gazon J., *Politique industrielle et industrie Volume 1. Controverses théoriques. Aspects légaux et méthodologie*

Gillis M. *et al.*, *Économie du développement*, traduction de la 4e édition américaine par B. Baron-Renault

Gomez p.-Y., Korine Harry, *L'entreprise dans la démocratie, Une théorie politique du gouvernement des entreprises*

Gujarati D. N., *Économétrie*, traduction de la 4e édition américaine par B. Bernier

Hansen J.-P. - Percebois J., *Énergie. Économie et politiques*

Harrison A., Dalkiran E., Elsey E., *Business international et mondialisation. Vers une nouvelle Europe*

Hirshleifer J., Glazer A., Hirshleifer D., *Microéconomie : théories et applications. Décision, marché, formation des prix et répartition des revenus*

Heertje A., Pieretti P., Barthélemy Ph., *Principes Analyse conjoncturelle pour l'entreprise. Observer, comprendre, prévoir d'économie politique.* 4e édition

Jacquemin A., Tulkens H., Mercier P., *Fondements d'économie politique.* 3e édition

Jacquemin A., Pench L. R. (Éds), *Pour une compétitivité européenne. Rapports du Groupe Consultatif sur la Compétitivité*

Jalladeau J., *Introduction à la macroéconomie. Modélisations de base et redéploiements théoriques contemporains.* 2e édition

Jalladeau J., Dorbaire P., *Initiation pratique à la macroéconomie. Études de cas, exercices et QCM.* 2e édition

Jaskold Gabszewicz J., *Théorie microéconomique.* 2e édition

Jones Ch. I., *Théorie de la croissance endogène*, traduction de la 1re édition américaine par F. Mazerolle

Jurion B., *Économie politique.* 3e édition

Jurion B., Leclercq A., *Exercices d'économie politique*

Kohli U., *Analyse macroéconomique*

Krugman P. R. et Obstfeld M., *Économie internationale.* 4e édition traduction de la 6e édition américaine par A. Hannequart et F. Leloup

Krugman P., *L'économie auto-organisatrice*, traduction de la 1re édition américaine par F. Leloup. 2e édition

Krugman P., Wells R. *Macroéconomie*, traduction de la 2e édition américaine par L. Baechler

Krugman P., Wells R., *Microéconomie*, traduction de la 2e édition américaine par L. Baechler

Landais B., *Leçons de politique budgétaire*

Landais B., *Leçons de politique monétaire*

Lecaillon J.-D., Le Page J.-M., Ottavj Chr., *Économie contemporaine. Analyses et diagnostics*. 2e édition

Lehmann P.-J., *Économie des marchés financiers*

Lemoine M., Madiès P., Madiès T., *Les grandes questions d'économie et finance internationales. Décoder l'actualité*. 2e édition

Leroux A., Marciano A., *Traité de philosophie économique*

Lesueur J.-Y., Sabatier M., *Microéconomie de l'emploi. Théories et applications*

Löwenthal P., *Une économie politique*

Mankiw G. N., *Macroéconomie*, traduction de la 7e édition américaine par Jihad C. El Naboulsi. 5e édition

Mankiw G. N., Taylor M. P., *Principes de l'économie*, traduction d'Élise Tosi

Mansfield E., *Économie managériale. Théorie et applications*, traduction et adaptation de la 4e édition américaine par B. Jérôme

Massé G., Thibaut Fr., *Intelligence économique. Un guide pour une économie de l'intelligence*

Marciano A., *Éthiques de l'économie. Introduction à l'étude des idées économiques*

Milgrom P., Roberts J., *Économie, organisation et management*

Monnier L., Thiry B. (Éds), *Mutations structurelles et intérêt général. Vers quels nouveaux paradigmes pour l'économie publique, sociale et coopérative ?*

Mueller C. D., Facchini F., Foucault M., François A., Magni-Berton R., Melki M., *Choix publics. Analyse économique des décisions publiques*

Norro M., *Économies africaines. Analyse économique de l'Afrique subsaharienne*. 2e édition

Perkins D. H., Radelet S., Lindauer D. L., *Économie du développement*. 3e édition

Promeuro, *L'Euro pour l'Europe. Des monnaies nationales à la monnaie européenne*. 2e édition

Rasmusen E., *Jeux et information. Introduction à la théorie des jeux*, traduction de la 3e édition anglaise par F. Bismans

Salvatore D. C., *Économie internationale*, traduction de la de la 9e édition américaine par Fabienne Leloup et Achille Hannequart

Shapiro C., Varian H. R., *Économie de l'information. Guide stratégique de l'économie des réseaux*, traduction de la 1re édition américaine par F. Mazerolle

Simon C. P., Blume L., *Mathématiques pour économistes*, traduction de la 1re édition américaine par G. Dufrenot, O. Ferrier, M. Paul, A. Pirotte, B. Planes et M. Seris

Sinn G., Sinn H. W., *Démarrage à froid. Une analyse des aspects économiques de l'unification allemande*, traduction de la 3e édition allemande par C. Laurent

Stiglitz J. E., Walsh C. E., Lafay J.-D., *Principes d'économie moderne*. 3e édition, traduction de la 3e édition américaine par F. Mayer

Szpiro D., *Économie monétaire et financière*.

Varian H., *Introduction à la microéconomie*. 6e édition, traduction de la 7e édition américaine par B. Thiry

Varian H., *Analyse microéconomique*, traduction de la 3e édition américaine par J.-M. Hommet. 2e édition

Van der Linden B. (Éd.), *Chômage. Réduire la fracture*

Wickens M., *Analyse macroéconomique approfondie. Une approche par l'équilibre général dynamique*

Zévi A., Monzón Campos J.-L., *Coopératives, marchés, principes coopératifs*